书香传情

丁景唐藏书考辨

丁言模 著

上海文艺出版社

目 录

丁景唐的遗言（代序）……………………………………………… 1

辑一　诸师絮语

瞿秋白佚文《大众文艺的问题》（初稿片段）………………… 3
郭沫若"两难选择"的《反正前后》…………………………… 10
夏丏尊的《文艺讲座 ABC》与《文艺讲座》………………… 15
巴金的《短简》首次晃动着"少女"萧珊的身影……………… 19
茅盾《故乡杂记》："农村三部曲"前奏的一个音符………… 27
"全国作家总动员"《世界文库》样本………………………… 32
巴金出版曹禺的抗战名剧《蜕变》…………………………… 37
郭沫若的"另一种"佚文《文艺与科学》讲演稿……………… 42
孔另境主编"今文学丛刊"第一本《跨着东海》……………… 48

辑二　左翼闪烁

潘梓年的珍贵初版本《文学概论》…………………………… 57
洪灵菲的第一部长篇小说《流亡》…………………………… 61
阿英的"孤本"《现代文学读本》……………………………… 66
阿英笔下的"秘录"……………………………………………… 73
阿英谨慎"删改"鲁迅《新秋杂识》…………………………… 78
鲁迅指导、楼适夷编辑《创作的经验》……………………… 85
陈白尘在囚笼里"老僧入定"写作…………………………… 91

周扬、鲁迅等人论争的两本专题选集 ………………………… 95
意犹未尽的《鲁迅访问记》…………………………………… 101
杨骚坦陈的《急就篇》………………………………………… 105
范长江等人的《今日的中国》………………………………… 111
"文武双全"丘东平的遗作《茅山下》………………………… 119
聂绀弩不愿意谈起《巨像及其它》三篇短文 ………………… 125
草明回避触及《遗失的笑》…………………………………… 130
露出"马脚"的盗版《丁玲选集》……………………………… 135
蒋天佐的文学理论集《低眉集》……………………………… 140

辑三　文坛札记

"中国西学第一人"严复的佚文 ……………………………… 147
王国维：世之为此学者自余始 ………………………………… 153
近现代小说观念转型时期的《小说通论》……………………… 157
朱自清、俞平伯等的《我们的七月》…………………………… 164
续篇《我们的六月》…………………………………………… 170
另一个李宗武赠书鲁迅后"交恶" ……………………………… 175
周全平陪同郭沫若的宜兴之行 ………………………………… 180
"别有天地"的《菲律宾研究》——兼谈鲁迅与暨南大学秋野社 … 187
周作人在辅仁大学"信口开河" ………………………………… 194
《中国新文学运动史》的作者王哲甫"一夜爆红" …………… 200
朱雯编选"饶有趣味"的《中国文人日记抄》………………… 206
作家印象中的作家印象 ………………………………………… 210
梁遇春《泪与笑》的任性和智慧 ……………………………… 215
李健吾：福楼拜的中国"知音" ………………………………… 221
林语堂"一团矛盾"《我的话》………………………………… 227
鲁迅与"新月派"等的《日记与游记》………………………… 233
"飞回的孔雀"袁昌英《行走四十》…………………………… 239
赵景深的自选集《文坛忆旧》………………………………… 245
连载《鲁迅书简补遗——给李小峰的三十六封信》………… 250
"拉大旗作虎皮"的《文坛史料·关于鲁迅》………………… 254
杂凑、编造的《中国革命作家小传》………………………… 261

辑四　民谣韵律

郭沫若作序的《民谣集》 …………………………………………… 269
"摇啊摇，摇到外婆桥"的《各省童谣集》第一集 ……………… 273
胡怀琛的"国难后第一版"《中国民歌研究》 …………………… 279
郑振铎等四人作序的《岭东情歌集》 …………………………… 284
杨荫深首次用大白话讲述"愚公移山" …………………………… 288
横穿湘黔滇三省的《西南采风录》 ……………………………… 293
"鲁艺"与王洛宾等作品的《民歌初集》 ………………………… 299

辑五　外文散叶

史沫特莱的签名本《大地的女儿》 ……………………………… 307
稀少"批语"的英文初版本《中国的战歌》 ……………………… 313
内山完造的自述传记《花甲录》 ………………………………… 318
波兹德涅耶娃第一本专著《鲁迅》 ……………………………… 324

辑六　译介绿廊

李大钊"驳议"之延伸"轶事" ……………………………………… 331
胡愈之改题、校阅杨昌济《西洋伦理主义述评》 ……………… 337
"难得的编辑"徐调孚及其《木偶奇遇记》 ……………………… 341
李伟森初版译作《十年来之俄罗斯》 …………………………… 347
"革命程序的预想"《浮士德与城》 ……………………………… 351
"被遗忘"的瞿秋白译作《爱森的袭击》 ………………………… 357
鲁迅译文集《恶魔》"正版"之谜 ………………………………… 362
茅盾"急就章"的《汉译西洋文学名著》 ………………………… 367
茅盾"深入浅出"的《世界文学名著讲话》 ……………………… 371
施蛰存的签名本《域外文人日记抄》 …………………………… 374
戴望舒首译小说《罗密欧和朱丽叶》 …………………………… 381
胡风编译的《山灵》集子 ………………………………………… 386
《苏联版画展览会目录》公开的秘密 …………………………… 391

鲁迅并不"质疑"《苏联版画新集》……………………… 397
"半中半日"的奇特之书《现代支那趣味文选》…………… 401
罗稷南的译作《高尔基论》…………………………………… 406
罗稷南的初版本译作《怒吼吧中国》………………………… 411
日本反战作家鹿地亘的《我们七个人》……………………… 415
杨潮的狱中翻译《我的爸爸》(遗作)………………………… 420
茅盾、曹靖华、钱君匋"合作"的译本《团的儿子》………… 424
夏丏尊修改范泉的译作《鲁迅传》…………………………… 429
丘成首次节译《中国之战歌》………………………………… 435
戈宝权、葛一虹合作的《高尔基画传》……………………… 439

辑七　艺苑纷呈

郑君里"一年写一章"的《角色的诞生》…………………… 447
齐如山口述《梅兰芳游美记》………………………………… 453
舒湮主编《演剧艺术讲话》…………………………………… 458
洪深独立写作与《十年来的中国》…………………………… 464
罕见的土纸初版本——丁聪《阿 Q 正传插画》…………… 468
第一本研究新兴木刻理论著作《鲁迅与木刻》…………… 472
"第一本"中国现代新兴木刻运动史（1930—1942）……… 478
郑野夫首次推出"后生"黄永玉的木刻作品………………… 484
桑弧写的电影剧本《哀乐中年》……………………………… 491
董林肯"出格"改编《表》……………………………………… 495
纪念青年木刻家宋城甫………………………………………… 501

辑八　史林独步

第一本纪念册《殉国烈士瞿秋白》…………………………… 509
三种张太雷小传………………………………………………… 515
历史文献《上海商务印书馆被毁记》………………………… 522
《论语》专号发表删改的史沫特莱记录稿…………………… 525
邹韬奋《萍踪寄语选集》……………………………………… 531
超前意识的《上海的将来》…………………………………… 536

马叙伦自传《我在六十岁以前》 ……………………………………… 541
张次溪"活的天桥" …………………………………………………… 546
"第一个"赴北平的和平代表团 ……………………………………… 551
为何收藏《新鲜笑话》 ……………………………………………… 557

辑九　家父之窗

自费出版的第一本诗集《星底梦》 ………………………………… 563
诗歌《秋瑾墓前》刊登于《九月的海上》 ………………………… 571
点评《六艺》月刊 …………………………………………………… 577
指导沈惠龙编辑《莘莘月刊》 ……………………………………… 584
与王楚良、萧岱合办"译作文丛"《谷音》（丁景唐遗作）……… 590
"文委"支持的《文坛月报》创刊号 ………………………………… 596
初访茅盾 ……………………………………………………………… 604
首次"亮相"于"群星璀璨"超长照片 ………………………………… 607
祥林嫂、孟姜女的"链接"故事 ……………………………………… 611
"紧急撤离"前留下的《怎样收集民歌》 …………………………… 618
避难香港时评述歌谣集《愤怒的谣》 ……………………………… 624
《沪江文艺》创刊号 ………………………………………………… 636
合编《南北方民谣选》 ……………………………………………… 641
萧乾寄赠英文抽印本 ………………………………………………… 646
刘伯承元帅夫人等赠书 ……………………………………………… 653
《陶晶孙选集》《给日本的遗书》"双璧生辉" …………………… 659

后记 …………………………………………………………………… 665

丁景唐遗言(代序)[①]

"老来多新知,英彦终可喜。"这是我手书陆放翁的诗句,贴在我家石库门三楼的书橱玻璃门上,自赏自乐,心底宽广,安逸晚年。

一日,五儿言模谈起家里藏书,想撰写一本藏书版本研究之类的专著,我一听大喜,鼓励他早日写出来,这是对我半个多世纪搜寻鲁迅、瞿秋白等人物资料的小结之一,也成为言模搞的瞿秋白研究系列丛书的第7本。

查书、借书、买(淘)书、看书、品书、写书、审书、出书、送书、藏书,这是我大半辈子的主要生活乐趣。记得17岁在上海青年会中学读书时,我买不起书,就到申报图书馆(后改名量才图书馆)、蚂蚁社图书馆借书,饱览所喜欢的文学作品。以后,我又从图书馆跑到街头,到四马路(今福州路)望平街(今山东路)一带、北四川路横浜桥、爱文义路(今北京路)王家沙等上海滩旧书荟萃之地"淘"旧书。我翻得多、看得广,但买得少。今天想起来,我对新文学书刊和鲁迅、瞿秋白等人著译版本能有一些鉴别能力,大半得自那时的经历。到图书馆查书目、借书,是熟悉各种版本的好机会;到旧书店(摊)翻书、淘书,听听那些内行人的议论,更是增长知识的途径。偶尔遇到心爱的廉价书,也买得一二本,不久,倒也收集了一些鲁迅的著作。

1937年冬天,我毅然投入抗日洪流,参加了中国共产党领导的上海学生界救亡协会("学协")。次年春天,担任"学协"的中学区干事,同年11月加入共产党。那时我们办了一个读书会,每人每月出几角钱,铢寸累积,陆续购买斯诺的《西行漫记》《战斗中的陕北》和生活书店的《青年自学丛书》等等。20卷本《鲁迅全集》开始预约,但是哪里来的钱购买呢?我们读书会里

[①] 这是家父丁景唐生前写的两篇序文摘录合并而成的,两篇序文先后写于2013年初春、2016年8月的上海华东医院,原载丁言模:《瞿秋白与书籍报刊——丁景唐藏书研究》,中国社会出版社2013年9月出版,丁言模:《穿越岁月的文学刊物和作家》,中国社会出版社2017年7月出版。

一个同学郭锡洪(又名郭明,1939年入党,王楚良调到"文委"工作后,组织上调郭明协助我编辑《联声》。解放初,郭明任华东文化部副科长,1951年积劳病故),家境条件比较好,我们怂恿他去问他父亲要钱,用8元钱预定了一部普及本《鲁迅全集》。当郭锡洪拿着红色封面布脊的20卷《鲁迅全集》时,我们真是喜出望外,竞相传阅。

40年代,我与王楚良(1934年参加左联,翻译A.托尔斯泰《保卫察里津》和辛克莱《不准敌人通过》等,"文革"后在中国外交学会工作)负责编辑上海基督教学生团体联合会会刊《联声》,我写诗歌、散文,写得最多的是短评杂谈之类文章。这时我再读鲁迅杂文,倍感亲切。

那时我设法弄到一部何凝(瞿秋白)编选并作序的《鲁迅杂感选集》,这是我第一次看到瞿秋白的文章,他对鲁迅杂文的精辟分析,使我受益颇多。1941年12月8日太平洋战争爆发,日军侵占上海全部租界后,《鲁迅杂感选集》和其他一些马列主义著作、毛泽东著作和《西行漫记》等付诸劫火。

1946年10月19日,文协等12个文化团体发起在辣斐大戏院(今长城电影院)召开鲁迅逝世10周年纪念会,周恩来、郭沫若、茅盾等在会上作了演讲。次日,举行鲁迅墓祭,我们上海文艺青年联谊会有不少会友参加了这两次纪念活动。我曾保存一位女青年(已忘了姓名)为鲁迅逝世10周年墓祭拍摄的一组珍贵照片。其中沈钧儒、郭沫若、茅盾、许广平在场的两张照片,1981年冬天,我作为黄药眠为团长的中国作家团成员,参加香港中文大学举办"四十年代中国文学研讨会"时,赠送给香港中文大学中文系,并在1982年1月5日香港《新晚报》上刊登。

鲁迅逝世10周年纪念会期间,恰好20卷本《鲁迅全集》再版出书,我用当时得到的一笔稿费买下,还买了《鲁迅书简》,成为我以后有目的地搜集鲁迅著作不同版本的起点。

那时,我出于对烈士的敬仰之情,已经开始收集瞿秋白等人作品。但是在白色恐怖环境里,收集的材料有限。解放后,随着革命文物大批发现,见到了许多过去渴望而见不到的革命报刊书籍和图片,逐渐积累了一部分资料。

1954年,我在方行(上海市检察署副检察长,后任文化局副局长)家里聚餐时,首次认识了瞿秋白烈士夫人杨之华。当杨之华得知我和方行在编写《瞿秋白著译系年目录》时,非常高兴。她回北京后,寄来了有关材料,并与我和方行经常通信,可惜这些信件在历次运动中遗失了。

认识杨之华之前,我已经开始阅读和收集瞿秋白著作和译文,陆续编成《瞿秋白文学著作翻译书目》。1955年4月1日,上海市人民图书馆(后并入上海市图书馆)特地油印了50份,正文前附有我写的"前言"。这是我早年研究瞿秋白时编写的第一本小册子,见证了我那时的研究活动。但是,这珍贵的油印本我没有保存下来,以为再也见不到它的原貌。今年春节期间,"忘年交"金峰突然告知,已在网上花钱购得这油印本,并且特地送到我所在的华东医院。我惊喜不已,小心地翻开这油印本,看到我写的"前言",记忆闸门猛然打开了……

1955年至1957年,我有系统地整理、研究瞿秋白笔名、别名,最初编写的《瞿秋白笔名、别名集录》,分为两次发表于《学术月刊》1957年第8期、第9期,并且着手编写《瞿秋白著译系年目录》。

1959年1月,瞿秋白诞辰60周年之际,经华东局宣传部部长石西民批准,我和方行(文操)合编的《瞿秋白著译系年目录》由上海人民出版社出版。这是解放后第一部研究瞿秋白的学术专著,长期以来一直是海内外学者研究瞿秋白和搜检有关资料的重要工具书之一。

我以鲁迅日记作为考证、研究鲁迅与瞿秋白之间关系的有力依据,以此顺藤摸瓜,进一步挖掘资料,触类旁通。我撰写的《学习鲁迅和瞿秋白作品的札记》,新文艺出版社(后改为上海文艺出版社)1958年8月出版,以后多次再版。这是解放后第一部研究鲁迅、瞿秋白及他俩交往的论文集,其中一些重要结论,至今仍有一些指导意义。随着我研究范围不断扩大,以后陆续出版《左联五烈士研究资料编目》(与瞿光熙合编)、《诗人殷夫的生平及其作品》和《殷夫集》(与陈长歌合著)、《鲁迅和瞿秋白合作的杂文及其它》(与王保林合著)、《瞿秋白研究文选》(与陈铁健、王关兴、王铁仙合著)等。我写的大量重要文章收录在《六十年文集——犹恋风流纸墨香》(上海文艺出版社2004年版)。

1958年到1962年,我在上海市委宣传部(后调到上海市出版局)工作期间,得到当时上海新文艺出版社(上海文艺出版社的前身)领导人李岦民、蒯斯曛等支持,和周天合作,先后影印了两批40余种20世纪20年代末、30年代初的革命文学期刊,其中包括已成为海内孤本《前哨》《文学导报》《文艺新闻》,以及其他罕见的珍贵文献。1962年后,我又选定了第3批影印目录,范围较大,除了第二次国内革命战争期间的刊物之外,还有抗日战争时期国统区和解放区的文学期刊,另外一部分是解放战争时期的解放区刊物,可惜后来由于来自上面的"左"倾思想的重大干扰,第3批书目只印了几种,不得不中止了。

"文革"后,我复出工作,担任上海文艺出版社社长兼总编辑、党组书记,又主持影印《语丝》《光明》等刊物。1980年为了纪念左联成立50周年,我以自己藏书作底本,影印当年瞿秋白编选并作长序的《鲁迅杂感选集》。重印《前哨》《文学导报》等这批影印书刊,不仅保留了已经在战火动乱中散佚无几的珍贵资料,为各层次的研究者和读者提供了一批极有价值的文献珍品,也为后人留下了一份宝贵的精神食粮。我还主持影印抗战前赵家璧主编的10卷《中国新文学大系(1917—1927)》,并主持编纂20卷《中国新文学大系(1927—1937)》。此后,我继续为编纂此大系奉献自己的力量。影印旧书刊和主持编纂《中国新文学大系》的艰辛工作成果,成为我一生编辑生涯中最为倾心的两件事。

我长期从事宣传、文艺、出版工作,坚持研究鲁迅、瞿秋白和中国现代文学史等,为保存、收集和研究中国现代革命文学资料作出了自己应有的努力。

我有一些珍贵的初版本,或是无意中淘到,或是朋友赠送,或是请朋友百忙之中留意买到的,或是与朋友交换的。凡是我中意的书籍版本,我都要盖上自己的章印,有时随手写上几句说明和时间,许多书籍中至今还保留着当初购买书籍的发票。这些都是搞版本学的一部分,为下一步研究提供一些旁证。果然,言模撰写此书时,不断向我汇报情况,他凭着这些不可多得的当年各种旁证和线索,依此查找,用"滚雪球"的办法,解决了不少重要问题。

我曾写过一文《搜集鲁迅著作版本的乐趣——兼谈建立鲁迅著作版本目录学的一点设想》(书目文献出版社1983年版),认为版本学目录学在我国有书以来的历史上有着极好的传统,版本目录、书籍校雠从来就得到学者的重视。解放前,一本书的出版、再版、改版,公开的、私印的,乃至盗版的,都应该受到重视,搜集、研究鲁迅著作版本是研究鲁迅思想、著作、生平等不可缺少的方面,也是研究中国现代文化史、出版史的重要一面。这些同样适用于瞿秋白研究领域,言模已经在默默地开垦这块"处女地",此书便是一个尝试。

我96岁了,由于长期研究左翼文学,迄今依然感兴趣,特别是新资料、新观点。

去年秋天,言模完成瞿秋白研究丛书第7本书(原拟写10本,因故暂且中止)以及张太雷研究丛书4本书之后,说起想研究20世纪30年代的左翼(进步)文学期刊,我听了非常高兴,这是我的老本行。

左联会址纪念馆副馆长何瑛来看望我时,谈起"虹口记忆"的工作思路,这是一个宏伟计划,牵涉到虹口区历史文化的方方面面,包括社会发展、城市更新、重要事件、重要人物、民风民俗等文字和口述的记录等,并使之服务于如今虹口的城市规划、城市建设、文化遗产保护、利用以及精神文明创建等各项工作。

言模的研究课题主要对象是左联刊物和左联解散后的左翼(进步)文学

期刊,述评的主要对象也是左联(进步)作家及其文学作品,而且每个左翼(进步)文学期刊的编辑、撰稿人的人脉关系长链分别以不同方式链接左联盟主、左翼文化运动的首要代表人物鲁迅(住在虹口区山阴路大陆新村),对于研究左联发展史、中国现代文学史具有重要意义。因此,此研究课题可以纳入"虹口记忆"的系统工程,我们便与何瑛一拍即合。并且,我们进一步设想这个课题可以作为一个长期的丛书工程即"解读三十年代左翼文学期刊",现在呈现给各位读者的这本书便是这一工程的成果之一,以后还要牵涉到各种左翼(进步)文学期刊,包括文化理论、戏剧、电影、诗歌等各种期刊,包括左联成立前的左翼(进步)文学期刊。

我也有一个"虹口记忆",曾写下《长忆虹口少年游》(未刊稿),把虹口比作"我的第二故乡"。我11岁从宁波乡下到上海,住在虹口区鸭绿江路周家咀路三昇里,第二年搬到附近的狄思威路常乐里,直到1937年上海"八一三"抗战爆发,才离开那里,前后住了6年。1937年底,我参加了中国共产党领导的上海学生界救亡协会("学协"),1938年11月参加中国共产党,投身于抗日救亡的洪流中去。

虹口区多伦路201弄2号的左联会址纪念馆原来是窦乐安路233号中华艺术大学,1930年3月2日,左联在那里宣告成立,鲁迅前去参加并演讲,在此前后鲁迅又去过两次该校并演讲。左联会址纪念馆与鲁迅纪念馆很近,"文革"前后,这两处我曾去过多次,与新老朋友相聚,参观、开会、合影留念,我还提出过各种建议,心情很是舒畅。

言模撰写这本书时,经常向我汇报写作中遇到的各种问题和新的发现。其中《文学新地》发表的艾芜短篇小说《太原船上》,他因被捕入狱,由沙汀转交发表,艾芜始终未能见到。新中国成立后,他听说"上海曾重印一批三十年代的文艺刊物,并在全国文联大楼展览,其中就有登载《太原船上》的《文学新地》,作者署名乔诚,这是沙汀同志取的笔名。"艾芜马上请夫人王蕾嘉抄录《太原船上》。艾芜说的"上海曾重印……"正是我主持的第一批影印本,具有抢救现代文学史、现代出版史、现代文化史等有关资料的重要意义。

这种"抢救"意识也体现在许多有关专业书籍里,其中就有两卷本的《中国现代文学期刊目录汇编》(天津人民出版社1988年版,以后再版)等专业工具书和有关辞典,有关专业人员已经利用高科技手段,在网络平台上建立了中国现代文学期刊数据库。同时,对于这些文学期刊的研究工作也有许多可喜的成果,从各个不同侧面、不同层面评述了许多中国近代、现代文学期刊。复旦大学姚福申教授撰写的《中国编辑史(修订本)》(复旦大学出版社2004年版),对于中国有关编辑方面的文史知识作了较为全面系统的介绍,其中介绍了大量的书籍刊物。

由于诸多原因,迄今还没有出现有系统、深入地研究20世纪20、30年代的现代左翼(进步)文学期刊的专著,固步自封的陈旧理念、扫描式的点评、散点式的研究,已经跟不上新世纪的社科研究发展的趋势。因此,言模尝试以"解读"的形式评述那个年代的现代文学期刊,牵涉社会背景、创刊的宗旨、编辑的思路、撰稿人的心态,引起争论的风波,与其他刊物之间的不同关系等。其中评述这些期刊发表的各种题材的文学作品、译作是个重点,也是难点、疑点,不仅要把评述的诗文作品放在作家生平创作活动的纵横交叉点上,还要顾及中国现代文学史的发展进程和阶段性的特点,才能逐渐探寻这些文学作品的地位和价值,其中有许多作者使用临时性的笔名,难以考证,势必产生各种影响。

言模利用我的丰富藏书,长期收集的大量文史资料,以及各种老版本的珍贵报刊书籍,耐心地挖掘鲜为人知的文史资料,填补中国现代文学史的各种空白,努力走近这些著名文学家、翻译家、学者和革命者,试图还原那时的左翼(进步)文学期刊的真实面貌。但是,本书仅仅只是一个开始——冰山一角,亟需刻苦学习,进一步深入研究,大胆地开拓思考空间,竭力提升述评水平,还有大量的艰苦、繁琐的工作摆在面前。需要长期甘愿寂寞、枯坐冷板凳的勇气和毅力,脚踏实地,日积月累,厚积薄发,才能逐渐接近这个理想的目标,我也希望更多的有志向、有魄力、有意志的年轻人投入这项工作。

鲁迅、茅盾、郭沫若、巴金、夏衍、田汉、周扬等人在中国现代文学史上分别占据重要地位,张天翼、王任叔、聂绀弩、欧阳山、艾芜、沙汀、周立波、周而复等左联(进步)作家当时都很年轻,后来成为著名作家,他们以不同的形象先后出现在言模的这本书里,留下了说不尽的话题,以及许多难解之谜。

那时的左翼期刊反映了左翼文学家和进步文化人士的政治信仰、思想情绪、价值取向、审美观念、写作动态,他们的喜怒哀乐之情,都倾注在这些左翼(进步)文学期刊发表的文章里。这些左翼(进步)文学期刊也是当时中国共产党及其领导的左联等组织进行文化斗争的一个重要的宣传舆论阵地,包括针砭时政、抨击反动统治、呼吁抗日救亡、建立联合战线,以及运用各种方式传达党组织有关重要指示等。

其中,《海燕》策划刊登抗日救亡的报告文学并不是偶然的,与当时的新文委(中共中央文化工作委员会)以及在此基础上成立"临委"(中共江苏省临时工作委员会)有着密切关系。《现实文学》刊登冯雪峰起草、鲁迅点头同意的《答托洛茨基派的信》,引起远在莫斯科的中共驻共产国际代表团的高度关注,撰写专文,影响深远。张天翼、欧阳山、王任叔等人发起的小说家座谈会、创办《小说家》月刊,试图打破"两个口号"论争引起的双方之间的隔阂,这与中共中央特派员冯雪峰等人有关联。这些都是过去未曾涉及的"空白",此类例子在本书里比较多,读者可以细细品味。

从编辑的角度来看,徐懋庸、曹聚仁主编半月刊《芒种》,策划精妙,不着一个字的"刺汪"(汪精卫),成为那个年代左翼期刊"无字的评论"的一大"杰作",但是一直被湮没在历史尘埃里。类似的例子很多,各位读者不妨先看看这本书的目录,其中有这本书介绍的十几种期刊的简要内容和精彩"闪点"。左翼期刊的出版、发行,不得不提到当时一位精明的上海群众杂志公司老板张静庐(1898—1969),这是迄今还未能深入研究的一个课题。

我过去写的大量的重要文章,收入于我的《六十年文集——犹恋风流纸墨香》(上海文艺出版社 2004 年版),其中除了研究鲁迅、瞿秋白论文之外,还有《茅盾关心文学青年——三十五年前的一次会见》《郭沫若书赠我的〈咏梅〉词字幅》《关露同志与〈女声〉》《怀冯雪峰同志》《难忘的一面——忆王任叔同志》《九二岁暮访巴金》《懒寻旧梦二三事——忆念夏衍同志》《忆念胡乔木同志的三件事》《忆念赵家璧同志》《忆念吴朗西先生》《胡绳谈〈中国新文学大系(一九二七——一九三七)〉中的杂文〈报复〉》,以及《关于参加中国左翼作家联盟成立大会的盟员名单(校订稿)》《〈凯绥·珂勒惠支版画选集·序目〉校对记》《十年辛苦非寻常——〈出版史料〉创刊十年随感》等文。这些文章的内容或多或少出现在本书里,并且得以延伸、补充、发挥,渗透在本书的各个章节里,这也是一种很好的传承,我感到很欣慰。

衷心感谢所有关心我身体健康的新老朋友,也感谢所有支持和帮助言模的朋友们,祝大家工作顺利,健康快乐!

辑一 诸师絮语

瞿秋白佚文《大众文艺的问题》(初稿片段)

笔者曾策划、撰写了瞿秋白研究丛书系列的7本专著(原拟写10本,因故中止),其中有一本是《瞿秋白佚文考辨》(与刘小中合作),最后一本《瞿秋白、鲁迅等人往事探觅》里的部分文章也牵涉到瞿秋白的佚文问题。

真没有想到,遗漏的瞿秋白佚文《大众文艺的问题》(初稿片段,以下简称佚文,详见本文附录)竟然就在身边,"潜伏"在老父亲丁景唐的各种"书山"里。

1948年8月,解放战争期间的三大战役之一淮海战役前夕,华中解放区的华中文化协会编辑了一本《大众文艺现实问题》(以下简称"华中版"),署名瞿秋白,由华中新华书店出版,但是没有前言、后记,仅为64页,32开,竖排版。如今网上出现封面设计有些不同的"华中版",封面底色改为较深的绿色(原来为黄色),左下方增加了"华中文化协会编""华中新华书店出版"上下两行字,仍然保留原来右下方的木刻图案,里面版式和内容都保持原状,理应是再版本。

该书收入瞿秋白《大众文艺的现实问题》(后改题为《普罗大众文艺的现实问题》,以下简称"原文")、重写的《大众文艺的问题》(目录中没有出现,以下简称"重写文"),以及佚文《再论大众文艺答止敬》(附止敬《问题中的大众文艺》)。

该书还收入瞿秋白创作的大众文艺作品2篇,即《英雄巧计献上海》《江北人拆姘头》,还有4篇仅存目:《五月调》《上海打仗景致》《×××出兵》《可恶的××》,这些标题后面都注明"原文佚"。

4则存目的作品并非遗失,以后都找到了,《上海打仗景致》《东洋人出兵》《可恶的日本》收入不同版本的《瞿秋白文集》。以《五月调》的说唱形式——"旧瓶装新酒"的则有2篇《五月调·新新莲花落》《五月调·照五更调唱》,都是1932年春天创作的,收入《瞿秋白佚文考辨》(中国文联出版社2015年版)。

1930年春左联成立前后,《大众文艺》社先后组织关于文艺大众化的笔

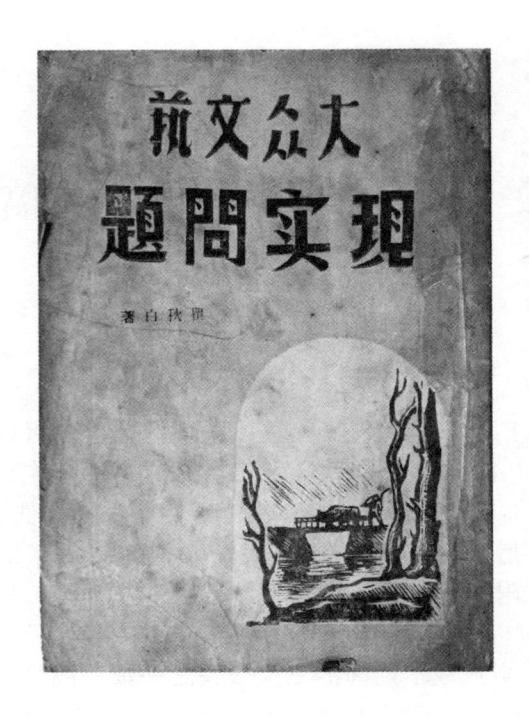

谈和座谈会,鲁迅、郭沫若、夏衍、陶晶孙、柔石、冯乃超等分别发表很有价值的意见,受到普遍重视。经过审时度势,瞿秋白把"第三次文学革命"运动的思路融入于左联倡导的"文艺大众化"大讨论。

瞿秋白写的"原文"指出:普罗大众文艺应当立刻实行,应当认真的解决一些现实的问题:第一,用什么话写。第二,写什么东西。第三,为着什么而写。第四,怎么样去写。第五,要干些什么。

不久(11月),瞿秋白修改、冯雪峰等人讨论通过了左联《决议》。因此,瞿秋白写此文是一种配合工作,谈了具体意见。次年一·二八淞沪抗战之后,局势发生急剧变化。3月5日,瞿秋白写了"重写文",发表于左联机关刊物《文学月报》第1期(6月10日),署名宋阳。该文分为4个部分:问题在那里;用什么话写;写什么东西;前途是什么。此文引起茅盾的不同意见,写了《问题中的大众文艺》(署名止敬),即以上提及的该书附录。于是瞿秋白又写了《再论大众文艺答止敬》。

茅盾却不再继续辩解,后来解释说,他俩对文艺大众化的概念理解不同。他主要是着眼于创作来谈大众文学的,更多注意文学的审美要求,瞿秋白则更多的是政治家的思维。瞿秋白也承认这是他俩提出问题的方法不同之处,而且对于开展文艺大众化运动的政治性阐述,让茅盾难以认同。

瞿秋白的"原文"和"重写文"有何变化呢？由于篇幅关系，只能讨论其中一点："原文"第三部分"为着什么而写"，指出：我们要有一个"无产阶级的'五四'，这应当是无产阶级的革命主义社会主义的文艺运动"。显然，这个"普罗大众文艺的斗争任务"依然受到"左"倾影响，试图超越民主革命阶段，直接跨入"社会主义的文艺运动"阶段，或者说至少带有这种超前文艺运动的性质。

"重写文"删除了这个过于轻率的表述，把这个问题首先摆出来，针对性提出"问题在那里"。瞿秋白初步纠正了自己的"左"倾错误，也指出过去"空谈大众文艺和文艺大众化"的症结所在。

瞿秋白在文后又作了明确解释："这是要无产阶级来领导肃清封建意识的文化斗争，彻底执行这个民权主义的任务。……这个文化革命的斗争，同时要是反对资产阶级的，而且准备着革命转变之中的伟大的文化改革——向着社会主义的前途而前进。"

瞿秋白再次以政治家的胸襟、文学家的构思、诗人的气质谈论"反对""创造"与"消灭""建立"，形成一幅宏伟蓝图——现实斗争衔接未来理想的大众文艺美好前景。

值得注意的是，"原文"以后收入瞿秋白自编的《乱弹》，又作了若干修改。但是，"重写文"不知何故未能收入，也许其中的一些说法过于偏激。

"原文"与"重写文"鲜明地体现了瞿秋白遵照列宁《党的组织和党的出版物》等内容精神，围绕中国共产党现阶段的中心任务，及时提出革命文艺必须为革命事业忠诚服务的重要宗旨，倡导、推动、发展大众文艺运动，能够尽快地实现这个目的。

瞿秋白的大众文艺（文学）观渗透在这时期文学批评、译介等大量文论里，不断进行补充和发挥，直接影响对于现实主义等文学问题的论述。他不仅在理论上大力提倡文艺大众化，而且同时身体力行，向民间艺人学习，创作了不少通俗歌谣和说唱。以上提及的该书收入和存目的作品便是其中一部分。

瞿秋白的佚文反映的主要问题与"原文""重写文"基本相同，一是必须尽快地解决大众文艺的问题，二是强调"无产阶级的五四"的任务，三是忽视了"反动的大众文艺"。显然，佚文还比较简单，没有"原文""重写文"那样比较完整，具有较强的逻辑性，有针对性地提出解决问题的举措，更多的"接地气"。

如果仅仅从"重写文"删除了"原文"中过于轻率的表述（见上文）这一点来审看，也可以理解瞿秋白在重新思考"重写文"时，起初还是不知不觉地延顺"原文"的思路写下去。但是，他发现思路有些"偏题"，便立即中止，形成"初稿片段"（佚文），重新撰写"重写文"。

值得注意的是佚文的主要论据在"原文""重写文"中均未出现，即欧美先进资本主义国家的大众文艺问题。对此，佚文的论述并不严密，如"他们的革命文艺的大众化，结果就可以创造出革命的大众文艺。为什么？因为一般的说起来，欧美资本主义国家里的资产阶级民权革命已经是过去了的事实，文化生活之中的封建残余，的确只是些无关重要的废物，跟着无产阶级的革命就可以顺便的肃清了。"这是简单化、直线思维的表述，比较随意。欧美资本主义国家的资产阶级民主革命进程充满了曲折、复杂、尖锐、反复、艰难等历史因素，况且每个国家的历史进程并非"一刀切"那样统一，整齐划一。因此，随之产生的文艺大众化问题复杂性、长期性也远远超出了世人的想象，这也是瞿秋白删除这些文字，放弃"初稿片段"，并且另行起草"重写文"的主要原因。

佚文最后谈及的忽视"反动的大众文艺"问题，其实在瞿秋白事前撰写的重返文学战线的第一篇近两万字的长文《鬼门关以外的战争》及其后的文章里都已谈到，而且锋芒毕露，毫不留情，并以"非此即彼"的政治斗争思维，矛头指向几乎所有的中间派作家，包括畅销书作家张恨水等人。

1931年初，在六届四中全会上，瞿秋白被排挤出中央领导机构。他重返文学战线，仍然主动为党工作，参与领导左联。并且针对当时中国文艺战线的各种问题，以中国革命的宏观视野，沿续着政治斗争的思考惯性，努力促使进步的大众文艺成为有力支持政治斗争的重要武器。其中不免有"左"倾思维的产物，包括对于大众文艺问题的阐述，也体现在佚文里，读者可以自己进行评判。

但是，如果与当前社会文化流行的媚俗、低俗、妖俗、怪俗等现实问题结合起来观审，那么当初瞿秋白、冯雪峰等人的严厉批判是否有远见，"下猛药"是否"矫枉过正"呢？

笔者重新翻阅老父亲丁景唐与文操（方行）合编的《瞿秋白著译系目录》（1959年1月初版本、同年10月再版本），才回想起原来以上谈及的"华中版"，是依据上海"孤岛"时期的谢旦如印的《街头集》（1940年1月上海霞社出版）翻印的，因此保留了《×××出兵》《可恶的××》的非常时期的存目标题，这也是一种被日本帝国主义侵略、奴役的一种耻辱象征，这是如今世人无法理解的。

1934年1月，瞿秋白离沪赴苏区之前，留下两份文稿，分别交给鲁迅和谢旦如（1931年前后，瞿秋白、杨之华夫妇隐居在谢旦如的家里）。谢旦如根据瞿秋白留下的文稿，曾自费出版瞿秋白的《乱弹及其他》《街头集》等，大多被解放区的新华书店等部门翻印。此后，丁易编的瞿秋白《大众文艺论集》（北京师范大学文学院印行，1951年7月初版，同年11月再版）还收入《街头集》《"华中版"》中的佚文。

冯雪峰曾任左联党团书记、中央"文委"书记，并曾一度担任瞿秋白与鲁迅之间的特殊联络员，知道许多内情。新中国成立后，冯雪峰主编的第一套4册8卷《瞿秋白文集》（人民文学出版社年1953—1954年初版），并未收入"原文"和《街头集》、"华中版"中的佚文，只收入"重写文"。可能考虑到前者两文一并收入，可能会引起争论，"重写文"则比较成熟，而且曾与冯雪峰《论文学的大众化》互相配合，一起收入左联机关理论刊物《文学》半月刊（1932年4月25日出版，还收入瞿秋白《上海战争和战争文学》），《文学》半月刊仅出一期，很可能是冯雪峰负责编辑的。因此，"重写文"给冯雪峰的印象比较深刻。

丁景唐收藏了第一套《瞿秋白文集》，在第2卷目录《大众文艺的问题》下面，他特地用红字写了"附初稿片段"，以示未收入《街头集》、"华中版"中的佚文。上世纪80年代改革开放后，人民文学社出版的14卷《瞿秋白文集》（主要依据冯雪峰主编的《瞿秋白文集》）也未收入此文。使得原来并非佚文的这篇文章，此后却正式成为了佚文，如今很少有人知道还有这篇佚文。

当初华中新华书店的前身可以追溯到抗日时期的苏北根据地大众书店。根据周恩来的指示，汤季宏（后为上海市出版局副局长，与丁景唐一同工作）、王益、袁信之、张汉卿分别代表新知、读书、生活去苏北，"把书运到苏北去，到苏北去开店"。他们临行前，艾寒松题名为大众书店。大众书店起初在黄桥开业，总店则设在盐城（中共中央华中局所在地），哲学、社会科学书籍主要来自上海，其中也有谢旦如的《街头集》，留在上海的汤季宏负责运书的艰难任务，随时可能遭遇不测之事。

1948年秋天，苏北全境解放，华中新华书店迁至江苏板闸镇，在淮阴设立直属门市部。当时该书店设有编辑部，其中有薛德震、陈允豪等人，以后到苏南新华书店、新华书店华东总分店、上海人民出版社工作，薛德震后任人民出版社社长兼总编辑。陈允豪抗战初期由上海进入苏北，参加了新四军，后在人民出版社离休。他俩的回忆录中很少谈及关于华中新华书店和编辑部的故事。可能当时事情繁多，记不清楚"华中版"《大众文艺现实问题》的具体情况了。

[附录]

大众文艺的问题（初稿片段）

瞿秋白

大众文艺的问题很早就提出来的了。但是，直到现在，革命的和普罗的文艺战线仍旧没有开展到大众方面去。自从这个问题提出来之后，已经有三个年头①过去了；时时刻刻有人提起这个问题来讨论一下，闲话说过不少，而工作简直可以说没有，这是什么道理？

最主要的是没有知道这个问题究竟在那（哪）里。问题的性质根本没有清楚，自然说不上解决。

一般对于革命文艺必须大众化的认识，不用说是早已有了的。可是，中国的一般文化现象以及文艺的生活里的具体的实在的形势，却到如今还没有得到明确的分析。自然所谓"大众化"也就变成了一句空洞的笼统的口号。中国的社会文化方面的形势，正是不但需要革命文艺的大众化，而且需要创造革命的大众文艺，这两方面固然是互相联系着的，可是这在中国是显然不同的两种工作。

譬如说，德国法国英国等等先进的资本主义国家里面，就没有这种特殊的大众文艺的问题。他们的革命文艺的大众化，结果就可以创造出革命的大众文艺。为什么？因为一般的说起来，欧美资本主义国家里的资产阶级民权革命已经是过去了的事实，文化生活之中的封建残余，的确只是些无关重要的废物，跟着无产阶级的革命就可以顺便的肃清了。他们那里在所谓智（知）识阶级（intelligentzia 注）②和劳动民众之间，已经没有那么高大的一座万里长城。所以，他们的革命文艺文艺大众化的问题，只在于把革命的普罗文艺传播到大众里去，洗刷干净那种初期普罗文学里的智（知）识分子的怪脾气（未来主义等类的古怪形式）。

中国呢，情形就不同了。这里，难道只要把国际普罗文艺理论通俗化，只要把反对民族主义派以及人权主义派③等等的文艺论战通俗化，只要把中国现在的革命文艺作过通俗化就够了么？不够的。这仅仅只是一部分，而且是比较不重要的一部分工作。中国的五四文化运动，固然是资产阶级领

---

① 这里及后文先后出现两个"三年"，这是瞿秋白随手写的，并非严格意义上的统一。
　　前者理应包括曹聚仁、徐懋庸等人首次提出大众语等问题。1930年5月1日，左联成员20多人在《大众文艺》第2卷第4期上发表了对"我希望于大众文艺的"这个征文题目的意见。但是，如果以1931年为界，并没有"三年"。

② 智（知）识阶级（intelligentzia 注），按理这是瞿秋白的文中注释，不过这英文可能是俄文版书籍上"化解"的，与如今英文不尽相同，虽然可以翻译为知识分子（Intellectual），并不是知识阶级。

③ 民族主义派，1930年6月，潘公展、王平陵、朱应鹏、傅彦长等发起"民族主义文艺运动"，集合在这旗帜下的还有张若谷、黄震遐等人，宣扬所谓"民族意识"，否认阶级矛盾，歌颂法西斯主义。立即遭到鲁迅、瞿秋白和左联成员的严厉批判，使其不成气候。
　　1929年4月，国民党政府发布一道保障人权的命令，胡适立即在《新月》第2卷第2期上发表《人权与约法》，尖锐地提出批评，引起一场轩然大波。瞿秋白等人批判胡适为代表的人权主义派，一概排斥为资产阶级鼓吹虚伪"自由"的政治立场，反映了当时共产党内的"左"倾思想。

导的文艺复兴运动；但是资产阶级在文化革命方面的叛变，就是重新把五四时代开始崩溃那座"万里长城"修理起来，在形式上固然是新式的建筑，而在实质上仍旧是维持封建残余的统治。这种万里长城，就是企图完全隔断劳动民众和文化生活的障壁，这座万里长城是什么？就是五四式的新文言（现在的所谓白话文学）。在新文言的基础上，无论怎样通俗化，一切新时代的科学艺术的智（知）识，始终只能够达到一两万的智（知）识青年。因此，假定普罗文学的大众化也仍旧在这种基础上面，那么，这自然只是比较不重要的一部分工作。

现在的任务是：必须有意识的系统的开展无产阶级领导下的文艺复兴运动，无产阶级领导之下的反封建意识统治的文化革命，"无产阶级的五四"，——这固然同时也是反对资产阶级的文化革命，可是，这个文化革命的现在阶段还只是资产阶级民权革命的任务。革命的大众文艺的创造，就是这种文化革命的一方面，而且是很重要的一方面。这是极严重的战斗。

文艺战线上的革命斗争，首先要认清群众的对象。中国的革命文学和普罗文学的斗争开始了已经三年了①。但是必须问一问：直到现在，这是和谁斗争，这是为着什么而斗争，事实是明显的答案：这还只是和民权主义的人权主义的……一切种种买办豪绅以及资产阶级的新式智（知）识阶级的新文艺之中的反动派斗争，这还只是为着争取智（知）青年而斗争。而劳动民众的文艺生活仍旧被一切种种反动的大众文艺霸占着。文艺战线上争取劳动民众的斗争差不多还没有开始。那些反动的大众文艺，封建智（知）识占着统治地位的大众文艺，那些无名的说书演义连坏图画小唱宣卷旧戏等等的作家，实在比什么黄震遐李赞华等等，对于群众要有十倍百倍的影响。而直到现在，反对这些深入群众的反动文艺的斗争，反而没有开始！中国的工人农民……之中，究竟有几个人知道黄震遐，或者徐志摩啊？但是，知道"岳飞"，"李逵"，"薛仁贵"，"关云长"……的人可真正不少。这个问题，为什么不值得早些来注意呢？中国革命文学方面对于这个问题的忽视，正是因为革命文学的干部被资产阶级的"五四文化运动"所俘虏了，他们大半也是站在万里长城的那一边，……他们和中国劳动民众没有共同的言语，他们对于中下的民众差不多也是"外国人"。他们只在"自己的智（知）识青年国"里和一些欧化绅士打笔墨官司。

---

① 瞿秋白说的"中国的革命文学和普罗文学的斗争开始了已经三年了"，理应是指 1928 年太阳社、创造社错误地围攻鲁迅，展开"革命文学"的论争。

郭沫若"两难选择"的《反正前后》

上世纪30年代,郭沫若因在国内受到通缉,被迫流亡日本,栖身于日本千叶县的近郊。

有人前去拜访时,郭沫若穿着和服,拖着木屐,妻子和孩子都不会说中文,他已经几个月没有说中文了。谈起生活遭遇时,郭沫若表示十分愤慨,又感伤地说:"唉,真不用说了,这几年来我的苦只有我一个人知道,旁边人是不易了解的。譬如我的版税,能按期和我结算,我是可以生活的,但是(国内)书局怎么也不理睬你。"郭沫若全家每月至少也得150元,而且家里不雇用人做家务,"这个开支是最省的"。

郭沫若无可奈何地解释说:这几年卖出去的书稿有《我的幼年》《反正前后》,拿到了一千元,其余的只有几百块,都被经手人吞没了。① 当时两元半华币才能换到一日元,因此,郭沫若的生活很艰难。

如今郭沫若的《我的幼年》《反正前后》,都被列入他的自传一类。这两本书都写于1928年,次年先后出版,以后多次再版。

《反正前后》最初由上海现代书局出版(1929年8月15日),32开,前面有《发端》6页,正文211页,约7万字。因遭到查禁,停版2年。1931年修改某些内容,改名为《划时代的转变》,前面有《改版说明》:"本书原名《反正前后》,为郭沫若先生自叙传中的最重要的一本。他抓住了中国社会由封建制度向资本主义制度转换期中的主要现象,以他自己的思想的转变上完全表现了出来。自一九二九年出版,即轰动一时,后因某种误会,停版将及二年,现因读者纷纷要求再版,乃将内容修正一过,改易今名。并经呈部审定以内容并无过激,核准发行。尚希读者注意及之!"有意思的是此版封面、内封重新设计,而且在内封的下端注明"1931",版权页上仍然注明1929年8月15日初版。不知这是无声的抗议,还是并未修改,继续沿用原来初版的版式,

---

① 愚公:《在日本的郭沫若会见记——他的生活、创作、家庭》,1936年2月15日《新人周刊》第2卷第24期。

这尚需细细核对,方才得知。

此后,立社出版的《反正前后》(1939年3月,列入"当代作家创作文库")与现代书屋出版的《划时代的转变》(1946年4月)版本相同,但是封面不同,后者的第一、第二部分,简约为"一""二",也没有附录的曹禺、巴金二文。而且立社版本比上海现代书局初版甲种1元或乙种7角大洋要便宜,只需4角。丁景唐收藏立社版本时,在扉页、内封(继写)批语:

> 郭老的书,我也有十多种,其中一本并有郭老签名,记为五卅运动演出的剧本。丢失了的和被人取走的也有几本。有一本不二书店出的《豕蹄》附有魏猛克的插画,实为一本历史小品集,却为一名书骗(子)所借,一借借了二十年,借也就成了骗的同义词了。
>
> 新钟书店编的《新钟文学丛书》中有一本郭老的《历史小品》,看来可能即是《豕蹄》的盗印本。
>
> 这本《反正前后》也是一本盗印本。

郭沫若《豕蹄》,不二文学丛书1936年初版。"一名书骗(子)"是何人,不难查明，无须细述。

郭沫若的《我的幼年》《反正前后》形式相同，都没有目录，分为"第一篇""第二篇"两大部分。而且都是以"我"的所见所闻角度展开述说，有人称之采取双重叙事的方式，介于文学作品与历史性文本的一种特殊体裁。但这是一把双刃剑，有人喜欢，有人责难，有人模棱两可，各抒己见，甚是热闹。

《反正前后》反映了辛亥革命之前四川保路运动，辛亥革命被四川人叫做"反正"。四川保路运动又称"四川保路风潮"，是清末四川商民自办铁路，清政府迫于列强压力，要将路权收归，激起四川民众的强烈反抗，遭到川督赵尔丰部下的清军残酷镇压。清廷又派湖北新军前去四川，造成武昌空虚，为辛亥革命首役武昌起义奠定了基础。

郭沫若的书名加以"前后"的时间概念，以便扩展叙述空间——"天马行空"，为自己的上学、学潮的经历与四川保路运动进行"链接"。

该书开头便是1910年2月，郭沫若等同学被嘉定中学开除，才有机会转学到省城成都的分设中学。郭沫若的妙笔生花，对于沿途的风景、学生的生活等，绘声绘色，如临其境。其中3月春游，前往成都城外的青羊宫、草堂寺的"花会"，寻幽访胜，仅仅是骑马一事，便占据了不少篇幅。

该书"酒过三巡"之后，才渐渐进入正题，谈起成都和四川的政治、经济、文化，川汉铁路的情形。但是，笔墨仍然集中在郭沫若所在的学校里，罢课、开会声援"开国会"，遭到了各种阻扰和破坏。

郭沫若在该书的第一部分最后写道："一位懒得最彻底的姓李的同学（我真实对不着，我现在怎么也记不起他的名字来）自始至终是陪伴着我们的，他看见一个二个人都上了课堂，他不知不觉的流出了眼泪来。'妈的一个口！'他很大的叫了一声，'办你妈的一个鬼学！老子也不愿意读书了！'"由此折射出外界的各种变化，"风雨欲来风满楼"，四川保路运动的高潮即将掀起，迎来中国近代史上的重大转折点——辛亥革命。

该书第二部分开头写出辛亥革命之前的国外形势，迅即落笔在川汉铁路的情形，国有商办的争端，保路同志会的成立，清朝政府的应付，以及"剿抚"激起"反正"革命，其中很多篇幅仍然是以学校的风潮为叙述视角。最后的结尾却是赵尔丰被斩首，血淋淋的场面未曾出现，就此立功的26岁的尹昌衡（新都督），把赵尔丰的首级"提在手里，从都督府打马出来，游街示众"。突然，遇到刺客，所幸未被打中。郭沫若饶有兴趣地说了一些传闻：尹都督"英雄惜英雄，猩猩（惺惺）惜猩猩（惺惺）"，不仅没有杀刺客，"反以上宾之礼待，他称他为'国士'。"如此，戛然而止，结束了全书。

郭沫若"以小（学校）见大"的构思，赢得不少读者的"点赞"，甚至打抱不平地说道:"有的人过于偏僻,好像以为文笔一叙到自己身边上来,便不是我们阵营里的文字,其实这是错误。材料什么都可以,形式也什么都可以,主要的是认识!"(《反正前后·发端》)

但是,游离主旨的文人雅兴,闲聊玩赏,不厌其烦地描写享乐的情趣等细节,近似于说书的"插科打诨",文字不免拖沓、冗长,前后脱节,引起有些读者的愤愤不平:"事实迂腐,不堪入文";"取材无味,令人讨厌";"琐琐私事,无一读必要"等。

况且全书的结构,无头无尾,没有"一毛钱"的关联,上、下篇(两大部分)没有"可分可合"的线索,书中的地方、事件、人物等也没有联络或统一。即使他的一些精彩描写之处也露出不少破绽(众多读者的情趣不一):写青羊宫花卉,不能描写一点百花生日春阳暖中士女如云里的风光,写孔明祠不能描写一点古柏森森苔路斑驳中的庄严,写"吊刀子"进成都,写哥老会的堂口,写打"启发"抢东西,也不能引起人们心中一点恐怖的回响。如果除去每段末尾一些论经济的话,那么使人觉得像听演说之外,难以引起读者的共鸣,即使引起的也是理智,没有情感。①

其实,这正是郭沫若无奈的"两难选择"。一方面,他口称:"纯然是一种自叙传的性质,没有一事一语是加了一点意想化的。"(《我的幼年·后话》)一方面,他也强调:"葡萄酒,你不要太浓,然而也不要成为一杯白开水。"(《反正前后·发端》)前后两者(双重叙事)都要兼顾,但是往往"鱼和熊掌不可兼得"。

郭沫若的文采飞扬,灵感瞬间爆发,如同勇猛冲下山崖的瀑布,一泻千里,叫他如何"刹车"。这"任性"二字中也蕴含着他的另一种智慧——市场需求。他是一个文化名人,才华横溢,风流倜傥,广大读者喜欢看他的作品之外的趣闻轶事,这是书刊市场青睐的"卖点""热点"。况且,他流亡日本的生活陷入困境,急需换取稿费,养活全家,不能枉费了昼夜喷涌的脑汁和大量的笔墨——辛勤之劳,难以言状。

如果政治的"葡萄酒太浓了",大喊大叫,直奔主题,犹如他痛斥蒋介石的檄文,那么国内图书审查官老爷可不是吃素的,正虎视眈眈,迫不及待地期待郭沫若"自投入网",痛下杀手而后快。即使该书"不伦不类"的写作方式,也最终遭到无情的查禁。

郭沫若游走两难选择的"刀刃"上,被迫伸长脖子,等待各种"唾沫"飞溅到自身的和服上,其复杂的心境可想而知。

后世读者则不然,一是郭沫若的这种特殊文体,奉献了他自述的大量素

---

① 傅润华:《郭沫若的〈反正前后〉》,选自李霖编:《郭沫若评传》,上海现代书局 1932 年版。

材,由此提供了第一手的研究资料,包括他的生平足迹、思想、情趣等。二是能够欣赏到郭沫若的写作才华,不拘一格,独往独来,任凭丰富的联想翅膀在广阔天地里自由翱翔。三是觉察到郭沫若对当时社会重大事件的分析、判断,这渗透在该书的某些章节里。

这些都是丁景唐收藏《反正前后》的理由,即便是立社的盗印版。

夏丏尊的《文艺论 ABC》与《文艺讲座》

夏丏尊曾与鲁迅一起执教于浙江两级师范学堂,"晨夕相共者好几年,时候是前清宣统年间。那时他名叫周树人,字豫才,学校里大家叫他周先生。"这是夏丏尊写的散文《鲁迅翁杂忆》,文风朴实,真情流露,感人不已。夏丏尊多年从事教育、出版工作,曾任上海暨南大学中国文学系主任,他教授的内容大多与鲁迅作品有关,由此表达敬意。

1928 年创造社、太阳社错误地"围攻"鲁迅,由此产生"革命文学"论争。这让夏丏尊看不下去,很想"敲边鼓"声援老友鲁迅。恰巧他应邀编写了一本《文艺论 ABC》,世界书局于 1928 年 9 月出版,受到广大读者的喜爱,此后再版,1930 年 7 月已经是第 3 版了。

徐蔚南作为《ABC 丛书》的主编(曾加入新南社、文学研究会,执教复旦大学、大夏大学,著有散文集,译著问世。新中国成立后,任上海文献委员会副主任等),在《发刊旨趣》中写道:"我们要把各种学术从智(知)识阶级的掌握中解放出来,散遍给全体民众,ABC 丛书是通俗的大学教育,是新智(知)识的源泉。""我们要使中学生大学生得到一部由系统的优良的教科书或参考书","这部 ABC 丛书,每册都写的非常浅显而且有味。"这是"讲堂里实用的教本,是学生必办的参考书"。这虽然有做广告的味道,但是这套丛书的作者多半是资深的学者、作家、教师等编写的,则是不争事实。

夏丏尊的《文艺论 ABC》出版的同时,还有其他作者编写的专著,一起列入"文学"专项里,如傅东华的《文艺批评》《诗歌原理》、茅盾(玄珠)的《小说研究》、谢六逸的《农民文学》等。

"近年来革命文艺的呼声,尤其是无产阶级文艺的呼声,甚形热闹,但是所谓革命文艺,无产阶级文艺,究竟是什么一回事,实在有点模糊。著者特辟一章,客观地从文艺创作与革命的关系,根本上加以一番考察,以阐明革命文艺,无产阶级文艺的究竟。"夏丏尊的开场白(《例言》)毫不客气地说明编写《文艺论 ABC》的主要目之一。他虽然没有点名批评创造社、太阳社的冯乃超、蒋光慈等血气方刚的年轻人,但是读者看了会意一笑,心照不宣。

《文艺论 ABC》设有 18 章,包括《结言》,每章篇幅不长,短的仅为数百字。其中第 17 章题为《创作与革命》,开头说明:"近年以来,革命成了一种全世界的口头的熟语,于是有所谓革命文艺发生,就中无产阶级文艺,尤在引起世间的注意。兹试一考察文艺创作与革命的关系。"

40 多岁的夏丏尊与冯乃超、蒋光慈等人的"超前"意识不可同一而语,但是他甘愿挑战这个敏感的话题,"敲边鼓"声援鲁迅,并不顾忌"引火烧身"。

夏丏尊认为:"凡是伟大的文艺作家,应该都是一种的革命者。……他们对于时代,有着惊人的嗅觉,他们是时代的先驱者。"他坦言:在中国的真正无产阶级文学暂时难以出现,因为无产阶级大众局限于各种因素难以搞创作,目前的大众文学作品还是资产阶级知识分子创造的。但是,他乐观地预见:无产阶级文化"总有一天会出现的",其文艺"也可预想"。至于目前过渡时期,"所能看到的,尚只是其萌芽或混血儿"。

这番实话实说,坦坦荡荡,毫无遮掩,也是夏丏尊一贯文风的真实写照。夏丏尊干脆捅破窗纸说:"在我国文坛上已成了论战的题目。有的主张如此,有的主张如彼,详细情形,让读者自己去就了新闻杂志书册去看。我也不想加入论战中去,在这里只表明我自己的意见而已。"

对此，冯乃超、蒋光慈等人自然"不屑一顾"，但是，至少对于夏丏尊的《文艺论 ABC》有所耳闻。经中共中央文委书记潘汉年等人协调，"革命文学"论争的双方和其他左翼作家同意成立左联。在筹备左联时，冯乃超等人与鲁迅达成共识，分头撰写或编译有关文章，准备出版文艺理论专集《文艺讲座》。

左联成立后（1930 年 4 月 10 日），左联第一本译介、评述的文艺理论专集《文艺讲座》（类似双月刊）问世于上海，神州国光社发行。由左联党团书记兼宣传部长冯乃超担任主编，原定出版 6 册，但仅出 1 册便被查禁。该专集着重译介马列主义的文学理论和苏联的无产阶级文艺，也评述中国新文学运动的成果。撰稿人有冯乃超、朱镜我、彭康、鲁迅、郭沫若（麦克昂）、冯雪峰、阳翰笙（华汉）、钱杏邨、洪灵菲、蒋光慈、夏衍（沈端先）、冯宪章等。

其中鲁迅译作《艺术与哲学·伦理》，与后来的《对于左翼作家联盟的意见》有着内在关系，却被长期忽视，形成一个不该有的"空白"环节。

《文艺讲座》聚集了左联的一些名家，由于各种因素，使得有些文论不尽如意，存在着各种不足和问题。正如撰稿人之一洪灵菲说的，希望让专家学者来搞这一项研究工作。

徐蔚南等人"趁机"充实《ABC 丛书》编写者的名单，扩大论述的范围，由夏丏尊、赵景深、傅东华、徐蔚南、玄珠（茅盾）、苏慕晖 6 人的 7 部文艺理论专著合编而成《文艺讲座》（世界书局 1934 年 10 月出版），其中有《文艺论》《文学概论》《文艺批评》《艺术哲学》《诗歌原理》《小说研究》《独幕剧研究》。

冯乃超等人策划的《文艺讲座》与夏丏尊等人的《文艺讲座》，好像是"硬碰硬"，也不怕雷同，先后抢占各自的"山头"。如果除了前者的译作，仅就有些论述而言，那么两者有着明显的不同，前者比较稚嫩、粗糙、仓促，后者显得有条不紊，内容比较翔实。进入新世纪，后者作为"民国学术文化名著"，2013 年由岳麓书社重新包装出版。

冯乃超等人策划的《文艺讲座》仅出一期，几乎被人遗忘。新中国成立后，丁景唐主持出版几批"中国现代文学史资料丛书（乙种）"影印本，才拂去蒙在《文艺讲座》上的历史尘埃，"重见天日"。不过有关人员因故并未深入研究，也没有追究此刊名的来历。丁景唐珍藏夏丏尊的《文艺讲座 ABC》，也许他准备将来撰文探究一番。

说起来很有趣，理应是冯乃超等人当初策划刊物时，受到夏丏尊的《文艺论 ABC》的影响，或者说受到启发。此后，徐蔚南等人不服气，"抢回"刊名，以示"正宗"，便于市场销售，扩大影响。

丁景唐珍藏的《文艺论 ABC》，扉页、首页上分别盖有"景唐藏书"和丁景唐的两个红色印章。正文首页的内封上写有一行字："民国卅六年四月，×

××为麦伦献书运动而捐。"右下方还有个长方形的蓝色橡皮章,注明:"麦伦中学四十九周(年)立校纪念。"

麦伦中学前身是英国教会伦敦会于1898年在沪创办的麦伦书院,1927年改名麦伦中学。抗日战争胜利后,爱国民主人士沈体兰复任校长(后为上海体委主任),同情、支持中共地下党和爱国人士的民主革命斗争,该校被誉为"民主堡垒"。1953年5月改为公立,更名为继光中学,曾是上海十所重点中学之一。

丁景唐曾从事中共"学委"的宣传工作,很清楚知道沈体兰和麦伦中学的情况。因此,从麦伦中学"流出"的《文艺论ABC》,对于丁景唐来说又有特殊的意义。

巴金的《短简》首次晃动着"少女"萧珊的身影

1936年11月,巴金在书信式散文《给一个孩子》中写道:

有一天她忽然被什么事情感动,她睁开了眼睛,再不然她因了一时的气愤,或一时感情的冲动,她觉得她不能够再在家庭里,学校内住下去了。她不愿意再过那种寄生虫的生活,她不愿意再留在顽固的父亲的威权下面过日子,她要跑进那广大的世界里面去,靠着自己的两只洁白的手,和一个正直的灵魂建立一种合理的新生活。她的眼光是正确的,她的志向是伟大的。我们绝不能够在这个孩子的热情上浇一瓢冷水。

那时,巴金已在文坛上崭露头角,继长篇小说《家》问世后,又在创作《春》等,许多读者成为巴金的"粉丝",不断慕名写信,提出各种问题。其中,有一位爱国女中的19岁高中女生经过一番紧张的思考,羞涩地投出了一封信,她叫陈蕴珍,笔名"萧珊",信中还附有一张自己的照片。

他俩在新雅饭店初次见面后,萧珊向巴金倾述自己的郁闷,说是自己的父亲管教甚严,她处于青春"叛逆"期,想要离家出走。巴金连忙劝说,不可鲁莽行事。徐开垒写的《巴金传》上卷(上海文艺出版社1996年版)详细叙述了这段美好的婚恋,其中提及萧珊与学生会主席陶肃琼邀请巴金、靳以去学校演讲。

巴金、靳以是老朋友,正在合编文学刊物《文季月刊》,隶属上海良友图书印刷公司(以下简称"良友")旗下众多刊物之一。他俩与赵家璧密切合作,成为同时期文学刊物中的佼佼者。① 赵家璧回忆说:

---

① 详见丁言模:《巴金领衔的"三驾车"〈文季月刊〉》,载丁言模:《穿越岁月的文学刊物和作家》第2辑,丁景唐作序,中国社会出版社2017年版。

靳以在"良友"工作时期虽不及一年,他此后还为我们编了一套《现代散文丛书》,作者中有严文井、何其芳、李广田、芦焚等,而最早出的是巴金的《短简》。在这本薄薄的小册子里,第一次编入了后来成为了解和研究作者青少年时期生活和思想的重要第一手资料,如《我的幼年》、《我的几个先生》等,读来亲切动人,是作者自传的一部分。还有两封早期写给萧珊的信;当时她还在学校念书,一九三六年由于热爱巴金的作品,两人遂发生爱情,开始互相通信。从这部散文集中所抒发的思想感情和写作风格,同今天作者正在为香港报刊撰写,然后分册编集的《随想录》,可以说是一脉相通的。①

赵家璧作为当事人,认为巴金《短简》("良友"1937年3月初版)收入"两封早期写给萧珊的信",但是众多学者从未关注此"细节",也似乎回避这种"隐私"之类的问题。

《短简》共收入巴金的自传之文或散文共15篇,其中有《我的故事》《给

---

① 赵家璧:《巴金与"良友"》,载赵家璧:《文坛故旧录——编辑忆旧续集》,生活·读书·新知三联书店1991年版。

一个孩子》,这两篇的字里行间有晃动着"少女"萧珊的身影:

> 朋友,你看,对于你那两页信笺我所能答复的就只是这最后的两行。你说:"我很愿意知道你现在的情形,告诉我一些关于你的故事吧。那么我们中间会了解的。"我只能够简略地告诉你一点我的生活情形。你看我是一个多么软弱无力的人,而且我过的又是多么平凡的生活呵!
> 你说:"我永远忘不了从你那里得来的勇气。"你又说:"你给了我生活的勇气,你给了我战斗的力量。"朋友,你把我过分地看重了。倘使你真的有那勇气,真的有那力量,那么应该说是社会把你磨炼出来的。你这个"陌生的十几岁的女孩",你想不到现在是你给了我勇气,使我写出上面那些事情的。那么让我来感谢你吧。(《我的故事》)

对此,徐开垒的《巴金传》上卷(第 254 页)里只是换了一下语气叙述,而且较之上面引文,在"你这个'陌生的十几岁的女孩'"后面又多了一些文字:

> 倒是你说了正确的话:"去年一·二九学生运动的高潮把我鼓舞起来,使我坚决地走上了民族解放斗争的路途!在这半年的战斗中,我得这不少的生活知识与宝贵的经验。我抛弃了个人主义的孤立状态,而走向集体的生活当中。我爱群众,我生活在他们中间。是的。我要把个人的幸福建筑在劳苦大众的幸福上。我要把我的生命和青春献给他们。"

这段文字后来收入《短简》时被删除,却出乎意料地出现在同时收入的《我的路》一文里,特地作了说明。巴金在《给一个孩子》里也写道:

> 倘使我的推测不错,那么我觉得就应该给你一个警告了。但是,你不要误会,不要以为我就赞成现在的教育方法和考试制度;不要以为我就偏爱大家庭。我绝对不会。我只想提醒你,使你把周围的情形看得更清楚一点。我说过孩子的心就像一只羽毛刚刚长成的小鸟。在羽毛还未丰满的时候,一只小鸟是不能远走高飞的。天空固然广阔,但到处躲着那些凶猛的老鹰,它们具有尖锐的眼睛,和锋利的嘴爪,准备着来捕食一只迷途的幼禽。
> 我说的全是平凡的话,我知道这是年青的孩子所不愿听的。最近我劝阻过一个十七岁的孩子逃出家庭,她坦白地对我说她料不到我也会说这种平凡的话。这很使我痛苦,我说了自己不愿说的话。但我仍

然不得不这样说。这是可悲的真实。然而我还可以说这并不是完全绝望的。

　　那个孩子终于没有离开家庭，这不是我的话发生了效力。主要的是环境阻止了她。她有两只手，一个聪明的头脑和一个健壮的身体，她还有勇气做任何繁重的工作，但是却找不到一个可以工作的地方。

徐开垒的《巴金传》上卷（第255页）里也引用了以上的话，但是这段与上文提及的引文都没有写明出处，读者也不知道原出处是《我的故事》《给一个孩子》即"两封早期写给萧珊的信"。1937年2月28日晚上，巴金在《短简·序言》里写道：

　　近一年来有许多不认识的青年朋友写信给我，他们把我当作一个诚实的友人看待，告诉了我许多事情，甚至把他们渴望自由和苦恼也都毫不隐瞒地诉说了……

　　我纵然不能帮助他们解决一些困难的问题，但是我的《短简》也毕竟告诉了他们一些事情，一些关于生活的事情。这对于他们也许有些微的用途。我的长途旅行最近要开始，我和青年朋友间的通信也将因而暂时中断，所以我毫不惭愧地把我过去写给朋友们的一部分的"短简"编成这本小书，我愿意把它献给我的青年朋友们作为一个表示感激的纪念物。

其中提及"我的长途旅行最近要开始"，即巴金偕同萧珊离沪赴粤，开始"两人世界"的新生活，相濡以沫，度过了颠沛流离的艰难岁月。

　　但是，仔细看看这"两封早期信"，并非完全是"纪实"，如同鲁迅与许广平的《两地书》那样。巴金写信给萧珊时，更多地把"初恋"的萧珊作为一个社会进步女生的"代表"，或者是塑造人物的原型。由此说开去，反映当时女生的一种青春叛逆心理，折射出社会"暗地"涌动的追求光明和幸福潮流，如同巴金创作的《家》等文学作品中一些出色的新女性人物。

　　《短简》另外收入的《答一个"陌生的孩子"》与《给一个孩子》《我的路》《我的故事》有某种内在联系，但是暂且不可轻易地归入"情书"，尚需佐证。如果一味地搞《红楼梦》那样的"索引"考证，难免贻笑大方。

　　《短简》收入的前3篇自传之作《我的幼年》《我的几个朋友》《我的几个先生》，在众多的各种专著或有关论文里都已经详细介绍了。后面几篇《关于〈家〉》《关于〈春〉》《我的路》《答一个北方青年朋友》等，这些文章大多以书信的形式出现，写于1936年8月至10月，先后发表于《中流》《文学丛刊》等刊物。

是年秋天，巴金从虹口的狄思威路（溧阳路）麦加里朋友索非家的亭子间搬到拉都路（襄阳南路）敦和里 21 号，这里原来是巴金的"大哥"马宗融、罗淑夫妇住处，因要去广西桂林教书，便请"小弟"巴金看家。这里的环境比麦加里清静，不远处便是如今的肇嘉浜路，那里还是一片农家的菜园地。巴金在这里开始大段大段地撰写"激流三部曲"之二《春》，《家》的续篇。

这期间发生了许多事情，令巴金气愤、焦虑、不服气。

事前，巴金住在麦加里时，应《作家》主编孟十还之约，根据亭子间里的见闻构思《窗下》，后发表于《作家》第 2 卷第 1 号（1936 年 10 月）。

《作家》得到原来左翼刊物《海燕》撰稿者鲁迅等人的支持，以刊登文学创作为主，赢得了广大读者的青睐。同时，该刊也卷入"两个口号"论争，先后发表了鲁迅、冯雪峰（吕克玉）、刘少奇（莫文华）3 篇文章，具有总结性的重要意义，从而基本上结束了"两个口号"论争。同时，《作家》见证了鲁迅、巴金的交往，也首次披露了鲁迅对巴金的赞赏。

《作家》第 1 卷第 5 号发表了鲁迅《答徐懋庸并关于统一战线问题》，引起强烈反响，各抒己见。事前，巴金从孟十还那里获悉此文已经付印，立即赶到印刷所看了此文和附在文前的徐懋庸写给鲁迅的信。

鲁迅以具有丰富创作经验的著名作家的身份提醒徐懋庸、周扬等人，"巴金是一个热情的有进步思想的作家，在屈指可数的好作家之列的作家"，这个"超前"意识的高度评价在鲁迅晚年时是唯一的（各种因素促成的），并被巴金以后更为杰出的文学创作成果进一步证实，有力地奠定了他在中国现代文学史上的重要地位，逼迫周扬等人也不得不承认。

鲁迅劝说胡风、黄源、巴金不要"报答以牙眼，那恰正中了他（徐懋庸）的诡计"。意即由他出面答复就行了，把所有的责任都包揽在他自己身上。

鲁迅的铮铮硬骨、仗义执言的品格以及爱护青年作家的真挚之情，巴金大为感动，同时也因受到徐懋庸的人身攻击，感到愤怒，当天回到家中心里很不好受。巴金反复看了鲁迅的答复，思考了一下，还是提笔写了《答徐懋庸并谈西班牙的联合战线》，发表于下一期的《作家》第 1 卷第 6 号（1936 年 9 月 15 日）。

这时还有其他人撰文指责、挖苦巴金，于是巴金在此文中又加了一段反驳的话。徐懋庸等人见到此文后当然不甘罢休，不约而同撰文驳斥巴金，这反而让巴金更加敬佩鲁迅爱护青年作家的一片苦心。

巴金没有正面回答徐懋庸等人的责难，9 月 23 日写下《答一个北方青年朋友》一文（《中流》第 1 卷第 3 期），解释了自己为何不参加"中国文艺家协会"的事实真相，驳斥了徐懋庸等人的攻击和污蔑（此文收入《短简》时删除了这些文字)。巴金表示自己没有参加这场"两个口号"论争,但是乐观地认为这绝不是无谓的笔战,更不能说是"内争"。这场论争对于新文学的发展是有帮助的。有许多问题是要经过几次的论战后,才逐渐地明朗化而终于会得到解决的。

《短简》收入的其他书信中也穿插了巴金当时反驳其他人的种种责难,在此不赘述了。《短简》收入的最后一篇《〈雷雨〉在东京》,其中写道:

"戏已经做完了,再没有可做的了。"我旁边一位穿着学生服装的专家骄傲地说,他做出很不耐烦的样子,而且时时和坐在他前一排的三个女朋友说些轻松的笑话,那些小姐们是观众中最爱发笑的分子。

不错,我认得这位专家是上海某中学的毕业生。自然他不认识我,他为什么要认识我呢?他是一位专家。他在第二幕后的休息时间里对我说:"这剧本简直不合戏剧原理。"呵,我几乎要笑出声来了。这位专家懂得什么戏剧原理?他大概看过几次在中国上演的话剧。我回答他:"作者从事话剧运动也有几年的历史了。我知道他写这剧本就花了三年以上的工夫。""那么为什么我以前就没有听见过曹禺这个名字?也许他是一个演文明戏的戏子罢。"

朋友,不要责怪我,说老实话,我这时候真想给他一记耳光!我不再理他了,我和他说话是我的一种耻辱。这种人只配去听鹤见佑辅的《河马》的讲演的。

大部分的观众仍然哄笑着。

这里说的"专家"自然是打引号的,讽刺之意不言而喻;"大部分的观众仍然哄笑着",则是深深地刺痛了巴金的心,毕竟这出戏是悲剧。但是,巴金更多的是气愤,为好友曹禺及其传世之作《雷雨》打抱不平。世人也没有想到曹禺的《雷雨》是在东京第一次公演,并非是在国内,而且巴金"亲临"剧场观看。

1933年6月,靳以在北京租下北海南门外东侧三座门大街14号的前院,名为"章宅",邀请卞之琳同住,曹禺和未婚妻郑秀也常来串门,一起听音乐,聊天,有时游玩北海公园。靳以在"章宅"开始筹备大型文学刊物《文学季刊》,1934年1月该刊如愿出版。曹禺创作的第一部剧本《雷雨》投稿来,靳以作为主编却不能做主,又把此剧先后给郑振铎、李健吾审看,但是并未得到认同,靳以只好把《雷雨》剧本放进抽屉里。

这时巴金来北京看望老友沈从文,住进"章宅",相识曹禺。曹禺回忆说:"初见他(巴金)时,是由靳以介绍,那时的我是个清华的学生,很渴望见他。见到他后,他和我一样还是大学生的模样,很亲近人。开始说话不多,却使人感到衷心的信任。后来常见面了,他们住在北海三座门一个简易的小院,我进城常住他们那里。他的四川口音很浓,又说得快,我与他谈话,时常不得要领,便由他去了。"直到晚年,曹禺仍然尊称"巴金是我师"。

一次,巴金与靳以谈起如何进一步组稿问题,靳以提及《雷雨》剧本。巴金在"那间用蓝纸糊壁的阴暗小屋里",翻读《雷雨》数百页的原稿,一口气读完,被深深感动,并流下了泪水。第二天,巴金竭力向郑振铎推荐,并认为应该一次性登载完(每期《文学季刊》间隔时间过长)。1934 年 7 月,《文学季刊》第 3 期发表了《雷雨》剧本,引起很大反响。从此,曹禺一举成名。

《文学季刊》发表的《雷雨》剧本以后"东渡"到日本。1935 年 4 月 27 日至 29 日(5 月 11、12 日续演,前后共演了五场),由吴天(洪为济)、刘汝礼、杜宣导演《雷雨》,留日中国学生扮演角色,在东京神田区一桥讲堂公演,初次登上舞台。这时,巴金也在日本东京,观看了演出。

巴金发现《雷雨》的重要价值,并竭力推荐,郑振铎、靳以决定发表该剧本,这对于曹禺初次登上中国文坛具有重要的推荐作用。接着,巴金、靳以合编的《文季月刊》连载曹禺第二个剧本《日出》,更是"顺水推舟",从而奠定了曹禺在中国现代话剧史上的地位——成就最高的剧作家,被誉为"东方的莎士比亚"。

巴金的自传、书信集《短简》收入一篇《家》,这并非是同名的著名长篇小说,而是巴金深夜读朋友《旅行之书》,引起对 3 年前南国之行的回忆,并把那里比作"家"。此篇《家》最初发表时题为《短简》,此后,巴金以《短简》作为集子的标题。

《短简》初版后,受到广大读者的青睐。同年发生八·一三淞沪第二次抗战,"良友"遭到侵华日军炮火的猛烈袭击,损毁严重。经理余汉生对"良友"失去信心,申请破产。以赵家璧为首的上海职工不甘心,设法招募新股东,"良友"改称良友复兴图书公司。因此,1941 年《短简》再版时,是由上海良友复兴图书印刷公司出版。

1945 年 8 月 15 日日本宣布无条件投降之前,上海民众仍然在伪政府统治之下。5 月,上海书市上出现了再版"普及版"《短简》,还是沿用改组"复兴"之前的"良友"名义,并且继续打着"现代散文新集"的招牌。丁景唐收藏了此再版"普及版",并在扉页上批语:"这是敌占区时的盗印本,却也挂着'翻印必究'的幌子。""可与原版核对一下。"他还发现原"良友"全称中漏了"印刷"二字,用红笔添上。

查看《短简》初版本,与再版"普及版"相比较,封面设计(包括色块、字体等)、文字排版、页码均为相同,但是,再版"普及版"删去了初版本原来的扉页，其原有"现代散文新集"，"靳以编辑"。背面的版权页的文字也被全部删除，原来有初版时间、印数和作者、发行人等内容。再版"普及版"自行添加有关内容，即上面是"民国三十四年五月再版，普及本"，但是，每册价格下面没有具体钱款。中间为"版权所有，翻印必究"，下端是"上海文汇书报社总经售"。

抗战争时期，上海"孤岛"出现的《文汇报》，是"洋旗报"即利用外商名义创办的报纸，成为唯一的大型抗日报纸，仅生存一年多（1938年1月25日至1939年5月17日）。抗日战争胜利前夕，突然出现"上海文汇书报社"，令人不解，内情不详。

1949年4月，巴金将《短简》纳入自己主编的"文学丛刊"第7集，以文化生活出版社的名义出版，总算是"物归原主"。

茅盾《故乡杂记》:"农村三部曲"前奏的一个音符

1932年春,茅盾在长篇纪实散文《故乡杂记·内河小火轮》里写道:

> 时间已经过去了一小时许,我们那条柴油小轮依旧没有活动的征兆……
>
> 当真岸上的兵们搬出夜饭来了,两个也穿灰布军衣的人先抬出一箩饭来放在路口,接着又抬出一只大铜锅,锅身上的黑煤厚簇簇地就和绒毛相似。锅里是青菜和豆腐混合烧成的羹。抬锅的人把这青菜豆腐羹分盛在许多小号脸盆似的洋铁圆盒里,都放在泥地上。于是五六个兵一组捧一盆青菜豆腐羹,团团围住了,就蹲在泥地上吃。饭是白米饭,但混杂的砂石一定不少,因为兵们一面大口地往嘴里送,一面时时向地上吐唾沫。
>
> 我们船上人总有一半爬在窗口看兵们吃饭。忽然那位三十多岁的瘦长子老乡钻进舱里来,看着五十多岁的绸缎店经理说:
>
> "当兵真苦。你看他们吃点啥东西呀!东洋兵每顿是大鱼大肉,还有好酒,娇养惯哩,故所以勿会打仗!再打啰,东洋兵必败!"

茅盾《故乡杂记》分为三章即《一封信》《内河小火轮》《半个月的印象》,连载于施蛰存主编的《现代》第1卷第2期、第3期、第4期(1932年6月1日、7月1日、8月1日)。施蛰存在该刊第1卷第2期《编辑座谈》里写道:"茅盾先生新近回了一次家乡,所以写下《故乡杂记》,为了给读者先睹为快,不等他全文写完我就请他允许以第一章先发表在本期。以后按期继续,大约在第四期上可以终了。"

一年后,《故乡杂记》被收入天马书店出版的《茅盾散文集》(1933年7月)。其后被今代书店老板看中,将其编为"创作丛刊"的单行本,1936年5月9日初版。

如今世人都喜欢旅游,将浙江乌镇列为中国首批十大历史文化名镇和

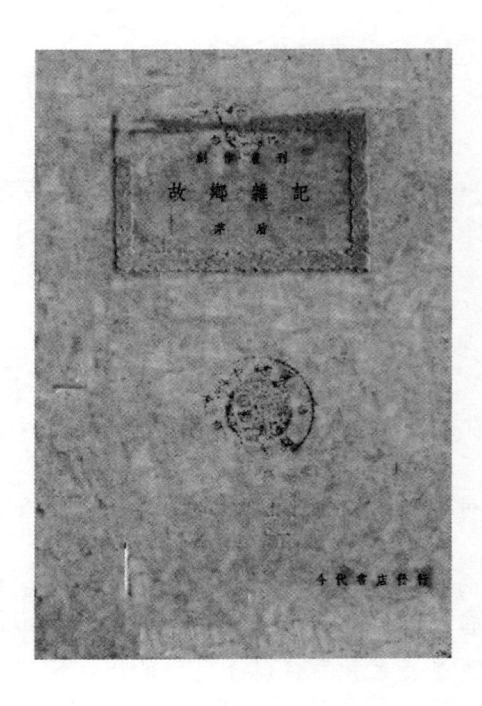

中国魅力名镇之一,其中的茅盾故居更是"锦上添花",成为一张对外宣传的文化名片。茅盾著作中关于乌镇的内容,被热情地反复介绍(包括《故乡杂记》),尤其喜欢摘抄其中的各种"抒情"的景色、浓厚风俗场所的描写。但是,《故乡杂记》中出现的"兵荒马乱"的场面往往被疏远了,好像不利于闲情旅游宣传的口味,其实这些才是《故乡杂记》的旨意。茅盾在《我走过的道路》(中册,人民文学出版社 1984 年版)里回忆说:

> 《故乡杂记》反映了上海战事以及十九路军撤走前后当局的"长期抵抗"的宣传和麻醉,以及借题向人民加紧剥削的方法。宣传是说嘉、湖的茧厂驻满了军队,封船运弹药,还在田野筑了只能欺骗小市民的所谓"战壕",麻醉是大量印刷所谓《金圣叹手批中国预言七种》(包括《推背图》《烧饼歌》等),通过街头的小报摊和小瘪三们钉在人背后发狂地叫卖。据说这些"预言"早已透露天意。要有这场战事及其后果等等,既然是天意,老百姓只好听天由命,不能怨当局不做十九路军的后盾。至于借题加紧剥削人民就是那时摊派到内地各乡镇的小商人身上的国难捐;小商人出了捐款,自然要转嫁到农民身上,但本已赤贫的农民如何承受得此转嫁呢?所以小商人的破产也是不可避免的。《故乡杂记》还反映了一般小

市民以及中等商人对战事的各种不同的感想,对国难的看法。《故乡杂记》又反映了农村的破产以及商人们的听天由命的阴暗的精神状态。

茅盾笔下的生动描写,如以上的大段引文,已经揭示了"'长期抵抗'的宣传和麻醉"产生的严重后果——"老百姓只好听天由命"的复杂心理。

施蛰存透露"茅盾先生新近回了一次家乡",确有其事。1930 年春天,茅盾回国后,他的老母亲迁回乌镇定居,于是茅盾每年至少回乌镇一次,每次都要待一周或 10 天左右。1932 年"一·二八"淞沪抗战爆发时,茅盾的母亲正在上海,等战事结束了,茅盾生怕乡下不安宁,便拖延至 5 月,才把母亲送回乌镇。这次回乡,茅盾感到与往年有明显不同,处处都有抗日的火药味,人们不是谈论抵制日货,就是骂东洋鬼子。这些触发了茅盾的创作灵感,返回上海后,茅盾连续写了 3 篇《故乡杂记》。

第 1 篇《一封信》成为介绍《故乡杂记》的有关背景,其中所谓的中西名人"预言",许多中国老百姓却以一种奇特的方式接受,茅盾对此进行了辛辣的讽刺:"他们用鞋底的随便一抹(浓痰)就接受了'请勿随地吐痰'的西洋文化这种中国化的方法。"由此引开说去当局"麻醉"民众的一种欺骗方式。

本文开头引用的茅盾一段文字,是茅盾乘船前往乌镇途中所见所闻的一个场景,动荡时期的世间百态在流动社会——客船上逐一展现。船上的小贩"钉在人背后发狂地叫卖"瓜子,却使读者联想到当局大肆宣扬的"长期抵抗"的宣传方式。茅盾在船上狭小的范围里东躲西藏,也无济于事,而且被死命认为是"老主顾"。是啊,每一个老百姓都是当局反复灌输的"老主顾",耳朵里被塞满了,脑神经便被麻醉了。

第 3 篇《半个月的印象》,出现了茅盾所熟悉的乌镇场景。"阿土的爷那半车丝,也只喝了两块钱;他们还说不要。"一个"喝"字凸现了浓厚的地方口音的色彩。"不要丝呵!把蚕丝看成第二生命的我们家乡的农民做梦也没有想到他们这第二生命已经进了鬼门关!"

广大读者看到这些词句时,根本没有料到《故乡杂记》竟然成为茅盾创作著名"农村三部曲"的前奏音符,促成了著名短篇小说《林家铺子》的诞生,直接原因是创办《申报月刊》的主编俞松华[①]盛情约稿。

[①] 黄炎培称俞松华为"新闻界之释迦牟尼","以新闻事业为唯一终身职志"。20 世纪 20 年代初,俞松华与瞿秋白、李仲武一起赴苏俄采访,翻开了中国现代新闻史的崭新一页。1936 年 12 月西安事变之后,俞松华与《申报》记者孙恩霖依然前往延安采访,见到了毛泽东、朱德等人。(详见丁言模:《著名新闻工作者俞松华赴延安采访》,载丁言模:《瞿秋白、鲁迅等人往事探觅》,丁景唐作序,中国社会出版社 2015 年版。)

商务印书馆在"一·二八"战火中损失惨重,《东方杂志》《小说月报》等暂且停办,《申报》老板史量才趁机想办一个大型文艺刊物,填补这个空白,于是《申报月刊》创刊了。

《林家铺子》完成于 6 月 18 日,其中主要描写江南小城镇中的商店在"一·二八"战争中饱受各方压力而倒闭的故事,其中一些细节原来在《故乡杂记》第 3 篇《半个月的印象》中已经有所显露,如地方官府与商会互相勾结,趁机敲诈小商店,大发国难财。在《林家铺子》里则形成主次线索交织并进的故事,各种人物形象呼之而出,给读者留下深刻印象。

《林家铺子》原题为《倒闭》,符合该小说的主旨。但是,俞松华认为在《申报月刊》上刊登《倒闭》,不免被《申报》老板认为不吉利,拟改题为《林家铺子》,茅盾欣然同意,只是读者不知道其中的内情,无形中"中断"了与《故乡杂记》之间的"链接"。

同年 8 月,祖母去世了,茅盾偕同妻子和孩子一起再次回乌镇奔丧,听到了更多的故事,尤其是蚕农的贫困和蚕行的不景气,并联想到写《子夜》时研究过中国蚕丝业受到日本洋丝的冲击而濒临破产的过程。于是《春蚕》小说油然产生,这其中的细节之事依然可以在《故乡杂记》中找到"原型",如上文所引用的"不要丝呵!……"诸事。此后,茅盾又续写了《秋收》《残冬》,将其中的人物和故事连接起来,形成了"农村三部曲",其最初"源头"依然是《故乡杂记》。

丁景唐珍藏的今代书店初版的《故乡杂记》,是一本硬壳精装本,小 32 开,封底中间还特制一个凹凸形状的书店标志。书后有版权页,注明"版权所有,不许翻印",定价 2 角;今代书店地址为上海福州路 288、290 号,发行人李应。

《故乡杂记》印行之后,1936 年 7 月 20 日,左联成员侯枫[①]与王萍草、金容一起编辑的《今代文艺》月刊创刊了(仅出 3 期),也是今代书店发行。该刊得到了戴平万、沙汀、舒群、丁玲、郑伯奇、杨骚等人支持,该刊第 3 期是"九·一八"纪念专号,发表了蒲风、梅雨(梅益)、舒群、罗峰等人的文章和作品。

但是,今代书店与茅盾之间关系,以及出版《故乡杂记》单行本的内情,

[①] 侯枫,广东澄海人,学名侯传稷,后改名侯廉生,侯枫是他的笔名。他早年毕业于黄埔军校潮州分校第 2 期政治科,1925 年加入共青团。同年秋天,在东江农民运动讲习所学习,次年由彭湃介绍,加入中国共产党,他曾任彭湃的秘书。1927 年"四·一二"反革命政变后,侯枫遵照党组织决定,避居上海,考入上海暨南大学中文系,后任该校中共党支部书记,组织学生运动,并参加组织"暨南文艺研究会",邀请鲁迅、蒋光慈等人到校报告。(详见丁言模:《"独当一面"的《东方文艺》月刊》,载丁言模:《穿越岁月的文学刊物和作家》第 2 辑,中国社会出版社 2017 年版)

迄今暂未查到有关资料,希冀有识者明示。

丁景唐珍藏的这本《故乡杂记》原来是上海的复旦实验中学图书馆的,扉页上有深蓝色长方形图章,写有"实验学校中学部图书登录"编号 15164。扉页上盖有深蓝色圆形章,刻有"实验中学图书馆",中间是"复旦"二字;封面上也有此章,但不大清楚。书后还保留了一张借还书的记录卡(过去各家图书馆流行的借还书的一种管理方式),上面密密麻麻写着或盖章的各种借还书的日期,第一次借阅时间是 1936 年 10 月 26 日,距离 5 月 9 日《故乡杂记》初版印行时间相隔 5 个月,显然是此书的影响比较大,校方便去购买,适应师生的需求。最后一次借阅时间是 1943 年 10 月 23 日,从此流入社会。这些都见证了这本茅盾《故乡杂记》与学校师生读者的关联,也是一种书籍文化的历史记录。

"全国作家总动员"《世界文库》样本

上世纪30年代,郑振铎忙于京沪的《文学季刊》《文学》,也因此扩大了中国文坛的人脉圈子。1935年初,郑振铎在燕京大学受到排挤,已生去意,从北平回来后,开始策划一项前所未有的"全国作家总动员"的浩大工程《世界文库》。

1月22日,郑振铎先去大陆新村访问茅盾,下午又同茅盾一起去鲁迅家里,商谈了关于《世界文库》的计划。鲁迅不仅表示支持,还准备将翻译的俄国作家果戈理的名著《死魂灵》译稿交给郑振铎。茅盾以后也应诺把新的译作接连不断地交给郑振铎,以适应每期《世界文库》的需求。

春节过后,2月17日,郑振铎邀请鲁迅、茅盾等十几位文友,商量了创刊《世界文库》诸事,郑振铎还把自己编辑的《清人杂剧初集》送给鲁迅。

郑振铎在繁忙事务中,硬是挤出时间,很快完成了《世界文库·发刊缘起》,自1935年3月1日起,发表于全国很多刊物。2个月后,他编好了一本《世界文库》"样本",由生活书店出版。

丁景唐珍藏了这"样本",封面设计很有宣传手册的特点,顶端印着一行字"中国文坛的最高努力",右下为几行铅字,"主编:郑振铎;编辑委员会:名作家百数十位"。"每月刊行一册,第一册五月中旬出版"。左边竖排粗黑体大字《世界文库》,注明"样本",左边印着"有伟大名著的翻译,有孤本秘笈的新刊";"是文学知识的渊源,是世界文化的总汇"。仅仅凭着这些宣传文字,足以引起海内外文坛的注目,激起广大读者的好奇心。

"样本"里面还有几种不同角度的宣传广告,并配有同样的《世界文库》第1集第1册的精美图片。其一,"确是空前未有的伟大工作,也是最廉美的大众文粮"。其二,"文学家技巧上修养的宝库","全国作家总动员",其中有蔡元培、鲁迅、茅盾、胡愈之等"一百数十位均系国内第一流作家,所著所译,当更有价值"。其三,"节省研究上精力的白费,打破文化上闭塞的空气","读者从此可不费搜求之劳,不出高价,读到重要的中外名著了"。

"样本"首篇为蔡元培写的序言,认为《世界文库》的中国部,除了收入著

名专集之外,"尤注意于传世最少的孤本,又如《论衡》《洛阳伽蓝记》《佛国记》《西域记》《水经注》《徐霞客游记》等等,著书目的并不在文学;而散文可备一格,所以也列在里面。至于外国文学,第一集姑以最著名的传作为限,已足为我们的馈贫粮了。将来二三集以下,必将扩大范围,随时收集新进作家的杰作。于是所谓世界文库者必能由六百数十种而扩至数千种,是我所敢预祝的"。

37岁的郑振铎正值年富力强,认为:"这样浩瀚的工程,决不是一二年或三五人之时、力所能成就的。我们竭诚的欢迎学人们的合作。我们希望能够在五六年之间,将这工作的'第一集'告以一个小小的结束。"(《世界文库·发刊缘起》)

"样本"还刊载了《编例》,具体介绍了编辑的方针和方式,最后写道:"我们很感谢生活书店能够给我们以很好的机会来做这个弘巨的工作。如果没有他们的好意的合作和帮忙,在这艰难困苦的大时代里出版这样的一种《文库》的事业,将是不可能的。"

并且,首次刊登120多人的名作家名单,其中以京沪作家为主,左翼、进步作家成为基本力量,最后还注明"尚有多人在接洽中"。

郑振铎草拟了《世界文库》第1集的目录,拟刊登的中外著作的样本,除了郑振铎校辑、标点的自己珍藏的古书、孤本之外,还有鲁迅翻译的《死魂灵》第1章、傅东华翻译的《吉诃德先生传》、赵家璧翻译的《美狄亚》等,并配有图片。

郑振铎还草拟了《世界文库》第1集目录,分为两大部分,一是中国之部,其中有历朝古代诗词集、戏曲集和单本戏曲剧本,《金瓶梅》《红楼梦》等中、长篇小说和传奇刻本等,《老子道德经》《论语》等散文,变文、弹词及其他。二是外国之部,有不同时期欧美各国名著的译作,包括希腊、英国、美国、德国、俄国、波兰等文学作品。

其后有十几条说明:《世界文库》第1集分为文学名著600多种,每年刊行12册——月刊形式,每册可容纳六七种到十几种(约40万字),每年约可刊行百种。第1集全书在五六年之内完成。

同时刊登《世界文库》第1集第1册的目录,比"样本"的内容丰富得多。

为了扩大宣传影响,"样本"还影印了多位名作家来信的手迹,其中有胡愈之、茅盾、许地山、谢六逸、朱光潜、傅东华、陈望道、叶圣陶、夏丏尊。他们事前都已收到郑振铎草拟的《世界文库》第1集的目录。

茅盾认为:"看了《世界文库》第一集的目录,非常高兴。'中国之部'收了许多'传奇',其中有三十多种罕见的秘本,重要名著又注重最近于原本的钞本或刻本,且加以初步的整理。'外国之部'介绍主要的名著。单是这第一集已经称得研究文学的基本书籍的集大成了。这种伟大的计划在现今居然实现了,无论如何可说是既有价值的工作了。至于代价低廉(全集约在五年内出齐,每年不过九元光景),能使购买力不大的读者都有购读的机会,也是空前的快事。"

事前,鲁迅写信给翻译家孟十还,谈及译稿的事情,并对于《世界文库》的某些操作方式不大满意,也不知稿件应该寄到京、沪何处,感到"莫名其妙"。3月17日,鲁迅写信给黄源时也表示自己的顾虑,"是否照原计画(划)印行,尚在不可知之数"。即郑振铎与生活书店合作时可能出现诸多问题。因此,鲁迅看到"样本"后,没有立即发表意见。毕竟这么浩大的工程带有浓厚的理想色彩,能够持续完成吗?

5月5日,鲁迅写信给黄源时似信似疑,说:"《世界文库》好像真要出版了。"5月20日,装帧精美的《世界文库》第1集第1册问世了,郑振铎与黎烈文一起去鲁迅家,送去刚出版的《世界文库》和一笔稿费。5月22日,鲁迅写信给黄源,让他委托他人顺便捎带一本"样本"。这时,鲁迅发现自己的《死魂灵》译文中有不少错字,有几处能够知道,有些他自己也不清楚了,同时担心将来出版单行本《死魂灵》译文的校对等问题。5月25日,鲁迅写信给黄源时说:"将来印起来,又要费一番查原本的工夫。"希望黄源前去生活书店,索回《死魂灵》译文原稿,查看这些错字究竟是怎么一回事,这可以省却不少精力。

对于郑振铎的辛勤工作,鲁迅还是给予充分肯定的。6月10日,鲁迅致信日本作家增田涉,赞扬郑振铎的工作,认为他是中国教授中"工作和努力学习都很勤谨的人……他正在搜集古今中外(文学上的)古典作品,编为《世界文库》出版,每月一册。"同时寄出《世界文学》第1册给增田涉。

"样本"最后刊登《预定办法》,显然这是生活书店的经营手段。《世界文库》分为甲、乙两种,甲种(精装本),采用"上等重磅乳黄色玉书纸精印,冲皮面烫金精装,堂皇高雅,坚牢精美,允称独步"。每册零售1元5角,全年12册,一次性预定,"仅收"14元,比零售价节省4元。分期付款,甲种本先付5元,自第2个月起,每月付1元,连付10个月,共15元,比一次性预定付费仅多出1元。甲种限印500册,"售完为止,决不再版,预定从速"。

乙种(平装本)用上等新闻纸印,硬面精装,"堂皇高雅,精美无比"。一次性预定全年9元。分期付款,先付3元,此后10个月分期付款1元,比一次性预定付费童颜仅多出1元。

最后夹着一张红纸,正面为《预定〈世界文库〉通知单》,背面是《免费经汇上海生活书店通信购买书汇款通知单》,各自列有详细项目,读者只需填写、寄出即可。这是当时各家书店在激烈市场竞争中惯用的营销手段,至今看来仍然具有人性化操作的亲民性。

"样本"整体策划比较全面,采用"两条腿走路",学术成果与市场经济相结合,并非是书呆子"闭门造车",既有吸引眼球的的显赫宣传文字,又有配套的精明的运销手段;既有搜索、梳理、研究和著译的成果展示——目录预告,又有高端和亲民、迎合不同购买力读者需求的市场营销心理宣传,这一切都是为了推销《世界文库》、扩大其影响,提前打响的"前哨战"。

事前,郑振铎对于《世界文库》的宏伟前景和具体操作,已经有一种预感,并非顺利,但是残酷的结果远远超出了他的想象。

茅盾回忆说:"可惜振铎这个伟大的计划只实行了一年,只出了第一集的十二册,就由于客观的和主观的种种原因而中断了。以后再也没有人,也没有书店,有这样的气魄来继续这一工作。"其实,《世界文库》发行第1集后,被迫改变了方式,郑振铎发表了《〈世界文库〉第二年革新计划》,宣布改出单行本,全年出版18卷等。但是,依然未能维持下去。以上两种形式共出版了37册书,仍然产生了很大的影响,已有陈福康先生撰写的《郑振铎传》等专著详细评述,在此不赘述。

郑振铎呕心沥血实施这个宏伟工程时,也听到叽叽喳喳的讥讽声音:

"这是什么世界？还干这些不急之务！"茅盾撰文反驳："我们的急务甚多,然而急务势不能办的时期,'不急之务'犹胜于不务,何况也未必竟是不急之务,至少比'朋友文学'有意义了不知多少！"所谓"朋友文学"是指当时冒出来的一种不为社会所需要而只为阿毛阿狗圈子里需要的"文学"。

也有借《世界文库》的出版而喊冤的名作家,这已是题外话了。

新中国成立后,翻译和出版世界文学名著的工作是由国家出版社来统一规划,虽然没有再采取"文库"的形式,但是郑振铎的遗愿逐步实现了,而且翻译介绍的范围也早已超出了郑振铎当年的《世界文库》计划。茅盾生前始终认为："早在五十年前就有振铎这样的先行者,为整理和介绍世界文学名著而含辛茹苦,提出了如此宏伟的计划",值得后世敬仰。

半个世纪后,丁景唐主编 20 卷《中国新文学大系(一九二七——一九三七)》,这是他半个世纪编辑生涯中最为辉煌的一项重点工程,他特地组织人员编辑、发行了一种宣传手册,各方面的宣传显得比较"低调",也没有大张旗鼓地搞市场营销。他珍藏的"样本",对于他的出版工作也是一种重要启示,毋庸置疑。

巴金出版曹禺的抗战名剧《蜕变》

1939年4月,侵华日军狂轰乱炸重庆,曹禺任教的国立戏剧专科学校奉命疏散到宜宾市江安县江安镇的文庙里,并利用大成殿前庭院搭设剧场,排演剧本。现存文庙的中殿、乡贤祠、忠义厅和厢房,占地1500余平方米,建筑面积700多平方米,均为原师生教室、宿舍,现为省级文物保护单位,并辟有史料陈列馆。

同年暑假,曹禺谢绝了一切客人,把自己关在城东垣的洒庐,开始创作4幕剧本《蜕变》。他的脑子里充满了"蜕"旧"变"新的激烈冲突时,突然有人敲门,硬生生地打断了他的思路。原来又是善良的妻子郑秀,总担心他的身体健康,试图限制他的工作时间。在这无可奈何的"两难选择"面前,曹禺最后下决心把她送回岳丈家。

"蜕变"中的生物究竟感觉如何虽不可知,但也不难想象。当着春天来临,一种潜伏的泼剌剌的生命力开始蕴化在它体内的时候,它或者会觉到一种巨大的变动将到以前的不宁之感。这个预感该使它快乐而苦痛,因为它不只要生新体,却又要蜕掉那层相依已久的旧感。"自然"这样派定下那不可避免的铁律:只有忍痛蜕掉那一层腐旧的躯壳,新的愉快的生命的才能降生。

……

这本戏固然谈的是行政问题,但这种高深的专门学问绝非如此窳陋的作品能在三点钟的演出时间内谈得透彻明了。戏的关键还是在我们民族在抗战中一种"蜕"旧"变"新的气象。这题目就是本戏的主题。
(曹禺:《关于〈蜕变〉二字》)

《蜕变》讲述的是抗战初期省立伤兵医院里发生的故事,展现医院"蜕"旧"变"新的气象,众多伤兵得以治愈,重返前线奋勇作战。该剧塑造了令人钦佩的丁大夫、贤明的官吏梁专员等形象,揭露了反动官吏与医院互相勾

结、贪赃枉法、草菅人命的腐败现象。

　　戏剧专科学校部分师生"近水楼台先得月",拿到了"首演权",张俊祥担任导演。为了赶时间,他们租了几只小船鱼贯而下赴重庆,在湍急江水中艰难前行时,他们还设法轮流分别集中到一条船上排练。好不容易到了重庆,当局反应冷淡,师生们只得找了一家歇业的浴室,睡在地板上。

　　经过不到一个月的紧张排练,大家比较熟练了,布景也制作完毕,海报也贴出去了。但是,国民党中宣部要进行双重审查,首先对《蜕变》剧本百般挑剔,剧中第一幕中的后方医院展现出乌烟瘴气、贪污腐朽的场景,为什么要写成"省立",岂不是在影射国民党官僚机构?院长老婆的绰号为什么偏要叫做"伪组织",讽刺何人?丁大夫的儿子为什么要唱进步歌曲《游击队之歌》,并且随战地服务团到西北去,那不是指共产党领导的抗日武装和根据地吗?……

　　国民党高级官员前来软硬兼施,招待曹禺、张骏祥、余上沅(戏剧专科学校校长)吃饭,提出修改剧本的一些问题,除了余上沅答应把省立医院改为私立医院之外,其他的问题,曹禺都设法应付过去了。

　　多年后,当时参加首次演出《蜕变》的师生还记得官老爷前来审查演出的情景,在空空如也的大屋子里,故意没有化妆的师生们面无表情地上场、下场、走走台,背背台词。官老爷死板的脸色露出了不耐烦的模样,有的打哈欠,有的发呆,有的下意识的咂咂嘴,"三堂会审"变成了一出讽刺剧。①

终于,《蜕变》在重庆上演了,引起轰动。一说蒋介石看了,大怒道:"拿了一出共产党的戏给我看。"拂袖而去,第二天就禁演了。还派国民党中宣部长潘公展来找曹禺,责令修改剧本。

曹禺对《雷雨》《日出》等先后发表过各种意见,但是《蜕变》例外,因此剧在当时及其后都引起各种争议,褒贬不一。"文革"后,重庆市话剧团决定把《蜕变》再次搬上舞台,国家一级导演徐九虎专程访问了曹禺,他才说出了多年一直积压在心底之言。②

原来《蜕变》中的主角之一梁专员是共产党人在国民党政府里工作的干部,其原型之一是延安时期著名的共产党"五老之一"徐特立。抗日战争时期,徐特立作为共产党代表在国统区工作,在长沙曾和曹禺同桌吃饭,教他读书,并且同床睡觉,还为曹禺盖上被子。曹禺感慨万分,由衷地称道:"真了不起!"

《蜕变》中的理想女士丁大夫,原型之一是黄佐临的夫人丹尼,曹禺曾把《蜕变》剧本寄给沦陷于"孤岛"上海的黄佐临夫妇。1941年10月10日,黄佐临导演的《蜕变》在上海公共租界卡尔登大戏院(今长江剧场)登台公演,丹尼扮演丁大夫,石挥饰演梁专员,严俊出演马登科,黄宗江扮演西堂。剧情立即吸引了全场观众,演员的对话不时被观众的掌声所淹没。

"中国,中国,你是应该强的!"丁大夫激动地说出了最后一句台词,观众席里大声地喊出了爱国口号,整个剧场为之沸腾。剧终时,演员们谢幕三次,很多人流下了激动的热泪。每天日夜两场《蜕变》,连演一个多月。最后,日本对租界当局下了最后通牒,迫使《蜕变》被禁演了。

当时,从上海到桂林,从延安到苏北,各地争相上演《蜕变》。左翼、进步文艺界人士以不同的方式"点赞"《蜕变》,大声叫好。夏衍以对话的形式点评该剧,认为第一幕、第二幕有点像俄国著名作家果戈理写的剧本《钦差大臣》,具有辛辣讽刺的意味,但是,曹禺给人以希望、振奋,指出光明前途,而不是"带着绝望的苦痛的心",让观者"举座茫然"。

胡风则苛刻地指出,剧中的丁大夫是一个理想主义的形象,但是一个美丽的弱者,如果没有权力化身的梁专员"化腐朽为神奇",丁大夫只能是"一个依凭命运安排的弱者","她的崇高的人格所应该感动的千万的心灵也就只好缩小了被限定在一个圈子里面"。该剧最后一个天真的"大团圆"结局,

---

① 沈蔚德:《回忆〈蜕变〉的首次演出》,《新文学史料》1978年第1期。
② 吕贤汶:《曹禺谈〈蜕变〉》,1985年10月18日《重庆日报》第3版。

表明了作者(曹禺)存在创作方法上的致命弱点。①

胡风是从创作剧本的角度来谈论,如果引申出一个反命题,如果没有梁传员,那么丁大夫就无法演绎"蜕变"二字,或者写成另一个悲剧,恐怕更难以搬上舞台公演了。同时,胡风如果知道曹禺等人所经历的各种阻扰、刁难,甚至禁演,那么他也许会"口下留情"。但这是不大可能的,因为他一贯如此,得罪了文艺圈里许多名人。

巴金则是从作家、编辑的心理来感受《蜕变》,直言不讳地说:喜欢家宝(曹禺)的剧作。巴金与曹禺的关系甚好。(详见本书收入的《巴金的〈短简〉首次晃动着"少女"萧珊的身影》)

1940年11月初,巴金接连6天住在曹禺家里(四川江安县城东垣的洒庐)。每天夜晚,他俩隔着一张写字台,面对面坐着,一盏油灯的亮光摇曳着,伴随着他俩交谈几个小时,他俩从《雷雨》谈到《蜕变》。

巴金想起6年前北平的"章宅",第一次阅读《雷雨》的情景。他说:"我喜欢曹禺的作品,我也多少了解他的为人,他的生活态度和创作态度。"

几个月前,巴金在昆明西城角的"寄寓"的灯光下,一口气读完了油印本《蜕变》,他忘记了夜深,忘记了眼痛,忘记了疲倦,心里充满了快乐,眼前闪烁着光亮,"作者的确给我们带来了希望"。巴金阅读时,忍不住热泪涌出眼眶,但是"泪水里面已没有悲哀的成分了",被《蜕变》剧本"抓住了灵魂"。他坦陈地说道:"我是被感动,我惭愧,我感激,我看到了大的希望,我得着大的勇气。六年来作者的确走了不少路程。这四个剧本就是四方纪程碑。现在我很高兴地把《蜕变》介绍给读者,然更希望亮在每个人的面前。"

这是巴金以文化生活出版社名义出版曹禺的《蜕变》写的《后记》(1940年12月16日),已经离开曹禺的家一个多月了,但是他与曹禺的谈话内容,仍然记忆犹新。

曹禺的《蜕变》初版本由商务印书馆1940年出版。2年后(1942年9月),巴金以"文季社"名义出版,文化生活出版社发行,封面简约,只有竖排的书名和曹禺的署名,并在后面版权页上注明:"民国三十一年九月收回重版(渝一版)"。巴金的《后记》未来得及刊登,而是曹禺的《后记》,即后来改名为《关于〈蜕变〉二字》。

1946年8月出版的《蜕变》第3次再版本,封面重新设计,颇为大气,上端注明"曹禺戏剧之六",扉页上添加注明:"排演本剧须得作者(通讯处由文化生活出版社转)同意。"并且后面附录二文,即曹禺的《关于〈蜕变〉二字》、

---

① 田本相、胡叔和编:《曹禺研究资料》(下),中国戏剧出版社1991年版,第989—996页。

巴金的《后记》。版权页上注明:《曹禺戏剧集》共 8 册,即《雷雨》《日出》《原野》《北京人》《家》《蜕变》《桥》《曹禺独幕剧集》。以后,《蜕变》剧本多次再版。

丁景唐收藏的《蜕变》是盗印本,封面仅为横排的《蜕变》繁体字,没有署名曹禺,书后没有版权页,附有两文,即曹禺的《关于〈蜕变〉二字》、巴金的《后记》,但是均未署名,也许仅仅凭借《蜕变》二字就足矣。

郭沫若的"另一种"佚文
《文艺与科学》讲演稿

1946年5月,郭沫若一家风尘仆仆抵达上海,住在施高塔路(今山阴路)、狄思威路719号(今溧阳路1269号),这是一幢两层楼的旧式花园洋房。这里不远处是大陆新村的茅盾住处(相邻是鲁迅故居9号),因此,许多文友看望郭沫若之后,便顺脚到茅盾家里。那时郭沫若几乎天天在上海各处参加活动,忙得不亦乐乎。

上海进入初夏时节,郭沫若兴致冲冲地出现在育才公学(山海关路、石门二路口)大礼堂里,立即被热情的"粉丝"(文艺青年)团团围住。大家七嘴八舌提出各种问题,有的伸出笔记本要求签名,在外面的青年只得踮起脚,伸长脖子观望,希望亲眼看看大名鼎鼎的郭沫若先生。

郭沫若的脸上始终洋溢着笑容,尽量满足大家的要求。开会的时间眼看要到了,主持人急忙邀请郭沫若上台,礼堂里顿时响起一片热烈的掌声。郭沫若点头示意,大家的鼓掌声更热烈了,延续了好几分钟。郭沫若清清嗓子,开始演讲(全文见本文附录)。

几天后,《文汇报》(1946年6月12日—13日)连载郭沫若的讲演稿,题为《文艺与科学》,俞辰记录、整理(第一次刊登此记录稿时未署名,续载时署名,很可能是化名),文后注明"文联社供稿","文联社"即丁景唐组织、领导的上海文艺青年联谊会(以下简称"文谊")。同版同时连载茅盾讲演稿《认识现实》,这是同年6月9日上海市小学教师联合会邀请茅盾去演讲的。事前,"文谊"也在育才中学邀请茅盾演讲(参见本书收入的《丁景唐、杨志诚首次访见茅盾》)。

40多年后,丁景唐在郭沫若的杂感、论文集《天地玄黄》(1947年12月,上海大孚出版公司初版;1954年8月,新文艺出版社新一版;后收入《沫若文选》第13卷,被作者删去3篇,人民文学出版社1961年版)《序》周边空白处写道:"此书一时找不到,托小张(安庆)向社里借来一本,现在却从乱书堆中

找到了。核对第 331 页《文艺与科学》!"丁景唐意犹未尽,在该书目录"1946年"上方注明"1946 年郭老为'文谊'作过报告,《文汇报》有记录发表。"他还在《文艺与科学》标题上注明:"与此不同"。

经查找,《文汇报》发表的演讲记录稿与收入《天地玄黄》的一文标题相同,内容相似,但是文字上有很大不同,主要是先后次序、讲述侧重点等不同。但是有一点可以肯定,后者(在重庆)写于 1946 年 3 月 17 日(刊登何处待查),前者演讲是在后者文章的基础上作即兴发挥,现仅举两者开头为例:

(演讲)见本文附录。
(文章)在一般的见解里面似乎文艺与科学被认为极端对立的东西。我们常常听见爱好文艺的青年们说,因为我不喜欢科学那种机械式的东西,所以我要搅(搞)文艺。这种见解是皮相的见解,不仅对于科学没有认识,就是对于文艺也没有真正的体会。

前者的演讲重点放在解释文艺与科学的区别,接着下文解释了两者之间的相互关系、"联集处",显然比后者文章强调通俗易懂,深入浅出,更容易被(听众)文艺青年所接受。因此,前者可以看作是后者的精彩诠释,两者虽有直接的关联,但不能混为一谈。演讲稿不妨看作是郭沫若的"另一种"佚文,它与同名文章的比较分析、研究,也是郭沫若研究中长期被忽视的一个空白。

丁景唐说的"文谊"是在中华全国文艺协会上海分会(简称"文协")的赞助下宣告成立的。1946年2月10日,"文谊"在南京路劝工大楼工会俱乐部召开成立大会,"文协"的郑振铎、许杰、许广平、赵景深、蒋天佐等出席会议。丁景唐在专题文章《上海文艺青年联谊会的诞生和成长》("文谊"编印《文艺学习》诞生号,1946年5月4日,署名"洛黎扬")中透露:"为了提高文艺知识,举办了短期的星期文艺讲座,叶圣陶、许杰、胡风诸先生都给了我们宝贵的指示。""聘请'文协'的诸先生为顾问。先后成立了文艺理论、小说、戏剧、诗歌、漫画木刻五种研究组。"

此后,"文谊"有关人员设法邀请郭沫若前来演讲,其内情不详,丁景唐生前也未进一步调查,请知情者明示。

《天地玄黄》集子分为两大部分,1945年写的文章有《天地玄黄》《历史的大转变》《我建议》《今屈原》《苏联问题二三年》《并不管秀才》《吊星海》《相见以诚》《走向世界和平的桥梁》,1946年的文章比较多,如《民族解放的先锋》《叶挺将军的诗》《〈亚洲苏联〉序》等。其中有些文章标题(目录页)上,丁景唐写有批语或做了记号,以备查用。除了《文艺与科学》之外,还有《鲁迅和我们同在》《纪念邓择生先生》《向普式庚看齐》《再谈郁达夫》《一封信的问题》《国画中的民族意识》。

丁景唐对《一封信的问题》写有批语:"更正许寿裳《亡友鲁迅印象》中关于罗曼·罗兰致鲁迅一封信的错误。"

当初敬隐渔的《阿Q正传》法文译本在法国《欧罗巴》杂志发表前,该刊主编罗曼·罗兰先睹为快,赞叹一番。此言后被柏生写入《罗曼罗兰评鲁迅》一文(1926年3月2日《晨报副刊》)。敬隐渔说"此言"是一封信,寄给创造社的。鲁迅写信给姚克(1933年12月19日)时谈起此事。

多年后,许寿裳在《亡友鲁迅印象》中旧事重提,郭沫若看到后引起强烈反感,立即提笔疾书(1947年8月30日,发表于同年10月1日上海《人世间》月刊第2卷第1期),从不同角度反驳许寿裳的说法,其实也是"纠正"鲁迅生前对此事的误解,"隔空喊话",虽然鲁迅已经听不见了。如今的《鲁迅书信集》和有关专著里已经做了注释或"澄清"此事。

郭沫若的《再谈郁达夫》一文源自王任叔写的《论郁达夫》,该文提及郁达夫曾说:"郭沫若就是这样妒忌我郁达夫的。"郭沫若缓缓口气说:"我可不相信郁达夫果真说过这样的话,王(任叔)先生记错了吧?"其中是非曲折足以写一长文。但是,丁景唐并不在意这些,而是把注意力放在郭沫若此文的其他内容上,即"谈到郭老如何从日本回国","可与《归国秘记》对照",并且注明"第583—584页"。其详细内容不再复述,已有多文专题表述。金祖同写的《郭沫若归国秘记》(上海言行出版社1945年刊行)值得一看,其中披露了郭沫若如何瞒着日本妻子、孩子独自悄然回国的具体过程。

郭沫若的杂感、论文集《天地玄黄》的内容很丰富,这是丁景唐珍藏的主要原因。

[附录]

郭沫若:文艺与科学

俞 辰

几天以前,"上海文艺青年联谊会"假育才公学礼堂请郭沫若先生讲《科学与文艺》。这个礼堂是相当大的,可是未到开会时间已被青年们挤得满满的,连插足的地方都没有。他们高兴他们自己的这个节目,同时更热烈的欢迎郭沫若先生。

郭沫若先生演讲之前,在这批年轻朋友中间更显得慈爱和有力。他是一个重(中)心,青年们都依附在他的周围。他在青年群众包围中和他们谈话,给他们签名,脸上总是那样和蔼的笑着,他对这批可爱的青年,实在有无比的爱护和喜悦。

当郭先生(出)现在台上时,青年们热烈的鼓掌了好几分钟,郭先生的讲辞如下:

一般人说起来,文艺与科学的相互关系很少,而且几乎是相对的;从表面上看起来确实是如此的。它们的性质和方向都不同。文艺是表现生活,实(际)生活的反映,是生活的批判,文艺工作者的著作都是文艺作品,如小说,诗歌,戏剧等。所以他们的想象力要转(展)开之丰富。科学却是纯理智的活动,寻求客观的真理,在自然,人,世界中寻求种种现象之间的性质关系,寻求了变动的客观规律,利用这真实来对人生服务。文艺是以热烈的情感来唤醒读者。科学是以冷静的头脑,实事求是的寻求客观真理。因为它们的出发点不同,因此常常被认为是两种对立的学问。

但是这两件事并不是如此激烈对立的,科学家有时需要文艺方面的活动,而文艺工作者在现在更需要科学的帮助,科学是要人扫除一切所有的成见,虚心坦白的认识客观现实,但是在客观材料不够时也要靠想象力来帮助。例如前些年在南洋爪哇发现了一颗牙齿,经过科学家们精细的检测和研究,证明这颗牙齿是十多万年以前一种人的牙齿,这就是靠它的丰富的想象力的活动。其次当科学(家)在着手研究诗,是尽量的采取客观态度,但是研究得到了结果,需要把资料整理成著作时,他依然需要文艺(工作)者同样的思想——精神活动。如马克思的《资本论》,是科学研究伟大的成功,但也有人说是伟大的戏剧。而且还有人根据《资本论》编成了剧本。文艺,它首先要求文艺工作者具有科学家们一般的常识,尤其是小说(家)和编剧家,需要懂得很广泛,很详细,很深刻,不然就会弄出许多错误。例如从前的诗人很赞美杜鹃吗,关于它的传说也有一些优美的故事,说它的声音是"不如归去",说它是啼出血来,但事实上,科学的研究告诉了我们,并不是如此的鸟,它的本性非常的懒惰,而且非常残酷,是种法西斯性的鸟。所以到了现在,我们知道了这些常识,现代的文艺工作者便不会再去敬(重)它,宣扬它的歪曲的美德了。

一位文艺工作者,写些曹通(冲)的诗句,还可以不费什么力气,但是要想完成一部小说或剧本时,除了结构外,更需要长时间的研究,比任何人都要来得广泛而详细。例如老舍先生的《骆驼祥子》,他写的是北平洋车夫的故事,在当时他很费心思,事实上他天天和洋车夫混在一起,和他们一起生活,体验他们的生活,在那个时候,文艺(工)作者要有完全客观的深刻的研究,所以若要完成一部较有分量的作品,文艺工作者也非要具有科学家的苦心的客观研究的精神不可。因此文艺与科学并不是对立的两件(种)不能相容的学术。

也许有人会这样说:文艺工作者把客观性看得太重了,会不会影响到作品不够热烈,光成了理智的摄合,唤不起读者的感情。这是不对的,一篇在词(辞)藻上用工夫而没有内容的文章,它不会成为一篇有价值的文艺作品;而每一篇正确作品的中心思想更是客观的认识。找到这客观的正确认识以后,就照着这个主题来发挥作者的感情,这种热情并不是光凭"心的燃烧",否则,光是盲目的"燃烧",反而会误事。

科学家也是如此,他们首先是用纯理智的客观认识来追寻真理,当他们得到了真理以后,便来保守(护)真理,宣扬真理。在三百多年以前,那个时候的科学尚未发达,人们都相信太阳是绕着地球走。可是经过了科学家们的研究,得到了确实的相反的证明——地球是绕着太阳走的。于是当他们发现了这真理,便宣扬出来,最初没有任何人相信,当帝王,教主等的封建势力很大,他们以为这是推翻整个的传统是罪犯,就禁止这种学说,压迫他们,而且意大利的高尔盖(哥白尼),竟被教主置死(终身监禁——引者)。加里(伽利)略被迫在他活着的时候,不能说"地球是跟着太阳走"的学说,然而当他快死之时,人们问他:"地球倒底是否确实跟着太阳走的?"他说:"君主不准他说,他也就不说,然而就是不说,地球依然还是跟着太阳走的。"所以真理不可磨灭,只要一旦发现了真理,就要用全心全力来保护它,甚至牺牲了自己的生命还是要来保护它。文艺(工)作者也是一样,当他们发现真理时是客观的,发现了以后,非(要)尽全力来宣扬,保护那是要用热情和精神的活动的。

因此,这两种学术非但不是对立,而且有着共同的条件,科学的先决条件是为人民服务,文艺的先决条件也是为人民服务,它们的基本精神便是民主的精神。(文联社供稿)

原载 1946 年 6 月 12 日—13 日《文汇报》

孔另境主编"今文学丛刊"第一本《跨着东海》

潇洒、儒雅的孔另境,原名孔令俊,字若君,14岁丧母,比他年长7岁的姐姐孔德沚(茅盾的妻子)一直很关心这个弟弟。1932年初夏,孔另境时在河北女子师范学校教书,担任出版部主任兼《好报》编辑。这时他已经没有党组织关系(大革命时期参加共产党),但是,他的公开地址作为党组织与国外联络通讯处,许多苏联寄来的宣传品都寄到学校,邮件屡次被没收,他也被作为共产党嫌疑分子被天津警备司令部逮捕,从而引发了鲁迅、许寿裳、李霁野等人设法营救的生动故事。多年后,孔另境的大女儿孔海珠撰文(收入《聚散之间——上海文坛旧事》,学林出版社2002年版)披露了其中鲜为人知的内情。

施蛰存笔下的孔另境:"心直口快,喜怒即形于色,所以常常容易和人冲突,但本质却是忠厚的。"(《怀孔令俊》)除了姐夫是茅盾的这层重要关系之外,孔另境正是凭着"忠厚"二字,人脉关系很不错,加之他的聪慧机敏,勤奋笔耕,各家书局老板都乐意聘请他主编各种书刊。以上提及的"出版部主任兼《好报》编辑",只是他早年经历中的"一朵浪花"。他的一生大多数时间是在做编辑工作,"为他人做嫁衣"。他热心地替别人推荐、介绍出版书稿,与文友来往书信众多。

1945年5月,因参加抗日活动,孔另境在上海被日本宪兵逮捕,惨遭迫害。日本投降前夕获释,出任《改造日报》编辑。第二年为大地出版社主编"新文学丛刊",并为春明书店主编"今文学丛刊"。

今文学丛刊的刊行是写作者与出版者共同劳作的成就,在目前,这并不是一桩容易的事情。因为除了一切物质的困难以外,还得要具备最大的毅力,我们不但要使它开花就完事,更期望它结一点果实出来,即使不能结出"长生不老果",也总得是一颗含有维太命的东西。

期望是如此,能不能达到,那就要看"吃客们"的"胃口"了。"吃客们"的胃口自来不同,要统一是谈不到的,而且也大可不必,但愿我们这

里所配的菜肴，不至于使"吃客们"倒胃口，那末，即使是一二样合自己口味的，于编者也是莫大的安慰了。

中国新文艺的成长，虽已经过了近三十年的岁月，对于大众的影响，实在还微薄得很，所以新文艺发展的趋向，必然应尽量和大众接近，一切新文艺工作者都不会忘记这个必要的条件，本丛刊的愿望，就是想把我们的主观上认为还可以的作品，呈现在大众的面前。同时，我们也期待大众的指教。

本刊将以不变的宗旨，每月刊印一本，呈现于读者的面前！

这是"今文学丛刊"第 1 本书《跨着东海》（以郭沫若的同名文章为题名，春明书店 1947 年 10 月 30 日初版）卷首一文《今文学丛刊的刊行》，理应是孔另境之作。

此书汇集了各个作家的作品，其中有郭沫若的自传《跨着东海》、茅盾的访苏联的纪实散文《记耐克拉索夫博物馆》、碧野（黄潮洋）的小说《离散》、叶圣陶的《工余随笔》、艾芜的小说《重逢》、范泉的散文《浩瀚的海》、臧克家的小说《骗子》、孔另境的小说《曹老师》，以及李霁野、曹成修、戴望舒（艾昂甫）的译作等。

"那看守的拿了一根稻草给我,要我把来作为裤带的替用。我开始莫名其妙,而且有点不耐烦地想冒火了,但我忽然了悟道:哦,这一切的一切是怕我自杀。我不禁悯笑了起来。你是这样的慈悲!为什么无缘无故地要把人关在狗洞里?"

这是郭沫若的《跨着东海》中的一段。郭沫若讲述了大革命失败后,因遭到反动当局的通缉,被迫东渡日本避难,却因为京华堂店主小原荣次郎走私案的牵连,锒铛入狱。原来创造社每月资助郭沫若生活费 100 元,按月交给上海的内山完造,然后再由东京的小原荣次郎转给郭沫若。虽然事发第二天,郭沫若被释放,但是,他从此成为被严厉监视的对象。郭沫若在该文中谈了过去创造社的一些往事,提及他曾与鲁迅同样怀有联合作战的愿望,各自采取了一些相应的行动。后世学者根据各自掌握的不同资料,引起一场褒贬不一的争论。

郭沫若的自传《跨着东海》篇幅很长,在"今文学丛刊"第一本书上发表之后,留下了"待续"的悬念。一个月后,"今文学丛刊"第二本(1947 年 11 月 30 日)续登郭沫若此文时,改题为《我是中国人》(第二本书也是以此为题),讲述了 1928 年 9 月下旬郭沫若被释放后,至 1931 年间,从事中国古代社会研究、甲骨文研究和殷周青铜器铭研究的经过。此两文以后收入郭沫若的《海涛集》。

1946 年 5 月 8 日,郭沫若从重庆抵达上海,他的自传《跨着东海》《我是中国人》可能是这时期写的,或在原来基础上修改的。1947 年 11 月 14 日,党组织为了确保郭沫若的安全,由叶以群陪同他前去香港。因此,郭沫若没有看到"今文学丛刊"第二本发表的《我是中国人》。

事前(1946 年 12 月),茅盾、孔德沚夫妇应邀访问苏联,临行前,孔另境与郭沫若、郑振铎等饯行,郭沫若还对茅盾夫妇开玩笑说:"你们是去蜜月旅行啊!"1947 年 4 月,茅盾夫妇回国。在郭沫若家里,茅盾、孔德沚夫妇参加了"洗尘宴",茅盾与郑振铎、洪深、熊佛西、沈钧儒、许广平、戈宝权等几十位熟悉的朋友,谈了访苏的感想。随后,茅盾应邀去各大学和文化团体作演讲,同时茅盾陆续撰文介绍和宣传苏联,大部分收入《苏联见闻录》。其中纪实散文《记耐克拉索夫博物馆》写于 1947 年 10 月 4 日,赶上了"今文学丛刊"第一本书的"末班车",理应与孔另境有密切关系。

俄国著名诗人涅克拉索夫(耐克拉索夫)的列宁格勒(圣彼得堡)旧居改为以他名字命名的博物馆,"当然是在苏维埃革命以后成立的。为了使得那四个房间的装饰布置尽可能不失旧观,苏联学术院文学研究所的研究员们曾经化了很多时间和心血;他们搜罗了许多的旧画,木刻,相片,通讯,回忆,以及其他文件,细心地比较研究,然后方能把这位伟大诗人生前的寓所的内部陈设大致不差地建立起来。"茅盾在这篇纪实散文里还引用了著名翻译家戈宝权翻译的涅克拉索夫诗句。

当时上海进步文艺界加入了全国"反饥饿、反内战、反迫害"的斗争。反动当局下达"戡乱动员令",凡是发表反对内战的言论,都将此刊物没收、查禁,甚至封闭出版机构。因此,孔令境作为主编收入郭沫若、茅盾的文章,并不在反动当局的查禁之内,反而成为一种"热点",以吸引读者,"今文学丛刊"第二本,继续刊登他俩的文章。

碧野(黄潮洋)创作生涯长达60多年,他的代表作曾入选中学语文课本。1986年,湖北省召开姚雪垠、徐迟和碧野三人的创作讨论会,轰动一时,被誉称为湖北文坛"三老"。

"今文学丛刊"第一本收入碧野的小说《离散》,讲述抗日战争时期,一个"小六指"(多生一个手指)的男孩,在部队里当勤务兵,听从被打仗瞎了一只眼的父亲的劝告,回家乡去看望公公、妈妈。但是,"小六指"在家乡遭受了各种恶势力的欺凌、侮辱,最后愤然离去。小说结尾:已经改嫁给恶势力代表之一"刘师爷"的妈妈,突然出现了,"小六指"情不自禁地叫了一声"妈妈"。但是,"一股仇恨涌上他的心头,他恨他妈,她为什么嫁给刘师爷!"他头也不回地走了,身后传来妈妈的叫喊声,"碎乱的脚步声,急促的喘气声","突然那脚步声停息下去了,只听见后面传来一声风也似的叹息。"这是千千万万人间悲剧中的一幕,强烈地谴责制造这悲剧的"始作俑者"。小说写于1947年10月3日,与茅盾的《记耐克拉索夫博物馆》一文仅仅相差一天。

"今文学丛刊"第一本发表的其他文学作品和译作,各有特色。其中著名诗人、翻译家戴望舒以"艾昂甫"的笔名翻译了长篇小说《雾》,原作者是西班牙著名作家、诗人、哲学家米格尔·德·乌纳穆诺,"九八年代"的代表人物之一。1936年,他起初受到佛郎哥叛军的欺骗,马上转变,看清了法西斯恶魔的真面目,被软禁起来。法西斯猖狂地叫嚣:"处死乌纳穆诺,处死知识者们!"

戴望舒在译作前写了一大段介绍原作者及其作品的文字,认为长篇小说《雾》,"是一部特殊的书",原作者"并不称它为小说(Novela),而给它取了一个奇怪的名称:Nivola(关于这 Nivola 的来历,可以在本书第十九章找到)。在这部书中,一切都好像是偶然的,纯粹从作家的脑里出来的:人物,结构,故事的发展和结果。然而,一切却又显得那么地必然,那么地真实,而这就是作者的艺术。"

戴望舒才华横溢,广大读者只是迷恋他的《雨巷》诗人的五彩光圈,其实,他还是一位出色的翻译家。戴望舒早年留学法国时,选择了法国文学史(参见本书收入的《戴望舒:首次翻译小说〈罗密欧和朱丽叶〉》)。他曾到西班牙去,再次参加了西班牙进步群众反抗法西斯的示威游行后,被警察逮捕,并通知法国警方,结果他被校方开除,遣送回国。因此,戴望舒翻译《雾》并不是偶然的。戴望舒的译作留存于世并不多,特别是《雾》更是鲜为人知。而且"今文学丛刊"第一本、第二本连载《雾》后,不知是否续完,也不知他是否译完,此后也未能见到单行本。如今《戴望舒大全集》(新世界出版社 2012 年 10 月出版)等有关文集,似乎都没有收入《雾》(可能是未完稿)。如果确认属实,那么孔另境设法连载戴望舒的译作《雾》,更显得"物稀为贵"了。

孔另境将自己写的《曹老师》编在"今文学丛刊"第一本时,目录上注明是"小说"——塑造了小镇上一位曹老师,他的外号"百晓"(无事不晓),性格直率,容易顶撞人,既有"孔乙己"的某种斯文,又具有阿 Q 精神,最后作为革命党"嫌疑"分子,被押解走了,死在途中,酿成一出悲剧。

这位曹老师的生活中原型是作者"零距离"所见所闻的,因此在各种版本的孔另境文集里往往将其列入回忆之类的文章,这也凸显了该小说的真实性。其实,孔另境大部分写的都是散文,如同他的为人:率真、朴实、豪爽。他写文章一向是一挥而就,从不修改,字迹是那么清楚、条理那么分明,这是他引以为自豪的。(孔海珠之语)

"今文学丛刊"第一本刊登了不少书刊广告,其中有春明书店发行"新文艺丛书"的广告:《郭沫若文集》《叶圣陶文集》《茅盾文集》《丁玲文集》《巴金文集》《雪峰文集》《梅林文集》《胡风文集》。这其中有一个不寻常的插曲,也可能是春明书店老板陈冠英聘用孔另境的原因之一。

抗日战争期间,"大后方"昆明等地接连发生盗印鲁迅等人著作的行为,引起胡风、茅盾、田汉等人的高度重视,沈钧儒还起草了《代表鲁迅先生纪念委员会为保障鲁迅先生著作及其家属继续享有各合法收益启事》,毫不留情地向盗版书商发出了檄文。

1946 年,叶圣陶回到上海后,担任中华全国文艺界协会(简称"文协")的总务部主任,着手通过法律手段帮助作家们维护合法权益,经过调查,将盗印贩卖《鲁迅文选》的上海春明书店作为法律诉讼的对象。1947 年 7 月,"文协"聘请沈衡山、沙千里等律师出面,以非法出版作家选集、妨害著作权为由,向春明书店提出交涉,责令交出纸版,并赔偿每位作者经济损失百万元(贬值法币)。

事情处理结果,如愿以偿。叶圣陶在日记中惊呼:"此可谓大获全胜也。其实此类书已有十多年历史,出版者非仅春明一家,一向无人过问,即亦自然流行。今文协代作者出而追问,自为本分中事。先对春明,居然胜利。此后再与他家交涉,即有先例可据矣。"为此,叶圣陶、郭沫若、茅盾、郑振铎、胡风、许广平、梅林、楼适夷与沈衡山、沙千里、林某其三位律师聚餐,

喜气洋洋。(《叶圣陶年谱长编(1936—1949年)》下,人民教育出版社2004年版)

1947年7月18日,叶圣陶与"文协"理事会秘书梅林联名致信许广平,通告了查处的结果:春明书店"立下字据,保证以后不再有盗印事情"。(周海婴编:《鲁迅、许广平所藏书信选》,湖南文艺出版社1987年版)

经过谈判、磋商,"文协"与上海春明书店达成协议,合作出版由著作权所有人授权的"现代作家文丛"系列正版书籍,由梅林主编,上海春明书店陆续出版,共有12种,比以上提及的事前春明书店刊登的广告多出4种,即《鲁迅文集》《老舍文集》《郁达夫文集》《张天翼文集》,这套书籍改名为"现代作家文丛"。

在这"敏感"时期,孔另境被聘为主编"今文学丛刊",而且编辑的都是名家作品,仍然牵涉到作家著作权的问题。因此,他很可能是事前双方谈判时都能接受的人选,主要原因之一他具有"忠厚""诚信"的品格。

"文革"前,孔另境担任上海文化出版社编辑部主任、上海出版文献资料编辑所编审,与丁景唐同在上海市出版系统,有些工作上的联系。"我们算是可以谈谈的朋友",称他为"老孔",这是丁景唐珍藏"今文学丛刊"第一本《跨着东海》的原因之一。

"文革"中孔另境含冤逝世,后平反昭雪。孔另境的女儿孔海珠、孔明珠等四处收集、整理、汇编,先后设法出版了各种版本的孔另境集子,以示深深的怀念,同时揭开了不少现代文学史的谜团,披露了许多真相,努力还原一个真实的孔另境。

遗憾的是至今还未出现一本关于孔另境编辑生涯的研究专著,本文权当"抛砖引玉"之用吧。

辑二 左翼闪烁

潘梓年的珍贵初版本《文学概论》

1933年5月14日，一名男子出现在上海四川北路昆山花园7号附近，他察看四周，随后上前敲门进屋。突然，一群国民党便衣特务闯进，不由分说地绑架了屋里的一男一女，史称"丁潘绑架案"。随后，还有一名男子也前来联系，与埋伏守候的特务激烈搏斗，不幸从窗外坠落身亡，事后才知道他是应修人烈士（曾任中共江苏省委宣传部长）。

时为左联党团书记丁玲的名气很大，后世有多文叙述这次绑架案。但是，同案的潘梓年并不为广大读者所熟悉，他时任"文委""文总"的负责人，兼中共江苏省委机关报《真话报》总编辑。潘梓年曾主持丁玲、田汉、刘凤涛等人的入党仪式，瞿秋白作为中共中央宣传部的代表见证了这很有意义的场面——1932年3月，在上海南京路大三元酒家的一间雅座里。此后，潘梓年成为著名的哲学家、杰出的新闻斗士，他创办了公开发行的共产党《新华日报》，被称为"中共第一报人"。

"北方左联"刊物《文学杂志》第3、4期合刊（1933年7月31日出版）转载美国记者伊罗生编辑的《中国论坛》一则报道《关于梓年》（瘦民），开头写道："与其说梓年是文人，不如说他是个热情的教员。虽然二十年来，所教的对象已变换过多次，由小学生，而中学，而大学，而青年，而劳苦大众。他今年已经四十二岁的人了，矮小的身材，精神饱满的，还像一个少年一样。他生在江苏宜兴靠紫云山的一个村落里。父亲是个洁身自好的'绅士'，他是老大，弟妹很多，家里并不富裕。"此文是最早披露潘梓年的生平和著译书目的一文。

潘梓年被捕后，敌人派了两个叛徒向潘梓年劝降，一个是他被捕前的直接领导人，一个自称是他的学生。潘梓年正气浩然，侃侃而谈，毫无惧色。恼怒的敌人对他施以酷刑，妄图他就范，但是他没有屈服。《关于梓年》最后一段描写家人去探望潘梓年的情景，刻画的众多细节，生动地反映了他狱中遭受的严刑拷打和百般折磨，"坚决而沉静的目光"和省略号足以展现了他坚韧不屈、视死如归的光辉形象。最后，潘梓年被判无期徒刑，关押在南京

军人监狱。潘梓年在狱中的英勇表现，以后得到中央的充分肯定，并为当时的狱中难友所钦佩。

《关于梓年》谈及潘梓年的著译活动，其中列出他的著译书名："（一）疯狂心理学（译），北新，与李小峰合译；（二）明日之学校（译），商务；（三）动的心理学（译）；（四）逻辑（译），商务；（五）物质与记忆（译），商务；（六）大块文章（译），北新；（七）文学十讲（著），已绝版；（八）文学概论（著），北新；（九）苏联新教育（译），北新。""最近，还写了一部伦理学，但没有完稿就被捕了。此外写了不少通俗的小册子。"

这其中有笔误之处。1923年商务印馆出版杜威的名著《明日之学校》（共11章，286页，以后几次再版），封面上注明朱经农、潘梓年翻译。《物质与记忆》（法国柏格森）应是张东荪翻译，商务印书馆1922年1月出版。潘梓年翻译的是《时间与意志自由》（法国柏格森），商务印书馆1927年版。

潘梓年才华出众，勤奋笔耕，译著不少，由北新书局出版的最多，而且与北新书店老板李小峰交情甚密。1920年潘梓年进入北京大学哲学系学习（哲学、逻辑学、新文学），听过鲁迅、胡适等人的授课。这时同校的李小峰已经就读两年了，并参加了"五四"运动和北大学生团体"新潮社"（理事），担任

《新潮》月刊的校对、记录等工作,该刊被称为《新青年》之下的"第二提琴手"。这期间,潘梓年与李小峰有了许多共同话题(包括翻译),因此有了他俩合译的《疯狂心理学》。

潘梓年在北大学习3年,与李小峰同时毕业。潘梓年被介绍到当时颇有名声的保定育德中学教书。该校部分师生成立了一个"文学研究会",请潘梓年去讲演新文学,先后讲演了8次,深受师生们的欢迎。此后,潘梓年的讲演内容由"文学研究会"整理出来,交给李小峰等人创办的北新书局出版。题名为《文学概论》,1925年11月问世,此后再版6次,发行近5万册,成为畅销书。

《文学概论》初版本是以"北新丛书之四"名义出版,这套丛书共有10本,其中有潘梓年与李小峰的译作《蛮性的遗留》、孙伏园的著作《游记四篇》等。

《弁言》落款为"保定育德中学文学研究会",时间为1925年3月27日。其写道:"我国的文坛上,散见于各杂志或报章上的,只有短篇的文学论著,而成系统的讨究,我们觉得很少见。我们因为是这层关系,于是就有了付印的动机。"并认为:"这个演讲的材料,简明精确,如看赏一遍两遍之后,我们以为至少对于文学能得个正确的和历史概念。"

《文学概论》前面为"五讲":《鸟瞰中的文学》《内质与外形》《文学中理智的要素》《文学的变迁及派别》《文学的分类和其比较》。"附录四篇":《文学是什么》《怎样研究文学》《太戈尔来华》《读诗与作诗》。这"也是潘先生前后关于文学问题的意见,我们觉得颇为重要。今经潘先生同意,附于后面"。

这"五讲"中有的标题颇有哲学理念,每一讲的思维清晰,颇有层次,并画有图标,加以说明。每讲之间有着比较明显的内在联系,逻辑性比较强,并且结合新文学的一些新概念和文坛热点讲述,颇有新意。同时呈现了潘梓年在北京大学学习的成果,以及接受"五四"新文学思潮——经过筛选、思考的结果。

潘梓年则"开门见山"地说:"我本不配讲什么文学,因为我对于文学并未曾有系统的研究。不过我对于文学很有兴趣,很想研究他(它),不妨就把我自己觉得研究文学所应该走的路告诉大家,做个参考。"

《文学概论》初版本问世后,反响热烈,让潘梓年感到很意外,同时又有一些不安。他坦陈地说:"竟没有勇气地翻阅一遍","我觉得拿这样的东西去出版,实在是一种耻辱,每当友朋提到这事时,就觉得慌惭无地。"

此后,他说:"这要谢谢北新主人李小峰先生,他屡次催促我把这印本校阅一过。这一校阅,可使得我骇悔交作;骇是骇的这样不成东西的东西竟也销完了一板(版),这不知贻误了多少青年!悔是悔的当这书出版的时候不该不自己校阅一遍。那时的不肯自己翻看,着实有点'掩耳盗铃'那样暗弱得可笑。"

趁着《文学概论》再版之机,除了修改文字之外,潘梓年作了较大的调整,把原来《什么叫文学》论文修改一下,放到前面作为"代序"。又把新作《艺术论》补充到后面的附录,保持原来4个附录的数量。

经过这样的调整,潘梓年才稍稍松口气。1927年"四·一二"反革命政变后,潘梓年毅然加入中国共产党,返回家乡重建中共宜兴县委,暴动失败后,他被调回上海。李小峰热情邀请潘梓年这位昔日校友,接任《北新》周刊(后为半月刊)的编辑工作,该刊的撰稿人比较宽泛,为新文化服务,曾发表了鲁迅、周作人、郁达夫、苏雪林等人的文章。潘梓年笔耕勤奋,《北新》几乎每期上都有他的文章,有时多达8篇,其中有揭露日本政府侵华阴谋的,批评国民党背叛三大政策的,批驳无政府的论调等。

这时李小峰看看《文学概论》再版后的销路依然不错,决定再出第三版。这时潘梓年已经无暇过问,但又不想谢绝老友李小峰的一番好意,便写了一个简短的《三版弁言》(1928年11月14日):"原想趁这三版出书的机会,把个人认为有许多应加增改的地方大大修正一下。因时间不够,止(只)能把检出的错字校一校付印。要修改的,等有了时候再说吧。再次谨候着爱我的朋友们给指出书中太不妥当的地方!"

1929年,潘梓年按照上级党组织的指示,负责创办了华南大学,自任教务长,并延聘知名的左翼文化界人士前来执教,其进步倾向很快被租界当局查封了。这时,李小峰再次决定出版《文学概论》的第四版,但是潘梓年保持"沉默",没有续写《四版弁言》,也无暇再修改旧作。1930年,潘梓年参加了上海左翼文化运动的领导工作,远离了《文学概论》和北新书局。

新中国成立后,潘梓年被调到中国科学院工作,负责筹建该院哲学社会科学部(后为中国社会科学院)和哲学研究所,他后来担任该所所长,不免受到堂弟潘汉年案件的牵连。"文革"中,他惨遭迫害,病逝于狱中,终年79岁。纪念潘梓年诞生120周年和逝世40周年之际,中国社会科学院科研局组织编选了《潘梓年文选》(中国社会科学出版社2012年出版),不过是以潘梓年在中国社科院工作期间的论文为主,仅收入解放前的成名作第四版本的《文学概论》和部分文章。潘梓年生前还有大量的文章,如今未能被搜集、整理出版,甚是遗憾。

当年初版本《文学概论》,如今存世极少,更显得珍贵。而且初版本和再版的差别比较大,值得研究一番,可以进一步了解潘梓年早期的学术思想和人生足迹等。丁景唐珍藏此初版本也主要出于此目的,也是纪念潘梓年——瞿秋白、丁玲等同时代的左翼文化领导人之一。

洪灵菲的第一部长篇小说《流亡》

1933年7月26日,洪灵菲时为中共中央驻北方代表秘书处秘书,去北平宣武门外李大钊烈士侄女的家中联系工作,不幸被守候的国民党中统特工抓捕,原来他被叛徒出卖了。其后,姚蓬子(中共特科"河北省交通联络员")也被捕,押往南京。

洪灵菲曾是左联常委之一,姚蓬子(一说曾是左联宣传部负责人)主编左联刊物《文学月报》,后由周扬接替,他俩都曾出版不少文学著作,但是结局截然不同。洪灵菲在监狱里坚贞不屈,次年夏天在雨花台英勇就义。姚蓬子在南京《中央日报》上刊出《姚蓬子脱离共产党宣言》,自首出狱,苟且偷生。

"为革命而恋爱,不以恋爱牺牲革命!革命的意义在谋人类的解放,恋爱的意义在求两性的谐和,两者都一样有不死的真价!"1926年,洪灵菲加入中国共产党,并介绍革命伴侣秦静(秦孟芳)入党,以上一段话便是洪灵菲的恋爱观。1927年"四·一二"反革命事变后,洪灵菲也被列入黑名单,他被迫逃离广州,曾在香港被拘捕;他饿着肚子,蜷缩在新加坡栈房里,忍辱挨骂,乘船去泰国曼谷……他经历了四处漂泊之凄苦。

这些艰难经历,成为洪灵菲撰写"三部曲"《流亡》《前线》《转变》等7部长篇小说的素材,充当了"普罗列塔利亚和敌对的阶级作战的军前的喇叭手"。他还翻译了高尔基的《我的童年》、陀思妥耶夫斯基的《地下室手记》《赌徒》等,加之他写的其他诗歌、散文、杂文、论文等,大约百万字。洪灵菲被蒋光慈(同为太阳社成员)称为"新兴文学中的特出者",孟超亦推重他是初期革命文学团体中"最勤奋最辛劳的一个"。

洪灵菲每天早上4时起床,灵感涌现,铺开纸笔开始写作,到8时别人起床时,他已经写了好几千字了,他的才华横溢可见一斑。那时洪灵菲和同乡戴平万(曾参加左联筹备工作,后任刘少奇秘书)等青年挤在上海法租界一间十多平米的小房间里,生活条件十分艰苦。

洪灵菲仅花费了近2个月的时间,完成了10万多字的长篇小说《流

亡》，成为中国普罗文学中最早出现的长篇创作之一。一日，洪灵菲在马路上偶遇昔日广东大学老师郁达夫，得到他的热情帮助——向现代书局老板卢芳推荐《流亡》书稿，1928年4月15日现代书局出版。

在《流亡》主角沈之菲的身上晃动着洪灵菲的形象，"瘦长身材，广额，隆鼻，目光炯炯有神。又是英伟，又是清瘦"。有人干脆称《流亡》为作者自述性小说。小说中的黄曼曼原型则是秦静（秦孟芳），洪灵菲嫌弃"孟"与孟子挂上钩，便另给她起名叫秦曼芳，到了小说里则成了黄曼曼："那女的约莫十八九岁，穿着一身女学生制服，剪发，身材俊俏，面部秀润，面颊像玫瑰花色一样，眼媚，唇怯。"

小说中的黄曼曼写信给男主角："菲哥！你亲笔题在这张相片上的几句话""在革命的战线上，我们都是头一列的好战士！在生命的途程中，我们都是不断的创造者！让我们永远地团结着吧！永远地前进着吧！牺牲着我们的生命！去为着人类寻求着永远的光明！"这么多的惊叹号，凝聚着作者喷涌的激情。其实，此诗是洪灵菲在结婚照上题写的诗，现收藏于雨花台历史陵园纪念馆。

孟超与洪灵菲同为太阳社成员，以后一起在中共闸北区委行动委员会宣传部工作。他认为洪灵菲写作《流亡》时："以浪漫主义的表现方法，在革命的故事中揉(糅)杂了不少的恋爱场面,我们也不能否认在风格上受了郁达夫的影响(自然他没有郁达夫的颓废的一面)。可是,我们更应该着重的指出,他不但是忠实的反映出在革命低潮中革命青年由各种苦闷而转到反抗的历史事实,同时,并以愤慨的热情,恣肆的笔力,对于那黑暗的政治,黑暗的社会,以及屠夫刽子手的疯狂的压迫与虐杀,加以无情的暴露,进一步的指出革命才是唯一出路,这样鼓舞了广大青年,教育了广大青年。"

如今各种新版本的洪灵菲小说选集很少收入他在初版本里发表的《流亡·自叙》一文,现在抄录如下:

　　在饥寒交迫,营养不良的状态下;我始终绞着肠,忍着苦把这头胎婴孩——《流亡》——产生出来了。因为穷得要命,所以临产时,只在一个昏黑的,臭湿的平民窟里,在一张破旧而没有美感的卧榻上,死挺挺地,拼命一送,便把它弄出地面来了。这婴孩!这婴孩!唉,只听到它的哭声的微弱,看到它的脸色的苍白,便知道它是多么不健康!多么难以长大起来!这真是,使到做它的娘亲的多么伤心和失望!但,这有什么办法呢?!这有什么办法呢?!

　　在细雨黄昏,除夕只是隔两天便到了的残年的哀绪中,我抱着这个新生的婴孩到各处拍卖!满街的巡捕,和路上过往的行人都在钉(盯)视着我!这真是,使我觉得又是羞耻!又是伤心!为什么,在这样人家正在闹着团聚,穿好衫裤,说吉利话的时候,我偏要把这苦命的婴儿卖去呢?唉!惟天知道!不!天又是什么!唉!啊!吁!噫!……

　　在描写的手段,叙述的技巧,修辞的工夫各方面批判起来,我自己承认,《流亡》这篇幼稚的产物,可说完全是失败的!但取材方面,和文章立场方面,总可以说是一种新的倾向,和一种新的努力!但,无论如何,我承认这一篇总是失败的!我但愿把这失败的死尸给这新时代和我一样年青(轻)的作家践蹈(踏)着,践蹈(踏)着,做他们到成功之路去的桥梁,我自己,当然亦愿意这样做。

　　末了,我在这儿感谢郁达夫先生把它热烈的介绍,感谢我的爱人梦芳女士把它细心地抄写和校正,……

一七,一,廿一

这篇《流亡·自叙》既有严格自责的拷问,也有以诗的语言象征性地倾述了四处流亡的困苦之情形,让广大读者仿佛触摸到作者的一颗赤诚之心——赤裸裸地奉献于世,不由得与作者一起"唉!啊!吁!噫!"同时,让读者分享了洪灵菲夫妇的爱情结晶——共同完成了第一步长篇小说《流亡》。此后,他们夫妇便有了可爱的孩子,成为患难与共的小家庭。

洪灵菲意犹未尽,在《流亡·自叙》里还写了《序诗》:"我像旅行着沙漠,口也干了,喉也渴了!给予我以安慰的,只有望不尽的碧空,只有行不尽的黄沙!我像旅行着荒山,胆也寒了,心也栗了!给予我以安慰的,只有寒林的惊涛,只有虎豹觅食的叫嗥!我像漂流着在大海,头也昏了,神也乱了!给予我以安慰的,只有机声的躁骂,只有黑浪的白眼!我像禁锢着在牢狱,人也瘦了,病也深了!给予我以安慰的,只有铁窗外一线的曙光,只有铁窗内强烈的奇臭!"

这首诗与《流亡·自叙》前半部分具有象征意味的内容很相似,除了表达困苦之情形和抨击反动黑暗统治之外,也包含了自大革命失败后,洪灵菲一直在苦苦寻找党组织,所产生的苦闷、焦虑、无奈的心情,这些都有助于了解《流亡》的思想内容。小说中的主角到处奔波,被通缉、监禁、驱逐和辱骂,加上家庭不理解他……在悲观、困苦的恶劣环境里,得到黄曼曼的鼓励,他更加坚定了信念,这也是象征着洪灵菲决心继续参加革命的曲折之路,最后以年轻的生命和鲜血践行了他的誓言。小说最后写道:"这时候,在他面前的,显然分出两条大路来。一条是黑暗的,污秽的,不康健的,到灭亡的路去的!一条是光明的,伟大的,美丽的,到积极奋斗,积极求生的路去的!"

"三部曲"《流亡》与《前线》《转变》三部小说的主角原型都是洪灵菲自己,主角活动的背景分别代表了大革命初期、中期、后期,贯穿了那个时期的重大事件,反映大时代的历史洪流。新的题材吸引了广大读者,《流亡》在几年内销售了5版,其他两部小说也赢得读者的青睐。1934年,这三部长篇小说被查禁。

阿英撰文指出:"洪灵菲有一种力量,就是只要你把他的书读下去一章两章,那你就要非一气读完不可。"并认为洪灵菲的创作才华"在现代文坛上,是不可多得的"。(阿英:《〈流亡〉批评》,载《我们》1928年第3期)

洪灵菲牺牲14周年之际,秦静(秦孟芳)化名为"青争"发表了《洪灵菲先生史略》(《新华日报》1946年7月26日,即洪灵菲被捕之日),首次披露了洪灵菲许多生平事迹。其中谈到洪灵菲被捕之前,在繁忙的工作之余,依然笔耕不已,撰写了《童年》前三章,留下了一位革命者的未竟之言。洪灵菲被秘密押往南京时,还被蒙在鼓里的秦静(秦孟芳)也已经被关进监狱,还带着4岁的幼儿和周岁的女婴。

新中国成立后,开明书店策划了"新文学选集"系列丛书,第1辑(1951年7月初版)是以现代文学史上的烈士作品为主,其中有鲁迅、瞿秋白、郁达夫、闻一多、朱自清、许地山、蒋光慈、鲁彦、柔石、胡也频、洪灵菲、殷夫等人选集。第2辑(1951年7月初版)为郭沫若、茅盾、叶圣陶、丁玲、田汉、巴金、老舍、洪深、艾青、曹禺、赵树理等人选集。

　　这套丛书的《编辑凡例》说明：这套丛书"依据中国新文学的历史发展过的过程，选辑'五四'以来具有时代意义的作品"，"使读者能以比较经济的时间和精力对于新文学的发展的过程获得基本的初步的知识"。"本丛书第一、第二两辑共包罗作家二十四人，各集都有为作家本人自选的，也有本丛书委员会约请专人代选的，如已故诸作家和烈士的作品。每集都有序文。二十余年来，文艺界的烈士也不止于本丛书所包罗的那几位，但遗文搜集，常苦不全，所以现在就先选辑了这几位，将来再当增加。"

　　初版本《洪灵菲选集》收入孟超《我所知道的灵菲》、洪灵菲长篇小说《流亡》。扉页上两张珍贵的照片，洪灵菲烈士遗像，洪灵菲与家属的三口之家合影，都是1929年在上海拍摄的。

　　丁景唐收藏初版本《洪灵菲选集》，用以研究左翼文学运动及其作家，特别是孟超《我所知道的灵菲》一文，则是新中国成立后第一次披露洪灵菲的生平事迹和创作情况（《流亡》则是以文学形式展现洪灵菲），有助于了解蒋光慈、孟超、阿英（钱杏邨）、洪灵菲等人组成的太阳社，牵涉到鲁迅、瞿秋白（与太阳社有关系）等人的有关情况。

阿英的"孤本"《现代文学读本》

煌煌12卷《阿英全集》(安徽教育出版社2003年版)却没有收入阿英(钱杏邨)《现代文学读本》第1集(署名张若英,现代书局1930年7月1日初版)的《序例》。《阿英全集》附卷(安徽教育出版社2006年版)的"补遗"《阿英著作集目录》里也未有此书目录。只是在《阿英年谱》里存有"《现代文学读本》被查禁"的条目,在其他版本的"阿英文集"中也有类似情况。

当初《现代文学读本》刚问世,就被查禁,因此该书存世很少,几乎成了"孤本"。而且,丁景唐珍藏的《现代文学读本》初版本后面的版权页上贴有一枚阿英自制的白文朱印版权证(印花)"若英"(篆体),更是稀罕之物。

该书的重要价值还在于左联成立后,阿英希望把《现代文学读本》"打造"为普罗文学的教科书,这是历来学者所忽视的。而且,阿英对于每篇作品的注释和"点评",也没有收入各种版本的"阿英文集"里,形成了一个甚为可惜的空白,不利于深入研究阿英及其著述。

1929年冬天,北四川路底余庆坊某号楼下一间较大的客厅很是热闹,上海艺术剧社正在紧张地轮流排演3个话剧《梁上君子》(美国作家辛克莱编)、《爱与死的角逐》(法国作家罗曼·罗兰编)、《炭坑夫》(德国女作家米弥顿编),准备次年初的第一次公演。由于这些演员说着带有各种家乡方言的普通话(当时大多数演员都存在类似问题),因此,夏衍作为导演之一(另外两个导演是鲁史、沈叶沉即沈西苓)便戏作一幅对联:"两间东倒西歪屋,一桌南腔北调人。"

《梁上君子》是上海艺术剧社文学部的冯乃超、龚冰庐、祝秀侠改编的,重新起的剧名,通俗易懂"接地气",迎合中国都市民众的习惯口味。因此,此剧与上海艺术剧社一起被"铸刻"在中国现代戏剧运动史上。

但是,广大读者并不知道此剧原译名为《住居二楼的人》,由开明书店编辑、翻译家顾均正翻译的,首次被阿英(张若英、阿英)收入《现代文学读本》第1集。

1929年秋天,阿英奉党组织之命,参与筹备左联。1930年3月2日,阿

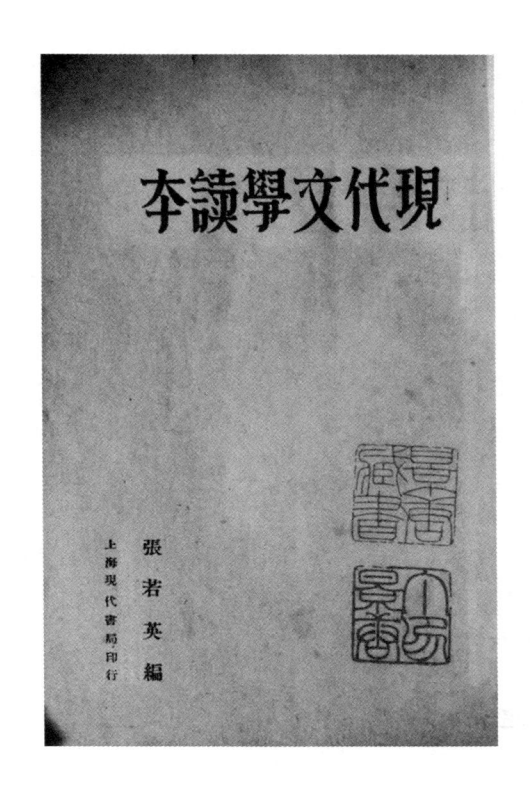

英参加左联成立大会，与鲁迅、夏衍被选为三人主席团，接着被选为左联常委，后继任左联党团书记。按照左联常委有关决议精神，阿英与现代书局商谈，"互为有利双赢"，编辑了《现代文学读本》，对象是中学师生。

阿英的藏书很丰富，而且博闻强记。夜深了，他的台灯还亮着，书桌上还摊放着各种书刊，脑子里不停地闪过印象较深的一篇篇文学作品。他慎重思考一下：此书是给中学师生看的，那么应该增加"尾注"，起个"导读"作用，也可以让有关学者作为研究参考之用，形成"雅俗共赏"的效应。不过，他只是列出每篇文章原出处的书刊名，并没有写清楚出版年月和刊物的期数等；也许是故意不写，避免带来某种后果。

1930年7月14日，阿英参加飞行集会，在小沙渡路被捕。事前（6月），阿英在《序例》里写道：

一、本书所选用的作品，都是非常优秀的适宜于中学生阅读的现代名家的著作。选择的标准，不但是作品内含的思想是进步的，技术也是优美而且适合于中学生的程度。对于所选的每一篇，若能细细的研磨，不仅可以获得方法上的效果,在思想上也能以得到新的发展。

二、本书无论作为课本,抑作为课外读物,均极适宜。每篇难解的地方,有详细的注释;内容与形式方面,也有简要的说明。这(对)于教师的讲授,固然有不少的便利;就是学生课外自修,也不会感到困难。

三、本书因选择作品的条件较严,而年来国内优秀的适宜于中学生阅读的作品不多,故全书译稿的分量较重。但这些译稿,系慎重选出,而艰深的段落,生涩的语句,又经过删节改动,这对于教者读者都极便利适宜。

四、本书分为三册,供中学三年采用。教者除本书而外,应选授过去的各国优秀的文学作品,贯(灌)输学者以文学史的知识;选授关于政治,经济,以及社会的论者,以辅助学者思想上的进展。

五、本书因优秀的新作品将不断的产生,客观的环境将不断的改变,决计随时(如有再版的机会的话)增加新的材料,于必要时改编重排,务期适合于时代的要求,教学的便利,以完成新的文学读本的任务;尚希教者学者随时予以指正。

显然,阿英写这些文字时,期望能推出《现代文学读本》一套丛书3册,"如有再版的机会的话,增加新的材料",产生"滚雪球"的效应,将这套丛书"发扬光大"。但是,该书第1集刚问世,便被反动当局有关部门查禁。

阿英回忆说:1930年,"余试编无产阶级文学读本二册,交现代书局印行。第一册出版后,不一周而因'普罗文艺'罪名被禁售,第二册遂未印。""无产阶级文学读本"即《现代文学读本》。现存该书第1集,暂未见到第2集的目录,甚为可惜。

1929年底,阿英撰写了《编给少年读者的故事》,发表于蒋光慈主编的《拓荒者》创刊号(1930年1月1日)。该文讲述了4个故事,除了第2个故事《面包、牛奶、墨水瓶》是关于列宁的(此故事流传很广,曾收入小学生课本),其余的都是关于高尔基的故事。第1个故事《高尔基和他的朋友们》谈及列宁曾写给高尔基许多信,"这些都被保存起来,现在是印成一本书了"。

几个月后,阿英编辑《现代文学读本》第1集时,脑海里首先跳出高尔基、列宁的名字,于是编入高尔基《谁没有孩子呢?》《大仇人》《我的自传》《Moscow印象记》和列宁(伊里支)《致高尔基书》,占据全书30篇中外文学作品的六分之一。

在现代左翼文学运动史上,高尔基被奉为国际"普罗文学"的领袖、苏联文学的奠基者,他的作品受到非常"热捧"。1932年春,阿英辑录一份《高尔基著作中译本表》,并在后面注明:"高尔基其他短篇,散见于报纸杂志及收在其他杂集内者甚多,因读者不易搜集,故本表不录。"同年秋天,夏衍也辑录一份《高尔基著作中译本表》,一半以上的目录与阿英的一份相同,并增加了瞿秋白等人的译本。但是,都没有出现《现代文学读本》第1集收入的高尔基4篇文章的目录,正如阿英说的"读者不易搜集"。

高尔基的《谁没有孩子呢?》,赵诚之翻译,发表于1925年的北京《晨报》副刊。茅盾翻译的《大仇人》是一则寓言故事,原题为《巨敌》,原载于共青团中央机关刊物《中国青年》第1卷第4期(1923年11月10日出版)。

鲁迅主编,冯雪峰、柔石、魏金枝协助的《萌芽月刊》创刊号(1930年1月1日)发表高尔基的《M.戈理基底自传》,"亦还"(可能是冯雪峰)翻译。阿英改题为《我的自传》,并注释:此文"关于高尔基少年时代,他的大著《我的幼年》记的最详,可作此文的详细参考",并且说明此译文有"删节"。因此,该译文比较简略。夏衍则翻译了《高尔基年谱》(《文学月报》第4号,1932年11月15日出版),内容比较多,但是未能注明出处,理应是根据日文转译的。

夏衍转译的高尔基散文《莫斯科印象记》,发表于蒋光慈主编的《新流月报》第4期(1929年12月15日出版)。阿英收入《现代文学读本》时故意将"莫斯科"改为"Moscow",也是想避免被查禁。阿英在文后注明:"这一篇'印象记'是高尔基六十岁被苏维埃政府欢迎回国以后写的。从这一小时的观察里,可以看到革命后的俄罗斯的发展。虽然为时很短,许多地方还感到缺陷,如宗教的影响的没有肃清,商人的愤慨,和卖淫的制度没消灭等。然而,从一般的发展上,是已经展开了它的前途的。这也就无怪乎高尔基在这篇短文里要表示着那样的快慰了。"

夏衍早年留日学习,回国后开始致力于外国进步文艺论著和作品的翻译工作。他最初"不分清浊",把日本各种流派的文学作品和理论之作"经过咀嚼之后,又以更旺盛的吸收力把什么都吞下去",同时"移植"到中国,介绍给广大读者。自1928年至1934年期间,夏衍把翻译作为一个公开的职业,每天翻译2000字。他曾转译苏联柯根教授撰写的《新兴文学论》(文艺理论翻译集),1927年出版后,南强书店1929年11月、1930年7月先后再版,附有《原著者自传》和《译者赘语》。

阿英编辑《现代文学读本》时为了凸现"普罗文学理论",便把夏衍翻译的《新兴文学论》第1章第1节的内容作为"卷首语",并改题为《玻璃工厂》,令人费解,也许是"反其用意"——鲁迅在左联成立大会上的讲话时指出:"倘若不和实际的社会斗争接触,单关在玻璃窗内做文章,研究问题,那是无论怎样的激烈,'左',都是容易办到的;然而一碰实际,便即刻要撞碎了。"(原载《萌芽月刊》第4期)这句犀利的批评,让阿英印象深刻,因为他也参与了不久前"文学革命"的论争,错误地围攻鲁迅。

阿英在文后的"注释",摘录了夏衍翻译的《原著者自传》,并且认为"这一篇短文的主旨,在证明劳动者的团结的必要,以及团结起来后,所必然具有的力量——所谓'能使全世界更换一次面目'。"该文以通俗易懂的语气阐述的,因而得到了阿英的青睐。

夏衍与阿英的关系非同一般。1927年5月,夏衍回国后,加入中国共产党,党组织关系在闸北区第三街道("文化支部"),他所在党小组共有5个人,其中有孟超夫妇、戴平万、童长荣,不久阿英替代孟超担任组长,洪灵菲有时也来参加小组活动。他们都是太阳社的作家,夏衍强调自己与太阳社没有"社员"关系①。那时夏衍住在唐山路,阿英住在下海庙,相距"一箭之遥"。夏衍认为:阿英"写文章很泼辣,可是没有当时有些左翼青年那股霸气,所以不久(他俩)就成了无话不谈的朋友"。夏衍参与左联筹备工作,也是阿英、洪灵菲商量的结果,因此,阿英编辑《现代文学读本》翻看了夏衍的不少译作,也在情理之中。

贺非(罗稷南)翻译的德国作家格龙伯雷的纪实之文《文艺批评家的职责》,原载《萌芽月刊》第1卷第4期(1930年4月1日),该刊第3期起为左联机关刊物之一。

阿英认为此文"很明显的看出出身于智识阶级的一些无产阶级作家们的著作,甚至负有盛名的,他们的作品是如何的和工人们隔膜着,所以,一个作家要真的成为无产阶级的代言人的话,除去自己从生活上克服,使完全无产阶级化外,实(在)没有其他的方法。这一篇短文,于无产阶级的作家的关系是非常巨大的,他们非特加以注意不可。"这好像是在自责,重申鲁迅在左联成立大会上讲话的精神。

俄国讽刺作家曹斯前珂的短文《金齿》(刘穆即刘思慕翻译),阿英点评道:"是对于左倾小儿病的行动的讽刺。作者并不加什么字的判断,以嘲笑的态度描写了它。"此言与上面的点评结合起来看,可以说明阿英已经开始改变了原来对鲁迅的尖刻批判态度,并且超出了世人原来"固有"的观念,应该为阿英"点赞"。

《现代文学读本》收入俄国诗人嘉斯托夫的两首诗歌《我们长自铁中》《工厂汽笛》,是郭沫若翻译的。阿英注释:"前一首是工人阶级怎样在钢铁的训练中慢慢的生长起来,以至于夺得了政权。后一首是夺得了政权后的

---

① 详见丁言模:《第一本左翼综合性文艺刊物〈艺术〉月刊》及其附录—《艺术剧社第一次座谈会速记》,载丁言模:《穿越岁月的文学刊物和作家》第3集,中国社会出版社2018年。
该集收入的《左联第一本文艺理论专集〈文艺讲座〉》一文中误写了夏衍是太阳社成员,谨表歉意。

工作的赞美,劳动者的赞美——也可以说是集体的力量的赞美。"

嘉斯托夫,现译为阿·加斯捷夫,作为苏联无产阶级诗人代表之一。他的《工厂汽笛》亦译为《汽笛》,这是一首散文诗,郭沫若的译诗比较简略,因是从日文转译的,不是从俄文翻译过来的。

夏衍主编的上海艺术剧社机关刊物《艺术》月刊仅出 1 期停刊,3 个月后(1930 年 6 月 16 日),改名为《沙仑》月刊,依然是夏衍主编,上海北新书局发行,开本、版式依旧。"沙仑"为英文 siren 的译音,意即警报器、汽笛,包含多重意思,不知是否与郭沫若的译诗《工厂汽笛》有关,或者是阿英"推荐"的,尚待佐证。

阿英曾大力推荐龚冰庐的短篇小说《劳动组织》,认为"这一篇不但手法上获得了成功,就是在意义方面也是非常必要的。在目前的工农大众之间,所谓'帮口'的观念,仍然有巨大的力量,就是最进步的产业工人,这种封建的倾向也依然不能完全克服,龚冰庐君的《劳动组织》,是给予这种倾向以当头一棒了。"

当时,左联成员陶晶孙主编的《大众文艺》推出《新兴文学专号》上册,为左联大力倡导的文艺大众化做了一件"实事工程"。阿英特地撰文进行评价,题为《大众文艺与文艺大众化》(刊登于《拓荒者》第 1 卷第 3 期)。几个月后,阿英把龚冰庐的《劳动组织》收入《现代文学读本》,并在文后作了一番点评,重复了以上引用之言。

龚冰庐参加夏衍等人的上海艺术剧社,在左翼文坛上很活跃。但是,上海艺术剧社被查封后,他选择了另一条人生道路。多年后,于伶整理《中国左翼戏剧家联盟盟员名单》时,剔除了龚冰庐等人名字,认为其中有些"动摇、消极、落荒而去者","也有极少数投降叛变者","本名单概不列入"。

阿英与著名左联五烈士之一殷夫(徐柏庭、徐白)曾同为太阳社成员,互有交往。殷夫牺牲后,阿英写有《殷夫小传》《鲁迅忌日忆殷夫》《重读殷夫〈写给一个哥哥的回信〉》等文。

阿英从殷夫第一次寄来的一组诗稿中挑选了一首长诗《在死神未到之前》,署名任夫,写于狱中,发表于《太阳月刊》第 4 期(1928 年 4 月 1 日出版)。此后,阿英与殷夫的联系增多,在《拓荒者》创刊号上发表殷夫的一组诗歌《我们的诗》,该刊第 2 期刊登他的《我们》等 3 首诗,第 4、5 期合刊刊登他的著名长文《写给一个哥哥的回信》,署名 Lvan。殷夫的大哥徐培根曾担任蒋介石总司令部参谋处长,殷夫第一次被捕(《在死神未到之前》《写给一个哥哥的回信》中有描述)时,由大哥保释出狱,软禁在身边。

阿英挑选了殷夫《我们的诗》中的两首《前灯》《议决》,另有一首诗歌《我们》,总题为《议决》,收入《现代文学读本》,署名殷夫;同时收入《写给一个哥哥的回信》，署名改为伊凡。

对于这 3 首诗歌，阿英点评："《前灯》这一首可以说是机械的赞美，也可以说是革命的进行曲，不过是用象征的方法来写出。《议决》是地下室里的无产党人的生活的写实的一部，由此可以看到他们的可以作为一切人类模范的精神。《我们》当然是革命的歌颂。"

阿英说明《写给一个哥哥的回信》时指出："关于本篇有不得不特别指出的，那就是篇中所说的一九二七年的事。这一事实就是指一九二七年四月十二日以及以后的事件。作者的哥哥所警告的，是在资产阶级从革命叛变出去的前夜的事件。这封信是写出了一个青年是怎样的离开了感情的关系，而非常正确的站在无产阶级的立场，在批判一切，毫无留恋的离开他原来的阶级，是对于一部分认识不坚决的小资产阶级者的非常有力的东西。"

阿英这些注释"点评"，在中国现代左翼文学史上第一次，而且是在殷夫牺牲之前，不知殷夫生前是否看到。

多年后，丁景唐终于如愿以偿，与陈长歌合作整理、修订了比较完整的《殷夫集》（浙江文艺出版社 1984 年 2 月出版），完成了多年的夙愿。其中谈到阿英编的《现代文学读本》，并作了有关说明。

《现代文学读本》除了以上提及的译作，还有瑞典诗人司拍客的诗作《进向那未来之邦》、波兰作家勃频斯基的《弥海儿溪亚》、俄国作家俄尔金的《玛秀拉》、德国革命家卢森堡的《狱中通信》、俄国作家索波里的《寨主》、美国作家杰克伦敦的《自序传》《我怎样成为个 Socialist》、美国作家戈特尔的《自序传》《碾煤机》，以及日本作家林房雄的《爱的开脱》、叶山嘉树的《士敏土罐里的一封信》、内田仙鹤子的《托儿所访问记》，这些译作分别由楼建南（楼适夷）、沈端先（夏衍）、冯宪章、蒋光慈等翻译。

另外，还收入了中国现代作家黄浅原的短篇小说《长蛇》、柯涟的短篇小说《一个回忆》、蒋光慈的诗歌《从故乡带来的消息》等，比起译作的数量大为减少。

《现代文学读本》的内容很丰富，限于篇幅，不再逐一赘述。

阿英笔下的"秘录"

"来得正好,借我一块钱。"

上世纪30年代,在上海南市城隍庙里桥上有一个旧书摊。一日,阿英(钱杏邨)在那里已经挑了一大堆的旧书,老板讨价5元,阿英还价3元,老板不愿意,非要4元。但是,阿英身边只有3元,幸好遇到施蛰存,便开口要借钱。(施蛰存《旧书店》)

阿英常常花费一个月或两个月的生活费去买书,使得他往往陷入生活困境,但是他乐此不疲地抱回一大摞一大摞的旧书。此后,他被公认为上海滩"第二藏书家"(首推郑振铎)。

阿英在浩瀚的书海里兴奋地徜徉,获取了极为丰富的文史资料,加之他的勤奋笔耕,取得了搜集、研究、论述与创作"四轮驱动"的杰出成果。他的一生著述丰富,涉及文学、文艺理论、戏剧、电影文学史、美术史等各个领域。

对于"五四"以来的新文学运动的诸多问题,阿英曾撰写《怎样研究新兴文学》《新文艺描写辞典》《中国新兴文学中的几个具体问题》等。1932年冬天,阿英信心满满地准备编写《中国现代文学史》,把存放在安徽故乡的新文化运动初期的书报杂志,全部运到了上海。在此基础上,阿英编写了《现代中国文学论》《中国新文坛秘录》《中国新文学运动史料》等。

其中《中国新文坛秘录》署名阮无名,上海南强书局1933年6月初版,其广告:"这是一部很重要的历史掌故书,全书搜罗了很多的在目前已成为了'秘录'的史事,将永久被忘却的名家的文稿。这些都是每一个要了解中国新文学运动的经过的人必须知道的事。这是一部非常重要的'史料',不是带些许欺骗性的'黑幕'书。敢以之献给关心中国新文化运动读者。"[①]

阿英在《前记》中写道:翻阅过去积累的新文化运动初期的书报杂志,"不仅感到了恍如隔世,也觉得许多不曾辑集材料,就此埋没下去,真是可惜

---

① 此广告刊登于阮无名(阿英)编的《现代名家随笔丛选》(南强书局1933年11月初版),对此书的介绍,可以参见本书收入的《阿英谨慎"删改"鲁迅〈新秋杂识〉》。

的很。于是,便私自打算,想把其间重要的部分挑选出来,编成一部文献的书,既可以免散佚,便检阅,在文学运动方面,也是很有意义的。"如何编辑此书呢?阿英经过很长时间的考虑,最后"根据文学的重要性,决定保存原文的完整与否,对每一事件,每一文献,都加上详细的说明。文学运动史事片段的叙述,一样的收进去。这样的编制,在自己,是认为比较完善的。"阿英一边写一边交稿,同时南强书局密切配合,接到文稿立即排版付印。阿英完成了 18 篇文章,随后南强书局通知"已达十二万字"以上,阿英便戛然而止,"画此作为'前哨'"。

此书的标题中出现"秘录"二字,如今看起来,这是迎合了阿英的"老搭档"南强书局的销售思路。其实,收入的这些"秘录"事情,并非"秘录"。但是,阿英在《前记》中已经直抒己见,世人可能并非理解他当时的心情,更不清楚这些"秘录"在当时是否鲜为人知。

此书首篇为《周作人与阿 Q 正传》,揭示了一个谜底:世人为何看不到周作人对《阿 Q 正传》的评价之文,原来周作人在《自己的园地》里删除了此文。并且,阿英找到了周作人最初发表在 1922 年 3 月 19 日《晨报》副刊上的此文,题为《阿 Q 正传》,阿英将此全文抄录下来,"以免散佚",成为首个"揭秘者"。

周作人评价《阿 Q 正传》一事,如今众所周知,而且有人继续将此作为"新闻"发布,根本不提阿英最初的发现,也许根本不知道。不过,阿英当时并未继续揭秘,即周作人为何要删除此文的主要原因,如今已有众多专文述之,不再复述。

中国历朝的"文字之狱",经常出现在史书里,满腹经纶的文人适才吟诗赋唱,突然被五花大绑,关进死牢,甚至株连九族,骇人听闻。中国新文学运动发展期间的"文字之狱"也是屡见不鲜,报纸上出现"开天窗"的一块块空白,形成一种强烈抗议——文章被查禁。

阿英奋笔疾书,写下《文字之狱的黑影》一文,首次透露了 1924 年 7 月 3 日,胡适写给"国务总理"张国淦的一信,提及 6 月 8 日当面谈起"禁书"一事。当时北洋军阀政府秘密地"取缔新思想",禁止书店出售《独秀文存》《胡适文存》等书。张国淦当面对胡适许诺,回去查询。两天后,张国淦托人转告,已经问过内务部、警察厅,并未禁售《独秀文存》《胡适文存》,并告知"前次向各书店收去检阅的书,均以发还原店了"。胡适一听大喜,心里几许安慰。并转告几家书店的掌柜,他们信以为真,尝试着把《独秀文存》《胡适文存》摆上柜台。不料各区警察署仍派便衣干涉此书,不准出售。

胡适这才如梦初醒,被张国淦"忽悠"一番,便写信质问:"究竟北京的政令是什么机关作主?究竟我的书为什么不许售卖?禁卖书籍为什么不正式告该禁的理由？为什么要没收小贩子出钱买来的书？"谦谦君子的胡适这次也发怒了，"最奇怪的是现在警察厅"有一张禁售的书单，其中还有英国名著《爱的成年》、周作人的《自己的园地》等，"这种昏谬的禁令是在太可笑了……很盼望先生们能设法消除这笑话，不要太丢中国人的脸。"

如今出版的曹伯言、季维龙编著的《胡适年谱》（安徽教育出版社 1986 年版）记载了此信，并注明此信收入阮无名《中国新文坛秘录》（上海南强书局 1933 年版），此学风值得世人学习。

胡适是"五四"新文化运动的风云人物，他的举止言谈都成为坊间的谈资。阿英还找出世存很少的胡适主编的《努力周报》副刊《读书杂志》，抄录了自己收藏的该副刊全部目录，并介绍了有关情况。如今网上出现很少见的《读书杂志》第 1—18 期合订本，不过当时阿英慷慨公开自己的资料，以飨读者，则是"第一个吃螃蟹者"。

阿英信手沾来的文史趣闻轶事，令人会心一笑。

大名鼎鼎的章士钊顽固地维护古文，曾撰文《评新文化运动》，矛头直指胡适，并点名要胡适回应。胡适看后一笑，说："章公此文，不值一驳。"此后，在北京撷英饭馆宴席上，他俩不期相遇，并合影留念，各题诗一首。

章士钊诗曰："你姓胡来我姓章，你讲什么新文学，我开口还是我的老腔。你不攻来我不驳，双双并坐各有各的心肠。将来三五十年后，这个相片好作文学纪念看。哈，哈，我写白话歪词送把你，总算是俺老章投了降。"胡适诗曰："但开风气不为师，龚生此言吾最喜；同是曾开风气人，愿长相亲不相鄙。"

双方故意拿对方的"矛"攻其"盾"，诙谐成章，哈哈一笑，似乎冰释。但是，章士钊并未"投了降"，不久，他又在《甲寅》周刊上著文屡屡攻击白话文学，对运用白话文的陈源、梁漱溟、梁启超等进行指责。胡适读后，写下《老章又反叛了》一文，发表于《京报》副刊《国语周刊》第 13 期"反章专号"，指责章士钊捧着"白话歪词"来投降，"我决不收受了"。

阿英翻检出胡适的原文《老章又反叛了》，以上引文只是其中的部分内容。阿英编写《〈读书杂志〉与〈努力〉》《老章又反叛了》《最小的问题与最大的发现》等文时，既指出胡适的历史功绩，也犀利地讽刺"时迁境变"后的胡适——竟然抛出"五鬼乱中华"的奇谈怪论，全然不顾侵华日军所造成的严峻局势，"天真"地要去谈谈，希望侵华日军"悬崖勒马"。

著名诗人刘半农（刘复）曾红极一时，他编的《初期白话诗稿》收录了李大钊、沈尹默、沈兼士、周作人、胡适、陈衡哲、陈独秀、鲁迅等 8 人 26 首白话诗，其中留存的李大钊一首白话诗《山中即景》尤为引人注目，因为他已经牺牲了，但是这并非是唯一一首。阿英找出李大钊另一首诗《欢迎独秀出狱》，全文抄录,并认为此诗"更足珍贵的,可以看出李大钊当时的思想,以及比《山中即景》更进一步解放的形式。"(《在博士所说的而外》)

郭沫若是风流才子,思维敏捷,下笔如神,转眼出手一文。阿英发现郭沫若的散文《孤山的梅花》最初接连发表于 1925 年 4 月 3 日、4 日、7 日北京《晨报》副刊。但是该文没有收入《沫若小说戏曲集》(上海光华书局 1930 年 10 月初版)里,他觉得很奇怪,便全文抄录。郭沫若在该文的最后抄录了一首爱情诗,并认为:"这首诗是很真挚而且哀婉的,没有些儿矜持,也没有些儿随意……我实在有几分惭愧了。这诗不消说就是抱节做的,不过这抱节究竟是不是猗猗小姐,我想聪明的读者用不着我来点破了罢。"

阿英不想捅破一层窗纸——这是一个优美动人而又令人费解的恋情故事。如今有些人则联想翩翩,大胆地探讨郭沫若写的散文《孤山的梅花》(1925 年 3 月 18 日)与爱情诗集《瓶》之间的关系,犹如《红楼梦》"索隐派",各抒己见,莫衷一是——这也是阿英当初保持"沉默"的主要原因之一。不过,如今几乎没有人提起是阿英首次抄录了《〈孤山的梅花〉全文》。

接着,阿英又发现《沫若小说戏曲集》收入的郭沫若《小品六章》,但是被删除了序文。经查找,他抄录全文,公布与众,并写道:"这篇序言,是可以帮助我们,更进一步的去了解作者当时写作时的生活和心情。"

1924 年 4 月,郭沫若结束《创造周报》后,离沪赴日本福冈,在那里住了半年,除了著述之外,还写了 6 篇小品,即《路畔的蔷薇》《夕暮》《水墨画》《山茶花》《墓》《白发》。自 1924 年 12 月 28 日起,接连发表于北京《晨报》副刊。

第一篇《路畔的蔷薇》发表时兼登序文,讲述了《小品六章》的起因:原想在日本刊物上刊登,但是想想不便,就寄回国,"聊以作为我从海外带回来的薄礼"。"我在日本时生活虽是赤贫,但时有牧歌的情绪袭来,慰我孤寂的心地,我这几章小品便是随时随地把这样的情绪记录下来的东西,有些是在海岸上写的,有些是山里面写的,所以背景各自不同。"

这篇序言的重要性无须多说,1926 年创造社出版的郭沫若小说、散文集《橄榄》和上海光华书局出版的《沫若小说戏曲集》影响很大,因未刊登郭沫若的序言,并删除了 6 篇小品原有的大部分时间落款,这缺憾一直延续在后来的各种版本《小品六章》里。事隔 80 年后,郭沫若研究专家王锦厚特地抄录《〈小品六章〉序》(2013 年第 4 期《郭沫若学刊》),并注明出自阿英编写的《中国新文坛秘录》,希望引起的大家的关注。

周作人原来在"五四"新文化运动时期名噪一时,此后他的思想发生变化,反对、揶揄革命文学。但是,周作人的哪一篇文章能够作为"转变"的标志呢?

阿英寻觅到 1928 年 1 月 5 日、6 日北京《晨报》副刊,发表了周作人讲演稿《文学的贵族性》,"昭园"记录,前面有一段"按语":"这篇东西是周先生在中法大学讲的。在时下,许多人对于文学诸多批评,尤其是一般社会革命家更指(责)文学是一种腐化的东西,应当把它抛出这一个星球外。周先生能在这个时候,挺然出来,霹雳一声,独排众议,这是值得我们注意的!据他老先生说他所讲的有点开倒车,更不免被指为反动派云云。"

周作人讲演稿最后说道:"提倡革命文学的人,想着从那革命文学上引起世人都来革命,是则无异乎以前的旧派人物读了四书五经,诸子百家等的古书来治国平天下的梦想!"

"霹雳一声""有点开倒车""梦想"等诸语,已经将这篇讲演稿的旨意昭然若揭了。阿英无须再多费口舌,只要将此讲演稿"立此存照"即可。不过,阿英还是谨慎地质疑道:"这讲稿曾否经讲演者看过,有无歪曲的地方,现在不知道。若果大体不差,那周作人对于革命文学的否定意见,可以说是在这里了。这可说是一篇非常难得的材料。"(《周作人与革命文学》)但是,如今关于周作人的各种专著,大多不愿意提及此事,也许不知道,也许故意回避。

阿英笔下出现了《幸福的连索》的标题,世人以为是披露某些文学家的风流韵事,却大为不然。阿英抄录的是刘半农(刘复)、陈源、周作人、张凤举、徐志摩等人之间往来的书信,牵涉许多问题,其中有些书信写得比较长,不妨看作是一篇篇散文,真实地显示出这些作家的思想、禀性、趣味等,这都是幕后"新闻",弥补了他们文学活动中的空白。如果再仔细品味阿英此文标题,那么"弦外之音"韵味悠长,超出世人的想象力。

《中国新文坛秘录》收录的其他文章《梁任公的晚年生活》《林琴南先生的白话文》《"英雄若是无儿女"》《北京诗刊的终结》《新月派的戏剧运动》《〈小说月报〉的创作论特辑》等,都有精彩"节点",因篇幅有限,另撰文述之。

阿英笔下的"秘录",并非是哗众取宠,而是原汁原味的文献史料,为世人研究中国现代文学提供了不可或缺的宝贵资料。

阿英谨慎"删改"鲁迅《新秋杂识》

一日,阿英(钱杏邨)看到某文中出现(谢)冰莹的芳名,并且引用了她的散文《海滨之夜》中的一段(1933年9月8日上海《申报·自由谈》,同时也发表了阿英的《山居杂话》),手中的笔不由得停顿了一下。该文紧接着又谈及两句新诗:"野菊的生殖器下面,蟋蟀在吊膀子。"并评价道:"写出来一看,虽然比粗人们所唱的俚歌要高雅一些,而对于新诗人的由'烟士披离纯'而来的诗,还是'相形见绌'。写得太科学,太真实了,就不雅了……"于是该文作者改译为"野菊性官下,鸣蛰在悬肘","虽然有些费解,但似乎也雅得多,也就好得多。"这里是故意仿译的。因为清代思想启蒙家、翻译家严复关于自然科学的译文中,把人体和动植物的各种器官,都简译为"官"。

该文如此一说,读者会产生什么样的丰富联想呢?阿英毫不迟疑地将(谢)冰莹改为"某女士",这是报刊编辑常用的一种技术手段,免得引起某种后果。

但是,该文是大文豪鲁迅写的《新秋杂识》之三,阿英照常删改,也没有事前事后与鲁迅沟通。幸好世人逐渐淡忘了阿英(阮无名)编辑的《现代名家随笔丛选》(南强书局1933年11月初版)收入的此文,不曾与鲁迅原文细细核对,否则被某些"好事者"疯狂地追查此事,大肆炒作,渲染一番,那么阿英的悲剧晚年又要增添一顶可怕的帽子,"擅自删改鲁迅之文",真所谓"落井下石"了。

鲁迅写的《新秋杂识》共有3篇,先后刊登于1933年9月2日、13日、17日的上海《申报·自由谈》,后收入杂文集《伪自由书》。阿英在《现代名家随笔丛选·序记》(1933年9月)里也写道:"鲁迅的《新秋杂识》系从今年的《自由谈》里选出,都是很深刻的社会讽刺文章。作者这一类的近作,听说不久将由北新印行,书名为《自由书》。读作者以前的杂感集,正面的抨击居多,这里只能若隐若现了,在这里,我们可以认识我们的时代。"

但是,阿英从《新秋杂识》里只挑选了之一、之三,并且编排时颠倒一下顺序;"删除"其之二,另外挑选了鲁迅的《晨凉漫记》(1933年7月28日的上

海《申报·自由谈》),放在篇末,与前面两文凑成一组《新秋杂识》。鲁迅写作《晨凉漫记》时还在酷暑里,但是读者仅从标题上"粗识",不一定马上能分辨出这是《新秋杂识》之外一篇。

阿英如此"斗胆"处理鲁迅的杂文《新秋杂识》,其中原因之一是,《新秋杂识》之二发表时题为《秋夜漫谈》(后改题名),署名为虞明,阿英也许不知道这是鲁迅的笔名。更重要的是该文辛辣嘲讽国民党戴季陶等人在"九一八"事变之后,拉拢班禅喇嘛,以超度天灾兵祸死去的鬼魂等名义,发起"仁王护国法会"等,诵经礼佛。该文最后写道:"现在的侵略者和压制者,还有像古代的暴君一样,竟连奴才们的发昏和做梦也不准的么?"

这就是阿英说的鲁迅杂文"正面的抨击居多"。为了《现代名家随笔丛选》出版"保平安",避免被国民党当局抓住把柄,造成"夭折"的后果,阿英只好让鲁迅杂文锋芒"若隐若现"了。

说起阿英与鲁迅的关系,世人立即会联想到大革命失败后,阿英作为太阳社的骨干分子积极参与"革命文学"论争,与创造社围攻鲁迅之事。阿英发表的"鲁迅三论"(《死去了的阿Q时代》《死去了的鲁迅》《朦胧之后》)和"鲁迅史论"(《鲁迅》),以惊世骇俗的否决论调,带给现代文坛一场强烈"地震"。同时,阿英也付出了沉重的代价,他的名字列入鲁迅"奋起反击"的批判名单里,被深深地烙印在中国现代文学史上。虽然后世出现了各种为阿英辩护的声音,但是无法抹去这一段史事。

阿英参加左联之后,对待鲁迅及其杂文的评价逐渐转变。1933年阿英写的《小品文谈》(后收入阿英随笔集《夜航记》,上海良友图书印刷公司1935年3月印行),已经把鲁迅的杂文集《热风》作为早期新文学运动以来小品文的杰出代表,并且分析了不同时期小品文的特点。

同一年7月,北新书局以青光书局的名义第一次出版瞿秋白精心编选的《鲁迅杂感选集》,瞿秋白还写下重要序言,第一次对鲁迅的思想和杂文作出深刻的评价。阿英的《小品文谈》与瞿秋白的序言之间的关联,似乎从未有人进行考证与评说,一般来说前者受到后者的影响,尚待佐证。

同年9月,阿英写的《现代名家随笔丛选·序记》进一步把鲁迅的《小品文的危机》作为一个衡量优劣的"标杆",引述了鲁迅的精辟见解,作为编选《现代名家随笔丛选》的基本原则,坚决杜绝"小摆设"式随笔选集的编辑思路。因此,阿英"强调富有社会性的,实用的文字"。因为"真正优秀的随笔,它的内容必然是接触着,深深的接触着社会生活。当它被送到青年读者之前时,他们能从这里面看到社会生活的真实,能够帮助他们思索,能够认识他们的恶责任,能够鼓动他们为整个社会的发展而努力的热情。"

在某种程度上,这些文字是写给党组织和左联领导看的,表明他对鲁迅及其杂文评价的一种"跃进"。同时,阿英在"战术"上也不得不考虑市场效应,选编的名家随笔并非都是充满"火药味",一概排除"闲情逸趣"。他认为:"本书编选,是一件比较难的事,主要原因,就是这种选本,在坊间已有三四种,重复选录没有必要,不加特别的采用也非所愿。所以,在着手之前,我打定主意,第一,不重选;第二,不滥选。要是没有好的材料,这部书宁可不出。"

阿英也有自己的苦衷,明明喜欢的一些名家随笔,却因入选其他版本的集子,只好忍痛割爱,他在《序记》多次谈及此"幸福"的苦恼问题。

施蛰存写的《无相庵随笔》一组短文,阿英很喜欢其中《画师洪野》一文,但是李君实编辑的《模范语体文选》(南强书局1932年3月出版)已经选用。阿英只好放弃,挑选了其他几篇,其中"最喜欢"《买旧书》一文,他在该文中看到了自己的影子,接近于他的"自由生活"。施蛰存在其他文章中谈及老友阿英购买旧书的情景,很生动,他俩常在旧书摊前相遇,大有"灵犀相通"之感。(详见本书收入的《阿英笔下的"秘录"》)

《现代名家随笔丛选》共收入随笔19种,分为5卷(组),附录2种,作品主要选自陈独秀主编的《新青年》第2卷第2期(1916年10月1日出版)至1933年上海《申报·自由谈》时期的各种随笔,足见阿英作为著名藏书家搜集的各种材料十分丰富,并要在筛选、比较、分析过程中进行挑选,需要耗费很大精力和时间。

《现代名家随笔丛选》入选作品的作者都是名家,具有市场号召力,不愁销路。阿英故意把鲁迅的《新秋杂识》、茅盾的《社会随笔》、陈子展的《蘧庐絮语》——"紧贴社会生活"之作放在最后一卷(组),并作了一番解释,除了鲁迅之作(见上文),认为"茅盾在两年来写的随笔很多,这里选的,都是关于社会方面的,都是最近发表在杂志及日刊上《自由谈》和《申报月刊》上的。这其间是有许多很宝贵的值得注意的意见。总名是我拟加的。"

茅盾的《社会随笔》收入三文,首篇便是《阿Q相》,从鲁迅的传世名作《阿Q正传》引开说去,最后尖锐地指出:"'九一八'国难以后,'阿Q相'的'精神胜利'和'不抵抗'总算发挥得淋漓尽致了。"

第二篇是《"自杀"与"被杀"》一文,辛辣地讽刺"我们社会内号称中坚分子的一般中等阶级","就是最缺乏那样严肃认真的人生态度!所以复兴闸北灾区的资金要用奖券的方法来募集,所以救济东北难民要开游艺会,要用电影明星舞女名妓来号召!所以在冰天雪地中对日本帝国主义抵抗的,只有向来被贱视的穷苦老百姓了。"

茅盾的犀利笔法并不逊色于鲁迅,阿英斗胆将鲁迅、茅盾的随笔选入,也是需要很大的胆魄和勇气,并且要冒着很大风险,虽然这是《申报·自由谈》已经发表过的,仍然随时会遭到不测。

对于陈子展的随笔,阿英认为他在《申报·自由谈》上发表的一共有40多篇,"借旧事浇新愁,也是近来文坛上的一种新倾向。全文是用文言作的,用语体的却各自标题发表,为便利读者起见,此处选用了语体的两篇,而借用了《蘧庐絮语》的总名。"

《现代名家随笔丛选》前4卷(组)的随笔风格不同,内容也很丰富,如"语体(口语)随笔的最古老的作品"(刘复《难归杂话》)、"历史古物"之作(高一涵《皖江见闻记》),关于风俗考察(顾颉刚《进香琐记》),叙述山中的冥想生活(徐志摩《天目山中笔记》),描写田园诗人生活形态的(徐祖正《山中杂记》),讲述都市生活(钟敬文《羊城风景片题记》),对于"文理以及其他方面"提出意见(凌淑华《解闷随记》),"幽默文字的典型文章"(林语堂《有不为斋随笔》),讲述历来诗人趣闻(刘大白《白屋联话》),"虽少而很有趣"(夏丏尊《文艺随笔》),提供读书随笔习作的方法(顾颉刚《日记文学丛选》),对于文艺的独到见解(冯沅君《论文小记》);陶行知的《不除庭草斋谈荟》一文轰动一时,谈古论今,针砭时政,包括侵华日军的罪行。

最后附录的苏曼殊《燕子龛随笔》,阿英认为:"曼殊的诗,书信,小说,是为一般人所注意的,实际上,他的随笔是非常优秀,在近代文言的随笔中,殊不可多得。"

"压轴戏"是刘复（刘半农）《灵霞馆笔记》，恰好形成该书的一头一尾。该文篇幅很长，阿英有些偏爱，因为该文发表在十几年前的早期《新青年》上，广大读者不易寻觅。该文"介绍了许多的历史上有价值的作品，可惜他不曾辑集"，显然这是阿英抢救文史资料的一种意识，并付诸于实践。

在众多作家之作中有两文与鲁迅有关，引申出几则趣闻。

郁达夫以写作小说闻名文坛，同时也是写作散文的高手，他的《移家琐记》娓娓道来，如数家珍。1933 年 4 月 25 日星期二早晨五点，郁达夫、王映霞夫妇等一行先后起床，冒着细雨，离沪迁移杭州新居：

> 新居在浙江图书馆侧面的一堆土山旁，虽只有东倒西斜的三间旧屋，但比起上海的一楼一底的弄堂洋房来，究竟宽敞得多了，所以一到寓居，就开始作室内装饰的工作。沙发是没有的，镜屏是没有的，红木器具，壁画纱灯，一概没有。几张板桌，一架旧书，在上海时塞来塞去，只觉得没有地方塞的这些破铜烂铁，一到了杭州，向三间连通的矮厅上一摆，看起来竟空空洞洞，像煞是沧海中间的几颗粟米了。最后装上壁去的，却是上海八云装饰设计公司送我的一块石膏圆面。塑制者是江山徐葆蓝氏，面上刻出的是《圣经》里马利马格大伦的故事。看来看去，在我这间黝黯矮阔的大厅陈设之中，觉得有一点生气的，就只是这一块同深山白云似的小小的石膏。

在新居的第一天晚上，郁达夫难以入眠，半夜里挑灯，翻看鲁迅、许广平的《两地书》，立即推翻了外界批评的杂声，认为"这一部两人的私记里，看出了许多许多平时不容易看到的社会黑暗面来。至如鲁迅先生的诙谐愤俗的气概，许女士的诚实庄严的风度，还是在长书短简里自然流露的余音，由我们熟悉他们的人看来，当然更是味中有味，言外有情。"

次年 1 月 6 日中午，《申报·自由谈》编辑黎烈文在上海古益轩宴请鲁迅与郁达夫、王映霞夫妇、阿英、唐弢、胡风、徐懋庸、陈子展、曹聚仁等人。

事前，郁达夫、王映霞夫妇因有事到上海，去拜访鲁迅时，王映霞请求鲁迅书写他自己做的诗，鲁迅应允了。1933 年 12 月 30 日，鲁迅书写了含义深刻的旧体诗《阻郁达夫移家杭州》，以后果然"应验"了。郁达夫很后悔，叹息说："果然不出所料，被一位党部的先生弄得家破人亡。"

郁达夫、王映霞夫妇拿到鲁迅的墨宝后，自然一番喜欢，装裱后，将其挂在杭州的新居里，"三间连通的矮厅"顿时"蓬荜生辉"，与原来那件"石膏圆面"美术作品"中西合璧"，也别有一番风味。

阿英也出席了1月6日的午餐聚会，自然不知道鲁迅与郁达夫、王映霞夫妇之间还有这则"幕后新闻"（鲁迅的旧体诗《阻郁达夫移家杭州》当时并未发表）。不过他编选郁达夫的《移家琐记》，却是为鲁迅的这首旧体诗的"归宿"提供了一个真实的现实背景，为后世留下了不可多得的史料。

许钦文是鲁迅的学生和知友，他回忆鲁迅的文章至今仍然是重要的研究资料。他与昔日同窗、终生不渝的挚友陶元庆曾一起去拜访鲁迅，于是陶元庆第一次为鲁迅的译作《苦闷的象征》设计封面，此后与鲁迅关系密切，被称为"鲁迅先生的御用画师"。许钦文讲述了不少关于陶元庆的轶闻，形成了《元庆纪念室笔记》一文，陶元庆的精神人格跃然纸上，填补了研究鲁迅著作的注释"空白"。其中《大红袍》一节里写道：

> 陶氏最先为文艺书籍作的书面画是《苦闷》，用在鲁迅先生译的厨川白村氏底《苦闷的象征》。用作了书面化的最早作成的却是《大红袍》。作《苦闷》的动机是因为鲁迅先生译了《苦闷的象征》托他作书面。《大红袍》并非为着《故乡》，是相互利用的；当时《故乡》需要书面画，《大红袍》需要印刷。《大红袍》底印刷在《故乡》本书付印以前，因陶氏在台州教书，学生毕业了，要有纪念品。《故乡》书面比本书早半年付印，原为这附带添印的两百张。
>
> 《大红袍》早经许多国底美学者认作完美的杰作，作者自己也始终认为最得意的作品。这于1924年在北平作成，构图和大致的色彩都是在晚上画成的。

许钦文第一本小说集《故乡》（北平北新书局1926年4月初版），收入由鲁迅主持的"乌合丛书"第二种。第一种是鲁迅的短篇小说集《呐喊》，其中收入他的《故乡》，前后两者往往搞混淆。

陶元庆为许钦文的小说集《故乡》作书面画，却是"互相利用"，并非是专为此作画的。许钦文在《大红袍》里写道："在作这画的前几天，作者常谈起旧剧中戴着乌纱帽穿着大红袍的一种情调，说是对照非常强烈，也富原始的趣味。那天记者（许钦文——引者）为着顺应他这兴感，趁空陪他同到天桥去玩。故意跑进小剧场里去，看了戴着乌纱帽穿着大红袍的人物。……睡了两三个钟头以后他独自起来，直到天亮，就作成了这《大红袍》。"这画中人物还出现绍兴戏中女人扮演的"吊死鬼'——披发、青衣、红背心、圆黑眼睛、红嘴唇，"神情很是紧张"，"那样死鬼有着一种很强烈的神妙的美感"。

这段叙述是许钦文最早的版本，后来他写的长文《鲁迅与陶元庆》（《鲁迅研究学术论著资料汇编》第4辑，中国文联出版社1990年版）、《许钦文散文集·陶元庆及其绘画》(浙江文艺出版社1984年版)等则是后来的修改本,在原来的基础上重新写的,大为扩充内容,增加了许多细节。其中有鲁迅看到陶元庆创作的美术作品《大红袍》后的称道评价,并且主动提出要为许钦文编辑第一本小说集《故乡》。由此,许钦文跻身二十世纪中国文学"乡土文学"代表作家之列。

　　阿英具有强烈的"抢救"文史资料的意识,许钦文的《元庆纪念室笔记》一文便是其中一例,如今难以找到许钦文发表时的刊物。同时反映了阿英博览群书、视野开阔的鲜明特点,并且四处辛勤搜集关于鲁迅的各种史料,为后世提供了珍贵的"第一手"资料,功不可没。

　　鲁迅逝世后,阿英撰写了《作为小说学者的鲁迅先生》(《光明》半月刊第1卷第12号,1936年11月25日出版),作了高度评价,认为:"鲁迅先生,作为一个小说学者看,他的成就,是和在其他方面一样的值得纪念的。替我们在为蒙茸的杂草所遮掩的膏腴的地域里,开拓了一条新的路,替我们发掘了不少宝贵的珍藏,他更遗留给我们以一种刻苦耐劳勤谨不苟的工作精神。"

　　丁景唐珍藏《现代名家随笔丛选》一书的原因,除了以上引申的各种史料之外,还有其他名家随笔都有许多"幕后"的故事,均为研究中国现代文学史的参考资料。

鲁迅指导、楼适夷编辑《创作的经验》

1933年3月1日，天气不错，在内山夫人的陪同下，鲁迅前去施高塔路东照里（今山阴路133弄）看房子。2天后，鲁迅再去东照里，租定12号二楼南间。瞿秋白、杨之华夫妇搬去后，3月6日下午，鲁迅前去祝贺秋白夫妇乔迁之喜，并带去一盆堇花，这是3天前内山夫人赠送给鲁迅的。

前一天（3月5日），鲁迅写下著名一文《我怎么做起小说来？》，收入楼适夷编辑的《创作的经验》（天马书店1933年6月初版）。该书还收入了郁达夫、丁玲、张天翼、叶圣陶、茅盾、田汉、施蛰存、郑伯奇、鲁彦、杜衡、洪深、华汉（阳翰笙）、沈起予、柳亚子等人的写作经验。当时各种写作秘诀之类的书籍充塞书摊，但是由鲁迅挂帅的名作家"相聚一堂（书）"，"零距离"述说则大概是第一回。因此，此书一上市，深受文学爱好者的青睐，3000册销售一空。2个月后再版，次年1月已经是第3版，至1935年5月印行第4版，累积印数高达9000册，这在当时是畅销书的档次了。

与其说是畅销书，不如说是鲁迅、楼适夷等人策划的成功，或者说是左联成立以来逐步纠正"左"倾空谈、注重文学创作的一个旁证。

《创作的经验》里众多名家中，鲁迅写的《我怎么做起小说来？》时间最早，其他人都是在4月至5月间。楼适夷写完《编辑后记》后，柳亚子才交卷（6月1日），搭上"末班车"。

这里产生一个疑问——也是历来被忽视的，鲁迅为何要首先写此文呢？其中诸多原因之一，与瞿秋白有关。

上世纪30年代初，瞿秋白遭到党内无情斗争，被逐出中央领导岗位，重返文学阵地。他一度参与中央文委工作，领导左联。最初由冯雪峰起草《中国无产阶级革命文学的新任务》，经过瞿秋白精心修改后定稿，1931年11月，左联执委会通过该决议。决议指出左联是中国革命文学的基本队伍，要担负起领导中国革命文学潮流的历史使命。必须在理论和创作上克服右倾和"左"倾空谈错误，明确左联的6项新任务。

瞿秋白隐居在谢旦如的紫霞路68号家里，这时与鲁迅未见面，左联党

团书记冯雪峰成了他俩之间的"传话人",搭设起一个秘密联络通道。

1932年夏秋之际的一天早晨,瞿秋白在冯雪峰的陪同下,第一次前往北四川路194号拉摩斯公寓(现为四川北路2093号)鲁迅家里,"左翼文坛两领导"①终于见面了。此后,瞿秋白几次到鲁迅处避难,躲避反动当局的抓捕。他俩才有机会促膝长谈,内容很广泛。

1933年2月9日晚上,雨雪停了。鲁迅写信给曹靖华:"它兄曾咯血数口,现已止,人是好的……现正编译关于文艺理论之论文。"即编译《"现实"——马克斯主义文艺论文集》(简称《"现实"》),其中谈及恩格斯关于巴尔扎克现实主义的论述和关于"典型"的定义,即1931年底至1932年初,苏联公谟学院(苏联共产主义学院)《文学遗产》第1期首次译载恩格斯致玛·哈克奈斯等信件。瞿秋白还结合中国文坛现状,旨在纠正左翼创作中的公式化、概念化的问题,虽然在这纠正过程中也存在某些不足之处。

此前,传入中国的马克思主义大都是哲学、政治经济学等方面的内容,

---

① 茅盾晚年时有诗纪云:"左翼文坛两领导,瞿霜鲁迅各千秋。文章烟海待考证,捷足何人踞上游。"(《赠丁景唐》诗,写于1980年11月病中。)详见丁景唐《记茅盾对秋白的崇高评价——从茅盾一首遗诗谈起》,载南京《江海学刊》(文史哲版)1985年第4期。

鲁迅、冯雪峰等人介绍的马克思主义文艺理论,主要转述普列汉诺夫、卢那察尔斯基、沃罗夫斯基等文论。因此这本《"现实"》在当时是相对较为全面的马克思主义经典作家的文论,对于中国文学理论尤其是现实主义理论发展具有重要意义。

因此,鲁迅写作《我怎么做起小说来?》并非是"心血来潮"。当时左联内外的许多文学理论批评文章,常有理论脱离实践的现象。而且指手画脚,枯燥无味。如果让名家来谈谈自己创作的体会,"言传身教",亲切有味,大为"接地气",以便于有志于文学创作者和广大读者产生共鸣,得到有益的借鉴。

作为《创作的经验》编辑的楼适夷早年参加太阳社,曾留学日本,1931年回国,从事左联和文总的党团工作,任《前哨》(《文学导报》)编辑,后参加反帝同盟。鲁迅最后定居上海初期,楼适夷在中共地下党领导下的中国互济会一次会议上首次认识了鲁迅。

1932年秋天,楼适夷与浙江同乡楼炜春、韩振亚等人创办天马书店,此名称也是楼适夷提出的。韩振亚、楼炜春分别担任经理、副经理,楼适夷虽然没有固定时间待在书店里工作,但是很热心地约稿,主持拟定出版规划,以出版高水平的进步书刊为主,文艺创作和翻译并重。

楼适夷等人起初准备在半年内出版8本至10本书,第一步计划出版重要作家自选集10种,楼适夷出面联系约稿,得到鲁迅、茅盾、郁达夫、丁玲等人的允诺,都是在很短时间内把自选集的稿件交给书店了,其中《鲁迅自选集》是书店出版的第一本书。为此,1932年12月22日,鲁迅写信给李小峰,婉拒了北新书局的约稿,并说明向书店"支用了几百元版税",不便取回,否则又会"两面脱稿"。

1933年1月、3月,鲁迅与楼适夷交往增多。1月8日,鲁迅写信给天马书店。14日,楼适夷首次敲开鲁迅的家门。23日,鲁迅收到楼适夷的来信,"并儿童书局赠海婴之书二十五本"。次日,鲁迅把自己编译的文集《竖琴》寄赠楼适夷。3月3日上午,鲁迅收到内山夫人赠送的一盆堇花,以及楼适夷的信,下午又去东照里,为瞿秋白夫妇看房。3月5日,鲁迅写信给天马书店。第3天(7日),鲁迅收到楼适夷的信,理应与9日聚餐有关。

3月9日,天马书店邀请鲁迅、茅盾、洪深、郁达夫、冯雪峰、沈起予、丁玲、阳翰笙等20人,在梁园豫菜馆(后改名为梁园致美楼)聚餐。当晚,鲁迅在日记里记载此事。这一天晚上,鲁迅的兴致很好,谈起在北平的五次演讲,不知是谁问起何时把这些演讲收集起来,鲁迅幽默地说:还想写三篇文章,每篇吹嘘一人,可以并起来为《北平五讲上海三嘘》,或者命名为《五讲三嘘集》。因为对这种人(梁实秋、杨邨人、张若谷)用不着批评,只要嘘一下了事。席间,郁达夫、洪深都很健谈。

对于梁园豫菜馆,鲁迅比较熟悉,经常去,曾邀请这家厨师到大陆新村9号的家里"治馔"。1934年12月17日,鲁迅邀请萧军、萧红前来梁园豫菜馆聚餐时,还写信说明该菜馆的具体地址:广西路332号,广西路是"二马路(九江路)与三马路(汉口路)之间的一条横街"(菜馆后为广西北路324号)。

天马书店在四川北路,有不少左联作家前来联系工作,大多是找楼适夷的,其中有叶以群、冯雪峰、丁玲、阳翰笙。每次他们分别前来,由楼炜春带上三楼的卧室里坐下,与楼适夷交谈,楼炜春在楼下继续做事,但不离开书店,也不允许其他人上三楼,这是楼适夷特地关照的。

鲁迅虽然没有亲自到天马书店,但是他和书店关系很密切。周建人曾失业,又不愿意接受鲁迅的资助。鲁迅就向楼适夷建议,让天马书店出面,邀请周建人做编辑,每月工资100元由鲁迅支付。经理韩振亚考虑再三,没有同意。楼适夷被捕后,天马书店遭受了很大损失,经济上陷入困境,积欠下鲁迅一笔版税。书店提出请鲁迅以此作为股金入股,鲁迅婉拒,但答应在书店无力归还钱时,决不索债。此事在鲁迅写给楼炜春的信中交代清楚,现收入《鲁迅书信集》。

天马书店成为左联和地下党的联络点,这是不争事实,楼炜春在回忆文章《记天马书店》里披露了许多史实。因此,楼适夷编辑《创作的经验》并非偶然的,而且各位作家的稿酬都捐献给左联,作为活动经费。

当初天马书店邀请各位作家在梁园豫菜馆聚餐,除了感谢各位作家应诺交出自选集的稿件,也是楼适夷向各位约稿、编辑《创作的经验》的一个"前奏"。楼适夷在《创作的经验·重印题记》("百花洲文库"第2辑,江西人民出版社1982年版)中写道:

> 这本书是我在鲁迅先生的指导下组稿编辑的,主意都是先生出的,我不过作了一些具体事务性工作。所以,正确地说,主编是鲁迅先生,而不是我。……
>
> 最后,当时编这本是当做"左联"的一项任务来做的。我们约请了"左联"的作家,也约请了几位不属于"左联"的作家为此书写作专稿。他们虽然没有参加组织,但对"左联"的事一向都是积极支持的。就是在文艺思想上有不同意见,像杜衡,那时正和"左联"有所争论,但当他知道是"左联"的任务,——我们要求作家把稿酬捐作"左联"的经费,——也还是乐意地响应写稿了。这件事象征地说明了三十年代"左联"所取得的一些成就,不但是"左联"本身,其中实在也有周围许多朋友的力量。

杜衡与左联的争论一事,即历时一年"文艺自由"的论辩,瞿秋白也撰文参与,这是根据党内有关揭露、打击中间势力的指示进行的。冯雪峰对于胡秋原、苏汶的批判也毫不留情,不过与施蛰存、戴望舒、苏汶(杜衡)是相识多年的老朋友,私下还是与苏汶会面。并得到苏汶的允许,冯雪峰从他那里拿走胡秋原的长文《浪费的争论》(关于瞿秋白、周扬等人批判他的答辩)。

1932年11月,中央宣传部长张闻天意识到党内一些"左"倾的错误倾向,在党内秘密刊物《斗争》上发表两篇重要文章《论我们的宣传鼓动工作》、《文艺战线上的关门主义》(署名"歌特"),为纠正文艺战线"左"倾关门主义起了阶段性的重要作用,并非是彻底的。

时任"文委"书记的冯雪峰与瞿秋白诚恳接受批评之后,进行商量和研究。对于胡秋原《浪费的争论》的长文,冯雪峰请瞿秋白代为起草《并非浪费的争论》,作为答辩。同时,冯雪峰写了总结性的一文《关于"第三种文学"的倾向与理论》。

鲁迅也一直关注这场论辩,进入论辩后期,他才撰文参与,区别对待胡秋原与苏汶。他写的《论"第三种人"》等文既没有把"第三种人"划入敌人的营垒,又没有对文艺与政治的关系作出简单化的解释,而是着重分析苏汶等人想做"第三种人"而又做不成的矛盾心理。

多年后,楼适夷"旧事重提",由此应该重新认识鲁迅"主编"《创作的经验》的最初策划思路,即他与瞿秋白谈及"文艺自由"论辩的经验教训有关。虽然无法进一步佐证,但是至少可以给后世有所启示:杜衡、施蛰存等并非是左联的死对头,而且愿意捐献稿费帮助左联,从而颠覆了"第三种人"——"即敌非友"的"左"倾机械性的直线思维。这是人们长期以来所忽视的薄弱环节,始终回避《创作的经验》的深层次内涵。

丁景唐收藏《创作的经验》影印本(上海书店1982年印行),1984年3月24日,在扉页上批语:"江西百花洲出版社也有此书的重印本,前有楼适夷的《重印记》,读到:一、鲁迅的关系,二、为供左联经费。可找来一看。"显然,那时丁景唐已经意识到楼适夷"旧事重提"的弦外之音。

楼适夷编辑《创作的经验》时,还收入了2个附录,都是发表过的,其一:鲁迅《阿Q正传的成因》、茅盾《我的回顾》、冰心《小说集自序》、郁达夫《五六年来创作生活的回顾》。鲁迅之文很可能是他自己提供的,或者经过鲁迅同意的。茅盾之文是天马书店出版他的自选集的序跋。

其二,高尔基《和工人作家的谈话》(林琪译)、绥拉菲摩维支《我怎样写〈铁流〉的》(曹靖华译)、高见顺《写得出与写不出》(楼适夷译)。第一篇译文原载周扬主编的左联机关刊物《文学月报》第1卷第5、6期合刊(1932年12

月 15 日),林琪可能是瞿秋白或他人,尚待考证。第 2 篇与鲁迅有密切关系,详情有多文介绍。

楼适夷在初版的《创作的经验·编辑后记》中特地说明,增添第一个附录,"足资参考的国内各家的经验";第二个附录"关于国外作家的"。"自然可集成的还不仅这些,也不过据见闻与能力的可能而附在这儿的吧了。"

《创作的经验》初版问世后,天马书店送给鲁迅 5 本,鲁迅又转送给友人。楼适夷被捕后,在牢房里与鲁迅的联系,楼适夷有专文述之。

鲁迅逝世后,许广平两次写信给出狱不久的楼适夷(楼建南)。1937 年 7 月 23 日,楼适夷回信抱歉地说:来不及写追思文章,"我们正应以自己的生活与事业来纪念周先生,也不在区区一文之有无了。"他还说:"昨检书箧,发现周先生复张天翼一信,不知何故落入我手,兹附奉,乞检收。我身心均渐恢复,知念顺及。"[①]1932 年 2 月 1 日,鲁迅复张天翼一信,也是唯一留存的一封——鲁迅点评张天翼的小说,此信大概是要楼适夷转交的,现已收入《鲁迅书信集》。

[①] 周海婴编:《鲁迅、许广平所西藏书信》,湖南文艺出版社 1987 年版,第 440 页。

陈白尘在囚笼里"老僧入定"写作

老影迷还记得新中国刚成立时,上映的电影《乌鸦与麻雀》阵容"豪华",由郑君里执导,上官云珠、赵丹、孙道临、李天济、黄宗英等人主演,获得国家文化部优秀故事片一等奖。执笔写此电影剧本的是著名剧作家陈白尘,其实他早年是写小说闻名文坛的。具有传奇色彩的老革命施亚夫回忆说:

> 就在5号囚笼那昏暗的灯光下,就在烟犯、赌犯及花案犯、土匪们的喧嚷声中,我们每天都能看到白尘同志就像老僧入定般进行写作的身影。他箕踞于自己的铺上,背后靠着一根爬满了臭虫的木柱,面前是用被子叠成的"写字台",出于台面太软,他用稀饭汤权充糨糊,把废报纸层层地粘起来,做成了一个垫板。那是个挥汗如雨的季节,囚笼内又闷又热如蒸笼一般,无论是墨水还是墨汁,字迹写上去后立即便被汗水泅湿,于是白尘便改用铅笔书写,就这样艰难地写下了数十万字的文章。①

陈白尘年轻时在上海求学,1930年参加"剧联"(左翼戏剧家联盟),从事戏剧活动,曾参加南国、摩登等剧社。他以后回家乡从事革命活动,1932年7月任共青团淮盐特委秘书,因叛徒出卖而被捕。

陈白尘在牢狱中很郁闷时,监狱外传来老同学赵铭彝("剧联"党团书记)一封信,问道:"你的笔难道生锈了么?"陈白尘幡然初醒,重新拿起笔杆子,加之坚定的信念,他如同"老僧入定",在十分恶劣条件的囚笼中,写出数十万字的小说。

"一天两顿糙米饭,拌着稗子跟砂石,牙齿都可以硼(崩)得掉。一盆青(清)汤,做得了镜子。两片菜叶像两条小鱼游来游去。没盐没油,比开水还

---

① 施亚夫:《相逢在六十年前——悼念陈白尘同志》,载《纪念陈白尘》,南京大学、江苏省文联1995年编印。

难吃。"这是陈白尘写的《小魏的江山》里的一段描写。囚笼里周围的一切，经过他这位囚犯作家的艺术加工，先后展现在他的笔下。小说中的真实细节无可挑剔，如临其境，令人震撼。

　　陈白尘的监狱题材的小说以各种方式送出监狱，经赵铭彝等人大力帮助，陆续发表在左翼、进步刊物上，陈白尘的名字"走红"了，甚至有人惊呼："诗人与革命家都是疯子。"陈白尘的女儿陈虹撰写《陈白尘评传》（重庆出版社 1998 年版）时感叹："在中国现代文学史上，尽管不同的作家有着各自不同的创作经历，但是像陈白尘这样的情况，却几乎是属于神话和传说了。"

　　1935 年出狱后，陈白尘在上海从事文学创作，成为"亭子间"的作家。他自选的第一本短篇小说集《曼陀罗集》，收入 4 篇短篇小说《父子俩》《解决》《春》《暮》，都是在监狱里写的，曾发表于茅盾、郑振铎等人创办的上海大型文学刊物《文学》和郑振铎、靳以合编、巴金等人参与的北平《文学季刊》等。

　　1936 年 10 月，巴金把《曼陀罗集》编入"文学丛刊"第 3 集，由吴朗西、巴金等组成的上海文化生活出版社出版。陈白尘在该集子的《题记》里写道："有种花，据说是生长在牢狱的屠场间隙上，专靠着吸取死囚的白骨和鲜血来培植它的生命的，叫做'曼陀罗'。"

陈白尘曾收到巴金的来信,"信写得那么谦虚而亲切,说是很喜欢我的几篇小说,想编个集子收在'文学丛刊'里,希望得到我的同意。老实说,在此以前我是否见过,或是什么地方见过巴金同志,我都说不清楚,但这封信给我的欢喜却至今难忘!"

此后,陈白尘又选编了一本短篇小说集《小魏的江山》,收入 4 篇短篇小说《小魏的江山》《鬼门关》《打靶》《最后的晚餐》,也是"监狱题材"小说。其中《小魏的江山》是在陈白尘出狱后,根据被捕入狱经历的基础上创作的,成为他早期短篇小说的代表作。经茅盾推选,该小说收入赵家璧主编的《二十人所选短篇佳作集》(良友图书印刷公司 1937 年初出版,上半年连印 3 版,共 7000 册。1982 年花城出版社重印),排在第 3 篇,前两篇是老舍《且说屋里》、端木蕻良《遥远的风砂》。

《小魏的江山》的笔墨集中在小魏的身上,他是一个被判 5 年徒刑的年轻盗窃犯,爱吹牛,脸皮厚,典型的都市"小混混"。他被各号子的龙头(老大)打成重伤也不求饶,反而激起他更强烈的报复心理。经历了一系列的血腥殊死较量,小魏的疯狂行为(自残、拼杀等)逼迫对方求饶,甚至监狱的看守长也不得不和颜悦色地同他说话,小魏俨然成了监狱里的反叛"英雄"。但是,小魏一旦得势,却成了又一个出卖狱友的新龙头(老大)。

小说比较成功地塑造了小魏——另类的阿 Q 形象,折射出中国几千年来积淀的愚昧、顽固的国民性,表现了奴才与奴才之奴才、奴才与奴才主之间关系的畸形心理,形成这种周而复始的恶性循环,令人可怜可卑可憎可叹可反思,这正是鲁迅一生尖锐、严肃批判的主要对象之一——阿 Q 形象。陈白尘冷静地构思这篇小说,显然不同于同时期其他监狱题材的小说。

小说里还出现了许多监狱里的"黑话",如"上北门"(上法场)、"香头"(帮派里请教别人班辈)、吃"双份子"(号子老大一人拿双份的好处)等,作者一一作了注释,增加了小说的真实性,以凸现现实主义创作的特点。

此小说发表于巴金、靳以合编、赵家璧协助的上海《文季月刊》第 6 期(1936 年 11 月 1 日出版,前身是北平的《文学季刊》)。因此,巴金一直关注着陈白尘的文学创作,他写信给陈白尘也不是偶然的。

小说集《小魏的江山》里其他 3 篇小说《鬼门关》《打靶》《最后的晚餐》也各有特色。

陈虹认为父亲陈白尘的监狱题材小说是"一朵盛开的奇葩",他"以革命者的身份,坐国民党的监牢;用囚徒的眼光,描写地狱般的世界"。他以坐牢的残酷方式,亲眼观察周围的一切,把每时每刻的感悟,直接融入于文学创作。这种"体验生活"体现了特殊的革命精神,具有大写的丰富内涵。革命者"不忘初心",付出了沉重的代价,甚至是生命和鲜血。

丁景唐收藏的《小魏的江山》已经是第 4 版(1948 年 10 月出版,初版为 1937 年 5 月),原为国棉十九厂图书馆藏,封面被厚纸包装,扉页上贴有借阅记录单,时间为 1954 年 7 月至 1955 年 6 月,已被多人借阅过。此后,流入旧书市场,被丁景唐收购,成为研究上世纪 30 年代左翼文学的参考资料之一。

该版本小说集《小魏的江山》后面版权页注明文化生活出版社发行所的两个地址,一是上海巨鹿路 1 弄 8 号,二是重庆国民路 145 号,发行人吴文林。当时巴金主编出版的"文学丛刊"都是以这种方式问世。一旁还有"文学丛刊"第 4 集共 16 册的目录,前 8 部著作是周文的《烟苗季》、白文的《山径》、沙汀的《航线》、师陀的《里门拾记》、陈白尘的《小魏的江山》、蒋牧良的《夜工》、陈荒煤的《长江上》、巴金的《长生塔》。足见巴金很重视《小魏的江山》,可惜陈白尘未能保存巴金的信件。

陈白尘在《关于"我的第一本书"》里写道:"鲁迅多用序跋来推荐新作家,茅盾是用评论来鼓励新作家,巴金则是不声不响地为新进作家出版作品。"

周扬、鲁迅等人论争的两本专题选集

左联及文总(中国左翼文化总同盟)所属的左翼团体自动解散后,周扬、夏衍等人立即发动组建了一个抗日统一战线的作家团体"中国作家协会",后改名为"中国文艺家协会",接受文学、戏剧、电影、音乐、美术等各界人士入会,协会刊物便是《文学界》①,但是,茅盾作为协会常务理事召集人不能过问。周扬、夏衍等人酝酿建立协会时,已经考虑要创办《文学界》,其顾名思义,象征统一战线的文学界,大前提则是必须集聚在"国防文学"旗帜下。

自 1934 年以来,周扬等人撰文提出"国防文学"之后,断断续续出现一些文章,并未引起文坛的广泛注意。这次周扬在《文学界》创刊号上再次提出"国防文学"的口号,希望以此作为"中国文艺家协会"新形势下的神圣使命,文学界爱国人士所做的一切应为此服务。但是,周扬的意气之争,有悖于他的初衷,在一定程度上妨害了他推行"国防文学"的权威性,多少贬低了他自己作为左翼文坛领导人之一的形象。其中原因之一是,他的论争对手胡风,事前不打招呼就提出另一个口号"民族革命战争的大众文学"(曾与鲁迅等人商量过的),加之原来双方宗派情绪的隔阂,意气之争不可避免地占据了上风。

于是 1936 年上海左翼文学界发生了"两个口号"的论争,周扬等人以《文学界》等为阵地,推出宣传"国防文学"、批评对方的论争专辑。

据不完全统计,关于"两个口号"论争的文章多达 400 多篇,其中《文学界》4 期刊登了 20 多篇,超过了论争对方的《夜莺》《现实文学》两个"特辑"的总量,而且双方主将都在各自刊物上先后登场亮相,发表了重要的文章,直接影响了双方论争的走向。

《文学界》编辑趁热打铁,把刊登的 20 多篇文章,加上鲁迅等人文章,汇集成册,留存于世。在《文学界》第 1 卷第 4 号扉页上刊出一则新书预告,标

---

① 详见丁言模:《穿越岁月的文学期刊与作家》(一)(二)有关章节,中国社会出版社 2017 年版,两书均由丁景唐生前最后两次作序。

题过长还拐个弯:"《现阶段的文学论战》一名《国防文学论集》出版预告,林综编,上海光明书局发行,福州路中市。"广告词写道:

> 国防文学的号召,是整个民族解放运动发展中的一个不灭的呼声,从两年前开始提出,其间经过无数次的战斗,创伤,毒骂,反对,曲解,以迄今日才获得同情,拥护和接受。本书就按其历程,编辑而成,分为四辑:第一辑,表示了这一运动初期的成绩以及第一次的对反对论者的反击。第二辑,看到国防文学的确立和实践。第三辑,是关于"民族革命战争的大众文学"和"国防文学"的双方意见的汇集以及解答。第四辑,收集了若干优秀创作家对于国防文学的宝贵的文献。全书二十余万字。精印一巨册。不日可出书。

半个月后,果然出版了《现阶段的文学论战》,原编者林综改为林淙[①],以

[①] 谭林通在《难忘相识在东京》一文中回忆说:"'两个口号'论战时,上海光明书局请周(扬)编了一本《现阶段的文学论战》。周(扬)为了避嫌,便要我写了两段《前言》,并署名'林淙选编'。林淙是我的笔名。《前言》后几段选编经过,是他自己执笔写的。"(此文收入王蒙、袁鹰主编《忆周扬》,内蒙古人民出版社 1998 年 4 月出版)

上海文艺科学研究会的名义,1936年10月1日出版,光明书局发行(福州路285号),每册5角。

该书第一辑有萌华、叔子、(周)立波、何家愧、张尚斌(周立波)、茅盾、周扬、徐行等人文章,大致勾勒出"两个口号"论争前的情况。第二编有郭沫若、何家愧、周扬、(周)立波、王梦野、张若英(阿英)、柳林、沈起予、(欧阳)凡海、黄峰(邱韵铎)等人文章,显然已经进入"两个口号"论争时期。第三辑才出现鲁迅、胡风、龙贡公(欧阳山)、耳耶(聂绀弩)、张天翼、吴奚洳(如)等人文章,以及以周扬、徐懋庸为首的论争文章。第四辑有陈荒煤、夏征农、艾芜等人各抒己见的文章。这个编排的倾向性很明显,编者在《前言》中写道:

> 这里选收了一些"国防文学"运动初期的论文和徐行的文章在第一辑里,作为这一运动的初期论战的代表;其他许多零碎的断片和短文以及无关宏旨的攻击文字,为了避去烦琐和重复,且因篇幅的关系,都只好割弃了。
>
> ……收在第二辑里的,几乎是关于确立"国防文学"理论的基础,更进而深入到实践运动——建立文艺界的统一战线——中去的论文的全部。郭沫若的《国防·污池·炼狱》,无疑地给"国防文学"奠立了一块不可动摇的基石。
>
> 这时候,胡风在《文学丛刊》发问了"人民大众需要什么文学"?他自己随即回答是:"民族革命战争的大众文学",却并没有批评到"国防文学"半个字。无论这态度是否故意,而因此惹起了一般文艺青年的怀疑和不安,搅乱了文艺界的近于统一整齐了的步调,是不容否认的。论争开始了。
>
> ……与这次论争有关的双方的文章,都收在第三辑中。鲁迅答徐懋庸的信,虽然其中涉及私人的事件很多,但对于两个口号和统一战线的问题,也提示了一部分颇值(得)重视的意见。
>
> ……至于,九月份《作家》月刊上吕克玉的《对于文学运动几个问题的意见》,因为在理论上并没有什么新的见解,而且态度鲁莽轻率,篇幅冗长,便没有把它收进这集子里面。

显然这是代表了周扬等人关于"国防文学"的主张,也为《文学界》发表这类论文的作了一个旗帜鲜明的诠释。特别是《文学界》第4期刊登的丁非(孙席珍)、郭沫若、俞煌的3篇文章,给予高度评价,即"不但可以代表了国外国内各地的反响,而且也可以说是对这次的论争,给了明快的解答,使之告一段落了。"对于鲁迅、茅盾等人主张"不屑一顾",甚至公开排斥冯雪峰

（吕克玉）《对于文学运动几个问题的意见》一文①，傲慢地拒绝收入此文。

1936年12月5日，此书再版，除了增加扉页上撰稿人（包括所有论文作者的名字）之外，其余的文章和版式都未增删，也"无心"增加刘少奇（莫文华）《我观这次文艺论战的意义》（《作家》第2卷第1号，1936年10月15日出版）等文，《前言》依然是"傲视群雄"之言，未作一字修改。

当时也有人另外编辑了《国防文学论战》，收入了"两个口号"论争的双方文章，不再以"辑"依次区分阶段性的论争，收入文章的范围比《现阶段的文学论战》广泛些，其中包括冯雪峰（吕克玉）《对于文学运动几个问题的意见》、陈伯达《文学界两个口号问题应该休战》等文，以"救亡文化丛书之一"的名义，由新潮出版社1936年10月初出版。书后还附录了论争双方各自发表的宣言，即《中国文艺家协会宣言》《中国文艺工作者宣言》，以及《文艺界人为团结御侮与言论自由宣言》，以此标志着论争双方的"求大同存小异"。

此书的出版理应与中央特派员冯雪峰等人有关，按照中共中央有关指示办事，特别是第一次公开露面的陈伯达一文，被史学界认为是终止"两个口号"论争的"权威"之文。但是，没有收入刘少奇（莫文华）写的重要文章《我观这次文艺论战的意义》（《作家》第2卷第1号，1936年10月15日出版，当时绝大多数人都不知道该作者"莫文华"的背景），此文进一步总结了"两个口号"论争的重要意义。

刘少奇曾研读了《文学界》《作家》等刊物上发表"两个口号"论争的文章，并把其中有些观点引用于自己写的文章里。刘少奇认为鲁迅《答徐懋庸并关于统一战线问题》的长文是站在非常明确的正确的立场上，"没有一点争口号的态度"，深刻地指责和解剖了周扬等人的宗派主义的理论，"不但对我们指示了正确的观点与办法，即于一个富有宗派气质的青年的徐懋庸先生的批判，也有着对于我们非常宝贵的教育和辛辣的教训的意义"。

他还指出冯雪峰（吕克玉）《对于文学运动几个问题的意见》一文更是专门对于周扬的关门主义与机械论的批判，并且明确地提出了正确的办法，不过对于口号问题本身差不多没有说到。"因此，如果以为这次论争是在争口号，那就表明还没有了解到正确的观点，将论争的真义抹杀了。"对于郭沫若《蒐苗的检阅》一文，刘少奇看了"觉得很高兴"。同时也不同意该文一些意见。

刘少奇（莫文华）时为中共中央代表，领导中共中央北方局工作。他长期从事国民党统治区的工人运动和党的秘密工作，具有丰富的斗争经验。

---

① 详见丁言模：《穿越岁月的文学期刊与作家》（一）（二）有关章节，中国社会出版社2017年版。

他还负有向华北以至全国人民宣传中国共产党的抗日救国主张、建立广泛的抗日民族统一战线的使命,以进一步打开整个国民党统治区的工作局面。他尽可能利用北平、天津和上海等地的公开刊物,把共产党的声音传播到社会各阶层群众中去。

刘少奇此文和以上两本书的大多数文章,以后都收入《"两个口号"论争资料选编》上、下两集(人民文学出版社1982年版),而且还收入了其他的有关文章,内容很丰富。

赞同"国防文学"口号的林淡秋(曾为左联常委)多年后反思说:"我看当时双方都带着有色眼镜看口号、看人。'我们'的越看越美,'他们'的,越看越丑。双方的距离越看越远了。今天看来,当时鲁迅对'两个口号'及其相互关系的基本看法,是比较符合实际的。……当时所以出现'两个口号'不两立的论争架势,主要是由于双方的宗派主义思想情绪。"① 其实,"两个口号"论争的双方不存在输赢的问题,况且其中是非曲直如今已有公论,从中可以引申出说不尽的话题。

丁景唐珍藏《现阶段的文学论战》《国防文学论战》具有多种因素:

其一,作为研究现代文学史和左翼作家的重要参考资料。《现阶段的文学论战》的首篇文章是署名萌华写的《民族危机与民族自卫文学》,此文与署名"叔子"《一个新文学运动的建议》等少数文章未收入以后出版的《"两个口号"论争资料选编》,此文原载左联最后一本机关刊物《文艺群众》第2期(1935年11月1日出版)卷首。② 此刊鲜为人知,现存稀少,而且此刊牵涉周扬、徐懋庸、鲁迅等人,卷首之文更显得珍贵。如果说该文作者"萌华"是周扬或他人,并不令人感到意外,但是尚需佐证。

1963年10月15日夜里,丁景唐将此文与《文艺群众》刊登的原文作了仔细的校勘,发现其中删改之处比较多,并引申出不少问题。如原文几处注明"见王明在共产国际第七次大会上的报告"或"演说",因此,丁景唐批阅:"大概是从共产国际月刊上译过来的,所有译文有不同译法。可能后来改正的,是已见到原文,因此改过了。不对,是删改的。"寥寥数语,可见当时丁景

---

① 林淡秋:《"左联"散记》,载《左联回忆录》(下),中国社会科学出版社1982年版。
② 当时上海正处于白色恐怖日益猖獗的恶劣环境中,加之王明的"左"倾冒险主义所造成的严重危害,上海党组织已接连遭到严重破坏。幸好中央文委下属的左联、美联、剧联等的党组织保存下来,但与上级关系中断,于是左联党团书记周扬、行政书记徐懋庸等自行领导,并与鲁迅商量,在文化战线上坚持斗争,1935年9月1日创办了《群众文艺》,仅出版了两期。但是在中国现代文学史上占有特殊的地位。第一次刊登了国内悼念瞿秋白的首篇文章,以及瞿秋白鼓励杨之华翻译的苏联小说译作《八月四日晚上》;第一次组织翻译并首次刊登了马克思、恩格斯有关现实主义文学理论的3封信,以及萧军(田军)的佚文《十月》等。

唐批语时的心情,可以"延伸"为一篇纪实散文。他是用毛笔蘸着红墨水批阅、划线、校改,认为删改之文(发表于《现阶段的文学论战》)改得不错,特别是标点符号。该文最后注明原出处"二十四年十一月一日《文艺群众》",丁景唐的批语(黑墨水的字迹):"丁按:这是《文艺群众》第二期出版日期,并非写作日期。"根据这些批语线索"顺藤摸瓜",可以写一篇专题长文,可惜丁景唐生前未能动笔。

其二,《现阶段的文学论战》为著名诗人袁水拍(笔名马凡陀)签名本,在内封面上还写着"一九三九、九龙",那时他在香港参加文艺界抗敌协会,任候补理事、会刊编辑。袁水拍曾担任文化部副部长等职务,但是坊间口碑很差。丁景唐的老友袁鹰与袁水拍相交近40年,一起在《人民日报》副刊工作10年之久,袁鹰在《袁水拍诗歌选·后记》(人民文学出版社1985年版)中为这位诗人描述了一个两重性的"悲剧"形象。

其三,《国防文学论战》附录的《中国文艺家协会宣言》,牵涉到"中国文艺家协会"成立一事,其中有致高尔基慰问信的插曲。丁景唐特地写了专题文章(收入丁景唐:《犹恋风流纸墨香——六十文集》,上海文艺出版社2004年版),讲述了自己在家里的"书山"中找到了埋藏了30年的3张照片,这是戈宝权赠送的苏联高尔基博物馆收藏的中国文艺家协会致高尔基慰问信原件的全套照片;他还从原件信件上辨认出是孔另境的笔迹,从而揭开了多年来"悬而未解"的谜团,填补了一个重要空白。

意犹未尽的《鲁迅访问记》

1936年初左联自动解散后,上海左翼文学界发生了"两个口号"("国防文学"与"民族革命战争的大众文学")的论争,加之原来双方宗派情绪的隔阂,意气之争不可避免地占据了上风。

"两个口号"论争后期,几乎同时出现了两本论文集,即《现阶段的文学论战》,1936年10月1日出版,光明书局发行;《国防文学论战》,新潮出版社1936年10月初出版。前者具有明显的倾向性,赞同周扬等人的观点。后者收入文章的范围比前者广泛些,意味着论争双方的"求大同存小异"。(详见本书收入的《周扬、鲁迅等人论争的两本专题选集》)

鲁迅去世后,有人不服气,"针对"周扬等人推出的《现阶段的文学论战》,以"登太"化名编辑了《论现在我们的文学运动》(1936年11月长江书店印行),书名是借用鲁迅文章的同名标题。鲁迅此文刊登于《现实文学》创刊号(1936年7月1日出版)、《文学界》第1卷第2期(1936年7月10日出版),副标题《病中答访问者》。

1936年6月1日,胡风在《文学丛报》第3期上发表《人民大众向文学要求什么?》(论文集《论现在我们的文学运动》的首篇),公开提出"民族革命战争的大众文学"口号,挑起新一轮"两个口号"论争。

《现实文学》刚创刊就推出"民族革命战争的大众文学问题(特辑)",卷入论争,显然是胡风与该刊编辑尹庚等人商量后策划、组稿的,其中有张天翼《一点意见》、王尧山(路丁)《现实形式与民族革命战争的大众文学》、聂绀弩(耳耶)《创作活动的路标》、宋之的(艾淦)《今后戏剧运动的路》、鲁迅《论现在我们的文学运动》《答托洛斯基派的信》①。除了鲁迅的文章同时刊登于《夜莺》第4期等刊物之外,其余文章都是临时赶写的,形成一组专题文章,

---

① 鲁迅《论现在我们的文学运动》《答托洛斯基派的信》两文均为O.V即冯雪峰"笔录"。
当时中央特派员冯雪峰责令胡风、聂绀弩等人不准再撰文参加论争,因此他们的论述"戛然而止"。同时,冯雪峰起草、鲁迅点头同意的《论现在我们的文学运动》《答托洛茨基的 (转下页)

与《夜莺》第 4 期的"特辑"（此目录也刊登于《现实文学》）一起为"民族革命战争的大众文学"口号摇旗呐喊，遭到了《文学界》等刊物发表的赞成"国防文学"口号者的批评和反驳。

（接上页）信》《答徐懋庸并关于抗日统一战线问题》文章，关于前两文，《文学丛报》分期刊登，同期刊登的只有《现实文学》。

《论现在我们的文学运动》《答托洛茨基的信》一文引起很大的连锁反响，令人始料未及。

由于该文标题触及敏感的政治话题，引起远在莫斯科的中共驻共产国际代表团的高度关注，并在代表团创办的巴黎中文版《救国时报》第 59 期（1936 年 10 月 5 日）第 1 版上，发表了署名"伍平"的长篇报道《我们要严防日寇奸细破坏我国人民团结救国运动，请看托陈派甘作日寇奸细的真面目》，其中提及"在今年七月份上海出版的《现实文学》（原报误为'实现文学'——引者）杂志上登载了；鲁迅先生复陈××的一封信，并附载了陈××的来信，这陈××有人说便是陈独秀。其实，就信的内容看，即令不是陈独秀，也是一位陈托派中重要人物，反正都是一样。"

该报第 1 版头条同时配发了社论《甘作日寇奸细的托洛茨基派》，高度赞扬了鲁迅答复一信，并与苏联反托派、中共党内反"陈托"的斗争结合起来，加以上纲上线，作为党内反击"托派"的最新"批判武器"，对"托派"大加鞭挞。该社论指出：托派"这些卑污无耻的行为是他们反革命工作的拿手好戏"，旨在破坏抗日救国的联合战线。

《现实文学》刊登《答托洛茨基的信》时，略去来信人的真实署名，以陈××名义出现。当时党内"谈托（洛茨基）色变"，"谈陈（独秀）必反"，况且中共驻共产国际代表团王明等人处于莫斯科反托派的漩涡之中，便"顺水推舟"把陈××推测为陈独秀，并借此大做文章。其实，陈××，指陈仲山，本名为陈其昌，时为中国托派组织领导人之一。1942 年他在上海从事抗日活动，被日军捕杀。

《现实文学》创刊号和《夜莺》第 4 期的两个"特辑"文章,成为"登太"编辑《论现在我们的文学运动》前半部分的主要内容,后半部分则是鲁迅《答徐懋庸并关于抗日统一战线问题》(未收入《答托洛斯基派的信》)、茅盾《关于〈论现在我们的文学运动〉》《关于引起纠纷的两个口号》《再说几句》,周扬《现阶段的文学》《关于国防文学》《与茅盾先生论国防文学的口号》和郭沫若《国防·污池·炼狱》①,以及周扬等人以《文学界》等为阵地,推出宣传"国防文学"、批评对方的论争专辑中的部分文章,其中有徐懋庸《人民大众向文学要求什么》《理论以外的事实》(驳斥胡风的观点)、何家槐《文艺界联合问题我见》和黄俞、杨骚、梅雨(梅益)、周木斋等人文章。

显然,"登太"的编辑倾向性也很明显,特意仿效周扬等人推出的《现阶段的文学论战》,在某种程度上是把双方原来以刊物为阵地的论争继续延伸到论文集上。

"登太"意犹未尽,又将论文集改题为《鲁迅访问记》,春流书店 1937 年 3 月出版②,内容、版式等未变,封面重新设计,原为力群创作的木刻作品鲁迅像,改为鲁迅与木刻青年陈烟桥、白危、曹白、林夫、黄新波等人谈话的照片(沙飞拍摄)。

《鲁迅访问记》版权页的内容稍有变动,著者原为鲁迅,错改为"登太"(因此书封面上为"登太编")。原"代表人"杨燕飞被删除,并且在封底刊登《沈轶千律师受任长江书店常年法律顾问启事》:"本律师今经杨燕飞律师聘任为长江书店顾问,嗣后如有侵害上开之名誉财产及其他法益者,当依法保障之,此启。事务所南京路大陆商场四楼。"

该论文集的出版者仍然为上海长江书店,但写明地址"上海四马路中永华书店内"。长江书店曾是大革命时期中共中央的出版发行机构。1926 年 9 月,瞿秋白、毛泽民选定在汉口后城马路(今中山大道)设立长江书店,派苏新甫具体负责业务工作。大革命失败后,长江书店转入地下,截至年底,仍秘密重印、发行革命读物。相隔 9 年后,又出现长江书店,先后出版《论现在我们的文学运动》《鲁迅访问记》等,不知是巧合还是故意为之。

《鲁迅访问记》原为记者陆诒采写的通讯稿。1936 年 5 月 6 日,上海各界救国会机关刊物《救亡情报》创刊,仅有六七人的工作班子,其中有钱俊

---

① 详见丁言模:《摇旗呐喊的〈现实文学〉半月刊》《周扬等人文学阵地〈文学界〉月刊》,《东京左联月刊〈杂文(质文)〉》等文,载丁言模:《穿越岁月的文学刊物与作家》第 1 辑,中国社会出版社 2017 年版。

② 1939 年 6 月 1 日,上海文化励进社、大夏书店利用原来春流书店同书名、同版样出版发行《论现在我们的文学运动》,署名仍然为"登太编"。

瑞、徐雪寒(负责筹经费、发行)、吴大琨、柳乃夫、刘群(负责编辑和校对)、恽以群、陆诒(时为《新闻报》记者)。"临委"(中共江苏省临时工作委员会)按救国会系统管理党员,如文化界救国会的钱亦石、钱俊瑞直接参加救国会领导机构的工作。"临委"开展抗日救亡的工作,主要通过救国会展现的,上海逐渐成为全国抗日救亡运动的中心。

当时鲁迅先生病重,无法执笔。5月18日,鲁迅在内山书店接受《救亡情报》兼任记者陆诒的采访。事前,徐雪寒设法邀约鲁迅,并与陆诒、刘群商量,主要是想征求鲁迅对当前抗日救亡运动的看法和组织文化界联合战线的意见。陆诒前去采访时,带着徐雪寒的介绍信,拿着一份当天的《申报》作为联络暗号。陆诒采访结束后,回家立即整理了采访记录,当天晚上交给刘群。原拟在《救亡情报》第3期上刊登,并在这期《编后记》中说明:"本报近期发表的访问记,这期本是《鲁迅先生访问记》,因为鲁迅先生胃病颇甚,不能立刻亲自校阅访问记,为慎重起见,所以也改在第4期上发表。"《救亡情报》第4期(5月30日)如期刊登《前进思想家鲁迅访问记》(以下简称《访问记》),署名芬君,并在文末注明:"本文抄就后,经鲁迅先生亲自校阅付印。"王尧山(路丁)《现实形式与民族革命战争的大众文学》已经引用《访问记》中的鲁迅的意见,并注明"鲁迅和《救亡情报》记者的谈话",显然王尧山作为上海地下党组织负责人认真看了《访问记》。

《访问记》中《几个重要问题》一文,与发表于"文武双全"方之中主编的《夜莺》第4期(1936年6月10日)刊登的鲁迅《几个重要问题》内容几乎完全相同,不过前后两者有一些不同之处:一是前者删除了后者的开头、结尾描写和中间的连接语。二是增加4个小标题,鲁迅谈话内容分为4个部分。三是在一些语句下面加了醒目的粗黑点,以示重点。四是自拟文章标题。

《几个重要问题》由聂绀弩转交给方之中,方之中来不及与病中的鲁迅联系,就自拟标题付印了,并在文后说明:"鲁迅先生病得厉害——气管发炎,胃部作痛,不能执笔。本文是《救亡情报》记者写的一篇访问记,因为所谈的都是几个重要的现实问题,故加上一个题目转载于此。"

其中有一个最大疑问,《几个重要问题》是何人删改?抑或胡风、冯雪峰、聂绀弩等人,但是至今未有资料披露,也未有人去追问考证。《夜莺》第4期转载鲁迅《几个重要问题》,事前聂绀弩等人是否得到鲁迅的"暂且"同意,这有待挖掘资料佐证。

"登太"先后编辑的两本论文集收入的《鲁迅访问记》一文,均为《救亡情报》第4期(5月30日)发表的《前进思想家鲁迅访问记》,只是标题删除了"前进思想家"。

丁景唐在论文集《鲁迅访问记》收入的同名文后注明"一九三六年五月卅日出版的《救亡情报》第4期。"原来仅有"载《救亡情报》"。

杨骚坦陈的《急就篇》

1957年1月14日，著名诗人杨骚在日记中写道："早七时起床，未坐未操，因贪睡。甄医生照例查病，学习者陪伴。自己以病情告之，示趾。今天看时事手册。头昏昏，但未晕，眼几乎要花。"这竟然是他留世的最后文字。次日上午，才华横溢的诗人突然脑血管栓塞，驾鹤西去，年仅57岁。

20多年前，杨骚是个热血青年，撰写诗文之余，很喜欢拉小提琴，可惜后来被冯乃超借走，失去踪影。"冰火两重天"的爱人白薇曾伴随着他"磕磕绊绊"度过了在上海的难忘岁月，但是好景不长，1933年夏，他俩分手了。他俩曾是左联最早的成员，杨骚对白薇说："我要在群众之中找点热气，取点暖味。""时代已经不是浪漫好玩的时代，人心当然要受着影响，我相信这不是我的衰老，而是我更进一步知解人生和创造人生的开始。"

1937年2月15日晚上，上海大街小巷还弥留一些春节过年的气氛，杨骚写下了《急就篇·自序》：

> 这里所集的十七篇，大都是"应征"或"应景"的文章，再不然便是些偶感，随笔之类，总一句话说，不是宏篇大作，大都是赶制出来或秉兴写下的，所以名为《急就篇》。
>
> 急就的东西大都不成器，然而不一定就没有意义，反而常常是针对现实，如果那现实不会像黑板上的粉笔字经刷子一抹便干净的话，它们还是有暂时存在的价值；《急就篇》的付印，意思只在这里。

评论、随笔集《急就篇》（引擎出版社1937年3月20日初版），均为杨骚参加左联后写的，大多刊登于左翼、进步文学刊物《新诗歌》《杂文》《夜莺》《东方文艺》《文学丛报》《文学界》《光明》《希望》等，他谦称为"应征"或"应景"的文章，从不同侧面反映了参加左联后的思想变化和文学创作的一个窗口。

《急就篇》的第一篇文章《我与文学》，披露了杨骚的前期生活经历和文

学活动，赴日留学，由于身体欠佳和经济生活穷迫等原因，在心情上表现出忧郁和厌世的倾向，"胡乱考入自己顶讨厌的高师"类似的情况也发生在其他留日学生身上。幸运的是他遇到了创造社主要成员之一李初梨，阅读了俄国作家屠格涅夫的《猎人日记》等系列作品，随后阅读的范围逐渐扩大至德国诗人海涅、普特曼等人的作品，这些给他前期的诗歌、诗剧创作带来明显的影响。

1931年"九·一八"事变发生后，上海成立了"反日大同盟"，举行示威游行，杨骚和楼适夷扛着大旗，引人瞩目。杨骚最初日本留学时的愿望，准备学习海军，将来学成回国，率领舰队打倒日本，"那时候我的爱国心非常重，因为在我们的家乡（漳州）常常可以听到台湾被割了后的惨史，常常可以看到从台湾跑回来的可怜的同胞……幼小的脑筋刻下了深刻的印象，总觉得日本可恶，满清该死，老想当个救国英雄，把台湾讨回来。"

虽然杨骚早期的爱国主义思想感情是偏狭、天真、简单的，但是，他对于侵华日军犯下的滔天罪行，则是义愤填膺。杨骚的长诗《小麻雀》（《文学丛刊》第2卷第4期），通过小麻雀飞到上海各个场所的所见所闻，揭露了日军占领下的上海众生相，既有反抗言论，也有奴颜婢膝的丑态。

作者对于国民政府对日妥协政策感到深深的失望，也不满意上海各界有些人士"唱高调"的观望心态,以及奸商趁机囤积紧张的货物,大发国难财;媒体则瞎编新闻,粉饰真相;小市民自顾逃命,哪管什么抗日救国大事。作者在诗歌中倾泻了心中的悲愤、郁闷情绪,"气死人,也可笑,更可恨",代表了绝大多数知识分子炽热的爱国之情。

杨骚以诗歌著称,蜚声于30年代文坛。1932年9月,作为左联外围组织的"中国诗歌会"成立了,杨骚是发起人之一。次年该会的机关刊物《新诗歌》创刊了,他不仅热心地参加了组稿、编辑等工作,还积极写稿。

> 在这个苦难的动乱的时代里,特别是在目前正在生死关头挣扎着的我们中国社会底要求(必要),已经不许一切的诗人再躲在象牙塔里喝梦幻的墨水了;它(社会)要求诗人在充满矛盾和丑恶的现实里生活,要求诗人知道社会的黑暗面和光明面,要求诗人注意政治问题及时事问题,要求诗人认识人类的仇敌和救星,要求诗人在做诗人之前,先做一个具有时代的代表的精神……

这是杨骚写的《从诗的特殊性谈起》(收入《急就篇》)中的一段话,成为他那时写诗、评诗的一个宗旨,也是一个庄严的誓言。

杨骚的《历史的呼声》(收入《急就篇》)原来刊登于洪深、沈起予主编的《光明》第2卷第2期(1936年12月25日出版)"特辑",原标题为《一九三六年的诗歌——历史的呼声》。该"特辑"其他文章为周立波的《一九三六年的小说创作——丰饶的一年间》、张庚的《一九三六年的戏剧——活时代的活记录》、吕骥《一九三六年的音乐——伟大而贫弱的歌声》,这些形成的一组文章,是对于1936年"国防文艺"的一个初步总结。

杨骚在《历史的呼声》中点评了田间的著名叙事诗《中国农村的故事》、任钧的《我歌唱》等国防诗歌。《历史的呼声》的第一个小标题却用《可乐观的丰灾》,真所谓"一语中的"。多年后,任钧还承认:"尽管意见提得比较坦率、尖锐;但我认为他的论点还是对的,并非吹毛求疵。"(《杨骚选集·序》,《新文学史料》1987年第3期)

任钧是杨骚的老战友、老诗友,在《杨骚选集·序》(该选集上、下两卷,作家出版社2006年出版)里谈得比较多的还是《急就篇》。他认为:杨骚的《论坛诗歌,音韵与大众化问题》(收入《急就篇》)等"诗歌评论文章,虽然都是针对当时的诗人、诗作及诗坛而发的,但它们所提出和涉及的好些问题,如认为写诗必须极其严肃、认真,不能一味追求产量;以及诗歌必须走大众化的道路,不能假'含蓄'之名,把作品写得让人无法看懂,等等,直到现在还具有一定的现实意义和参考价值,这是无疑的。"

多才多艺的杨骚还创作小说、散文、戏剧,并撰写文学评论,因此,《急就篇》里还牵涉到电影、小说评论和文学批评家等问题,其中牵涉到"两个口号"("国防文学"与"民族革命战争的大众文学")论争的现实问题,这是左联主动解散后中国文坛的一件大事,无法回避的。不过任钧的《杨骚选集·序》尽力避免涉及此敏感的话题,其中包括当时参与双方论争的当事人周扬、冯雪峰等人。

欧阳山、草明曾与杨骚、白薇同租一所房子,杨骚住在楼下,白薇住在楼上,欧阳山住在阁楼里。杨骚特别关照小妹妹般的草明,并及时伸出援手,极力帮助她走出经济窘境。后来草明被捕,杨骚和其他一些左联成员倾囊相助。杨骚曾同欧阳山、草明一起编辑《作品》杂志,他负责筹款和联系出版,一起组稿和编辑。

经欧阳山介绍,杨骚认识了沙汀。沙汀回忆说:杨骚肠胃不好,很少写东西,"但在1936年两个口号论争中,他却振奋起来,开始写作论文,完全出于一时激情,没有谁鼓动他。但凡认为义之所在的事,他一贯都是这样,他是拥护'国防文学'这一口号的,和我都是《文学界》的编委,欧阳山却是拥护'民族革命战争的大众文学'的。尽管时有争论,但这并不妨碍我们之间的关系,彼此照常来往,兴致来了,也照常喝一两杯。为了口号问题论争,他还曾约巴人(王任叔)和我一道辩论过一次,企图说服对方。因为巴人是赞成'民族革命战争的大众文学'这一口号的,而由此也可以看出他的热情不如外表那样稳重。"(杨西北:《流云奔水话杨骚——杨骚纪传》,山西人民出版社1999年版)

杨骚、沙汀、戴平万、陈荒煤、徐懋庸、邱韵铎等人参与编辑《文学界》,此刊物作为周扬等人提出"国防文学"口号的重要阵地。另一方则是以方之中主编的《夜莺》(杨骚曾在该刊第2期上发表文章)以及尹庚、白曙主编的《现实文学》等作为舆论阵地,值得注意的是胡风、张天翼、欧阳山、草明等人曾为《现实文学》刊物做了大量的编辑工作。

1936年8月10日,第1卷第3期《文学界》推出"国防文学"特辑,标志着"两个口号"论争达到新高潮,除了周扬、茅盾论争的文章之外,陈荒煤、夏征农、艾芜、罗烽、舒群、戴平万、梅雨(益)等人就"国防文学"的创作问题谈了各自的看法。

其中也有杨骚《看了两个特辑之后》一文,与其他人的文章截然不同之处,他毫无顾忌地批评《夜莺》《现实文学》两个"特辑"(赞同鲁迅、胡风等人提出的"民族革命战争的大众文学",责难"国防文学"),并直接点出老友的名字,如张天翼、欧阳山、胡风、聂绀弩、吴奚如等人。杨骚还写了《文学的国防动员》《"惜字纸"两篇》等文。

但是,《急就篇》并未收入杨骚关于"两个口号"论争的文章,仅收入《"惜字纸"两篇》一文,这可以看作是"两个口号"论争高潮中的"画外音",流露出论争双方的对立情绪。

杨骚的《"惜字纸"两篇》一文故意推迟发表,刊登于侯枫主编的《东方杂志》第2卷第1期(1936年10月25日出版)。

《"惜字纸"两篇》设有两个小标题《几句闲话》《清一色与满糊》(这是用打麻将的"术语"),主要是维护周扬等人建立的文艺家协会,指责各种反对和不满声音。作者特地作了说明:"譬如说,现在还有人在那里说文艺家协会是某某一两个人在包办的,这是真的吗?又譬如说,放弃了清一色的满糊梦是对的,但一反拨,主张把天九牌混在雀牌中打也可以和,却又错了。所谓左倾关门主义——右倾机会主义,大概就是这样说罢?"

杨骚还写道:"这两篇'杂感'或'随笔'之类的东西,本来在写的当时就都是准备发表的;可是因若干顾忌终于留到今日。现在时过境迁,当然发表了它是没有什么不可以的了罢?实在是好几次想把它们丢到纸篓笼中去,然而总觉得有点可惜,又觉得并没有说错了什么话,而且有些话现在还可以适用,便救了下来。"显然,"两个口号"论争的高潮过去了,所造成的隔阂依然存在。杨骚赞成"国防文学",并在中国文艺家协会宣言上签名,总有话搁在肚子里难受,不吐不快。

他认为:"最近中国文坛有文艺家协会的组织,凡认这一组织的根据及目的为正确的作家,我想应该是都要拥护它的。可是事实上却不然,有一小部分的作家,虽然赞成它的目的,也承认它的根据,但对它却不但取袖手旁观的态度,而且在那里歧视,取笑,甚至在暗中反对。"他说的"最近"指该组织刚成立时(1936年6月,事前鲁迅婉拒参加),有人批评周扬等人的宗派主义、关门主义,对"国防文学"持有异议的,包括鲁迅、茅盾等人。因此,杨骚才有"因若干顾忌终于留到今日"之说,持有不同意见,时隔4个月才公开发表,留下了一份珍贵史料,只是鲜为人知,几乎无人提及。

杨骚评论、随笔集《急就篇》,由上海引擎出版社出版。当时在上海主张抗日救国的《大众生活》《永生周刊》(主编为金中华,后为钱俊瑞)先后被勒令停刊。原来担任《生活周刊》编辑柳乃夫[①]专程到日本东京去找郑天保、胡

---

① 柳乃夫原名赵宗麟,号玉书,重庆府荣昌县人。1927年,毕业于荣昌中学,后考入南京国立中央大学法学院法律系。因收到老同学李散之(荣昌人,1931年加入共产主义青年团,1932年转为中共正式党员)从上海邮寄的瞿秋白编写的《三民主义》小册子,被国民党邮检部门查获,柳乃夫当即在宿舍被捕,被判处5年有期徒刑。在狱中,柳乃夫结识了中共南京市委 (转下页)

一声,请他们设法向华侨筹募资金,在上海继续出版一个主张抗日救国的刊物,郑天保、胡一声欣然同意。胡一声回上海后,与钱俊瑞商议,决定以华侨名义创办上海引擎出版社,同时创办《新世界》半月刊。1936年夏,丁裕自香港生活日报社返沪,在上海爱多亚(今延安东路)中汇银行大楼租赁了一个20多平方办公室。胡一声任社长,柳乃夫、李凡夫、胡耐秋担任编辑,胡逸凡为会计,丁裕、邵士英负责发行业务。钱俊瑞(一说总编辑)抽时间来谈话、研究工作。① 同时该社还成立了党小组,钱俊瑞任组长,柳乃夫为成员。次年出版《急就篇》时,该社已搬迁至霞飞路(今淮海中路)100号。

《急就篇》后面附录该社的"最近新书"广告,其中除了柳乃夫的《欧洲问题的关键在哪里》、胡一声的《中国经济的现在势及其动向》等之外,还有原左联作家任钧的讽刺诗集《冷热集》、梅雨(梅益)根据英文版翻译的长篇小说《对马》(苏联普里波衣作)、蒲风的诗集《钢铁的歌唱》。

《急就篇》一书还刊登了"中国与世界丛书"广告,其中有钱俊瑞的《中国也需要和平吗?》、钱亦石的《中国与英国》、李凡夫的《中国与日本》、张仲实的《中国与苏联》、吴清友的《中国与弱小民族》等。

《急就篇》是研究左联解散后的左翼文学运动的重要参考资料,丁景唐因此将其珍藏。

(接上页)副书记曹瑛,接受革命道理。1933年春,被保释出狱。他改名为"柳乃夫"(英文 New Life 的"新生命"读音),以纪念和感谢狱中同志。1934年,秘密加入中国共产党。

1935年春,柳乃夫东渡日本东京留学,此后成为研究日本问题和国际关系问题的专家。同年底,中共上海文化界救国会党组书记钱俊瑞向上级党组织建议,电召柳乃夫回国工作。柳乃夫秘密参加"社联"(社会科学研究联盟)和文化界救国会工作,担任《永生》编辑和《大众生活》《时代论坛》《客观》等杂志的编委。

1936年底,《永生》杂志被国民党当局查封,柳乃夫与郑天保、钱俊瑞、胡一声、李凡夫等另行创办《现世界》月刊,由钱俊瑞任主编。同时,柳乃夫和郑天保、胡一声等人筹办了引擎出版社。他们以此为阵地,编辑出版了"引擎"文化丛书。1939年6月,柳乃夫在抗日前线突围中牺牲,后被追认为革命烈士。

① 胡一声、丁裕:《关于〈新世界〉杂志与引擎出版社》,原载《古旧书讯》1981年第4期。

范长江等人的《今日的中国》

如今,每年11月8日定为中国记者节,很是热闹,在鲜花、掌声和美妙的音乐旋律中,开会、颁奖、发表获奖感言等,但是不知有多少人知道,此记者节与"冠名"每届新闻大奖的著名战地记者范长江的名字密切相连。

上世纪早期,范长江在广西桂林主持"国新社"(国际新闻社)工作时,给新来的年轻记者留下了"第一印象":个子不高,穿着藏青色西服和翻领白色衬衫,下身是草绿呢料马裤,脚上套着锃亮的皮靴。他待人真诚、热情豪放,以及像水晶般透明的感人品德。

1941年"皖南事变"发生后,在"青记"①的基础上成立的"国新社",也成为广西桂林国民党特务监视的目标。按照党的有关指示,"国新社"的活动中心转移到香港分社。

八路军桂林办事处主任李克农通知范长江(1939年5月,范长江经周恩来介绍,秘密加入中国共产党,与周恩来单线联系),接到周恩来的密电,蒋介石已经下令要逮捕他,指示他立即离开桂林,前往香港。桂林行营主任李济深虽然奉令逮捕范长江,却在暗地里帮助他离开桂林。

范长江到了香港后,应香港地下党领导廖承志的邀约,与邹韬奋、金仲华、夏衍、乔冠华、羊枣(杨潮)、张明养、胡钟持共同商议创办《华商报》,该报名是廖承志提出的。1941年4月8日,正式出版《华商报》,由廖承志的一个表兄银行家出面注册。范长江担任经理,胡仲持担任总编辑,廖沫沙是编辑主任,张友渔为总主笔,负责审核社论,负责写抗战、日本问题和一些民主宪

---

① 在中国共产党和周恩来的直接关心下,1937年11月8日晚上7时,在上海山西路南京饭店举行了"青记"(中国青年新闻记者协会,中国记协的前身)成立大会,作为发起人的《大公报》范长江、张丹枫、王文彬等15人出席,也是发起人的《大公报》陆诒、孟秋江因在山西战地采访,未能到会。在大会上,范长江等5人被选为总干事,夏衍等人为后补干事。

在"青记"的基础上,1939年初在广西桂林成立了国际新闻社,由范长江和胡愈之、孟秋江、邵宗汉发起。范长江蒙冤离世前留下两篇遗稿《关于国际新闻社的情况》《关于桂林国际新闻社的情况》,这是两份珍贵的第一手史料。

政方面的社论。其他人具体分工：茅盾、夏衍负责文艺部分，邹韬奋负责民主运动，乔冠华撰写国际问题，胡绳写思想问题。每周编委会（社务委员会）开会一次，主要讨论时局问题。

范长江是沈钧儒老先生的乘龙快婿。沈钧儒与邹韬奋堪称"忘年之交"，在轰动全国的"七君子"被囚的日子里，他俩一老一少结下了亲密的情谊。1940年12月10日，范长江、沈谱妹在重庆结婚时，邹韬奋夫妇前去祝贺，也向沈钧儒老先生道喜。在香港办报时，邹韬奋夫妇和3个孩子生活陷入困境，范长江在《华商报》编委会上提出，为邹韬奋撰写的抗战时论长文《抗战以来》预支稿费（4月8日至6月30日连载，77篇，近20万字，后出单行本），以解燃眉之急——他家里"等米下锅"。多年后，邹韬奋夫人沈粹缜对此还记忆犹新。

这期间在香港各方面的工作千头万绪，都归结到一个共产党核心领导班子，以及公开露面的香港救国会。1941年3月24日，廖承志等关于文化统战组织的具体意见致电中共中央书记处并周恩来：

甲：党的统战委员会由廖（承志）、潘（汉年）、张友渔、胡绳、章汉夫五人组成之，不要夏衍参加，另成一包括内外总的座谈会，包括潘、廖、张友渔、范长江、夏衍、邹韬奋、金仲华、茅盾等八人，做为扩大统战活动,应暂以香港为中心,建立救国会,奠海外基础,以策应沈志远兼重庆内地的活动。

一、以邹韬奋为中心,成立救国会,座谈会包括邹、张友渔、范长江、金仲华、梅龙水、杨东尊(杨东莼)、于毅夫。

二、邹等店设法在香港取得合法地位,以保持其长期活动。

……

乙:关于文化宣传方面:首先成立新闻、学术、文艺、妇女等座谈会。

一、党的新闻组,以张友渔、乔木(乔冠华)、陆诒组成,由张友渔负责另成立一新闻座谈会,以范长江、张友渔、乔木(乔冠华)、陆诒、恽逸群、郑森禹等为中心,以国新社、中国通讯社、国际问题研究会及外各关系报纸吸收所有文字。

二、学术座谈会,以胡绳、沈志远、姜君(辰)、张铁生、曹作韩为中心,此外,并包括戈宝权、黄药眠、乔木(乔冠华)、杨东尊(杨东莼),悟电文成立一更大的座谈会,从事翻译各种马列、政治、军事名著,继续出版理论与现实,并编辑华侨青年丛书及中国知识丛书,同时担负对抗战以来国民党政治、军事、经济各方面的批评。……①

电文中提及"不要夏衍参加",受到周恩来复电时的批评(1941年5月7日)。电文中谈及"继续出版理论与现实……中国知识丛书",批评"抗战以来国民党政治、军事、经济各方面",加之其他各种背景,很可能是廖承志、张友渔、长江等人在香港设法出版的"公理丛刊"第1期《今日的中国》。该书由公理丛刊社编辑,自由出版社1941年7月出版。丁景唐在珍藏的《今日的中国》扉页上惊喜地写道:

此书为我所未见过,很有历史价值。为"皖南事变"后反共逆流中出版,抗议国民党反共反人民的倒退行径。是一本意外得到的书,(如果)不是一月七日鲁迅纪念馆成立四十周年时,杜宣同志约我今日陪他去上海书店三楼看看,是不可能意外地得到的。

老丁
一九九一年一月十一日

《今日的中国》分为两卷,"卷之上"题为《今日的中国》,收入(范)长江

---

① 《南方局党史资料·文化工作》,重庆出版社1990年版,第5—6页,第15页。

《中国的生路》、(张)铁生《国际形势激化与中国》、(姜)君辰《当前经济问题的症结》、洪波(于毅夫)《抗战四年来的东北救亡运动》、张友渔《论新闻统制》、坚生(王任叔)《西班牙的教训》。

"卷之下"题为《战时思想山水人物》，收入(范)长江《战时山水思想人物》(连载)、杨刚《罪声——论中国知识分子》、忆寒《重庆雾》、芮中占《江山狂想曲》、(黄)药眠《抗战四年来的诗歌运动》，以及陆诒的长篇通讯《战斗中的华北》。

这些作者大多数已经在以上引用的廖承志电文中提及，他们先后与"青记""国新社"有密切关系，或是骨干成员，或是曾来授课的。此外，有的是香港《华商报》《大公报》等记者、编辑等。因此，《今日的中国》既体现了党的抗战时期统一战线方针政策，也呈现了内容多样化（大多是资深记者、专家撰写)，以便努力满足广大不同文化层次的进步读者的需求。

范长江思维敏捷，下笔撰文非常快，观察力很强，熟悉各方面情况，又善于进行分析研究。他在"国新社"培养青年记者时常说："做记者要多方了解情况，情况不明，等于瞎子。要经常分析形势的发展，否则会迷失方向。"

《今日的中国》收入范长江撰写的两文即《中国的生路》《战时山水思想人物》（连载），前文完稿于 1941 年 3 月 22 日于香港，即廖承志等人致电中共中央书记处并周恩来之前，那时范长江到香港不久，立即投入工作。

《中国的生路》引用了当天（3 月 22 日）香港某报的一则新闻报道，说是甘肃地区油矿如何有希望，"今年年底新式机器运到，产量如何可以增加"。范长江立即披露了此新闻外的新闻（内情），所谓的新式机器早在 3 年前购买于美国，辗转于缅甸仰光，"经四五千公里之长途"，迟迟拖延到年底才能运到西北。如果从苏联购买，"运输最便利，开工亦可迅速"，为什么要舍近求远呢？范长江列举各种无情事实后，一针见血地指出："说来说去，最根本的还是政治问题。只有政治革新，才能将军事、财政经济、外交纳入正规。政治部改革，结果等于是徒劳而已。"范长江不愧是撰写新闻的顶尖高手，随手拈来的不起眼的新闻，却能"以小见大"，高瞻远瞩地指出《中国的生路》的大问题，此文标题统领全书——作为书名恰如其分，也公开亮出了全书的编辑宗旨，为广大读者指点迷津。

范长江《战时山水思想人物》（连载）因篇幅有限，仅刊登了第 1 章 3 节《晨曦》《变》《不变》。该文开头就站在中日军事战略的宏观高度"谈天说地"，尽显范长江的魄力和才华。此后，范长江是否续写完毕，是否出版单行本，不详，令人遗憾。

著名作家、新闻记者曹聚仁此后出版文集《山水思想人物》，他自称其书名受到 1924 年日本作家鹤见祐辅（日本政府中的自由主义中间温和派）散文集《思想山水人物》的启发。范长江的长文则增添"战时"二字,突出了时代背景,在某种程度上与鹤见祐辅的书名意味"针锋相对"。

张友渔被公认为中国法学家、政治学家、新闻学家。早年考入北京法政大学,曾任北平《世界日报》《民国晚报》《大同晚报》的总主笔。范长江主持"青记""国新社"时,邀请张友渔前来授课。在香港时,张友渔进入"党的统战委员会",说起来他是范长江的上级领导。此后,他任生活书店总编辑、南方局文化工作委员会秘书长,代理《新华日报》总编辑。国共重庆谈判期间,他担任中共代表团顾问。

张友渔以资深的"总主笔"身份撰写《论新闻统制》,"冲击力"可想而知了。该文虽然没有点名谴责国民党不择手段钳制抗战新闻的卑劣手段,但是明确指出:"统制新闻的结果,恐怕只是使自己的政权崩溃,蹈秦始皇的覆辙罢了。""特别是在今日的中国,全民族正在团结一致,共同抗战,一切利害集团间的部分的矛盾和斗争,当必缩小到最小的范围,绝不至超出应有的限度,而扩大到足以妨害全民族的共同利益。"

对此,邹韬奋深有感触,他在《华商报》上连载《抗战以来》的系列文章中,尖锐地抨击1938年7月底国民政府颁布的《图书杂志原稿审查办法》,举出大量的事实,"焦点"对准审查老爷滥用的"红笔"权力,肆意删改原稿,突然下令不准发表。邹韬奋愤愤不平地指出:"老爷们高兴怎么办就是'法令',老百姓就有'绝对服从'的义务。"这与张友渔的文章恰好是互相呼应——事实与理论的"双重出击"。

于毅夫是一位老革命,早年毕业于燕京大学历史系,后任新华社华中分社总编辑等职务。新中国成立后,历任黑龙江省人民政府主席、中共中央统战部副部长等职。

抗日战争时期,于毅夫参与领导成立东北救亡总会,被选为常务委员兼宣传部部长,后率东北救亡总会迁往重庆。他与邹韬奋、杨东莼、范长江、金仲华等先后转移到香港,参加香港救国会等工作。因此,他以洪波的笔名撰写《抗战四年来的东北救亡运动》一文,具有不容置疑的"权威性"。

张铁生《国际形势激化与中国》写于3月30日,很可能是范长江等人策划《今日的中国》时分配的任务。张铁生原为胡愈之、金仲华等主办的《世界知识》撰稿人之一,以解说国际形势著称,在香港也办了《青年知识》。这批撰稿人几乎都被范长江主持的"国新社"所吸收,其中包括金仲华、陈翰笙、刘思慕、羊枣(杨潮)、郑森禹、王纪元、邵宗元等。

姜君辰是著名经济学家,他撰写的《当前经济问题的症结》,成为《今日的中国》唯一一篇谈论抗日战争时期经济问题的文章。他曾与陈翰笙、钱俊瑞、薛暮桥等人发起成立"中国农村经济研究会",主编《新世纪》双月刊,任

《世界知识》特约撰稿人。到了香港后,他担任"国新社"编辑,与范长江等人相熟,以后参加中共七大。新中国成立后,他担任中国社会科学院财贸物资经济研究所副所长、国务院经济研究中心顾问。

黄药眠的经历坎坷。1927 年在上海加入创造社,开始文学创作。次年加入中国共产党,后派赴莫斯科青年共产国际东方部工作。回国后,担任共青团中央宣传部长。他被捕坐牢,看到了不可言状的悲欢喜乐。出狱后,他担任"国新社"总编辑,与范长江成为"黄金搭档"。到了香港,廖承志劝说黄药眠重新入党,他却有自己想法,未能答应。他写的《抗战四年来的诗歌运动》,在他晚年撰写的最后一部书稿——自传《动荡:我所经历的半个世纪》(上海文艺出版社 1987 年 10 月初版)中并没有提及此文,大概忘记了这篇短文。

1941 年 3 月下旬,著名文学家王任叔接到周恩来的电报指示,要他到美国办《华侨日报》(后去新加坡工作),于是他偕同夫人和两个孩子离沪去香港,受到刘少文、廖承志的热情接待。王任叔因故在香港滞留 3 个月,撰写了不少的文章。

著名战地记者陆诒回忆说:"有一天,廖承志和连贯同志约我到香港德辅道中的安乐园咖啡店谈话,并介绍刚从上海来香港的王任叔同志和我首次见面。"王任叔身穿一套白哔叽西装,系着墨色领带,讲一口奉化官话,声音响亮而又急促,态度热情、诚恳,显得平易近人。此后,廖承志派遣王任叔、陆诒到新加坡开展工作。

临行前,陆诒到王任叔的临时住处(香港湾仔),王任叔谈起上海"孤岛"时期文化战线的情况,他所熟悉的恽逸群、胡仲持,也是陆诒的熟人,因此,王任叔、陆诒有了更多的话题,很快建立了友谊。王任叔以坚生的笔名撰写了《西班牙的教训》一文,几乎未有人提及,也许是其他人以此笔名撰写的。

陆诒的长篇通讯《战斗中的华北》,分为《序》《渡黄河》《垣曲所见》《访问卫立煌将军》《向晋东南进发》《八路军的将领们》。特别是最后一节,刊登了刘伯承、彭德怀、左权 3 张珍贵的照片。此后似乎没有重新发表,也许这 3 张老照片失遗了。陆诒退休后,根据长期积累的大量资料,重新撰写了《战地萍踪》(人民日报出版社 1985 年版),其中不少章节内容都可以在《战斗中的华北》中找到"原型"——在此基础上进行增添、扩充、延伸,更加突出一个个人物形象,形成比较完整的故事。

杨刚是一位"一团火燃烧"的著名女作家,她的哥哥是著名翻译家杨潮。(详见本书收入的《杨潮的狱中翻译〈我的爸爸〉(遗作)》和文后注释)走南闯北的杨刚时为《大公报》记者,做了许多传奇性的事情。

1942 年 6 月 21 日,一份关于香港文艺运动的重要报告中提及中共香港文委及其下属的文艺小组成员：夏衍（负责）、于伶、章泯、司徒慧敏、杨刚。对外的文艺座谈会名单上也有杨刚的名字。[①] 显然这时杨刚的党内身份进一步得到确认。

杨刚撰写的《罪声——论中国知识分子》，讲述了中国知识分子不同时期的分化、归属和不同结局，解剖了他们的复杂思想意识的社会根源和心理变化，这与她的家庭出身及其本人坎坷经历等也有密切关系。

丁景唐在《今日的中国》扉页上题词中提及"皖南事变"一事。《重庆雾》（忆寒）一文巧妙地运用各种新闻的事实，严厉谴责"皖南事变"的制造者和幕后指挥者，其写道：

其一，重庆出版的《新华日报》上"既无洋洋晒晒的社评论列此事，也无宣言文告，只是刊载了周恩来氏'同时操戈，相煎何急'的题字。"即使如此，重庆大街小巷依然买不到《新华日报》。

其二，接连发生共产党人、进步人士"失踪"案件，其中有中苏文化协会干事郁文哉（后为《人民日报》副刊《苏联研究》编辑）被捕，遭到严刑拷打，经该协会会长沈科保释出狱。

《战时青年》主编郑代巩，在"（重庆）市党部委员招宴中被捕"，沈钧儒等竭力营救，却被告知"无此人"，"实际上，郑君至今犹拘禁在川东师范的防空洞里"。郑代巩曾任北平学联组织部长、全国学联主席、中共南方局青委员，系沈钧儒等发起的"宪政促进会"筹备委员之一。

甚至，重庆市妇女慰劳分会负责人周年鉴女士也被捕，蒋介石夫人宋美龄（该会领导）"大为愤慨，亲往保释，始行释放"。

妇女难民服务队干事张启凡女士，在贺耀祖（蒋介石委员长侍从室主任）夫人家中闲谈时差点被捕。贺夫人"大为震怒，向那个人说，如果要去的话，我愿伴她一起去。此人遂知难而退。"

其三，国民党将领李宗仁、陈诚等"星集"重庆，"他们有时奉令向皖北开拔，去进剿新四军，可是部队刚一移动，待机而入的日军，便大举进攻了。究竟要他们枪口瞄准谁呢？"

《重庆雾》披露的这些新闻是"皖南事变"后国民党掀起反共浪潮的一个缩影。此文没有长篇大论，也没有金刚怒目式的批判，却具有犀利的锋刃，直指"皖南事变"幕后的最高指挥者。

当时，由夏衍、司徒慧敏、于伶、金山、宋之的等人组织的旅港剧人协会也活跃在香港舞台上，演出了《雾重庆》《北京人》《愁城记》等多部话剧。其中著名剧作家宋之的创作的五幕剧《雾重庆》愤怒地揭露了国民党大肆宣传

[①] 《南方局党史资料·文化工作》，重庆出版社1990年版，第5—6页，第15页。

的"陪都"重庆是一个罪恶的魔窟——达官显贵的花花世界,腐蚀青年心灵、消磨抗日热情与斗志。因此,化名"忆寒"的作者特意撰写《重庆雾》一文,广大读者一见标题,很容易产生丰富的联想,领会弦外之音的深刻含义。

《今日的中国》作为"公理丛刊"第1期,但是没有查到后面几期,也许因故没有继续出刊。1937年上半年,茅盾曾向冯雪峰建议,出版丛书性质的刊物《工作与学习丛刊》(胡风等编辑),这可以避免到国民党上海新闻检查处备案和到工部局登记(他们往往借故拖延不准办理),书店有权自行出版像"丛刊"那样类似的"丛书"。其实,"丛刊"与刊物并无差别,照样每月出版,同样可以登载各种文艺作品,只不过每期的字数多写,本子厚些,外表看起来像书本,不像刊物罢了。①

《今日的中国》也许受到此启发,采取类似的"丛刊"方式,并且可以设法向内地发行。至于该刊当初如何策划的,暂且没有查到有关资料(也许有),且听下回分解吧。

---

① 茅盾:《我走过的道路》(中),人民文学出版社1984年版,第371—372页。

"文武双全"丘东平的遗作《茅山下》

左翼作家丘东平"文武双全",17岁加入中国共产党,大革命时期曾担任中共东江特委书记彭湃的秘书,参加海丰三次武装起义和建立第一个苏维埃政权的斗争。1932年"一·二八"淞沪抗战时期,他担任宣传工作,加之艰难的流亡生活等,都为他提供了丰富的文学创作素材,他被称为军事文学家。

1935年初,丘东平东渡日本,在东京左联做组织和出版工作。他给郭沫若留下的第一印象则是两道浓眉,"脸色在南国人所固有的冲淡了的可可茶之外,漾着些丹柠(檬)酸的忧郁味。假使没有那副颤动着的浓厚的眉毛,没有那对孩子般的恺悌在青年的情热中燃烧着的眼睛,我会(怀)疑他三十(岁)以上的人的。"(郭沫若《东平的眉目》)

丘东平根据昔日海陆丰农民革命的亲身经历,创作了第一篇小说《通讯员》,在周扬主编的《文学月刊》第4期(1933年11月15日)发表后,引起文坛的注意,其中包括周而复。

"回想起来,我第一次见到(丘)东平,大概是在一九三六年的秋天吧,那是他从日本回来以后,我们在上海匆匆碰到,又匆匆分开了。……等我一九四二年冬天回到西北高原时,才得到他的消息,不幸却是噩耗,当时(丘)东平已经离开我们一年多了。谁知道,谁又能想到呢。我们都还年青(轻),最初一次碰面,却也就是最后一次碰面啊!"这是周而复编辑丘东平的小说集《茅山下》时写下的《后记》开头一段话。

1947年1月初,香港华南分局"工委"组织成立"文委",夏衍任书记,委员有冯乃超、邵荃麟、胡绳、周而复。2个月后,冯乃超接任"文委"书记,主管香港文化工作。这时,冯乃超、李声韵夫妇与周而复、夏衍同住在香港英皇道172号。

周而复应邀担任海洋书屋总编辑,编辑《北方文丛》《万人丛书》。前者主要介绍解放区的文艺作品,有小说、诗歌、戏剧、散文、文艺评论等,每辑10本,共出了3辑。丘东平的小说集《茅山下》被收入第2辑(香港海洋书屋

1947年4月出版),同时收入的还有周而复的短篇小说《高原短曲》、孙犁的散文集《荷花淀》、李季的长诗《王贵与李香香》等。周而复在《茅山下·后记》中写道:

> 这本《茅山下》到我手里的时候,是去年八九月间,离(丘)东平去世已是五年了,当它和世人相见的时候,快到六周年了吧? 权且算做在海外对他的一点小小纪念吧。
>
> 集子里所收的诸篇,是从一九三三年六月到一九四一年七月间的大部分作品,《茅山下》便是一九四一年七月十三日(可能有误——引者)完成的,恐怕这就是(丘)东平殉国前的最后一篇了。原稿起先是由黄源先生保存的,后来交给新四军先遣支队的冰山兄。(丘)东平的亲密战友,他把它放在随身的图囊袋里,原稿和他一同曾在大江南北纵横了四年多时间,每次战斗时他都格外小心的保存着,直到日本投降了,它才有机会和苏北的读者见面。

黄源与鲁迅的感情根深,那是在上海编辑《译文》等杂志的事情。1938

年底，他参加新四军，后在华中局宣传部、鲁迅艺术学院华中分院工作。丘东平担任该分院教导主任，有时代理分院院长刘少奇主持会议。

丘东平最初是随叶挺到新四军军部战地服务团工作。次年春，随军挺进大江南北，后随陈毅转战于江南敌后，任政治部敌工科长兼陈毅的对外秘书，并以一支队的党代表出席新四军首次党代会。

丘东平凭着敏感的创作嗅觉，毅然向陈毅提出辞去鲁艺教导主任职务（黄源接替），以便能专心创作一部反映新四军战斗生活的长篇小说。1941年6月，陈毅批准了丘东平的请求，并对他说："我读过你的文章，老实说，成千上百的战士好找，要想找你丘东平这样的作家，很不容易啊！"希望丘东平写出新四军指战员的风采。

在一个月之内，丘东平奋笔疾书，写完《茅山下》前五章，最后署上了时间"一九四一，七，十一"，随后准备投入与日军的惨烈战斗。1941年夏天，31岁的丘东平突围时牺牲，民运队员在他的身上发现了未完成的手稿《茅山下》，第一页上写着"丘东平"的名字，这是作者最后一次的签名。

黄源得到突围的鲁艺二大队师生报告后，立即到军部报告，陈毅刚乘轮船出发，黄源遂沿河追赶，当面向刘少奇、陈毅如实汇报丘东平英勇牺牲等情况。陈毅即令黄源马上回去，收容突围回来的鲁艺师生，又加派一个战斗班去接应。鲁艺师生把丘东平的遗作《茅山下》的手稿交给了黄源。随后，黄源被分派到新四军浙东三五支队工作，随军南下时，特地绕道苏中泰县曲北"联抗"根据地找到彭柏山。当时彭柏山担任"联抗"部队政治部主任，黄源对他说："你带着武装，条件比我好，东平的遗稿交你保存。"彭柏山说："我存稿存，我亡稿亡。"

冰山，是彭柏山的笔名。上世纪30年代，他陷入人生低谷时，生活极为困难。经胡风、鲁迅热情推荐，彭柏山出版了第一本短篇小说集《断崖》，拿到稿费，以解燃眉之急。此后，他不幸被捕入狱，再次得到胡风、鲁迅的"雪中送炭"——设法为他送书送药。1937年第二次国共合作后，彭柏山出狱，去新四军军部工作。1940年，新四军东进，他担任中共东台城工委书记，兼任东台县抗日民主政府县长。

彭柏山拿到战友丘东平的《茅山下》遗稿，觉得这责任太重大了。他上前线，都不敢把这份遗稿放在司令部，而是背在自己的身上。在紧张的行军转移时，他扔掉了衣服、生活用品，可是这份遗稿还是贴身带着。战斗激烈时，彭柏山唯恐自己牺牲，就让最可靠的运输员背着丘东平的遗稿留在后方，战斗结束后，他又重新背上。整整4年多，丘东平的遗稿经历了硝烟纷飞战场的战斗洗礼，与彭柏山的血肉之躯"共呼吸，共命运"，在新四军军史上增添了一份炽热的战友之情。

彭柏山曾几次想把《茅山下》印出来，但战事紧迫，都未能如愿。直到抗日战争胜利后(1945年8月)，以丘东平未完稿《茅山下》命名的小说集由苏皖边区一分区韬奋书店出版发行、江海导报印刷厂印刷出版，稿费全部"缴公"。随军驻扎在泰兴黄桥的彭柏山写下序言："东平同志在创作上的成就，及其对革命事业的忠诚，已经以他十多年来的斗争历史和创作生活做了显明的告白，并且最后由于他的壮烈的牺牲和他的这本遗作，为他的斗争生活和创作生活写下了光荣的结论。"同年12月，小说集《茅山下》再版，其中有几幅不同风格的美术作品插图，以配合不同小说的不同情节，作者理应是鲁艺分院的。笔者看到的《茅山下》再版本的封面和内封均已丢失，前面只有彭柏山写的序言。

周而复编辑的小说集《茅山下》，扉页上有丘东平的木刻遗像，左下角落款时间为"1945.6.5"。但是，没有收入再版本《茅山下》中的几幅美术作品，也没有彭柏山写的序言，增加了周而复写的《后记》，并且在集子后面附有《本书正误表》，多达30多处。这大概是周而复最终校对的结果，但是来不及调换铅字，重新印刷了。

该小说集收入未完稿的长篇小说《茅山下》前五章，以及6篇短篇小说《把三八式枪夺过来》《王凌岗的小战斗》《逃出了顽固分子的毒手》《友军的营长》《两个靖江青年》《溧武路上的故事》。

"莫回顾你脚边的黑影，请抬头望你前面的朝霞；谁要自由，谁就要付予血的代价。茶花开满山头，红叶落遍了原野；谁也不叹息道路的崎岖，我们战斗在茅山下。"这是丘东平未完稿《茅山下》前面的一组序诗，并以年轻的生命和鲜血谱写的誓言。

如今茅山是江苏省省级风景名胜区，建有茅山新四军纪念馆，坐落在江苏省句容城东南25公里处的茅山镇。其中介绍了1938年夏，粟裕、陈毅、张鼎丞等先后率新四军先遣支队和第一、第二支队到达茅山地区，创建以茅山为中心的苏南抗日根据地，被称为中国共产党在华中敌后最早创建的根据地之一。这成为丘东平的小说《茅山下》的重要背景，小说还作了富有诗意般的描写："句容南乡的富于战斗意味的村落，错落地和苍翠的松林混杂在一起……东边二十五里远，被北风卷起的尘雾，晕濛濛、薄薄地掩蔽了茅山高傲、爽朗的峰峦。"由此衬托新四军健儿的英姿。

小说《茅山下》前五章并没有出现气势恢宏的史诗般的惨烈战斗场景，而是凸显主要人物周俊——新四军青年干部的成长过程，他与英勇善战的指挥员郭元龙之间产生了各种矛盾。丘东平置身于惨烈的战斗生活，依然恪守着所追求的塑造人物的美学法则，坚决抛弃昔日左联作家流行的概念化、扁平化的创作理念。

"聪明的人只有唯一的权利,就是必须忍受比一切人都更多的痛苦。——这灼见他远隔着真理,可以迫切地望着真理,在日常生活或工作的场合,他往往暴露出稚弱可怜的破绽,……我期待着,这深远、明哲的灼见有一天要和真理发生个合抱。"丘东平借着小说中周俊的这番话,表达了自己的创作追求,"我追慕着一种时代的典型,我赞许那样的斗争者:他是那样的满身创疤,他带着随胜利以俱来的严重的疲乏,他以杜斯退夫斯基式的长而踉跄的黑影的出现。"这种"时代的典型"是超前的创作理念,40多年后才被世人所接受。

小说集《茅山下》收入的其他6篇短篇小说,仅仅看标题,便可得知其中描写的人物和故事情节。因篇幅有限,不再赘述了。

1949年8月,周而复编辑的小说集《茅山下》,仍以"北方文丛"第2编名义再版,改由"生活·读书·新知"联合发行、中国科学公司印刷,版式等一切照旧。

1953年,上海新文艺出版社出版《东平选集·小说》,彭柏山时为华东军政委员会文化部副部长、上海市委宣传部长,再次写了序言,其中追述了30年代在上海与丘东平的交往诸事。丘东平曾对彭柏山说:"要写作,就要不断地深入生活,不然,把过去的一点生活写完了,就要变成瘪三。"他说完了,咯咯地笑起来。彭柏山还记得与丘东平"第二次在新四军相遇时,他时常出现在战斗的最前线。并且他始终没有放弃以文学作为对敌斗争的武器。这时,我就理解他不是一个说空话的人,我不但羡慕他的创作才能,并为他热爱生活所感动。我们便一天比一天亲近了。"

1939年6月,胡风在重庆为丘东平的作品集《第七连》写下《小引》,最后写道:"我亲切地怀念着他底坚强的意志和天才的雄心,希望这集子能够传到他底手里。祝福他底健斗和平安。"这美好的祝福,丘东平生前可能未看到。丘东平牺牲后,胡风在桂林为《东平短篇小说集》写下《题记》(1943年1月),惋惜地说:"在这近两年的时间里面,在后方,除了几个朋友底几篇短文,我们没有替他举行过什么纪念,因而就有熟识的或未见面的人发出过叹息的声音。但他的纯钢似的斗志活在战友们的心里,他的在创作的英雄的声音活在真诚的作家和读者们的心里。"

几十年后,胡风冤案株连众人,彭柏山也未能幸免,最终惨死他乡。他生前两次为战友丘东平的作品写的序言,成为一种"绝笔"。

如果丘东平当时能够完成长篇小说《茅山下》,那么很可能引起"两极分化"的争论,那么是否会带给他如同胡风、彭柏山那样惨痛的命运呢?丘东平、彭柏山、胡风都曾以不同方式表达了"聪明的人只有唯一的权利……"的信念,为之付出了极为沉重的代价。

丁景唐在上海市委宣传部工作时，直接领导人是彭柏山。丁景唐搜集左翼文艺运动大量史料时，其中也有丘东平、彭柏山、胡风等人有关资料，包括周而复编辑的小说集《茅山下》。

1983年，丁景唐时为上海文艺出版社社长兼总编辑、党组书记，该社出版了《东平选集·散文》，这也是对于丘东平烈士的一种怀念，可惜再也没有彭柏山、胡风写的序言了。

聂绀弩不愿意谈起《巨像及其它》三篇短文

聂绀弩,早年加入中国共产党,具有传奇的革命经历。他曾是黄埔军校的教官,参加过北伐战争。他留学苏联时的同学,以后成为国共两党要人。聂绀弩回国后,从事文化工作,与鲁迅、胡风等文化名人过往甚密,同为上世纪 30 年代左翼文化斗士。聂绀弩被公认为中国现代杂文史上继鲁迅、瞿秋白之后的杂文大家,他的杂文笔锋犀利,恣肆酣畅,有时呈现出幽默、诙谐之机锋。聂绀弩落拓不羁,我行我素,不拘小节。晚年,聂绀弩诗兴大发,笔下的格律完整的七言律诗,胡乔木称之为"也许是过去、现在、将来的诗史上独一无二的一株奇葩"。

我站在悬崖边上,昂着头,挺着胸,手插在腰里,眼望着远方:朝日从遥天用黄金的光箭装潢着我,用母亲似的手掌摸抚着我的头,我的脸,我的周身;白云在我头上飘过,苍鹰在我头上盘旋,草、木、流泉和小鸟在我的脚下。晨风拂着崖边的小树的柔枝,却吹不动我的戎装和披在身上的棉大衣。我一时觉得我是如此的伟大、崇高;幻想我是一尊人类英雄的巨像,昂然地耸立云端,为万众所瞻仰。过去的我,却匍匐在我的面前,用口唇吻我的脚趾,感激的热泪滴在我的脚背上!

这是聂绀弩写的散文名篇《巨像》的结尾,1938 年 12 月 3 日作于新四军军部的皖南云岭。事前,经周恩来介绍,聂绀弩前往皖南云岭的新四军军部,担任教导团教员,参加军部战地服务团创作组,成员还有辛劳、罗涵之(菡子)、林林(林果)。此后,聂绀弩担任新四军文化委员会委员兼秘书,担任几期军部刊物《抗敌》文艺编辑。同年 10 月 9 日,在新西军军部举行的纪念鲁迅先生逝世两周年大会上,聂绀弩作了《纪念鲁迅、发扬鲁迅精神》的报告。因此,文中出现了皖南云岭的情景,以及"如此的伟大、崇高""人类英雄的巨像"等充满豪迈气概的语句。

《巨像》最初发表在胡风编辑的《七月》第 4 集第 3 期(1939 年 10 月出

版），作为《巨像及其它》第 1 节。他还以不同的角度撰写了散文、诗歌等，反映了新四军指战员的精神面貌。

　　1947 年 6 月，聂绀弩被中共派到香港，担任《文汇报》主编，直到 1951 年被调到北京。这期间，聂绀弩曾到北京参加中华全国文学艺术工作者大会，并荣幸出席了中华人民共和国成立的"开国大典"。

　　事前（1949 年 8 月），上海的学习出版社（太原路 37 号）出版了他的散文、杂文集《巨像》，收录了《绝叫》《巨像及其它》《永远地，永远地……》《母亲们》《更夫》《物与篇》《上山》《山径》等，时间跨度为 1938 年至 1949 年 10 年多。1949 年初，他写下了序言：

　　　　这本小书，是我若干年来写的"叫做"散文的东西。
　　　　里面的《绝叫》《永远地，永远地……》《上山》《山径》几篇，或多或少地带点寓言性质，应该解说几句：
　　　　有一个时期，因为原稿须受审查，能发表与否，要看审查官的高兴与否。我几乎一个字也无法发表；人被闷塞得要发飙，《绝叫》和《永远地，永远地……》就是写的这种情感。也许根本没有人读过，也许有人读过而没有懂得说的什么；但如果一看就懂得说的什么，就早已被抛入审查官的字纸篓中，没有机会和读者见面了。《上山》是为憎恨当权者而写；《山径》是为老政协之后的和谈破裂而写，现在看来，恐怕都是些纯粹的散文了，虽然我不知道什么叫做纯粹的散文。

有人非难象征手法，那是义正辞严的，假如不曾有那种闷塞的经验，假如没有那种发表无论什么也好，只要它能通知读者"我还活着！"的欲望，我今天也许也讨厌这种扭捏作态的东西。人不同，经验与欲望也不同，幸运的人，即使和他晤对一室，也未必谈得拢吧？那么，就让他非难好了。我也不含糊，我爱我的这种文章，我爱我的这种能够"手法"！不同说，这种文章和手法，希望以后永远没有写它，用它的时候。

其余各篇，大率浅直，无须说什么。

《绝叫》等文还收入聂绀弩其他的集子里。"文革"后，劫后余生的他还清楚地记得《绝叫》一文，"那是云岭的新四军军部被国民党三战区的部队袭击后，全国报刊对此举的报道和评论封锁很严，心中郁闷无法舒散，乃用此文将真事隐去，用假语村言一排泄之。发表后，人多不懂，今作附录，并加解释，文章不会变好，但情绪或可有相同者。"（《〈脚印〉序》）

以上谈及《巨像及其它》，首节《巨像》热情赞颂新四军，后面两节《沉疴》《月夜的故事》写于抗战时期不同的环境和时间节点，选择了不同的题材。

聂绀弩离开新四军军部，先到浙江金华，与邵荃麟、骆耕漠等编辑大型政治文艺月刊《东南战线》。此刊被查禁后，聂绀弩通过国民党上层人物的关系，设法创办《文化战士》（实为中共浙江省委刊物），因反对汪精卫，仅出两期又遭禁。在金华几个月期间，聂绀弩还为《浙江妇女》（葛琴主编）、《刀与笔》（万湜思主编）等刊物写稿。

这期间（1939年4月2日），聂绀弩写了散文《沉疴》，以跳跃性的思维，出现了新四军军部驻地的诗意般早晨、武汉遭受日军轰炸的残酷早晨、自己小时候的懒散早晨。这三个不同的早晨竟然"同框"在一篇短文里，显示出聂绀弩鲜明的写作个性，不愿意屈从外加的任何压力，"躺在床上，我听见我的心灵呼喊的大声"。

《巨像及其它》最后一节《月夜的故事》，其实是最早完成的，作为另一文《延安的虱子》第2节。1938年初，应薄一波的邀请，聂绀弩与艾青、田间、端木蕻良、萧军、萧红、李又然等人从武汉启程赴山西临汾山西民族革命大学任教，途中与塞克、端木蕻良、萧红合作剧本《突击》。抵达后尚未开课，军情紧迫，便与前来慰问的丁玲、吴奚如率领的八路军"西北战地服务团"赴西安，在周恩来的安排下，聂绀弩与丁玲等人赴延安考察。聂绀弩、丁玲等人在延安参加了陕北公学开学式，并受到毛泽东邀请，共进午餐。随后辗转返回武汉。此后的经历又回到了他写《巨像》的背景——到新四军军部去。

　　这期间,聂绀弩写的《月夜的故事》,起初自我抒情一番,展现月夜下的"小资"浪漫情调。突然笔调一转,"去看看宝塔山上的迷糊的塔影",引申出延安女诗人的情怀。接着,该文跳跃到苏联民众的个性,"现在的中国,要和苏联相比,未免相差太远"。感叹延安的革命者为了全中国的民族解放,甘愿"充当虱子底粮食","那些感情粗糙的人们是使人感激的"。

　　《巨像及其它》三篇短文都写于 1938 年至 1939 年,但是收入散文集《巨像》时,最后落款时间则为 1942 年 5 月,聂绀弩可能别有用意。此时,聂绀弩已从香港脱险到桂林了。那里一度成为抗战大后方文化中心,一批批文人汇聚此地,出现了前所未有的抗战文化繁荣景象。但是,国民党特务无孔不入,聂绀弩受到被点名的威胁,被迫离开《力报》,一度失业,并复发疟疾,苦不堪言,幸好及时得到党组织的照顾。[①] 因此,聂绀弩故意写此时间,一是怀念新四军军部驻地云岭、共产党领袖所在的延安。二是收入此三篇短文时,很可能迫不得已删改一番,特别是敏感的抗日词句。

　　1949 年 8 月出版《巨像》时,上海已经解放,因此聂绀弩可以大胆地解释收入此散文集一些文章的含义,但是,偏偏不愿意谈起《巨像及其它》三篇短文,不知是不满意,还是故意节省笔墨,这大概是聂绀弩特立独行的一种表现吧。此后,他的命运坎坷,不堪回首。

　　《巨像》集子是作为"红星文艺丛书"(萧金主编)第 1 辑第 2 卷,同时出版的第 1 辑第 1 卷、第 3 卷分别是孟超撰文、著名画家张光宇合作的《水泊梁山英雄谱》,以及蒋牧良的短篇小说集《余外婆》。

　　《水泊梁山英雄谱》以后几次再版,"文革"后,香港三联书店 1985 年再版此书时,张汀作序,认为该书画作"虽然仍然是光宇的装饰手法,但较之于他 30 年代的《民间情歌》,珂派(墨西哥画家珂弗罗皮斯)的影响少了,民族风格更强烈了。可以看出明绣像插画与木刻年画的影响。当然也可以看出艺术家已受现代艺术的洗礼,不再拘泥于传统格局、表现方法,有强烈的生活气息。"

　　聂绀弩也撰写了《〈水泊梁山英雄谱〉外序——怀孟超》,文章侧重点显然不同于张汀的序言。聂绀弩、孟超在上世纪 30 年代文坛上很活跃,在桂林时他俩则是投稿者与杂文刊物《野草》编辑之间的关系,经常见面。不过,对于画家张光宇的情况,聂绀弩只字未提,很是遗憾。其实,聂绀弩的《巨像》集子收入的首篇《绝叫》中有 4 幅装饰性的插图,则是张光宇的作品,该书编辑特意在文后加以说明。因此,以上谈及张汀在序言中对于张光宇画

[①] 聂绀弩《巨像及其它》三篇短文的背景情况,详见《聂绀弩全集》第 10 卷附录《聂绀弩生平年表》,武汉出版社 2004 年版。

作的评价,也可以借用一下。

　　蒋牧良与聂绀弩曾是左联作家,与鲁迅等人有不同程度的关系。解放战争时期,他俩都在香港工作。1949年春,蒋牧良以新华通讯社特派记者身份,随解放军第四野战军转战鄂、湘、桂。因此,"红星文艺丛书"的主编萧金能够同时出版孟超和张光宇、聂绀弩、蒋牧良的3本集子,实属不易。不过这3本集子都有一个共同的缺陷,都没有目录,不知何故,也许是编辑时的"随机性"所迫。

　　丁景唐珍藏的聂绀弩《巨像》初版本,主要还是作为研究聂绀弩的一种参考资料,而且此集子扉页上有聂绀弩的手迹题名"巨像　绀弩",字如其人,不拘一格,别有风味。

草明回避触及《遗失的笑》

1938年4月17日,26岁的草明①搁下笔,桌上放着的一份短篇小说文稿,题为《阿衍伯母》。草明离沪南下到广州之后,在郭沫若、夏衍主持的《救亡日报》工作,与著名诗人林林一起负责编辑副刊。同时,她参加广东文学界救亡协会,积极从事抗日救亡的宣传活动。

前一天(16日),茅盾创办了半月刊《文艺阵地》——抗战时期普及最广、影响最深远的全国性文艺刊物之一,在简陋的出租屋内,茅盾借着昏暗的灯光,看稿、修稿、编稿,其中也有草明的两篇短篇小说《梁五底烦恼》《被拯救的灵魂》。草明在《被拯救的灵魂》文后写下落款:"1938年8月31日,完于高射炮声中。"其后,草明写的短篇小说《诚实的小俘虏》发表于《抗战文艺》,这些作品都是以广州抗战为背景的,描写了作者感受最深的民众小人物及其诸事。

那时,广州上空不时响起日军飞机的刺耳马达声,顷刻之间,五羊城里响起震耳欲聋的爆炸声,楼倒屋塌,尸横遍地,惨不忍睹。此景激起草明与欧阳山的满腔仇恨,决定到抗日前方去,准备先到武汉的八路军办事处。

草明带着一条毯子,身上挎着一个军用图囊,拿着《救亡日报》的记者证,与欧阳山离开广州,历经艰险,好不容易到韶关。原想坐火车直达武汉,不料到了长沙,听说武汉失守,只好在长沙下车。在长沙他们恰巧遇到了昔日左联作家吴奚如,后者刚从新四军那里回来,便把草明、欧阳山带到八路军办事处。在那里,草明第一次见到周恩来副主席,聆听了对时局的精辟意见。并采纳了周恩来的提议。

---

① 草明,原名吴绚文,广东省顺德人,1932年参加抗日爱国运动,结识欧阳山等人,不久参加左联广州分盟。次年8月,因受到通缉,她与欧阳山一起逃亡上海。10月,经韩起、周文介绍,她参加左联,时为21岁。她曾与沙汀、艾芜、杨骚、欧阳山、叶紫、杨潮等参加左联所属的"小说研究会"。1935年3月,她被捕入狱,次年春,经营救出狱。后到广州、重庆等地,参加抗日宣传工作。1941年到延安,任中央研究院文艺研究室特别研究员。此后,担任东北三省作协分会副主席、全国妇联执委等职务。

1939年，草明到达重庆曾家岩八路军办事处，与欧阳山从事抗日宣传统战工作。不久，怀孕的草明移居重庆市郊的南温泉，即如今巴南区南泉镇花溪河畔。

在惨烈的抗战时期，南温泉只有简陋的条件。草明租了一件竹屋，购置了一些竹制的家具，草草安了家，开始埋头写作。草明的人缘不错，吸引了戈宝权、叶以群、宋之的、舒群、罗烽、白朗、萧军等人前来做客交谈。1940年，经吴奚如、沙汀介绍，草明加入了中国共产党。

这时期，草明创作了不少的文学作品，其中有短篇小说《追悼》《秦垄的老妇人》《受辱者》《新嫁娘》《遗失的笑》等，并在文后注明"重庆南温泉"，以作纪念。

1941年2月，皖南事变后，国民党加紧施行白色恐怖，重庆也不断传出共产党人、民主人士被抓捕的消息。周恩来决定让一部分作家、文化人撤退到延安去，其中有草明、白朗等人。

1941年4月10日，草明收到一份毛泽东主席亲笔信，邀请她和欧阳山前去谈谈文艺界的问题。草明回忆说：

我头一次见到毛主席,于是贪婪地观察毛主席的风度和衣着,我发现他不仅和我穿一样的布褂子,而且袖口破了,前襟还被烟烧了几个洞。那时延安物质条件很差,衣服有点破是最平常不过的事,大家不以为耻,反倒认为是与老百姓同甘共苦的革命表现哩。我注意到毛主席与人谈话那种专注的神情,听完对方的话,便能够立刻理出对方的观点,并且立即作出反应,引导对方走向正确的方面。①

5月2日至23日,草明参加了延安文艺座谈会,聆听了毛主席的重要讲话,这次座谈会成为她一生文学创作生涯中的重要转折点。她创作了短篇小说《陈念慈》,在1941年10月《解放日报》上连载。此后,她创作了第一部反映工人阶级的中篇小说《原动力》和长篇小说《火车头》等,得到郭沫若、茅盾等人的高度评价。

1946年3月,草明在张家口整理了自1938年至1941年的10篇作品(均为以上提及的短篇小说),小说的主角多半是女性和小孩。她在《遗失的笑·序》中写道:

这个集子里面的主人翁,他们的性格和行为,实际上是我在抗战初期所接触的现实人物里印象最深的几个。他们虽然是小说里的人物,但在我脑筋里却是一班熟悉、可敬可爱的朋友;每一次的回忆都给我以愉快和亲切。他们有一部分可能在神圣的民族战争中光荣地牺牲了;另外一些虽然侥幸不在敌人的统治下,却因为不良的吏治和生活的重担,也给压得气也喘不过来了。

该集子是以短篇小说《遗失的笑》命名的,但是,草明在序言里未曾点名,好像在故意回避,也许此书名不是草明主动提出的,而是编者添加的。

小说《遗失的笑》描述的角度比较奇特,一开始就出现了伪乡长的老婆如同疯子的笑声的场面,那是在审判伪乡长(汉奸)的大会上,"……那简直是一种痛苦的痉挛。她底笑是有韵律的,开头非常匀整,慢慢地声音更强了,扩大了,可是不久,又渐渐弱下去来,——就这样不停息地循回着,永远不停息地循回着。当她底笑声比较轻,比较弱的时候,好像是从隔壁传来的醉汉底轻妄的痴笑,那是没有城府的,不怀善意或恶意的空洞的笑。但当她底笑声转高,转强的时候,声音就变得粗狂,狠恶和暴戾了……她底眼睛却没有一点欢喜,没有一点情感。僵尸的瞳仁似地痴痴地盯着她底

---

① 草明:《五月的延安》,载《人民文学》1982年5月号。

丈夫。"

在中国现代文学作品长廊中，花费了如此多的笔墨，生动地描述一个伪乡长老婆的疯笑，可能是"前无古人后无来人"。而且，草明笔下的"疯笑"，折射出中国几千年积淀的封建礼教习俗，顽固地在农村演变为无数的人间悲剧，特别是在残酷的抗战时期中，真与假、善与恶、美与丑的殊死较量中，长期被压抑、扭曲的人性瞬间爆发，以不同的形式随时出现在中国广阔社会的各个角落里。

草明还走进伪乡长的家里，进一步观察伪乡长老婆的疯笑和举止神态，内情逐渐显露：伪乡长曾命令老婆"直着腰跪在一块红砖上，不许她动一动。"最后，她开始痴痴地大笑，演变为常常疯笑。

几年后，草明再次到了那个地方，得知伪乡长被枪毙后，他的老婆变了，开始自食其力，甚至比原来伺候她的佣人干得来劲。她"像个人了"，"现在她懂得饱和饿，懂得冷和热"，她再也不疯笑了。"那可怕的，奇怪的狂笑被她遗忘了。我虔诚地默祷着，愿意像这样可咒咀的笑，从地球上失掉。"但是，"人变鬼，鬼变人"的历史悲喜剧，至今仍然以不方式在全球各地上演。

《遗失的笑》大为凸显"人性"二字，并不忌讳敏感的话题——伪乡长的老婆，这在严肃的政治文学面前是一个大胆的挑战。该小说的标题作为集子之名，暗喻着收入该集子的其他小说也有类似的共性，即都是在非常时期里从不同个角度揭示人性——这是古老的文学话题。虽然，草明在该集子的序言中大多采用政治文化的语言进行表述，但是，她或编者也许希望与读者达成一种默契，理解她创作的一番苦心。这可以用现代接受美学的一种理念，读者在阅读中完成作品的教育功能和娱乐功能，以自己的美学情趣和审美观念去理解和诠释作品。

草明写下该集子的序言的 4 年后，作为文学丛书第一辑，由文化工作社于 1949 年 10 月初版，封面、内封均套红。次年 10 月再版印行，封面、内封不套红，但是版式不动。1951 年 8 月，再版。

著名学者王瑶在《中国新文学史稿》（新文艺出版社 1953 年版）里特地提及《遗失的笑》集子，认为其中收入的《遗失的笑》《诚实的小俘虏》等"写得很好"。但是，随着展开各种政治运动，草明"不满意"过去写的作品。"文革"后，草明在短篇小说集《绝地·后记》（花城出版社 1982 年 5 月出版）谈及原来《遗失的笑》集子里的大多数作品，依然回避触及短篇小说《遗失的笑》。也许经历了"文革"，她依然"心有余悸"。

丁景唐收藏了再版的《遗失的笑》集子，其中原因之一，草明早年参加左联，并得到鲁迅的各种帮助。在鲁迅诞辰百年、逝世 45 周年之际，草明特地写了《我吃过他的"奶"》一文,深情地回忆了诸多往事,最后写道:"我受过先生的教诲,我吃过他的'奶'。我要永生永世学习鲁迅精神!"①

---

① 本文引用的一些材料,摘录自余仁凯、张伟、马莉、邹勤南编:《草明、葛琴研究资料》,北京十月文艺出版社1991年版。

露出"马脚"的盗版《丁玲选集》

1932年,丁玲第一次把小说《法网》交给"良友"(上海良友图书印刷公司)赵家璧,被编入"良友"的《一角丛书》。次年秋天,赵家璧筹备编辑《良友文学丛书》,向丁玲约稿。1934年4月中旬,赵家璧已经拿到了《母亲》4章约8万字,原来丁玲准备再写几万字即可成书,不料突然被捕,赵家璧只得把这部未完稿的《母亲》暂时放进存稿柜里。

3天后,郑伯奇悄悄地对赵家璧说:鲁迅先生建议把丁玲那部未完稿的《母亲》立刻付排,越快越好,可以写个"编者按"作个交代。出版时要在各大报上大登广告,大为宣传,这也是对付国民党当局的一种斗争方式。赵家璧立即照办,在此书后写了400字的《编者言》。

同时,赵家璧事前策划《良友文学丛书》时,仿照国外发行作者签名本的传统。已经把100张编号空白的签名纸交给丁玲,《母亲》一书印刷后装订时,作为内页衬页,裱在精装封面的背后,形成作者签名本。

此举果然引起轰动,因为广大读者已经知道丁玲被捕的消息。《母亲》第一版4000册,一个月内销光,后面两版再印了各2000册,这在当时出版界里是一个奇迹。

丁玲在南京被幽禁后,经鲁迅、曹靖华、冯雪峰、张天翼等人多方营救,在中共地下党的帮助下,丁玲秘密回到上海,准备辗转去陕北。这时丁玲母亲在湖南,非常需要生活费。

曾任中共中央特派员冯雪峰的助手周文提出一个建议:把丁玲事前发表的5个短篇小说《松子》《一月二十三日》《团聚》等,另外由左联朋友把丁玲旧文稿中选出发表过的《杨妈的日记》《不算情书》《莎菲日记第二部》等作品,交给"良友"赵家璧,编入《良友文学丛书》,1936年11月《意外集》出版。"文革"后,赵家璧、丁玲和周文的妻子郑育之在丁玲病房里相遇,谈起以上往事,互为补充,才勾勒出当年出版《意外集》的经过。

丁玲《意外集》《母亲》以及沈从文《记丁玲》,同时被"良友"赵家璧推出,获得了极大的成功,也引起了其他书商的"眼红",先后推出各种版本的《丁

玲选集》（事前已经有同名选集），甚至有些是盗版的。其中就有绿杨书屋出版的"现代文艺选辑"之一《丁玲选集》，前面有《编者题记》：

> 编者得首先声明：这一册《丁玲选集》中每篇作品的内容，是并没有任何政治色彩的，因为我们编辑此书的目的，是在提供一些优秀的文艺作品给读者们欣赏，所以凡是谈论主义或揭橥政治思想的文章，我们不欲辑入，而且也不必辑入，这是要请读者们注意的！
> ……
> 她曾和胡也频同居过，所以她的思想是左倾的。在胡也频遭到枪杀后，她也曾一度被捕。关于她的身世和行为，有沈从文先生所作的一册《记丁玲》，写的非常的详细。

此声明似乎有些道理，但是《丁玲选集》没有出版时间，也没有出版、发行者绿杨书屋的具体地址，给世人留下的第一印象是"盗版"二字，这在当时"习以为常"，打着的各种"旗号"也是大同小异。

《丁玲选集》卷首目录下方有"现代文艺选集"的广告，其中选集作家有鲁迅、郁达夫、茅盾、沈从文、巴金、郭沫若、丁玲、张天翼、老舍、冰心等人。

这份选集作家的名单与"文协"与上海春明书店达成协议出版文集的作家名单有着惊人的相似之处。(详见本书收入的《孔另境主编"今文学丛刊"第一本〈跨着东海〉》)

"现代文艺选集"编者署名为陈磊,可能是化名;每本选集前都有《编者题记》,介绍该选集的作家及其作品。其中《鲁迅选集》收入小说6篇、散文4篇。卷首《编者题记》自作聪明写道:"鲁迅先生已于一九三七年春间在沪逝世。"其实,鲁迅是1936年10月19日去世的。

《丁玲选集》收入的作品时间跨度比较大,收入了丁玲的小说《入伍》《团聚》《莎菲女士日记》和散文《不算情书》,不过在每篇作品后面都注明选自何处,虽然没有注明出处的具体时间和哪一期,但是多少给"考证"此书的出版时间提供了线索,有时一不小心露出了"尾巴"(破绽)。

丁玲的短篇小说《团聚》的写作背景很特殊。1933年5月,左联党团书记、左翼女性作家丁玲突然"失踪",此消息很快传遍国内外。鲁迅、宋庆龄等人曾经大力营救丁玲,在国内外舆论压力下,国民党特务把她秘密押送到南京软禁起来。丁玲回忆说:1936年春,"我反复思忖,如果我不放出信息,我自己不主动,党怎么知道我正在南京盼星星,盼月亮等着她的援救呢?我想,第一步便是写文章,发出信号,于是我振作起来,拿起搁置了两年多几乎生了锈的笔,我沿着自己的创作路子,用心用意,写了《松子》,接着是《一月二十三日》《团聚》等。"(丁玲:《丁玲自传》,江苏文艺出版社1996年版)这时沈从文、萧乾等人先后去探望丁玲,可能带走丁玲的文稿。不久,丁玲逃离南京,秘密回到上海,取道西安转赴延安。

《松子》《一月二十三日》先后发表于萧乾主编的《大公报·文艺》副刊、叶圣陶主编的纪念开明书店成立10周年的专辑。《团聚》刊登于靳以、巴金合编的《文季月刊》第1卷第4期,该小说后由巴金推荐,入选《二十人所选短篇佳作集》。这3篇作品加上其他几篇,由赵家璧列入《良友文学丛书》出版,书名为《意外集》(见上文)。

《团聚》讲述外出的女孩终于回家,没想到其他家庭成员也突然回家,顿时家里的生活开支紧张起来,看似好不容易的全家团聚却被蒙上了一层沉重的阴影。同时反映了丁玲迫切得到党组织的援救,回到"母亲"怀抱——象征"团聚"的一种焦虑、担忧的心情,该小说的标题传递这种信息,知情的读者一看便明白。

但是,《丁玲选集》编者自作聪明,把《团聚》一文的出处写为茅盾、楼适夷先后主编的大型文艺刊物《文艺阵地》半月刊,试图"瞒天过海"。其实,该文艺刊物确实刊登过丁玲的三篇作品,唯独没有《团聚》。《丁玲选集》编者担心被追究"盗版",故出此下策,究竟是从哪里抄录《团聚》,答案不言而喻了。

《莎菲女士日记》选自小说集《在黑暗中》。这是丁玲出版的第一部文学作品集，1928年10月上海开明书店出版。书中收入了《梦珂》《莎菲女士的日记》《暑假中》《阿毛姑娘》等4篇短篇小说，另有1篇后记《最后一页》。关于丁玲的小说集《在黑暗中》和成名作《莎菲女士的日记》，《编者题记》花费了近一半的篇幅"点赞"，显然这给编者的印象极为深刻。

散文随笔《"不算情书"》，原载1933年9月1日《文学》第1卷第3号。但是，其后各种版本刊登此文时，都删去了标题中的双引号。这是《丁玲选集》中入选的唯一一篇散文，《编者题记》"故作玄虚"地说：丁玲的"散文甚少见"。

丁玲的短篇小说《入伍》，选自丁玲的小说集《我在霞村的时候》，1944年3月桂林远方书店初版。其实此小说写于1941年初，发表于同年6月的《中国文化》第3卷第1期。

1936年11月10日，丁玲到达陕北苏区中央临时政府所在地保安，受到毛泽东、周恩来等人亲切接见，促使她创作意识的转变：在抗日战争时期，文学作为一种工具，要和大炮、子弹一样为战争服务。

自1937年到1941年，她写下了《新的信念》《县长家庭》《秋收的一天》《入伍》《我在霞村的时候》《夜》《在医院中》《一颗未出膛的枪弹》等。其中《入伍》的故事比较简单，讲述一个士兵"护送"几个新闻记者去找部队的经过，有惊无险完成了"护送"任务。新闻记者"脱险"后各人想法不一样，有的想到大后方去安安静静地写报道，有的还想留下来继续"体验生活"，那个士兵却一心想回部队，上前线打鬼子。

《入伍》比起《我在霞村的时候》《在医院中》的"名气"小多了，不大为世人所关注，学者对于后两文塑造的人物一直争论不休，这与历来的政治运动的"风向标"有密切关系。

《丁玲选集》编者为何偏偏看中《入伍》，而且作为卷首呢？原因之一此文"远离"敏感的抗日根据地和八路军（至少没有明说），显然不同于《我在霞村的时候》《在医院中》两文。编者挑选的其他三文《团聚》《莎菲女士日记》《不算情书》，都与"情"字有关，容易形成"卖点"，吸引读者的眼球。虽然编者一再声明《丁玲选集》"是并没有任何政治色彩的"，但这是"脱不了干系"的，也许这正是"打擦边球"的高明之处。

事前，曾出版丁玲短篇小说集《团聚》，艺流书店1941年6月出版，收入《莎菲女士的日记》《莎菲日记第二部》《一月二十三日》《自杀日记》《水》《不算情书》《团聚》，这是选自之前其他丁玲选集中的作品。相比之下，《丁玲选集》编者删除其中读者已经熟悉的4篇，仅仅增加了新发表的《入伍》。当然前后两种版本集子的编者之间是否有关联,有待考证。

这套"现代文艺选集"丛书不经意透露的各种信息,可以初步推知此书在抗日战争胜利之后在上海出版。仅仅从此书的纸张和封面设计比较美观的角度来看,也不像在抗日战争时期"大后方"出版书籍的纸张都是采用土黄纸,封面设计极为简约,几乎没有花式图案之类的美术元素。

有的学者认为:书商从书籍报刊中撷取某个作家的若干作品凑成一本选集,或者选若干名作家作品凑成一本合集,以某某文章为题,是林林总总的盗版书中最为常见的形态。

丁景唐收藏《丁玲选集》的目的"多元化",其中增加一些当时国统区的盗版书籍史料,也不失为一种版本学的"兴趣"。

蒋天佐的文学理论集《低眉集》

1946年2月10日,上海南京路劝工大楼工会俱乐部很热闹,中华全国文协的郑振铎、许杰、许广平、赵景深、蒋天佐、叶以群、陈烟桥、朱维基悉数到场,其中许杰、许广平、赵景深即席讲话,博得阵阵掌声。原来这里成立上海文艺青年联谊会(简称"文谊"),这是中共地下党学委负责宣传的丁景唐与郭明、廖临、袁鹰、杨志诚(陆以真)等人组织成立的。此后,在党的领导下,"文谊"逐渐联系了全国各地200余文艺青年,开展各种活动。

这些莅临指导的文艺界名流中有一位面目清瘦的男子,30多岁,高个子,沉着冷静,为人谦和,他叫蒋天佐,是个有名的笔杆子——文学翻译家、评论家,在各种报刊上以不同的笔名发表文章。

"文谊"成立后,出版《文艺学习》刊物,袁鹰主编,共出刊3期,丁景唐写有《上海文艺青年联谊会的诞生与成长》,并邀约蒋天佐与叶圣陶、魏金枝、许杰、戈宝权等人撰文。

蒋天佐,原名刘季眉,又名刘健、刘其缪,笔名天佐、贺依、史笃、佐思、紫光等,江苏靖江人。他早年参与学潮,被南京省立一中勒令退学。1930年,他毅然加入中国共产党,曾担任中共南京市委宣传部长,两次被捕入狱。1935年,他由家人保释出狱后,到上海从事文艺译著工作。1938年,他恢复了党的组织关系,担任上海文化界总支部负责人。

此后,蒋天佐奉命到苏北抗日根据地阜宁担任鲁迅艺术学院教授,从事教学、编辑和新四军军部的宣教工作。他授课时,右手拿着烟斗,左手插在棉大衣口袋内,来回踱步,滔滔不绝,讲得生动又形象。1943年反"扫荡"的战斗中,蒋天佐腿部被敌军机枪击伤致残,随后回到上海,从事党的秘密工作。抗日战争胜利后,他从事统战工作,与郑振铎、徐伯昕等创办《民主》周刊,并以此公开身份参加了"文谊"成立大会。

事前,上海"孤岛"时期(1941年初),蒋天佐与林淡秋、孙石灵、钟望阳、王元化等负责编辑文艺丛刊《奔流》及其丛书,这是中共江苏省委"文委"办的,同年7月30日出至第6辑停刊。蒋天佐在该刊创刊号上发表《论民族形

式与阶级形式》，加上其他论文《坚持理论坚持批评》《论文学的形象》《论典型》等，一起收入文学理论集《低眉集》，1947年6月列入"光明文艺丛书"，由光明书局出版发行。此书后被评价"为促进我国文学理论和创作的发展起到了积极的作用，特别是其中'文学价值论'的研究，为我国的文学批评实践寻找到了一个理论依据。"

　　蒋天佐则是"谦谦君子之风"，在该书《序言》里开头写道："重新看看过去所写的东西，不知怎么发生了一种思想，恍惚想象到一个无期徒刑的狱囚在梦中重见苦恋十年的爱人的惨笑。这种思想是'大有问题'的吧，然而是可悲的真实。我没有法子掩饰自己的弱点，隐藏自己的感情。"他谈及过去出版的评论集《海沫文谈》，也谈到曾与王任叔争论"典型论"的问题。

　　王任叔的《文学读本》及其续编，在中国现代文论史上是一部影响很大的文学理论专著。《文学读本》最初由上海珠林出版社于1940年5月出版，同年11月又出版《文学读本续本》，前后一共收入7篇文章。国内外许多文艺工作者，特别是文艺青年都把这部书作为文学理论的启蒙教科书和创作的指导者。新中国成立后，王任叔应出版社的要求，把《文学读本》及其续编合并，易名为《文学初步》，先后由上海海燕和新文艺出版社出版，继而再版，共印行7版，销售速度之快，需求量之大，在同类的文学理论著作中是很少见的。

王任叔的《文学读本》中谈及"典型论"问题,引起蒋天佐的重视,并联想到昔日周扬与胡风曾就此问题的争论。蒋天佐认为:"周扬与胡风的争论是对于高尔基的公式个人理解不同,而高尔基的公式只是用'艺术概括'的方法创造典型的指示。然而'艺术概括'并不是创造典型的唯一方法,所以我们的眼光必需来一次根本的放大。"

周扬与胡风都未能走出"(艺术)概括的典型"的思维模式,那么王任叔的《文学读本》中谈及"典型论"也是如此。"高尔基的那种说法是对的,但是不够的。王任叔并没有把它作经验主义的误解。……实际上王任叔已经走到了承认传记报告的典型创造的地步,只是某种原故又退缩不前。"由于各种因素,蒋天佐的"批评之批评"依然还是较多于社会学分析的层面上,并未引向更为广阔的美学天地,尽管他对"典型"做了一个初步的定义,但是他意犹未尽,知道此问题牵涉到诸多的文艺理论问题。因此,他在《序言》里直接提出疑问:"现实主义是什么呢?"此问题以后一直困扰着中国文艺理论界,直至改革开放之后。

蒋天佐在《序言》的最后"附言"里写道:"这个集子去年应友人之约,交给一个书店去印,但该店忽然倒闭,后来又想复活,而终于不成。因此这几篇东西就转到现在的出版处,但是不知为了什么,虽然终于出世,却使我意兴全消。薄薄的一本小册子的诞生,就这样艰难,世事可想而知矣。"这一声的感叹,竟然穿越岁月,"文革"中蒋天佐遭到残酷迫害。十年浩劫之后,他被平反,恢复了名誉。硬撑着虚弱的病体,依靠人工供氧,奋笔阐述,增订出版了文艺论著《海沫文谈偶集》,令人唏嘘不已。蒋天佐还译有狄更斯的《匹克威克外传》《奥列佛尔》,杰克·伦敦的《荒野的呼唤》《雪虎》等。

丁景唐珍藏蒋天佐的《低眉集》,敬重这位文艺界前辈,而且他的经历很丰富,人脉关系广泛,从中可以探究中国现代文学史上的许多人事。新中国成立后,蒋天佐曾任人民文学出版社副社长、文化部办公厅副主任、《文艺报》编委等,牵涉冯雪峰、周扬、胡风等人之间的各种关系,折射出那个年代历次政治运动,以及中国现代文学理论等问题。

丁景唐长期研究鲁迅、瞿秋白等人,曾四处收集各种资料。《低眉集》的最后一篇《论大众化问题纪念鲁迅》,牵涉当初左联开展的文艺大众化运动,以及鲁迅、瞿秋白等人的论述。

笔者策划、撰写瞿秋白研究系列丛书,第 7 本是《瞿秋白、鲁迅等人往事探觅》(中国社会出版社 2015 年版),其中收入《〈大公报〉沪馆经理李子宽》,谈及瞿秋白赠画给李子宽等事,并引用了李子宽的儿子李延宁的回忆文章:"父亲对我的两个老共产党员的舅舅的态度也是很有意思的。三舅刘述周

(解放后曾先后任上海市副市长、市委统战部长、中共中央统战部副部长等职)30年代初奉组织之命,在他家乡江苏靖江县任地下党县委书记。因组织暴动失败,逃到上海租界里。四舅刘季美(笔名蒋天佐)也是地下党员,曾被捕入狱几年,释放后也来到上海,后来长期从事文艺工作。父亲对他们的政治立场是清楚的,他对他们却不时在经济上给予接济。抗日战争头两年,蒋天佐夫妇长期住在我家,以节省房租开支。当然有亲戚关系在起作用,但他对共产党员牺牲个人利益一心为革命的精神是佩服的。……我那两个舅舅常对我介绍进步书刊,他也从不反对。"

笔者最近撰写新的研究系列丛书《穿越岁月的文学刊物和作家》(前两集由丁景唐作序,左联纪念馆主编,中国社会出版社2017年出版),第2集中的《巴金领衔的"三驾车"〈文学季刊〉》谈及中国著名女诗人陈敬容及其作品,她的创作时间跨度最大、艺术生命最长。她曾是蒋天佐的前妻,其中又可以引申出一个生动的故事,这已是题外话了。

辑三 文坛札记

"中国西学第一人"严复的佚文

且说戊戌变法失败后,清末皇帝光绪沦为傀儡,但仍然不甘心,曾跟随张德彝、沈铎两位老师学习了3年英文,但被霸道的慈禧下令停止。此后,光绪又开始自学英语,案头放着《华英音韵字典集成》(以下简称《集成》上海商务印书馆1902年出版)、《英华大辞典》等,同时学习了很多关于外国政治、法律的书籍,希冀有朝一日"东山再起"。但是,《集成》问世6年之后,38岁的光绪竟然比慈禧早一天去世,实为砒霜中毒身亡。

近40年后(1947年4月),丁景唐为了躲避国民党当局的抓捕,辗转南下,流寓广州、香港,撰写了不少文章,发表在各地报刊上。同时,他购买了一部《集成》。此后历尽数度劫难,侥幸留存。

由于种种历史原因,《集成》存世甚少,在《商务印书馆百年大事记》中也仅刊登盛宣怀题写书面的照片,有关简介只是在少数专题文章里出现,已鲜为世人所知。

《集成》24开,2000页,道林纸硬面精装,这是根据1868年中国人自己编的第一部英汉字典——邝其照编的《华英字典集成》加以修订和增补,条目扩充翻一番,收编有4万多条。

《集成》是我国第一部双解英汉字典,也是第一部中型双语词典,由企英译书院编校,该书的外文母本原为英国纳韬尔(Nattall)、布罗存德(Brewster)编的词典,并"博采前贤以辅之,新增字义间取诸日本字典"(其实,最重要的参考书是日本井上哲次郎的《订增英华字典》),共收入"字语十余万言","附图千有余幅",后附"英国假借他国俗语解义",即"减笔字解外国语、解各等记号,皆讲英文者所必需"。另附录"中西地名表",译辑者为谢洪赉(1877—1916,上海中西书院任教,当时少数能独立译书者之一)。此书名由盛宣怀题写,序言有4篇,中文序言是严复写的,其余3篇英文序言作者分别是李提太摩、辜鸿铭、薛思培(美国北长老传教士,多年担任上海清心书院院长)。

丁景唐多方求索资料,反复考证,成果颇多,并认定严复的中文序言是

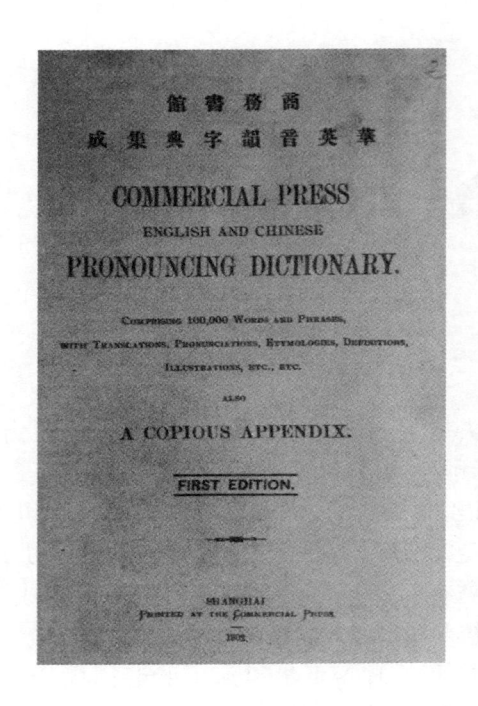

一篇佚文（见本文附录）。

严复（1854—1921），福建侯官人，初名严传初，字又陵（幼陵），又字几道。他13岁时父亲病故，以第一名的优秀成绩考进洋务派创办的一所新式学校——福州马尾船厂附设船政学堂（中国海军院校的前身），主学驾驶技术，老师用英语讲授。4年的学习为他以后的翻译打下了坚实的基础。1877年他入选清政府第一批留欧学生，赴英国学习海军。在异国学习期间，他常到驻英公使馆，与中国第一位驻外公使郭嵩焘纵论中西学术，得郭嵩焘赏识。1878年，郭嵩焘被撤职，引起国内外的强烈反响。严复此时寄托译言，翻译《中国初次派遣驻英钦差大臣将起程离英》一文，批评清政府的用人政策。回国后，严复以怀才不遇的压抑心情在天津水师度过了20个春秋，直至1900年匆忙赶赴上海，开始他后半生的生活。

严复是近代中国第一个系统地翻译介绍西学的重要人物，提倡以"西学"救国的启蒙思想。在维新时期，他作为爱国者是一个最出色的维新变法理论家、宣传家，他发表了《论世变之亟》等重要论文，较有系统地发挥了他的政治主张和基本理论。他翻译了《天演论》，产生了极大的影响，仅在清末流传的版本就有30多种。即使目空一切的康有为也不得不承认严复是"中西第一人"，胡适也誉称他为"介绍近世思想的第一人"。这时，严复提出"于学术则黜伪而崇真"——科学,"于刑政则屈私以为公"——民主,这两个惊世骇俗的主张以后成为五四运动的锐利思想武器。戊戌变法以后至辛亥革命之前,严复翻译了众多西学,并继续介绍"西学"中的民主和科学。严复晚年时仍然保持强烈的爱国思想,却已成为一个保守者、顽固的老人。

1986年中华书局出版的《严复集》(5册),其编委成员经多方搜寻、整理,统计出严复翻译的《天演论》《原富》等10部书就有190万字(其中按语约19万),另外他的论文、诗词、专著等约38万字,总共有220多万文字,其中包括严复写的各种序文,但并没有严复为《集成》写的中文序言。《〈严复集〉补编》(福建人民出版社2004年版)也未收入此序文。几年前出版的《严复年谱》(福建人民出版社2014年版),在1901年的条目里则提到了严复为《集成》作序之事。

商务印书馆开创者夏瑞芳等颇有开拓创业精神,在"商务"开业不久,就将稳妥而利薄单一的印刷转向兼营能获厚利但有风险的出版业务。在筹备出版《集成》一书过程中,决策者煞费心机。此书《例言》写道:"本书为英华字典,更于英文解义之外增以华文译义,事益繁重。编者以数年之力,撷数十家字典之精华,成此巨帙。"

"商务"不仅为此书"发售预约",还打出名人旗号,邀请诸多名人题签、作序,扩大影响。1901年9月16日(农历八月初四),时任南洋公学译书院长张济元受"商务"委托,写信给老友严复,请他为《集成》作序。10月13日(农历九月初二)晚上,严复回信给张济元:"得八月四日(农历——引者)函,未即还答,多罪多罪!商务《英华字典序》,近已草成……兹呈乞斧政寄与。"他还为《集成》书名提出不同看法,认为"其为取名《音韵字典》,'音韵'二字似不可通,当改'审音'二字,或有当也。"其实,《集成》书名有浓厚的中国传统观念,仅仅"华英"称呼,已经体现了"攘夷尊华"的倾向。因此,严复的建议既有"科学"的理解,也有"反叛"的意识。但是,他的建议未被采纳。

严复的中文序言900多字,分为四大段。序言开头就说:"海禁开,中土之习西文者日益众,而尤以英文为独多……"为了加强中外经济贸易,首先在语言上进行沟通,"而后有以廉其情而券其利"。闽粤沿海地带率先出现了学习英语的有关学堂,几十年来大多以那里带有浓厚方言的英语作为内地学习者的对象,想以此自学,往往难以达到预期的目的。由此吸引广大读者购买新出版的《集成》,进行自学英语,这是"商务"出版该书的重要目的。没想到也"惊动"了光绪皇帝,成为"商务"的忠实读者。

严复"点题"的同时,也担忧带有不同方言的英语影响了各地读者自学英语的质量,对此,他有亲身体会。他十分感谢清朝官方让他有机会留欧学习,接触到正宗的英语,因此,他在序文中称赞:"圣上当阳……诏求本末兼备之才,与通知外国事者,将尊显之。于是天下之士咸卉然向风,思自进于时之所宜……""进于时之所宜"有与时俱进之意,从而引向他大力宣传西学的"进化论"——"优胜劣败,物竞天择"。光绪看了他的《集成》序言后,理应有所触动,但未能留下只纸片言。

严复的救国之策是要努力提高民智,实现民主政治,同时通过科学的实验及实践,以及后天所得到的经验,才可取得真理。因此,"读书得智"的方式很重要,在学习英语方面对于词典就应该有高标准。严复就很不满意西方传教士编的词典,其中就有马礼逊等编的第一部汉英词典《五车韵府》。严复在序言中认为:这"取便西人之学中国文学者耳","即至晚出数种,虽较前为富,然于一字数义,至夫名物动作区别形况之异用",使学习者不知所措。如用以翻译,则"事义违反",要闹笑话。因此,"字典之不精,致成学之难期"。他称赞"商务""知时用之所缺","虽未谓即臻于精极,要亦不封于故,而知进于时之所宜者矣"。他再次以"进于时之所宜"——"进化论"的思想审视《集成》。

最后,严复大声疾呼:"夫始于微,终于著;始与简约,终于繁富者,天演之公例也。同类争存,存其最宜者,又天演之公例也。然则是编之独出冠时,而为世之所宝贵而竞取者,又何疑焉!"如果说最后一句是对《集成》的高度评价,不如说是他希冀出现"进化论"的典范。①

1996年9月9日,丁景唐写下"备忘录":"这是一九〇二年(清光绪廿八年)商务印书馆出版的《商务印书馆华英音韵字典集成》。由严复作序。可能为我国最早的大型英汉字典之一(待考)。原书曾于一九五〇年初装订过,后来乱堆一起,封面被损,以后要重订一下。这是中外文化交流的一本版本书,应珍藏之。"

丁景唐特地将此"备忘录"拍照留念,同时还拍摄了《集成》的有关照片,如盛宣怀题词、内页封面、严复序言、编者识等,以作备用。

[附录]

商务印书馆《华英音韵字典集成》序

海禁开,中土之习西文者日益众,而尤以英文为独多,盖商业之盛甲于

---

① 本文原来是老父亲给笔者的命题作文初稿,原拟发表,现作了修改。昔日,复旦大学教授姚福申(著有《中国编辑史》等专著)不仅撰写了有关文章,为笔者的初稿打下基础,而且解决了两个难题,一是将严复《集成》的序言的"句读"改作现代标点符号。二是特地为序文提供了5个注释,释疑解惑。笔者翻检出这些昔日文字、照片等,触之心动,感叹良久。

诸邦。日中之市人物总至,所以售酤取予,必通其言语,而后有以廉其情而券其利。泊夫同光之际,枢府当轴、沿海疆吏,以交涉之日繁,象寄之才①,不可独出于市井,思有以浚其源而澄其流。于是乎京师、海上,讫于闽粤,所谓同文馆、广方言馆前后学堂诸制,稍稍兴矣。甘稔以来,中国疆场之事日棘,而政之所宜师资于彼,以自辅其所不逮者,亦日以殷。聪强早知之士,审不通其语言,终无以得彼已之实,则往往奋发于旁行斜上之书,考中西政教学术之异同,此西学之号,所由昉②也。洪惟圣上当阳,历天步之艰难,深知世运方日趋于通,而涂塞耳目,自相媕阿③者之终归于无当也。则幡然改易科目,广历学官,诏求本末兼备之才,与通知外国事者,将尊显之。于是天下之士,咸卉然向风,思自进于时之所宜,而无封于其故。故综而计之,今之治西文习西学者,盖千万于同光之间者不止也,则亦利禄之路然而。且夫始于微,终于著,始与简约,终于繁富者,天演之道,何适而不然欤!字典者,群书之总汇,而亦治语言文字者之权舆也。尚忆三十年以往,不佞初学英文时,堂馆所颁,独有广州一种,寥落数百千言,而义不备具。浸假而有《五车韵府》④等书,则大抵教会所编辑,取便西人之学中国文字者耳。即至晚出数种,虽较前为富,然于一字数义,至夫名物动作区别形况之异用,皆绲而不分。学者叩其所不知,而茝暗愈甚。用以迻译,则事义违反,鼠璞⑤相贸,往往多可笑者。故仆畴曩课教南北子弟,常勖其勉用西文字典,不得以华文字典之译义,望文骈坒为之。初学为此,蹶蹶其难,必迟又久,而后从顺。此皆字典之不精,致成学之难期,而译才之乏至如此也!顷者商务印书馆,知时用之所缺,乃延中西渖通之士,即彼中善本,如纳稻耳、罗存德、韦柏士特诸家之著,荟萃

---

① 象寄之才,指翻译人才。《礼·王制》:"五方之民,言语不通,嗜欲不通,达其志,通其欲,东方曰'寄',南方曰'象',西方曰'狄鞮',北方曰'译'。"
② 由昉,起始。
③ 媕阿,又作"媕婆",音 ān—ē,不能决定的样子。
④ 《五车韵府》,是一部按汉语分韵排列的汉英字典。《五车韵府》的中文部分,最初由清初一位姓陈的先生耗尽毕生精力汇集、编纂而成。完稿后,没有机会出版,逝世前,托付给门生胡一含保管。胡又做了大量增补工作,但仍无机会出版。马礼逊(R. bert Morrison)知道上述情况后,设法弄到这部手稿。经马礼逊编辑并加上英文后,分两卷出版。第 1 卷于 1819 年出版,第 2 卷于 1822 年出版,中文书名为《五车韵府》,1865 年曾在上海重印。
   《五车韵府》又是马礼逊编纂的《中国语文字典》中的第二部分。其第一部分为按部首排列的汉英字典,共分 3 卷,分别于 1815 年、1822 年、1823 年出版,第一部分是按英文字母排序的英汉字典,共一大卷,1822 年出版。
⑤ 鼠璞,又作"鼠朴",意谓名同而实异。《尹文子·大道下》:"郑人谓玉未理者为璞,周人谓鼠未腊者为璞。周人怀璞谓郑贾曰:'欲买璞乎?'郑贾曰:'欲之。'出其璞视之,乃鼠也。固谢不取。""鼠璞"一语,又可喻为有名无实。

缀译,以为是编。虽未谓即臻于精极,要亦不封于故,而知进于时之所宜者矣。上之有以副明诏之所欲为,下之有以佐劬学者之日力,以视坊市前行之数种,邈乎远矣! 夫始于微,终于著;始与简约,终于繁富者,天演之公例也。同类争存,存其最宜者,又天演之公例也。然则是编之独出冠时,而为世之所宝贵而竞取者,又何疑焉!

侯官严复

王国维:世之为此学者自余始

1927年6月2日,上午约10时,一位50多岁"算命先生"模样的人,在北京颐和园昆明湖畔石舫前,独坐良久,随后步入鱼藻轩,吸了数支纸烟,突然起身跳入水中。

事后得知,他是王国维——清华学校教授、国学研究院导师、中国近代学术史上杰出学者和国际著名学者。消息传出,全国一片哗然。对于王国维的内衣口袋里的遗书:"五十之年,只欠一死,经此世变,义无再辱……"引起世人说不尽的猜测。1927年6月3日,王国维入殓。7日,罗振玉来京为其经营丧事,16日举办悼祭。

在近世中国学术史上,王国维与罗振玉都是当之无愧的国学大师,在文学、经史、文字、训诂、音韵、考据、目录、版本等传统学术的诸多领域里广泛、深入的研究,博大精深,著述甚众。

王国维与罗振玉的禀性、处世等截然不同。罗振玉精明练达,交际甚广,善于理财,有经济实力。王国维则是"不问窗外事",淡泊功利,追求至善、至真、至美之理想,"老实到像火腿一般",是个典型的"老学究"(学者)。

罗振玉,中高个儿,戴一副金丝近视镜,下巴上有一绺黄白山羊胡子,脑后垂着一条白色的辫子。王国维头戴瓜皮小帽,鼻梁上架着一副圆眼镜,穿着黑马褂,活像"算命先生"。他平时不拘言笑,谨慎、寡言、勤俭。

他俩作为浙江同乡,却"殊途而归",成为"前清遗老",蓄起发辫(一说是王国维骨子里是一个恋旧的文人,留辫子是一种生活习惯),从一个侧面象征着他俩的思想倾向和学术兴趣,经历了一个从旧到新,又由新转旧的过程,由此见证了他俩心性的多面性和复杂性。

鲁迅曾为他俩"画像":"罗振玉呢,也算是遗老,曾经立誓不见国门,而后来仆仆京津间,痛责后生不好古,而偏将古董卖给外国人的,只要看他的题跋,大抵有'广告'气扑鼻,便知道'于意云何'了。独有王国维已经在水里将遗老生活结束,是老实人;但他的感喟,却往往和罗振玉一鼻孔出气,虽然所出的气,有真假之分。所以他被弄成夹广告的Sandwich(三明治——引

者)是常有的事,因为他老实到像火腿一般。"(《谈所谓"大内档案"》)将他俩为人处世的哲学形象化地表述了一番,特别是同情王国维的表述,影响很大,至今仍然为精妙"画像"之一。

王国维与罗振玉之间的交往诸事,至今仍然为世人津津乐道。他俩自1898年相识于上海,至1926年绝交(他俩结为亲家,却因经济问题闹翻脸),这期间王国维经历了学术生涯的3个阶段。其中最后一个阶段(1912年至1927年)之前,王国维已经随罗振玉赴日本,一起侨居4年余。王国维与罗振玉一家成为邻居,便于互相切磋,往返论学。王国维得到罗振玉的各方面的帮助,以便静下心来做学问。

事前,王国维已经对于中国戏曲的研究,牵涉到考据之学。到了日本后,他起初还是修改《古剧角色考》,编撰《宋元戏曲史》。1913年初,《宋元戏曲史》杀青,随后转向古史、古文字之考证方面。

凡一代有一代之文学:楚之骚,汉之赋,六代之骈语,唐之诗,宋之词,元之曲,皆所谓一代之文学,而后世莫能继焉者也。独元人之曲,为时既近,托体稍卑,故两朝史志与四库集部,均不著于录;后世儒硕,皆鄙弃不复道。而为此学者,大率不学之徒;即有一二学子,以余力及此,亦未有能观其会通,窥其奥交者。遂使一代文献,郁堙沈(沉)晦者,且数百年,愚甚惑焉。

王国维感叹元曲被后世"鄙弃",大为不平,尤其是自称自吹的所谓的"学者","大率不学之徒",恰恰是一群"半瓶醋"的大草包。他们甚至不问不闻,任意让"一代文献,郁堙沈(沉)晦者",长达数百年,王国维顿首嗟叹,"愚甚惑焉"。王国维在《三十自序》中透露了研究的初衷,鉴于中国戏曲之不振,他想为其"正名",逐渐走近,"还原"应有的历史地位。

据王国维自述,他花费了3个月的工夫,完成《宋元戏曲史》的书稿。其中大量的史料都是他四处辛勤搜集所得,并作了有关说明,则是"创获"。他解释道:"非吾辈才力过于古人,实以古人未尝为此学故也。"并且,他自豪地宣称:"世之为此学者自余始。"此言并非夸大,《宋元戏曲史》至今仍然被公认为中国第一部系统研究戏曲发展史的专著。

《宋元戏曲史》分为16章,以宋、元两朝为重点,引证历代有关资料,阐述了中国传统戏曲自先秦两汉至宋元时期的源流演变。有些学者认为:《宋元戏曲史》的主要学术贡献之一,探索了中国戏剧起源的问题:上古至五代,可以成为中国戏剧的萌芽期;宋金时期是形成期;发达期则是元代。元杂剧已经具备了两个条件,一是叙事体变为代言体,二是综合言语、动作、歌唱表演故事,由此形成了中国"真戏剧",其价值全在"自然"与"有意境"。

王国维喝了不少西洋墨水,虽然拒绝穿西装,但是他并未一概拒绝引用"他山之玉"。他大胆运用西方的悲喜剧概念对中国戏剧进行分类,元人杂剧中即有成功之悲剧。陈寅恪与王国维、梁启超、赵元任并列为清华学校国学院四大导师,他总结王国维治学三大特点之一,"取外来之观念,与固有之材料互相参证"。王国维将西方社会学进化论学说引入戏曲研究领域,以发展的眼光看待,分析中国戏曲史,这就是人们常说中西贯通的道理。

王国维未曾接受清代考据学的严格训练,但是体现在《宋元戏曲史》鲜明特点之一则是以考证见长,对史料搜集力求完备,考订力求确凿,审慎运用史料等。同时,他研究宋元戏曲的发展史,已经采取了纵横两条线相结合的方法。① 这对后世影响很大,各种版本的中国文艺史专著大多采用此思路,并取得预期的成效。

郭沫若说:"王国维的《宋元戏曲史》和鲁迅的《中国小说史略》,毫无疑

---

① 鲁西奇、陈勤奋:《纯粹的学者王国维》,湖北教育出版社1999年版,第152—165页。

问,是中国文艺史研究上的双璧。不仅是拓荒的工作,前无古人,而且是权威性的成就,一直领导着百万的后学。"①

但是,鲁迅生前苛责地认为《中国小说史略》、王国维的《宋元戏曲史》、谢无量的《中国大文学史》、郑振铎的《插图本中国文学史》等,"这些都不过是可看材料,见解却都是不正确的"。(1933年12月20日致信给曹靖华)并且,鲁迅将王国维此书名误写为《宋元词曲史》。对于罗振玉、王国维合作的有名的3卷《流沙坠简》,鲁迅认为:"那才可以算一种研究国学的书。开首有一篇长序,是王国维先生做的,要谈国学,他才可以算一个研究国学的人物。"(《不懂的音译》)这个评价恰如其分。鲁迅写信给胡适或在文章里,提及王国维的其他著作,很重视他搜集的各种史料。

上海的商务印书馆把《宋元戏曲史》列入"文艺丛刻甲集"的卷首,其他的专著有《梨园佳话》《顾曲尘谈》《西洋演剧史》《读书辑略》《小说丛考》等,均有不同的学术价值,但是都不如《宋元戏曲史》的名气大、影响深远,至今仍然"走红",毕竟它填补了中国传统戏曲史上的一个重要空白。

《宋元戏曲史》自1915年9月初版起,至1927年7月(一个月前王国维投河自尽),已经印行6版。丁景唐珍藏的是该书第6版,将其作为研究鲁迅等人的参考资料之一。

改革开放后,国内多家出版社将《宋元戏曲史》重新包装,以不同的现代"豪华"本的形式面世。如果王国维在九泉之下有知,那么在欣慰之余,也许有几分不平——"豪华"版本毕竟没有古色古香的线装书那样好看、耐看。

---

① 郭沫若:《鲁迅和王国维》,载《沫若文选》第12卷,人民文学出版社1959年版。

近现代小说观念转型时期的《小说通论》

梁启超流亡日本的生活,促使他立下誓言:"以觉天下为己任"。他首先以"新民"为第一要义——百日维新失败的经验教训"民智不开",小说则是"开民智"的最有力武器,以达到富国强民的目的,顺应了历史潮流。他大张旗鼓地呼吁"诗界革命"(事前已有黄遵宪等人倡导)和"文界革命""小说界革命",推动文学运动进入整个维新事业的中心。

1902年2月8日(光绪二十八年正月初一),梁启超主编的《新民丛刊》在日本横滨问世了,继承50天前停刊的《清议报》的传统,以更为激烈的言论,宣传西方的社会政治学说,批判封建专制制度和思想文化,鼓吹民权、自由、独立、资助、平等、破坏和革命,传播新学说、新思想和新知识。

在此背景下,同年11月,《新小说》杂志也在日本横滨创刊,借助现代传播媒介的方式,把小说作为维新变法的舆论工具,向民众渗透梁启超等人的政治思想。梁启超大声疾呼:"今欲改良群治,必自小说界始,欲新民,必自新小说始。"这是他在该刊发表的《论小说与群治之关系》最后说的一句话,由此掀开了"小说界革命"的序幕——承载中国传统"文以载道"的观念。

梁启超打破历来"不登大雅之堂"的小说的卑下地位,将其一举扶持为文坛的至尊宝座,甚至超越原先千百年被五彩光圈照耀的诗歌的霸主皇位,让国内文坛众人瞠目结舌,惊呼梁启超"杀个回马枪"。

梁启超强调了小说对于社会改革和社会进步的积极作用,"欲新一国之民,不可不先新一国之小说。故欲兴道德,必新小说;欲新宗教,必新小说;欲新政治,必新小说;欲新风俗,必新小说;欲新学艺,必新小说;乃至欲新人心,欲新人格,必新小说,何以故?小说有不可思议之力,支配人道故。"但是,为了鼓吹自己的政治思想和目的,不惜无限扩大小说的社会功能和影响力,推动小说观念发生重大转变,同时也形成一种锋利的双刃剑,有利有弊。

梁启超还解释了小说具有"浅而易见""乐而多趣"的艺术特点,分析了小说具有"支配人道"的"熏""浸""刺""提"四种艺术感染力量。并且,对于小说的分类和创作题材,作出了新的解释,令人耳目一新。但是,这一切都

是为他鼓吹的小说教化功能——为"新民"启蒙思想的政治目的忠实服务的。

梁启超《论小说与群治之关系》的影响很大,被《小说通论》(梁溪图书馆1925年6月20日出版)编者排列在首位,显然这是推崇梁启超在中国近代文坛上"小说界革命"的先驱地位。

《小说通论》还收入了胡适的《论短篇小说》《五十年来中国之白话小说》、刘半农的《通俗小说之积极教训与消极教训》《中国之下等小说》,以及吕天石的《研究小说的正法》、饶上达的《童话小说在儿童用书中之位置》、沈雁冰的《自然主义与中国现代小说》、胡怀琛的《今日中国所需要的小说》。

显然,这些作者及其文章以梁启超与胡适为界,即前者为近代文学史改革创新的先声,后者以五四新文学运动的前奏"文学革命"为标志,前后两者有何联系和区别呢?

梁启超力图在政治上讲"维新",在文学上讲"革命"——用日本语翻译西方术语的"革命"进行包装,从而显示了维新派在思想文化领域采取了更为激进的姿态,潜台词则是赋予正义性和合法性,博得世人的高度关注和道义上的支持。

十几年后(1917年1月),胡适按照《新青年》主编陈独秀的要求,将最初提出的"文学革命"的"八项主张"（一不用典，二不用陈套语等）"衍为一文"，题为《文学改良刍议》，还主张提出以文学"服劳报国"的积极爱国主义的文学主张。但是，他的态度相当懦弱和游移，经再三思考，把"文学革命"改成了"文学改良"。如果不是陈独秀"力顶"，发表了《文学革命论》，提出"三大主义"，那么中国现代文学史的开创史很可能要改写了。

显然，胡适的"文学革命"（改良）承袭了梁启超的"诗界革命""小说界革命""文界革命"的变革，也是以社会变革的热情为驱动力，掀起文学变革和尝试，向传统文学观念与手法进行大胆挑战。胡适把白话文学推向"中国文学正宗"的地位，比梁启超更为大胆，更具有创建性，向传统文学观念大胆挑战的同时，把白话文学的重要组成部分——中国小说转型中的诸多问题直接"送进"现代化进程的轨道。如果说梁启超力图推进中国知识学术体系的转型和文学的变革，那么胡适的《论短篇小说》《五十年来中国之文学》等文则是放置在"整理国故，再造文明"的新文学建设的宏伟战略目标之中。

1922年10月10日，《申报》刊登"双十节增刊"，介绍了《述最近五十年之缘起》，即纪念《申报》创办五十周年推出社会各界名人撰写的一组《五十年来……》文章，其中有胡适写的《五十年来中国之文学》，此文写于同年3月3日。1924年3月，由申报馆作为"五十年来之世界文学"单行本出版。

胡适在《五十年来中国之文学》中认为："梁启超当他办《时务报》的时代已是一个很有力的政论家；后来他办《新民丛报》，影响更大。二十年来的读书人差不多没有不受他的文章的影响的。""严复林纾是桐城的嫡派，谭嗣同康有为梁启超是桐城的变种。""梁启超最能运用各种字句语调来作应用的文章。他不避排偶，不避长句，不避佛书的名词，不避诗词的典故，不避日本输入的新名词。因此，他的文章最不合'古文义法'，但他的应用的魔力也最大。"此后，胡适认为这50年中，"势力最大，流行最广的是白话小说"。胡适与梁启超有各种交往，也产生意见分歧，在此不赘述。

《小说通论》收入胡适的《五十年来中国之白话小说》，只是摘录《五十年来中国之文学》最后一节的前半部分内容。显然编者有顾忌，生怕"侵犯"胡适的著作权，同时删除了关于鲁迅的短篇小说等内容。

胡适一文中被删除的主要内容谈及近五年来的白话文学的成果，其中"短篇小说也渐渐的成立了……《小说月报》已成了一个提倡'创作'的小说的重要机关，内中也有几篇很好的创作。但成绩最大的却是一位托名'鲁迅'的。他的短篇小说。从四年前的《狂人日记》到最近的《阿Q正传》，虽然不多，差不多没有不好的。"

《小说通论》编者收入梁启超、胡适等人文章，除了抓住"卖点"之外，并不想牵涉"国计民生"的大事，只是"聚焦"于中国小说从近代向现代转型的诸多问题，如内容、叙事方式、写作技巧和美学观念，以及这特定时期的读者接受能力与阅读心理的需求等。

翻译家吕天石"学贯中西"，曾译介《欧洲近代文艺思潮》等。他的《研究小说的正法》提出具体问题，呼应胡适倡导的"整理国故"，他认为"现在有许多人下苦功夫研究（《红楼梦》等古典小说），但他们所研究的还是小说的表皮"。

吕天石指出："研究小说最重要的两种方法：（一）考证法，（二）为艺术研究法。"其一以胡适考证《红楼梦》为例子，其实是受到西方现代历史学思想和清代朴学思想的双重影响，他认为："考证法，又叫做历史法。考证法就是依历史研究一国一时期小说之源来及其趋势；解释小说作品；考证某小说作于何时，著者的生平，著者与时代的关系；著者之作品与著者时代之关系等等。"其二，"嫁接"西方文学理论，以西方文学作品作为评述对象，引进一些新的术语，论说一番。他说："研究小说的最好方法，是取一本小说，研究其结构之组织，悲剧的与喜剧的冲突之性质，人物描写之方法，人物间之关系，背景如何，人物之对话如何等等，而后研究小说之材料，格调（指文字）。如此研究，必获益不浅。"

对此，如今世人不知不觉地沿用至今，却觉得这些观点很一般，不足为奇，而且细细品味，其中还有破绽。但是，吕天石这些观点在当时则是"时鲜货"，"味道好极了"。因此，《小说通论》编者在编排时把吕天石的《研究小说的正法》一文放在第二位。接着，编者考虑"转型时期"广大中国读者的接受能力，而且要"从娃娃抓起"，于是毫不犹豫地推出饶上达的《童话小说在儿童用书中之位置》。

饶上达作为早期教育家，论述了6个重要问题：童话小说与儿童价值；童话小说与刺激三要素；童话小说与儿童好奇；童话小说与儿童想象；童话小说与儿童思维；童话小说做儿童用书的几个消极条件。此文归纳、梳理了儿童教育先驱陈鹤琴等人的论述，其中有些见解至今仍然被儿童教育工作者所经常引用，付诸实践。

有的学者认为：胡适的《论短篇小说》、刘半农的《中国之下等小说》、周作人的《日本近三十年小说之发展》"是对现代小说理论的最初探讨，也是奠基之作"。

刘半农早年为《新青年》摇旗呐喊时，他在上海的中华书局担任编辑，主要以翻译和出版外国通俗小说为主，圈内的文友大多是"鸳鸯蝴蝶派"作家张恨水、徐半梅等人。他的自我反省，"反戈一击"，写下《我之文学改良观》《通俗小说之积极教训与消极教训》《中国之下等小说》，显然不同于新文化运动中的胡适等人对转型时期小说理论的最初探讨。

刘半农曾搜集了200多种小说（短篇小说居多），多是所谓"下等小说"，"被社会所唾弃，被社会所侮辱"。他对传统的通俗小说进行了文体、材料、文笔、思想等方面的考察，概括了一些基本特点。他并非"一刀切"，而是从社会阶层的角度重新"诠释"中国传统小说，并注意到下层小说的作者和读者的社会地位，这也体现了五四运动时期倡导的自由、民主精神。

刘半农惊呼"下等小说"的销售量之大，"非意料所及"。由此引申出一个严肃问题：新小说如何与传统小说对接，进行开拓、丰富"普及"的内涵，提高启蒙的功利，凸现读者的"第一性"，从而赢得广大读者的青睐，促进新小说的发展。刘半农的提问此后引起瞿秋白、冯雪峰等共产党人的高度重视，将工农大众破天荒地推向读者"第一性"的榜首，不仅迫使作家、作品、读者的各自地位和价值观都发生根本变化，直接影响这三者之间的关系。其中包括"旧瓶装新酒"，利用通俗文学的形式，承载革命宣传内容，充分发挥大众文学的作用，启蒙、教育、团结民众，全力为政治目标服务。

对此，刘半农始料未及，不过他当时已经撰写《通俗小说之积极教训与消极教训》，认为"试看世界各国的近世小说家，凡是有主张的，人人都有一部两部反抗强权，刺激社会的小说；非但不说那'须有含蓄'的腐败的话，便连积极消极也不成问题。"

胡怀琛（胡寄尘）是清末民初的大藏书家、著名学者，对于小说也颇有研究，上世纪30年代撰写了3部专著《中国小说研究》《中国小说的起源及其演变》《中国小说概论》。有的学者认为：胡怀琛对于中国小说史研究的得失进行了探讨，并注重小说的演变规律和内部研究、具有沟通古今的整体意识；他的小说史观颇有启示性，提出了不少富于学术生命力的研究课题。但是，后世对于胡怀琛的3部专著"熟视无睹"，其中原因之一胡怀琛曾是"鸳鸯蝴蝶派"作家，难以引起现代小说评论家的浓厚兴趣。

1923年9月1日，胡怀琛编辑的《诗与小说》月刊问世，他在发刊词里写道："我出这本杂志，不过是发表我自己的作品，和介绍他人的作品，以外并没有什么。论文是据我个人的意见，自由说话，在自由的范围以内。充分的说，大胆的说。"这期创刊号的文章大多是他写的，其中《今日中国所需要的小说》被《小说通论》编者收入。

胡怀琛在此文中惊叹各种新旧小说问世之多、流行之快、影响之大，"岂不是比课本还要利害；而全国的教育之权，岂不是尽操于小说家之手么？小说家应该做怎样一种小说，去感化人家，改造社会？这是小说家应该审慎的一件事。"

他把当下的小说分为五类：纯然旧式小说；半新式小说（林纾译作和近人新作）；最新式小说；旧式改新的小说（加标点的《红楼梦》等古典小说）；顶

劣等小说。这五类小说数量"两头大,中间少",他比较赞同第二类、第四类,但是认为其中存在不少问题。

因此,胡怀琛提出创作小说的标准:一、准备给一般人看,不是给少数的旧文人看的,也不是给少数的新文人看的。二、用中国极自然的语言,写中国的人情风俗;不可沾染旧文学装饰雕琢的恶习,也不可沾染新文学生硬啰唆的恶习。三、要用自己的热烈感情,博得读者的同情,不可像劝世文一般的做;也要暗示读者,走一条正当的途径,"以收改造社会之功"。四、重在描写寻常所见的事情,写的情景逼真;不重在结构离奇,"徒令读者看热闹"。五、长短篇都需要,但短篇需要更急。短篇印刷分两种:第一,许多短篇印一册,是给第二类人看的。第二,一种短篇印一小册,取价极低,是给第五类的人看的,用以取代劣等的小说。

这个承上启下的"预言"可以引申出诸多新老问题,延续到如今市场经济中的文学创作趋势、审美情趣的"随机"变化、读者群的游移等重要问题,其前瞻性的意义在某些方面甚至超过"如雷贯耳"的大文豪和政要大人物的精辟言论。但是,这个"预言"如今鲜为人知,特别是"不可像劝世文一般的做"——概念化、脸谱化、扁平化、机械化、直线化等文学创作恶习,屡改屡犯,"绵绵不绝"。如果胡怀琛是个跨世纪的文化老人,并在重要场合拥有发言权,那么现代各种媒体可能会将他重新"豪华"包装,冠以醒目的标题,推出"独家新闻",轰动一时。

1919年11月,沈雁冰接手主持商务印书馆《小说月报》第11卷起增设的"小说新潮"栏目,提倡新文学,实行局部革新,在原来"鸳鸯蝴蝶派"的旧堡垒上打开一个缺口。但是,招徕了守旧派的百般嫉恨,甚至是谩骂攻击。

两年后,沈雁冰主编的《小说月报》1922年第13卷第7号(1922年7月10日发行)刊登了他写的《自然主义与中国现代小说》,从正面批判了"鸳鸯蝴蝶派"("礼拜六派"),作为一种答复。此文义正词严,不作人身攻击,比之称他们为文丐,文娼,或马路文人者实在客气得多。但也许正因为如此,必将引起众多小说读者的注意,以及同情于此小说者的深思,因此更加激起"鸳鸯蝴蝶派"("礼拜六派")恨之入骨,竟然对商务印书馆当局施加压力。

沈雁冰也不是吃素的,严厉责问前来问责的"走狗":"'礼拜六派'先骂《小说月报》和我个人,足足有半年之久,我才从文艺思想的角度批评了'礼拜六派',如果说要打官司,倒是商务印书馆早就应该控告'礼拜六派';况且文艺思想问题,北洋军阀还不敢来干涉,'礼拜六派'是什么东西,敢做北洋军阀还不敢做的事情。"沈雁冰当场表示准备把事情闹大,公开"来龙去脉"的内情,迫使前来问责的"走狗"灰溜溜地走了。对此,茅盾在《我走过的道路》(人民文学出版社1981年版)中作了精彩的描述。

沈雁冰的《自然主义与中国现代小说》标题中采用了"自然主义"的术语，这与当时答复读者来信有关，即题为《自然主义的怀疑与解答》（载《小说月报》1922年第13卷第6号）。同时，沈雁冰发表《自然主义与中国现代小说》一文的同时，也刊登了谢六逸《西洋小说发达史之六自然主义时代（下）》，加之沈雁冰对于自然主义的某些创作手法也比较赞赏，作为"批判武器"批判"鸳鸯蝴蝶派"（"礼拜六派"）。如今也有人质疑茅盾当时采用"自然主义"，有不妥之处，因其与正宗的现实主义写作方法有本质上的区别。

《小说通论》封底的版权页上注明编者为沈苏约（后"标点"《板桥集》），校订者陶乐勤（一说是经济学者），发行者黄济惠曾在赵南公的泰东书店工作，后创办梁溪图书馆（地处上海四马路），因此对于新文学的早期人物比较熟悉。

由于某种原因，《小说通论》编者没有收入鲁迅《中国小说史略》和周作人有关论述等，否则此书可以比较完整地勾勒出一幅近现代小说观念转型时期的画卷。即便如此，这么多名人论述"同框"，也留下了一份重要的史料。

朱自清、俞平伯等的《我们的七月》

  白马湖畔的春晖中学(今浙江省绍兴市上虞区),是俞平伯编辑综合性文艺丛刊《我们的七月》(上海亚东图书馆1924年7月初版)之所在。第二年,朱自清续编了《我们的六月》(上海亚东图书馆1925年6月初版)。这时,他俩共同使用笔名"O. M.",这是"我们"拼音的代号。

  1923年秋天,俞平伯应聘执教上海大学国文学系(系主任陈望道),教授《诗经》、小说、戏剧等,该系学生有丁玲、王剑虹(后为瞿秋白第一任妻子)、施蛰存等。

  俞平伯临时居住在闸北永兴里的小楼上,室名为"茸芷绕衡室"。同年12月,俞平伯撰写《茸芷绕衡室杂记》,发表于《文学》周报第96期,署名"环"。后转载于创刊的《我们的七月》。

  1924年春节前,俞平伯辞去上海大学国文学系的教授。3月7日,自居家的杭州赴上海,前往五马路棋盘街西首的亚东图书馆,探望编辑汪原放(胡适同乡,陈独秀等人老友,现代出版家、翻译家),未果。事前,亚东图书馆已经出版俞平伯的诗集《冬夜》《西还》和"成名之作"《红楼梦辨》等,名声斐然。其中《冬夜》初版时发表的他的自序引起读者许多误解,因此再版此书时,俞平伯特意删除原序,改为致汪原放的信(1923年1月25日)作为代序,足见他俩关系非同一般。

  3月8日,俞平伯又去访见老友叶圣陶、王伯祥,时间匆促,略谈即别。下午乘船赴宁波。次日抵达风景秀丽的白马湖畔(今浙江省绍兴市上虞区),在春晖中学里见到挚友朱自清,饶有兴趣地旁听朱自清的讲课,这是一幅很奇特的画面,不知是否萌发他俩心底的诗句。第二天,应朱自清、夏丏尊之请,俞平伯草拟讲稿,晚上为春晖中学学生讲演《诗底方便》。

  俞平伯比朱自清小两岁,却比朱自清早两年考入北京大学。而且,他俩相识于北大毕业后,同为杭州第一师范的教员,于是"相见恨晚",以诗唱和,引起强烈共鸣。1922年,他俩与叶圣陶、刘延陵等共同创办中国新文学史上的第一个同人诗刊——《诗》月刊。即使分居两地,他俩飞鸿来往,直抒胸

臆，毫无顾忌。《我们的七月》收入他俩的《信三通》，对于社会现象各抒己见。1923年8月，他俩同游南京4天，其中夜游秦淮河的印象最深，此后分别撰写了不同情趣的同题散文《桨声灯影里的秦淮河》，留下一段趣话。朱自清还曾几次为俞平伯的诗集作序或写跋语，指出俞平伯作诗的信念："一个是自由，一个是真实。"俞平伯见之深受感动，像朱自清"谨致最诚挚的感谢"。

春晖中学三面临水，草地芊芊，清新泽润，令该校众多名师硕彦好生喜欢，结庐湖畔，分别居住在按照日本格式建造的平房里。夏丏尊称之为"平屋"，隐含"平民、平凡、平淡"之意。夏丏尊、朱自清为邻，他俩常在紫薇花旁喝酒。

朱自清也常去多才多艺的丰子恺家里做客，结为好友，他俩出生的时间仅仅相差13天。

有一天，丰子恺为朱自清的4岁女儿阿采画了一幅画，夏丏尊一见便提笔过来，在画上题写："丫头子四岁时，子恺写，丏尊题。"朱自清不由得大喜，爱不释手，将其制版，作为散文集《背影》的插页。

丰子恺别具一格的漫画，已扬名海内外，但是，世人并不清楚他公开发表的两幅漫画作品，与朱自清有关。

丰子恺笔下的一幅漫画，下部为深色版块，勾勒出湖边凹凸不齐的石块阴影，生长出一株垂柳（灵感来自丰子恺自栽的门前杨柳）。垂柳夸张地弯下腰，片片柳叶随风摇摇曳，呈现 S 形状，一头一尾与湖面上升起的一座彩虹桥互相交叉，恰好契合美学法则，不多不少。整个画面分为湖边、湖水、彩虹，层次分明，此"三横向的静"由强烈动感的垂柳"串连"，活跃起来，形成动与静相结合的生动画面。整个画面简洁明快，透出愉快、闲适的美好韵味，把古代的诗趣融入现代的生活，颇有日本漫画家的风格（他曾赴日本学习艺术）。

这幅画题为《夏》，是朱自清邀请丰子恺为《我们的七月》所作的封面画。画作下面的深色版块中，出现丰子恺题写的刊名和落款的年份（白字），呈现出黑白反差的美术效果。

有的专著不大提及这幅封面画，反而喜欢《我们的七月》里一幅漫画，认为这才是朱自清特意发表的丰子恺第一幅漫画，名为《人散后，一钩新月天如水》。其画面出现一道卷帘，一个小桌上一把茶壶、几个茶杯，窗外是如钩残月。疏朗几笔，凸显了月夜的静谧诗意，宁静美好。

俞平伯收到文稿已经是 4 月的事情了，抓紧时间编辑后交予汪原放，后者收到《我们的七月》文稿，不敢怠慢，尽快拿出校样，几经校对，终于出书，正值 7 月暑假，恰巧吻合该刊名。

该刊的正文最后的空余处，刊登《本刊启事》："本刊通信处，为上海五马路亚东图书馆转交。发行及广告等事，请直接与亚东接洽。"落款为"O. M. 启"。

俞平伯、丰子恺等撰稿人自然欣喜不已，但是不知情的众多读者不乐意了，因为该刊的散文、新旧体诗歌、短评、随笔、书信等，一律不具名，仿佛故意隐身其后，保持一种神秘感。其实这也是朱自清等人行事低调、不喜欢张扬的一种表现，如同白马湖畔的"平屋""杨柳小屋"之意。

俞平伯、朱自清等人闻过则改。次年，朱自清续编的《我们的六月》最后再次刊登前期的目录，一一署名，不过有的诗文因故还是采用笔名。这期的《本刊启事》写道："本刊所载文字，原 O. M. 同人共同负责，概不署名。而行世以来，常听见读者们的论议，觉得打这闷葫芦很不便，颇愿知道各作者的名字。我们虽然不求名，亦不逃名，又何必如此吊诡呢？故从此期揭示了。"多年后，俞平伯解释道："之所以《七月》不具名，盖无深意。写作者都是熟人，可共负文责。又有一些空想，务实而不求名，就算是无名氏的作品吧。"

"揭密"之后，读者才发现《我们的七月》的撰稿人中，俞平伯、朱自清"唱主角"，尤其是俞平伯的诗文最多，多达十几篇。

"你的手像火把，你的眼像波涛，你的言语如石头，怎能使我忘记呢？你飞渡洞庭湖，你飞渡扬子江，你要建红色的天国在地上！"这是朱自清一首诗歌《赠 A. S.》，原题为《赠友》，赠给著名共产党人邓中夏，A. S. 是邓中夏改名为邓安石的英文头两个字母。朱自清与邓中夏就读北京大学时相识，邓中夏发起组织"平民教育讲演团",朱自清担任讲演团第四组书记。此后,朱自清在《中国青年》刊登为邓中夏(时为上海大学教务长)写的《新诗人的棒喝》《贡献于新诗人之前》等文章,引起震动,因此写下了充满战斗激情的诗篇《赠 A. S.》(《赠友》)。

朱自清诗歌中充满激情的"飞渡""红色天国"类似诗句,在俞平伯笔下则几乎是"绝迹"的。

即使是同类题材的赠诗,俞平伯喜欢另一种意境:"……让我送您一颗惆怅着的心儿罢。它是被憨笑的年光所拉下的,从它的影子里恰好映现出成尘成烟雾的憨姿笑靥;这些正是我,我俩所最珍重的,想也是您所最珍重的。"此诗题为《赠 M. G.》,与上引朱自清一诗在《我们的七月》中排列前后,无形中却好似一种唱和。

朱自清的诗句犹如一团火,直接"燃烧"(描写)着对方。俞平伯则以恬静、闲适的心态,回避对方火辣辣的眼神,微笑着将"焦点"对准自我,与朱自清的诗句形成"动"与"静"的鲜明对比:"且您的将来,如有火一般的温煦,它或是杯中微凉的碧酒;将来的您,如有秋叶般的静美,它或是座上犹暖的红炉。"

此两首诗赠送对象不同,但是诗歌的不同内涵形成一种"谶语":朱自清与俞平伯在一些重要时局的问题上"分道扬镳",后者接受前者的批评,并称为"诤友"。最后,朱自清"宁可贫病而死,也不接受这种侮辱性的施舍(美援面粉)",显示了中国人的铮铮铁骨的大无畏精神,赢得世代中国人的尊重。俞平伯得知噩耗,非常悲痛,写了《诤友〈朱佩弦遗念〉》《忆白马湖宁波旧游〈朱佩弦遗念〉》等文。多年后,俞平伯叹曰:"讶还京而颜悴,辞嗟来之敌粮。"

俞平伯作为"红学"的权威,却遭到两个"小人物"的严厉"批判",此后命运大转折,直落而下,不堪回首。但是,他"以柔克刚",顽强地"刷脸"存活,依然痴迷"红学",始终无悔。俞平伯晚年时,坐在"咯吱咯吱"乱响的破旧的租赁三轮车上,穿着一件旧中式大棉袄,外曾孙韦宁使劲地蹬着车,缓缓地前往庆贺俞平伯 90 祝寿的酒楼。如果俞平伯还有吟诗余兴,是否还会写"送您一颗惆怅着的心儿罢"之类的诗句?

当初俞平伯还曾写过剧作《鬼劫》,那是他到春晖中学旁听朱自清课后,返回杭州,入住湖楼时创作的(1924 年 4 月 17 日),成为《我们的七月》中唯一的剧作。其实,这是一则"中西合璧"的诗剧,采用近似于西洋歌剧的形式,有独唱、合唱和对白,但是,乐器采用"长笛、洞箫及弦索合奏"。《鬼劫》的剧名,顾名思义是讲述鬼故事,折射出现实人间的悲喜哀乐,表达生死等的永恒主题,其萌发的构思可能与唐代著名诗人李贺有关。李贺创作诗歌的联想十分丰富,天马行空,无拘无束,经常应用神话传说来托古寓今,故被后人常称为"鬼才""诗鬼"。

1923年底,著名史学家顾颉刚离开商务印书馆,返回北京大学研究所,担任《歌谣》周刊编辑。他收到老友俞平伯的剧作《鬼劫》文稿,不以为然,回信时认为:"H君批评我认事太认真。我以为必认事真然后生活有趣味。"由此质疑《鬼劫》中的几句台词:"灵明不至于累你,假使你不执着;痴愚不至辱你,假使你不怨诅;欢欢喜喜,何须惆怅,假使你不追想;哭哭啼啼,何必伤神,假使你不认真;痴愚悲欢,可以两忘,可以两得,可以两证。"顾颉刚的认真,俞平伯的"中庸",折射出他俩不同的价值观,形成这段"轶事",载于下一期《我们的六月》。但是,俞平伯《鬼劫》剧作从未搬上舞台,已经被世人淡忘,也可能是他的"红学"五彩光圈过于耀眼,掩盖了他昔日的诗歌和剧作。

《我们的七月》还刊登了其他作者的诗文,其中有叶圣陶的纪实散文、潘训(潘漠华、若迦)的诗文、张维祺的诗歌、刘大白的诗论等。

朱自清与叶圣陶早年相识于上海中国公学中学部教书时,后来都成为文学研究会的活跃成员,继而共同创办《诗》月刊。中国公学风潮之后,一向持重的叶圣陶也一反常态,毅然离开学校,与朱自清共同接受浙江第一师范的聘任。平时,叶圣陶的衣着都是家里管的,他就像个孩子一样天真,离不开家人,害怕孤独,便向朱自清提议,把自己的房间作为他俩的居室,朱自清的那间则作为书房,他俩可以朝夕相伴。朱自清欣然同意,读书、聊天、共泛西湖等,加深了他俩之间的情谊。

《我们的七月》收入叶圣陶的《泪的徘徊》,显然不同于叶圣陶写的其他童话小说,而是直面社会现实,把不同内容和含义的"镜头"以"泪的徘徊"串联起来,形成一幅南方城乡的广阔社会场景,其中提及叶圣陶与朱自清观看爱国民众反日集会。该文没有涨红脸的嘶声叫喊,却让读者掩卷回味无穷。

朱自清、叶圣陶执教浙江第一师范时,被聘为"晨光文学社"的顾问。该文学社由20多人的文学青年自发组成,其中有汪静之、潘训(潘漠华)、魏金枝、赵平福(柔石)、冯雪峰、张维祺等,其中有些成为30年代左翼文学运动的重要领导人,并且是共产党领导干部。潘训(潘漠华)将文学社取名为"晨光",意喻曙光,他后任"北方左联"党团书记、中共天津市委宣传部部长等职务。1934年12月被捕,他在狱中绝食斗争中牺牲。

《我们的七月》收入潘训(潘漠华)的小说《苦狱》、诗歌《卖艺的女人》,还带有"五四"青年追求自由婚恋、关注社会"小人物"的鲜明特点。"悲凉呀,你卖艺的女人的诉语!我吊你,我也吊我自己!落日已近地面了,你抬头望呀,晚风已送伤心人到黄昏,将送伤心人到夜里呢。"(《卖艺的女人》)

著名现代诗人、文学史家刘大白曾执教浙江第一师范,与陈望道、夏丏尊、李次九一起改革国语教育,被称为"四大金刚",后在崇文、安定、春晖等中学任教。

刘大白写的诗论《旧诗新话》与俞平伯的诗论等,共同构筑了《我们的七月》的诗论平台,以不同的形式、角度讲述了对于诗歌改革的看法,在某种程度上延续了"五四"文学运动和第一个同人《诗》月刊倡导"无拘无束"的诗歌解放精神。

欲知下回分解,且看《续篇〈我们的六月〉》。

续篇《我们的六月》

　　1924年8月4日,朱自清拿到3本新刊《我们的七月》,很是喜欢。晚上,他在日记中写道:"阅之不忍释手。"

　　次年,朱自清接编的《我们的六月》继续刊用丰子恺的漫画《绿荫》,作为封面。丰子恺改用翠绿色作为底色,比上期封面的深底色更有勃勃生气,他把"黄金分割线"上移到三分之二处,用夸张的手法,描绘一人叉开双腿,低头看书学习,坐在硕大的芭蕉树下。画面以下的三分之二均为一片芊芊草地,但仅用疏朗的笔法勾勒出来,整幅漫画很有创意。

　　该刊里面还有丰子恺的两幅漫画,一是《黄昏》中出现桌、灯、茶壶、杯、信笺,以及窗外一钩残月,这与上期的《人散后,一钩新月天如水》有些相似,但是构图中增加了灯和信笺,突出了黄昏思念的主题,而不是原来的月夜诗意。二是《三等车窗内》,一对青年男女倚着车窗往外看,仅留下背影和侧面,却能够引起读者的美好憧憬。

　　朱自清先后为丰子恺的两册漫画集写序言或跋语,第一册漫画集均为丰子恺在白马湖畔创作的,第二册画集都是取材于生活,或者说是生活速写,其中孩童和女子较多,引起朱自清的强烈共鸣。

　　"血是红的!血是红的!狂人在疾走,太阳在发抖!血是热的!血是热的!熔炉里的铁,火山的崩裂!血是长流的!""中国人的血,中国人的血!都是好兄弟,都是好兄弟们,破了天灵盖!断了肚肠子,还是兄弟们,还是好兄弟们!"1925年五卅运动爆发,朱自清愤然提笔写下《血歌——为五卅创作》,作为《我们的六月》的开篇。此诗采用反复吟诵的手法,凸显强烈的斗争色彩,不妨看做是几十年后拒领"美援面粉"的铮铮铁骨精神的"前奏"。

　　这期《我们的六月》也恰巧在1925年6月出版,吻合这期刊名。而且不再"打闷葫芦",每篇文章一一署名,弥补上一期没有署名的缺憾。

　　"我儿时现在真只剩下了'薄薄的影'。我的'忆的路'几乎是直如矢的;像被大水冲了一般,寂寞到可惊的程度!这大约因为我的儿时实在太单调了。"1924年8月17日,远在温州执教的朱自清为俞平伯的诗集《忆》作跋,

收入《我们的六月》。朱自清很羡慕俞平伯回忆孩童时的乐趣,认为"《儿时的梦》和现在差了一世界,那酝酿着的惆怅的味儿,更其肥腴得可以。直腻得人没法儿!"

除了朱自清、俞平伯、叶圣陶、刘大白、潘训(潘漠华、若迦)等人诗文之外,还增加了顾颉刚、刘延陵、白采、金溟若、冯三昧、沈尹默等人的稿件。

"我向有失眠的病症;不是上半夜不易入梦,便是下半夜容易早醒。"顾颉刚在《不寐》散文里如此写道,该文重点并不是以描写失眠为重点,而是回忆昔日爱慕的女子却不能"终成眷属"的无尽苦恼。

顾颉刚出生于江南名城苏州,祖上曾被康熙赐为"江南第一读书人家"。升入苏州中学时结识了叶圣陶、王伯祥等人,相互切磋学问,情谊渐深。顾颉刚毕业于北京大学中国哲学系,影响他学术生涯的正是他的恩师胡适。

胡适给顾颉刚找了一份工作,为商务印书馆编中国历史教科书,大抵能解决一家的日常生计。但是,祖母的去世,使顾颉刚的失眠症再次复发,又因湿热极重,周身生疮,根本无法工作。最终,他返回北京大学,却成就了他的"扛鼎之作"的学术成果《吴歌甲集》《古史辨》等。

《我们的六月》发表顾颉刚的文章时,正是他"暴红"之时,除了他的《不寐》之外,还有几篇随笔《时新旦角戏》《相和歌》和通信,作为刊物的一种"花絮",在各种诗文的"大拼盘"中点缀一番,也有点雅趣。

"我仿佛看见:谁家老公公携着他的孙子,他颤颤着从这墓道上逦迤走来;现在,这老公公已长眠在自己亲眼预订的地下了!""我也忆起日日徜徉的白发的人,他是怎样也给过我的暗示?——我也是没有了父亲的人啊……"诗人白采写下这首诗《自己墓上的徘徊》,仅就这标题就足以让人"心惊肉跳",顿时联想到悲苦、凄惨、无奈、焦虑等之情,这好像又是一种黯淡的"先兆",预示着诗人短暂的苦命。

白采,原名童汉章,字国华,一名童昭海。江西高安人,小学毕业后刻苦自修。早年在高安女子学校任教,开始作诗习画,后毕业于上海美术专科学校。他的诗歌和小说比较奇特,俞平伯很赞赏他的长诗《羸疾者的爱》,并写了专文《批评〈羸疾者的爱〉的一封信》,发表于1925年8月23日《文学周报》第180期,后改题为《给白采的信》,收入《杂拌儿》文集。俞平伯认为此长诗是"近来诗坛中杰作之一",如果诗歌"皆非自然,出于做作,便觉得讨厌了"。俞平伯甚至写了五封信,希望得到此长诗的初刊权,"至缄札累万言",但未能如愿。这不仅反映了俞平伯欣赏白采创作诗歌的才华,也折射出白采的鲜明个性。1925年6月,俞平伯做小调《自从一别到今朝十解》,后根据白采的意见,删改为8首,收入《燕知草》。

朱自清在《白采》一文里回忆说:"平伯和我都不曾见过白采,大家觉得是一件缺憾。有一回我到上海,和平伯到西门林荫路新正兴里五号去访他:这是按着他给我们的通信地址去的。但不幸得很,他已经搬到附近什么地方去了;我们只好嗒然而归。新正兴里五号是朋友延陵君住过的;有一次谈起白采,他说他姓童,在美术专科学校念书;他的夫人和延陵夫人是朋友,延陵夫妇曾借住他们所赁的一间亭子间。那是我看延陵时去过的,床和桌椅都是白漆的;是一间虽小而极洁净的房子,几乎使我忘记了是在上海的西门地方。"

那时,丰子恺卖掉了白马湖畔的"小杨柳屋",加上其他创办人的集资,同时得到各界要人的支持,1925年2月1日,与匡互生、朱光潜等人在上海创办一所新型艺术学校——立达学园。先后执教的有茅盾、叶圣陶、郑振铎、陈望道、胡愈之、夏丏尊、刘大白、朱自清、夏衍、许杰等名流,其中就有白采的身影。

1926年春节正月初六,白采突然冒着雨,前来向丰子恺提出辞职,说是要到厦门集美学校去任教。平时,丰子恺与白采不大说话,总是看见他穿着"浑身装点小水晶球似的雨点的呢大衣,弯着背坐在藤椅上"。现在他突然要走了,丰子恺惭愧平时对他的冷淡,立即要去买酒菜为他饯行。白采推辞一番,最终还是答应了,喝了一碗酒。丰子恺送白采出门,"他用他的通红的老鹰式的大鼻头",向丰子恺"点了好几下而去"。没想到这竟是诀别,同年夏天白采病死了,死在香港前来上海的船中。丰子恺闻讯后愣住了,提笔写下了《白采》一文。

事后,才发现白采遗物暂存在立达学园里,有文稿、旧体诗词稿、笔记稿,还有友人的通信,其中竟然有四包女人的头发,那是与他离婚有关。白采的英年早逝,让朱自清、俞平伯等人扼腕叹息。

"露伕从接到他家乡父亲的来信以后,同时(产)生了两种不同的情感:他想到自己不到一个月后,就可以和他明媚可爱的故乡,和慈爱的母亲,活泼的小弟妹们会面,他觉着有一种说不出来的快乐。但是转来一想,他快要离开荒芜了他天真的少年时代的异邦之土,而和他十年来的相亲爱的朋友们分别,又不得不使他感着一种切身的痛苦。"这是新文学作家、翻译家金溟若早年写的一篇纪实散文《"我来自东"——我东日归;我心西悲》(1924年5月7日"脱稿"),保留了作者早年的一段生平事迹,鲜为人知。

金溟若,浙江瑞安人,原名志超,金溟若是他常用的笔名之一,他十几岁时,跟着父亲金嵘轩前往日本上小学,以上一文是他告别日本临行前的一段纠结的情感,此文的副标题便可窥见一斑。他曾与董每戡(著名戏剧家、戏曲史研究专家)在上海合办时代书局,经董每戡介绍,金溟若得到鲁迅的热情帮助,不仅出版了译作,还在鲁迅、郁达夫主编的《奔流》月刊上发表过多篇译文,其中有日本作家有岛武郎的《叛逆者》《草之叶》《密莱礼赞》《有岛武郎年谱》(《叛逆者》附录)等。鲁迅称金溟若"勇决地完成"了他想做而没有做的事。后来金溟若一度吸鸦片,鲁迅追问董每戡,得知属实,便疏远金溟若。对此,董每戡很是内疚,直到晚年还苛责自己。

《我们的六月》不仅增加了新的诗文,而且在卷首增加了摄影作品《北海子的落日》,作者是吴辑熙。1923年,吴辑熙与陈万里、吴郁周等人商议,组织北京大学的摄影爱好者成立了"艺术写真会",同年冬天,更名为"北京光社",这是中国摄影史上的第一个业余摄影艺术组织。新文化运动先驱,文学家、语言学家和教育家刘复(刘半农)留学归国,执教北京大学时也加入该组织,并认为"光社是个非职业的摄影同志所结合的团体……为己、为兴趣、为艺术而艺术"。

俞平伯、朱自清等人"共同负责"的《我们的七月》《我们的六月》,如何与上海亚东图书馆的汪孟邹、汪原放接洽的内情,可惜俞平伯、朱自清都未曾谈起。

《我们的七月》后面附有亚东图书馆出版发行的10种诗集,其中有胡适的《尝试集》、俞平伯的《冬夜》《西还》,以及康洪章(康白情)、汪静之、陆志韦、宗白华等诗集。

1919年五四运动之前,亚东图书馆作为一个小型私营出版社从安徽迁到上海,幸好得到安徽老乡胡适、陈独秀和国民党元老朱执信等人大力帮助,经理北京大学出版部的书籍,发行《建设》《少年中国》《新潮》等杂志,一跃成为"一个专门代派最新的期刊的新书店",并逐渐扩大业务,出版胡适《尝试集》《红楼梦考证》《胡适文存》等新潮书籍,名气大增。由于胡适或他人介绍,俞平伯才与亚东图书馆有联系(1921年初,应胡适之请,俞平伯为之删定《尝试集》第4版),而且"一发不可收拾",出版《我们的七月》《我们的六月》也在情理之中。

　　随着胡适、陈独秀走上不同的政治人生道路,共产党的书刊和学术研究专著、文艺性书刊等都在亚东图书馆出版业务里"包容兼并",在中国现代史和现代文学史上,起过无可取代的作用。

　　大革命时期,汪原放经陈乔年、郭伯和介绍加入中国共产党,后曾任中共中央出版局局长。曾计划出版《陈独秀文存》《瞿秋白文存》(即《瞿秋白论文集》),尤其是后者,是瞿秋白一包包转送来的。由于时局紧张,汪孟邹"主张缓一缓再排",结果这两部书都未能排印。在动荡的年代里,瞿秋白文稿"东放西放、东藏西藏"。几十年后,瞿秋白的妻子杨之华前来取走,后收入各种版本的《瞿秋白文集》。大革命失败后,汪原放返回亚东图书馆工作,直至新中国成立后该图书馆歇业。此后,他担任新文艺出版社编辑,又调任古典文学出版社、中华书局上海编辑所等,直至退休。

　　丁景唐收藏上海书店影印本《我们的七月》《我们的六月》(1982年12月出版),具有多种含义,并非仅仅局限于文学方面。

另一个李宗武赠书鲁迅后"交恶"

"李宗武(1895—1968),又名李季谷,浙江绍兴人。李霞卿之弟。一九二〇年与瞿秋白等赴苏俄,后又留学日本、英国。一九二四年回国,先后在北京师范大学、北京大学、北平大学女子文理学院等校任教。鲁迅曾校阅他与毛咏裳合译的日本武者小路实笃所著《人间的生活》。"这是 16 卷本的《鲁迅全集》(人民出版社 1987 年版)第 15 卷第 425 页的注解。其实,这是把两位李宗武视为一人了。陈玉棠编著的《中国近现代人物名号辞典》(全编增订本,浙江古籍出版社 2005 年版)中的"李宗武"条目,也误为一人。

"与瞿秋白等赴苏俄"的李宗武(亦为李仲武、李崇武、李续忠等),年龄与瞿秋白相仿,同为俄文专修馆学生。他是梁启超的亲戚,会说广东话,曾去过法国。他与瞿秋白、俞颂华作为中国记者首次(1920 年冬天)辗转赴苏俄采访,留下了许多精彩的故事。在莫斯科时,李宗武与瞿秋白朝夕相处,同在中共"旅莫组"。①

---

① 1922 年 12 月 7 日共产国际"四大"大会闭幕后,由瞿秋白陪同,陈独秀带着中共二大的文件,来到东方大学看望中国班学员,并主持中共党员会议。12 月 18 日,中共"旅莫组"召开会议,瞿秋白、李仲武(李宗武,下同)等参加。会议结束后,瞿秋白陪陈独秀回国工作,李仲武继续留在东方大学,边做翻译,边学习。1924 年 7 月 23 日,李仲武与任弼时、陈延年、郑超麟、傅大庆等作为第二批人员一起回国工作。此后,李仲武在广州为加伦将军当翻译,后辞职去浙江宁海结婚,从此脱离党组织,与瞿秋白走上不同的人生道路。
1931 年初中共六届四中全会上,瞿秋白被撤销党内职务,在上海重返文学阵地。远在北方的李仲武担任北平大学法(商)学院俄文系主任,该系曾是瞿秋白、李仲武的母校俄文专修馆。法学院先后聘请进步教授李达、侯外庐、张友渔、章友江等,对传播马列主义、培育俄文人才,发挥了重要作用。1935 年 6 月 18 日,瞿秋白英勇就义。次年,李仲武在南京国民政府航空委员会任秘书。
1937 年七七事变后,全面抗战爆发,苏联开始援助中国,空军需要翻译,通过南京俄文同学会李仲武介绍,调用俄语人员,其中有李仲武昔日的学生沈鹏飞。1938 年春,沈鹏飞在兰州空军总站担任翻译工作,李仲武随苏联专家 30 余人去汉口。因飞机发生故障返回兰州,(转下页)

另一个李宗武与鲁迅同乡，他的长兄李霞卿，是鲁迅早年在绍兴府中学堂任事时的学生和同事；《越铎日报》创始人和编辑，1915年考入北京大学国文系。1921年4月26日晚上，李霞卿与弟弟李宗武登门拜访鲁迅（远在莫斯科的李宗武与瞿秋白等人正忙于采访、参观，详见丁言模、刘小中合作的《瞿秋白年谱详编》，中央文献出版社2008年版），便有了鲁迅帮助校阅《人间的生活》（1922年上海中华书局出版，周作人作序）一事。

　　此后的几年里，李宗武与鲁迅交往甚密，互赠书籍，书信来往，品茗交谈等。1921年12月30日，李宗武把新出版的《社会改造之八大思想家》寄赠给鲁迅。次日，鲁迅回信答谢。

　　《社会改造之八大思想家》作为商务印书馆"新智识丛书"第14种，1921年9月出版，如今成为罕见的民国时期版本。原作者是日本生田长江、本间

（接上页）距兰州机场以东三四十里撞山起火失事，机上人员全部遇难。沈鹏飞等人赶到那里时，飞机已成碎片，人员面目全非，在一具尸体旁发现李仲武图章一枚。

进入21世纪之后，昔日北平大学学生郭从周（人民出版社资深编辑）、沈鹏飞（西北大学俄文教授）、李毓珍（上海华东师大教授）互通书信中，时常谈起恩师李仲武。郭从周整理成短文，发表于《出版史料》（2008年第3期），世人才知道曾与瞿秋白赴苏俄采访的李仲武后半生的简历。（丁言模《李仲武：秋白说不要紧》，载《瞿秋白与名人往事》，中国社会出版社2012年版）

久雄,由毛咏裳、林本、李宗武3人合译。介绍了马克思、克鲁泡特金、罗素、托尔斯泰、穆列斯、咯宾脱(卡彭特)、易卜生、爱伦凯等8人的生平与思想。2017年4月,上海社会科学院出版社重新包装出版。

该书中的"穆列斯"(今译莫里斯)一章是李宗武翻译的,他对莫里斯的才华独有情钟,便又翻译了莫里斯的《理想之消息》之文,收入他的自编集《李宗武文录》,此书被丁景唐收藏。

1925年6月1日,《李宗武文录》由天津水平社发行,新懋印书局(天津东马路)印刷,北京青云阁佩文斋、上海书店(上海小北门民国路)发售,定价3角。

上海书店是中共中央早期的出版发行机构,主要任务是出版发行中共中央的宣传刊物,1926年2月被军阀孙传芳封闭,因此,《李宗武文录》能够在此发售,至少是比较进步的,也是作为该书店的一种"掩护"。

北京青云阁是中华民国初年的北京四大商场之一,名声很大,里面各种店铺都有,以小吃最为著名,鲁迅曾去品尝。青云阁商场里的佩文斋是经营书籍、文具的店铺,也摆放《李宗武文录》。说来也有趣,此书"连接"京沪两地闹市区的书店(上海书店邻近豫园),"福分不浅"。《李宗武文录·小序》写道:

> 这小册子里的几篇东西,我替它分为三辑。第一辑里的五篇,都是最近一年来到天津以后之作。《学习历史以前》及《古与今》二文,是我最近编著中之《西洋全史八讲的导言》;《最近五十年之世界大势》是在南开中学的讲演稿;《列宁之生涯》,只依旁得二册杂志而作的,内容很是贫弱,因为钦仰列宁的工作之故,所以也把它迁入了。
>
> 第二辑,一共六篇,除《学生与政治》一篇,是去年春在北京华北大学的讲演稿外,都是在东京所作的,而且都曾在国内的杂志或报章上发表过。
>
> 第三辑,除掉《理想乡之消息》一文外,也都是到天津后之产物。《理想之消息》是英国穆列斯暗示我们改造社会之妙文,这一文,曾在拙译《社会改造之八大思想家》中之"穆列斯"一章里介绍过,我觉得它很有意思,所以又采入在这里了。
>
> 这几篇东西,全是偷看课余之暇乘兴而写出来的,所以有关于文学的,有关于教育的,有关于历史的,有关于青年生活的,并没有某方面的一定的对象。
>
> 读我这样拙劣而且混杂的文章的人,我想不为(会)很多;但我自己却希望此后再能出几次比较进步的小册子,以就正于同情于我的朋

友们。

　　这小册子付印时,承汪志青、杜联齐二君帮忙的地方很多,更承王希仁君书赠一幅美丽的封面,使我这小册子,添了不少清新之味,特地在此志谢。

一九二五年,五,二。宗武时客天津

　　李宗武把莫里斯的《理想之消息》之文,放在《李宗武文录》的最后一篇,并在该文的前面介绍说:"英国穆列斯(1834—1896)是诗人,是艺术家,是社会主义者,他的著作,都有独得之长,而这篇《理想之消息》,暗示我们改革社会之方针尤多……"

　　威廉·莫里斯是19世纪英国设计师、诗人、早期社会主义活动家。他多才多艺,曾与其他人主导了工艺美术运动,一改维多利亚时代以来的流行品味,并出版了叙事诗集《地上乐园》等。他虽然是拉斐尔前派的重要成员,但极少留下画作。1884年至1890年期间,他出版了《艺术与社会主义》《社会主义原理纲要》,参与成立社会主义者联盟,投身于政治运动。

　　这些引起李宗武的兴趣和某些共鸣,加之受到《社会改造之八大思想家》中的其他社会学家的影响,因此,李宗武译介《列宁之生涯》,是"因为钦仰列宁的工作之故"。该文落款时间为1924年4月10日,正是广州国民党"一大"召开后,进入第一次国共合作时期,苏联顾问陆续进入广州,带来莫斯科方面的红色指示,继而掀起中国大革命的高潮。《列宁之生涯》之类的译介之文出现,也适应时代的潮流。

　　李宗武《小序》里提及文友汪志青[①]、杜联齐(杜颖陶)[②]同为天津南开中学教员。

　　《李宗武文录》封面上的图案,则是王希仁[③]装帧艺术作品,鲜为人知。其图案构思来自《一千零一夜》神话故事中的《阿拉丁神灯》,化为己有的审

[①] 汪志青,浙江杭州人,早年就读浙江省第一师范学校,曾两次赴日本考察教育,后在浙江从事教育工作,曾任上海改造出版社总经理、浙江省国语推行委员会主任委员等。

[②] 杜联齐的父亲杜彤是光绪年间的进士,入翰林,后为新疆要人。杜联齐7岁回天津老家后,就读天津南开中学,同班同学有万家宝(曹禺)、刘嘉祥。其后,杜联齐转读北平艺术专门学校,毕业于太平湖畔的民国大学。杜联齐以后成为有名的戏曲研究者,发表众多研究戏曲的文章和专著。他曾参加程砚秋组建的秋声社,并与程砚秋等人自徐州出发两次赴西北调查戏曲,留下一段佳话。

[③] 制作封面图案的王希仁,不知是否是王蕴华,又名王希仁,山东蓬莱人。他青年时期拜师学医,坐堂行医20余年。他的国学根基雄厚,擅长书画篆刻、诗词吟赋等。他少时研习书法,擅隶书和钟鼎文。他曾与孙国枫和崔佑家结社研习书画,其作品被人推崇。山东著名风景区的崂山刻石"云山道家""太白石"等便是他的墨宝留迹。

美情趣。位居图案中心的神灯,袅袅升起的神奇火焰,逐渐化为浪漫的飞鸟,围绕无限广阔的夜空四周飞翔。定睛一看,原来是天穹上可爱的小天使手持魔棍驱使的,右下写有美术字"希仁"。

《李宗武文录》后面夹有《勘误表》,多达50条,如果进一步仔细校对,可能错误更多。这也许是李宗武觉得不好意思,没有把此书寄赠给鲁迅的原因之一。此后,他俩之间产生"裂痕"。1929年,鲁迅写的日记中出现"不见"(李宗武)二字,也不回信给对方,1932年11月23日,李宗武、郑石君(浙江诸暨人,曾就读北京大学,师从钱玄同等,与李宗武之兄李霞卿同窗)一起拜访鲁迅,力图表白,挽回"颜面",但这是在鲁迅日记中最后一次出现的记载。

1935年5月22日、30日夜晚,鲁迅两次写信给曹靖华,气愤地痛斥李宗武(时任北平大学女子文理学院文史系主任),"卑鄙势利","卑鄙无聊,但他一定要过瘾,这是学校和学生的大晦气,以前他是改组派,但像风旗似的转得真快。"鲁迅为老实忠厚的许寿裳被李宗武欺凌而打抱不平。1935年8月3日,鲁迅写信给李霁野,鄙视李宗武,"实在是坏货一枚,今夏在沪遇见,胖而昏狡,不足与谈。"同年3月,鲁迅在《"寻开心"》一文中讥讽李宗武,"像风旗似的转得真快",也是对于李宗武推翻原来"钦仰列宁"的绝妙诠释——立此存照。

其实,两个李宗武的问题并不是什么新闻。16卷本的《鲁迅全集》问世的10年之后,资深学者朱正撰文《两个李宗武——〈鲁迅全集〉的一条误注》(《鲁迅研究动态》1988年第12期)。2005年11月,人民文学出版18卷《鲁迅全集》,其中"李宗武"的注释条目,删除了"一九二〇年与瞿秋白等赴苏俄"一语。

丁景唐作为资深的鲁迅、瞿秋白研究专家,比较了解以上这些情况。他收藏的《李宗武文录》底封左上角有一个蓝色印章"愚园路合作旧书店",编号"3744",定价6角。这是半个世纪前的事,那时他已经准备抽空加以研究。但是,他迟迟没有动笔。笔者曾问过家父丁景唐,他却笑笑说:"知道!"便没有下文了。

周全平陪同郭沫若的宜兴之行

1925年初,创造社早期重要成员周全平①在纪实散文《箬船》(光华书局1930年2月初版)中写道:

> 走出旅馆到面店里吃了两碗汤面,出来看见一付(副)卖热豆腐花的担子停在路旁。沫若说:我们吃碗豆腐花吧?

---

① 周全平,原名周承澎,江苏宜兴人,创造社中比较有名的青年作家。1930年3月2日,他参加了左联成立大会,被选为候补常委,担任秘书处书记。次年代表左联参加中国革命互济会工作。他管理的经费失窃,害怕被追责,逃离上海,结果被左联除名,从此离开文坛。新中国成立后,他在无锡《苏南文教》、南京《江苏教育》任副总编辑。他因潘汉年冤案受株连,后随之平反。周全平晚年时回忆说:

> 我搬到孟渊旅馆,由潘汉年穿线,认识了秦邦宪(即博古),参加了党领导的一部分地下活动。我就抽空把我妻陈宛若送回沈阳她母家,我自己则留在上海马霍路的一间亭子间里。不足半年间,我参加了在上海英租界某所宅子里举行的全国苏区代表大会,认识了李立三、潘梓年、冯铿、殷夫、柔石等人,并由潘汉年、潘梓年介绍入党,成为不曾举行入党仪式的党员。又由阮啸仙介绍加入中国互济会,成为三个常任理事之一(另外两个我记得一个是戴少庵,一个是钱铁如)。加入不久,约我到一家旅馆的客房交接一笔革命经费。我吃过(午)饭去时,钱戴二人已先在。我去后,他们就取出一大包钞票。他们取三万六千元的一半,说要改存在某一银行,留下一半一万八千元要我守着等他们回来。他们走后,我独守在客房内。一个钟头过去了,又一个钟头过去,不见他俩回来。我想今天下午党内有人要到我马霍路寓所来谈话,怕有失误,就写了一个字条留在客房,把我守着的一半革命经费一万八千元分装在大衣里外的口袋里,走出旅馆回马霍路。其时天色已近黄昏,朔风嗖嗖,路上很少行人。就在我穿过马路走向马霍路时,忽然一个上海所谓"剥猪猡的",突然从我后面脱下我的大衣,飞奔而去。我不及追逐,也不敢报警,眼睁睁地把一万多元钱丢失了。回到寓所一检点只剩下里面棉袄口袋里的六千元了。觉得丢失经费,羞见友人,一时短见,畏罪潜逃。从此脱离文坛。(俞子林:《书林岁月》,上海书店出版社2014年版,第280—281页)

俞子林抄录周全平遗作时,还作了一些注释,其中"剥猪猡的",特指剥人衣服抢夺钱财的劫匪。关于周全平的后半生,俞子林解释说:"一九五五年周全平因受潘汉年案牵连判刑劳改,丢款事也应是他的罪因之一。又兰曾说她父亲对此是一直'深感内疚'的,直到解除劳改和管制之后,才觉得'终于用二十年时间完成了他对此事的赎罪'。"

——好的。

两人便立在担旁连说带笑地吃豆腐花了,许多走的人的很诧异的眼光向我们投视着。

豆腐花是一种很嫩的豆腐,从热的桶里舀上一瓢来,再加上虾米,香豆腐干丁,白糖,酱油,麻油,胡椒,辣油等等的调味品,便成了很可口的点心。

——我已十三年没有吃过这种东西了,还是在乡下的时候。离了四川就没有吃过。

沫若十分感叹的说,又叫再舀一碗。他已经吃过两碗了!——

这样吃了又吃,在许多的诧异和轻视的眼光中,我们心满意足地吃了五碗豆腐花,付了一百(铜)钱账,价廉极了!畅快极了!

如此美味的豆腐花里还放白糖的,郭沫若和周全平竟然吃了五碗,加上郭沫若的感叹,成为他俩调查江浙战争(亦称"齐卢之战")带给宜兴城镇乡村所受惨重损失之行中一个饶有趣味的小插曲,不过这在郭沫若写的《到宜兴去》散文中并未出现。郭沫若撰文时比较"正规"、严肃,偏重于揭示社会真相，与周全平有些浪漫、风趣的笔调截然不同。两人同类内容的不同风格散文恰好互为弥补，为后世留下了难得的"第一手"史料。

这次调查由松江人陈君匋发起的，相约孤军社的同人具体操作，孤军社又约郭沫若作为这次调查报告的总编辑。因为郭沫若不谙江南宜兴一带的土语，所以邀约老家在宜兴的周全平做他的翻译和向导。在 1924 年 12 月 1 日至 7 日的一周间调查中，还出现了其他几人的身影，穿插在宜兴之行中，他们到过蜀山、兰右、湖父、悬脚岭、尚儒村等地。周全平在《箬船》中写道：

> 到北站时是三点十五分。我们买了两张三等票，缓缓的走到月台上。客车停在月台的左侧，右侧是一列兵车。我心里突然一惊。
> ——啊！上海真的又开到了兵！
> ——没有什么事吧！
> 沫若且走且问的和我挤上了车。
> 三等车里已经坐满了人，找不到位置了，我们只得站在车门旁候补。我把眼向门窗外张望，一列兵车又射入我的眼帘。……敞车中如山般盛载了一切家具：床架子、藤榻、美人椅、碰和桌、八仙桌、太师椅、单靠、红脚盆、蒸笼、藤椅、竹床、衣架、衣橱、浴盆，什么，什么……
> ——奇怪！这些兵士带了这些家私做甚？
> ——这大概是他们的战利品吧！
> ——什么战利品！人家家里都空了，他们的车上自然要堆起来了。
> ——他们是什么都要的，就是锅子他也要拿了去。
> ——强一强他就要用蛮！真混账！打起仗来只会放空炮，抢劫的本事倒是一等。
> 立在车门口的旅客对于那列满载家具的兵车在连讥带讽的吐出两月来所受的怨气。

周全平写作能力很强，主要从事小说创作，如《梦里的微笑》《苦笑》《楼头的烦恼》等，均由上海光华书局出版，他还曾参与主编《洪水》《出版月刊》等。他的脑子灵活，下笔很快，有时并不逊色于郭沫若。

郭沫若在《到宜兴去》中也描写了同样的场景，但有时掺入了较多的政治意识。在火车上，郭沫若与一位杨姓旅客攀谈起来，说了许多战时的情形，特别是近来江南纱厂的危机，无法与日本资本家的大纱厂竞争，郭沫若敏感地意识到这是"目前最紧要的经济问题。这比什么调查江浙战祸，比什么收拾中国政局的善后事宜，还要十二万分紧要。"接着，郭沫若说了一大堆政治经济学的问题。

因此,有的学者认为这次调查在郭沫若思想发展上"具有重大意义","加深了对马克思主义理论的理解"。此后,他疏远了"国家主义色彩逐渐加强"的孤军社,特别是不满意孤军社邀请"醒狮派"首领曾琦为这次调查报告集作序。因此,郭沫若不愿意写完《到宜兴去》,并且故意拖延全书的编辑工作,最后孤军社只好收回调查报告,自行编辑。不过,还是在《孤军》月刊第3卷第3期至第5期(1925年8月至10月)上连载了郭沫若未完稿《到宜兴去》。

此后,郭沫若把《到宜兴去》中部分章节节录题为《早晨》《消闲别墅》,收入《新文学自修读本》上册(上海乐华图书公司1934年1月出版)。全文收入《水平线下》(《沫若文集》第7卷),文后"补记"(1927年11月20日)提及C君(周全平)的《箬船》和郭沫若写的《尚儒村》。

> 箬船是一种变相的草鞋,穿了在山路上走,既不怕滑,又不会打湿袜。它先是一层稻草结的鞋底,上面铺一层软滑的箬叶。箬叶的前后左右都折起少许,便很像一只浅口的单鞋,又像是一只没有橹樯的小摊船。草结的底上先有几根草绳,把来缠缚箬叶的四角,箬叶便与草底缘成不解了。我们的脚踏在箬叶上的时候,又滑又软,有一种说不出的舒适。随着脚的大小,把箬叶周围的草绳放松或缚紧,山乡特有的箬船便服服帖帖地系在我的足下了。

周全平和郭沫若等人一起买了"箬船",小孩子见到便嘲笑他们"读书先生",原来是"草鞋先生"。"哈哈!我本来能算作先生么?"周全平反而得意地笑了,在自我揶揄中又夹着几许幽默。他干脆以此为题,意即前来调查的"草鞋先生"本来就是一介草民,反而成为一个"卖点"。郭沫若却没有这番雅兴,不时描写了身边的周全平:

> 我把题写好了,回头去看C时,他倒在梦见丘二了。他靠在壁上,把拿着铅笔和日记簿的两手叉在胸上,已经颓然地睡去了。他的口是张着的,脸色有几分灰青,我不禁惹起了几分伤感的情趣。
>
> 啊,C君哟,你也未免太可怜了!你本是学农的,犯不着要来做什么文人,是等于自杀呢!
>
> 我想起他这一年来的失业,他在虹口小菜场上替别人做过几个月的店阿大,后来又去为教会的先生们整理过几个月的圣经。在江浙未开火以前他本是要往奉天去就一处农场的职务的,但不幸江浙开起战来,接着奉直也开起战来,于是他的行期就和中国的统一一样,无期延期了。他要侍奉母亲,要扶助两个妹子,而他却也和我一样在上海市上

做了一个无业的流氓。啊,他这半年来恐怕也有些倦于营生了罢?

周全平与郭沫若的交往趣闻轶事出现在郭沫若的笔下,特别是他在创造社工作之外的"打工"谋生经历,还是少见的。如今,周全平引起不少学者们的关注,他不仅是早期创造社重要的"伙计",与郭沫若、成仿吾、郁达夫等人都有交往,而且他曾介绍潘汉年进入创造社出版部工作,他俩早期关系甚好,产生了许多鲜为人知的故事。

在左联创建前后,周全平是一个活跃分子,他被左联开除一事,更是引起一阵轰动,关于其中的内情,众说纷纭。他后半生的悲剧,至今也无人撰写一部纪实报告。重温以上这段描写,不知郭沫若晚年身居要位时,是否还能想起当年的宜兴之行。

周全平在《箬船》中不厌其烦地讲述,自己如何帮助郭沫若打理宜兴之行出发前的各种准备工作,包括购买各种食品等,忙得不亦乐乎。即使在临走时,他还在帮助郭沫若采购东西,"又去买了一袋面粉,一斤肉,四角钱糖,一瓶酱油,回来吃毕饭,沫若把家事叮嘱了几句,便赶上车站来。"这时郭沫若的日本妻子安娜和几个孩子一起离开日本到上海后,借住在环龙路(南昌路)44号,周全平是那里的常客,他俩"铁哥儿"的情谊毋庸赘述。因此,郭沫若"不禁惹起了几分伤感的情趣",并非逢场作戏,而是发自肺腑之言。至于郭沫若自我嘲笑为"流氓"文人,以后果真有人称他为"流氓才子"。周全平还记载了郭沫若讲述自己的创作经历:

> 昨夜睡时已是上午(凌晨)的一点钟了。睡前沫若和我畅谈了不少话。沫若向来是不甚喜欢讲话的,但有时忽然高兴,也会暂时变成一个最最喜欢讲话的人。……
>
> 沫若说他十八岁时曾重病二月几死,病中做了一个离奇怪幻的很长很长的怪梦。梦中有许多似乎是出乎意料外的不可能的事情,但无非是因新观念注入旧经验中而生的幻想。接着他很详细的说到他的病的危险。说到他的母亲的焦急与悲痛。说到他在睡眠状态中能决定要吃那(哪)一个医生的药,但他自己并不知道……
>
> 他又说到他在学校中时的趣剧,他说那时学校中的学生的程度似乎比现在要高一些——当然从国学方面说。他说他们常常对对猜谜作消遣,做诗钟①是格外的起劲。因而说起批评文艺的不易,因为批评家

---

① 学者认为:诗钟是中国古代汉族文人的一种限时吟诗文字游戏,大约出现在嘉庆、道光年间的福建八闽地区。诗钟限一炷香功夫吟成一联或多联,香尽鸣钟,所以叫做"诗钟"。

眼中的优劣，会恰与创作者相反的；他说起他作的诗钟，有一个是《痰盂与茶壶》，他做的是——平生腹满皆珠粒，寒夜客来当酒瓶。

又有一个是《月中红与拿破仑式头》，月中红是城都的一个名旦，他做的是——小谪蟾宫善歌舞，闲分鸦鬓学英雄。

这两个他以为前面一个是更好的，因为他是用了咳唾九天成珠玉和客来茶当酒的典（故）；他自己以为很巧，后面的一个便是凑起来了。但是评判的人把前面的一个说得不如第二个。

这些趣闻轶事，特别是两首"诗钟"在郭沫若各种专著和研究文章中几乎不提起，也许不知，也许认为"不登大雅之堂"。周全平"零距离"得知，印象颇为深刻，特地记载，权当茶余饭后的谈资吧。宜兴是周全平的故乡，旧地重游，心里泛起一阵波澜。

上船之前，我们先在宜兴城中盘桓了半日。宜兴是我的故乡，童时我与她朝夕共处……

——全平，这房子便是你的故居吗？

——是啊！我在这所房子里住了有十五年。论理，多年在外，一朝到了自己家门前总是有多少伤感的！但是奇怪，心里竟平常得很，一些没有什么。真的没有什么！我记得上一次回来时，曾酸酸的在门前流了好几滴泪。这次的心，好似硬化了似的，一些没有什么了。

周全平又写了许多抒情文字，沉浸在自我欣赏的"漪澜"里。郭沫若也写了这方面的内容，却写得很具体，包括周全平介绍宜兴城里的城墙小桥、风土人情等，饶有趣味，

《箬船》披露了不少周全平和郭沫若早年往事，这也是丁景唐珍藏再版本（1931年9月再版）的主要原因之一。虽然《箬船》不可能像郭沫若那样搬出"新式批评武器"，"指点"社会局势，议论一番，但是，也披露了大量兵灾的残酷事实。

本来在后面的郭沫若也超到我们的前面。道路愈益斜上，左侧已有一道深谷。我也无暇溜（浏）览山谷中的美景，只顾缓步伴着那老人听他喘喘的数说。

……有一个姓应的于兵未来时逃到周家潭的一家亲戚家里，那亲戚家的家财是很富的——有几年吃不完的陈米；他们住了多日，兵还是没有开来；姓应的心想长吃亲戚总不好意思，便同了年轻的妻和五个儿

子走回来——一个顶小的还在吃乳,只得一周岁;谁知就在他们回来的一天,湖父(镇)的兵开来了,他们吓得一齐逃往山上;后来兵士到山上去搜,他的妻没有逃得及,便被兵士搜着,后来就死了。——那(老)人未曾说出那女人怎样死的,他但用十分惨然的声音说到那姓应的一家的水花似的漂浮的结果。

这是周全平与郭沫若等调查的第 5 天(12 月 5 日)的事情,郭沫若的《到宜兴去》则仅写到第 3 天。因此,后面几天的事情,只有周全平作了记载,可以弥补郭沫若这次宜兴之行的"空白"了。周全平还披露了这次江浙战争中的丑闻:

——山顶上做什么还要掘壕呢?
——怕下面的枪弹啊!肯掘壕放枪还算是好的。还有躲在山背后朝平空放的,把子弹整排的埋在土里算是放的……才更笑话哩。听说还有叫拉夫代他们放枪而自己躲在背后的。有一个乡人告诉我,他被苏兵拉去,也不做什么事,只叫他摇一架机关枪;兵蹲在他背后,拿了马棒;一不摇,他就要打;这样无休息的直摇了一天一夜的,实在人饿极了,手也摇麻了,才得释放。……你想吧,这是打仗!

"代摇一架机关枪"诸事令人喷饭,活脱脱地呈现了一幅辛辣讽刺的真实场景,可见当时军阀混战之一斑,如今"雷人"的影视作品怎么没有出现这样的镜头呢?周全平最后写道:

余君叫我们明天上半天去玩张公洞,下半天到张渚。这一计划是恰合我们心意的。可是沫若因为放心不下上海家里的夫人和三个孩子,已经出门六天,他们言语又不通,恐怕会有什么意外。……我们一再商议,便只得谢了余君的盛意,预备明天清晨便坐快船到蜀山,再换轮船到常州,换火车回上海。
这样故乡的问灾暂时就算终结了。

几十年之后,郭沫若再次兴游宜兴一带,弥补当年的缺憾,对于玉女潭(宜兴市西南 23 公里湖父镇的莲子山上)这一具有悠久历史文化的名胜美景,留下了"天下第一潭"的感慨。周全平自然没有这福分了,他的《箬船》等文艺作品都被打入冷宫,难以再版问世。本文也因此引用了《箬船》中的不少原文,以飨读者。

"别有天地"的《菲律宾研究》

——兼谈鲁迅与暨南大学秋野社

首次翻开《菲律宾研究》第 1 期(创刊号)时,便会产生一系列疑问:丁景唐生前作为资深的鲁迅研究专家为何珍藏此书?其中为何刊登暨南大学学生文学团体秋野社的社刊《秋野》两期要目广告呢?这与鲁迅有什么关联呢?在这期刊登的短篇小说《解脱》作者陈翔冰的名字上,丁景唐为何特地注明一行字呢?……这就引申出这期《菲律宾研究》"别有天地"的话题。

1928 年 5 月 28 日,暨南大学菲律宾华侨学生会(以下简称学生会)[①]编印、出版《菲律宾研究》第 1 期,丁景唐珍藏的这期封面的右上方有一行字"孝谷女士评　雪江"。查看这期创刊号后面的附录《本会纪事》,得知 1928 年 1 月 2 日,"开学期终结束大会并选举第二届执行委员,议决本会出版《菲律宾研究》。"推举陈雪江(交际)、林涵光(主席)、张嘉树(文牍)为编辑委员。陈雪江在这期《编者的话》中透露:

> 两年前,我们便想办一个类似这本小册子的会刊,可是终没有实现。一方面固然是因为受了战事的影响,但讲得确实些,还是因为我们能力薄弱,对于这个刊物的稿件与经费,都觉得负担不起。……
>
> 南洋,华侨问题这些事,祖国同胞素来就不很注意。提起南洋,他们也许只会联想到那是热带的一些岛国;提起华侨,他们只知道华侨是

---

① 暨南大学菲律宾华侨学生会前身为"旅宁菲律宾华侨学生会",会员仅为 20 人,那是 1921 年该校在南京的事情。此后该校迁移到上海,因有的侨生分散到上海其他学校,加之各校侨生也要求参加学生会,于是该会改组、扩充,改名为"上海菲律宾华侨学生会",人数增至 50 多人,"关于会务进行之计划颇多,对于菲岛华侨问题,亦常加研究。所惜限于经济,且阻于时局,遂未能将所有计划,一一使之实现"。1926 年,国民革命军北伐,平定了上海、南京之后,1927 年秋,国立暨南学校改组为国立暨南大学,该校侨生杨文成、林函光等人提倡重组学生会,缩小范围,改为现名。(《菲律宾研究·暨南大学菲律宾华侨学生会史略》)

有钱阶级的人物。这个,我们觉得是一种很不幸的现象;无论是为华侨,或为整个的中国着想。华侨和祖国太膈膜了,太不通声气了,我们觉得是前途的大暗礁。这个观念增加了我们编《菲律宾研究》的责任和勇气。我们这个小刊物,第一,也许可以革除华侨和祖国间一小部分的膈膜;第二,也许对于侨胞有点细微的贡献。这两点我们付与《菲律宾研究》的重大使命。

暨南大学最初是1907年春开办的暨南学堂,堂址设在南京薛家巷妙相庵,这是中国历史上第一所专门招收华侨子弟的学校,郑洪年被任命为首任堂长。1927年秋,在上海真如的国立暨南学校改组为国立暨南大学,郑洪年再次出任校长(世人对他的评价褒贬不一)。他广罗人才,锐意改革,全校分大、中、小学等,由此开创了暨南大学的全盛时期,直至抗日战争时期上海沦陷。这期间暨南大学吸引了许多南洋华侨学生(简称侨生)前来学习,该校被誉为"华侨的最高学府",其中闽粤侨生占据了大部分。每逢假日,真如车站一时出现了一批批近于"小黑炭"的小伙子,戴着形形色色的帽子,形成上海近郊一道奇特的风景线。

郑洪年很重视新设立的南洋文化教育事业部①，罗致了南洋问题专家刘士木（主任）、李长傅、张相时、温雄飞等人，并创办《南洋研究》（《菲律宾研究》也是其中一个研究项目），被称为"南洋华侨之唯一好友"。《南洋研究》前两期要目登载于《菲律宾研究》创刊号，其中还有曹聚仁的文章《中国史乘上之南洋》。

这期《菲律宾研究》扉页上刊登一幅当年暨南大学鼎盛时期的校园鸟瞰照片，具有"国立大学"的气派和规模，可惜校园毁于侵华日军的疯狂炮火。抗日战争胜利后，在暨南大学执教多年的曹聚仁"鼓起了兴致，要寻访旧梦。有一天，四弟驾了吉普车伴着我们到真如去。桃浦静静如旧，只见绿水滔滔，白鸟飘飘，莲韬馆，连着暨南大学那些大房子，都付与荒烟残砾，无影无踪了。只有一所洋楼，孤零零地站着，这便是旧日的科学馆，给联总作临时办公处。杨家桥这一边，我们住过的那所房子，连败墙也不见了，只见蔓草连轩，衬出那株桃树的苍老，彷佛还认得我们这几个旧人。"（《文坛三忆·莲韬馆》，1954 年香港创垦版）

曹聚仁提及的科学馆旧址，曾为上海市普陀区交通路 3965 号，是一座砖混结构的三层楼房，建筑面积 5600 平方米，后被拆毁。科学馆的东南部约 150 米处，现交通路 3891 弄内还留存原暨南大学学生宿舍，曾用作汪伪时期的警察局，解放后为西郊区电话局，后作为民房居住至今。

《菲律宾研究》创刊号卷首的《发刊词》（1928 年 4 月 30 日）理所当然是郑洪年撰写的，并刊登他的全身照片，以示敬意。这期创刊号发表了资深专家刘士木、颜文初、张汉宗、林国栋等人撰写的文章，特别是转载了菲律宾总督史蒂逊上任前在《华侨商报》发表的文章，在扉页上也刊登了史蒂逊与前任总督握手的照片，并收入学生会邀约菲律宾华侨教育会写的特稿《菲律宾华侨教育概况》。值得注意的是学生会骨干陈雪江、林涵光、张嘉树分别撰写了有关菲律宾研究的文章。

这期创刊号还发表了诗文，其中有陈翔冰的短篇小说《解脱》、诗歌《西湖杂诗》和译诗《约翰和灵芝》（英国哈提，可能是哈代），以及陈雪江的诗歌《不平的呼声》、张嘉树的随笔《旅菲掇记》、刘觉的随笔《纪事珠》等。查看这期创刊号刊登的《秋野》第 1 卷第 6 期、第 2 卷第 1 期的要目，发现还有陈翔

---

① 南洋文化教育事业部的主要工作：（一）辅导南洋华侨事业改进事宜；（二）宣传祖国文化，增进中南友谊；（三）进行中南教育上的联系，并指导侨生回国求学；（四）调查研究南洋各方面有关情况；（五）编辑关于南洋的书刊以及南洋侨校所需教材；（六）办理祖国与南洋有关宣传事宜。（原暨南大学副校长翟俊千：《暨南大学创办初期点滴回忆》，载《上海文史资料存稿汇编》第 4 期，上海古籍出版社 2001 年版）

冰、陈吐飞、张凤、陆鲁一、杨浩然等人诗文，以及著名作家王任叔（阿Q）、诗人汪静之、戏剧家顾仲彝等人之作。

原来学生会不少成员和该校学生陈翔冰、陈吐飞以及文学院教授汪静之等均为中国历史上第一个南洋文学社团——秋野社成员，也是社刊《秋野》的主要撰稿人。

暨南大学鼎盛时期，学生团体很多，有资料可查的学生团体就达40多个，其中有学术、文娱、艺术、体育等学生团体，丰富了课余活动，有的成员甚至"身兼数职"，如以上的菲律宾学术研究团体的部分成员，也参加了秋野文学社。

1927年10月下旬，夏丏尊时任暨南大学中国文学院教授，临下课时，学生（包括侨生）向他提出举行一次宴会欢迎鲁迅讲演的要求。夏丏尊与鲁迅是老友，便作了具体安排。11月6日上午，夏丏尊去宝山路附近的景云里鲁迅寓所，邀请鲁迅前往四马路（今福州路）华兴楼二楼的宴会厅，与暨南大学一年级学生近30人见面，并作了演讲。

这次讲演促进了该校部分侨生的浓厚兴趣。同月，执教暨南大学文学院的章衣萍（曾短暂担任校长郑洪年的秘书）发起成立秋野社，得到其他教师汪静之、章铁民、张凤等人支持并参加，爱好文学的侨生（包括其他少数国内学生）陈翔冰、郑吐飞（陈泗水）、陈好雯（陈妤雯）、陈雪江等积极参加。秋野社社刊《秋野》由章铁民、章衣萍、陈翔冰、郑吐飞等担任编辑（一说是陈翔冰、郑吐飞主编），暨南大学出版课（主任章铁民）出版，开明书店发行。

秋野社以《秋野》为平台，积极邀请中国现代重要作家参与活动，并热情约稿（这与当时该校汇聚了一大批中国文坛名流有密切关系），其中有鲁迅、徐志摩、郑振铎、梁实秋、余上沅、王任叔、曹聚仁等，在中国现代文学史上产生了一定的影响。

秋野社先后邀请了鲁迅、徐志摩、郑振铎、曾孟朴4位名家演讲。其实，鲁迅先后三次到暨南大学讲演。第一次是1927年12月21日下午，鲁迅前往真如的暨南大学讲演，同一天该校"教务处日志"和鲁迅日记里都有记载。（第二次是应章衣萍之邀，第三次是1929年12月4日下午，应该校的学生文艺团体坚冰社邀请前去讲演，讲演记录稿刊登于1930年1月18日出版的《暨南校刊》第28期至32期合刊）

鲁迅演讲时，章铁民和曹聚仁分别作了记录。章铁民的记录稿送给鲁迅审阅，12月29日，鲁迅把修订的讲演稿直接寄给熟悉的陈翔冰，发表于《秋野》第1卷第3期（1928年1月1日）。

此后，曹聚仁的记录稿连载于1928年1月29日、30日上海《新闻报·学海》副刊，署名刘率真。这两篇记录稿发表时标题均为《文艺与政治的歧

途》,期间发生了一个不愉快的插曲,曹聚仁两次谈及此事:

> 我和(章)依萍很少往来,只有一回,鲁迅先生到暨大来演讲,校中推我作纪录;我所纪录的稿子,寄到《北新半月刊》去,他就压住了,没让周先生看到。后来,我的笔记稿在《新闻报》发表了,周先生才知道有这么一段经过,骂(后改为"说"——引者)了他一顿。(《集外集》所收《文艺与政治的歧途》,便是我的稿子)这是我和周先生相识之始。(章)依萍一直把这事记在心里。后来几次中伤我,我几乎遭了毒手呢!(《文坛三忆·情书一束》,1954 年香港创垦版)

> 从《鲁迅书简》中,大家才承认《集外集》中那篇顶长的《文艺与政治的歧途》(讲演稿)是我的手笔。这篇讲稿,并不曾在上海版《语丝》半月刊刊出,给章依萍挡住了,退还给我。后来刊在《新闻报·学海》上;那年,杨霁云兄编《集外集》,我把剪报交给他,鲁迅先生看见了,要去编入正文的(可看鲁迅写给杨兄的信。杨兄那时在持志学院听我的课),总之,文坛的事,揭开盖子一看,也是跟政坛差不了多少的,我并不想在文坛插足呢!(《我与我的世界·鲁迅与我》,人民文学出版社 1983 年版)

曹聚仁先后两次回忆,基本事实比较清楚,也有个别细节略有不同,但至少说明了曹聚仁的记录稿是被章依萍压下的。而且《集外集》收入曹聚仁记录稿的真相,也并不复杂。

有的学者认为章铁民的记录稿"鲜为人知",主要原因是未能入选《鲁迅全集》,便撰文"打抱不平"。其实,这首先要怪章依萍的"私心",毕竟是他请来鲁迅演讲,记录稿当然由他们秋野社"第一时间"发表。曹聚仁也曾在《秋野》上发表文章,但这一次他是"校中"推举记录的(可能是该校教务处推选的),与秋野社邀请之事没有任何关系,至少没有资格代表秋野社,曹聚仁的记录稿便被压下了,章依萍大有"独占花魁"之嫌疑。

如果当初《秋野》同时刊登两篇记录稿,那么该刊的名声说不定"一夜爆红",而且后世也用不着绞尽脑汁去考证。当然曹聚仁的运气好,"弟子"杨霁云要编《集外集》,于是"近水楼台先得月",曹聚仁的记录稿反而一跃升为"正宗"的,这是章依萍始料未及的,"大跌眼镜"。

至于章铁民的记录稿"鲜为人知",并非事实,最初由资深的鲁迅研究专家王锡荣等人撰文,《鲁迅年谱》第 3 册(1984 年版)第 27 页的注释[1]也作了说明,不过把《秋野》第 1 卷第 3 期的出版时间误为 1928 年 2 月。

曹聚仁对于暨南大学很熟悉,在《文坛三忆》中专门列有中卷《莲韬馆外》一组文章回忆暨南大学的,对于三位安徽绩溪的胡适同乡章衣萍、汪静之、章铁民,都有描述,也谈到《情书一束》(章衣萍)、《蕙的风》(汪静之),甚至是诗集外的"八卦"秘事。以后曹聚仁又在长篇自传《我与我的世界》中列有《暨南前页》《暨南中页》《暨南后页》。

章铁民,现代著名作家、翻译家,早年就读北京大学数学系,与章衣萍、胡思永在北大成立读书社。1927年暨南大学担任出版课主任兼中学部教员、南洋文化事业部助理,并且主编《暨南周刊》和主要撰稿人,因此,以上谈及的《菲律宾研究》也是他大力支持的。①

章依萍与鲁迅最初"接触"还是在文字上,起因是1922年10月30日章衣萍撰文反驳安徽绩溪同乡胡梦华对于汪静之的新诗集《蕙的风》的攻击言论,胡梦华又撰文答辩。于是鲁迅撰写《反对"含泪"的批评家》,支持章依萍,驳斥胡梦华之论。1924年秋天,经孙伏园介绍,章依萍开始与鲁迅交往,不久参加筹办《语丝》,并常为该刊撰文。

曹聚仁记录稿发表后,1928年2月2日下午,章依萍、吴曙天夫妇与北新书店老板李小峰一起去拜访鲁迅。同月23日,章依萍、吴曙天夫妇和李小峰、蔡漱六夫妇一起敲开鲁迅的家门,如此"兴师动众"的登门拜访,在鲁迅日记中非常罕见。说起来是为了鲁迅主编的《语丝》组稿、出版等事,在此先后几期《语丝》确实有鲁迅、章依萍的文章同时发表,那么是否与曹聚仁记录稿发表有关呢?在鲁迅日记中,1930年1月底,章依萍、吴曙天夫妇拜访鲁迅后,再也没有出现他俩的名字。在这期间,曹聚仁说是鲁迅"骂(说)了他(章依萍)一顿",是否属实呢?

1928年3月5日,鲁迅主编的《语丝》第4卷第10期刊登了章依萍的《旧书新序——〈情书一束〉五版自序》,此文特别炫耀该书被译为俄文。对此,鲁迅不愿意捅破"窗户纸",揶揄其文为"诚然有点……今天天气,哈哈哈……"(1928年5月4日,鲁迅致信章廷谦)如果鲁迅"骂(说)了"章依萍,也许是后事。

曹聚仁讲演稿发表后,才与鲁迅有接触,特别是在1933年5月7日,他编辑《涛声》周刊时函请鲁迅为《守常全集》作题记,此后多次与鲁迅通信。1934年杨霁云编鲁迅的《集外集》时,与鲁迅多次通信。同年12月19日,鲁迅复信给杨霁云时说:"曹先生记的那一篇也很好,不必作为附录了。""那一

---

① 章铁民、汪静之因采用《西厢记》的部分内容作为教材,被文学系主任陈钟凡指责为败坏校风,引起一场"西厢哭宴""伯兮粗人"的争辩,此后被迫离开暨南大学。1958年章铁民蒙冤而死,所有坦白资料未能留世。他的一生作品仅留下几部翻译作品,其中有他与章衣萍合译的《少妇日记》(现代书局1933年11月初版)和《饥饿》《波斯传说》等,他与鲁迅兄弟都有交往,在鲁迅日记中提及。

篇"即曹聚仁记录稿,显然鲁迅认同的,毕竟曹聚仁是国学大师章太炎的入门弟子。同时,鲁迅并没有推荐自己原来校订的章铁民记录稿,也没有将其作为《集外集》的附录,这耐人寻味。因此,曹聚仁以上的回忆录写此事时很有"底气",不畏惧任何人的"挑衅"。

至于秋野社的成员陈翔冰、郑吐飞(陈泗水)原为厦门大学法科政治系学生,是鲁迅的"铁杆粉丝",鲁迅离开厦门到上海,他俩也转学到暨南大学。因此,他俩热衷于鲁迅前来演讲一事,况且是《秋野》编辑。他俩和秋野社成员陈好雯(陈好雯),都在鲁迅日记中出现数次。

学生会骨干陈雪江、林涵光、张嘉树等侨生是否到现场聆听鲁迅讲演,无法考证,因鲁迅一口浓厚的绍兴话,让福建籍的侨生听起来很吃力。不过他们是《秋野》的投稿人,因此刊登鲁迅讲演的那一期《秋野》绝不会"轻易放弃"的。

《菲律宾研究》里有不少商业广告(赞助),封底是名噪南洋的"双料大亨"胡文虎发明的"虎标永安堂万金油"广告(上海永安堂设在上海北四川路、老靶子路口 89 号)。鲁迅翻看《秋野》刊物时,也看到该刊有类似的广告,因此,揶揄说道:"南洋华侨学生所办的《秋野》上,就能见'虎标良药'的招牌。"(《我和〈语丝〉的始终》)

《菲律宾研究》附录不仅有学生会《暨南菲律宾华侨学生会史略》《改组宣言》《本会纪事》《本会职员一览》《本会简章》等,其中《本会职员一览》披露了学生会会员的籍贯、通讯地址(分为国内和侨菲两处)等信息:陈雪江,福建思明人,暨南大学商学院会计系,(国内)福建厦门禾山店前社。林涵光,福建晋江人,与陈雪江同系,(国内)福建泉州新关外高山学校。张嘉树,福建南安人,暨南大学商学院银行系,(国内)福建安南安海官桥岭兜乡。其他侨生也有投稿给《秋野》的,不再逐一赘述了。

这些信息也是研究秋野社和《秋野》刊物的参考资料之一,如果顺藤摸瓜,那么会产生"滚雪球"的效应。如果与鲁迅讲演和讲演稿等诸事联系起来,又是一篇长文,这是丁景唐珍藏《菲律宾研究》创刊号的原因之一。

周作人在辅仁大学"信口开河"

呈现连贯的有规律的弧线——上下流动,中间穿过一根粗黑的虚线。这不是如今屏幕上显示的心电图曲线,而是 70 多年前,周作人在北平辅仁大学讲述《中国新文学源流》(以下简称《源流》)时画的示意图,他解释说:"中国的文学,在过去所走并不是一条直路,而是像一道弯曲的河流,从甲处流到乙处,又从乙处流到甲处。遇到一次抵抗,其方向即起一次转变。"这在当时中国文史论坛里属于一个"新闻",从未有人这样明确地表述,周作人可谓"标新立异"了。

辅仁大学建于 1925 年(后并入北京师范大学),原来在北京定阜街路北,最初校址为涛贝勒府,1930 年在府邸花园南部和马厩旧址建造辅仁大学新楼。

1929 年上半学期,周作人应聘执教辅仁大学,每周授课 2 个小时。下半学期,周作人送还该大学的聘书,次日刘半农等来挽留,周作人才继续兼课一个时期。1932 年 2 月 24 日,周作人收到老友沈兼士(辅仁大学董事之一)的来信,邀请他前去辅仁大学演讲。周作人觉得很为难,自己并不习惯长篇大论,而且演讲要求的是学术性很强的内容。但是,顾及沈兼士的面子,周作人推脱不了,只好硬着头皮去了。

那时有个顺口溜:"北大老,师大穷,唯有清华可通融。辅仁是个和尚庙,六根不静莫报名。"当年辅仁大学以男生居多,坐在下面盯着身材矮小的周作人,饶有兴趣地听他讲授。

周作人胆子也忒大,事前并未草拟大纲,也没有一个中心标题,只是凭着肚子里的"货色",信口开河地讲下去。此后,周作人又接连演讲了 8 次,4 月 28 日下午才结束。这期间,周作人还应马幼渔之邀,在北京大学讲演《关于通俗文学》,与他在辅仁大学讲演《源流》有"瓜葛"——周作人还画了一幅金字塔的示意图,最上端为"纯文学",下面左右两旁分别为"原始文学""通俗文学"。

演讲期间和其后,周作人经马幼渔引荐,相见章太炎,并到北京大学文

学研究所,听取章太炎讲述《广论语骈枝》,钱玄同当场翻译章太炎的浙江话。事后,周作人与沈兼士、钱玄同、俞平伯等人时常聚餐,谈笑风生。有时章太炎乘着雅兴,当场挥毫书写条幅,系陶渊明《饮酒》诗之十八。

周作人等人雅兴时,却苦了一个年轻学子邓恭三(邓广铭,后为著名历史学家)。在昏暗的灯光下,他埋头整理周作人演讲的记录稿,有时停下笔,回想一下,斟酌一番,才继续抄写。花费了一个多月,邓恭三才松了口气,把整理稿交出去。

周作人看到整理稿后,感到很惊讶,完全出乎预料之外,再仔细看看,整理得有条不紊,并非是自己原来演讲时的"东扯西拉",这让周作人顿生好感。6月17日,周作人开始校阅演讲整理稿。同时,周作人又忙于其他事情。7月24日,他再次校阅,次日交给邓恭三。

第3天(7月26日),周作人摊开稿纸,提笔写下《小引》,"本年三四月间沈谦士先生来叫我到辅仁大学去演讲",他刚落笔便记错了日期,明明是2月下旬沈谦士来信邀约的。他继续写道:"北平有一家书店愿意印行这本小册,我便赞助成他们的意思,心想一不做二不休,索性印出来算了。就劝邓先生这样办了。"这时才正式定名为《源流》。他还说:"我想印出来也好的理由是很简单的。大约就是这几点。其一,邓先生既然记录了下来,又记得很好,这个工作埋没了也可惜。其二,恰巧有书店愿印,这也是个机缘。其三,我自己说过就忘了,借此可以留个底稿。其四,有了印本,我可以分给朋友们看看。这些都有点儿近于自私自利。"

《源流》分为五讲:《关于文学之诸问题》《中国文学的变迁》《清代文学的反动(上)——八股文》《清代文学的反动(下)——桐城派古文》《文学革命运动》。

并有两个附录,其一,周作人的《论八股文》,原载《骆驼草》第 2 期(1930 年 5 月 19 日出版)。文后说明:"……得周先生同意附载于此,平白附记,九月。"显然这是《源流》编者尤炳圻(平白)之言,并提出此建议。

其二,沈启无选辑的《近代散文钞·目录》,文后说明:"沈先生所编《近代散文钞》原名《冰雪小品选》(周作人曾写序言——引者),大抵以明季公安竟陵两派为中心,自万历以至清之乾隆,《文学革命》散文方面之新文学,搜罗几备矣。周先生讲演集,提示吾人以精澈之理论,而沈先生散文钞,则供给吾人以可贵之材料,不可不兼读也。因附录沈书篇目于此。沈先生并嘱编者为记数语。平白。"这附录是为周作人的《源流》提供基础之一,以此进一步"夯实"周作人的"精澈之理论",真所谓师生之间"心有灵犀一点通"。

"平白"即著名翻译家尤炳圻,别名尤平白、尤焕其、由其等。他负责编辑《源流》,并与北平人文书店打交道。

尤炳圻早年在北平上大学,周作人的弟子,后留学日本东京帝国大学研究院。抗日战争爆发后,他曾担任周作人的秘书,以后一起"落水"。新中国成立后,担任西北师范学院中文系教授,著有《黄公度年谱》《人境庐诗草校注》《日本文学史》和译作《杨柳风》(周作人题记)、《我是猫》《一个日本人的中国观》(内山完造著)等。

沈启无,上大学时改名沈扬,字启无。他与周作人交往甚密,现存的《周作人书信》(1933 年版)收入周作人致其 25 封书信,数量仅次于致俞平伯。抗日战争期间北平沦陷后,沈启无仍然是文坛的活跃分子,曾在伪华北作家协会等机构任职。新中国成立后,他任教于北京师范学院中文系。

《源流》成为周作人与尤炳圻、沈启无师生 3 人合作的见证。但是,后来有关研究者似乎都不大愿意提及此事,也许疏于考证,也许他们 3 人都曾有一段不为人齿的"落水"经历。

周作人认为《源流》的主要观点是"杜撰","无所根据",并非依据"西洋某人的论文,或是遵照东洋某人的书本"。不过《源流》的"亮点"——"公安派"的文学历史观念,周作人"所佩服的",而且他"杜撰"的观点,"在未读三袁文集的时候已经有了,而且根本上也不尽同"。因此,"杜撰"便成为"标新立异"之意,博得一班人的叫好,包括以上说的"精澈之理论"。

但是,也有人提出批评。认为该书的基本观念是:明末的"三袁"(袁宗道、袁宏道、袁中道)"公安派"和钟惺、谭元春等人的"竟陵派"的新文学运动与胡适的新文学运动"不期而合",因为先后两者都是同情革命——所谓"革命文学"。如果是"有期而合",则是"遵命文学"。以此划分真是"标新立异",那么当时还有其他流派呢,都未能进入周作人的"法眼",因为没有获得他的青睐。以个人喜好来探究、判定中国新文学的源流,不免令人遗憾,"科学"二字只好被扔到紫砂壶里,当作苦茶喝了。

阿英(阮无名)直截了当地指出:对于兴起的革命文学,周作人的《源流》和《看云集》等集子,"都不曾系统的或理论的表示他的意见,充其量亦不过是在字里行间说明他的否定态度罢了。"(阮无名的《中国新文坛秘录》,1933年6月初版)

以上列举的示意图则是周作人"标新立异"的技巧之一,延续了他画扇面、题诗的特长,让辅仁大学"不暗世事"的男生耳目一新,犹如"醍醐灌顶",原来中国古代文学、近代文学、现代文学初期的一个主线竟然如此简单、清晰,只是"言志文学"与"载道文学"轮回交替。这类似于大名鼎鼎的胡适以一部"白话文学史"(把李白、杜甫也拉扯进去),两者具有"异曲同工之妙"。

新版的《源流》(华东师范大学1995年版)增加了3个附录,即当时评价《源流》的文章,褒贬不一,包括以上谈及的部分批评观点。有的评论文注意到《源流》谈到新文学革命运动时,简略提及胡适等人(其实,周作人还点评自己的得意弟子俞平伯、废名的深奥诗歌),却不愿意谈及广大读者熟悉的陈独秀、鲁迅等一批五四新文学的斗士及其作品。这正如有人嘲讽新文学运动犹如"大烧饼油条"的叫卖声,"更是讨厌了"。周作人作为五四新文学运动的当事人之一,他在辅仁大学演讲时的心境,大概也是如此了。

其实,周作人讲述《源流》时,他的思想已经产生变化,不同于原来编辑《语丝》的批判改造社会的意识,而是经历了一些政治风波,加之北平的政治和文化十分混乱,他感到失望、迷惘,"寡谈乏味",决意告别自己奉行"为人生"的过去。1930年5月,他写的《骆驼草·发刊词》(周作人主持,废名、冯至编辑该刊),标榜该刊"不谈国事","不为无益之事",并且大谈似是而非的文学观,此后延伸为悠然躬耕"自己的园地",抒写闲情逸致之类的小品。

《源流》干脆提出:"文学只有感情没有目的。若必谓为是有目的,那么也单是以'说出'为目的。"前半句与他特别推崇"公安派"——"独抒性灵,不拘格套"有关,并与《源流》其他地方的说法并不一致;后半句则是他蜕变的标志之一"文学无用论",比起他两年前的《骆驼草·发刊词》走得更远了。

周作人的名气很大,产生了名人效应。他吹捧"独抒性灵"的小品散文,立即引起上海的林语堂等人的强烈共鸣,南北呼应,好不热闹。上海精明的书商看着这其中的商机,竞相出版"公安派""竟陵派"诸人的文集、选集,甚至匆忙编就、乱加标点,只要贴上晚明小品散文的标签,立即能捞到银子。曹聚仁与林语堂曾就《袁中郎全集》的标点问题,发生"唇枪舌战",史称"曹林交恶",牵涉到诸多问题。其中有周作人接连抛出的《〈近代散文选〉新序》《重刊〈袁中郎全集〉序》《谈金圣叹》等文章,竭力"炒作"明末小品,鼓吹"性灵小品",与林语堂等人一时掀起一个"晚明小品"新热潮。

"楚狂老人"陈子展被曹聚仁称为"最懂得幽默、善于讽刺的诗人",他揶揄地说道:"书架上不摆部公安竟陵派的东西,书架好像就没有面子;文章里不说到公安竟陵,不抄点明人尺牍,文章好像就不够精彩;嘴巴边不吐出袁中郎金圣叹的名字,不谈点小品散文之类,嘴巴好像就无法吐属风流;文坛上这个时髦的风气,不知道从什么时候什么人开头:刚才有人这样问我,我也莫名其妙,只好学知堂老人讲《中国新文学的源流》一样,自己再三再四地声明'谬误'、'杜撰'、'无所根据',这才说出这一风气是从知堂老人开头的,时候是在中华民国二十一年三四月间。"①

周作人、林语堂的论调遭到上海左联成员等人的严苛批判,连同周作人推崇的"三袁"("公安派"),也成为讽刺、挖苦北平文坛"不作为"的话题。鲁迅撰写的《小品文的危机》《小品文的生机》《杂谈小品文》等文,虽然没有点名批评周作人,但是周作人心里不大痛快。此后,周作人含沙射影地攻击鲁迅,甚至加以讽刺,并且坚持"文学无用论",反对左翼文艺运动的革命文学论。

如今一些有作为的学者已经撰写了有关专著,梳理、探究清末民国近代文学史与现代文学史之间复杂的承接关系,得出精彩的观点,值得庆贺。回过头来再翻看《源流》,也许会产生一些启示,周作人是否早就有一种预感:"五四"新文学的源流客观存在,不容置疑,并非是一条飞瀑的山泉,还有更多的不为所知的河流山川。周作人凭借深厚的国学功底,理应知道。只是他过于偏重自己的喜好,不择其余,加之其他因素,便成为他在辅仁大学即兴"信口开河"的必然结果。

改革开放后,上海书店影印《源流》,做了一件大好事。不过原来封面上沈兼士题写的书名,把最后一个"流"字,漏掉了三点水的部首,成为一个奇异字。这不妨"影射"为周作人的《源流》只牵涉到"源",没有好好梳理"主流",这是"歪打正着"的题外话了。

丁景唐珍藏的初本版《源流》是一本毛边本,未曾加以切割,如今稀少。

---

① 陈子展:《不要再上知堂老人的当》,载徐懋庸主编《新语林》半月刊第2期,1934年7月20日出版。

鲁迅也曾喜欢这样的毛边本,自称为"毛边党",认为"三面任其本然,不施刀削"。鲁迅出版自己的著作时,还特地关照北新书店,无需"切边"。丁景唐受到影响,他的有些重要专著也特意留些毛边版本。不过,他直到晚年仍然没有余兴,便读边裁。

初版本《源流》后面夹有《初版本正误表》,列出 22 条应纠正之处,也许是尤炳圻写的。还有 3 页是北平人和书店的书籍广告,其中有郑振铎《中国文选》、孙席珍《现代文艺思潮》、李健吾《今日的法国文坛》、尤炳圻(尤平白)《儿童和教育》、许地山《将来的文明》,已出版的有沈启无编的《近代散文钞》(上、下两卷),并作了较多的文字介绍,称其为:"对于这揭了反叛的旗帜的是一向被正统文学史家所忽视的公安派和竟陵派,他们创作了许多最有价值的散文;沈启无先生这本《近代散文钞》就是那些作品精粹的选集了。"这些文字类似于周作人为该集子作序的一段内容,也不妨看作是《源流》的"先声"。

但是,《勘误表》和书籍广告在以后各种版本的《源流》里都被删除,甚至尤炳圻在《近代散文钞·目录》后的一段说明,在有的版本里也删除了,让后世更加不了解其中的内情了。

《中国新文学运动史》的作者王哲甫"一夜爆红"

在上世纪 30 年代文坛上,王哲甫①只是一个"无名小卒"(如今已有学者填补了新版的《鲁迅全集》中人物注释的空白),却"一夜爆红",他编写的《中国新文学运动史》(北平杰成印书局 1933 年 9 月出版),足以让新文学运动的前辈们有些吃惊,有些苦笑,有些不平,有些不以为然。

    我起初对于这新文学,仅以一种浅显的白话文去对待他,并不想他有美妙的色彩,与实用的价值。所以我到底不会用热烈的脑筋去研究他(它)。他(它)的真相我至终是不明了的。但近来我在图书室所见的书,什么新文学史哪,新文学选哪,当代名人的语体著作哪,讲演集哪,各种小说哪,杂志哪,校刊哪,诗歌哪,戏曲哪,——差不多尽是白话文做成的,不知不觉的引起我好奇的心来去研究。虽然我的天资迟钝,可是日子长了,倒也领略的不少。新文学的真相,也稍微的了然一些。

  事前(1924 年),王哲甫在山西太谷铭贤学校(今山西农业大学前身)大学部预科读书时,阅读了大量的新文学作品,颇有感受。在《铭贤校刊》上发表《我对于新文学的意见》,即以上的引文。他初步概括了新文学的 4 个特点:适于普及教育的利器;对于国语统一的改良;易于了解的优点;与旧文学的关系。关于最后一点,他认为:"新文学活泼明显,其缺点在肤浅。旧文学

---

① 王哲甫,山西孝义人,原名王明道,字哲甫。1919 年考入山西太谷铭贤学校中学部,这是孔祥熙创办、美国欧柏林大学援建的。4 年后,升入本校大学部预科。1925 年预科毕业后,升入燕京大学国文系,该校名师汇集,其中有周作人、熊佛西、沈尹默、许地山、黎锦熙、郭绍虞、俞平伯等。1928 年获得文学学士学位后,王哲甫返回母校铭贤中学,教授国文、法文。1932 年暑假,赴山西省教育学院任教,次年出版了一生中唯一一本专著《中国新文学运动史》。此后,他离开教育界,任职于河南印花烟酒税局,长期在国民政府税务部门工作。这与财政部长孔祥熙"栽培"铭贤学校弟子有密切关系。(李朝平:《王哲甫的中国现代文学研究》,载《现代中文学刊》2016 年第 1 期)

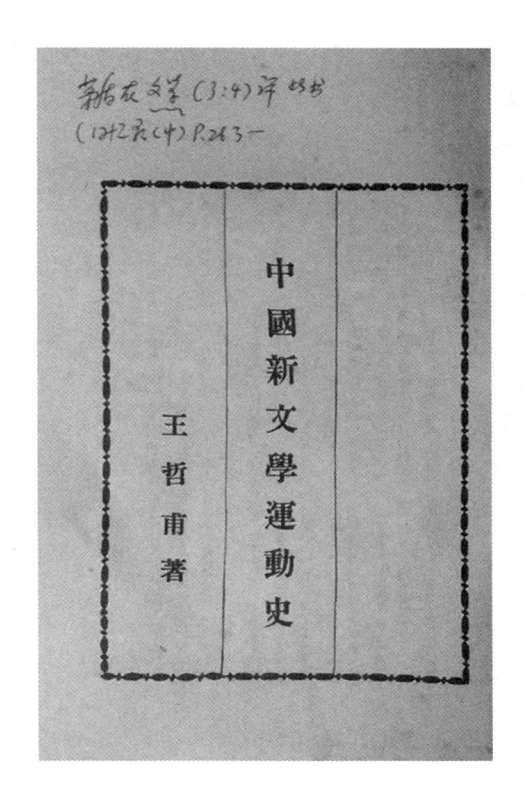

雄厚深奥，其缺点在拘束。最好新旧并存，旧文学让专门学识者研讨，新文学让求普通智识者讲求。这样一方面可保存数千年的国粹，一方面可以促进新文学的应用，岂不是一举两得么？"

拉开历史距离重新观审"新旧并存"的观点，既熟悉又陌生。按照昔日长期以来"新盛旧衰"的斗争观念，王哲甫的这种观念必然植入意识形态的殊死斗争领域，引发严厉的鞭挞和尖锐的批判。如今又有了"中华好诗词"、传统戏曲等电视节目的热播，引起强烈反响，其中包含了"保存数千年的国粹"之意，真所谓"否定之否定"。

王哲甫抱着"好奇的心来去研究"，以儒家中庸之道，将"新旧并存"的观点渗透在《中国新文学运动史》里，《我对于新文学的意见》也成为他此后编写《中国新文学运动史》的一个小小的"前奏"。

1929年期间，王哲甫在母校铭贤中学任教时，萌发了编写《中国新文学运动史》的念头。但是，整天为"衣食忙碌"，很少有执笔的工夫，也仅仅搜集了一些零碎的史料。1932年暑假，王哲甫转赴太原的山西省教育学院，教授新文学，他全力以赴编写教材，接触了大量有关新文学的史料。每天除了完成4小时的教学课时，常常独自伏案工作。晚上，学校里各个宿舍的灯火都已熄灭，王哲甫还在工作，直到深夜才去休息。他在《自序》里坦陈："这样耗心血绞脑汁的工作，的确太苦了，但我觉着这种生活才是真正有意义的生活，所以并不觉着怎样的困苦。"

太原的各个书局和学校图书馆，成为王哲甫经常光顾的"老地方"，京沪等地朋友也热心地提供各种书籍杂志。1932年暑假期间，王哲甫赴北平，常去国立图书馆、燕京大学查找资料，还去东安市场、琉璃厂各书局查看书刊，获取了许多的资料。同时，他修改原书稿，弥补缺憾。

这时著名文学家郑振铎在北平任教，有时在清华、北京大学、燕京大学演讲，并出版了《插图本中国文学史》等。王哲甫经他人介绍，前去请教郑振铎，得到热情的指导，并修正了原书稿的许多地方。燕京大学国文系主任马季文、郭绍虞教授等也给予各种指导，这让王哲甫在《自序》里表示"特别的感谢"。

王哲甫还谦称："我不是著作家，更不是名士。我不过是一个劳苦的农夫，在文学的园地里锄除草茅，为研究新文学的人们修筑一条便利的途经而已。但是我的学识有限，所处的环境又不甚适宜，所以错误的地方在所不免。倘若读者诸君乐于教正，或予以严正的批评，我是十分愿意虚心受教的。"

王哲甫《自序》的落款为"一九三三，七，二八，海甸，蔚秀园"。蔚秀园原来是清朝王府，咸丰皇帝亲笔御题"蔚秀园"。醇亲王奕譞十分喜爱这座园林，先后写了几十首诗作。1931年燕京大学出钱购得此园林，当时有房屋80多间，一时充当燕京大学、北京大学的教职工宿舍。如今蔚秀园是北大的教职工宿舍，经多年的翻建改造，当年园林的格局已破坏殆尽，海淀的不少老人还喜欢称这里为七爷园。

由此，《中国新文学运动史》"沾光"了，胡适还欣然提写书名。此书问世后，立即引起文坛的各种反应。

茅盾认为：五四以来，关于新文学运动史料的书已经出版了几部，但是堂而皇之使用《中国新文学运动史》的书名，却是王哲甫第一次使用。新文学运动开展以来已有15年了，"抵得过人家一世纪"，将此放在"时时在变化的社会动态里去求说明"，这是编著上的一个要点，也是一道难关。其次，如果作一个翔实客观的记录，这样的编著只能成为"长编"，这也是当今需要的。

王哲甫著书的"态度是忠实的，严肃的"，"一方面既然企图于下论断，又一方面也想多多供给材料，兼有'长编'的性质，他这用意是好的，就可惜他两面都没有做好;严格说来,实在有点糟。"此书的著述立论和提供的材料,茅盾都不满意。

《中国新文学运动史》分为10章:《甚么是新文学》《新文学革命运动之原因》《新文学革命运动之经过》《十五年来之中国文坛》《新文学创作第一期》《新文学创作第二期》《翻译文学》《整理国故与儿童文学》《新文学作家略传》《附录》。

茅盾认为该书"总论"(前三章),第1章列举了("五四"前后)从胡适到郭沫若六七人的文学理论,只是列举而已,并没有研究这些理论所产生的社会原因,即是什么不同时期的社会动态影响了社会的阶层中间某一部分人的意识,从而反映到文学的理论。

第2章虽然讲了新文学革命运动之原因,可是与第1章"脱离",只是抽象地去解释,"结果一无是处"。第2章分为"远因"和"近因",可是列举的10个原因,没有一个能够说明新文学运动的,就像摆了一个"杂货摊"。

该书的第二部分(第4章到第8章),占据全书的大半篇幅,以史料为主,"实在是大失败"。因为没有适当的取舍标准,而且史料的编次很混乱,"不能使人一目了然于各派文学的系统"。

第5章、第6章为新文学创作第一期、第二期,是该书的"骨干",分为诗歌、小说、戏剧、小说4个小标题,这种编法"很陈旧"。其实这两章是第9章"新文学作家略传"的"放大","我们只见一段一段类乎于'作家评传'的文字排在一起,看不出文坛潮流的趋向。"

王哲甫也觉得有些缺憾,因此在第5章前面有个"十五年来之中国文坛"(第4章)。茅盾认为此章是全书写得最好,不过与前后两章都没有什么关系,好像是飞来的。"说不定王先生是先写成了五六两章,觉得太像'作家合传'了,于是加了个第四章在前面,叫它担负五六两章所遗忘的使命。或者王先生把'理论'和'作品'分开来看,于是就把'理论'归第四章,'作品'归五六两章。可是这种编法就使得全书最主要的部分没有意义。王先生又把'翻译'和'整理国故'独立为两章,这也是不很妥当的。因为'翻译'和'整理国故'也应该和文坛的潮流联系起来看;文坛的新的'运动'常常影响到翻译,也影响到'整理国故'。王先生在第七八两章里只记账似的叙述了'翻译'有多少,'整理国故'有那些人,那些书,似乎太简略了。"①

茅盾是"五四"新文学运动的见证人,又是著名的文学家,早年摘译列宁的《国家与革命》等,因此,他的批评意见具有代表性。以上的批评意见采用

---

① 茅盾:(评论)《中国新文学运动史》,载《文学》第3卷第4期(1934年10月1日出版),署名山石。

了当时流行的上层建筑与经济基础之间关系的观念,这反而让如今有的学者觉得"陈旧"。

王哲甫一书还是有其特点的,以1917年初的胡适的《文学改良刍议》为发端,这是如今世人公认的倡导文学革命的第一篇文章,即把现代文学作为一个独立的文学史段落来研究。那时陈子展的《最近三十年中国文学史》则把1894年的晚清文学作为讲述的起点,并与戊戌维新改良文学运动联系在一起。如今则是将其纳入近代文学史的内容,已经形成一种共识。显然,王哲甫写此书时的观念已有了新的飞跃,很可能是受到郑振铎等人的影响。

王哲甫在该书中有时将欧洲文艺复兴时期的现象与中国新文学运动作横向比较,显然他看过不少涉及前者的书籍,这与他懂得法文有关。因此,他的文学观念的现代意识不同于世人,具有"前瞻性",这也是获得如今学者青睐的主要原因之一。

有的学者认为《中国新文学运动史》前4章的体例类似于朱自清的《中国新文学研究纲要》前两章,而且前者间有重复,线索不及后者清晰。朱自清以体裁为经,时序为纬;王哲甫则相反,形成互补格局,但是每种体裁均先叙述理论后分析作品,又与前者相同。①

总之,王哲甫搞新文学史毕竟是个新手,一时难以辨清"曲折是非",同时接受新旧观念的影响,一起反映在《中国新文学运动史》里。并且,他的侧重点并非是著书立论,而是提供众多的有关资料,以便世人查询,可作进一步的研究,初衷可鉴。对此,茅盾也表示赞赏,认为他"辛苦地搜集了不少材料"。由于各种原因,王哲甫无法对搜集的材料进行核对,也出现了一些差错。

该书第10章(附录)内容比较多:文学研究会始末,创造社的始末,少年中国学会的始末,中华学艺社的始末,上海戏剧协社的始末,笔会成立的经过,文艺刊物调查一览,新文学创作书目一览等。其中有作家笔名一览,王哲甫在文前说明:"现在的作家多喜欢用笔名,有时候一个人用了好几个不同的笔名,使读者无从认辨。今为便利读者起见,特将所调查得者列表于左。"王哲甫大概是个"不问窗外事"的书生,不愿意去联想当局"钳制思想"的高压政策,否则就不会这样简单省事地说个"喜欢"便完事了。

王哲甫在该文后又注明:"作者年来调查作家笔名仅得百余。近得国立北平图书馆袁涌进先生所作笔名录至为详备,因得参考完成此表,特此志谢。"但是,作家的笔名很容易搞错,王哲甫在鲁迅笔名中列出"吴谦",许广平名下有"已故"二字。

---

① 李朝平:《王哲甫的中国现代文学研究》,载《现代中文学刊》2016年第1期。

鲁迅购买了一本,翻看后不满意,写信给台静农(1934年6月18日),批评该书的附录:"附有作者之笔名,云我亦名'吴谦',似未确,又于广平下注云'已故',亦不确也。"关于笔名"吴谦",至今仍有人将此作为鲁迅的笔名。许广平女士名下的"已故",在如今影印本里此为空格,显然已被遮盖(删除)。

1935年12月4日,鲁迅将此书寄给日本友人山本初枝,称其为"新文学什么史",显然夹杂一些不满之情。

《中国新文学运动史》出现于上海书店时,已经是该书出版的第2年的事情,茅盾在文章里特地提及此事。茅盾评论该书之前,是否与鲁迅提及此事,难以考证。茅盾在文章里批评该书,同时提出编写一部正确的"新文学运动史","未免希望得太早了"。新中国成立后,陆续出现各种版本的《中国现代文学史》专著,其可追溯到王哲甫的《中国新文学运动史》等。

如今有些学者高度评价此书,"这是第一本专论新文学运动的文学史","第一部具有系统规模的中国文学史专著",在中国现代文学学科史上的一部奠基之作等。但是,如果掩卷"过滤一番",便会发现该书存在不少的问题。当时茅盾等人与如今的学者看法不同,甚至大相径庭,其中原因之一,今昔论者是从不同层面上观审的,不可"同框"而论。

茅盾认为:"我们现在只希望有一部搜罗得很完备,编排得很有系统的记载'史料'的书;这书可以是'编年体',按年月先后著录重要的'理论文章'及'作品',记载文学集团的成立,解散,以及杂志的发刊等等;'理论'文可以摘录要点,或者抄录全文,'作品'可以来一个'提要'。"[①]

这个从《中国新文学运动史》引申出来的比较理想的"史料"专著框架,正是赵家璧主编的《中国新文学大系》(1917—1927),丁景唐接续主编《中国新文学大系》(1927—1937)以及此后各辑所遵循的。

丁景唐收藏了《中国新文学运动史》影印本(上海书店1986年版),在扉页上特地注明茅盾评价《中国新文学运动史》的出处。收藏本书,不仅是作为一种纪念,也是丁景唐撰写有关文章时的一份重要参考资料。丁景唐看重《中国新文学运动史》的有关资料(用红笔作了许多记号),这是当时其他类似文学史的专著所缺乏的,具有重要的参考价值。

---

① 茅盾:《我走过的道路》(中),人民文学出版社1984年版,第262—263页。

朱雯编选"饶有趣味"的《中国文人日记抄》

  上世纪30年代,应天马书店编辑之邀,著名翻译家、作家朱雯[①]编选了《中国文人日记抄》(1934年8月初版),收入了宋朝至晚清文学家的日记,包括北宋大文豪欧阳修的《于役志》,还有北宋著名文学家、书法家黄庭坚的《宜州家乘》,南宋名臣、文学家、诗人范成大的《吴船录》,元代著名书画家郭畀的《云山日记》,明代戏曲家李日华的《味水轩日记》,明代地理学家、旅行家和文学家徐宏祖(徐霞客)的《闽游日记》,明末口述者李光壂的《守汴日志》(原名《城守日记》一卷,详述了明末李自成等农民军三次攻围开封的始末及当时开封的社会状况),以及清代文学家、金石学家黄易的《嵩洛访碑日记》,清代民族英雄林则徐的《荷戈纪程》,晚清词人、学者谭献的《复堂日记》,清代民族英雄、书画家吴大澂的《悫斋日记》,清末外交家李凤苞的《使德日记》,晚清著名文史学家李慈铭的《越缦堂日记》,晚清经学家、文学家王壬秋(王闿运)的《湘绮楼日记》,并附有各位作者小传。
  这些不同朝代的文人日记,尽管是选录或是片段,但是内容依然精彩纷呈,从不同的视角观察、记录各个朝代的社情、政治、外交、文化、地理、人文等鲜明特点,构成了不同色彩的历史横切面,展现了一个"零距离"的历史日记长廊。
  日记是文学中特别有趣味的东西,因为在这种文体中,比较地能够表现出作者的个性。可是中国文人向来主张"文以载道",任何文章除了装运道德之外,便不容许表现作者的个性,所以即使在这种只是为写

[①] 朱雯,原名朱皇闻,笔名王坟、蒙夫等,上海松江人。1932年毕业于苏州东吴大学,执教江苏省立松江中学、广西省立桂林高级中学,担任上海法学院、上海财经学院、复旦大学等教授,曾任上海社会科学院文学研究所名誉所长。著有长篇小说《动乱一年》、短篇小说集《现代作家》等,翻译苏联作家阿·托尔斯泰《苦难的历程》三部曲、德国作家雷马克的《西线无战事》《凯旋门》等长篇。

给自己看的日记之中，也往往有些做作。幸而自有日记这种文体以来，流传下来的作品已颇不少，因而也颇多特有趣味之作。本书所选，大抵是编者认为饶有趣味的。

朱雯在《中国文人日记抄·序》（1934年7月26日）里如此写道，对于"文以载道"的文人传统颇有啧言，主张"饶有趣味"的编选宗旨，同时这也是说给图书审查官的老爷们听的。

出版此书的天马书店创办于1932年，由浙江余姚同乡韩振业（经理）、楼炜春（副经理）、楼适夷（编辑）、郭静唐（郭澂）等人组成，其中左联成员楼适夷分别向鲁迅、茅盾等作家约稿，天马书店先后出版了鲁迅、郁达夫、周作人、茅盾、丁玲等作品，名声大振。

1933年，楼适夷参与筹备远东反战大会之后被捕（直到1937年才出狱），韩振业替代负责约稿。由于遭到国民党当局的查禁或扣留邮包，使天马书店不断遭受政治压迫和经济损失。出版《中国文人日记抄》的第二年，43岁的韩振业心力交瘁，不幸去世。

因此,朱雯说的以上一番话,不能不考虑到天马书店的困境,同时他也反对枯燥乏味的说教,主张"饶有趣味",其实只须看看该书的目录,便可推知"弦外之音",并非都是风花雪月的闲聊之言,有些是很有历史价值的重要话题,特别是林则徐的《荷戈纪程》、李凤苞的《使德日记》等。

1840年6月,第一次鸦片战争爆发后,林则徐严密设防,使英军未敢进犯。10月,因受投降派诬害被革职。1942年,林则徐被流放新疆伊犁。林则徐在途中写的《荷戈纪程》,记述同年(农历)7月初六从西安出发,到11月10日抵戍所惠远城(今霍城县境)之逐日行程和沿途见闻,前后共计123天。其中包括风土人情、道里路程、军事设置等,不过林则徐因故删除了该书中他与沿途官员交往的情况。林则徐赴伊犁途中曾写下"苟利国家生死以,岂因祸福避趋之"的名句,传颂至今。

由于林则徐的历史地位,加之该书写作时间恰好是第一次鸦片战争结束之后和《南京条约》的签订,且是当时最早的西北史地情况的记录,具有重要的历史研究价值。此书一问世,便受到各方面的高度关注,出现各种版本,如今依然是历史学者饶有兴趣研究的对象。

李凤苞,原籍江苏句容,出生于江苏崇明(今属上海市),自幼聪慧。1878年,经驻英公使郭嵩焘保举,李凤苞被清廷任命出使德国,专办采购船艇军火事宜。在这期间,他写下了《使德日记》,时间仅为半个多月,但是颇受读者欢迎,出现了各种版本。

《使德日记》的内容包罗万象,其中有沿途见闻,与西方官员的交往,观察和记录的国外风土人情、地理知识等。

李凤苞颇有语言天赋,曾随李鸿章与法国谈判"马嘉理案",又参与英国公使威妥玛的谈判等,因此对外交礼节和辞令甚是了解。他作为出洋大臣,怀着民族自尊心前来考察西洋科技,始终未能忘记自己的使命。

《中国文人日记抄》收入其他文人的日记,大多是生活类的。朱雯在序言里写道:

> 日记的内容……往往限于读书录以外,大率可以分为三类:一种是记述日常生活,一种是记述行程,还有一种是专记某一件事的始末。在中国历代文人日记中,记述行程的最多,专记某一件事也很不少,而记述日常生活的反极少见。本书所选,大概偏重于记述日常生活的日记。

记述日常生活的日记,"饶有趣味",也实属不易,不同文化层次和背景的读者,会有不同的一番滋味。

丁景唐收藏朱雯编选的《中国文人日记抄》初版本,还有一个重要原因,朱雯的夫人姚罗英是上世纪30年代出名的才女，笔名罗洪，亦为著名作家。他们夫妇俩都是松江人，与施蛰存、赵家璧同乡，彼此很熟悉，被戏称"四人帮"。

朱雯20岁时，与郑伯奇等人创办了文学旬刊《白华》，并出版了第一本短篇小说集《现代作家》。大学毕业后，他在老家松江中学任教，与施蛰存合编《中学生文艺月刊》。

罗洪也是20岁开始发表作品，主要从事写实的小说创作。1931年5月9日，朱雯、罗洪与巴金、毛一波同游苏州虎丘等名胜。次年一·二八淞沪战争爆发，罗洪不能再去苏州，便辞去家庭教师，与朱雯在上海正式结婚，住在辣斐德路（今复兴中路）桃园村，暑假回老家松江定居。同年11月23日，朱雯、罗洪的儿子出生。1933年，罗洪在改版的上海《申报》（黎烈文主编）发表《泡影》《夕照》等多篇文章。

因此，朱雯编选《中国文人日记抄》时，正是他的儿子1岁多，罗洪的文学创作开始"走红"，这些对于朱雯来说有特殊纪念意义的。

朱雯和罗洪是一对恩爱夫妻，相濡以沫，结婚60多年几乎没有什么口角，朱雯风流儒雅，罗洪则慈祥温柔。2017年2月27日凌晨，罗洪以107岁高龄安然去世，朱雯则在20多年前已经离世了。

作家印象中的作家印象

"第169页有林疑今《〈大地的女儿〉访问记》。"丁景唐在《文坛印象记》扉页上写道,并在书里许多地方作了批阅,以示重视。

起初看看这本书的简单封面并不以为然,进一步查寻书中的这些撰稿人,才恍然大悟,原来这是一些"当红"作家,描写中外"大文豪"的形象,生动翔实,引申出许多精彩的故事。

《文坛印象记》由黄人影编辑,乐华图书公司于1932年12月初版。该书收入不同作者撰写的文坛大家,其中中国作家有鲁迅、郭沫若、周作人、张资平、郁达夫、王独清、叶绍钧。俄国有三位享誉文坛的著名作家高尔基、托尔斯泰、柴诃夫(契诃夫),此外还有英国的萧伯纳、德国的雷马克、美国的女作家史沫特莱,日本的秋田雨雀、村山知义。

鲁迅"有三个特色,那也是老于手术富于经验的医生的特色,第一个,冷静,第二个,还是冷静,第三个,还是冷静。你别想去恐吓他,蒙蔽他。不等到你开嘴说话,他的尖锐的眼光已经教你明白了,他知道你也许比你自己知道的还更清楚。他知道怎么样去抹杀那表面的微细的,怎么样去检查那根本的扼要的,你穿的是什么衣服,摆的是那一种架子,说的是什么口腔,这些他都管不着,他只要看你这个赤裸裸的人。"

这犀利的笔锋,出自张定璜(张凤举)写的《鲁迅先生》,此文最初刊登于《现代评论》1卷7期、8期(1925年1月24日、31日),被公认为"中国鲁迅学史上第一篇有分量的鲁迅论,鲁迅印象初步形成的标志。最重要也最有意义、最深刻之处,是首次非常形象、准确地描述了鲁迅出世前后中国精神文化界所发生的质变。"(中国社会科学院研究员张梦阳之语)

张定璜是著名作家、文史学家、批评家、翻译家。他是1921年创造社在东京建立时的发起人之一,又是"身边小说"的代表人物。回国后,他执教北京大学、女子师范大学等,与郁达夫、郭沫若、张资平、成仿吾等人交往密切,曾与鲁迅轮流主编《国民新报副刊》。他的名字多次出现在鲁迅日记里,即使晚年侨居海外,也"不忘初心",拒绝对鲁迅"说三道四"。

"翼城才女"吴曙天，撰文署名"曙天女士"，逃婚到南京求学，认识了宁波才子章衣萍，此后，他们夫妇俩认识了鲁迅、胡适、周作人、柳亚子等一些文化名流。

"在一个很僻静的胡同里我们到了鲁迅先生之居。我们敲门，便有人来开，孙老头儿先进去报告了，我和S君站在院里；院里有一棵枣树，是落了叶子的。房门开了，出来了一个比孙老头儿更老的老年人，然而大约也不过五十岁左右罢，黄瘦的脸庞，短胡子，然而举止很有神，我知道这就是鲁迅先生。"（曙天女士《访鲁迅先生——断片的回忆》）

吴曙天并不掩饰对于鲁迅"第一印象"的真实看法，这是对于如今"高大上"思维的绝妙讽刺。鲁迅日记中记载："1924年9月28日，晴，星期日休息，吴曙天（吴冕藻）、章衣萍（章洪熙）、孙伏园前来。"此后，吴曙天、章衣萍拜访鲁迅的次数愈益增多，交往甚密。

吴曙天此文为鲁迅的这一天日记做了一个生动的诠释。该文最初刊登在《京报副刊》1925年1月8日，那时鲁迅才45岁。半个月前，鲁迅还在该报上接连发表通信和杂文。读者看了吴曙天此文，不由得会心一笑。

"鲁迅先生在这样的烦恼中，失望中，寂寞中，他的能力使他坐下了，他在这荒原中坐下了，他的被寂寞的大蛇缠住的灵魂，便要在他的有时代精神的梦里出现了。"著名的历史学家尚钺这样评价自己的北京大学的老师鲁迅,也拟题为《鲁迅先生》,其中的某些观点与张定璜的同题之文很相似——鲁迅之"梦"。

1939年10月,尚钺又撰写《怀念鲁迅先生》,透露了自己曾得罪了鲁迅先生,把成名作《斧背》从鲁迅所编的《乌合丛书》中抽出来,给予上海泰东图书局出版。《斧背》曾得到鲁迅的好评,尚钺回想起来,后悔不已,并写了一封道歉长信和"误解"鲁迅的文章一起寄去。但从此与鲁迅失去了联系。一次,尚钺在上海化装为工人,路过狄思威路(溧阳路),忽然看见鲁迅缓缓地向北四川路走去。尚钺故意绕到他的面前,鲁迅似乎还有点认识,但是尚钺有秘密工作在身,只是笑笑,急匆匆地走了,不料这竟是师生之间的最后一次见面。

《文坛印象记》校对工作的疏忽,以至于目录中漏了马珏的《初次见鲁迅先生》。马珏是鲁迅老友、北京大学教授马裕藻(马幼渔)的长女,马珏就读北大政治系时,被公认为"皇后",名满京城。

鲁迅"穿了一件灰青长衫,一双破皮鞋,又老又呆板,……手里老拿着烟卷,好像脑筋里时时刻刻在那儿想什么似的。"16岁的马珏在家里初次见到来访的大名鼎鼎的鲁迅,有点反感。但是,她必须遵循家规,不得不硬着头皮,呆呆地等着,心里却巴不得鲁迅快点走。她好不容易听到屋里的椅子声、鲁迅的皮鞋声,却装出一副不好意思的样子,跟着家父后面,送鲁迅出门,"双方点了一点头,就走了"。

此短文刊登于1926年3月的《孔德学校旬刊》,被鲁迅看到后,十分高兴,表扬此文写得好,写的都是实话。过了几天,马裕藻带着女儿马珏到八道湾的鲁迅家去玩。鲁迅很喜欢可爱的马珏,又引出许多故事,这在鲁迅日记里有记载。至于外界传闻,不必轻信。

美蒂的《郭沫若印象记》一文里,丁景唐写了不少批语,力图想搞清楚作者的真实身份:"此人说从北平来的,当过武汉时的兵。""看(此文)最后写作日期是1931年11月(于东京),不知刊在何处。"查看有关资料,也未能如愿。

该文描写了郭沫若流亡日本的艰难生活,就像坐牢似的,随时都有巡警来查问,甚至守在门口。"他完全不知道国内的情形,甚至还在问'茅盾是否来东京了?'我告诉了他关于上海及北平一切的文化运动状况,他高兴得几乎说不话来。"郭沫若"四个孩子,大的进中学读书,连自己和夫人六口人吃饭,每月至多化一百元日金,自然一家人的一切费用都在内。"恶劣的异国政治环境,迫使他无法创作,只能搞一些翻译,但是很少能拿到稿费。

"我想像得出他家里的困苦情形:吃饭时没有菜,天冷时没有衣穿,没有钱买炭,没有钱买糖果给孩子们吃,买玩具给孩子玩,不能送他们上学,生活逼迫着他，使他不能搞创作，环境压迫他使他不能活动……"郭沫若答道："哪有什么计划？今天就不知明天怎样？莫说将来，就是目前——这一个月都没有办法。"

"我"领着急匆匆冒雨赶来的郭沫若进了食堂，加了一碗肉丝炒鸡蛋，平时只有白菜和鸡蛋，这让郭沫若激动不已。郭沫若急匆匆走了，"我"回到寝室，剑和竹关切地问："老郭怎样？""穷得要死，环境也特别不自由。"这是郭沫若流亡日本时的真实写照，至今读起来"如临其境"，感慨不已。至于郭沫若后来的幸福日子和日本妻子郭安娜、孩子们的命运，已是题外话了。

谢冰莹，是中国近代史上第一个女兵，也是中国历史上第一个女兵作家，她的代表作有《女兵自传》等，相继被译成英、日等10多种语言。她的坎坷曲折的人生道路，迫使她尝尽人间百般滋味，倾诉在笔底下，形成一篇篇美文。

"周先生的女公子若子死了！这突如其来的噩耗，使我全身麻木了……"谢冰莹（碧云）写的《周作人印象记》中记载了这样一件事情。"大约是一星期以后吧，我病了，而且病得很厉害，三天没有起床，也没有吃东西。"

1929年11月20日，若子病逝，26日出殡。次日，周作人去印若子照片，11月29日，周作人往女师大看望谢冰莹。

"呀！这么大的雪天，你怎么跑来了！"谢冰莹硬撑着虚弱的身子起床，见到周作人第一句问道。窗外的地上已经堆积着2尺多厚的雪了，还在下着。谢冰莹刚从热烘烘的被窝里钻出来，被冷冰冰的会客室里的寒气（没生火）冻得浑身颤抖着。"病得厉害吧？吃药了没有？"周作人带着悲苦的语气问道。

"这……这……这是她的一张照片。"谢冰莹接过周作人手里的照片和送给她的两本书，第一眼就看到照片上写的6个字"亡女若子遗像"。谢冰莹的心里一阵颤抖，潸然泪下。"我走了！很冷，你进去吧，望你好好保养。"周作人说完走了，谢冰莹"望着他的背影在风雪中——消逝了"。

周作人痛失爱女的心境，与谢冰莹的女性细腻感情，同时倾述在笔端，展现了一幕悲凄的情景交融的场景。如今许多忙碌的人们甘愿成为周作人的休闲散文的忠实"粉丝"，却遗忘了谢冰莹笔下的周作人，也忽视了周作人不为人齿的汉奸行径。

丁景唐在《文坛印象记》扉页上写的批语，提及《〈大地的女儿〉访问记》的作者林疑今（林国光）。他是著名的翻译家、作家，也是中国最早翻译和研究美国文学的知名学者之一，曾与鲁迅有联系，介绍了白薇的作品。此后，他在哥伦比亚大学研究院攻读英美文学，获得文学硕士学位。他的父亲林玉霖也是从事翻译教学的教授，曾执教于厦大外文系。

当时林疑今刚进入上海圣约翰大学，开始着手译介美国现代文学，其中有海明威的名著《永别了，武器》，影响很大，显示出他的才华和胆魄。他能够前去访见史沫特莱,这与他的五叔林语堂有关。他在《〈大地的女儿〉访问记》中有时提及"我们",显然不是他单独前去的。

不过该文开头介绍史沫特莱的生平时,笔误不少,显得比较稚嫩。他甚至认为:"前年(一九三〇)她出版了一部自传式的小说《大地的女儿》(daughter of the Earth)已由杨杏佛译成中文,在商务(印书馆)出版。"这段话里有好几处笔误,详见本书收入的《史沫特莱的签名本〈大地的女儿〉》。

该文提及"从白色恐怖,我们又谈到许多俄国文艺作品,以及中国对于俄国作品的翻译,而从《毁灭》的译文,我们谈起了鲁迅先生的近况。"史沫特莱透露:鲁迅在写一部长篇小说,"打算将北洋军阀下北京的整个社会暴露出来。这是困难的工作,但是伟大的。"鲁迅是有写长篇小说的想法,但是否要写这样的题材,有待考证。

《文坛印象记》的作者还有著名教育家匡亚明、左联诗人森堡(任钧)、华蒂(叶以群)和光华书局编辑主任贺玉波(大革命时期加入中国共产党,后回湖南执教)、编辑李白英(后为上海人民美术出版社编审、中国民俗学会理事),以及高尔基、巴比塞、藤森成吉、升曙梦、宫岛新三郎等,由于篇幅有限,不再赘述了。

《文坛印象记》的影响很大。60多年后,出现了著名作家"印象系列丛书",以上论述或描写鲁迅的4位作家及其作品,也以不同形式收入纪念鲁迅的各种专著里,甚至原文直接收入,足见《文坛印象记》的策划者、编辑很有远见,借鉴国外类似的编书思路,即作家描写作家,以便销售。

《文坛印象记》对外宣称是黄人影编辑,显然是一个化名。清末民国初期,有一位"南社才子"黄人,曾是《小说林》主编,并与章太炎同时受聘于东吴大学。

黄人影,一说是小说家顾凤城,才女谢冰莹的第二个男友,与《文坛印象记》两位作者李白英、贺玉波都是光华书局的编辑(1934年该书局还出版了黄人影的《郭沫若论》)。李白英与顾凤城同为江苏无锡老乡,成为顾凤城、谢冰莹的证婚人,写有回忆文章,具体描述了这场婚礼的场面。但是,顾凤城、谢冰莹这段婚姻维持的时间不长,1931年的9月中旬,谢冰莹便去了日本。

顾凤城曾是左联成员,以后留学日本,因此《文坛印象记》中一些文章与中国留日学生、日本学者有关。顾凤城主编《读书月刊》时,出版了《中外文学家辞典》(乐群图书公司1932年版),把自己名列其中,遭到了鲁迅的讽刺。1937年初,顾凤城与国民党要人樊仲云、潘公展、朱应鹏等赞助《寒友》季刊创刊。1940年,顾凤城与张资平一起投靠汪精卫伪政权,被世人所不齿,他的作品也被冷落,无人问津。

梁遇春《泪与笑》的任性和智慧

他,北京大学英语系高材生,"稀缺人才";戴着眼镜,透出睿智的目光,头发似乎永远是整洁光亮;西装革履,风度翩翩,"颇有富贵气象的公子哥儿"。在校园外,他遇到同学,哪怕是同系同级同宿舍的,彼此知道对方的名字,还是有点不好意思,互相看看,很少点头打招呼,更不用说谈过什么话了。

他,给人第一印象有些冷。如果第一次交谈,那么他的脸上浮起红晕,渐渐地熟悉了,他其实是一个"最爽快最热忱不过的人"。遇到意见分歧时,他主动退让,过分谦虚,甚至谦虚的态度都深藏起来。他听别人讲话时,可能会流露出一种困惑的神色,让说话者感到一种虚荣的满足感。

他,被好友废名(冯文炳)称为:"我们见面的时候,他总是言语呢喃,翩翩风度,而却又一口气要把世上的话说尽的样子,我就不免于想到辛稼轩的一句词'倩谁唤流莺声住',我说不出所以然来暗地叹息。"

他,从不戴面具,不怕平凡,他就是他自己。他的天赋和勤奋,堪比"唐代的李贺、英国的济慈、德国的诺瓦利斯"。胡适称他是"一个极有文学兴趣与天才的少年作家"。(《〈吉姆爷〉编者附记》)

他,虽然"昙华(花)招魂",仅留下36篇散文,收入两本散文《春醪集》(1930年)、《泪与笑》(1934年),但是独具一格,自成一家,在现代散文史上有着不可替代的地位,他的作品影响,"仍然可以从当代作家某些杰出散文的恳挚亲切的气息和清新淡雅的笔调中辨认出来"(温源宁语),他是"应当成为散文大家而没有成为散文大家"。

他还写有介绍外国作家和作品的"海外书话"(《新月》编辑之一叶公超约写的),以及英国小品文的译文等,现在都收入吴福辉编辑的《梁遇春散文全编》。(浙江文艺出版社1992年版)

他,1932年夏染上急性猩红热,27岁的生命戛然而止。正如废名写的挽联:"此人之好彩笔成梦,为君应是昙华(花)招魂。"(《泪与笑·序一》)病逝几天后,小女儿随他而去,留下孤儿寡妻,不知如何生计。

他——梁遇春，别署驭聪，又名秋心，1918年秋考入福建省立第一中学（今福州一中）。1922年夏天，梁遇春先入北京大学预科，后就读北大英文系。他很幸运遇到两位恩师温源宁、叶公超——都毕业于英国剑桥大学。

有位资深的学者谈起温源宁：他用英语讲述时，自然随便，轻轻的低语，突然夹着中文——抑扬顿挫念几句中国古诗，他好像是一位穿越时光和国界的奇人，"法国的蒙田，英国的艾狄生，中国的陶渊明"，令人如入梦境，竟不知道怎么和这样一个人谈话。温源宁用英文写的一本著作，现在译为两种中文版本《一知半解及其他》（辽宁教育出版社2001年版）、《不够知己》（外语教学与研究出版社2013年版）。

当初26岁的温源宁回国后，在北京大学、清华大学、北京女子师范大学等多所大学任英国文学教授，"身兼三主任、五教授"，让名噪一时的胡适都有点"眼红"，称他"最时髦"。温源宁的弟子后来都成为文学界的耀眼明星：钱钟书、曹禺、李健吾、张中行等。

梁遇春于1928年毕业后，因成绩优秀，留系里任助教。但是，他生不逢时，政局动荡，北京大学校园里突然冷落下来。梁遇春便随着温源宁教授赴上海暨南大学担任助教。但是，他并不得意，平时没有什么多大的事情，也不好意思拿着助教的酬劳，被人嘲笑为"口含烟斗的白面教授"——不免夹着游手好闲之意。

其实，梁遇春正抓紧时间读书学习。他的同学石民（诗人，任职北新书局,住在市区里)回忆说:"我们每星期总是要来往一次的。他是一个健谈的人,每次见面真是如他自己所谈的'口谈手谈'。有时读了什么得意的文章,或写了什么得意的文章,总是很高兴地翻出来给我看,桌上大抵堆满了他所翻开的书本。"(《泪与笑·序三》)

1930年,梁遇春随同温源宁教授一起返回北京大学,负责管理北大英文系的图书,兼任助教,"教课却是他深以为苦的"差事。平时,他依然是那样潇洒,充满生气,但是,他内心在"寻愁觅恨",他写信给在上海的石民,流露出厌世、压抑、忧郁的情绪:

> 昔Cowper因友人荐彼为议院中书记,但要试验一下,彼一面怕考试,一面又觉(得)友人盛意难却,想到没有法子,顿萌短见,拿根绳子上吊去了,后来被女房东救活。弟现常有Cowper同类之心情。做教员是现在中国智识阶级唯一路子,弟又这样畏讲台如猛虎,这个事实的悲哀,既无Poeical Halo围在四旁,像精神的悲哀那样,还可以慰情,只是死板板地压在心上,真是无话可说。

Cowper,库柏,18世纪的英国感伤诗人;Poeical Halo,诗晕之意。梁遇春深受英国近代文学的影响,他笔下的散文里常常出现英国文学的典故,并且与中国古代文学相结合,在中西文学之间潇洒穿行,"剑走偏锋"谈人生,喜欢彻底颠倒世俗观念,恣意妄为,凸显"任性"二字,但是回避时政的敏感话题。这也是他禀承两位恩师温源宁、叶公超"学贯中西"学风的另一种生动体现。

刚刚回国执教的叶公超年仅23岁,有时身穿长袍马褂,有时换作皮夹克,头戴法国贝雷帽,好像换了一个人似的。他出现在北京大学的教室里时,头发梳得发亮,嘴里含着烟斗,显得风度翩翩,十足的绅士派头。他说着一口标准的剑桥英语,一下子镇住了众多自命不凡的学子,他们甚至都忘记了下课的铃声,都不愿意离开教室。

叶公超早年就读天津南开中学,后赴美国留学,获麻省赫斯特大学学士学位。又转赴英国,获得剑桥大学文学硕士学位,再赴法国巴黎大学研究院研究。这期间,他相识英国著名诗人与评论家艾略特(又译"爱略特"),以后他成为中国介绍艾氏诗与诗论的先行者。

叶公超在北京大学及北京师范大学主讲西洋文学,兼任北京《英文日报》与《远东英文时报》编辑。他有两个得意门生,其中废名(冯文炳)比他大4岁,梁遇春则比他小2岁。梁遇春病逝后,叶公超、废名的跋、序"相聚"在梁遇春的遗作《泪与笑》散文集里。

叶公超在《泪与笑·跋》里写道:"'死'似乎是我们亡友生时最亲切的题目,是他最爱玩味的意境。"显然,以上提及梁遇春写给石民的信中谈起上吊自杀的典故,竟然还是他笔下散文中两个"最"的至高意境。叶公超比较了解弟子梁遇春:

> 驭聪平日看书极其驳杂,大致以哲学与文学方面的较多。有一次他对我说,他看书像 Hazlitt 一样,往往等不及看完一部便又看别部了,惟有 Lamb 与 Hazlitt 的全集却始终不忍释手。在这集子里,我们也可以看出他确定受了 Lamb 与 Hazlitt 的影响,尤其是 Lamb 那种悲剧的幽默(tragic humor)。以他的环境而论,似乎不该流入这种情调,至少与他相熟的人恐不免有这样想的。

威廉·黑兹利特(William Hazltt),19 世纪英国随笔作家。他清晰、直接、男子气概的风格极大地影响了一批随笔作家。黑兹利特生性好争论,他的《时代精神》对同时代人进行了批判,得罪了许多人甚至是好友。这种逆反心理的写作,也直接影响了梁遇春的散文情趣。

查尔斯·兰姆(Charles Lamb)生活在 18、19 世纪之交,职业散文家,代表作品《莎士比亚戏剧故事集》《伊利亚随笔》《英国戏剧诗样本》等。兰姆早年和其他英国热血青年一样,受到法国大革命的影响,结交了一批思想激进的朋友,与反动保守势力激烈斗争。

伊利亚是兰姆的笔名,因此,梁遇春有"中国的伊利亚"之称,这是郁达夫在《中国新文学大系散文二集·导言》(1935 年)里说的一句名言。梁遇春的两本散文集《春醪集》《泪与笑》也有着《伊利亚随笔》某些机敏、玩味的笔锋。

梁遇春的最后三年里,与废名经常见面,他的散文也是被废名催逼出来的,发表于《语丝》《骆驼草》《新月》《现代文学》等,并经精心挑选、编定散文集《泪与笑》。他病逝后,该文稿由废名带到上海,希望曾是北京大学英语系同学石民等人帮帮忙,找一家书局出版,并指定石民写序。但是,书店老板(可能是北新书局老板)认为此书收入的文章太少。无奈之下,《泪与笑》的文稿又被寄回北平。费了一番周折,最后还是在上海开明书店出版(1934 年 6 月初版)。

《泪与笑》有 3 篇序言(废名、刘国平、石民)和叶公超写的《跋》(1933 年除夕),共收入 22 篇文章,大多是散文、随笔。其中废名写的序一(1932 年 12 月 8 日),事前该文题为《秋心遗著序》,发表于施蛰存、杜衡主编的《现代》第 2 卷第 5 期(1933 年 3 月 1 日出版)。但是,众所周知的原因,如今各种版本的梁遇春散文集都未曾收入这4篇序言和跋,以至于广大读者无法知道同时代的师友对梁遇春的各种评价,包括梁遇春的禀性、情趣和内心的自白,也不利于理解梁遇春这些散文的鲜明特点——内省任性、逆反求美、早熟早慧等。

《泪与笑》集子的首篇同题之文,讲述世人最常见的表情。梁遇春却反其道而行,敏感地捕捉蕴藏其中某些"否定之否定"的哲理。"当我们心里有说不出的苦痛纠缠着,正要向人细诉,那时我们平时尊敬的人却用个极无聊的理由(甚至最卑鄙的)来解释我们这穿过心灵的悲哀,看到这深深一层的膈膜,我们除开无聊赖地破涕为笑,还有什么别的办法呢?"这里用一个极端纠正另一个极端,即俗话说的"矫枉过正",这在日常生活普遍存在。梁遇春不想用抽象的话语来表述,而是让读者重新返回身边,放映着一个个现实生活的平凡镜头,让读者自己去品味,并带领读者在中外文学中自由穿行,边观赏边述说,让读者远离了枯燥乏味的说教。读者的脚步不由自主地随着梁遇春的指点,悠闲地慢行,逐渐沉浸在一个既有矛盾又有中庸的哲理世界里——对于宇宙和人生的探索和观察。

梁遇春以敏锐的目光去观察,凭借独有的判断、探秘的分析,以及渊博的中外文化知识,将平凡的事物中挖掘出"新奇",从社会上不合理而又习以为常的事物中看到"怪"。同时,梁遇春的思路是跳跃、即兴的,让读者永远不知道接下来一句话是什么,看似漫无中心,却分明有着指向。

"我们从摇篮到坟墓也不过是一条道路,当我们正寝以前,我们可说是老在途中。"人生之路,起点是出生,终点是死亡,我们都是路人,在人生的"途中",却有着不同的选择。"途中自然有许多的苦辛,然而四(周)围的风光和同路的旅人都是极有趣的,值得我们跋涉这程路来细细鉴赏。除开这条悠长的道路外,我们并没有别的目的地,走完了这段征程,我们也走出了这个世界,重回到起点的地方了。"(《途中》)佛教的轮回之说,在这里却赋予英国小品文的某些味道,即兰姆的"悲剧幽默",其中的"死"成为梁遇春"最亲切的题目,是他最爱玩味的意境"。(叶公超语)

梁遇春在散文集《泪与笑》里凸显了一个真实的"我":点起烟斗,谈起年轻人最爱谈的题目——离婚过的女人。(《天真与经验》)坐在车上,整整30分钟睁大眼睛观察乘客的言行举止。(《途中》)不管什么师道尊严,揶揄、嘲笑那些所谓的大学教授——伙计们。(《论智识贩卖所的伙计》)"火烧屋好看,难为东家"。明明是可怕的火灾,他却有兴致去观火,冷眼观看那些暴君的恣意妄为。(《观火》)……梁遇春的散文中有的是真知灼见,有的也近于荒唐;他给读者的印象有时如历尽沧桑、看透世情的智者,有时又像是胸无城府、有奇思异想的顽皮孩子。(冯至:《谈遇春》)

但是，梁遇春也有众多老百姓的爱憎善美之情。1930年写的《救火夫》，原题为《救火队》，载《现代文学》第1卷第2期（1930年8月16日出版），收入《泪与笑》集子时，梁遇春作了较多的删改，并改标题。此文是他散文中最有积极意义的名篇，赞美奋不顾身救火的人们，把生死置之度外，强烈谴责麻木不仁的旁观者。这时，他把笔锋一转，自我反省，"我是多么神往于随着火舌狂跳的壮士，回看自己枯瘦的影子，我是多么心痛，痛惜我虚度了青春同壮年。"接着，他引开说去，"我们都是上帝所派定的救火夫，因为凡是生到人世来都具有救人的责任，我们现在时时刻刻听着不断的警钟。"最后，他遏制不住喷发的激情，借用波斯诗人的一个口号，大声疾呼："打倒这糊涂世界！"

梁遇春不仅是散文家，还是一位出色的翻译家，翻译了几十种外国文学作品，如《英国诗歌选》《英国小品文选》《草原上》《摩尔·弗兰德斯》等。其中《英国小品文选》采用英汉对照的形式，以便于读者更好地阅读，成为流传最广、影响最大的一部译作，深受当时莘莘学子的青睐，即使到了晚年还津津乐道。

《泪与笑》集子的最后一篇是《Giles Lytton Strachey(1880—1932)》，详细介绍了英国著名传记作家里顿·斯特拉奇及其作品，有人惊呼此文"比英国人还了解英国人"。斯特拉奇的《维多利亚女王传》（已有中文版）等传记文学作品打破了长期以来歌功颂德的传记传统，具有强烈的破坏偶像成分。他与法国的莫罗亚、德国的茨威格同为20世纪传记文学的代表作家。

梁遇春此文发表于《新月》第4卷第3号（1932年10月1日），遗憾的是几个月前他已经病逝，未能亲眼看到铅字排印的此文。

梁遇春曾写过《"还我头来"及其他》（孙伏园编辑的《语丝》第146期，1927年8月27日出版），同期也刊登了鲁迅的文章《关于小说目录两件》。1928年4月23日，鲁迅接编的《语丝》第4卷第17期上发表通信，答复某人的信中提及"还我头来"的典故（《三国志演义》中的关云长被割下首级后，阴魂不散，诉冤时说的话），也是鲁迅笔下唯一一次提及青年作家梁遇春。这是丁景唐收藏初版本《泪与笑》的原因之一。

李健吾：福楼拜的中国"知音"

　　李健吾，著名作家、戏剧家、文学评论家、翻译家、法国文学研究专家。他多才多艺，思维敏捷，学贯中西。1933年10月，郑振铎、靳以合编《文学季刊》之前，郑振铎宴请北平知名作家周作人、杨振声、朱自清、沈从文等，商谈创刊诸事，其中有刚回国的李健吾。他介绍的世界名著《包法利夫人》（法国作家福楼拜代表作），发表于《文学季刊》创刊号（1934年1月1日），引起文坛不小的反响。他得到才女林徽因的赏识，被邀请前去名噪一时的梁家"太太客厅"做客叙谈，这是一种进入主流派作家圈子的"荣耀"标志。日后，29岁的李健吾应郑振铎（时任暨南大学文学院院长）邀请，南下赴沪，出任暨南大学法国文学教授，专心致志研究法国文学。

　　1935年8月，夏日炎炎。巴金热情地带着李健吾，汗水淋淋，出现在热闹的霞飞路（今淮海中路）上。巴金在自己居住的霞飞坊附近，为李健吾找到了一所住处，在霞飞路、拉都路（今襄阳南璐）路口。半年后，李健吾搬到真如的暨南大学附近。巴金告诫李健吾：上海方面对于他南下抵沪之行不满意。那时"京派""海派"之间闹得很厉害，日后，李健吾依然没能躲过上海左翼文坛的严厉批评，其中原因之一"京派"的著名作家沈从文热嘲冷讽上海"海派"时，竭力推举李健吾（刘西渭）的文学评论。

　　李健吾听从巴金劝告，只是在暨南大学校园里与陈麟瑞、周煦良、马宗融、张天翼等同事交往，平日深居简出，伏案写作。

　　　　怎样一本小说！没有一个人物不是逼真逼（毕）肖，那（哪）怕是及其渺微的人物，便是三行两行的形容，也是怎样地栩栩如生！而且每一个人物的背景是怎样地充实！性格，环境，事故，心理的变迁，全揉（糅）合在一起，打成一片，不多不少，不轻不重，在一种最完美的比例之中，相为因果，推陈在我们的眼前；我们以为这是一部描写乡间的通常的生活，和巴尔扎克的小说一样地沉重，一样地繁冗，一样的真实，却一样地凌乱，然而翻开第一页，我们便认出我们的错误，而且认出这是一个全

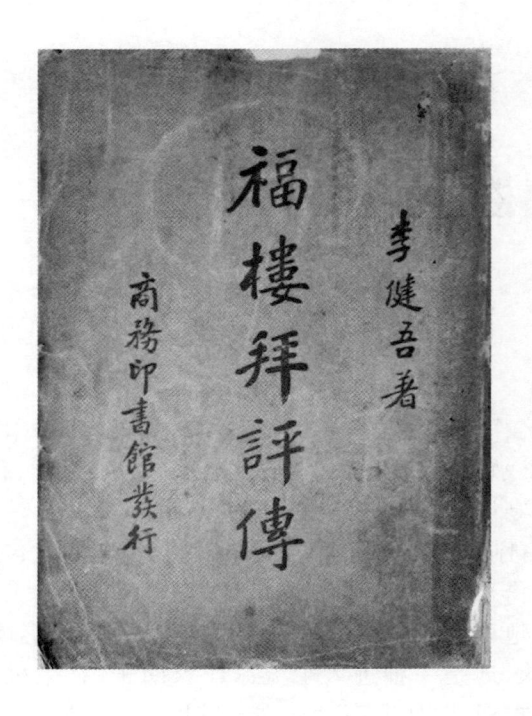

然崭新的形式,是巴尔扎克所不梦想也梦想不到的犹如人生的形式:描写,形容,分析,对话,性情,动作,都同时生灵活现地,仿佛真正的人生,印入我们的经验。是小说,然而是艺术;是艺术,然而是人生:呵!怎样地一种谐和!我们不相信人间会有如此美的人工的制作,而且是正人君子所不屑一顾的小说,但是福氏做了出来,怎样的教训!

以上引文是李健吾的名著《福楼拜评传》(商务印书馆1935年12月初版)中评价《包法利夫人》的一段文字。《福楼拜评传》是我国第一部也是迄今唯一的一部全面、系统地研究和评价法国现实主义大师福楼拜的研究专著。

李健吾早年就读清华大学文学院外文系时,自诩"为艺术而艺术",延续了很长时期。他在《自传》里承认福楼拜"为艺术而艺术"的主张,使他"在文艺理论上变成一个客观主义者",他俩心有灵犀一点通,契合心性。因此,李健吾选择了福楼拜作为研究对象——寻得了一位精神相通的"至交好友",并深深地影响了他此后的文学翻译、文学批评和文学创作。

1931年8月,李健吾抱着特殊的心情,赴法国巴黎留学。他搜集了大量的材料,其中有福楼拜的众多书信。他遏制不住内心的一阵阵激动之情,前往福楼拜的家乡故居,亲身感受这位半个多世纪前的法国文学大师的"音容笑貌"。

"只有真正的艺术家能够了解真正的艺术家。"李健吾这句名言虽然仅适用于"小众"范围,不过也生动地反映了他是福楼拜的穿越岁月的跨国知音。因此,有的学者认为李健吾是福楼拜最具代表性作品的最杰出的翻译者和诠释者,此言不为过,他的专著《福楼拜评传》便是一个力证——法国文学研究方面的扛鼎之作。

《福楼拜评传》近 30 万字,共分为 8 章。第 1 章叙述福楼拜的生平,以下各章评述福楼拜的重要著作《包法利夫人》《萨郎宝》《情感教育》《圣安东的诱惑》《布法与白居谢》,以及短篇小说集的 3 篇小说《一颗简单的心》《圣朱莲外传》《希罗底》。最后一章《福楼拜的宗教》揭示福楼拜的艺术信仰,李健吾写道:

> 我们应该具有斯巴达家长的刚毅,类似残废的字句一个一个抛弃。所以福楼拜答复高莱女士,截然道:"我宁可狗一般的死去,句子不熟,也不肯少用一秒钟赶趁出来。"
>
> 他以为修改不是增削,而是一种新的创造。这绝不是司汤达所谓修改即撒谎。修改之于思想,在它最高的意义⋯⋯同样文笔因修改而发光。这种不惮烦的追求,正因为"在所有的表现中间,所有的形体中间,所有的样式中间,只有一个表现,一个样式同一个形体表现我的意思。"(莫泊桑的《福楼拜》)

追求完美的"艺术至上"信念,成为李健吾与福楼拜"交流"的大前提。这些评价的文字如同潺潺山泉,清澈见底,曲折拐弯,穿插于山间,时遇山石溅起浪花,这是李健吾激情喷发的象征。李健吾的行文已达到"随心所欲,潇洒自如"的境界,引经据典,信手拈来。他的文风如同他优美的文学评论,自然流畅,深受他研究的 19 世纪法国文学的影响。同时,他拒绝僻奥怪罕、奇崛独出的"冷风"。

但是,李健吾常常"不按常理出牌"。他写的序言,没有落款时间,整篇都是推崇福楼拜的文字,唯独不见他自身——甘愿躲在暗处,仿佛此时自己完全是多余的;他全力撑起聚光灯,耀眼的光芒聚焦在福楼拜的身上,让读者细细地去欣赏。与其说这是一种巧妙的写作手法,不如说是一种敬仰之情,读者需要集中精力聆听他叙说的福楼拜,无须分心——穿插叙说他自己写作的如何勤奋、四处搜寻资料的如何辛劳,这反而破坏了他虔诚的初衷。

李健吾更不愿意写《后记》,透露写此书的一点内情,也就没有"如泣如诉"的故事,以及任何"谦称"的文字,不经意中蒙上了一层"迷雾",犹如法国高耸教堂镶嵌的高大五色玻璃后面的神秘气息,令人琢磨不透,从而留下一个难解之谜,足以让后世猜测一辈子。

《福楼拜评传》附录有3篇文章《福楼拜的家乡》《十九世纪法国现实主义的文学运动》《〈圣安东的诱惑〉初稿》。第一篇文章透露了他当年去探望福楼拜的家乡的情景,也是打破常规的写作方式。开头几大段都是描写福楼拜的创作,然后"跳跃"到他的家乡,终于出现了"我"内心的真实描写,弥补了此书没有《后记》的某些缺憾。他写道:

> 沿着不胜其计的壮丽的碑铭,我来在一圈铁围栏前面,看见内中我所寻觅的伟大坟冢。这是一块绝不引人注目的小白石碑,上面装潢着一个十字架,前面放着八九个磁质花圈,石碑上刻着:
> "尼斯达夫·福楼拜之墓,
> 生于路昂一八二一年腊月十二日,
> 死于克溏塞一八八〇年五月八日。"
> 几行寻常的无名的记载。但是我知道,在这简括的沉默的生年死月中间,是一个伟大的艺术家富丽的生命,充满不朽的动天地泣鬼神的工作,散在天涯海角的锦绣,落在万千包法利夫人的心上的珠玑。然而这是忧郁的,忧郁的,忧郁的。

时隔40多年后,湖南人民出版社决定重新出版《福楼拜评传》(1980年8月出版),李健吾亲自修订,订正了老版本的错讹之处,更新了人名、地名以及一些专有名称,调整了插图以及一些民国时期的用语习惯,重译了若干书中所引福氏作品等。同时,李健吾终于打破"沉默",在《写在新版之前》中,谈到了老版本的"毛病",缺少一章谈论福楼拜的时代,并试图引入"阶级分析"的意识,批判福楼拜的艺术信仰,同时进行自我批判,由此间接反映了"文革"留下的"后遗症",否则恐怕难以再版此书。

不过,李健吾还是提供一个史料:《包法利夫人》的英译本,由爱林娜·马克思·艾威林(马克思的女儿)翻译出来,说明了福楼拜"觉醒后深厚的艺术工(功)力是能得到欣赏的。这种成就得之不易,因为浪漫主义在他心身两方面都曾留下难以磨灭的痕迹。"同时,他依然坚持认为《包法利夫人》鲜明反映了现实主义的创作风格,福楼拜"对细节的的真实工(功)力,建立典型人物与典型环境的密切关系,以继承巴尔扎克为职志,走的正是恩格斯总结的现实主义道路。"同时,李健吾指出最早提出现实主义创作方法的是蒲鲁东——他的某些暴力革命方式及其理论曾被马克思、恩格斯严厉批判,并作了一个详细注释,这填补了中国长期以来的"正统"文学理论的一个空白。

由此反映了李健吾的"铮铮傲骨"并未被历经磨难所摧垮，依然坚守着自己最后的一块净土，绝不容许玷污。

不过，他依然不大愿意侈谈自己的写作内情。在原有的外文《参考书目》后面，也只是增添了《补识》一段文字，补充说明有关福楼拜评传和书信资料，依然不说一个"我"字，继续将"神秘"进行到底。其实，"我"早已融入"艺术之上"的神圣信念里，无须再分离——"我"的个体是多余的。

原有的《福楼拜评传》的目录上，注明第三篇文章包括四文："（一）海兰与魔术士西蒙；（二）科学与信仰；（三）诗人与卖艺的；（四）魔鬼的哲学。"可惜，在新版的《福楼拜评传》目录里删除了此四则篇目。

广西师范大学出版社再版此书（2007年版）时，出于某种原因，删除了湖南人民出版社版本添加的李健吾《写在新版之前》，改为法国文学专家柳鸣九写的序言，以便读者了解此书的有关"历史"信息。

如今的学者高度评价《福楼拜评传》，"像这样一部结构完美的书，我们无法拣选一句话来发挥或任意加以论列。它是首尾一致的有机组织，它全书一个完整的生命，不容许我们割裂它。这书启示我们的不是一个'福楼拜'和他的《包法利夫人》《萨郎宝》……它启示我们的乃是人类精神的活动与潜力。作者是一个惊人的精神的探险者，他的理智的光辉彻照全书，用美丽的简畅的文字将他的探险经历呈现给我们。"现代著名书评家常风对于《福楼拜评传》的这番评论，在当时却并未引起多大的"共鸣"。

李健吾曾抱怨福楼拜的名著《包法利夫人》，却是"正人君子所不屑一顾的小说"（见以上引文），这既是指当年福楼拜因此名作被告上法庭一事，也是指责国内某些"冷脸"教训者——长期以来严厉批评"艺术至上"，将此打入"另册"。如今，粗制滥造的各种低俗、媚俗、妖俗、神俗等所谓的"狗血"作品，不知李健吾老先生在九泉之下有何感想。

其实，李健吾也创作现实主义的文学作品，是个有名的戏剧家。李健吾风趣地埋怨巴金："从《这不过是春天》起，几乎没有一出戏不是他逼我的，从我案头抄去的。他的理由是'我爱家宝的戏，也爱你的戏，我都要'。他不写戏，至少不私下写戏，像家宝那样信口所之，兜起我的疑心。"李健吾写的《这不过是春天》《母亲的梦》等剧本，并未像曹禺剧本那样"走红"，而且《母亲的梦》在北平禁演。但是，引起英国伦敦大学教授 D. E. Pollard 的兴趣，并在《李健吾和现代中国戏剧》一文里提及《母亲的梦》《另外一群》，他对前者特别感兴趣，用了好几段文字来分析。抗日战争期间，李健吾与于伶、阿英、吴仞之等人几经波折筹建了上海剧艺社，投入抗日救亡的洪流，暂且远离"艺术至上"的象牙塔。

《福楼拜评传》由中华教育文化基金会董事会编译委员会编辑，商务印书馆于 1935 年 12 月发行，这是李健吾南下抵沪 4 个月后的事情。

1924 年 9 月 18 日，中华教育文化基金会在北京外交大楼召开成立大会。该会的主要任务是负责保管、分配、使用美国退还的庚子赔款。基金董事会由颜惠庆、张伯苓、郭秉文、蒋梦麟等中方 10 人及美籍人士孟禄、杜威等 5 人联合组成董事会。30 年代初，胡适主持该董事会编译委员会（一说是主任委员），他主张"翻译外国文学的第一个条件是要使它化成明白流畅的本国文字"，"文学书是供人欣赏娱乐的，教训与宣传是第二义，决没有叫人读不懂看不下去的文学书而能收（到）教训与宣传的功效的。"（胡适：《〈短篇小说〉第二集译者自序》）

"京派"曹葆华、卞之琳等人都曾为胡适主持的中华文化教育基金董事会编译委员会译介外国文学。李健吾自法国回国后，经朱自清介绍，首先翻译《福楼拜短篇小说集》（商务印书馆 1936 年版），同时撰写《福楼拜评传》。不过如今新版本的《福楼拜评传》出版者都不大愿意提及此事。

《福楼拜评传》问世后，李健吾又撰写了有关福楼拜的研究论文，并且翻译了《包法利夫人》，成为经典之译作，昔日同书名旧版本译作则被读者遗忘了。他还翻译了福楼拜的长篇小说《情感教育》《圣安东的诱惑》等，以及法国著名作家司汤达等人的文学名著。

林语堂"一团矛盾"《我的话》

"林语堂是谁?""我也不知道,只有上帝知道!""我只是一团矛盾而已,但是我以自我矛盾为乐。"

林语堂《八十自述》巧妙地化解了半个多世纪以来对他褒贬不一的评论和传闻,在"左、中、右"各种政治势力"夹缝"中游刃有余。他以"以自我矛盾为乐"的自由、洒脱、任性的情调,加诸幽默大师"以不变应万变"的挡箭牌,留下中国现代文学史上"最难写的一章"。

1924 年 11 月,在北京创刊的《语丝》周刊,为林语堂与鲁迅、周作人、梁遇春、钱玄同、孙伏园、俞平伯、刘半农等人搭设了一个"随想录"的平台,简短犀利的思想杂感、社会批评随笔、小品散文等,凸显了五四文学的"自由""洒脱"个性,排旧促新、放纵而谈、说古论今、不拘一格,形成了"语丝文体"。

他们在北京中央公园来今雨轩聚谈时,一杯清茶、几碟白瓜子,有时也叫面吃,谈笑风生之际,却悄然潜伏着"分裂"危机。

鲁迅奋力杀出"众围",将原来"语丝体"发展为战斗的文艺性杂文,明确地认为:"生存的小品文,必须是匕首,是投枪,能和读者一同杀出一条生存的血路的东西。"(《小品文的危机》)

林语堂的"顽童"个性,追求不受任何人干涉的自由,对于一切都满不在乎,鲜明地区别于胡适一班人爱写一本正经的政论文章。"语丝文体"原有的自由、洒脱的个性,被无限放大,其外延的漪澜必然与各种审美价值观和情趣相接触,其中"兼容"鲁迅挖掘国民性劣根的犀利笔锋。但是,林语堂创办的《论语》一经问世,林语堂与鲁迅为首的左翼阵营不可避免地产生了"对簿公堂"的严峻局面。

林语堂从未编过刊物,《论语》便是圆了林语堂的一个梦,也为他提倡的"幽默"提供了一个"大显身手"的新平台。

1932 年 9 月 16 日,《论语》半月刊创办于上海,上海时代书局出版,先后由中国美术刊行社、时代图书公司负责发行,"以提倡幽默文字为主要目标"。林语堂主编创刊号至第 26 期。1934 年 10 月,林语堂因新创办《人间

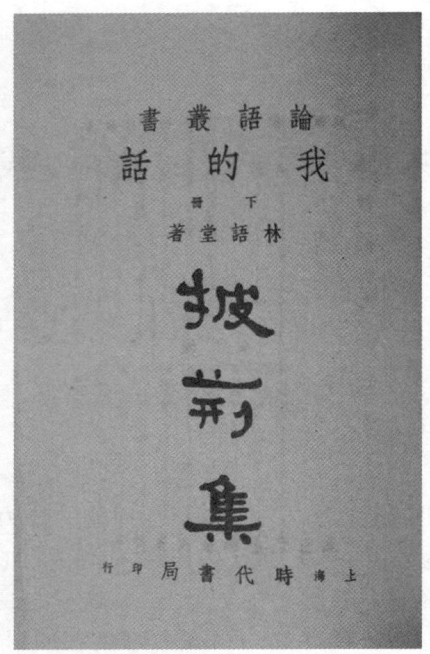

世》，把《论语》编务交给陶亢德负责，后者"亦步亦趋"，编至第 84 期，被称为《论语》的"林、陶时期"。第 85 期起，《论语》数次换帅，郁达夫、邵洵美、林达祖等参与编务。1949 年 5 月 16 日，《论语》出至 177 期后终刊。

上海现代书局创办时，由邵洵美和张正宇、张光宇、曹涵美（原名张美宇，负责《论语》美术设计）组成，张氏三兄弟都是有名的画家，因此，《论语》中特地设置了"卡吞"（幽默漫画），使得该刊图文并茂，以便吸引读者眼球。

《论语》设置了"论语""群言堂""古香斋""雨花""书报春秋""幽默文选"等，主要撰稿人林语堂、周作人、俞平伯、刘半农、简又文、老舍等，其中不少是原来"语丝派"成员。该刊创刊号一炮打响，多次重印，林语堂自然得意洋洋。随着刊物影响扩大，有人甚至把 1933 年称为"幽默年"。

这时，上海现代书局抓住商机，将林语堂在《论语》第 27 期起的"我的话"栏目中发表的部分文章和之前的"三五篇比较成篇文章"汇编成书，题为《行素集》。此后，又把林语堂一年来的 60 多篇文章收入《披荆集》，两集分为上、下册，合编为《我的话》，总共收入近百篇文章。1934 年 8 月上海时代书局初版，将其列入"论语丛书。"之一。前面有林语堂写的自序（1934 年 6 月 22 日）：

以一向来未读新闻学的人当编辑,向来未读文学概论的人评阅文稿,只胡乱做将去,遂有今日一方交口称誉又一方誓死铲除之《论语》。起初亦学编辑评论时事,期期难免有许多应时点缀文章。但一则厌看日报,二则时评文章,自觉无聊,三则风头越来越紧,于是学乖,任鸡来也好,犬来也好,总以一阿姑阿翁处世法应之,乃成编辑不看日报之怪现象。只因报既不看,要人到码头也,未到码头也,大会闭会也,未闭会也,宪法起草完毕也,未完毕也,训政时期已过也,未过也,全然不知道;而与亢德已有前约,一篇文章,期期非交不可。于是信手拈来,政治病亦谈,西装亦谈,再启亦谈,甚至牙刷亦谈,颇有走入牛角尖之势,真是微乎其微,去经世文章远矣。所自奇者,心头因此轻松许多,想至少这牛角尖是我自己的世界,未必有人要来统制,遂亦安之。孔子曰:汝安则为之。我既安矣,故欲据牛角尖负隅以终身。

开头的前置语"向来未读",奠定"一团矛盾"前奏曲的基调。"政治病亦谈,西装亦谈,再启亦谈,甚至牙刷亦谈",一切都以"幽默为乐"作为最大的审美价值核心。林语堂身着坚硬的"牛角尖"盔甲,筑成"我自己的世界"堡垒,毫无畏惧地抵挡一切锋利"统制"的尖矛武器,哪怕是现代化的飞机大炮,奈我如何。《我的话》下集书名中明明有"披荆"二字,却矢口否认。"此集则毫无披荆斩棘之志","若必为命名,可名之《行素集》",即"我行我素",特立独行。

《我的话》没有也不可能收入林语堂发表在《论语》上的全部文章,不过已收入的这些文章也能大致反映当时作者的"幽默"审美情趣和"一团矛盾"。

林语堂把英文 Humour 译成"幽默",沿用至今。早在 1924 年 5 月 23 日和 6 月 9 日,他在北京《晨报副镌》接连发表《征译散文并提倡"幽默"》和《幽默杂话》,认为"中国文学史上及今日文学界的一个最大缺憾"就是不讨论、不欣赏"幽默"(Humour)。

《我的话》首篇便是《论幽默》,分为上、中、下论之,再次重申其重要性。其一,"幽默本是人生之一部分,所以一国的文化,到了相当程度,必有幽默的文学出现。人的智慧,对付各种问题之外,尚有余力,从容出之,遂有幽默。"其二,"因为正统文学不容幽默,所以中国人对于幽默之本质及其作用没有了解。"其三,"幽默有广义与侠义之分,在西文用法,常包括一刃使人发笑的文字,连鄙俗的笑话在内。""侠义是与郁剔、讥讽,揶揄区别的。这三四种风调,都含有笑的成分。不过笑本有苦笑,狂笑,淡笑,傻笑各种的不同,又笑之立意态度,也各有不同。"林语堂晚年时坦陈:"我的笔写出我胸中的话。我的话说完了,我就要告辞了。"这就是他对"幽默"的一种超脱、悠闲的诠释,本身就渗透着一种"笑"。

林语堂是学贯中西的大家,他提倡的幽默便成为中西文化碰撞的结果。他曾受到深刻影响的主要来自英国梅瑞狄斯的《喜剧论》、赫斯列特的《英国的喜剧作家》、布洛的"心理距离"之说和弗洛伊德的精神学,他的艺术观主要来源于克罗齐的"表现说"和中国明朝袁中郎的"性灵说"。

《我的话》中就有推崇和诠释袁中郎的"性灵说"的随笔,如《性灵》《性灵无涯》《性灵之摧残与文学之枯干》等。各种版本的林语堂传,似乎都不大愿意触及这个话题之外的敏感故事:曹聚仁曾"挑刺"林语堂推崇的《袁中郎全集》,这是林语堂"爱我屋及乌"的必然结果。林语堂一怒之下,扔掉了"幽默大师"的西装革领,"赤膊上阵",引发了一场"口水战"。① 事后,林语堂若无其事,恢复了"心静若水"的状态,再也不提及那件不愉快的事情,这也许也是一种"冷幽默"。

《我的话》中的不少文章,或以古讽今,或旁敲侧击,或"反话正说"等各种方式,毫无顾忌地批判社会现实。

"维持风化:你们的贪污悻臣一齐唱着。但是我告诉你:凡维持必先改造,凡建设必先捣毁。""你须好好的看护真理,给她穿上规矩守礼的服装,因为裸体的真理,不是他们的贤人君子所敢正视的。"(《萨天师与东方朔》)

"做了官就不吃早饭,却有两顿中饭,及三四顿夜饭的饭局。平均起来,大约每星期有十四顿中饭,及廿四顿夜饭的酒席。知道此,就明白官场中肝病胃病肾病何以会风行一时。所以,政客食量减少消化欠佳不稀奇。我相信凡官僚都贪食无厌:他们应该用来处理国事的精血,都挪起消化燕窝鱼翅肥鸭焖鸡了。"(《论政治病》)

林语堂非常反感枯燥贫乏的政治说教,以及充斥四周的"假道学"——不遗余力堆砌美好的形容词,竭力掩盖残酷的社会现实。他以半雅半俗、亦庄亦谐的小品文,以闲适笔调说出老百姓想说的话。此类的例子很多,如《文字国》《上海之夜》《论政治病》《谈言论自由》《中国何以没有民治?》《又来宪法》《如何救国示威》《等因抵抗歌》等,无需逐一赘述。显然这是《我的话》热销的原因之一,延续至今,依然使得广大读者产生强烈的共鸣。

---

① 徐懋庸、曹聚仁创办《芒种》半月刊(1935年3月5日)之前,"刘大杰校编,林语堂阅"的《袁中郎全集》前两卷出版了。曹聚仁认为:以"袁中郎嫡派"来做这"校编标点"的工作,当然很适合。但是,翻开"全集"一看,大吃一惊,"标点错误每册有三百处之多,断句错误有十来处之多",这不但有"挂羊头卖不为的狗肉"之遗憾,对不起周作人先生的"热情推荐",而且"有点欺负百年前的古人——袁中郎"。曹聚仁提笔写了《何必袁中郎》一文,发表于《太白》第1卷第4期,从而引发了曹聚仁与林语堂之间的"口舌之战"。(详见丁言模:《徐懋庸、曹聚仁"种刺"的半月刊〈芒种〉》,载丁言模:《穿越岁月的文学刊物和作家》第1辑,中国社会出版社2017年版)

林语堂一时兴起,干脆唱起自编的歌谣:"我生不逢辰,思国令人哀。农村空九室,学校户半开。读书称雅事,算账号人才。""关内贼氛炎,长城鬼哭哀。诵经却倭寇,试士赖长斋。主席逢僧话,遗嘱宝刹埋。五卅无人问,八股有谁猜。"(《民国廿二年吊国庆》,标点系引者添加)

这里每一句都有残酷的现实写照,特别是"主席逢僧话"等,直接把矛头指向蒋介石为首的南京政府制定对日本帝国主义侵华野心的妥协屈辱方针,甘愿侈谈孔孟之道,甚至闹出"诵经却倭寇"的荒唐之事(详见本书收入的《阿英谨慎"删改"鲁迅〈新秋杂识〉》),林语堂特地写了以此为标题的文章。此后,日本帝国主义为了侵华的需要,1935年4月28日起,在东京接连数日召开"孔子祭奠"大会,伪满洲国和国民党政府均派出代表前往东京。由此见证了林语堂幽默讽刺的"前瞻性"(当时也有其他类似辛辣讽刺此事的诗文),但是世人好像不大关注,都喜欢把注意力的焦点集中于他的超脱与悠闲的心境,似乎远离政治和现实,才是林语堂的幽默本性,甘愿让他"独眼看世界","阉割"了"一团矛盾"的真实写照。

林语堂的小品文标题也渗透着"幽默"二字,《我怎样买牙刷》《可憎的白话六四》《为蚊报辩》《增订伊索寓言》《水乎水乎洋洋盈耳》《半部〈韩非〉治天下》《从梁任公的腰说起》《纸烟考》《蚤虱辩》《梳、篦、剃、剥及其他》等。

林语堂的一副金丝眼镜"观察入微",把民众的生活琐事赋予一种政治文化的象征意味,同时拉家常一般的平淡之话语——闲适笔调,褒贬、讽刺、赞美,"入木三分",无所不能。他的文字自然流畅,幽默而不荒唐,自有意趣。不过有时一味地张扬"顽童"之气,叼着烟斗,喝着咖啡,整天闲适、轻松,"笑嘻嘻"充斥多灾多难的全球上空,不免沾上油滑之气。

鲁迅斥道:"小品文本身无功过,今之被人诟病,实因过事张扬,不能诗者争作打油诗;凡袁宏道李日华文,则誉为字字佳妙,于是反感随起。总之,装腔作势,是这回的大病根。"(1934年6月2日,鲁迅致信郑振铎)"袁宏道……"诸语,便是指曹聚仁与林语堂"口水战"之事。

《我的话》下集收入《〈笨拙〉记者受封》短文,介绍英国老牌幽默杂志《笨拙》的记者西门受到英国女王的"诰封"嘉奖,1906年起"西门主《笨拙》笔政,擅长幽默诗歌"。林语堂原来是借此事述说幽默的必要性,以至于有人把他主编的《论语》也与《笨拙》办刊某些宗旨相联系。

林语堂的《我的话》多次再版,也有将上、下集拆开出版的。解放后,《我的话》一直没有重印,连选本中也很少出现。改革开放后,依据时代书局1948年11月的版本,上海书店出版了《我的话》的影印本(1987年7月版),作为"中国现代文学史参考资料"之一。

林语堂在中国现代文学史上的影响很大,他的"一团矛盾",体现于他的思想复杂多变,横跨中西文化,著译题材"出人意料",取向"漂浮不定",文学外的兴趣多元化等,这些不约而同凸显自由、潇洒、任性。在不同历史时期里,他都是有争议的历史文化人,成为许多学者关注的"热点"之一。幸好,如今新版《鲁迅全集》有关林语堂的注释条目中,删除了"反动历史文化人"的刺眼词句,关于他的各种专著纷纷呈现,可以告慰在九泉之下的林语堂了,虽然他并不在乎,依然会抛下一句话:"我要告辞了。"

鲁迅与"新月派"等的《日记与游记》

1927年11月16日下午,应光华大学学生会邀请,鲁迅前去演讲,剖析了当时文艺界的几种倾向,这与事前鲁迅批评"新月派"与"现代评论派"有内在联系。该校的"新月派"等人得知鲁迅演讲的内容之后,感到很恼火,徐志摩甚至责问邀请鲁迅前去讲演的学生是"开玩笑"。

1929年4月9日下午,光华大学学生会的代表沈祖牟、钱公侠以该校文学会的名义,想再次邀请鲁迅去演讲,但是"未果"。原来这天午后,鲁迅、许广平与柔石、崔真吾先到游乐场所的"六三花园"里欣赏樱花,又去点心店吃粥,随后去内山书店看书。鲁迅在这天日记里写道"未见",并把光华大学写为"文华大学",不知是否作为一种讽刺,与前次去光华大学演讲一事联系起来。次日,鲁迅写信给郁达夫(其中大概有沈祖牟、钱公侠请鲁迅转交的信)。

该校学生会成员执意要邀请鲁迅,让林语堂的侄子林恩元前去说情,鲁迅却来个"不见",林恩元只得留下一信。同一天,郁达夫写信给钱公侠,说是身体欠佳,婉言谢绝前去光华大学演讲。

当时光华大学有胡适、徐志摩、罗隆基、王造时等人,徐志摩有众多学生"粉丝",其中有沈祖牟、钱公侠等,他们大多是光华大学学生会编辑委员会成员,其中还有王家棫、储安平、赵家璧、于在春、姚兆胜、陈乃猷、俞大纲等,他们此后在文学之路上各有建树。

钱公侠,后改名为钱工侠,浙江嘉兴人。田汉执教光华大学时,1929年春夏之际,钱公侠、储安平等学生和田汉商议组建剧社,王家棫、钱公侠、俞大纲为组建剧社"宣言"的起草人,储安平被选为临时主席,约有40人左右参与。剧团拟排练田汉新创作的《战鼓》等剧,但因田汉辞职作罢。

上世纪40年代,钱公侠在上海《大众》《风雨谈》《天地》等刊物上发表作品,他撰写的《"野蛮"》一文被收入《中国沦陷区文学大系·散文卷》(广西教育出版社1998年版)。

1936年4月,钱公侠、施瑛编纂《日记与游记》,由启明书局(福州路328

号)出版,其《小引》写道:

> 我们所以把日记和游记选在一起,有两点原因:第一为日记和游记方面,现代作家的成绩虽多,但是要合乎我们的标准而适于读者的浏览的,却比其他的部分要少。固然这两种可以选成两本单行本,然而我们希望读者只出一本书的价钱,就买到两本书的读物,所以印在一起。其次,本篇中的材料,有许多不能够分出究竟是日记还是游记,因为记游的文章,有的以月日为经,以地方为纬,硬为分排,实在是何必多此一举。比如胡适的《庐山游记》、郁达夫的《西游日录》全是这样的东西。所以我们为统一起见,把日记和游记编选在一起。虽然未免庞杂,但是并无冲突,这是我们应该声明的。

钱公侠曾去邀请鲁迅讲演,因故未果,这次编纂《日记与游记》时,首位便是鲁迅的《马上日记》《马上支日记》《马上日记之三》,并在《小引》里介绍说:鲁迅"是一个小说家和散文家。他的日记,像他的别的作品一样,句子是异常的老练,笔调是异常的冷酷,往往一针见血,叫人家看了,感到一种啼笑不得的情绪。可是不但以冷嘲擅长,他的冷嘲后面,还带着沸腾的热血。"

《日记与游记》还收入了周作人、胡适、俞平伯、朱自清、郭沫若、郁达夫、田汉、徐志摩、孙伏园、钟敬文、沈从文、赵景深、周全平、王世颖、刘明、邹韬奋的日记、游记，共计 26 篇。

> 他原是一位教授，我打门进去的时候，他躺在他的类似"行军床"上看书或是编讲义，他见有客人连忙跳了起来，他只穿着一件毛绒衫，肘子胸部都快烂了，满头的乱发，一脸斑驳的胡须。他的房间像一条丝瓜长方的，家具有一只小木桌，一张椅子，墙壁上几个挂衣的钩子，他自己的床是顶着窗的，斜对面零一张床，那是他哥哥或是弟弟的，墙壁上挂些东方的地图，一联倒的五言小字条（他到过中国知道中文的），桌上乱散着几本书，纸片，棋盘，笔墨等等，墙角里有一只酒精锅，在那里出气，大约是他的饭菜，有一只还不知两只椅子，但你在屋子里转过身想不碰东西不撞人已经是不易了。
>
> 这是他们有职业的现时的生活。托尔斯泰的大小姐究竟受优待些，我去拜会她了，是使馆里的一位屠太太介绍的，她居然有两间屋子，外间大些，是她教学生临画的，里间大约是她自己的屋子，但她不但有书有画，她还有一只顶有趣的小狗，一只顶可爱的小猫，她的情形，他们告诉我，是特别的，因为她现在还管着托尔斯泰的纪念馆，我与她谈了。当然谈起她的父亲（她今年六十），下面再讲，莫斯科人的生活。

这是钱公侠的恩师徐志摩写的《西伯利亚游记》中的片段，徐志摩具有诗人的敏感神经，观察事物细致入微，尽管描述的对象未曾说一句话，仅仅出现的是一桌一椅一酒精炉子，也足以表达作者的鲜明意向，深为莫斯科知识分子的不公待遇打抱不平。如果此文与瞿秋白的著名散文《饿乡纪程》《赤都心史》作个对比，那么可以互为补充一些情况。但是，徐志摩并非具有政治家的眼光，也无法理解也不愿意理解瞿秋白那样的政治洞察力——揭示穷困的"饿乡"（苏俄）所凝聚的强大新生力量，在人类文明史上掀起一场前所未有的伟大革命。

瞿秋白也同样结识了托尔斯泰的小女儿亚历山大和孙女苏菲亚，不仅参观了托尔斯泰纪念馆，还去参观托尔斯泰的家乡"雅波"（雅斯纳亚·波良纳，俄语意为"明媚的林中空地"）庄园，写下了生动、翔实的散文，首次介绍给中国广大读者。

对此，徐志摩不感兴趣，只是简略写了几段文字，便戛然而止，真所谓"青菜萝卜各有所好"。如果是英国女作家凯瑟琳·曼斯菲尔德（曼殊菲儿），那么徐志摩便会"一见钟情"，立即成为她的"粉丝"，不惜使用众多诗意

般的语言描绘了他心目中神圣的女神。(详见本书收入的《施蛰存的签名本〈域外文人日记抄〉》)

瞿秋白对于托尔斯泰的浓厚情结及其游记散文,不符合《日记与游记》编纂者择文的标准,编纂者也生怕引起被查禁的严重后果——瞿秋白已经牺牲近一周年了。

对于类似同样题材的游记,《日记与游记》则收入了"双黄蛋",即俞平伯、朱自清的同名散文《桨声灯影里的秦淮河》。1923年8月,他俩同游南京4天之后,分别撰写了不同情趣的同题散文,成为现代文坛上的一段趣闻,也是一个"卖点"。

编纂者津津乐道地写道:"这两篇游记,虽然同时同地同游的人,可是描写和叙述,却是风格悬殊。于此读者非但可以区别两家的作风,还能够参摹文章的三昧,希望给读者好坏地自己去比较一下。照我们的意见:大致俞文旖旎秾丽,擅于写景;朱文流丽清澈,擅于写情。"但是,除了艺术不同之外,俞文、朱文的不同思想情趣,编纂者则不敢问津,毕竟奢谈"唯美至上",在反动当局钳制舆论的高压之下,这是一种最有效的保护色彩。

21,Feb. W2

晨往(成)仿吾处,不在,赴(王)独清处。

独清说:"你的文章总有趣味,要点总提得着。"他说这个"提"字费了很大的力,在说出之前先把两手握成了拳头来向上捧了几下。

——我自己总不行,我时常读你的《革命与文学》和《文学家的觉悟》,(蒋)光慈还笑我,后一篇的力量真不小。

与(王)独清在面馆里吃炒面。

这是郭沫若的《离沪之前》的一则日记片段。《离沪之前》记载了1928年1月15日至2月23日的39则日记,其中有作者大病初愈后读书、写作与友人交往的情况,以上抄录的是其中一则日记,是研究郭沫若此阶段生活思想的珍贵资料。

其中郭沫若与妻子安娜的对话,引出郭沫若的风流韵事之一。善良、多情的安娜问:"你爱她吗?"郭沫若答道:"自然是爱的,我们是同志,又同过患难来。""既是爱,为甚(什)么不结婚呢?""唯其爱才不结婚。""是我阻碍你们罢了。"郭沫若没有再说话。

此段足以引起读者深深的同情——被善良、大度的安娜言行所打动,同时也产生困惑:郭沫若是在耍弄外交"机锋"言辞,还是故作"笨拙"——大智若愚;是在忏悔,还是在炫耀,这些任由读者褒贬抑扬去点评。

郭沫若的风流韵事,在许多醒目标题的文章里多次谈及,这里无需赘述。《日记与游记》编纂者认为郭沫若的游记和日记,"也带着热烈的诗人的情绪",但故意回避这些"八卦"诸事,仅仅点评一句:《离沪之前》是郭沫若"远赴日本索居,在行色倥偬前记的",其中的是非曲折让读者自行判断。

> 我要他拿这新衣去当。这件新衣至少当三元是办得到的事了。……下午连同一张小当票送来的是四块盖有水印的现洋钱,把三块给他,我留下一块新中国的国币,留到晚这一块钱又把来换了一罐牛肉同一些铜子了。
>
> 晚上,也平夫妇就在此吃晚饭,菜是那一罐牛肉,若不是他们来此,大致这一块钱还可以留到明天。
>
> 到晚上,是天气更冷,仿佛已经深秋了,我的夹衣真非适宜。穿了夹衣到晒台上去看月,凄清的风带来了秋的味道,是非常合式(适)有趣的。(沈从文《善钟里的生活》)

1928年初,湘江才子沈从文初次到上海,第一个落脚点在法租界善钟路(今常熟路)的善钟里一个亭子间,后搬进正楼房间,面积大了不少,但仅有一桌一椅一木床。胡也频、丁玲从北京来沪,沈从文在房间的地板上摊开被褥,做成一个地铺,让他们夫妇委屈歇宿。

这时沈从文已经出版了小说集《鸭子》《蜜柑》等,在文学界小有名气。他写下了《善钟里的生活》,收入《死亡日记》(人间书店1928年12月初版),共写了8月27日、29日、30日三篇日记,记录了当时的生活琐事,第一篇日记记载了当新衣换牛肉罐的事情(如上摘录的片段)。

同年9月,沈从文搬到了萨坡赛路204号(今淡水路204号后门)的丰裕里,开始了合租生活,胡也频、丁玲及丁玲母亲住在二楼,沈从文和母亲、九妹岳萌住在三楼。沈从文与胡也频、丁玲夫妇合计出版《红黑》月刊,同时应人间书店之约,以沈从文为主筹办《人间》月刊,随后便有了《死亡日记》的问世。

以上摘录的《善钟里的生活》最后一段提及"也平夫妇",丁景唐在旁批语:"胡也频、丁玲也。"沈从文与胡也频、丁玲夫妇之间的关系,牵涉到许多恩恩怨怨的故事,已有多文撰述,不过以上摘录的故事则并不引起众多读者的注意,丁景唐则很重视,这是弥补胡也频、丁玲夫妇生平的"一滴水",生动地反映了他们夫妇与沈从文续写沪上的友情。

对于"初出茅庐"的沈从文,《日记与游记》编纂者只是简略地介绍了几句,"我们读了这一篇,可以认识这位作家的生活,也可以认识他的性格。"其实,《善钟里的生活》另外两篇日记都是纠结于女性的情感问题,这与事前沈从文创作的长篇叙事诗《曙》(诗中主人公与妓女相会)等有着内在联系。沈从文曾受到"五四"新文化运动的影响,妇女形象在他的笔下占有重要地位,包括此后的成名作《萧萧》《边城》等。

但是,编纂者不大了解沈从文的文学创作心理,而且从编选的角度,也只有《善钟里的生活》第一篇日记符合《日记和游记》的择文标准,由此展现沈从文的一个剪影,他是一个穷困的书生,但依然甘愿为患难文友奉献仅有的美食。沈从文后来"抱得美人归"(张兆和)出乎所有人的意料之外,如果此事发生在之前,并写进沈从文的日记里,那么也许会进入编纂者的法眼。

编纂者写的《小引》最后透露了择文的某些设想:"我们的感想是:中国人的生活,现在是在多难之中,决不会毫无意义的单调。中国的山水风物,正像尚未开发的处女地,还待作家们尽量采择,决不止这几篇东西。所以我们在编完了本编,在期待着更伟大的日记与游记出现。"这席话有些"弦外之音",不便明说。

《日记与游记》收入的日记、游记都是摘录于各种书刊,收入的每篇文章后面注明简要出处,但并没有写明书刊出版的年月,这是当时通行的一种"潜规则",也无人追究收入这些文章是否牵涉到作者的权益问题。编纂者并不忌讳鲁迅与"新月派"之间的意见分歧,仍然将两者"同框"在一起,这也成为此书的一个"卖点"。

《日记与游记》由刚创办不久的启明书局出版,该书局创办人为沈志明,他是中华书局的创始人沈知方的儿子。《日记与游记》纳入"中国新文学丛刊",这套丛书在当时颇有影响。该书局还策划出版了世界文学名著的节译本,如《少年维特之烦恼》《鲁滨孙飘流记》等。

《日记与游记》后面载有"英文自修丛书"广告,此丛书是启明书局的"拳头产品"之一,这与编纂者之一施瑛有关。他早年就读南京金陵大学,后执教嘉兴秀州中学。1935年春,进入上海世界书局编辑所,担任英文助理编辑,参与《英汉字典》编校工作。同时为启明书局撰稿,并为世界文学名著改译原稿(节译本)。因此,施瑛与钱公侠合作也是"水到渠成"。此后,施瑛为中华书局上海编辑所资深编辑。

丁景唐收藏的《日记与游记》第3版(1939年4月),在扉页上题写:"很久未上街阅书。一九九一年一月十一日与杜宣同志访书于三楼旧藏得之,已非易易。"

原载1987年1月《香港文学》第1期

"飞回的孔雀"袁昌英《行走四十》

著名女作家苏雪林笔下的"闺蜜"袁昌英：

> 短小的身个儿，不苗条也不精悍。说她美，女作家容貌足称者本少，我们又何必诛求；说她不美，一双玲珑的大眼，配这一口洁白如玉的齿牙，笑时嫣然动人，给你一种端庄而流丽的感觉。……
> 人是聪明而且敏捷，你同她谈话，才说上半句，她便懂得下半句。读书也是如此，艰深的意义，曲折的文句，只匆匆看一遍，便会涣然冰释怡然理顺地给你解释出来。这虽然得力于她平日学问的修养，姿质的明敏，似乎占了更多的关系。
> 口才也很好，上课时口讲指画，精神奕奕，永远不会教学生瞌睡。

1929年9月，第一批教授云集武汉大学，30岁袁昌英成为国内最年轻的女教授之一，担任外文系主任。次年，袁昌英竭力推荐苏雪林参加招生考试的阅卷工作，顺理成章地留校工作，主要讲授中国文学史等。1932年，武汉大学新校址在东湖之畔的珞珈山落成，袁昌英的丈夫杨端六调入武汉大学，担任经济系教授及法学院院长、教务长，他们夫妇的新居与陈西滢、凌叔华夫妇住的"双佳楼"相隔一个小花园。于是，袁昌英、凌叔华、苏雪林经常相聚在小花园里，谈论许多共同的话题，构成了"珞珈三杰"一幅靓丽的画面。

> 我可说是最爱朋友的一个人。我爱与朋友谈心；在那语言笑谑的交流中，我如晒满秋阳的温暖，浑身是舒适；在那披肝沥胆的论争中，我如吸饱冬风的冷削，性灵上特起一番愤发。我也爱与友朋默对坐或寂然偕行；在那相互嫣然一笑中，或恬然对视的静默中，我宛若窥见室外的消息，神秘的恩情！朋友之于我，诚如空气之于有肺动物，水之于鱼，不可以日无也。（《爱美》）

如果时光急剧穿越到"文革"期间,那么在珞珈山前一间破旧的小房子里,你会看到一个贫困潦倒、目光呆滞、面容憔悴的老太太袁昌英,门口凌乱地堆放着与她终日为伍的扫把、簸箕("清洁工")。她没有朋友,哪里还有什么"相互嫣然一笑",如同冬天寒风的枯叶早已被无情地刮走;更不敢"披肝沥胆的论争",否则会招徕"没顶之灾"。

　　那时,袁昌英老太太充当"清洁工"之忙,与几十年前在武汉大学的一个"忙"字,反差巨大,浸润着多少辛酸苦辣。

　　　　忙!像我这末一个身兼数种要职的大员,怎样会不忙呢?我是个主妇。当然,跑厨房,经管柴米油盐酱醋茶,应接宾客,都是我的本分。一会儿,"太太,油没有了。"一会儿,"太太,洗衣皂没有了。"一会儿,"太太,挑水的要钱。"一会儿,这个那个,给你脑袋儿叫个昏,两腿儿跑个酸,好在这个职务虽是重要,我只挑得小半个在身上,其余的大半个,有个非常的老好人儿替我肩去了。
　　　　我又是个母亲。大的孩子虽是高得超出我的头两三寸,小的却仍相当小。儿女不管大小,总是要占去母亲不少心思。要是生起病来,那就简直要母亲的命！就是平常强健无事,他们身上的衣服鞋袜,就够你焦心。春夏秋冬四季,没一季不要早早给他们筹备。最可怕的是鞋袜,破了又补,补了又破,终年补破袜,做新鞋,一辈子也闹不清!(《忙》)

著名女作家、教授袁昌英在家里是一个"身兼数种要职的大员",自然离不开一个"忙"字,开门七件事,搅得她"七荤八素"的,其中不乏有调侃、自嘲的"轻喜剧"元素——她的真实形象的另一面,这与"珞珈三杰"在小花园里恬闲、愉愉的聊天画面形成一个鲜明的反差。

袁昌英是一个写散文的高手,在日常琐碎的事情中,她凭着女性的细腻心理发现美、挖掘美、探索美,这除了她的深厚文学修养以及善于运用现代医学、心理学等因素之外,她拥有"外柔内刚"的执着、善良之心,纵然是面对坎坷人生和艰难的生活环境。

我和三位男先生及周夫人躲在一座土庙根下。旁边有捆稻草,我们搬至墙根,覆在上面静候着。不到十分钟。隆隆!隆隆!……飞机来了,在我们头上经过。我们的探照灯把飞机九架照住在薄云上面,只见银翅斑烂(斓),在白云里漾来漾去。我们的飞机早已上去,与之周旋。那夜月虽如水,却银云暧瑷,飞机不易低飞,且因我们自己的飞机在上面与之搏斗,恐有误伤,故各色不令放高射炮的信号漫天飞舞。一时彩色飘漾,机声隆隆,枪声劈拍,颇为美观。最后来机仍掷下来一些烧夷弹。转瞬间,只见烟火冲天,红光四射。我们当时一阵心酸,痛心同胞的苦难,以为去年八一九嘉定的我们所身受的惨剧,又遭遇到成都人身上了。(《城都·灌县·青城山纪游》)

袁昌英等人躲避侵华日军飞机疯狂轰炸时,还有兴趣细细观察头顶上的空战,"颇为美观"。与其说这是"生死之美"的瞬间,不如说是一种伏笔,促使作者联想到"去年八一九嘉定的我们所身受的惨剧"。

1939年8月19日,是一个黑色星期六。中午,袁昌英一家正在吃饭,突然,日军36架飞机突袭乐山(武汉大学迁移此地),狂轰滥炸,全城伤亡惨重,袁昌英一家的住处被炸,家具、图书、资料、手稿等毁于一旦,全家人死里逃生,只好暂居亲友处。

"八一九"大轰炸后,袁昌英一家搬到城外40里的农村。开学后,又迁移到北郊岷江边"石乌龟"之地,距离武汉大学校本部所在地文庙要步行一个多小时,全家暂时有一个安稳的生活环境。

袁昌英写完以上的散文《城都·灌县·青城山纪游》时,落款为"嘉定城郊警报声中"。乐山,又名嘉定城;在一阵阵警报声中,袁昌英依然继续写作、备课,乐观地生活着。

1942年12月1日,武汉大学学生组成的业余话剧团峨眉剧社开始排练《莎乐美》,聘请袁昌英、苏雪林、朱君允三位老师当顾问。

《莎乐美》是英国唯美主义作家奥斯卡·王尔德于1893年在巴黎用法文创作的剧本。该剧采用了《圣经》中莎乐美故事的框架,但是作者彻底改变了故事的原意,融入了自己的唯美主义叙事手法,表达"爱"与"美"、"爱"与"罪"的唯美理念。

袁昌英早年留学英国5年,获得爱丁堡大学的文学硕士学位,成为中国首位留学欧洲获此学位的女性。回国后,她又是第一个研究和介绍莎士比亚戏剧的女学者,执教北京女子高等师范学院。她不仅撰写了许多戏剧论文,还创作了不少优秀剧本。1930年10月,她到武汉大学之后出版了成名作戏剧集《孔雀东南飞及其他独幕剧》(商务印书馆1930年10月初版),收入3幕话剧《孔雀东南飞》以及5部独幕剧《活诗人》《究竟谁是扫帚星》《前方战士》《结婚前的一吻》《人之道》,引起较大反响,因此,她被赋予"飞回的孔雀"之美称。钱杏邨(阿英)曾评述袁昌英的戏剧创作,认为"她的作品确实是女性作品中之值得我们注意的。"[①]

袁昌英被聘为排练《莎乐美》的顾问时,凭着研究西方戏剧的深厚造诣,因"峨眉剧社诸同学欲出一刊物",便写下了《关于〈莎乐美〉》,而且毫不客气地指出:

> 《莎乐美》的内容是颓废主义的结晶,是病态性欲的描写,全剧的空气是污浊的,不健全的,男女主角都是害着极其反常的性病。如果不是形式之美将内容伪装起来,掩饰起来,使这污秽不堪入目的内容,放在远远的梦幻的虚浮的意境内,则《莎乐美》只是无数废纸堆里的几页废文而已。
>
> ……王尔德以及他同时的颓废派诗人、文人等误解了培特的原意。他们将这种学说从高尚的精神境界拖移到为物质的,肉感的,下流的享

---

① 钱杏邨认为:袁昌英创作的剧本"描写的技术,虽然在有些地方相当的有着成就,在另一些地方,却还表示了她的幼稚;口齿的伶俐,布局的开拓,取材的适当,这是她的好处,情节的有时显着矛盾(如《结婚前的一吻》,男性与女性以前既有二次谈话,何以那时不误认而必得待到结婚时就是其一),表现力的有时贫弱(如《前方战士》的技术),思想的不正确,却是她的缺陷。"(黄英即钱杏邨:《现代中国女作家·袁昌英》,上海北新书局1931年8月初版)

乐的地步。王尔德的小说和剧本,《多莲格列的画像》《莎乐美》,就犯这个毛病,都只有原来唯美主义的形式和皮毛,而失掉了它的高尚精神与内容。

几十年前,陆思安、裘配乐合译的《莎乐美》,连载于上海《民国日报·觉悟》。不过产生很大影响的还是田汉转译的《莎乐美》版本,发表于《少年中国》第2卷第9期(1921年3月15日出版),1923年由中华书局推出单行本,引起文艺界的广泛注意。6年后,田汉主持的南国社首次把《莎乐美》搬上中国话剧舞台,很受许多观众的欢迎。此后,还出现了不同的中译本《莎乐美》,不过人们还是偏爱田汉的译本。

张闻天早年撰写的关于《莎乐美》评论文章,就是依据田汉的译本。此后,各种评论相继出现,如今世人还是津津乐道田汉翻译《莎乐美》的某些技巧,"完美地再现了原作的女性意识与特征"等。

袁昌英评价《莎乐美》的优劣之处,却似乎得不到如今世人的共鸣,或者说他们"无暇"认真查看此文。这既是很正常,也不正常,这一层窗户纸无需捅破。

袁昌英精通法文,熟悉西欧文学史,并且创作了出众的剧本,因此,她完全有理由说出这番话:"莎乐美——法文之原本的莎乐美——在艺术方面讲起来,是一节完整美妙的音乐,是一块美玉无瑕的玛瑙。它的音节的凄婉,结构的整洁,意想的奇幻,词句的凄丽,都使我想起那一片巴黎月夜的箫声,又使我想起那只乳白色的玛瑙小花瓶,独幕剧的工整殆未有过之者也。"

但是,袁昌英有自己的审美价值观,并没有一味沉醉于唯美主义之中。她在《爱美》中袒露心迹,喜爱山川之壮美,也喜欢"一朵娇艳鹅黄的蔷薇花"。"至于那才,情,貌,均臻极峰的人物,一旦相遇为知己,我必视为人中之圣,理想中之理想,梦寐中之妙境,花卉中之芬芳,晚霞中之金幔,午夜中之星月,萦于心,系于神,顷刻不能相忘。"

人是"宇宙的精华,万物之灵长",在各个领域里不停地"刷存在感",不断地推动人类历史发展。人的生理规律在现代医学知识的"光照"下,袁昌英在惨烈的抗日战争中感叹《行年四十》:

在四十以后,性灵的威力,人格的表现才开始占着上风。在他或她已经执行了替天(行)道的使命以后,这才猛抬头发见一向被冷落了的"自我",从黑角里奔出来,质问道:"我呢?现在总应该给我一点机会吧!来!让我来干一下子。时间不早了,努力前进,让我来把这'张三'两个字,或'李四娘'三个字,在事业上,功德上,或著述上,留下永远的名声，在天地间永远存在着，在人心里享受无穷的爱戴！"

"替天行道的使命"，"留下永远的名声"，在无数的"座右铭"中出现过，但是付诸于实践，则要付出沉重的代价，甚至是鲜血和生命。袁昌英不愿意进行枯燥的说教，也不想"竞争风流"，她凭着自己的良心和抗日战争期间颠沛流离的生活经历，反思"四十不惑"的传统理念，"努力"的主旋律充溢在字里行间，希望诸位 40 岁以后的人生轨迹具有"戏剧冲突性"，继续并发出灿烂的光芒。

搬迁到重庆的商务印书馆编辑也是看中这一点，把此文的标题《行年四十》作为袁昌英散文集的书名，1945 年 4 月初版（重庆版）。该集子收入 10 篇散文，即《生死》《漫谈友谊》《行年四十》《关于〈莎乐美〉》《爱美》《忙》《城都·灌县·青城山纪游》《抗战与信仰》《听了教育部长谈话以后》《在法律上平等》。

如今编选的各种版本的袁昌英散文集，都不约而同地把原来集子中的最后 3 篇删除。其中主要原因之一，前两文分别谈及"蒋委员长"、教育部长陈立夫到嘉定（乐山）视察武汉大学并讲话，而且袁昌英曾担任国民党中央宣传部专员等职务。《在法律上平等》一文尖锐批评国民政府"不少机关，在事实上，对于女子特别加以不平等的待遇"，此类文字大概不符合如今编辑的"美文"观念。

袁昌英是商务印书馆的"老主顾"了，除了出版她的成名作《孔雀东南飞及其他独幕剧》，还出版了她的专著《法兰西文学》（1923 年 1 月初版）、散文集《山居散墨》（1937 年 3 月初版）。1945 年 3 月《行年四十》重庆版问世后，次年 8 月则在上海再版，列入"现代文艺丛书"，后面版权页注明：发行人李宣龚。这时王云五已经辞去商务印书馆总经理兼编审部部长的职务，一跃成为国民政府大员（国民党政府行政院经济部长）。

丁景唐珍藏上海再版本，作为研究中国现代文学史上的著名女作家袁昌英的参考资料之一。

赵景深的自选集《文坛忆旧》

赵景深编辑的自选集《文坛忆旧》(北新书局1948年4月初版)扉页刊有"群星璀璨"(除了少数人之外)超长照片,并收入《一个作家集会》长文(详见本书收入的《丁景唐首次"亮相"于"群星璀璨"超长照片》)。

北新书局曾出版众多的新闻书籍,除了鲁迅的大部分著作,还主持了郁达夫、谢冰心、徐志摩、章衣萍、柳亚子、沈从文、林语堂等名人著作,牵涉到的人事更是不计其数,这些成为北新书局总编辑赵景深撰写诸多文人趣闻轶事的素材。但是,赵景深有自己的审美情趣和道德底线,有选择地撰写文坛掌故,曾婉言谢绝一些丰厚报酬的约稿。

经过一番筛选,赵景深选编了《文坛忆旧》,牵涉面比较广泛,分为上下卷。上卷介绍几十位男女作家;下卷有些文章描述抗日战争沪渝和安徽立煌等地的文坛动态,牵涉更多作家。赵景深择取与许多熟悉作家交往的片段,大都是亲身经历的。民国时期"文人剪影"满天飞,赵景深的描述则有自己的特点,类似于老舍的"白描",平中见奇,拙里藏巧,并非一味追求"哗众取宠"。他专注描述他人时,一不小心自己也成为"画中人",不经意显露出真实的个性,谦卑、敦厚、亲和、随意。他的长文有时犹如通讯报道,具备"五个W"要素——何时、何地、何人、何因、何果等交代清楚,比较可信,这也是至今仍然受到广大读者青睐的原因之一。

"许久不曾听到郁达夫的消息,去年秋在(安徽)立煌报上看见消息,说他已经去世;前几天中央社也有消息说他不在人间了。我们希望这消息不确的,并且希望达夫先生亲自有信告慰文艺界的朋友们。"郁达夫与北新书局关系甚为密切,赵景深编辑过一本《郁达夫论》,高度评价郁达夫这位文坛才子,甚至称他的名字"在中国现代文学史上永垂不朽"。因此,赵景深听到郁达夫的噩耗,期盼着他"亲自有信告慰"。这里没有"呜呼唏嘘"之类的强烈感情色彩的文字,却在浅显的文字中蕴含着深切的怀念之情。文如其人,这也是赵景深为人处世的真实性格。

"鲁彦、铁民也常到我那里去。那时我住在狱云中学,他们来了,我便陪

他们一同到附近的协操坪草地上去玩,铁民酒喝醉了便载歌载舞起来,鲁彦就吹着口琴和他的拍子。有时我们在一个小酒楼上纵谈今古。我不会喝酒,他们俩却喝得很起劲。鲁彦的文章学的是鲁迅,连笔名都与鲁迅是同行辈的。一般的文学史常把鲁彦归入鲁迅一派,称为浙江的乡土文学家。"著名作家鲁彦的生活另一面,喝酒、吹口琴,赵景深不动声色地娓娓道来,谁知这竟是悼念鲁彦之文。

关于茅盾及其作品的评论甚多,赵景深却来一个实话实说,"不曾见过茅盾的,会以为他是一个高大的汉子,……你见了他,会以为看错人了。我已经是个矮子,他比我还要矮,并且小,为了历年执笔的辛勤,背已略驼,近视眼镜的程度比我还深得多。这样一个矮小的人会产生这样轰动文坛的杰作,谁也不会相信! 但他有的是一颗热烈的心,这颗心的崇高广大是我们所不能看见的。"

赵景深对于戏曲颇有研究,与戏剧界的诸多名家很是熟悉。丁西林"踏着安闲的步子走过来。头上白发已经很多,和蔼的笑容使人有慈煦的妈妈的感觉。我顿时成了小孩,沐浴在温暖的光辉里。"赵景深去观看话剧《等太太回来的时候》,恰巧该剧作者丁西林坐在前面一排。结束后,赵景深上前与丁西林打招呼,谈了几句刚才上演的剧本,这时丁西林"颇惶然,大约怕人发现或注意到他是谁,这正看出他的谦抑,他不是胸间插着百合花招摇过市的王尔德。"寥寥几笔把早期著名戏剧家丁西林的性格勾勒出来,无需多言。

熊佛西"戴着一顶毡帽,满嘴满腮的胡子,红光满面,带一点黑,手里拄着手杖。穿着长袍,神采奕奕。谈话时声音洪亮,精神饱满。"这让赵景深首次见到他,不由得念一声"阿弥陀佛",向这位"德高望重的老法师"致敬。

说起曹禺这位中国戏剧界冉冉升起的新星,赵景深曾慕名请他签名,满心喜欢。事后才知道曹禺担心自己的字写得不好,便请挚友靳以代劳。昔日,靳以与巴金大力推荐曹禺的成名作《雷雨》,他俩合编《文季月刊》时,又"逼迫"曹禺创作了又一部名剧《日出》,他们3人合作的故事本身就是一部精彩的多幕话剧。赵景深闻讯后,只好自嘲一番,写信给曹禺:"你和靳以真是好朋友,连字也像他!"

吴祖光"刚到上海不久,便请他演讲,一个白皙的圆脸和矮胖的身材便现在我的面前。他说得那样的得体,使我们非常感动。隐约地记得,他说,有这样多爱好文艺的青年来参加这个文艺欣赏会,足见新文艺还有它的前途,不必灰心失望,可鼓起勇气去干。他自己已受了大感动,话音不免带着激动和振荡,这震响了我,也振响了全场。"

叶圣陶的谨慎、何家愧的穷困、罗洪的勤奋、闻一多的才气,以及钱钟书、杨绛夫妇"相濡以沫"等,都在赵景深的笔下,成为别具一格的描写。

著名翻译家耿济之与瞿秋白早年同为北京俄文专修馆学生,曾合译《托尔斯泰短篇小说集》等。2006年春天,俄罗斯作家代表团访华,其中著名作家瓦连京·拉斯普京创作的《伊万的女儿,伊万的母亲》,获得21世纪年度外国小说奖。他回顾中俄两国文化交流历史时说:中国人真正"阅读俄罗斯"是从20世纪初开始的。我们要记住两位最早也是最杰出"阅读俄罗斯"的中国人——瞿秋白和耿济之。

赵景深回忆说:文学研究会的会刊《文学周报》一度曾有8个人组成编辑委员会,恰好"四胖""四廋","四胖"即耿济之、谢六逸、李青崖和赵景深。"四廋"为郑振铎、徐调孚等。他风趣地说:"但四胖也有分别,李青崖和我色黑胖,济之可称得方面大耳,雍容大雅。""济之死后不久,我与周予同共乘校车到复旦去上课。我俩都担心自己的血压,恐怕也会早卒。"年仅49岁的耿济之突患脑溢血去世(1947年3月2日下午3时),赵景深在纪念文章中说了以上一番话,美好的回忆却掺夹着难言的凄凉和深深的眷恋。

"牛奶路"翻译一词,让赵景深受到鲁迅的冷讽热嘲,此后一直作为文艺界的谈资,并出现在各种研究鲁迅的专著和文章里,以至于"冷落"了赵景深与鲁迅的其他交往。赵景深也曾评价鲁迅及其作品,但是并未收入《文坛忆旧》，只是写下《四位女作家》，介绍许广平等。

赵景深的姑母与许广平同班同桌，那是天津女子师范学校的事情。她们与邓颖超、李峙山（曾为天津青年团副书记，早期共产党员谌小岑的妻子）等人曾组织一个女星社，创办一份爱国的《醒世周刊》，反对曹汝霖等卖国行径。赵景深也曾参加女星社，并替她们卖过报纸，得到过她们的银质奖章。

赵景深与妹妹慧深曾同去白薇的住处，墙壁上挂着美国好莱坞女明星莎莎·嘉宝的照片和英国著名诗人拜伦的画像。白薇把慧深当做小妹妹，特地去买来许多糖果和甘蔗，招待赵景深和妹妹。白薇边吃边说："我在东京的时候，单吃水果就可以过一天！"

一年夏天，赵清阁托人请赵景深写字。赵景深回信说，自己不曾学过书法。写得不好，是"赵景深体"。赵清阁并不灰心，继续来信说：就要"赵景深体"好了。赵景深推辞不过，只好写了昆剧《牡丹亭拾画·颜子乐》一曲词，首句是"只见风月暗消磨"。赵清阁收到后满心喜欢，"还说什么（字）娟秀，像是女子写的呢！"赵景深回忆此事不免有些得意，也"点赞"赵清阁几句，"她的性格带有北方的豪爽，但并不显露，兼又糅合了南方的温馨。"

凤子是赵景深的学生，她在复旦大学出演曹禺《雷雨》女主角。赵景深到后台去看望她时，距离演出只有几分钟了，不敢打扰，便退了出来。赵景深写信给凤子说："第二次看你，你正低着头闭着眼坐在椅子上，手捧着头，我不知道你正在哭，还当你是身体太软弱，太疲倦了。你向我打了招呼，我连忙又退了出来。……你初出场时，与鲁贵的一大篇对话，我觉得台步和地位都更换得很好。还有听见闹鬼时惊怖的神情。最好的是跪着发誓时的悲哀，我好像真的看见你内心的痛苦——不，你的面容惨淡表示得够到家的。后来（顾）仲彝说：'后台有演员真的哭了一点多钟。'大约就是说的你了。假戏真做，难怪你能有这样的成功。"

《文坛忆旧》介绍的大多数作家，都能被世人所接受，不过有两个作家向培良、崔万秋，赵景深并未删除，也许是为了该集子能够顺利通过，图个"左、中、右"的人物齐全；也许不清楚他俩真实的政治面貌，特别是崔万秋是"复兴社特务处的直属通讯员"，亦称国民党军统"文化特务"。如今有人撰文企图摘去这顶"历史帽子"，但是立即遭到其他人的严厉反驳，拿出"正牌的军统特务沈醉"的证词，不容置疑。崔万秋曾任《大晚报》副刊主任，编辑文艺副刊《火炬》等，活跃于文化界，知道张春桥、江青等人有关情况，这成为后世关注的一个"卖点"。

向培良是个多产作家，早年是"狂飚社"骨干，鲁迅曾对他寄予希望。但是，向培良因写的《终夜》独幕剧未被刊登等诸事，对鲁迅反唇相讥，因而受到鲁迅的指责，此后他俩关系逐渐疏远、断交。向培良后来被国民党要人潘公展罗致,政治立场发生转变,《鲁迅全集》等专著将此定为"投靠了国民党反动派"。

赵景深笔下的向培良、崔万秋并非"青面獠牙",而是颇有人情味,读者看了便可知道。如果在"文革"期间,就凭介绍了这两人,赵景深也要被"打入十八层地狱","永世不得翻身",《文坛忆旧》当然也要付之一炬了。

《文坛忆旧》下卷也有些"亮点"文章,是研究中国现代文学史的参考资料。除了《一个作家集会》长文之外,丁景唐对于《上海文艺界的一个盛会》等文也很感兴趣。《上海文艺界的一个盛会》讲述了1945年12月17日下午,中华"文协"上海分会举行成立大会,其中许多人的名字已经出现在《一个作家集会》里。该组织与丁景唐负责的上海文艺青年联谊会有关,前者一些著名作家指导后者的写作,后者"依托"前者开展一些公开的社会活动,这些都有利于丁景唐作为中共地下党"学委"的宣传工作。他团结、培养了一些文学青年,并发展为中共党员,以后成为颇有成果的作家和学者。

《文坛忆旧》还有许多话题,需另撰文补述。

连载《鲁迅书简补遗——给李小峰的三十六封信》

丁景唐珍藏的书籍刊物中有赵景深主编的《青年界》月刊最后两期,即1948年12月、1949年1月,北新书局先后出版发行的新第6卷第4号、第5号,丁景唐在该刊目录上用毛笔写有批语。

北新书局在中国现代文学史上的地位很特殊,交际甚至广,被称为"半部文学史"。甘当北新书局"顶梁柱"的却是"一对书呆子"李小峰、赵景深,堪称"黄金搭档",他俩又是亲戚关系——赵景深前妻不幸病故后再婚,成为李小峰的妹夫。

昔日的《语丝》刊物让北新书局"一夜走红",此后出版发行的《北新》《奔流》《现代文学》,让北新书局受益匪浅,同时也"尝尽"酸甜苦辣。1931年3月10日,北新书局在上海创办《青年界》月刊,编辑阵容远胜于昔日的《北新》《现代文学》,李小峰、赵景深依然坐镇。《青年界》成为北新书局的"拳头产品",影响日趋扩大,订户多达"数万之众",直至1937年七七事变。抗日战争胜利后,1945年11月,李小峰、赵景深返沪后,立即着手恢复《青年界》月刊,出至1949年1月才停刊。

鲁迅与北新书局的关系一言难尽。1929年8月,鲁迅聘请律师杨铿"委以向北新书局索取版税之权",经郁达夫斡旋,鲁迅答应协议解决,前后历时4个多月。此后,鲁迅仍然与李小峰、赵景深保持密切关系,并继续把自己的集子交给北新书局印行。鲁迅去世十几年后,赵景深主编的《青年界》最后两期连载《鲁迅书简补遗——给李小峰的三十六封信》。

为何这时"老调新弹"呢?除了吸引读者眼球之外,主要与时局剧变有关。当时解放战争频传捷报,蒋介石军队节节败退。1949年元旦,长江轮船客运各线客货运价增收一倍,台湾到大陆之客运价增收一半,货运价增收20%,蒋介石发表1949年元旦文告,提出要在保存法统、宪法及保存国民党军队等条件下与共产党谈判和平。这些促使李小峰、赵景深为时局发展计,表示"左倾"——与鲁迅的关系非同一般。

其实,北新书局的历史已经足以说明一切,始终坚持出版进步的文艺书

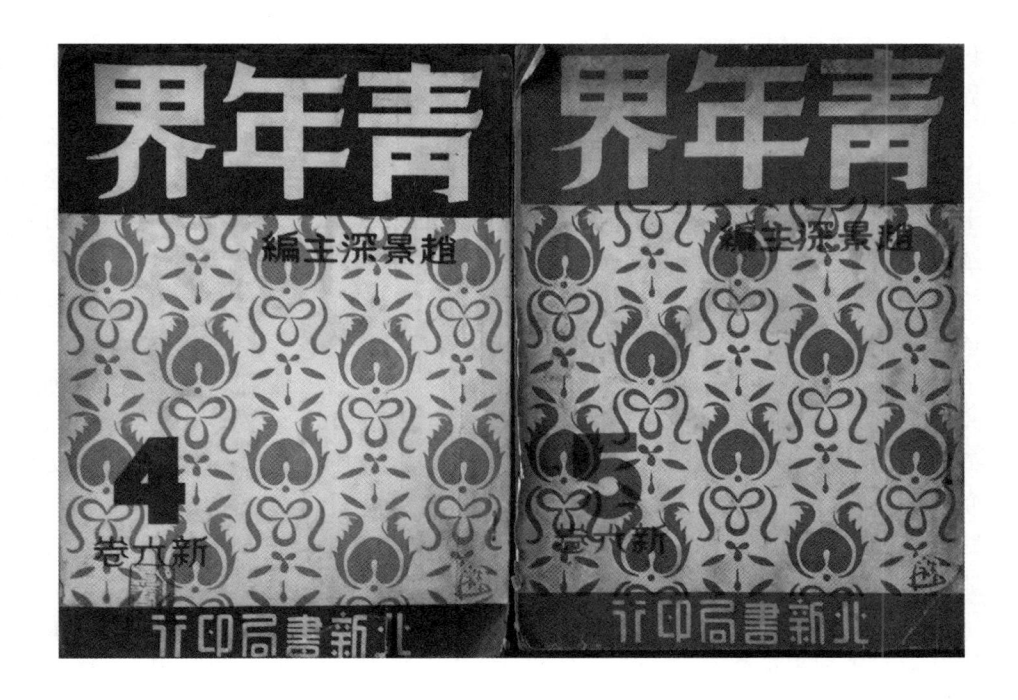

刊，并且两次被反动当局查封，损失惨重，才发生了鲁迅"打官司"之事。如果要查看先后出版或经销的鲁迅译编和著作，以及关于研究鲁迅的著述等，其数量之大、品种之多，北新书局堪称"首屈一指"。

鲁迅给李小峰的36封信，跨度为1931年至1934年，即鲁迅与北新书局打官司之后。这些书信大多是首次发表（现收入《鲁迅全集·书信集》），很有研究价值。

其中第一封信开头写道："顷舍弟交来大札并版税四百……"落款误为"六月二十四日"。查看1931年4月26日的鲁迅日记："下午得小峰信并版税泉四百，即复。"因此，此信的落款应为4月24日。

鲁迅接着写道："于困难中，尚未筹款见寄，甚感甚感。"同年3月，国民党江苏省高等法院第二分院查封上海一批书店，北新书店也被查封，4月23日，北新书店启封，但是经济上并不宽余。因此，鲁迅感叹一番。仅凭这一句话，也大可抵消昔日"打官司"的后果，凸现北新书局的"诚信"二字。可想而知，李小峰、赵景深看到《青年界》刊登此信件时，一番宽慰之情不待言说。

1933年3月25日，鲁迅给李小峰的信中谈及《两地书》的校样，说道："书面我想也不必特别设计，只要仍用所刻的三个字，照下列的样子一排。"鲁迅画了《两地书》封面的草图，《新青年》特地制版付印。如今的《鲁迅全集·书信集》"照葫芦画瓢",依然如旧,没有改变。仅这一点上,作为《青年界》主编的赵景深功不可没,给后世留下一份"遗产"。

1933年3月20日,鲁迅给李小峰的信中写道:"有一本书我倒希望北新印,就是,我们几个人在选我的随笔,从《坟》起到《二心》止,有长序,字数还未一定。因为此书如由别的书店出版,倒是于北新障碍的。"这是指瞿秋白选编的《鲁迅杂感选集》,并写了著名的长序,其中关于鲁迅思想发展历程的精辟论断成为经典性的评价,在鲁迅研究史上具有首创意义,影响深远,包括影响了毛泽东对鲁迅所作出的高度评价。

鲁迅起初想出版一种有气派的新型版本,引起读者注意。一周后,鲁迅改变主意,认为此书不能搞得太厚,还是按照《两地书》的格式。4月26日,鲁迅写信给李小峰:"《杂感选集》已批好,希店友于便中来寓一取。又,序文亦已寄来,内中有稍激烈处,但当无妨于出版,兄阅后仍交还,当于本文印好后与目录一同附印刷局也。"以后,鲁迅精心校改书样,想插画像一张,以增加视觉效果,并叮嘱李小峰,"此书印行,似以速为佳。"

当初,鲁迅同意瞿秋白编选杂感集时,还有一个想法,借此帮助缓解瞿秋白夫妇生活上的燃眉之急。4月间,鲁迅几次写信给李小峰时说,杂感选集付印时,先送给瞿秋白一些钱,"即由我将来此书之版税中扣除,实亦等于买稿。"瞿秋白编辑时,"似颇用心,故我拟送他三百元。其办法可仿《两地书》,每发行一千,由兄给我百元,由我转寄。"鲁迅明知此杂感选集出版后,势必影响自己单行本杂文集的发行量,但是他心甘情愿,毫无怨言。

7月8日,鲁迅收到《鲁迅杂感选集》20本和版税百元。鲁迅则付给瞿秋白200元"编辑费",这其中一半钱是鲁迅垫付的。

7月,北新书局以青光书局的名义第一次出版《鲁迅杂感选集》,封面和扉页上都署名为"何凝编录并制序"。并且特地设计为25开毛边本,书前还有一幅鲁迅头像的速写,作者为司徒乔。此书以后多次重版,在社会上产生广泛影响。

以上这些内情,在《青年界》发表鲁迅信件时,赵景深当然不便明说一二。但是,鲁迅、瞿秋白研究者的丁景唐则很清楚,"慧眼识宝",加以研究。发现《青年界》刊登有些信件时编排年份时有误,如1931年1月23日信误为1933年,1933年4月5日信件错印为9月5日,1934年7月31日信件错排为1933年。丁景唐批语时断定这些错误,都有依据的。

1935年12月23日的信件也错排为1933年,因该信中谈及:"《集外集拾遗》还抄出大半,尚有数篇在觅期刊,编好要明年了。"该书名是鲁迅拟定,因病中止,鲁迅病逝后,由许广平编定印入《鲁迅全集》(1938年版)。

1933年8月16日信件,丁景唐在一旁写道:"全集原校样为一九三四年八月十二日。"这是说明年份错了,并在此信落款"八月十六日"旁打个大问号,意即 8 月 16 日或 8 月 12 日,究竟哪个错了。有待考证。如今新版的《鲁迅全集·书信集》中还是定为 8 月 12 日。

《青年界》发表的最后一封信,1933 年 12 月 26 日,鲁迅写道:"这是一个不相识者寄来的,因为来路远,故为介绍",希望李小峰能够刊登"不相识者"的作品,并且说:如果不能刊登,"务乞寄还原稿,因为倘一失少,我就不得了了。"丁景唐在"务乞寄还原稿"旁圈点,意即重视,想有待继续追查究竟。

如今新版的《鲁迅全集·书信集》注明"不相识者"是王熙之,时为甘肃省临洮师范学院教员,故有"来路远"之说,他的作品是儿歌,但不清楚是什么标题和内容。《鲁迅全集·书信集》还收入了同一天鲁迅写给王熙之的信,并寄赠新出版的《鲁迅杂感选集》,表示歉意,因未能成功介绍发表其作品。

这些批语只是丁景唐阅读、思考、研究的点滴,正是他平时不断地钻研,甘愿枯坐冷板凳,"集腋成裘",才产生了许多杰出的研究成果。

新中国成立后,丁景唐、文操合作编撰了第一部研究瞿秋白的学术专著《瞿秋白著译系年目录》,丁景唐撰写了第一部研究鲁迅、瞿秋白及他俩交往的论文集《学习鲁迅和瞿秋白作品札记》等,这些专著多次再版,其中《学习鲁迅和瞿秋白作品札记》发行量甚至高达 3 万余册,这是如今学术著作的作者不敢想象的。

赵景深与鲁迅的关系,已有多文述说,在此不赘述。抗日战争胜利后,丁景唐等人组织上海文艺青年联谊会,许广平、赵景深等人到场,27 岁的丁景唐第一次听到赵景深的讲话。中华全国文协还委派赵景深与张骏祥、叶以群 3 位作家联系上海文艺青年联谊会,给予指导,此后还有其他交往,另撰文述之。

"拉大旗作虎皮"的《文坛史料·关于鲁迅》

笔者曾撰写《瞿秋白与杨之华》(中国社会出版社 2013 年版),并与陈福康合作撰写《杨之华评传》(上海社会科学院出版社 2005 年版),讲述瞿秋白、杨之华夫妇患难与共的经历,以及杨之华一生的光辉历程。

但是,这里要说的杨之华(以下简称杨氏)[①]则是抗战时期日伪政府的"文化汉奸"。如今网上流传的《文坛史料》(上海中华日报出版社 1944 年版)编者"张冠李戴",将两个同名同姓的人物混为一谈,以讹传讹,令人匪夷所思。

上世纪 30 年代,左联成员聂绀弩曾编辑国民党"汪精卫改组派"机关报《中华日报》的副刊《动向》,得到鲁迅等人的支持,一度成为左联成员的共同文学园地。

1939 年 7 月 10 日,《中华日报》复刊,不久日伪政府成立,使该报成为主要喉舌,报馆机器间和报馆新址多次被爱国者投掷炸弹袭击。杨氏以前写过小说、散文,他主编的《中华副刊》,1942 年 6 月 22 日出版第 1 期,1945 年 8 月 21 日终刊,共出版 693 期,主要刊发文坛逸话、文人剪影、山水游踪、旧闻掌故、社团介绍等。

《中华日报》原社长林柏生等人去职后,许力求代理社长,刘石克、褚葆衡、刘静哉先后担任总编辑。杨氏等人策划出版"中华副刊丛书",便委托该报资料室许某把近一年来的该报副刊(包括《文艺》栏目)全部找出来。杨氏看过之后,决定书名为《文坛史料》,并作为"中华副刊丛书"第一种,于是着手剪贴、校勘、编辑。该书内容广泛,既有鲁迅、胡适、郁达夫、茅盾、巴金等众多名作家的趣闻轶事,也有坊间流传的各种"小道消息",以此吸引怀有各种心态的读者。

1944 年 1 月 1 日,上海中华日报出版社出版《文坛史料》3000 册,竟然在

---

① 杨之华,又名杨桦,抗日战争期间,日伪政府倡导"和平文学"的重要骨干,在《风雨谈》等刊物上发表《清末的翻译界》等,曾撰写《主席访日随行记》,"主席"指汪伪政府的汪精卫。

"旬内间售之一空",读者来信多达千余人,让杨氏等人大喜过望,3月1日再版3000册,"以应需要"。对此,杨氏在该书《再版序言》中得意洋洋地吹嘘,并且还准备三版、四版,直至"完善"。1945年大连书店翻印此书时,署名杨一鸣,不知此是不是杨氏的笔名。

《文坛史料》分为五大部分:《关于鲁迅》《作家评传及印象》《文坛逸话》《文艺社团史料》,以及附录3篇文章,即陶晶孙《忆创造社》、杨氏《关于"未名社"》《记现代社》。

关于《关于鲁迅》的一组文章,杨氏说是原为自己主持的《中华副刊》推出的"纪念鲁迅先生特辑"(1942年10月19日至23日连载5期),其中有些文章假借纪念为名,趁机自我吹嘘,亦真亦假。鲁迅生前"铁骨铮铮",去世后却被杨氏等人肆意歪曲,恶意贬低,蒙骗不明真相的读者,趁机作为《文坛史料》的"摇钱树",真是卑鄙无耻。

杨氏还特地收入自己为"特辑"写的原《导言》——摘章断语,篡改鲁迅关于中日关系的论述初衷,他恬不知耻地叫喊:"如今便是中日两大民族由互相了解进而携手合作共保东亚的时候了。我们今日纪念鲁迅先生,便不应轻轻地忽略了先生在七年前的遗言。"由此把鲁迅硬拉进自己的圈子——为狼子野心的日本军国主义鼓吹"大东亚共荣圈",真所谓"拉大旗作虎皮"。

这些恰好成为一个不可多得的反面教材，否则世人还真不知道杨氏等人当初是如何穿着"皇帝新衣服"溜达一番，招摇过市的。

《关于鲁迅》卷首之文《可记的旧事》，署名尸一，即梁式，原名康平，又名君度、匡平，广东台山人。1925年广东高等师范文史部毕业，次年执教广东省立女子师范学校，一度与许广平同事。1927年主编广州《国民新闻·新时代》》副刊兼任黄埔军校教职。后为《中华日报》主笔之一，与杨氏为该报同事。

《可记的旧事》比较长，内容芜杂，有不少是道听途说的，即使是作者亲身经历的，也毫不犹豫地"大掺水分"。1927年秋天，作者去上海，"在良友图书公司和他（鲁迅）一会，除许广平，孙伏园也在座之外，我第一次见到许钦文，伍联德（"良友"老板——引者，也是广东台山人）却第一次见到鲁迅。不久我又南归，从此没有再见过鲁迅。"这故事编得太离谱了，蛮横地强迫5个人"同框"，还真有点联想的特异功能了。幸好作者"局限"于几位同事或同乡，否则还不知道有多少人要被硬塞进"同框"里了。

该文还谈到鲁迅投稿一事，"宋云彬原是天天可以见面的，一天晚上，他忽然专人送来一封三十万火急（即是在信皮左上角写三个十字）的信，拆开却是一篇稿子，题目是《鲁迅先生那里躲》。我略经考虑，就发表在《新时代》。这一来，鲁迅就不能不发表文章了，几天之后，鲁迅答复的稿子到了。这篇文章题目什么，早忘了，好像没有收入全集，记得文中有说到跌伤脚一事，附在宋云彬一篇之后的，按语是我写的还是姜仇写的，也忘了，有时我事忙便请姜仇替我代编《新时代》。"

显然，此事真假"嫁接"，耍弄小聪明。尸一（梁式）在《国民新闻·新时代》上发表宋云彬《鲁迅先生那里躲》一文，鲁迅在《在钟楼上》（1927年12月17日上海《语丝》第4卷第1期）里谈及此文和编者的按语，并且在另一处也提起尸一写的《鲁迅先生在茶楼上》一文。对此，尸一的《可记的旧事》特意谈起鲁迅《在钟楼上》，自我吹嘘一番，随后发挥了"嫁接"联想的功能，凭空捏造了"鲁迅答复的稿子到了"诸事。

宋云彬时任《黄埔日报》编辑，后为上海开明书店编辑，鲁迅晚年时曾赠送他编的瞿秋白遗作《海上述林》上卷，以感谢他和章锡琛、叶圣陶、徐调孚等人为此书所付出的各种努力。

尸一（梁式）还曾为了《可记的旧事》被改题一事回"怼"《风雨谈》主编柳雨生。

1943年4月，《风雨谈》月刊创刊于上海，1944年12月停刊，共出版21期。该刊是上海沦陷时期的主要汉奸文学期刊之一，主编柳雨生亦是撰稿人之一。《风雨谈》的撰稿人有周作人、沈启无、周越然、陶亢德、谭维翰、纪果庵、路易士(纪弦)等。这些人与杨氏同一圈子,也是汪伪政府倡导"和平文学"的鼓吹者。

1943年5月,《风雨谈》第2期刊登一则《本刊佳作预告》,其中有尸一的《鲁迅先生二三事》、陶亢德的《吸烟记》、潘予且的《予且随笔》等8篇文章。在这些作者中唯独尸一嘀咕了几句,他在《中华日报》的《中华副刊》(5月24日)发表了致柳雨生的公开信,透露《中华副刊》"鲁迅纪念特辑"曾"招致某报的笑骂",并且不同意将自己的文章改题为《鲁迅先生二三事》。

柳雨生也公开回信(5月30日《中华副刊》),提示尸一有新的资料可供补充。并表示发表该文时,可以在"旁边加一小题,文曰'限于与鲁迅有关的'。此外,拟附载鲁迅先生《三闲集》中《在钟楼上》一文。"但是,事后双方未有下文,此事不了了之。也许杨氏从中进行劝说,毕竟双方公开信都发表在杨氏主编的《中华副刊》上,戛然而止。这也是一种炒作方式,况且大家都是"圈内人"。

以上这些情况不妨看作是鲁迅《在钟楼上》的一种"另类"的诠释,也许会引起研究鲁迅的学者的注意。

柳雨生也写了《鲁迅小祭》短文,被杨氏收入《文坛史料·关于鲁迅》。该文也是东扯西拉,勉强拼凑,"乱弹琴(情)",不成调子。其开头引用鲁迅悼唁丁玲被害之诗(当时盛传丁玲的噩耗),随即联想起鲁迅另一首旧体诗《无题》:"忍看朋辈成新鬼,怒向刀丛觅小诗……"柳雨生摇头晃脑点赞一番,不敢说明这是悼念柔石等左联五烈士的诗。没料到该文最后的结论却是"急转弯",直奔柳雨生热衷的主旨:"鲁迅之足为东亚民族文学之灵魂,信矣。"潜台词乃是"大东亚共荣圈"的"和平文学"。如今有不少人"点赞"柳雨生具有"国际学者"的声誉,再看看《鲁迅小祭》短文,"信矣"?

萧剑青写的《鲁迅先生对于我的启示》一文,在《文坛史料·关于鲁迅》中颇为突出。

萧剑青是东南华侨,原籍广东香山人,18岁自费到日本留学,学习西洋画和漫画。他涉猎很广,懂音乐,擅美术,也能写诗、作文和翻译,他还是中国最早自制使用藏书票的先行者之一。1933年10月,他辗转到上海,在世界书局任职,虽然仅仅待了8个月,但是结识了许多文化人,

萧剑青曾有两部诗稿由光华书局出版,因而他与该书局的金天民经常谈起鲁迅(该书局印行鲁迅主编的《萌芽月刊》)。一个周日上午,萧剑青和金天民、张松涛(也是光华书局的)在内山书店翻阅杂志,"一位面貌和蔼身穿长袍的中年人进来",金天民见了,就很快地对萧剑青说:"鲁迅先生来了!"萧剑青"马上敛下了正在谈说之笑容,非常庄重地站立着,等候金君介绍。果然,不失所望,由这一天起,就算认识了鲁迅先生!"萧剑青还回忆说:

第三次是在电车里遇见了鲁迅先生，那时，我因为著作了一部《灰色集》，内容系诗文小品及木刻，在匆匆巧遇的时间里，我就约略将原稿给鲁迅看，他看了一会仅说出"很好"两字，在这一次遇面后，我就将这《灰色集》的原稿再寄至内山书店转给鲁迅先生，并要求他为我写一篇序。大约是隔了五天工夫，原稿是寄回来了，序是没有写，但是信却有一封，是说他没有空代我写序。当时我有点失望。

鲁迅的回信写于1934年1月9日，"来函诵悉。我因为闲暇太少，实在没法看稿作序了。抱歉之至。"此信大概是萧剑青提供的，收入《鲁迅书信集》。萧剑青与鲁迅偶遇在电车上，他随身恰巧携带《灰色集》一事，总不免让人生疑，这么巧吗？

1934年5月，萧剑青接到父亲生病，准备离开上海，临走之前，他把自己一部新书稿《众生相》寄给内山书店转鲁迅，并在信中请求写信和批阅，还说4天后去取回。几天后，萧剑青敲开鲁迅家门，鲁迅说："你来得真巧，《众生相》一稿，本想派人送回给你了。"萧剑青问："先生可有代我批阅过和作序么？"鲁迅答："序还没有写，原稿已拜读了。有几篇文字很不错，画更好，不过其中有一两幅我以为抽出来比较妙。"鲁迅先生说着，并把原稿递给萧剑青。

这段描写更加使人生疑，萧剑青怎么知道鲁迅家的地址，并且贸然上门请教？鲁迅既然无暇看他上一次的书稿《灰色集》，怎么这一回有时间看他的新书稿《众生相》呢？

萧剑青自称先后见过鲁迅4次，两次在内山书店，一次在施高塔路上，一次上门请教，但是，在鲁迅日记里都没有任何记载。事后，1936年1月4日，鲁迅收到萧剑青的来信，晚上立即复信，信的内容不得而知。以上诸多原因，导致如今许多关于回忆鲁迅的专集没有收入萧剑青此文，不过萧剑青的回忆也不妨作为《鲁迅全集》有关条目注释的一个参考资料。

《文坛史料·关于鲁迅》还收入了其他文章，内山完造《忆鲁迅先生》、姚克的《鲁迅先生的遗像》等文，事前已经发表于《作家》《电影·戏剧》《中流》等刊物的"悼鲁迅先生特辑"。接受潘汉年特殊任务的陶晶孙[①]写的《鲁迅·佐藤·内山》后为《鲁迅墓前》中的第 2 节（共两节），收入作者的《牛骨集》（上海太平书局 1944 年 5 月出版）。

[①] 陶晶孙生平事迹，详见丁景唐编选的《陶晶孙选集》（人民文学出版社 1995 年版）收入的夏衍《序》、丁景唐《编后记》，以及附录：陶瀛孙、陶乃煌《陶晶孙小传》、陶坊资《回忆父亲》、陶易王《父亲在台湾》等。另见本文收入的《陶晶孙及其用日文写的〈给日本的遗书〉》。

除此之外,《文坛史料·关于鲁迅》收入其他文章的作者是周越然、路易士(纪弦)、周作人等,大多是杨氏圈子里的"铁哥们",难怪会遭到各种嘲讽和"笑骂"。

杨氏在《文坛史料》再版本的《编后余谈》中还特地"声明",补充了"鲁迅先生的遗札三封",把原有的附录增加为三个内容,其他两个附录是周作人的《先母事略》、杨氏抄录的《鲁迅著译校辑录年表》。

"鲁迅先生的遗札三封"很有意思,其中一封是鲁迅写给林语堂的信(1933年6月20日),其中有"天王已无一枝笔,仅有手枪"诸语,这是鲁迅拒绝为林语堂、陶亢德编辑的《论语》写"打油诗"。同日,鲁迅往万国殡仪馆送被暗杀的杨铨入殓(林语堂借故未去),鲁迅还特地写了《悼杨铨》旧体诗。因此,他当晚写给林语堂信中表示对反动当局的愤恨之情,溢于言表,当然也没有心思写什么恬闲的"打油诗"。杨氏收入此信时,哪里敢说明情况,并且杨氏将信的抬头"语堂先生"改为"某某先生"。其后"鲁迅先生书简遗墨"刊登此信手迹时,干脆删除信的抬头。

值得注意的是"鲁迅先生的遗札三封"的另外两封信,却不知何时写给何人,也不知是否伪造的,各种版本的《鲁迅全集》也未收入。对此,将另撰文述之。

"鲁迅先生书简遗墨"也有三件,除了写给林语堂一信,还有鲁迅用日文写给内山完造的信(1933年4月27日)。杨氏解释说:"本社尚无日文铅字,移译为中文,又恐失其真谛,故日文书简从略了。但为读者便于参考起见,特将其日文遗墨影印,供诸同好。"

内山书店老板内山完造是鲁迅熟悉的老友,他在上海了撰写《活中国的姿态》(1935年11月东京学艺书院出版),请鲁迅日文写序言。周作人的得意门生尤炳圻将此书翻译为中文,改题为《一个日本人的中国观》(1936年8月开明书店出版),鲁迅自译序言为中文,收入《且介亭杂文二集》时,题为《内山完造作〈活中国的姿态〉序》。

周作人"落水"后,尤炳圻也附和当上了北京大学文学院的秘书,"鞍前马后"紧随着周作人。杨氏辗转得到鲁迅用日文写的序言,但是仅发表最后一小段,落款时间为"一九三五年三月六日"。鲁迅在同一天的日记中也写道:"夜为内山君《支那漫谈》作序。"由于鲁迅自译此序言,落款时间提前了一天即"一九三五年三月五日"。因此,这个时间"细节"一直以此为准,包括《鲁迅年谱》等各种专著和有关文章。

由此看来,应该"感谢"杨氏,保存了这则鲁迅"遗墨"史料。但是,杨氏拼命追求的是更大的名利效应。他强调说:"特走访各友,从事搜集,费时月余,仅得五封,其中:中文者三,日文者二,受信人均为鲁迅先生生前挚友,故更较致复（信）其他不大相识者为珍贵。"

《文坛史料》再版本补充的《鲁迅著译校辑录年表》，杨氏也自鸣得意，认为"鲁迅还辑录并编校过不少书籍杂志画集等等，而且有许多是一般人所忽略的"。言下之意，许广平、郑振铎、王任叔等人编辑的第一套 20 卷本《鲁迅全集》(1938 年 6 月 15 日，鲁迅全集出版社普及本初版；同年 8 月 1 日，复社纪念本初版本)还不如杨氏的"专家"眼光，他吹嘘的《鲁迅著译校辑录年表》则是填补了一个"巨大空白"。

其实，《鲁迅先生纪念集》(鲁迅纪念委员会 1937 年 10 月 19 日编印)收入许寿裳编的《鲁迅先生年谱》、许广平辑录的《鲁迅先生著译书目》，已经比较完备，只须比较一下，便可明白杨氏该打谁的脸，只要他不担心自己"破相"了。

由于篇幅有限，待有机会再来赘述《文坛史料》的其他"精彩"内容。

杨氏在《后记》里很感谢几位"铁哥儿们"："本书的编成，多赖梁式（尸一）先生的督促和指示。而（陶）亢德（时已"落水"——引者），（路）易士，真原诸兄也多给我以有关的材料作参考。希平兄更为我分担三四校之劳，这在我个人，对他们的热诚和好意，都非常感谢的。"

立此存照，必须的。

杂凑、编造的《中国革命作家小传》

80岁的丁景唐跨进新世纪后,2000年9月,完成自编的《犹恋风流纸墨香——丁景唐六十年文集》,送交上海文艺出版社,这是断断续续4年收集、整理、编选的结果。

过了2个月,迎来深秋时节。丁景唐理发后,精神不错,提笔在《中国革命作家小传》(以下简称《小传》)扉页上写下一段话:"这是上海解放初较早出版的一本书,如果用点'力气'看,一定可看出一些问题。老丁理发后记。"随后,他看看该书的封面,又写下一段文字:"封面有一些作者签名,是不容易的。"随后在落款处,随手盖上蓝色橡皮年月印章:2000年11月14日。

丁景唐粗粗翻看了最后一章《关于萧军的经历和他的背叛》(文后落款"杨波"),不由得摇头,有点恼火,又提笔在扉页右边空处写了一句话:"抽看写萧军的一文,全为胡说八道。"他气得把此书塞进书橱里,再也没有去翻看。

1949年7月,《小传》由大地出版社(上海西康路337弄280号)出版,国风印刷公司(上海新闻路东斯文里437号)印刷。该书定价三千元,其中"三千"的墨字用毛笔添写的,"三千"仅为后来的人民币1角左右。后面的版权页注明:发行人为丁基,大概是大地出版社的经理。著作人为李卉,这与封面印的"编辑"(李卉)的身份不甚相符。其实,他既是部分文稿的撰稿人,又抄录、编辑他人的文章。

当时上海解放不久,政府还未整顿出版行业,处于过渡时期。因此,新老出版机构同时存在,"泥沙俱下",难以辨清。大地出版社急于想趁机占得"先机",于是匆忙撰文、编辑、出版,留下了"新老交替"的明显烙印。其书名冠以"革命"的色彩,有些文章看似"正宗",有些文章则是以昔日上海滩"捕风捉影"的手段,将各种花絮杂凑在一起。

《小传》的封面比较特别,左边条状为当时流行的大红色,衬托粗大的白字书名,右边中间印制的是茅盾、郭沫若、胡风、丁玲、夏衍、赵树理、徐懋庸、萧军、艾青、袁水拍等人的签名,其上"李卉编",最下端为"大地出版社印

行"。这组签名,能收集齐全,并与书中谈及的作家大多相符合,实属不易,显然策划者下了一番功夫,以促使此书的销量。

《小传》32开,共收入16位作家的小传,长的篇幅数千字,短者仅为三四百字,而且字号比较小,类似如今的6号字,总共59页,比较薄。内封背后一页竖印着鲁迅著名的一首诗《自嘲》:"……横眉冷对千夫指,俯首甘为孺子牛。躲进小楼成一统,管他冬夏与春秋。"

说是《小传》,其实大多是这些作家生平的片段,这是作者聪明之处,抓住"卖点",不择其余。

首篇《郭沫若——热情的诗人,革命者》,围绕着抗日战争时期郭沫若回国途中步鲁迅原韵的一首七律:"又当投笔请缨时,别妇抛雏断藕丝。去国十年余泪血,登舟三宿见旌旗。……"不厌其烦,大做文章。最后简单地交代了一下:"现在郭先生是新政治协商会筹备委员会的副主任,同时也是全国第一次文艺工作者大会的代表,在大会上由郭先生作全国性的文艺总报告。"显然作者注意到了报纸上刊登的有关新闻,包括郭沫若的新头衔。而且,作者很可能是抗日战争时期的文艺青年,一直比较关注文坛动向。

茅盾有不同形式的自传,早已被广大读者所熟悉,因此作者写《茅盾沈雁冰》一文时，罗列了茅盾的生平，较为突出了著名长篇小说《子夜》，最后也提及茅盾的新职务，以及他的弟弟沈泽民。

关于剧作家于伶与《译文》编辑黄源的情况，作者不大熟悉，只好拼凑，生硬地将他俩拉扯在一起，随手起个标题《记于伶与黄源》，文字仅为三四百字，没有什么内容。

《胡风与田间》字数稍许多些，也只有五六百字，其中胡风的内容占据全文的大半，最后一小部分是关于田间的，篇幅过分倾斜。其中又谈及路翎，七扯八拉，最后说明他与田间的新职务，却把胡风扔在一边了。几年后"胡风案件"震动全国，不知这位作者是否受到牵连。

文字比较长的《骆宾基底生涯》全文都是"革命评论"的词语，显然是抄录的，完全不像《小传》编者兼作者写的其他文章。关于赵树理的文章，也是东抄西凑的，最后干脆抄录《赵树理的创作经验》一文，作为该文的附录。《何其芳底道路》一文也是整段抄录何其芳纪念王若飞烈士的文章，由此为该书名中的"革命"二字增添了"光彩"。

"我第一次看见艾青的诗，是他的《芦笛》，因为他的《大堰河》那首诗被杂志的编者退回来了，没有可能印出来，所以我只能有机会看见他的《芦笛》，看了这诗，引起我的绝大注意，倘要能起初看见了他的《大堰河》一定会引起更大的震动，但是这种喜悦已经不可复得，在上海的辰光他曾找过我给他编的报纸写稿子，我想写而没有实现，在八一三以前，我只看见这一首诗，没有看过第二首。"

看到这些文字，读者大概被文中的"我"所吸引。其实，这些文字本身就漏洞百出，其中提及艾青的诗歌《芦笛》《大堰河》，都是艾青在监狱里写的，委托他人带出，"我"不可能在"第一时间"里看到。至于投稿的事情，也无中生有，根本无法考证。

编者唯恐此文会"引火烧身"，赶紧在该文后落款"端木"，企图含糊混过去。如果读者真要追究"端木"是否是著名作家端木蕻良，编者大可耍赖。为了弥补漏洞，编者又摘抄一篇短文，改题为《记艾青的幽默》，说是艾青向女记者敬酒，女记者勉强喝了一口，吐掉了，艾青气得说："外国人用牛奶洗澡，你居然用葡萄酒漱口？"引起满堂哄笑。读者一看就知道这是忽悠读者，只是昔日小市民茶余饭后的笑资。此文落款为"萧萧"，更是不知其来历。

"一九三〇年她住在上海霞飞路的时候，和潘汉年潘梓年兄弟一起在阳台上喝茶，忽然来了四五个歪戴着帽子的特务和警察，匆忙中逃避，潘氏兄弟从阳台上跳下来，丁玲被捕。""在延安的时候，曾经一度传说她将与彭德怀将军结婚的消息……"（《丁玲——叛逆女性》）这完全是昔日漫天飞的"花边新闻",作者全然不顾"隔夜新闻",只顾抛出来,充数编成书。如果他知道潘汉年身居要职(先后担任上海军管会秘书长、上海市常务副市长等职务),那么他大概会"识相点",删除这段文字。

除了在《小传》扉页写下痛批《关于萧军的经历和他的背叛》之外,丁景唐在该正文的标题下再次批注"乱写一通"。

该文开头就说:萧军在"北平出版的《海燕》这本文艺刊物上写小说,那时候还是默默无闻,后来和一个女朋友双双从哈尔滨跑到了上海。"《海燕》是上海出版的,而且是在萧军到上海几年后才创办的。[①] 幸亏作者不知道萧军是和萧红一起逃离哈尔滨,辗转南下的,否则这位作者"脑洞"大开,不知道会写出什么"八卦新闻"了。

萧军、萧红去拜访鲁迅,许广平"笑着问萧红说:'你看我像交际花吗?'因为以前萧红听专门造谣的'文学家'说过鲁迅的太太是交际花,故而曾写信去问过,当时萧红红着脸笑了,鲁迅也笑了。"丁景唐在一旁批道:"胡说!"

抗日战争胜利后,萧军在东北解放区《文化报》上与某要人"论争",此后被打入"冷宫",被称为"东北《文化报》事件",这在萧军以后的回忆录中说得很详细。

可是,《关于萧军的经历和他的背叛》作者大做文章,挟有"打死老虎"之余威,甚至引用《文化报》上"诽谤土改"、"给'党、政、军'扣上一百二十四个主要的帽子"的大段大段的文字,以此证明萧军的"背叛"。这是个被利用的话柄,不知作者是何意图,趁机攻击共产党的政策,还是津津乐道这种"花絮",以此"强烈"吸引读者的眼球,增加此书的销售分量。

李卉作为《小传》的编辑兼部分文章的作者,他的所作所为,令人想起解放前有一位出名的"文氓"史济行:谬托知己,剽窃文章,暗中盗文,甚至翻找出乾隆皇帝年轻时在《弘历采芝图》画卷上的自题诗,伪造成鲁迅的遗文,令人瞠目结舌,曾造成严重后果。[②] 相比之下,李卉只是"略施小技",并且他自我"加冕",戴上了编写"革命作家小传"的桂冠,正是所谓"与时俱进",不甘落后。

《小传》底封左下角有上海旧书店的印章,注明价格为3角,显然丁景唐是在那里购买的。前面扉页的右下角有一行模糊的字迹:"1951,7,21",并

---

① 详见丁言模:《轰动一时的〈海燕〉月刊》,载丁言模撰写的《穿越岁月的文学刊物和作家》第2辑,中国社会出版社2017年版。

② 详见丁言模:《史济行对鲁迅、郁达夫等人的行骗劣迹》,载丁言模:《瞿秋白、鲁迅等人往事探觅》,中国社会出版社2015年版。

盖有白文朱印的私章,即该书原有的主人。这位原主人很聪明,觉得此书没有多大价值,便卖给旧书店。

丁景唐收购此书,初衷也是为了"开开眼界",将此作为窥见上海解放初期出版行业情况的一个窗口,也许其中有"点滴"的参考价值。但是,最终令人大失所望。

辑四　民谣韵律

郭沫若作序的《民谣集》

1922年8月5日,正值酷暑,处于上海闹市的一品香旅社再次热闹起来,文学研究会一班文友茅盾、郑振铎、谢六逸、庐隐等,应邀前来祝贺郭沫若的成名诗集《女神》诞生一周年。此事原为郭沫若、郁达夫上门邀约的结果,以消除彼此的隔阂。

曲终人散,郭沫若乘着余兴,返回哈同路民厚里的临时住处泰东书局——曾被誉为"创造社的摇篮"。去年春天,郭沫若从日本回国,也是在这里编定了自己的新诗集《女神》,并改译德国小说《茵湖梦》,标点元代著名杂剧《西厢记》。书后署名发行人均为该书局老板赵南公,他自然乐不可支——名利双收,满脸堆笑,欢迎郭沫若等创造社成员继续送来文稿,开出的优惠条件便是为郭沫若等人提供这里的住宿,至于邀聘编辑的合同等实质性问题——免谈。

8月14日,郭沫若作《〈卷耳集〉序》,说明选译《诗经》40首古诗的意义、目的和方法,感叹中国古代第一部诗集的优美文字"早已变成了化石",自己尝试着"要向着化石中吹嘘些生命进去","把这木乃伊"起死回生。

此后几天里,郭沫若的诗兴未减,或赠友人,或自吟,或悼念。一日,友人何中孚在从事儿童教育之余,采集浙西民谣60首,编成《民谣集》。郭沫若触目生情,欣然同意写序。他摊开稿纸,提笔书写:

风,不知道是从甚(什)么地方吹来的。

在空气中,不知道是甚(什)么地方偶尔起了一个波澜,同时向四方传去,或凉或暖,或小或大,同时吹入人的耳中,同时吹入人的心坎,

风是这样生出来的,民间的歌谣也是这么样生出来的。

偶尔一声天籁,在山间陇畔吹了出来,同时传到四方,同时吹入人的耳中,吹入人的心坎。

古人称民间的歌谣叫着"风",真是把歌谣的性质表示得恰好了。

一部《国风》,要算是我国最古的一部民谣集了。古时原有采诗的

官，由民间采集些歌谣来献给政府。政府藉以知道民间的状态。采诗之制，在古时虽说纯是为的一种政治的目的，然（而）同时在文艺史上竟开出一朵永不凋谢的白莲。

空气中不断地有风吹来，风一吹过，便渺无踪迹。民间也不断地有歌谣流行，流行不久之后，幸则传播他方，不幸则又渺然散去。

采诗之制久失，散在我们民间的没字的文学，不知道有多少了。采诗之制久失，生在我们民间死在我们（民间）的歌谣，也不知道更有多少了。

近数年来有多少明达之士，极力提倡收集，在各地的报章杂志上亦多所散见，但裒集成书之举，迄今似乎尚无人从事。吾友何中孚君于在职司儿童教育之余，采集浙西民谣六十首以成书，而求序于我。我本川人，此书内容，多为吾川所无，且不少佳妙之作，鄙意以为如各地有志之士，见何君此书而各事收集，裒以成册，以便于作比较的研究，将来书成日多，再经一道严峻的制定，则我国又可以有一部新的国风出现了。

民国十一年八月廿四日
郭沫若序于沪上

此序言曾长期未收入各种版本的郭沫若文集里,也许何中孚在中国文坛上是"无名小卒",加之其他因素,令人怀疑此序言的真伪。时隔80年后,北京大学中文系教授孙玉石发表一文,认为郭沫若写的《〈民谣集〉序》是一篇重要佚文,并非假托与伪造,而且进行了一番认真考证和详细分析。

孙玉石撰写此文的七八年前,在北京海淀一家书店里偶尔购得《民谣集》。他与丁景唐老相识,不过并不知道丁景唐早就珍藏此书。

抗日战争时期,丁景唐转学沪江大学中文系三年级时,一边从事地下党学委的宣传工作,一边用丁英等多种笔名发表诗歌、散文、杂文和学术性文章。1945年4月,丁景唐从所写的诗歌中挑选29首诗歌,编成诗集《星底梦》。同时,他对中国传统民歌产生了兴趣,组织了一个民歌社,公开征集各地民歌。两年后,撰写了《怎样收集民歌》(沪江书屋1947年5月版)。1948年夏天,他整理挑选了350多首,编成手抄本的《浙东民歌》,正如郭沫若说的"哀以成册",其中有些诗歌以后收入《南北方民谣选》第一、二集(上海的新华书店华东总分店于1950年10月出版发行)。此后,丁景唐曾任上海民间文艺家协会副会长等职务,收集了不同版本的有关民歌集和论文集,其中有初版本《民谣集》。

丁景唐为何没有撰文考证《〈民谣集〉序》的真伪呢?也许是无暇顾及,也许他忘了《民谣集》放在哪个乱书堆里,找起来很费事。

《民谣集》编者何中孚在《自序》里介绍说:"歌谣大都是农民的文学,是农民生活的反映,他(它)把旧社会制度的不自然的结果一条一条地写出来向人类的良心上控告,要求改革。"他列举了不少民谣:"阿妈娘,无商量,三岁卖我出去做梅香。""苦弗过,十二岁上送我出去做个养媳妇,淘米拎水都要我,……只好开开东门出去寻死路。"其他的民谣还有《和尚》《回娘家》《婆媳》等。

何中孚还认为有些民谣反映了"农民厌恶皇帝官吏的心理",如《皇帝啦阿姆》:"出日头落雨,皇帝啦阿姆要死;出日头打雷,皇帝啦阿姆出材;出日头落雪,皇帝啦阿姆做七。"编者注释:"皇帝啦阿姆",皇太后也;"啦"当"的"字解;"出材",出棺材也;"做七",所谓人死后七七设奠之事。

按照当地人的方言唱此首民谣,"啦"音拖长,后两字的音节紧凑,大约各有半拍,其效果——地方味道很浓。如果细细品味此民谣,那么不由得拍案叫好——骂人不带脏字,只说"出材""做七",却在咒骂皇太后,实质也是骂皇帝早日去死,鲜明地表达了愤恨之情,期盼早日推翻这反动、腐败的统治,老百姓能过上好日子,这也是民国时期广大民众的心声。

几乎每首民谣后面都有何中孚的注释,通俗易懂,也宣传了浙西风俗文化,以便读者阅读,产生兴趣,扩大《民谣集》的影响。

何中孚还介绍说：《民谣集》的60首以浙江塘栖为主，也有其附近各处。如今的塘栖镇属于杭州市余杭区（紧邻为湖州市的德清县），距市区中心约20公里。郭沫若说的"浙西民谣"，似乎不妥，应该是浙东地区，编者何中孚大概是在那里从事儿童教育。江南水乡名镇的塘栖曾是杭州市的水上门户，著名的京杭大运河穿镇而过，使其成为苏、沪、嘉、湖的水路要津。因此，在那里采集的民谣，也是汇聚了附近各地民谣的精华，颇有代表性。

丁景唐是宁波人，能够听懂杭州附近的官话，因此，《民谣集》中的民谣也能勾起他对往事的回忆，他特地在编者《自序》中的"浙江塘栖方面"这行字下面划上红线，以示重视。

"摇啊摇,摇到外婆桥"的《各省童谣集》第一集

记得小时候,经常听大人唱起浙江地方儿歌,最为流行的是"摇啊摇!摇到外婆桥,外婆请我吃糕糕……"唱到这里,戛然而止,眼前立即浮现外婆的慈祥笑脸。这首儿歌出现在《各省童谣集》第一集(商务印书馆1923年初版)里,题为《摇船望外婆》,后面的文字却是一场悲剧:"摇啊摇! 摇到外婆桥,外婆留我吃糖糕;糖蘸蘸,多吃块;盐蘸蘸,少吃块。外婆留我堂前坐;舅母留我窖前蹲,蹲啊蹲! 一碗饭儿冷冰冰,一双筷儿水泠泠;煎勒鳖,尾巴焦,一块肉儿肥拖拖。"

世人早已忘却这首童谣的原样,但是开头一句"摇啊摇,摇到外婆桥",则是"摇"了一代又一代,甚至延伸为其他艺术形式,影响深远。以此为题的剪纸作品,荣获第八届中国艺术节第二届国际剪纸艺术博览会剪纸大赛金奖。著名作家毕飞宇的小说《上海往事》,改编为电影《摇啊摇,摇到外婆桥》,由张艺谋执导,巩俐、李保田、李雪健等大牌明星主演。

《各省童谣集》第一集序言是吴研因[①]撰写的,如今世人对他很陌生。

笔者眼前晃动着两个场景的身影:六一儿童节可爱的小女孩子弹着电子琴,手指下欢快地流淌着《可爱的家》[②]的熟悉旋律。台湾著名歌手蔡琴站在舞台中央,以淳厚沉稳的嗓音,舒缓地唱起《可爱的家》:"我的家庭真可爱,美丽清洁又安详。姐妹兄弟很和气,父亲母亲都健康。……"

但是,蔡琴唱的歌词很少有人知道词作者是吴研因,他是中国近现代教育家,早期研究小学语文教材教法的重要人物之一。他一生致力研究小学教育及编写教科书,早年为小学低年级学生自编油印教材,率先使用白话文

---

① 吴研因,原名辇赢,江阴要塞贯庄人。早年毕业于上海龙门师范学校,曾任江阴县立单级小学和上海尚公学校校长,上海中华书局、商务印书馆编辑,江苏省立第一师范学校教员兼附属小学主任。新中国成立后,历任教育部初等教育司司长、中学教育司司长。
② 《可爱的家》原来是《米兰的少女库拉利》中的插曲(英国作曲家比肖恩作曲,美国剧作家、诗人培恩作词),后人根据曲调填词传唱,经久不衰,深受全世界人们的喜爱。

教科书。他担任上海商务印书馆国文部编辑时,所编教科书风行全国。

吴研因国学深厚,喜好诗赋。1922年11月3日,他在《各省童谣集》第一集的序言中写道:

> 这许多民歌,何等自然精辟?其余的童谣山歌,也真有文学家所想不到,说不出的,我们偶然接近村夫稚子,听他们的歌咏咨嗟,尝得一脔,往往觉着滑稽解颐,沈痛可泣,激昂慷慨,愉快淋漓,中间不少甜酸苦辣的滋味,这就可以知道民歌的价值了。
>
> ……我想新诗果然能够把民歌做基础,这一点上建设起来,将来必然伟大可观,可在文学界上放一异彩,不过新诗要把民歌做基础,则莫妙于先行采集民歌,而加以研究观摩,那么民歌集的编订发行,愈加觉得是一件刻不容缓的大事情了!

吴研因注重少儿教育的同时,也很重视儿童读物,包括民间文学中的童谣、山歌的某些启蒙教育的广泛影响和产生的功效。凭借他的才学功底和社会声望,《各省童谣集》第1集的"品位"一下子提升了。此集收入北京、直隶（河北）、吉林、山东、河南、江苏、福建、安徽、江西、浙江、湖北、湖南、四川、云南、云南、贵州等地约200首童谣（包括儿歌、民谣、山歌等）。同时，吴研因语重心长地指出：

> 朱君天民，费了多年的工夫，收集许多民间的歌谣，汇印成册，现在第一集印出的，都是些童谣，其间虽然不免瑕瑜互见，思想不离乎家人兄嫂，而且有一部分是讪笑残疾，有伤国民美性的；但是奇谲怪诞，立意可喜，声韵可诵的，实在也居其大半。——现在正在民歌流散的时代，几千年间没有人注意此事了。我不望朱君用孔老先生的手段，把二三千篇民歌，删存二三百篇纯粹的东西；我只望朱君继续努力做这件事，使许多民歌，介绍到文学界上来，我想：一则民歌从此可以为三百篇的嗣响；二则新诗的基础，也就此有托，可以慢慢的建设起来：这不是一件极有价值的事业吗？
>
> 因朱君的童谣集，而想到了民歌的重要，触起许多议论，拉杂写成一篇，聊以为序，不知朱君看了以为何如？读者看了以为何如？

显然，《各省童谣集》第一集是原拟策划整理、出版一套中国民间歌谣或中国民间文学作品丛书的"前奏"，这种策划思路受到各种影响，包括北京大学歌谣征集处和歌谣研究会（后出版北平《歌谣周刊》）的倡导，以及上海世界书局推出4册《绘画童谣大观》（1922年9月初版），陈和祥以雅仙居士名义编撰，并作为"新时代儿童游戏之一"的儿童读物，其可观销路让圈内人士眼红。

吴研因提及的《各省童谣集》第一集的编辑朱天民，如果不出意料，应该是商务印书馆的"重臣"朱元善，唯一的"身兼三职"即《教育杂志》《学生杂志》《少年杂志》的主编。对于朱元善的评价褒贬不一。茅盾最初进入商务印书馆编译所时，与朱元善打过交道，协助他做了不少事情，知道他的一些底细。

《教育杂志》是商务印书馆的"拳头产品"之一，自1909年创办以来，是近代持续时间最长、影响最大的专业教育期刊。首任主编是陆费逵，朱元善接任，主编的时间最长（1912年至1922年）。此后，还有7人担任主编。

朱元善主编该刊时，主要依靠许多日文版的教育杂志，他不懂日文，只看日文中的汉字，猜测其内容，他认为可用的，便圈出来，请馆外的人翻译。有些文章翻译出来，发现如果圈错了，便存档备用。如果翻译的两种或更多的文章都是讲述同一问题的，朱元善便会重新编写，成为一篇文章，但是不注明出处，只署"天民"。他还会对翻译人员解释说："天民"是共同的笔名。

《教育杂志》版权页上署名朱元善；《学生杂志》最初不署名，后来也署名"天民"。朱元善借此暗示：《教育杂志》发表文章最多的"天民"，与《学生杂志》编者是同一人。商务印书馆老板不知内情，还以为朱元善真卖力呢。

朱元善付给那些翻译者的稿酬是每千字1元、2元，比较低的，而商务印书馆的稿酬一般为2元至5元。由于译稿不署名，译错了也不负责任，而且译稿的字迹了草，自不待言，因此颇有人愿意接受比较低的稿酬。

头脑灵活的朱元善用以上这些办法竟然把《教育杂志》搞得相当有生气，当然还有其他因素。不可否认，《教育杂志》传播了当时欧美先进的教育学说、教育改革情况等。

"对于教育并无研究，用自己的观点把那些粗糙的译文加以改编，有时也要出毛病，闹笑话。不过《教育杂志》的读者以中学或师范学校的老师为多，他们看不出这些偶尔出现的毛病。"茅盾述说了以上这些内情，至少透露了两点：一是朱元善巧妙利用朱天民的笔名，二是他对"教育并无研究"，但是他的头脑灵活。

那时，茅盾一天里"身兼双职"，半天时间协助朱元善办《学生杂志》，主要是审稿。另外半天，协助孙毓修编写儿童读物，从外国童话和中国的传奇中挑选一些故事，用白话文加以改写。从1917年下半年开始，茅盾陆续编写了《大槐树》《狮骡访猪》《书呆子》等27篇童话，分编为17册，收入商务印书馆出版的《童话》第1集，该集有百余分册。

因此，朱元善很想在儿童读物里"分一杯羹"，也是在情理之中，于是产生了策划《各省童谣集》第1集的想法，不过这尚需佐证。

吴研因"点赞"："朱君天民，费了多年的工夫，收集许多民间的歌谣。"如果确证，那么令人"肃然起敬"。否则，他有可能充分利用商务印书馆的丰富藏书，花钱雇人去查找，然后汇编成书，堂而皇之署名"朱天民"，故伎重演，依然玩弄主编《教育杂志》的老把戏。对此，茅盾未曾提及《各省童谣集》第1集，也许其他"老商务"偶尔谈起。

周作人曾撰文批评《绘画童谣大观》（1923年3月18日《歌谣》周刊），并引用了该书《编辑概要》的话："童谣随便从儿童嘴里唱出，自然能够应着气运；所以古来大事变，往往先有一种奇怪的童谣，起始大家莫名其妙，后来方才知道事有先机，竟被它说着了。这不是儿童先见之名，实在是一时间跟着气运走的东西。现在把近时的各地童谣录出，有识见的人也许看得出几分将来的国运，到底是怎样？"此文后还引了明末"朱家面，李家磨"的童谣来印证，说是"后来都一一应了"。

周作人指责这种解说，"不能不算是奇事怪事。什么先机？什么是一时间跟着气运走的东西？真是莫名奇妙。虽然不曾明说有萤惑星来口授，但也确已说出'似或有凭者'一类的意思,而且足'以为将来之验'了。在杜预注《左传》还不妨这样说,现代童谣集的序文里便决不应有;《推背图》、《烧饼歌》和《断梦秘书》之类,未尝不堆在店头,但那只应归入'占卜奇书类'中,却不能说是'新时代儿童游戏之一'了。"

吴研因为《各省童谣集》作序,侧重于民间文学史,朱元善(朱天民)更不会关心什么"气运"之类的政治童谣,但是,《各省童谣集》中也有贴近社会真实情况的童谣。

"大雪纷纷下,柴米都涨价,老鸦满地飞,板凳当柴烧;吓得床儿怕(趴)。"(《雪》)批注:"描写贫家御冬的情况。"另一首《叹穷》:"手拿一吊多,出门碰见李大哥。大哥大哥听我说:'杂拌面儿,一斤长到一吊多。'"批注:"叹时事日非,物价飞涨。"

每首童谣(包括民谣)后面都有评注,借鉴"杜预注《左传》、《红楼梦》评注等,显示了编者或他人代写者并非是"大草包",凸显了商务版本的童谣集不同凡响,区别于其他童谣集的版本。

"新打茶壶亮光光,新买小猪不吃糠;新娶的媳妇不吃饭,眼泪汪汪想亲娘。走一里,过二关,看见哥哥嫂嫂插黄秧;哥哥洗手接妹子,嫂嫂洗手接姑娘,姑娘接到堂前坐,问问姑爷有多长,'不提姑爷也罢了,提起姑爷恼断肠;三尺红布做夹袄,剪剪断断还说长';灯盏头里洗个澡,踏板肚里换衣裳;茄子底下看跑马,苋菜底下乘阴凉。"(《新打茶歌》)批注:"这首歌谣的结构,很有次序。开首以茶壶,小猪起兴;次由想亲娘递(接)到看见哥嫂;末后叙那丈夫的形状,真是淋漓尽致,活现在纸上。"

既然承认这是民谣,为何硬要纳入童谣集里呢?大概是编者认为童谣也是民谣,自然"排骨也是肉"了。不过此民谣确实很精彩,犹如一出折子戏,欲抑先扬,很有章法。特别是形象化的比喻,"反差"的夸张,均为身边熟悉的事务,很是亲切,这正是民谣"接地气"的特征。

《各省童谣集》文字长的如上,短者仅有几句话。"小姑娘,捶衣裳,棒槌搁在石台上;衣裳晾在竹枝上。"(《捶衣裳》)批注:"说明洗衣的次序。"唱童谣者天真无邪,批注者则是"没话找话说",一股酸腐气。

"小老鼠,上灯台,偷油吃,下不来,吱吱,叫奶奶,抱下来。"(《小老鼠》)批注:"将老鼠作比,意思要儆戒小儿不爬得很高。"此有点童谣味道,特别是童话般的比喻,颇有寓意。此类的童谣还有不少,"小叭狗,上南山,偷大米,捞捞饭;他爹吃,他娘看;气的叭狗一头汗。叭狗叭狗你休气!锅底烧个大母鸡;这头咬一口,那头冒大气。"(《小叭狗》)批注:"形容小孩儿贪吃。"

《各省童谣集》收入的童谣(包括儿歌、民谣、山歌等)良莠不齐,体式芜杂,这在中国现代文学的发生过程中实属正常。有的学者认为:上世纪20、

30年代商务印书馆、中华书局、世界书局和儿童书局等,出版儿童读物达数千种之多,达到国际先进水平。关于梳理、研究、整理那个时代的儿童读物,已有不少学者正在埋头苦干,期待早日看到他们的专著。

丁景唐珍藏《各省童谣集》初版本,与他后来研究民间文学有密切关系,也有着浙江宁波的乡恋情结。

胡怀琛的"国难后第一版"《中国民歌研究》

一日,有人敲门,笔者开门,一位中年人很客气地问:"我是人民出版社的胡小静,老丁在家吗?"他,一张方脸,戴着一副深度近视眼镜,不经意中透着谦谦君子的儒者风度。当他的双脚移动时,笔者才发觉他走路不大自然。事后,家父丁景唐叹口气,告知胡小静的双腿是在"文革"中受迫害所致,他的父亲胡道静也受其牵连,戴上可怕的"高帽子",蒙冤入狱。

胡道静是当代首屈一指的鸿儒硕学,号称"北钱(钟书)南胡"。他对于《梦溪笔谈》的深入研究,闻名海内外,著名的英国科学史家李约瑟博士给予高度评价,并与胡道静成为好友。胡小静是典型的"汉学后代",学识渊博,他与金良年合作的《梦溪笔谈全译》,便是他传承父亲"基因"的一个生动例证。

可惜的是胡道静、胡小静父子相隔近 4 年先后去世,丁景唐感叹不已。

胡道静的远祖胡承珙是清嘉庆、道光年间著名的汉学家,父亲胡怀琛(胡寄尘)[①]、伯父胡朴安都是清末民初的大藏书家、汉学名家,他俩早年加入柳亚子主持的南社。

"如此论才亦可怜,高头讲章写连篇。才如李白也遭谪,拂袖归来抱膝眠。"这是胡怀琛 10 岁时参加乡里童子试(八股文考试),在试卷上即兴赋诗一首,全然不理会试卷的考题,写罢交卷,毅然出了考场。后来,他与柳亚子结成金兰之契,辛亥革命时期,柳亚子编撰《警报》,胡怀琛撰文,他两"一狂一狷",鼓吹革命。

丁景唐珍藏胡怀琛的专著《中国民歌研究》,商务印书馆 1933 年 3 月"国难后第一版"。该书原为 1925 年 9 月初版,1928 年再版。此书是胡怀琛

---

① 胡怀琛,原名胡有怀,字季仁,后改为胡寄尘,安徽泾县溪头村人。早年由柳亚子和矢少屏介绍正式加盟南社,曾一度担任京奉铁路科员,后辞职返回上海,先后担任文明书局编辑、商务印书馆编辑、上海通志馆编纂,执教沪江大学、中国公学、国民大学、持志大学、正风学院等校。1937 年"七七"事变后,上海通志馆解散,愤慨、焦虑,旧疾复发,1938 年 1 月 18 日去世。

一生宏富著述之一。

　　1932年"一·二八"淞沪抗战时，胡怀琛已经应商务印书馆总经理王云五的邀请，担任该馆编辑，参与革新初等、中等学校教科书编选工作，后又参加《万有文库》古籍部分编辑工作。他主编《小说世界》期间，在该刊上发表多篇民间文学的文章，大力宣传和提倡民间文学，如《中国民间文学一斑》《民间诗人》《〈国风〉不能确切代表各国风俗辨》等。在此基础上，胡怀琛撰写《中国民歌研究》专著，有的学者称其为"中国现代民间文学学术史上第一本全面论述中国民歌的专著"，这个评价很高了，似乎可以把"全面论述"改为"比较全面简要论述"，因该书篇幅有限，许多论述言简意赅，但具有重要的引导作用。

　　"一·二八"淞沪抗战时，商务印书馆损失惨重（详见本书收入的《历史文献〈上海商务印书馆被毁记〉》），此后王云五等人设法"复兴"该馆，"国难后第一版"《中国民歌研究》便是"见证"这段历史，颇有纪念价值。胡怀琛在《序言》里写道：

　　　　我本没有预先打定主意，要编这本书；只因平日看见了好的民歌，就把他抄下来,日子多了,抄录的材料也多了,就把他整理一下,加了些说明,就成了这本书。

搜罗近代的民歌,比搜罗古代的民歌要困难;搜罗近代叙事的民歌,尤其困难。因为流行的唱本,实在不少,然而文理不通的居十之八九;而且体裁十分复杂,没有源流可寻;有的又介乎民歌与戏剧之间,成了一种专门的艺术,不是专门研究的人,不能彻底明白他的内容。所以我这本书里,对于近代叙事的民歌,说得更简略。

近人所辑的"各省童谣"之类的书,已有好几种,但是他们所收的童谣,似乎都是儿童所唱的,不是成人所唱的,和我这里所收的民歌不同。读者当分别开来看,须知民歌和童谣有别。

我这本书,决不敢说,是研究已经成功了;但至少可以说,足供他人研究的材料,倘然他人再有研究更深的书出现,那时候,无妨将我的书丢入纸篓里去。

胡怀琛说的最后一句话,符合他的直率、坦陈的性格,全然没有中国传统文人的"酸腐"之气。他说的"文理不通的居十之八九"诸语,又充满了一种自信,坚持严谨之学风。他先后执教沪江大学、中国公学、国民大学、持志大学、正风学院等,又是一个资深编辑,曾任文明书局编辑、商务印书馆编辑、上海通志馆编纂等,他完全有资格说这番话。

他还透露,此书自1924年10月开始整理,1925年6月脱稿,"共经历了八个月晚间的工夫(日间另有他事),其中除了简短外,实在只有四个月的晚间的工夫"。

夜深人静时,胡怀琛还在昏暗的灯光下,伏案写作。他患有胃病,不得不常年素食,饿了,就吃面包,以至于他的面容清瘦,身体单薄。即便如此,他依然辛勤笔耕,出版了170多种著述,不下500多万字。

胡怀琛随意说的"搜罗"二字,其实包含了无数的心血。除了查阅资料,埋头抄录之外,他还节衣缩食,收集的各种书籍令人惊叹。他的藏书以诗文集和课本为特色,还有外文书籍、少数民族作者的汉文诗集千余种,自元至清末皆有。加之他看过的古今书籍不计其数,这些为他搜罗、整理、研究中国历来民歌提供了便利。可惜众多珍贵藏书被侵华日军炸毁多半。1940年,哲嗣胡道静将其残余之书捐献给震旦大学。

说起来要搬家,必须要搬运这么多藏书,很是麻烦,但是,胡怀琛"不亦乐乎"。他在上海居住多年,直至1938年1月18日去世。这期间,他居无定所,每年至少迁居一次。好友徐傅霖赠他一个上联:"数月三迁,依然大吉。"胡怀琛脱口而出:"一椽重借,还是永兴。"因为他在西门大吉路的永兴里已经两度迁居,这次是第三次了。

《中国民歌研究》附有《中国民歌研究引用书目》,如《诗经》《说苑》《渔洋诗话》《论语》《古诗词话》等古籍,以及《东方杂志》《天籁》《努力周刊》《歌谣周刊》《民铎杂志》《上海申报》《上海民国日报》《上海时事新报》《广州现象报》《香港循环报》等,这些报刊都是"五四"新文化运动前后出现的。显然胡怀琛广泛取材,包括历代载籍资料和现代流传的资料,由此论述中国民歌的构成、特点以及民歌与诗的关系。

原来该书初版、再版时,这个"附录"都是编排在最后,"国难后第一版"则是故意提前到卷首。"附录"中提及的商务印书馆的《东方杂志》,在"一·二八"淞沪抗战后"率先"复刊,发表文章怒斥侵华日军的滔天罪行,每一种重版的书刊"都带着一·二八国难的创痕"。

由于匆促排版,来不及进一步勘校,"附录"中的《歌谣周刊》被误排为《谣歌周刊》。该刊创刊于1922年12月17日,是中国第一个民间文学刊物,先后由常惠、顾颉刚、魏建功、董作宾等负责编辑。其后因故停刊,1936年4月,《歌谣周刊》在胡适主持下复刊。

该刊设有多个专栏,发表的歌谣除了新疆、西藏、热河之外,其余各地都有,以反映妇女痛苦生活的歌谣和儿歌为多,形式上以只说不唱的民谣和曲调自由的山歌、小调为主,这些为胡怀琛进一步研究中国民歌提供了各种思路。因此,他在《序言》中提及"须知民歌和童谣有别"诸语,并不是偶然的。

胡怀琛早年写过白话诗,经常与胡适唱和,积极宣传新文化,推广白话文。他早年写下了一个条幅:"奋斗、奋斗,为了人类,不是为了自己。"以此表白自己做学问的境界和志向。

《中国民歌研究》分为八章:《总论》《古谣谚》《古代抒情的短歌及其他短歌》《古代叙事的长歌》《叙事长歌递变为戏剧》《近代抒情的短歌及其他短歌》《近代叙事的长歌》《补遗》。

如今"唱响中国民歌,传承传统文化",越来越受到重视,有关部门搭设大舞台,建立新的宣传平台,以各种方式演绎"传承"的新世纪时代旋律。但是,有多少人知道或看过胡怀琛的《中国民歌研究》专著呢?该书前四章已经说明了有关问题,通俗易懂,深入浅出,如同作者写的白话诗歌。

胡怀琛批评了生硬照搬西方的民歌理论,认为:"流传在平民口上的诗歌,纯是歌咏平民生活,没染着贵族的彩色;诠释天籁,没经过雕琢的工夫,谓之民歌。"并且得出一个基本论点:"一切诗皆发源于民歌。"这如今看起来很平常,但是在那时需要勇气的。

第5章的《叙事长歌递变为戏剧》很有特色,胡怀琛认为这个"递变"有三个关键:一面唱一面表演;一面唱一面用乐器;唱中夹杂说白。他认为:

"这三种变化不完备,不是完全的戏剧(专指中国的旧剧)。而三种变化,不是在统一个时候,也不是循着一定的次序,所以要详细说来极其复杂,现在只得很简便的说一下。"他简要介绍了竹枝词、弹词、昆曲、京戏。

胡怀琛参考了王国维的《宋元戏曲史》(详见本书收入的《王国维宣称:世之为此学者自余始》)、蒋端藻的《小说考证》(也是鲁迅编写《小说旧闻钞》的参考书之一)、《王宝甫西厢》等,其中《王宝甫西厢》在《红楼梦》中提及,即元代王宝甫应为王实甫的《西厢记》,是以《西厢记诸宫调》为基础,在一些关键的地方作了修改,从而弥补了原作的缺陷。这是《叙事长歌递变为戏剧》的一个生动例子,也是民歌演变的一个不可替代的重要特点。由于篇幅有限,胡怀琛未能涉及,只是在附录《中国民歌研究引用书目》中列出以上书籍要目。

胡怀琛还借助于《努力周报》《歌谣》周刊等报刊以及 20 世纪初歌谣运动积累起来的各地口传歌谣和俗曲,《中国民歌研究》引录了 10 首具有浓郁北京味儿的"俗歌":其一,"出了门儿,阴了天儿,抱着肩儿,进茶馆儿,靠炉台儿,找个朋友,寻俩钱儿。出茶馆儿,飞雪花儿,老天爷!竟和穷人闹着玩儿。"其二,"我的儿,我的姣,三年不见,长得这么高。骑着我的马,拿着我的刀,扛着我的案板,卖切糕。"其三,"小姑娘,作一梦,见我的婆婆来下定(亲)。真金条,裹金条,扎花儿裙子,绣花儿袄。"等。

这些北京味儿的"俗歌",是从胡适的《努力周报》上抄录的,"原出处"是一本《北京唱歌》,编者竟然是一位久居北京的意大利人采集的,"上面有中国的原文;有英文注解,有英文译本"。见识多广的胡怀琛也感到很惊奇,和他在"别处所见的南方人的俗歌绝不相同,的确能代表一个地方(北京)的风气"。因此,胡怀琛感叹:"搜罗近代的民歌,比搜罗古代的民歌要困难。"

上世纪 40 年代,语言学家罗常培写的《北京俗曲百种摘韵》中提及其二"俗歌",其他 9 首"俗歌"在今昔各种有关文章里也经常提及。有趣的是如今"六一儿童网",把其二"俗歌"题为《我的儿》,也许北京托儿所的老师或家长正在教孩子唱此"俗歌",动听悦耳,但是,发布者是否知道这首"俗歌"的来源?

《中国民歌研究》最后一章《补遗》收入 4 篇文章《〈孔雀东南飞〉的疑问》《孟姜女梁山伯木兰的考证》《已失传的古代民间歌谣的目录》《民歌与非民歌的优劣》,因篇幅有限,只是作了简略的介绍,如今又有各种论述和见解。

丁景唐对于中国民歌研究属于"后起之秀"(详见本书收入的《丁景唐的〈怎样收集民歌〉及其故事》),珍藏《中国民歌研究》,也是尊重前辈的研究成果,作为一份重要的参考资料。

郑振铎等四人作序的《岭东情歌集》

著名左翼诗人卢森堡(任钧)少年在家乡时,与堂哥上山游割草,一同去的还有村里女子。那是个好天气,"带着母性爱的阳光,很慈祥的流射到山岭上,草场中。空气里流荡着浓烈的青春之气息,和风过外,阵阵野花香味就溜进我们的鼻孔里来。"女子感到太热了,脱了外衣,显现出粉红色、纯白色、嫩黄色的内衣,"开大喉",唱起悠扬、欢快的情歌,在山岭里回荡。忽然,对面山上传来男性的歌声,闪出几位年轻的小伙子。由此开始对歌,你来我往,对方男青年的歌声越来越近,最后男女双方"零距离"见面了……

卢森堡"少不更事",回到村里告诉了族里的长辈,结果那些女青年都被严厉地惩治一番。多年后,卢森堡叹曰:"及今想来,咳!当时的我是何等的傻哟,是何等的罪过哟!"

卢森堡应广东梅县老乡陈穆如之邀,撰写了《岭东情歌集》(北新书局1929年10月出版)的第3篇序言,透露了以上的昔日傻事。事前,他觉得奇怪,陈穆如已经邀请郑振铎、傅东华写序了,为何还要他来多说几句话。陈穆如答曰:"那两位先生都非本地人,你是我同乡,这些情歌又都是我们家乡所共有的,那么,你说的关于它们的话,或许要比较亲切而有味些。"

陈穆如喜爱家乡的民歌,花费了3年时间,搜集了200多首情歌。他在复旦大学写的自序里介绍说:广东有四种很不相同的方言,即广府话、客家话、福老话、海南话。其中客家人的许多美妙情歌,用自己的方言演唱,有着特殊的背景。

客家人居住之处大都是山多田少,广东梅县也是万山重叠,峰峦起伏,妇女尤为辛劳,日出而作,日入而息,几乎没有一天安闲的时候,加之礼教之严厉,纲常之束缚,"简直是牛马的地位,度的非人的生活"。男人大多外出南洋群岛谋生,甚至10年、20年不归家,大多女子过着"活守寡"的生活。但是,人是有情感的,尤其妇女以爱情作为她们生命中的重要一部分,因此,"每逢春冬两季,田园工作稍暇的时候,一群群如蚂蚁般的妇女们,便走到山林去采薪;同时一般的青年男子,也就乘机去引诱她们,隔远唱着有意义的

情歌。女人们如有意和他们交结,也愈跑愈近,唱出她们缠绵而多情的恋歌来。有时她们在陇亩之间,一面做她们的工作,一面低吟细唱,发泄她们胸中的苦闷。"梅县的情歌最盛行,也具有岭南情歌的代表性,"其材料的丰富,声韵的自然,含义的蕴藉,和流传的普遍",具有重要的民间文艺的历史价值。

时为《小说月报》主编郑振铎被陈穆如的真挚和执着精神所感动,也很欣赏这些岭东情歌,热情地将此《岭东情歌集》推荐给北新书局老板李小峰,并欣然撰写第一篇序言,指出中国的民歌和故事,经周作人、顾颉刚等人提倡采集后,已有不少的成绩。其中顾颉刚的《吴歌甲集》便是一个典型的采集成绩的代表。现在又有陈穆如搜集的情歌集,这些都是用纯粹的岭东客家方言采录的,并加以注释,让"非本故人"所明白。"我很高兴看见有这样的一部书出版,想着一般的专门研究者和素来喜爱民歌的人也一定会看重这部辛苦搜集起来的情歌集。"

郑振铎认为这些情歌是"原始作品",与《孟姜女》《禅门十二时》之类很不相同。他列举了两首情歌:"三个丝线一样长,做个飘带送小郎。郎哥莫嫌飘带短,短短飘带情谊长。""送郎送到天井边,一朵黑云在半天;保佑上天落大雨,留我亲郎睡夜添。"这种富于风趣的情歌,自然得到人们的喜爱。

傅东华与郑振铎是商务印书馆的同事,写下第二篇序言。他认为:"民族的文学——尤其是诗歌——的心生命都是从民间来的"。搜集民歌的工作很有意义,"比之埋头在书案上去求取'诗人'的头衔,总不止有益一百倍。只可惜自己和他的家乡离得太远,还不能充分尝出这些蜜的甜味,但经略略点尝一下,也便口颊生津了!"

岭东客家方言有许多字难以写出来,发音也很特别,陈穆如特地作了不少注释,希望读者能"尝新辨鲜"。"半山岌上种条梨,跳上跌落因为仪;口食猪红吞血块,呕血贡心因为仪。"注释:猪红,猪血也;仪,你也;贡心,心闷也。"郎在东来妹在西,毕竟哥事样般黎?半夜煮食晤开火,许多暗切妹晤知。"毕竟,究竟也;切,用刀切菜,切也;伤心忧闷,心切也。此民歌类似文人的赋词:"君在东来妾在西,相似朝朝暮暮,暗凝泪……"但是,前者的比喻来自日常生活——引申为"暗切",浓烈之情凝聚其中。与其说是粗陋、直率,不如说是浑然天成,犹如纯朴自然的璞玉。

1929 年 3 月、4 月,郑振铎等为《岭东情歌集》先后写序。同年 9 月 1 日付排,一个月后出版,发行量 3000 本,这已经是很不错的数字。况且每册 100 页,售价 3 角。可见郑振铎的面子很大,李小峰也甘愿亏本了。

在中国现代文学史上,一本民歌集有 4 人作序,则是很少见的。当然也不排除李小峰的精明经营头脑所导致的可能性,陈穆如也是乐不可支——"一石多鸟",如愿以偿了。

此后,陈穆如的思想却发生了变化。1931 年 1 月 15 日,陈穆如主编的《当代文艺》创刊,连载他自己创作的长、中篇小说《爱的跳舞》《迷途》《母亲》,翻译外国小说、诗歌等,他在《编后》中说:"我们办这个刊物,并没有固定的组织,也没有一定的主义,我们只是各尽其力地创作一点,翻译一点。"并且标榜"忠实于文学"。但是,他在创刊号上发表的首篇《中国今日之新兴文学》,对于革命文学颇有喷言,引起左翼作家的反感。不过他主编的此刊也发表一些进步、左翼作家的作品,其中有卢森堡(任钧)不少的诗歌,大概是老乡的情面,难以推却。

《当代文艺》也刊登另一位梅县老乡古有成的一些文章,古有成曾帮助陈穆如校订《岭东情歌集》,在陈穆如的自序里也提及"尽力帮忙,担任校订"。古有成早年曾在创造社办的《洪流》、北新书局主办的《北新》发表小说《未婚妻》《生的奋斗》、译作《高尔基的出头》(Rose Lee)等文。以后,他担任黄埔军校的宣传科长、广东军事政治学校副主任等职务。

当年为《岭东情歌集》写序的郑振铎等 4 人,此后分别走上不同的人生道路。

新中国成立后,丁景唐在上海旧书店里淘到《岭东情歌集》,事前已列入他写的《怎样收集民歌》附录《民歌书目初稿》里(详见本书收入的《丁景唐"紧急撤离"前留下的〈怎样收集民歌〉及其故事》),作为研究民歌的参考资料。

杨荫深首次用大白话讲述"愚公移山"

1929年冬天,一位中学教员杨荫深①第一次用大白话讲述了"愚公移山"的寓言故事②,如今世人对于他的名字一定很陌生。如果说起毛泽东致七大闭幕词《愚公移山》(1945年6月25日),那么50岁以上的广大读者很熟悉,有些人曾甚至可以"倒背如流"。

这事儿见诸《列子》,也许就是当时的民间传说,但这里我们当它是一篇很好的寓言,因为它是使我们有恒心,告诉我们是至难之事,也能成功的。这正合"有志者事竟成"的一句俗谚。像这篇所叙,那是正面的,因为它是只叙愚公的有恒心,能忍耐从事,能勇往不折,正是和它的意思一样的。

一位普通教员的杨荫深并没有博大胸怀和"纵横天下"的谋略,不过他说出了"愚公移山"的"恒心""勇气""忍耐"之意,竟然与十几年后的伟人某些表述之意"不谋而合"。

早在1917年商务印书馆出版了线装一册《中国寓言初编》,这是茅盾刚

---

① 杨荫深,原名杨德恩,字泽夫。浙江鄞县人。早年就读于浙江省第四中学,曾与同学组织飞蛾社,出版《飞蛾》刊物。1926年就读上海美术专科学校绘画科,毕业后任中学教员。1932年应聘为汉文正楷印书局编辑,主编《汉文小丛书》《活页本当代名家小说选》。1935年入商务印书馆编译所。抗战胜利后,参加《辞源改编本》及《四角号码新词典》的编写。新中国成立后,历任上海文化出版社编辑室主任、中华书局辞海编辑所文艺编辑组组长、辞海编辑委员会委员、上海辞书出版社编审等职。

② 杨荫深讲述《愚公移山》的故事:从前,北山有个愚公,因为在他屋前有大行、王屋两座高山,出入很感不便,他想把它们去了,就叫他的子孙持担执畚,天天掘取两座山的泥土。那时河曲有个智叟,对他冷笑道:"你真是愚笨极了,山这样高,你的年纪已经这样老,恐怕山总未毁,而你的力已快疲了。"愚公说:"你的话固然很对,但是我死有子,子又生孙,孙又生子,使假天天如此,永永不息,纵令山是怎样的高,怕它没有毁平的一日吗?"操蛇之神听到这个消息,把这事禀明天帝,天帝就命夸娥氏二子负二山,一厝朔东,一厝雍南。

进入该馆编译所协助孙毓修（中国童话的"开山祖师"）编选的作品，也是中国近、现代最早的一本"寓言选"，其中就有《愚公移山》，不过还是文言文的。

杨荫深后来进入商务印书馆编译所，编辑《高中国文课本》《职业学校高级国文教科书》等，抗日战争爆发后，留沪参加修订《辞源》。他先后出版了《中国民间文学概说》《中国文学史大纲》《中国俗文学概论》《隋唐五代文学编年长编》，成为一位文学史家和民间文学理论家。

杨荫深的第一本学术专著便是《中国民间文学概说》（上海华通书局1930年1月25日初版），其中首次讲述了"愚公移山"的寓言故事。该书分为6章：《民间是甚么》《民间文学与文学》《民间文学的由来》《民间文学的价值》《民间文学的分类》《民间文学的作品》。杨荫深在《引言》里写道：

> 如果我们会留意一些，我们无论在甚（什）么地方，甚（什）么时候，总可以听到一般小孩子唱着歌谣，或者猜着谜语；一般劳动人们，不是在田头里唱着时调，便是在工场里讲着笑话；还有那般老头子或者老婆子们，他们不是替人们讲些传说，便是替自己儿孙讲个神话，……像这种歌谣，谜语，时调，传说，神话，……无论在现在，在过去，在将来，都是

这样广泛地流传着。这便是现在我们所要说的"民间文学"了。

在此前后,已经有诸位名家著述立论,但是时局多变,处于创始阶段的中国民间文学研究的进程一度中断,消沉了一段时期。20 年代末,徐蔚南的《民间文学》为民间文学这门学科初步奠定了基础,尽管这个基础还很薄弱。陈子展的《中国近代文学之变迁》《最近三十年中国文学史》,尤其是后者分出两章篇幅专论敦煌俗文学的发现和民间文艺的研究,与郑振铎大力倡导的俗文学之说相呼应,为民间文学的学科体系的建构提出了新的概念。对此,资深学者刘锡诚的煌煌两卷专著《二十世纪中国民间文学学术史》(中国文联出版社 2015 年版)已经作了精彩的论述。

杨荫深作为中国民间文学研究的"后生",决不敢轻易地"耍大刀",因此,他表述了与资深学者观点相似的看法,同时把自己的新见解"含蓄"地夹在众多具体例子之中,即使是以上引用《引言》的"开门见山"之语,也是委婉地表示应该打通两者——在劳动者中流传的民间文学与市民阶层中的俗文学之间的壁垒,将其统称为中国民间文学。并且,他认真思考了民间文学的定义、特性和分类等,特地画了一张示意图——在中国民间文学研究史上首次出现,能够说明民间文学性质、范围、各个种类之间的相互关系等。

有的学者认为:《中国民间文学概说》的分类,把"唱本"单列,"实际代表民间的讲唱文学和戏曲,比那些单纯套用外国理论框架,将讲唱文学等丢弃不顾的做法,显然是有了较大的进步。"(陈咏超之语)

> 现在以我个人的管见,从形式上可分时调是时间的,数目的,呀呀的,和其他的四种。所谓时间的,便是时调的上面,必定加以时间,像四季,十二月,五更等。数目的,便是一二三四……,加在时调的上面。呀呀的,便是时调第一句末一字是用"呀"字的。因为时调范围很广,这三种自然还难包含全部,其他的便是包括这三种以外的时调。
>
> 关于以时间冠首的时调,即普通所谓"四季调""十二个月调""五更调"等就是。这三种时调的第一句,往往是说那时节的气候或花名,"四季调"和"十二个月调"大多每节四句,每句七字,但也有八句以至十六句者。每个字虽也有八九字不等,但唱时必作七字唱。"五更调"通常十句,也有八句或十余句者,这是随各人唱法的不同而有变异,没有怎样来格定。

杨荫深这番解释看似简单,其实这是"扶持"昔日"视而不见"的讲唱文学,登上中国民间文学的"大雅之堂",再也不是被丢弃之物。

如果从 1930 年 3 月初左联成立前后开展的三次文艺大众化讨论来看，那么杨荫深的《中国民间文学概说》别有一番意义，虽然如今许多学者尽力"回避"或少谈中国民间文学与时局紧密相连的客观事实。

30 年代初，瞿秋白重返文学战线之后，曾一度参与领导左联，融入左联倡导的文艺大众化运动，并推动第二次文艺大众化讨论的热潮。早在"五卅"运动中，瞿秋白主编中共中央《热血日报》时，开始尝试创作爱国反帝的民谣说唱，既延续了"五四"平民文学的思想，将民众读者置于第一位，又用"旧瓶装新酒"的形式，赋予爱国反帝的新内容。

参与领导左联的瞿秋白大力提倡大众文艺时指出："第一要依照着旧式体裁而加以改革……一切故事，小说，说唱，说书，剧本，连环画，都可以逐渐的加进新式的描写叙述方法"；"第二，运用旧式体裁的各种成分，而创造出新的形式。"他认为，可以输入欧美的歌曲谱子，要接近中国群众的音乐习惯，填进真正俗话的诗歌；又可以创造一种新的俗话诗，不一定要谱曲才可以唱，而是可以朗诵和宣读，产生很动人的声调、节奏、韵脚。也可以创造新式通俗歌剧，比如使用"五更调"、"无锡调"、"春调"等等，穿插说白，配合上各种乐器。有了经验之后，还可以想到无数的新形式。

按照这个改革思路，他这时期创作的民谣说唱等，是一种"新式通俗歌剧"、中西结合的"俗话诗歌"，显示审美意识的变化和发展。这些大胆改革的通俗文学作品，饱含高亢的政治激情，及时地反映现实斗争和生活，通俗易懂，可读可唱，宜于传播，扩大影响。瞿秋白在探索新型大众文艺形式与时代内容相结合的过程中，发现通俗文学之美、大众诗艺之美，努力满足民众的审美心理需求，体现了特定历史时期某些本质特征，与他的政论文、杂文等互为补充，为中国现代文学史留下宝贵遗产。

瞿秋白创作的《救国十二月花名·孟姜女调》："（勿要吵，勿要闹，听我唱支救国新春调），正月里来是新春，奉劝同胞要热心，洋人待我心肠狠，亡国以后难做人。二月里来暖洋洋，可恨日本矮东洋，收刮金钱真厉害，来到中国开工厂。……"

《五月调·照五更调唱》："（一）五月一号大示威，工人上街来，呀呀得而唅，不要把车开，一致齐心都应该，全世界，大团结呀，才会勿吃亏，呀呀得而唅，资本家倒霉。（二）五月四号闹风潮，学生总算好，呀呀得而唅，打倒旧礼教，自由思想新书报，刮刮叫，孔夫子呀，从此不要了，呀呀得而唅，孙文也不要。……"（详见丁言模、刘小中编辑：《瞿秋白佚文考辨》，中国文联出版社 2013 年版）

30 年代初，瞿秋白在上海是否看过杨荫深的《中国民间文学概说》，包括其中搜罗的诸多民间文学作品，如童谣、山歌、时调等，现在难以考证。他俩虽然在不同层面、不同角度研究民间文学作品，其目的、性质、用途、方向也截然不同，也从来没有人把他俩"同框"，放置于中国民间文学研究的大背景之中。但是，他俩都喜爱民间文学，都是把平民作为"第一个"读者主体，而且都重视民间文学以及文艺大众化，具有不可估量的巨大市场，由此产生了广泛的影响。杨荫深在《后记》里写道：

> 现在已不是为艺术而艺术的时代了，甚（什）么为自己而歌咏，为艺术而述的文学，已不是现在所再适用的文学了。我们应当大喊一声"文学革命"，使文学不是一种虚无缥缈的东西，和实际没有关系的东西。我们要切切实实地把文学做革命的先锋，扫除社会上一切的黑幕，演成一种最有力的工具，比任何甚么还有力的一种工具。
>
> （法国）不少的文学家，……用文学来做他们唤起的工具的，俄国也有许多的文学家唤醒他们的革命。那末（么）我们更可见得文学是一种怎样伟大怎样有力的东西呀。
>
> 民间文学里有许多许多是代一般民众喊叫的，也有对黑暗社会咒骂的，它是种真正的文学，是当得起做有力的工具，是我们现在所要需求的文学。我们都把它来研究罢，我们的功绩是很大的。

杨荫深大喊一声"文学革命"，颇有"五四"文学革命的气派，并且希望延续，成为唤醒革命的工具。虽然他与"书生领袖"瞿秋白选择的人生道路不同，但是，他敢于把自己的某些思考、情怀付诸于《中国民间文学概说》，这是难能可贵的。

"代一般民众喊叫的"例子，杨荫深在书中举了不少，"冬来了，天冷了，身上无衣冻不了，肚里无食饿不了。有钱的；吃得好，喝得好；身上穿的狐皮袄，还要说不好。像我穷苦人，对此怎样好？""巡警狗，警备队，他们出的尽不对。人家酒食供他醉，人家财产供他贿，人家妇女供他睡，他的妇女陪官睡，强盗土匪他不管，只把有钱的百姓来问罪。"对此，杨荫深点评道："这二则，前者是写穷苦人的自叹，真如'朱门酒肉臭，路有冻死骨'。后者是写警察之有名无实，于此可见他们愤懑社会的地方了。"

丁景唐珍藏杨荫深的《中国民间文学概说》初版本，除了以上这些内容之外，他俩毕竟是新中国成立后同在上海出版系统工作的，同为中国民间文艺协会委成员，此书也算是一种留念吧。

横穿湘黔滇三省的《西南采风录》

他穿着黄制服,不像当兵的,也不像做买卖的,身上沾满尘土,脸上写满了疲倦的神色,但又是那样的兴奋,好像遇到了什么幸福大事。在乡间小路上,他被一群当地百姓围着,双方的语言不通,他只好双手比划着,费劲地解释着,同时在小本子上写着。当地百姓从未见过他这样的陌生异乡人,似懂非懂的听着,有时面面相觑,有时哄堂大笑,实在搞不明白他究竟想要干什么。

他叫刘兆吉,24岁,早年爱好文艺,创作小说、散文、戏剧、诗歌,就读于天津南开大学哲学教育系(后就读西南联大哲学教育心理系)。新中国成立后,成为中国现代心理学家、著名教育心理学家和美育心理学学科创建者。

1937年11月1日,北京大学、清华大学、南开大学南迁至湖南,成立长沙临时大学。因时常遭到日机的轰炸,1938年2月,长沙临时大学决定分三路西迁昆明。其中一路便是"湘黔滇旅行团",由200多名(一说300多名)有志于社会文化考察的师生组成,其中有闻一多、许骏齐、李嘉言、袁复礼(希渊)、王钟山、曾昭抡、毛应斗、郭海峰、吴征镒等教授,组成旅行团辅导委员会,同学则分为2个大队、3个中队,当时湖南省主席张治中特派费时岳领队。2月19日,旅行团从长沙出发,翻山越岭,夜宿晓行,横穿湘黔滇三省,全程1663公里(号称3500余里),历时68天,4月26日到达昆明,这是抗日战争时期中国教育界的一个壮举。旅行团的学生钱能欣将旅行日记整理为《西南三千五百里》一书(商务印书馆1939年6月初版),以后多次再版。

旅行团分别成立了各种沿途考察的组织,民间歌谣组就是其中之一,闻一多认为:"好的诗歌来自民间。"刘兆吉自告奋勇地承担起沿途采集流行在民间的歌谣,便出现了本文开头的一幕,这已经是司空见惯了,有时他遇到的事情,则令人啼笑皆非。

在湖南沅陵的一个小学里,有一位40多岁的"老学究",得知刘兆吉前来采风的意图,满口答应,立即招来十几个年龄比较大的孩童。刘兆吉满是喜欢,便让这些孩童写下当地的民歌,孩童笑眯眯,表示理解了。不料那位

"老学究"突然发话："小学生在生人面前不好意思说的，我领他们到课堂上去写下来，请稍候。"过了一会儿，"老学究"拿着几张纸片出来了，刘兆吉一看不由得一愣，上面写的是流行的抗日歌曲，哪里有什么民歌的影子。"老学究"狡黠地说："我们这里根本没有什么山歌民谣，至于伤风败俗的鄙陋之歌谣，本校儿童不会。"刘兆吉不相信，仔细看看纸片，上面有模糊的字迹，好像没有揩干净，依稀还能辨认："橘子树上开白花，百花丛中有人家……""月亮亮，月亮亮……"原来"老学究"认为那些山歌民谣是粗鄙浪漫之词，更以为民歌中的情歌是"淫乱不雅"，不能被外乡人知道，否则会被嘲笑本地民风不佳，因此极力"遮掩"。

　　刘兆吉年轻力壮，因沿途采风往往滞后掉队，遇到赶上来的旅行团"总指挥"黄钰生（著名教育家、图书馆学家）①。后者不仅是由教师组成的旅行团辅导委员会主席，而且负责旅行团的全部总务事宜，如选定路线、打前站、

---

① 黄钰生，字子坚，湖北沔阳（今仙桃市）西流河镇人。早年毕业于天津南开学校、清华学校。赴美留学，获芝加哥大学教育学与心理学硕士学位。1925年受聘于南开大学，历任哲学系教授、文科主任、学校秘书长。后为西南联大师范学院院长、天津教育局局长。新中国成立后，担任津沽大学师范学院院长、天津图书馆馆长、天津市政协副主席。

安排宿营和师生伙食等。他自嘲说："我是腰缠万贯下西南啊！"原来他把全团旅行经费数万巨款用布带缠在腰间，手扶竹杖，与学生一道，一步一步地量到了昆明。他将在途中亲眼所见刘兆吉的采风情景写到《西南采风录》一书序言里，留下一段宝贵的"零距离"史料。

刘兆吉在中学读书时，特别喜欢浅显的诗歌，特别是民间歌谣，觉得通俗易懂，念起来也很顺口悦耳。"哭一声，叫一声，儿的声音娘惯听，为何娘不应！"他认为：那些咬文嚼字的文人之作，"为赋新词强说愁"，喜欢故意从词汇里寻找生僻的词语来凑成难懂的诗文。民间歌谣的无名作者则不必有多高的文化水平，却能表达丰富的情感，喜怒哀乐随时发泄出来，这种真情流露，即成为极美妙的民歌，所谓"情动于中，而形于言；言之不足，故嗟叹之，嗟叹之不足，故咏歌之……"

在68天的旅行采风中，刘兆吉等人途经大小城池30余座，村镇不计其数，加之他的采集工作，所到之处耗费的时间和精力更多，先后共记录各类歌谣2000多首，独自完成了"前所未有"的采集工作，凝聚着他的纯朴之情。

到了昆明，黄钰生出任西南联大"建设长"，在昆明大西门外120亩地上建设新校舍。旅行团其他师生各忙各的事情，刘兆吉则埋头整理2000多首歌谣，经过梳理、筛选，挑选了771首歌谣，其中情歌640首、童谣35首、抗战歌谣20首、民怨13首、采茶歌4首、杂类59首，编成《西南采风录》一书。

"一送我郎去出征，走马扬鞭快启程，后方事务莫顾虑，对内对外有奴身。堂上父母奴孝敬，家中田产我管耕；望你放心免挂念，挂念家庭非军人。二送我郎出昆明，一路之上要小心；凉水生物莫乱吃，枪枝子弹莫离身。见着长官要恭顺，见着兄弟要相亲；对待人民要和善，采买东西要公平。三送我郎出云南，云南有个胜景关；胜景景致虽然好，奉劝我郎莫留连。因为倭寇太无理，杀害同胞万万千；前方人民朝日望，早到一天好一天。……"这是刘兆吉在昆明附近采集到的《送郎出征抗日歌》，共有"十送"。曾流传江西民歌《十送红军》，与此《送郎出征抗日歌》理应有某种"渊源"关系。

湘黔滇地区广泛流传着具有各种浓郁风味的情歌，"黑了天，黑了天，黑了阳鹊在树尖；黑了阳鹊在树上，黑了小郎在路边。""不会唱歌不要来，请哥在家打草鞋；一对草鞋三碗米，连米连糠够你'腮'。"此诗后，刘兆吉注释："'腮'是当地的土音，即吃的意思。"可见刘兆吉在采集时，还要分辨发音，搞清楚意思，以免"误导"读者。

刘兆吉认为："心满意足的爱，便成为适意愉快的诗歌；情场失意时，便充满了血泪的悲伤，所以情歌在文艺上有很大的价值，因为它的含义是真挚的，热烈的，都是为情感所激动而自然流露出来的。以下的情歌，有的字句虽然粗俗得很，似乎有伤大雅；笔者以为惟其如此，才显得坦率真实，这才是民众的真面目。"

刘兆吉请教各位师长时,还邀请朱自清、黄钰生、闻一多分别写序言。

长沙临时大学分三路西迁昆明时,朱自清因多病体衰并未跟随旅行团,而是坐车辗转到昆明。临时大学改为西南联合大学,他依然担任文学系主任(同年寒假辞职)。1939 年 4 月,他写下序言。

朱自清引经据典述说了民歌民谣的来历,并提及 1917 年北京大学成立民谣研究会,开始征集歌谣。不过,朱自清说的民谣研究会成立时间有误。1918 年 1 月,下雪之后,刘复(刘半农)与沈尹默在北河沿闲走时提起征集歌谣。1920 年 12 月 19 日,由沈兼士、周作人主持的"歌谣研究会"在北京大学正式成立。它是中国第一个致力于搜集、研究歌谣的专业团体。1922 年 12 月 17 日,民谣研究会创办《歌谣周刊》,这是中国第一个刊登民歌和民间儿童及其研究文章的专刊,其中已经提及西南民歌民谣。顾颉刚、钟敬文等人进行了较有系统的发掘和整理,并作了深入的研究,因此,朱自清在序言里提到:"这期间私人采集的成绩很好。二十年来,出了好些歌谣集,是很有意义的材料的记录。"

《西南采风录》则是第一次集中了湘黔滇三省的民歌民谣,而且刘兆吉经过"三千里路云和月"的艰难跋涉,深入穷困偏僻之处,包括少数民族地区,当场提笔记录下来的,这是"前无古人"的一种"壮举"。

黄钰生感叹道"这是我所见到的情形。刘君用力之勤,工作之难,可以想见。"并认为此书"是丰富的收获。将采集所得,汇刊出来,也是一宗有用的文献。语言学者,可以研究方言;社会学者,可以研究文化;文学家可以研究民歌的格局和情调。刘君除了喜爱文学之外,对于教育也有专长,此番采集,想也有教育的用意。"刘兆吉此番采集,对于他以后成为著名教育心理学家也是一种前期的历练和启发。

有一次,黄钰生和几个挑担者同行一天,他们整整唱了一路,唱的都是情歌一类的民歌。在荒野山路上,黄钰生遇到一群驮运铁锅的人们,山路难走,他们一步一喘,断断续续唱着"妹妹""哥哥"之类的情歌。"他们所唱的歌,与其说是情歌,毋宁说是劳苦的呼声。"由于各种原因,许多专题文章都不愿意提及"南开元老"黄钰生及其序言,好像他并不是"西南采风"的历史见证人和亲历者。

闻一多也与年轻的助手一起分门别类地搜集了不少材料,包括少数民族的习俗、语言、服装、山歌、民谣、民间传说等。每到一处山寨,闻一多顾不得安顿住处,也顾不得沿途的疲劳,带着几个年轻助手走家串户,采风问俗。"他在破旧的村舍里和老乡们促膝长谈,谁也看不出他是中外著名的教授和学者。他兴味十足地观看少数民族青年男女的舞蹈,并从中考证《楚辞》与当地民俗的关系。他喜欢去茶馆酒楼闲坐,听素不相识的老乡论古道今,了解当地的风土人情。(马学良《记闻一多先生在湘西采风二三事》,《楚风》1982 年第 2 期)

闻一多在序言里谦称自己当时只是挂名作为指导者,对于山歌民谣这部分的采集工作"毫未尽力,但事后却对它发生了极大的兴趣。一年以来,总想下番功夫把它好好整理一下,但因种种关系,终未实行"。如果闻一多亲手来整理,那么《西南采风录》的一书将是另一种面貌。

闻一多对于刘兆吉"独立采集"的工作,表示"实在令人惊佩",同时,对刘兆吉说一声"对不起"。他原拟在序言里将自己的意见"详尽的写出来,作为整理工作的开端,结果又一再因事耽误,不能实现。"

对于民歌民谣中"蛰伏了几千年的兽性",闻一多认为这是"人性中最后最神圣的一张牌",对于残暴的侵华日军"反噬他一口"。闻一多炽烈的爱国之情,即使在短短的序言里也在燃烧。7 年之后,他的一腔热血撒在昆明的热土上。事前,朱自清已经担心闻一多的安危。惨案发生后,朱自清不仅撰文追悼,愤怒谴责凶手及其幕后指使者,还义不容辞地担任"整理闻一多先生遗著委员会"召集人,《西南采风录》便成为了他和老友闻一多"相聚"的一段难忘往事。

刘兆吉在《西南采风录》收入了自己写的《弁言》,讲述了西南采风的经过,并且特地写了研究文章《歌谣区域的方音与国音之比较》(附有绘制的一张表格),得到精通语音学的马学良先生"颇多指正"。该文从语音上进行了分析,包括各地语言的声母、韵母与国语(20、30 年代制定的汉语标准音)读音的某些不同,以便读者更好地欣赏和理解民歌的内容和韵律。

在该书最后,刘兆吉还写了《总结》和《附录》,特别是后者,谈了对于采集苗族民歌的感想,他遗憾地表示:尽管沿途时常听到苗族歌声,有时与苗族村民进行联欢会,但是,语言不通,"不易探访采录",只采集到两首苗族民歌。而且,他发现许多用汉语唱的民歌,与苗族民歌很相似,"这大概是受苗歌的影响"。新中国成立后,西南少数民族的民歌等都得到了深入的挖掘、整理和研究,取得丰硕的成果,弥补了刘兆吉及其前辈采集者、研究者的种种缺憾。

对于《西南采风录》一书的整理和研究工作,刘兆吉很感谢朱自清、黄钰生、闻一多以及杨振声、许骏齐"五位师长","除了多方指导外,还赐序文,或题书名"。杨振声时任西南联合大学常务委员会委员兼秘书长、中文系教授。许骏齐教授也是旅行团的成员,亲身经历了沿途考察,颇有感触。

1946 年 2 月 25 日,刘兆吉写下《弁言》,距离那次旅行团之行已经 8 年了。同年 12 月,商务印书馆初版此书,恰好与事前出版的《西南三千五百里》"相映生辉"。

丁景唐珍藏的《西南采风录》初版本内封上,题写一行字:"一九四八年二月廿一日于穗留念"。1947年4月,丁景唐从事地下党工作,被国民党特务列入"黑名单"。他接到上级领导唐守愚的紧急通知,秘密离开上海,在宁波等地隐蔽半年,又去广州、香港。因此,事前他在广州购买《西南采风录》,具有特殊的纪念意义——南下避难的"足迹"。

同时,丁景唐在离开上海前留下一份《怎样收集民歌》文稿(详见本书收入的《"紧急撤离"前留下的〈怎样收集民歌〉》),其中《民歌书目初稿》里没有收入刘兆吉编的《西南采风录》。因此,丁景唐在广州意外买到此书,惊喜不已。

"鲁艺"与王洛宾等作品的《民歌初集》

"半个月亮爬上来,伊(依)拉拉爬上来,照着我的姑娘梳妆台……"(《半个月亮爬上来》)1939年初,"西部歌王"王洛宾在青海中学任教时,参与组织了青海抗战剧团工作。他将一首古老的舞曲记录下来,进行改编,赋予优美的抒情内容,至今传唱了整整80年。但是,有多少人知道这首《半个月亮爬上来》的歌谱、歌词最初同时发表在哪里?

1939年1月至1941年3月,王洛宾与塞克(陈凝秋,时任延安青年艺术剧院院长等职务)来往书信,交换作品,王洛宾将自己创作的第一部轻歌剧《沙漠之歌》寄给塞克,塞克将许多延安"鲁艺"(鲁迅艺术学院)的歌曲油印件寄给王洛宾。这是一条"七色音符"之路,将王洛宾的歌输送到大后方,很快传唱开来了。

有趣的是王洛宾等人改编的具有浓郁地方色彩的各地民歌与延安"鲁艺"师生创作的新民歌竟然"相聚"在一本小册子《民歌初集》里。

丁景唐珍藏的《民歌初集》(薛蜂编),作为"活路丛书",由重庆活路社①1947年2月初版,前面有版权页,注明"版权所有",发行2000册。最后一首歌曲《烧炭山歌》下面空白处注明:"请直接订阅西南唯一通俗的《活路》月刊,通讯处:重庆第二四二号邮箱。"底封空白,只是在左上角注明:"封面设计俊卿、金鼓"。

《民歌初集》初版本问世后,立即博得广大读者的青睐,3个月后(5月)

---

① 活路社创建于1946年的重庆,是一家受中共地下党组织领导的出版机构,以《活路》月刊和民歌集为主要宣传刊物,内容通俗易懂,深入浅出地宣传反对内战,反对独裁,宣传抗丁、抗粮、抗税、团结群众,争取活路。1946年5月25日,《活路》月刊第1期以陶行知先生的通俗诗代为发刊词:"活路是要做,做活路的人要觉悟;要联合互助;要争取解放;要创造出自己的生路!生活是民主和平,保卫和平民主是迫切的活路!"重庆中共地下党员杨仲明、黄友凡、吴毅夫、沈迪群、岳平、杨嘉麟、金鼓、胡元成为《活路》月刊和民歌集的主要创办人。1948年4月,重庆地下党组织遭到严重破坏,活路社的成员转移到新的战斗岗位,活路社和《活路》月刊停止了一切活动。

再版时，编者充分利用原来空白的底封，添加一则《活路》月刊广告，四边围框，两边分别写着"西南唯一的通俗刊物"，"业已广遍城市乡村"。中间上端为《活路》月刊，其下写道："它经过洗练，应用大家爱听爱看的民间形式；经过选择，应用各地生活语言；应用诗、歌、谣、曲、唱词、小调、漫画等等，来介绍新道理，批判旧事物，揭发现实的黑暗，（歌）颂引来的光明。"下端为"地址：重庆下罗家湾一五〇号，上海总经售：黄河书店。定价先交五千元，八折优待。"五千元是当时物价飞涨的价格，大约为新中国初期的1角多。

1945年丁景唐在上海组织民歌社，发出《征求各地民歌启事》，转托重庆活路社的老粗等人在各地发布和宣传。（详见本书收入的《"紧急撤离"前留下的〈怎样收集民歌〉》）老粗，即黄友凡（巴松）的笔名（详见本书收入的《避难香港时评述歌谣集〈愤怒的谣〉》附录注解[7]）。

上海师范大学戴建国老师查到1947年1月10日《活路》第6期封底上，刊登《征求各地歌谣小启》：

兹征求各地歌谣，凡（一）直接录自乡村口头的；（二）间接自报纸刊物转录或剪贴的；（三）各种有关歌谣的集子或研究论文的各类单行本，如能割爱出让最好，不然即借阅也可。本人愿以拙作《妇女与文学》（定价二千元）及《星底梦》（价八百元）作为酬谢。如需现金或其他条件，也可来函注明。

> 丁英
> 一九四六年十一月

来函请寄：
　　上海宁渡（按：当为"波"）路四七〇弄四号联华图书公司本人可也

这是转托重庆活路社的老粗（黄友凡）等人发布和宣传《征求各地民歌启事》的一个见证。不过以上《活路》月刊的广告说明此刊"闯"到上海，内情不详。

《民歌初集》与其他民歌集不同之处，是同时刊登歌谱和歌词，给予读者一个完整的印象，更重要的是便于广泛传唱，扩大影响，为后世留下一份宝贵的资料。其中有些新民歌几乎被世人遗忘，蒙上历史尘埃，更没有人去考证、研究，发掘其中的生动故事。

《民歌初集》收入四川、贵州、西藏、陕西、甘肃、山西、河南、河北、绥远、青海、新疆、蒙古等地47首民歌，大多注明何人记谱，或改编配词。其中有些传统的经典民歌，如今被重新包装，"亮相"于国家和地方的舞台上，广大观众听起来感到很新鲜，不由得惊叹：原来还有这么多好听的民歌，以前怎么不知道呢。《民歌初集》最后是"创作"专栏，其实是"鲁艺"师生或他人创作的新民歌，并且明确注明谱曲和作词的作者名字。

其中青海民歌5首《半个月亮爬上来》《送大哥》和《筑城》（三部合唱）、《尼马山内》（番歌）、《杨利露》（番歌），注明王洛宾记谱，却未能写明是他的改编配词，特别是脍炙人口的《半个月亮爬上来》作者究竟是何人，无形中成为一个谜，直到多年后才由王洛宾出面说明。《半个月亮爬上来》《送大哥》收入王洛宾经典歌曲集中，其余3首民歌的情况，鲜为人知。

丁景唐组织的上海民歌社成员名单上有马凡陀，是著名诗人袁水拍的笔名。他于1942年加入中国共产党，后在上海从事新闻工作，先后担任《新民晚报·晚刊》《大公报》编辑等。当时他在报刊上发表政治讽刺诗近200首，大多收入《马凡陀的山歌》及其续集，广泛流行。袁水拍从民歌、民谣、儿歌中吸取了艺术经验，采用了五言、七言等多种群众喜闻乐见的诗歌形式，可诵可唱。有些诗歌曾被谱成歌曲传唱，甚至被改编成活报剧上演。

"（独唱）正月茶花朵朵开，（合唱）里呀里连里呀，（独唱）政治协商开大会……二月李花喷喷香，物价好像飞样涨，买办官僚横发财，只有百姓顶遭殃。"这首"马凡陀的山歌"《送旧迎新——一九四七年的十二月》，选用四川莲香调来传唱，成为《民歌初集》编辑者特别重视的新民歌之一，并在最后注解:"为了唱的方便,十一月可改为'冬月',十二月可改为'腊月'。"这种可诵可唱的新民歌,深受民众的喜爱,不胫而走,影响很大。

陕西民歌的栏目中有3首,《民主歌》(胡拓①填词):"民主好比那东方太阳,照耀着全世界好呀好光明……从城市到乡村要团结齐心,大声的呼喊着要呀要做主人,不做主人那主人,那能会富强安宁,哎咳哎咳哎哟荷……"1946年3月,胡拓返回松滋老家,担任老城小学校长,组织师生开展了一系列的革命文艺宣传活动,其中有他写的《民主歌》。

著名作曲家张鲁改编配词的《有吃有穿》(闪扁担调):"纺车转的Zen的Zen的响,哎哟响的哎哟响的,转的响的响的转,转的一个响……有吃有穿有力量,丰衣足食有力量。"这是陕北延安抗日根据地流传的新民歌,反映了共产党领导下的边区军民"大生产运动"的情景和乐观的革命精神面貌。

张鲁起初在延安抗日军政大学学习,后转入鲁迅艺术学院实验剧团,开始音乐创作生涯。他与瞿维、马可合作的歌剧《白毛女》在中国民族歌剧发展史上具有划时代的意义,这也许从他改编的具有新民歌风格《有吃有穿》中可以探寻到某些"端倪"。新中国成立后,他担任中央歌舞团团长等职务,先后创作了1700多首歌曲及18部歌剧、歌舞剧、电影歌曲。

马可、杜宁作词的《小先生》:"小先生年纪小进了小学校,先生教给我呀吟,我再把别人教。……人人的文化都提高,功劳真不小,哟嘿哪咳伊呀咳。"

著名作曲家马可在鲁迅艺术学院音乐工作团工作、学习时,得到冼星海、吕骥等人的指导。他记录、整理过大量民族资料,后在东北解放区从事音乐活动。新中国成立后,他担任中国音乐学院副院长。他先后创作了200多首(部)音乐作品,其中以歌曲《南泥湾》《咱们工人有力量》《吕梁山大合唱》,以及秧歌剧《夫妻识字》、歌剧《周子山》(与张鲁、刘炽合作)、《小二黑结婚》等,流传甚广,影响深远。

马可与杜宁合作《小先生》的故事几乎被人遗忘,至今未看到有关资料。杜宁是瞿秋白的夫人杨之华的化名,1946年7月11日,杨之华等人从新疆监狱终于获释,踏上延安这片红色土地。不久,蒋介石下达了向解放区总攻击的命令。杨之华等人转移到晋绥地区的山西临县三交镇,烈士家属、交际

---

① 胡拓,湖北省松滋县人,早年在武汉读书时,参加爱国学生运动。1937年抗日战争爆发后带笔从戎,在新四军做战地宣传员。后因故失去联系,经人介绍到国民党空军"新生社"任文化干事,也为共产党做了不少工作。1950年2月,被任命为松滋文化馆馆长,先后创作了大小剧本40余个、演唱材料100余篇。1980年自费出版诗集《太阳照在她的头顶上》。其文学创作活动已由重庆出版社编入《中国抗日战争时期大后方文学书系》和《中国文学家辞典》条目。

处的客人,军委蓝家坪托儿所的娃娃和婆姨们绝大部分住在临县三交镇的 3 个行政村和 12 个自然村。只有法律委员会的王明、吴玉章、谢觉哉和陈瑾昆等驻在后甘泉,那是三交镇和贺龙司令部所在的兴县之间一个比较大的村子。① 如果说这时马可与杨之华(杜宁)合作《小先生》,并不令人感到意外,不过尚待进一步考证。

关于"小先生"的教学方式,丁景唐比较熟悉。1948 年圣诞节前夕,他被调到宋庆龄领导的中国福利基金会(后改名中国福利会),担任第三儿童福利站站长。儿童福利站为进不起学校的贫穷儿童开设识字班,挑选年龄稍大、热心服务的高年级学生当"小先生"。(详见本书收入的《董林肯"出格"改编〈表〉》)

《民歌初集》最后的"创作"专栏,收入不少的新民歌,精彩纷呈。

1938 年春,太行山下大丹河畔。老实忠厚的农民李子壮因为误了河工被汉奸的狗腿子贾仁打残了,农民领袖式的人物陈良为他讨回了公道。原来贾仁叫农民去修河堤是秉承日本人的诡计,故意抬高大丹河的水位,然后炸开堤坝,企图淹死大丹河以南抗日的数以万计的国民党军队。陈良等人商议对策,组织民工护丹河。这是莫耶(陈淑媛)与鲁艺戏剧系编剧主任王震之合作的现代两幕剧《大丹河》的剧情,1938 年 5 月"鲁艺"师生演出。

"大丹河水滚滚流,流不完两框子的眼泪、一肚子的仇,庄稼粮食给人糟蹋,拉着活人当牲口。孩子的妈好命苦,可怜我恩爱夫妻咦不到头。"《大丹河》的插曲由王震之作词、吕骥谱曲,曾广泛流传,1940 年桂林《新音乐月刊》第 1 期转载,此刊由作曲家、音乐理论家胡均(胡均权,后为华南歌舞团副团长、中国音乐家协会广东分会秘书长)参与编辑。《民歌初集》收入此插曲并非偶然。但是,此后有关"鲁艺"、解放区话剧史等专著几乎不提此剧和插曲,或者一笔带过,生怕沾染上什么瓜葛。

1944 年 9 月 8 日,在延安枣园操场上中共中央直属机关和中央警卫团的千余官兵为烧炭时牺牲的张思德(曾是毛泽东的警卫员)召开追悼会,毛泽东作了题为《为人民服务》讲演,成为不朽名篇。

次年 2 月,八路军第 115 师政治部宣传部部长萧向荣(后为开国中将)以"联政宣传部"(陕、甘、宁、晋、绥五省联防军政治部)的名义,主持出版了秧歌剧《烧炭英雄张德胜》(集戏剧、音乐、舞蹈为一体的综合艺术形式),由荒草编剧、贺绿汀(时在"鲁艺"任教)谱曲。剧中的时间为 1944 年 3 月到 5 月,地点设在贺龙部队第一铁厂附近的山沟里。此剧由著名演员张平等出

---

① 详见丁言模、陈福康合作《杨之华传》中的《延安——北京》一章,上海社会科学院出版社 2005 年版。

演,到各个部队里去演出,获得广泛好评。

"烧木炭,烧木炭……送铁厂把铁炼,造了枪炮造子弹,枪炮子弹运前方,害人妖精快滚蛋!"这是《烧炭英雄张德胜》的插曲之一,以其特有的民族风格和部队特色,在部队里迅速流传开来。该剧体现了萧向荣"为兵服务"的文艺宣传工作的指导思想,与烧炭牺牲的张思德事迹有内在联系,进一步将烧炭与造武器、打敌人的战斗主旨紧密相联,提升了思想内涵。《民歌初集》将其放在最后,题为《烧炭山歌》,副标题为《歌剧〈烧炭英雄张德胜〉拔萃之一》。虽然国统区的读者不大了解该剧深刻的思想内容,但是仅仅通过该剧插曲的歌词内容,也能略知一二。

"小呀么小儿郎,背着书包上学堂,不怕那太阳晒,不怕那风雨狂……"这首宋扬创作的《读书郎》在半个多世纪里几代人传唱。宋扬年轻时参加革命,后加入中国共产党,一直从事革命歌曲创作,先后有《南山谣》《一根竹竿容易弯》《天上太阳红彤彤》《和平歌》等问世,深受民众喜爱,

《民歌初集》收入了宋扬3首新民歌,《古怪歌》以反语辛辣讽刺国民党的反动统治,反映了民不聊生的惨景,"往年古怪少啊,今年古怪多啊……半夜三更里哟,老虎闯进了门哪,我问它来干什么,它说保护小绵羊啊。田里种石头哟,灶里生青草哇,人向老鼠讨米吃,秀才做了强盗啊。"

男女对唱的《农村对唱》则是反对国民党悍然挑起内战的反动政策,"穷人的命本来苦到底,要翻身除非是自己靠自己,大家联合起去反对打自己,……快停战,不能打,越打越没出息!"

《苦命的苗家》采取富有色彩的少数民族词语,宣传抗丁、抗粮、抗税,争取活路,"太阳出来红啊,月亮出来黄啊,苗家要出头摆脱苦和愁,好比那月亮赶太阳,一世都赶不上啊。""苗家要平等啊,我们当了兵,我们出了粮,为什么别人享福喂,我们就没有份啊?为什么国家事啊,不准我们问?"

如果把《民歌初集》收入的歌曲搬上舞台,至少可以演绎为几个主题的大型歌舞史诗晚会,并邀请《民歌初集》编者和作者后代,以及原川沪地下党成员的子女来观看,那么这也是为革命父辈"圆梦"了。

辑五　外文散叶

史沫特莱的签名本《大地的女儿》

1936年1月,上海租界霞飞路(今淮海中路)伯尼(Bearn)公寓大楼①内,同住着两位知名女士史沫特莱与路易·艾黎。

窗外寒风肆意呼叫着,史沫特莱的面前放着自传体小说《大地的女儿》(纽约科沃德—麦卡恩公司1929年初版本),翻开精装本的红色封面,史沫特莱拿起钢笔,在扉页上写下一行字,然后在下面签名"Agnes"(Agnes Smedley,艾格尼丝·史沫特莱),接着写下"Shanghai"(上海)、"Jau(January缩写)1936",即1936年1月。

曾获得这部签名本的主人(外语教师)因故离去,辗转一番后被丁景唐珍藏。丁景唐回忆说:

一九三二年,我从申报流通图书馆借到《大地的女儿》的第一个中译本阅读,我为作者献身于人类壮丽的解放事业而奋斗的精神所感动。我想,要是自己有一本《大地的女儿》,能经常亲近它就好了。

万万没有想到,几年后我成长为革命队伍中的一名新人,由我联系工作的东吴大学同学潘惠慈将她珍藏的史沫特莱亲笔签名《大地的女儿》原版本赠予我和爱人,惠慈对我说,你爱好文学,这本书原是震旦女子文理学院教英文的外国老师送的,现在我将它送给你们,比放在我这里更可发挥作用。惠慈是一九三八年上海启秀女校学生中的第一个共产党员,后来介绍李宝球、陈向明(早几年去世的少年儿童出版社社长)入党,成为该校的第一任支部书记。她出身富家,受该校教师——一九三二年老共产党员、左翼女诗人关露和一九三八年党员教师茅丽瑛烈士的思想教育和进步书刊的影响,摆脱了家庭影响,选择走"大地的女

---

① 史沫特莱称呼的伯尼(Bearn)公寓大楼,即培恩公寓(Beam Apartments),曾是上海法租界有名的公寓建筑,坐落在霞飞路即今淮海中路453—457号,底层沿街,后为著名的上海妇女用品商店。

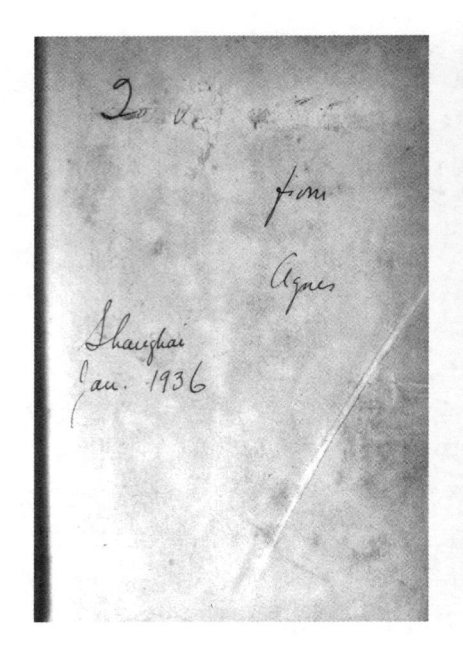

儿"的道路。她的哥哥潘有声娶了著名电影明星胡蝶为妻。她从不在人面前闲谈,更没有以此炫耀,她后来在"文革"中受到极大的凌辱,在苦难与冤屈中死去。这本《大地的女儿》签名本则留给了我无限的哀思。(丁景唐:《我有史沫特莱自传〈大地的女儿〉的签名本——兼怀东吴大学学友潘惠慈》,原载1996年1月20日《文汇报》)

如今这本《大地的女儿》红色封面已染上沧桑岁月痕迹,有些褪色,角边有些磨损,但是依然完整无缺,还能分辨出当年精装本的风采。内封的中间为尼采的一句话,丁景唐请人翻译为"我们被看不见的手十分痛苦地扭曲和折磨"。下端为"grosset 出版商,[美国]邓拉普,纽约州"。其背面上下印着"科沃德—麦卡恩公司于1929年出版,版权所有,美国印刷。"如今旧书市场也出现其他的1929年版本《大地的女儿》,封面不同,装帧精美,但可能未必有"版权所有"(All Rights Reserved)的字样。

遗憾的是扉页上史沫特莱的题词,被锐器(刀具)刮掉大部分,仅残剩开头的两个字母:"To……"大概是送给那位启明学校的英语教师,右下方为"from",其下签名落款(见上)。史沫特莱的落款只写了名字,没有姓氏,应该是与赠送的对象有比较亲密的关系。题词中的名字被刻意刮去,显然原来此书的主人不想让后世知道自己的名字，以及与史沫特莱的亲密关系。

如今网上也有史沫特莱签名本："To Aimo Taylor in friendship Agnes Smedley Jan. 1942."即"友赠艾默·泰勒　艾格尼丝·史沫莱特　1942年1月。"这有助于了解以上的1936年签名本，如果细细品味，后者的落款签名认真些，而且毕竟是初版本。从另一个角度来看，史沫特莱签名送书已经成为一种习惯，也是自我宣传的一种方式，以便联络感情，扩大人脉关系网，采访时左右逢源，作为一个女记者更有必要。

当时史沫特莱在上海的情况已经不同于以往，一些德国朋友已经离华，其中有鲁特·维尔纳，德国共产党，佐尔格情报小组成员，后为苏联获取原子弹的情报立下汗马功劳，她在《谍海忆旧》（张黎翻译，解放军文艺出版社2000年版）里生动地描述了与史沫特莱的"闺蜜"关系。史沫特莱曾把鲁特介绍给鲁迅，她的名字出现在鲁迅的著作里为"汉堡嘉夫人"。鲁特的女友伊雷娜·魏德迈耶（Lrene Wiedemeyer）时为德文瀛寰书店老板（世人常常把她俩混淆为一人即"汉堡嘉夫人"，张黎曾写信给鲁特，问清楚开书店一事），该书店开设在静安寺路（今南京西路）。鲁特曾帮助伊雷娜筹办德国作家版画展览会，此事也得到了鲁迅的热情支持。

史沫特莱的签名本《大地的女儿》很有可能是从伊雷娜的书店里购买的。该书店经常出售来自莫斯科的报刊书籍，包括国际革命作家联盟刊物《国际文学》、共产国际机关报《国际通讯》等。

1936年1月前后，史沫特莱依然与鲁迅、宋庆龄等人保持联系。1935年11月8日，纪念苏联十月革命胜利之际，苏联驻沪总领事馆举办招待会，史沫特莱特地叫了出租车接茅盾、鲁迅等人前去，与宋庆龄、何香凝、郑振铎、黎烈文等欢聚一堂。观看电影《夏伯阳》（《恰巴耶夫》）之后，史沫特莱劝说鲁迅去苏联游历并疗养，这成为那天晚上聚会的重要话题。

这时，上海地下党组织失去与中央联系，周扬、夏衍等人决定组织临时性的"新文委"，周扬担任书记。不久，夏衍从史沫特莱那里得到一份《救国报》（中共中央海外宣传机关报，后改名为《救国时报》，巴黎出版），刊有"八一宣言"（《中国苏维埃政府、中国共产党为抗日救国告全体同胞书》），第一次以党中央的名义提出停止内战、共同抗日救国，组织国防政府和抗日联军等政治口号，这是周扬、夏衍等人第一次得到中央指示。周扬等人又从伊雷娜的德文瀛寰书店里买到共产国际机关报《国际通讯》（英文版），上面刊有共产国际主席季米特洛夫在共产国际"七大"上所作的长篇政治报告，提出在殖民地和半殖民地国家建立反帝侵略的民族统一战线的方针。这直接导致左联解散，以及产生了"两个口号"论争，即以周扬等人提出的"国防文学"与鲁迅等人主张的"民族革命战争的大众文学"论争，其中牵涉到的问题很复杂,影响深远,至今仍然是中国现代文学史上的一个重要话题。

史沫特莱居住的伯尼公寓大楼,横跨整个六角形的街区,有许多不同的出入通道,成为躲避军警追捕的革命志士和进步人物的理想场所。1935年底,路易·艾黎敲开史沫特莱的房门,后面跟随着一个中国男子,名叫刘鼎,曾用名阚泽民、甘作明等,被称为"兵工泰斗"——造出了红军历史上的第一门炮(后为国家航空工业部常务副部长兼航空研究院院长等),他刚从国民党的俘虏营中逃出来。史沫特莱花了几周时间,详细记录下刘鼎所谈的关于闽浙赣苏区的各种故事,特别是红军自造武器的细节。

1936年3月下旬,经宋庆龄介绍,刘鼎前去担任驻守西安的张学良将军的秘书副官。临行前史沫莱特将搞到的一大瓶乙醚交给刘鼎,托他将这瓶药送给红军伤员治伤。此后,经刘鼎安排,史沫特莱前往西安,等待被邀请前往延安,接着发生了一连串的故事。

外界对于史沫特莱的成名作《大地的女儿》评价甚多,众说纷纭,她自己又是如何评价呢?

史沫特莱14岁读完小学后走上社会,自谋生路,曾做过小学教员、推销员、招待员、打字员等。以后在一所师范学校当旁听生时,被同学们推选为学生周刊的主编,此后踏上了从事新闻记者之路。史沫特莱的《大地的女儿》写于1927年,当时她在丹麦、捷克旅行、休养。第二年,该小说开始在《法兰克福日报》连载。此后,史沫特莱作为该报记者第一次来华采访。《大地的女儿》出版后,便出现了德、俄、法、西班牙、荷兰、波兰、捷克等版本,在世界文坛上产生了很大的影响。

翻译家林宜生成为《大地的女儿》第一位中文翻译者,花费了几年心血完成了译作,并被商务印书馆看中。但是,1932年"一·二八"淞沪抗战期间的日军飞机狂轰滥炸,林宜生的译作与商务印书馆一起毁于一旦。

幸好有亲友的热心帮助,又经过一番周折,林宜生的译作终于有了结果,1932年11月由湖风书局出版(丁景唐首次看到该中译本,理应是这初版本)。但没有注明是根据《大地的女儿》哪个版本翻译的。1985年9月,新华出版社出版的《史沫特莱文集》第2卷收入新译本《大地的女儿》,则是根据1935年纽约版译出的。这个中文新译本与林宜生的译作(简称旧译作))相比较有不同之处,但基本意思相同,这是多种因素造成的,不必苛责。

杨铨(杨杏佛)应邀为林宜生的译作写了序言,其中写道:"史女士本打算为中文译本作一篇自序,后来听说我正在作序,便把她的序稿寄给我,要我将她的意见采入序中。她所说的有一部分与我相同,但是大部分却是她对读者与批评者说的话。我想最忠实的办法,还是将她的序稿摘译,作为本序文的结论。"

自从本书出版以来，批评者议论纷纷。有的说这是个人主义者的奋斗。有的说这是妇女向男子宣战。也有的说这是一个妇女主张自由性生活。也有的说这是一个偏于精神的妇女，被非人的痛苦击倒在地上。德国与苏俄的批评者比较的客观，认（为）本书为社会研究。中国某杂志对于本书的批评结尾是"对于书中所表现的苦难如何救济？作者不置答语，已经停笔。"

我可以简单的答复这些问题。本书是我生活史的一部分。我是一个劳动妇女，我只能描写我所经历的生活——美国劳动阶级所过的生活。假使觉着这本书艰苦，这是因为劳动阶级的事情本来艰苦。这些事实包括生活的各方面：如妇女，宗教，两性，与帝国主义等问题。但是这些问题，在我看来，不过是现代掠夺社会制度的反射。这种制度使一切人类关系堕落残毁，因为这种社会的动机，完全为的赢利。在这种制度下，要希望男子与妇女间，男子与男子间，民族与民族间有健康的关系是绝对不可能。我不信任现代制度之下妇女的解放可以实现。从社会科学家如摩根（Morgan）恩格尔（Engels）拉法格（Lafargue）等著作中我们知道妇女的屈服是私产制度发展的背影。有了私产，童真与贞洁的束缚，便单独的加到妇女身上，男子们由此可以认清自己子丞来传授遗产。妇女本身从此也变成私产。在劳苦妇女的背上压满了各式屈服的负担。凡是有形的法律和习惯的势力所不及屈服的地方，礼教便带着它们来屈服妇女的身体和精神。

照上面所说，似乎我的生活经验已经将我毁灭了，或者使我变成一个偏于精神专求个人完美的妇女，事实却不大然。我的生活经验，只教导我深深地向前进！不是去寻求个人的快乐或完美，却是去努力自觉的社会动作。

我知道我这种信念，是不能使我进身上流社会或受外交家的欢迎。但是因此得与欧美各国的劳动阶级和知识分子的思想接触，现在更可得中国青年的考虑，使我感觉万分荣幸！

这一番话几乎被世人所遗忘，故抄录一遍，可以进一步了解史沫特莱撰写《大地的女儿》的真实想法。"她的一生充满反抗，不但反对人压迫人，也反对女人压迫男人和男人压迫女人。"史沫特莱的老朋友斯诺如此评价这位传奇女性，这与《大地的女儿》内封上引用的尼采一句话含义很相似，也是她这位四处飘泊的"大地女儿"的人生经历真实写照。她坎坷的生活经历，铸就了她刚正不阿、坚毅果断，坚守自己"反抗与自由"的信念，并常有一些浪漫的理想。史沫特莱同情各国反抗压迫剥削的革命，但是从来没有参加过共产党组织。

  1932年12月,杨铨与宋庆龄、蔡元培等著名人士在上海发起组织中国民权保障同盟,他担任总干事。史沫特莱参加该组织,与杨铨很熟悉。史沫特莱在《中国的战歌·民权》一节中谈到杨铨,认为他是"有真才实学、名副其实的中国学者一流人物中的一个。他是政治家,一位学者,更是一位组织人才兼行政干才。"

  1930年2月10日,史沫特莱委托左联成员、翻译家董秋斯(董绍明)将德文版《大地的女儿》赠送给鲁迅,她肯定也曾将此书赠送给其他友人。

  (此文得到秦玉兰等老师的各种帮助,在此衷心感谢!)

稀少"批语"的英文初版本《中国的战歌》

年逾九旬的丁景唐住在华东医院期间，他的心里一直惦记着家里那些心爱的书刊。有时，丁景唐忍不住叫家人取来几部珍本书籍，饱饱眼福，"解解馋"，其中有史沫特莱的纽约初版本（精装本）、伦敦版的《中国的战歌》[①]，以及史沫特莱的签名本《大地的女儿》。丁景唐看到这些书后，抚掌拍手，开心地笑了，就像见到多年未遇的挚友，眼里露出异样的光彩，全身顿时充满了朝气，好像又回到了半个世纪前的"歌青春"。

1929年初，美国著名女作家、记者、社会活动家艾格尼丝·史沫特莱首次来华。1934年她再次访华，3年后（1937年1月）应邀到延安，后为八路军中第一个随军外国记者。此后，她南下长江流域，采访了皖南云岭的新四军部首长，以及国民党抗日将领卫立煌等。史沫特莱积累了大量的采访素材，最终完成了《中国的战歌》，既是"献给反法西斯主义斗争中穷苦的光荣的先锋中国的战士们"，也是她继《大地女儿》之后又一部自传性的将个人史融合于中国现代史中的纪实作品。

精装本《中国的战歌》由纽约克诺夫出版社于1943年出版，内封上注明"普利策奖"，也称为普利策新闻奖，后发展为美国新闻界的一项最高荣誉

[①] 史沫特莱的伦敦版《中国的战歌》，由维克多高兰兹有限公司于1944年出版，也是精装本，不过是32开，采用一般纸张，字号比较小，类似中国的7号字，看起来很吃力，减少了不少内容，包括图片、附录等，正文只有365页。纽约初版本（精装本）则显得"高端大气"，大32开，纸张质量上乘，印制精良，至今完好无损。其正文528页，后面附有人名索引的16页，总共比伦敦版多出179页。

伦敦版本开卷为版权页，特意注明："（取得）艾格尼斯·史沫特莱的1943年版权。"中间为史沫特莱的献词："献给反法西斯主义斗争中穷苦的光荣的先锋中国的战士们。"下端为"由理查德克森和公司LTD在英国印刷。"

丁景唐珍藏的伦敦版没有色彩艳丽的外包装（也许原来有），红色封面，上端为书名和作者名字，中间为小正方形围框，其中写有大写的"L"，右上至下分别为小字母"C、B"，最下端为"版权所有"。封底右上方盖有上海旧书店的价格标签（这是丁景唐后来购买的，上海解放初期没有这样的标签），注明3元，比纽约初版本（7元）便宜一半之多。

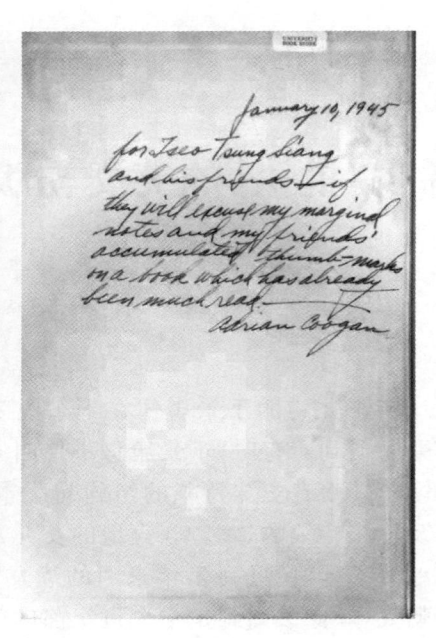

奖。《中国的战歌》外封套装帧精美，前勒口介绍史沫特莱在该书中的"警句"，后勒口为销售美国国债的广告，封底介绍史沫特莱的生平和著作等。

丁景唐珍藏的此书与众不同，扉页上有该书原主人的题词，又有"批语"。前者手写的钢笔字迹不容易看清楚，其写道（大意）："对于 Jseo Tsung Siang 和他的朋友们来说，他们会原谅我的边际笔记和朋友们在一本已经读了很多遍的书上积累的拇指印。"落款艾德里安·库根（Adrian Coogan），题词的右上方 1945 年 1 月 10 日（Januarg10，1945）。显然艾德里安·库根阅读过英文版《中国的战歌》，还在该书中写有批语（边际笔记），并让其他人传阅，最后送给三个朋友 Jseo、Tsung、Siang 阅读。因此，他很抱歉地说这是一本旧书了，书中留下了批语和其他人阅读时留下的手指痕迹。

该书最后被上海旧书店收购，封底盖有上海旧书店的蓝色印章，可以见证。售价 7 元，价格不菲，因那时一个鸡蛋只卖三四分钱。丁景唐买下，成为该书的最后主人。

库根的批语很有意思，可以从中看出西方人对于《中国的战歌》——第一次向全世界读者介绍中国八路军、新四军、游击队和国民党军队等战斗生活，并且展现了延安的共产党领导人的形象、老百姓的真实生活等，这一切好像来自另一个"神秘"的陌生世界，让西方读者有时难以置信，以固有的思维看待该书中的故事和人物,不时打个问号。

库根喜欢用铅笔随手写下批语,显然是边看边写,甚至干脆来个 90 度——歪着横写,随心所欲,真情流露,不作任何掩饰,实话实说,毫无顾忌。

《中国的战歌》第 6 篇《在游击区(1938—1939)》中的"一个农场的故事",讲述新四军跳出日军的包围圈,又打回原来驻地,村民也陆续回家过春节,但是眼前是一片废墟,哪里还有家园的模样。史沫特莱设法搞来救济金,在新四军和开明绅士的帮助下,村里 15 户穷困农民成立合作农场,种田、养畜等,还草拟一个有儿童教室、洗澡堂和公共洗衣室的"模范乡村"蓝图——富有红色浪漫色彩的情调。

这是一个前所未闻的新鲜事物,类似苏联的集体农庄。库根考虑一番,拿起铅笔在该小节旁批语:"这特别鼓舞人心。"

"一个满面红光、朝气勃勃、体壮如牛的青年当选为合作农场的经理……""园里的葱、蒜、韭菜、茄子、南瓜、豆角、甘薯慢慢长起来了……"库根看到"合作农场"展现惊人的场景时,批语道(大意):"注意:集体农场+工业合作社不仅可以比中国的'私营企业'更有效地支持军队,而且可以改善战后平民的福利。"显然库根把"合作农场"看做"集体农场(加)工业合作社"——"复合式"的新鲜事物,

库根在该书的其他地方也用铅笔划线,有时并非写"批语"。第 7 篇《走过华中(1939 年深秋)》的第一个小节"张云逸司令员和四支队",叙述了史沫特莱参加医疗队巡视工作,在新四军的训练营里见到体检结果,令人吃惊,"一百八十五名学员中,百分之百有沙眼,百分之二十有疝气,百分之三十有疟疾……没有梅毒病人。"库根立即在这两大段旁划线,还在"所有部队的平常水平"(average for all the troops,中译本没有翻译此言)下面划线,以示这个体检的宗旨和范围。

随后,史沫特莱与训练营的学员谈话,还参观了他们的宿舍和教室,"我问他们的书包里有什么东西,几个学员马上把书包放在我面前让我检查。……他的书包里有半截蜡烛,半支牙膏,一把旧牙刷,一枚图章,三支铅笔"。库根也在这两大段旁划线,还在两段句子下面划线,即"参军时他家仅有一亩半地,欠年息百分之三十六的三百元债。他在红军里学习读书写字,负过五次伤……"这些情况同样让库根很疑惑:怎么会欠债这么多。其实,这是高利贷,在中国农村里很普遍。这位学员和其他农村青年当初参加红军的目的之一,就是要推翻这几千年长期存在的吃人社会制度。

在"张云逸司令员和四支队"小节之后的"游击队伤员",其中讲述一个游击队战士风趣地描述了打鬼子的场景,他的右手中弹负伤了。这个战士

接着说:"总结这次战斗,经验教训很多。第一,经常活动,特别是接近敌人的游击队必须经常活动,声东击西,神出鬼没。"还谈了掌握敌人情报、跟踪追击等。

库根在这段总结话一旁写了一句简短批语:"著名的共产党员的'自我批评',是吗?"(The famous communist, "self criticism", eh?)这个"eh?"的用法,一般加拿大人比较喜欢,因此,库根可能是加拿大人,与白求恩老乡,他俩之间有什么关系,这是很有意思的话题。

《中国的战歌》第 10 篇(最后一篇)《重庆以后(1940—1941)》第 2 小节"医疗队继续战斗",介绍了这支特殊医疗队的来历,"医疗队现有十六名欧洲医生,均已工作九个月了。因为他们说西班牙语,又都在西班牙共和国军队里服务过,虽然代表的国籍不同,但我们都称呼他们为'西班牙医疗队'。挪威红十字会把他们从法国集中营中营救出来,资助他们作为志愿军到中国服务工作。"库根在这两句话下面划线,很有感触,联想起其他的事情,便在一旁提笔写了批语:"像国民党一样,法兰西共和国的最后一任官员把反法西斯分子视为罪犯。"库根可能原来也是援华的白衣天使,同情共产党和八路军、新四军,知道许多内情。他如此爱憎分明,并且让朋友分享他的观点,令人钦佩。

史沫特莱在此书中也披露了一些内情,"我们美国同胞的援助,同海外华侨相比,是微乎其微少得可怜。……陆军医务总署一个华籍高级官员告诉我,美国最近给中国一百万元购买奎宁,可是美国实业界人士要求这笔买卖必须通过他们经手。他们在爪哇采购奎宁运到美国重新包装再运到中国,一转手中国人仅收到加之三十万元的奎宁了!"(第 10 篇《重庆以后(1940—1941)》第 1 小节"重庆")库根在这段话下面划线,表示遗憾。

史沫特莱在此书中坦诚地说道:英国记者杰克·贝尔登"比起我来他可客观冷静得多。他不抱成见,不代表谁,隔岸观火,走马观花,而我总忘记了我自己并不是一个中国人。在我看来,中国的强弱盛衰问题似是全世界的问题所在。"对此,库根划线——不知是赞同哪一位记者——客观与主观、冷静与激情、中立与倾向,也许兼有。但是,"我总忘记了我自己并不是一个中国人"(同上小节的最后一段话),这让库根很有感触——成为史沫特莱撰写的《中国的战歌》《中国红军在前进》《伟大的道路》等系列著作的一个典型的诠释,获得了中国广大人民大大的"点赞"。

库根的划线比较多(不再赘述),有时表示多重意思,他的批语传递了诸多信息,以上只是"窥见一斑"。如果说库根是国际主义战士,与史沫特莱有许多共同语言,甚至与她有"一面之交",那么并不令人奇怪。

艾德里安·库根的朋友圈,理应有类似的思想倾向——热爱和平、自由、民主,反对法西斯的侵略,支持和同情中国抗日战争,并且很想了解八路军、新四军的真实情况,他们具有趋同的审美情趣——爱读类似史沫特莱的纪实作品。

值得注意的是库根的批语和划线内容都集中在《中国的战歌》后半段,特别是关注新鲜事物——新四军的文化教育、帮助村民重建家园、游击战术和"西班牙医疗队"等,库根的朋友也可能曾来华工作(白衣天使),很想看看史沫特莱笔下的这些情况,勾起"旧地重游"的感觉。当然也不排除库根因故没看该书前半部分的可能性,选择了阅读该书的后半部分,从而为中国读者留下了一份宝贵的资料——当时西方进步读者的真实"读后感"。

值得一提的是纽约初版本《中国战歌》里有插有不少珍贵历史图片:朱德的戎装像、周恩来与史沫特莱等合影、约瑟夫·史迪威将军(中国战区参谋长、中缅印战区美军总司令等)等,以及八路军、新四军战士、游击队、抗日民众和国民党军官分析军情、吃早餐,以及战争中惨死的中国民众等。

史沫特莱的朋友圈子里有一对夫妇希尔达·塞尔温·克拉克和玛格丽特·斯洛斯。史沫特莱最后住在希尔达夫妇的英国温布尔顿的家里,准备以后辗转去北京,但是病魔夺去了59岁的史沫特莱的生命。她写给玛格丽特·斯洛斯的最后一封信,谈到了她立下的遗嘱:"我唯一信念和唯一誓愿,就是那些贫困的被压迫人民的解放,而且中国革命的成就,已是这一解放事业的中流砥柱。"并要求在她的葬礼上演奏中国的《义勇军进行曲》,骨灰撒在中国的大地上。

(此文得到张丽影、秦玉兰、王春阁、冯会平等老师的热情帮助,在此衷心感谢!)

内山完造的自述传记《花甲录》

内山完造,曾经闻名上海滩的内山书店老板,在自述传记《花甲录》(日本岩波书店 1960 年 9 月 20 日初版)里,回忆曾主持弟弟内山嘉吉的一场特殊婚礼,当年的热闹场景历历在目:

> 我弟弟这次还有缘同我当做养女看待的他的现在的妻子结了婚,而且结婚仪式是由我出的主意,办得与众不同。详细情况,我弟弟写得很准确。据我的记忆,他们俩谈妥并决定结婚之后,对谁也没有透露,只是由他们俩和我们夫妇定了个日子。我在三马路的新半斋定了六七桌酒席,内山书店中日两方的所有人员以及鲁迅先生、郁达夫、郑伯奇和冢本助太郎等人都来了,另外还请来了与我们有直接关系的出星商会的夫妇等人,直到大家快要拿起筷子的时候,我才宣布是我弟弟的婚礼,客人们都啊呀一声惊叫起来。因为连店里的人事先都一点不知道,感到大为高兴的当然要算我了。这确实是一次奇特的婚礼。新娘内山松藻现在已是三男一女的母亲,而且是东京内山书店的直接经营者。

1931 年 8 月 17 日,内山嘉吉来沪,应鲁迅要求,为暑期木刻讲习班讲授木刻技法,鲁迅亲自担任翻译,讲习班为期 6 天。此事在许多中国著名木刻家的回忆录里都有提及,也被写入各种版本的中国现代美术史。

8 月 22 日,讲习班结束的当天晚上,举办了别开生面的婚礼。鲁迅在日记里写道:"内山完造君招饮于新半斋,为其弟嘉吉君与片山松藻结婚也,同坐四十余人。"内山嘉吉、片山松藻结婚半个月后,9 月 8 日回国,临行前,收到鲁迅一幅墨宝。①

---

① 鲁迅书写的是唐朝花间派重要作家欧阳炯的《南乡子》其二的第 6 部分:"洞口谁家,木兰船系木兰花。红袖女郎相引去,游南浦,笑倚春风相对语。"落款:"录欧阳炯《南乡子》间奉应片山松藻女史雅属　鲁迅"。这件珍品,内山嘉吉夫妇作了装裱妥为保藏。1962 年内山嘉吉捐给中国,由许广平转给上海鲁迅纪念馆珍藏。

新半斋，原在汉口路252号（后为592号），属于扬帮菜馆，创办人是百年老店老半斋的账房先生，"见财眼红"，开设在老半斋的对面，公然"唱起对台戏"。这里的扬帮菜肴有数百种，深受食客青睐，内山完造多次宴请日本朋友，有时也邀请鲁迅参加。上世纪40年代末，新半斋倒闭。

　　内山完造开设的内山书店"火爆"，是与鲁迅紧密相连，并延伸到日中文化交流史、日中友好关系史等各个方面。

　　自抗日战争胜利后，内山书店被国民党当局"接收"。1947年12月，内山完造"两手空空"，与其他旅沪日本人被强制遣返归国。

　　内山完造认真反思之后，认为，应当首先与交战的中国讲和，日本的前途在于和平，以和平为目标进行复兴。为此，他要让日本人知道他们所不了解的中国和中国人的真实情况，便策划全国旅行讲演。

　　1948年2月2日开始，直到次年7月，内山完造"大小讲演此书共八百次，一次平均按一个半小时计算，足有一千二百小时。在学校讲演的时候，一次听众最少五百人，多时达一千七百人。以在校讲演四百场，平均每场七百五十人计算，单是学校的听众就有六十二万。一般的讲演、座谈会，按平均每次五十人出席计算，总共也有两万人。合计共达六十二万，这个数字真令人吃惊啊！"这此巡回讲演是内山完造在中国30年生活的总结，其中含蓄地运用了中国挚友鲁迅的言论，在某种程度上也是在传播鲁迅思想文化。为此，他劳累过度，不得不静养3个多月。

内山完造推算出以上这些惊人的数字时，他的自述传记《花甲录》已是第3次提笔撰写了。自1949年12月25日圣诞节开始撰写，1950年12月30日脱稿，内山完造情不自禁地连声说："完成了，完成了。"并写下了《后记》，感触良久。

前两次准备提笔写时，内山完造遇到了人生中两次重大转折点，其一，与他相濡以沫30年的妻子美喜子不幸病逝。1945年元旦前一天，美喜子突然旧病复发，内山完造废寝忘食地悉心照料。1月9日，是他俩结婚30周年，美喜子亲手做了萝卜泥和豆腐汁，他俩共同进餐。不料4天后（1月13日），美喜子不幸离去，内山完造悲痛欲绝，哭肿了脸。其二，1947年12月，内山完造被强制遣返归国，原来的所有资料散失殆尽。

内山完造想提笔写《花甲录》时，却发现没有片言只字可供参考。于是，他采取特殊的方式，依据日本历史年表进行回忆，先介绍当年的日本和国际大事（此后中国大事占据重要地位），随后回忆自己的生平足迹。他说："（我）仔细阅读每年发生的大小事情，并将这些全部记录下来，以此唤起自己的记忆。我时而落笔很快，时而也会陷于长时间思考，仔细推敲斟酌。"

《花甲录》的时间跨度为他出生的1885年（明治十八年）1月11日，至1944年底。这期间，他发现自己依赖的日本历史年表，竟然没有记载1942年至1945年的事件。幸好拿到了新出版的年表日本史提要，他才得以"起死回生"，最终脱稿。他在《后记》里最后写道："搁笔之际，谨向自我回国以来给予我全面关心帮助的弟弟嘉吉夫妇表达我最真诚的谢意，也向一直以来对我援助的其他众多兄弟姐妹们表示衷心的感谢。最后对一直默默支持、鼓励和关心我的妻子表示由衷的感谢。"

如今出版的《花甲录》添加了内山完造生前写的1946年至1959年的有关文章，以及他最后一次访华在北京不幸病逝后的各种情况，作为该书的附录。这些为原来的《花甲录》填补了作者晚年的重要空白，形成了一部比较完整的人物传纪。1960年7月20日（内山完造逝世周年），内山完造第二任妻子内山真野（加藤真野）在《后记》里写道：

> （本书）以《花甲录》作为主轴，又从这之后十年间的记录中选择增加了可以作为内山先生传记的部分，构成了这一册书。关于《花甲录》完成的情况及其内容，我不由分说，内山先生自己已经精确地描述了。对于本书选择增加的部分，得到了岛田政雄先生以及岩波书店编辑部

的协助和忠言。虽然现在还不是策划其他原稿的出版时机，但仅仅在这一册书中，考虑到展现内山先生的生涯面貌，并且迫切希望能准确无误地传递内山先生的生涯面貌。

在本书出版之际，除来自前面所述的各位同仁的帮助以外，还得到了很多人的帮助和支持。特别是北京中国外文出版社的康大川先生对于本书的出版表达了溢美喜悦之词，收到了康先生的来信，表示要发扬内山先生的遗志，在促进日中两国人民的友好发展上发挥巨大的作用。我由衷希望本书能够如康先生所言，也如大多数人所言，能够成为日中友好桥梁的一端。

岛田政雄是日中友好协会顾问、中国问题研究专家，著述甚多，其中有《为友谊架桥四十年——岛田政雄回忆录》，新华出版社1992年出版。康大川，《人民中国》（日文版）杂志主编。① 以下便是摘录《花甲录》增添的有关内容和一些参考资料。

1953年1月26日，日中友好协会、日本和平联络会、日本红十字社组成"归国问题代表团"启程访华，商谈处理3万日本人的归国问题，内山完造作为代表团成员，重新踏上中国土地。在香港住了一宿，乘坐火车前往广州时。内山完造写道：

> 过国境线的（罗湖）小桥，一个年轻的解放战士查看护照。他看看我的护照后抬起头说：噢，内山老板来了。听他讲我三十五年间听惯了的上海话，一股亲切之感涌上了心头。我马上问他："侬晓得我？"他笑眯眯地回答说："晓得，晓得。"我首先为遇到一个老朋友而感到特别高兴。接着，北京红十字会的吴学文先生迎上前来说："你是鲁迅先生的老朋友，也是我们的老朋友。"我听后感到特别高兴。

吴学文早年毕业于日本陆军士官学校。新中国成立后，他被分配到新华社国际部当记者，因精通日语，多次被派遣参加接待日本访华团和随中国代表团访问日本。上世纪80年代，他作为新华社记者常驻日本，后为中日

---

① 康大川，原名天顺。台湾苗栗人。1938年毕业于日本早稻田大学商科。1938年他回国参加抗日战争，1940年秋，经文化工作委员会（原为国民党军委政治部第三厅）内的中共特别支部派遣，他到贵州镇远日俘所（"太平村"）工作，以中校主任管理员的公开职务管教日俘，开展反战宣传。新中国成立后，负责筹建《人民中国》（日文版）杂志，主持《毛泽东选集》4卷本的日文翻译工作，长期从事日文翻译工作。

关系史学会名誉会长。

1956年10月,在北京举行"鲁迅先生逝世二十周年纪念大会",出现了日中友好协会理事长内山完造等日本友人的身影。

11月18日,内山完造告别了雪后的北京,乘飞机南下上海。将抵达上海时,内山完造禁不住热泪纵横,因为鲁迅和他的前妻美喜子之墓都在上海。他说:"这里是我活动了半辈子的地方,它与其说是我的第二故乡,倒不如说是我前半生的故乡。今天的访问,是相隔九年之后的旧地重游。在这将近十年中,我和上海隔断了联系。一想到我即将要重新踏上的土地,我的神经不由地兴奋起来。飞机大幅度下降,将要着陆了,我看见了黄浦江上成群的帆船和小轮船,再飞过两条黄浦江宽的距离就是龙华机场。飞机很平稳地着陆,有几人向我挥手,他们是十几年来未会过面的丰子恺、巴金。"

当年鲁迅逝世后,巴金、内山完造等人一起料理后事,1936年10月22日下午4时30分,巴金、内山完造与宋庆龄、蔡元培、沈钧儒、邹韬奋等人,同上海近万名悲痛的市民一起,把鲁迅的灵柩恭送到了虹桥万国公墓。这些在《花甲录》里有详细记载,并作为1936年纪事的重要内容。现存有巴金与内山完造、芹泽光治良、中岛健藏、井上靖等日本作家交往的图片,以及巴金珍藏的日本作家著作,复旦大学外文学院、日本文学研究会曾联合举办《巴金与日本作家图片展》。

著名漫画家丰子恺也是一位出色的翻译家,曾经常光顾内山书店。抗战胜利后,内山书店被"接收",内山完造的处境很尴尬,只好经营旧书谋生。时值丰子恺从内地返沪,仍然去找内山完造,想买一套不全的《漱石全集》(缺三册)。此后,内山完造找到缺本中的一本寄给丰子恺,不料收到的却是相当于书价十倍的现金,这让内山完造十分惊讶,又十分感动:"丰先生是以付书款为借口有意救济一个战败国的国民。"(《花甲录》)

"丰子恺先生,像你这样体贴人心,世上真是少有啊!"内山完造在小汽车里谈起往事,激动地说着。内山完造在宾馆刚放下行李,又被丰子恺等人接到了南京西路上有名的功德林菜馆,叶圣陶、葛祖山和内山书店老职工王宝良等早已等候在座。昔日,鲁迅、内山完造、丰子恺、田汉、郁达夫等人出现在这里,现在是"旧地重游",别有一番意义。

其后,他们一行又赴万国公墓祭扫美喜子之墓,这里,并列着内山完造预先营造的自己的寿穴,墓志铭是他的老朋友夏丏尊生前写的:"以书肆为津梁,期文化之交且,生为中华友,殁作华中土,呜嗟乎,如此夫妇。"如今,内山完造夫妇之墓,安放在上海万国公墓外籍人墓区内。

丰子恺不仅撰写《欢迎内山完造先生》一文,而且与他人合作翻译了《内山完造传》。该书作者小泽正元曾于1954年秋天作为日本学术文化代表团访华,并在上海参观了鲁迅纪念馆,首次听到内山完造在华的经历,大为震动。小泽正元回国后,根据内山完造的《花甲录》等著作,撰写了《内山完造传》。目前国内流行的中译本《内山完造传》,由赵宝智、吴德烈翻译(百花文艺出版社 1983 年版)。丰子恺的大女儿丰一吟曾托人查找丰译版的《内山完造传》,并展示其封面、封底的残片,注有"内山完造传,内部发行,上海人民出版社"的字样。但是,丰译版未能如愿找到。

现存有丰子恺写给内山完造及其家属的 6 封信,其中写给内山嘉吉的信:"又承惠赠漱石集五卷一册,已收到,谢谢!"(1961 年 3 月 24 日)显然内山嘉吉在完成哥哥内山完造的遗愿,继续设法为丰子恺补齐缺本。

内山完造自述传记《花甲录》[①],丁景唐珍藏的是日文原版第 4 版(1975 年 9 月 30 日),其为精装本,外有硬壳函套,纸质精良。令人想起鲁迅为瞿秋白编辑的《海上述林》上、下卷,也是岩波书店印刷的,也是在内山书店发售的,这在《花甲录》里有记录。

1998 年 9 月 25 日,丁景唐为内山完造纪念室(内山书店旧址楼上)题词,现存有照片。

如今,《花甲录》的作者和珍藏者都已经不在人世了,有谁怀念呢?

(此文得到黄游华老师的热情帮助,谨表谢意)

[①] 本文引用《花甲录》中译文摘录的内容,出自于《鲁迅研究资料》第 3 辑(文物出版社 1979 年 2 月出版)以及赵宝智、吴德烈翻译的《内山完造传》(百花文艺出版社 1983 年版)等。
一说《花甲录》中译版即将出版,填补内山完造著作中译本的一个空白,希冀早日问世。

波兹德涅耶娃第一本专著《鲁迅》

在父亲丁景唐遗留的一大堆杂乱的书籍报刊中，笔者无意中翻检出一本俄文书籍，硬壳精装本，封面褐红色，右边竖排书名，两排镶有花纹，左上为作者的名字。扉页铜板纸印有广为流传的鲁迅照片，下有鲁迅亲笔写的说明："一九三〇年九月二十四日照于上海，时年五十。"这是鲁迅 50 岁生辰照，摄于上海春阳照相馆，鲁迅在照片上的题字"二十四日"误记，应为"二十五日"。内页封面设计与封面有些不同，出现中国特色的竹子、高山、河流、帆船以及河岸边的绿林、亭子等。

笔者猜想是一本俄文版的研究鲁迅的专著。书后衬纸右下方贴着一张长方形的小纸条，有蓝墨水写的字："鲁迅，7—2/5—5，予 61—71，价格 0.79（894）。"原文"价格"二字是手写的一种符号表示的。既然有中文"鲁迅"二字，大概是国内友人在"文革"前购买，赠送给我父亲的。0.79 元的价格，在当时并不便宜，那时一个鸡蛋才 4 分钱。

其后得到著名诗人王辛笛的女儿王圣思教授、南开大学俄国文学研究专家王志耕教授热情、无私的帮助，才知道原来这是苏联著名的鲁迅研究专家波兹德涅耶娃的第一本专著《鲁迅》（直译为《鲁迅·生平与创作概述》），青年近卫军出版社于 1957 年出版，比较通俗地介绍了鲁迅的生平事迹和文学创作，被列为"卓越人物生平丛书"之一。该书出版后，受到各方好评，流传甚广，还被译成日文，在东京出版。

《鲁迅》共有 3 章 30 节（后面 3 节是附录：人名索引、鲁迅生平活动年表、简要参考书目），计 286 页。内页封面背面是作者简介：

波兹德涅耶娃，柳鲍芙·德米特里耶夫娜：文学博士，翻译过一系列中文典籍，出版过若干研究中国古代、中古及现代文学的著述。

1932 年于列宁格勒大学毕业后，波兹德涅耶娃在符拉迪沃斯托克为中国人开办的学校工作了几年。1937 年开始在远东大学讲授中国文学史课程，1944 年在国立莫斯科大学继续开设该课程。

波兹德涅耶娃从事鲁迅文学遗产的研究逾20年，并就该课题完成了她的博士学位论文。这一研究中国伟大作家的成果于1952年获得罗蒙诺索夫奖。波兹德涅耶娃是四卷本鲁迅文集的编纂者和译者之一，该文集1954—1956年由国家艺术文献出版社出版。

有关鲁迅生平一书是波兹德涅耶娃到中国旅行并与这位伟大作家的同仁与朋友会面之后开始构思的。

波兹德涅耶娃在列宁格勒大学学习期间，有幸遇到了执教的"苏联首屈一指的汉学家"阿列克谢耶夫院士，以及苏联文学翻译先驱曹靖华（鲁迅的忠诚"学生"）。因此，她早就开始对于鲁迅研究课题产生了浓厚的兴趣，陆续发表论文，最终完成博士学位论文《鲁迅的创作道路》。在此基础上，她来华进行采访、研究等，撰写完成《鲁迅》。

《鲁迅》中有一些插图和图片，其中有丰子恺的4幅漫画插图。丰子恺与鲁迅结缘，最初还是他俩先后翻译了日本厨川白村的《苦闷的象征》，两个译本竟然"撞车"了。此后，他俩在上海成为北四川路的内山书店常客，经内山完造介绍相识。后由陶元庆陪同，丰子恺与鲁迅深谈了一次，对于译本"撞车"一事，他俩遂释然，并谈起日本美术界的看法，让丰子恺受益匪浅，终身难忘。晚年时，丰子恺先生回忆说："我也是在鲁迅先生的鼓励下才更有信心地从事'子恺漫画'创作的。"

丰子恺先后为鲁迅30多部作品作了漫画插图,其中包括《祝福》《孔乙己》《故乡》《明天》《风波》《药》《社戏》《白光》等,1950年4月由上海万叶书店出版《丰子恺绘画鲁迅小说》连环画,共4册。

《鲁迅》中收入的丰子恺4幅漫画插图:一是鲁迅的《故乡》中捉鸟雀的漫画,充满了童趣,这幅漫画流传甚广。二是鲁迅的《社戏》中"我们便都挤在船头上打仗(看戏)"。这两幅放在第1章第1节"在家里"(故乡)。三是鲁迅的《祝福》中祥林嫂在河边淘米时,远远地看见河对岸有个男人在徘徊,则是收入第2章第4节"渺小人们的命运"。第4幅是鲁迅的《药》最后的墓地场景,放在第2章第7节"搜寻者"。

鲁迅的传世之作《阿Q正传》问世之后,有不少美术家将它改编成连环画。其中有丁聪创作的连环画《阿Q正传木刻插图》1943年在重庆初版,1946年在上海出版公司再版,如今成为珍本。丰子恺也为《阿Q正传》作过插图,不过《鲁迅》选择了著名漫画家丁聪的一幅木刻插图(第2章第5节"'带薛的美人'"),画面上的阿Q被人打了,却"心满意足的得胜走了"。这个被人揪住小辫子及其愚蠢的自我安慰,足以表达"阿Q精神"。(详见本书收入的《罕见的土纸初版本——丁聪〈阿Q正传插画〉》)

波兹德涅耶娃在插入瞿秋白图片一旁的文章里写道(他人翻译):

在冯雪峰那里听说瞿秋白希望倾心于文学工作的消息后,鲁迅立即回应道:

——就要抓住他,让他多多翻译!他既有文学功底又精通俄文,确是最适宜的了。现在最重要的——是把马克思文学理论准确地翻译成中文。

冯雪峰从一位可靠的同志那里给瞿秋白找了一间公寓。这位受迫害的流亡革命家在这里生活了快两年的时间。

就这样,瞿秋白开始了他在左联的工作。冯雪峰和他的联系愈加紧密。

由于秘密联络点的暴露,瞿秋白有几次还住在了鲁迅那里。雪峰这样回忆道:

"……根据党中央的命令,瞿秋白住在我家。和我住一起使联络更加方便,因为他早就开始给党报写稿了。

但不到两个月,省委机关被敌人发觉,牵连到我们的住处,必须在半小时内撤离。我和妻子可以随时离开,到随便哪个熟人那里停留一下,然后再找住处。但是瞿秋白怎么办呢?

——去周先生那里,——瞿秋白夫妇和我同时脱口而出。

冒着大雨,瞿秋白夫妇带了一点行李,坐上黄包车,悄悄抵达了目的地。

就在这天晚上,在安排好自己的事情之后,我来到鲁迅家里,正好碰见我的这两位朋友正在热切的交谈。"

在这样的交谈中他们碰撞出了共同的创作思想。其中之一就是——他们共同完成的书籍《萧伯纳在上海》。这本书的主意是鲁迅想的,许广平把这位著名英国作家在中国停留的消息从报纸上剪下……

1952年五一劳动节夜里,冯雪峰完成《回忆鲁迅》长文,在《新观察》半月刊上发表,此后发行单行本,其中记录了冯雪峰所接触到的大量关于鲁迅思想感情及其发展变化的第一手资料,具有很高的史料价值。

以上引文摘自《回忆鲁迅》中的第2部分《"左联"时期》第6小节《关于他和瞿秋白同志的友谊》,原文篇幅很长,以上引文只是其中的一小部分,并进行压缩,文字也有所不同。瞿秋白的《〈鲁迅杂感选集〉序言》和冯雪峰的《回忆鲁迅》两篇文章的影响很大,都是波兹德涅耶娃撰写《鲁迅》时的重要参考资料。

以上引文中提及"一位可靠的同志",指谢旦如(新中国成立后,为上海鲁迅纪念馆副馆长)。1930年初,中共中央六届四中会议上,瞿秋白遭到共产国际代表米夫等人"无情打击",被驱逐出中央领导岗位。经冯雪峰介绍,瞿秋白、杨之华夫妇悄然住进谢旦如的家里(上海南市区紫霞路68号),这时瞿秋白开始参与领导左联工作。冯雪峰成了瞿秋白与外界联系的特殊"联络员",总是相隔几天去一次,主要是和瞿秋白谈左联工作与革命文学运动的情况,有时还拿走他为左联刊物写的稿件(详见丁言模研究瞿秋白系列丛书之一《瞿秋白与杨之华》有关章节,中国社会出版社2013年版)。

过去学术界公认那个时期瞿秋白、杨之华夫妇先后到鲁迅家避难3次,其实是4次,其中一次就是以上引文(冯雪峰)说的。波兹德涅耶娃撰写《鲁迅》时,并不清楚以上引文的许多内情,即使知道米夫等人,也不会透露。当时,中国学术界对此也是一个"禁区"。

波兹德涅耶娃撰写《鲁迅》之后,晋升为教授,并且进一步深入研究、梳理、提升、归纳,完成了一部50余万字的研究鲁迅的学术专著,题为《鲁迅·生平与创作(1881—1936)》,1959年5月由莫斯科大学出版社出版。

经过一番查找,才得知十几年前,该书已由吴兴勇、颜雄翻译,题为《鲁迅评传》,湖南教育出版社2000年6月出版,共有3编9章50节,厚达701页。该译书后面是颜雄写的《"中俄文字之交"又一页——关于本书的由来及评介》,详细地介绍了有关情况,令人难忘。

波兹德涅耶娃《鲁迅》与《鲁迅评传》的不同之处显而易见，仅仅把两者目录作个对比便可得知。前者应出版社的要求，必须通俗易懂，吸引广大读者。前者的《引言》以后被作者重新改写，在《鲁迅评传·序言》里仅保留了开头的毛泽东的语录（前者引用也不全），并且该书主要凸显研究成果和重要价值，在深度、广度和规模等方面都远远超过了前者。但是两本书都述说了鲁迅的生平事迹，前者比较多，后者则明显地压缩篇幅，甚至删除了以上《鲁迅》引用的冯雪峰《回忆鲁迅》的材料。即使这样，前者述说鲁迅生平事迹还是比较简单，这与作者掌握的材料有关，或者故意隐去。

关于《鲁迅》的其他详细情况，另撰文述之。

辑六 译介绿廊

李大钊"驳议"之延伸"轶事"

1907年初秋,19岁的李大钊,蓄着胡子,穿着黑色长衫,负笈走向天津北洋法政专门学堂(志成道33号,后改为北洋法政专门学校),度过了6年的学习生活。入学之前,李大钊还同时被长芦银行专修所录取,他说:"感于国势之威迫,急思深研政理,求得挽救民族、振奋国群之良策,乃赴天津投考北洋法政专门学校。"该校是中国最早的法政学校,"那时中国北方政治运动的中心,首推天津",天津又以该校为中心。(李大钊《十八年来之回顾》)

辛亥革命之后,袁世凯与孙中山会谈,引起海内外舆论的高度关注。1912年10月,日本东京出版了《支那分割之运命》一书(以下简称《分割》),署名复唐学人,真名为中岛端,一个狂热侵华分子。该书分为上、下篇,上篇评论袁世凯与孙中山,以及辛亥革命、中国的历史文化传统、国民素质、国民性等。字里行间充满了鄙视、歪曲、谩骂、污蔑和攻击,结论竟然是:中国"无共和之资格,将难免于被分割之命运"。对此,该书下篇悍然提出日本对华因采取"捷足先登"的方略,大肆鼓吹要有所作为,公然亮出一副赤裸裸侵华的丑陋嘴脸。

1912年秋天,李大钊参加了北洋法政学会,先后加入该会的有250余人。该学会设立了评议、调查、编辑、庶务4个部门,其中编辑部人数最多(52人)。这时李大钊、白坚武、郁嶷被称为"北洋三杰",李和郁嶷一起被公推为编辑部长。

李大钊看到《分割》一书,义愤填膺,便组织同学共同翻译,并逐段附加按语或眉批,严加驳斥,并定名为《驳议》。其中很多文字为李大钊手笔,可惜未曾署名,至今难以辨别。

同年12月出版时为《〈支那分割之运命〉驳议》,深为国人重视,"未及数月,销行已罄,即行再版",一时"风行全国"。李大钊、郁嶷主编的法政学会刊物《言治》(月刊)是李大钊早期发表诗文和研究成果的重要园地,该刊第2期(1913年5月1日出版)刊登了再版《〈支那分割之运命〉驳议》之启事。

1915年5月7日,日本向中国政府提出最后通牒,限48小时内答复,否

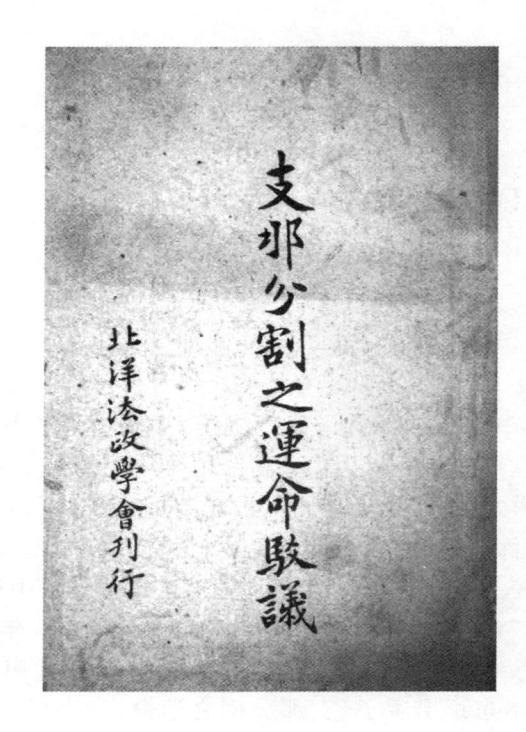

则采取军事行动。9日,袁世凯除了第5项条款,"容日后协商",其余全部接受(也有人提出异议),形成"五九国耻"。25日,中日双方在北京签订草约,史称丧权辱国的"二十一条"。

1915年7月,时在日本早稻田大学就读的李大钊与张润之合译的《中国国际法论》(日本学者今嘉幸之的原著,他曾执教北洋法政专门学校)在东京健行社出版,附有李大钊的三则启事,其一为再版《〈支那分割之运命〉驳议》的启事:

　　○关系时局之著述!!
　　○振起国民之警钟!!
　　○还我河山之大愿!!
　　再版《〈支那分割之运命〉驳议》
　　瓜分中国之说,喧传已久,列强以均势相牵,莫敢发难。今者,欧战既腾于西方,野心斯兴于日本,藉端要索,横暴相凌,以煎同根而速惨祸。盖其处心积虑,狡焉思启者,匪一日矣。中岛端氏曾著《支那分割之运命》一书,于民国二年(1912年之误——引者)十月出版。其叙(序)

文有曰："七十万方里之土地,五亿万人口之民族,乱国欤？亡国欤？统一欤？分割欤？浑浑（混混）沌沌,飘泊于洪涛巨浸之中者,非今日之支那耶？盖支那者,二十世纪之谜也。能解此谜者,可以霸东亚,可以雄五洲。此书洵为支那民族之三世相,又解谜之良键。凡朝野士夫,苟有雄飞大陆之志者,盍早握此键。"北洋法政学会同人,怵于亡国之痛,亟取而译之,并附驳议,字字皆薪胆之血泪,旋于是年十二月出版,风行全国。中岛氏所刊原书,定价日币壹圆二十钱,译本壹元五角,今加驳议数万言,其价才大洋五角,军人八折。亦欲为国人当头之棒,警梦之钟,知耻知惧,激发其复仇敌忾之心耳,非牟利也。方今巴尔干半岛之风云谜,列强争其键而解之,遂皆沈（沉）沦战血横流之中。则自余谜之待解者,厥惟吾国。日本乘（趁）火行劫,确已着手谋掌此键,但中国者,中国人之中国,故解此谜者,亦惟中国人能之。神华男儿,有奋起雄飞之志者,不可不一读是书。发售处天津河北直隶公立法政专门学校内北洋法政学会及全国各大书坊。

李大钊提及《分割》一书的"叙（序）文",其实只有一段是原序的译文,即"（盖）支那（者）,二十世纪之谜也。能解此谜者,可以霸东亚,可以雄五洲。"其余的文字不应该作为"引文",不妨看作是李大钊评论之言,有感而发。如"七十万方里之土地,五亿万人口之民族",这首先是针对《分割》中的狂妄之论。

《分割》最后认为："君等试举目一视东大陆之形势如何,七十万方里之地,今非将被瓜分乎,四亿万之生灵今非将浮沉于水火之中。"因此,只有日本帝国才能保证东大陆的安全,"挽救""四亿万之生灵"。以此"扬我（日本）帝国之声威于五洲,贻功业于百代者今日也,（如果）偷一时之苟安而酿将来衰灭之祸者亦今日也。（日本帝国）五千万众,其投袂而起哉,帝国之安危祸福于目前决之也。"对此,李大钊等人在一旁批语驳斥道："口蜜腹剑！"这与后来侵华日军大肆鼓吹"大东亚共荣圈"一脉相承。

李大钊说的"五亿万人口"与《分割》说的"四亿万"有出入,首先这并非指中国,而是扩大为"东大陆"。如果从中岛端口口声声说"黄种人"（见下文）,那么"五亿万人口"并非是扩大的数字。由此可以认为李大钊是从维护整个亚洲各国的角度来观审、批驳《分割》,胸襟宽大,高瞻远瞩。当然这需要进一步佐证。

《分割》的狂妄之论"承继"明朝倭寇屡屡骚扰东南沿海的强盗逻辑,并成为此后日本帝国主义发动侵华战争的"前奏",延伸至今阴魂不散——日本右翼分子的百般狡辩和掩饰侵华罪行的丑陋言行。

李大钊充满澎湃豪情,英明地预见:"中国人之中国,故解此谜者,亦惟中国人能之。"如今正在实现革命前驱李大钊的预见之梦,"神华男儿,奋起雄飞",迎来中华民族伟大复兴的新时代。发展是第一要务,否则落后要挨打,正中今昔中岛端之类狂妄分子的下怀。

如今《〈支那分割之运命〉驳议》初版本已经罕见,幸好上海图书馆根据珍藏的"孤本",1962年"复制"再版,16开本,并写有《重印说明》,保留了以上引用的李大钊写的再版启事,这与《言治》月刊首次刊登的再版启事相对照,两者内容基本相同,"仅文字上稍有变动",可见后者也是李大钊所写的。

李大钊说的《〈支那分割之运命〉驳议》再版本,未能查到,不过有一个《分割》再版本,封面也很简单,与《〈支那分割之运命〉驳议》相似,只有竖排的手写的书名,字体不如后者那样端正,可能是故意歪斜。后面版权页注明:大正元年12月31日发行,大正二年(1931年)1月10日再版。著作者:中岛端,发行者:三岛宇一郎,印刷所:弘文堂,并强调"不准复制"。其"定价大洋一元二角",在李大钊写的《〈支那分割之运命〉驳议》再版启事中提及,即"中岛氏所刊原书,定价日币壹圆二十钱。"表面上钱数相同,但是大洋与日币(兑换比例)实际价格相差甚远。

有意思的是此再版本竟然还是李大钊等人翻译的中文本基本内容,并非是日文,只是删去了李大钊人的"驳议"和批语。前面目录里的一些小标题有所改动,如原来是"支那人之虚势",改为"支那人之虚势的元气";原为"日本与支那分割""日本国民之觉悟",分别增加"日本帝国",但是"日本"之类的小标题后面都未添加"帝国"二字;还有个别的"之",改为"的",显然这些都是后改的。

最重要的是《分割》再版本增加了中岛端的《后续(序)》,对于一片非议进行百般狡辩,装出一副很委屈的模样,大言不惭地吹嘘:"虽我日本亦不可保其金瓯无缺,而黄种全体且不知其死所矣,则我之呼号分割命运者,又岂仅为支那一个国而已哉,抑余更有进为者。"真所谓"黄鼠狼给鸡拜年"的绝妙诠释,以致于恶性演变为震惊寰宇的"南京大屠杀",滔天罪行,罄竹难书。

上海图书馆的"复制"《〈支那分割之运命〉驳议》再版本,不仅在《重印说明》里公开了当时研究新成果,为后世指明了方向,而且后面保留了一则新书预告(标点符号系引者添加):

新译《蒙古丛书》第一种《蒙古及蒙古人》出版豫告

此书为俄国蒙古文学博士蒙古探险员菠资德涅夫所著,举凡山川道途之险易,天产物质之现况,蒙人生活之状态,社会之组织,政治经济之真象,风俗习惯之由来,对于宗国之感情,对于俄人之关系,莫不旁搜博考,殚见洽闻。博士自以蒙古探险为一生事业,著作此书尤抱深意。今者边氛不静,国人皆孜孜而谈。蒙事爰移译之用作向导,凡我国人皆宜手执一编,循是以来求于固围之策,所得正匪浅也,不日出版,届时再行广告。

天津河北北洋法政学会启

（北洋政专门学校内）

波资德涅夫即阿·马·波兹德涅耶夫(1851—1920),俄罗斯汉学一代宗师瓦西里耶夫院士的弟子,著名的俄国蒙古学家、满学家、卡尔梅克语专家,曾是海参崴东方学院首任校长。①

波兹德涅耶夫早年就读彼得堡大学东方语言系,毕业后加入俄国皇家地理学会组织的蒙古考察队,历时15个月的实地考察,行程长达2万多俄里。后来,他们把这次考察中搜集的资料整理为7卷本,因出版困难等原因,只出版了2卷日记,即《蒙古及蒙古人》。该书曾在世界上广为流传,成为研究蒙古历史和现状的名著之一。

以上谈及李大钊的三则启事,其二也是与《蒙古及蒙古人》出版有关:

《蒙古丛书》第一种《蒙古及蒙古人》

呜呼痛哉！吾圉不固,强邻生心,辽东之城郭半非,塞外之藩屏尽撤。今也恰克图会议之结果,既丧北边之利权,胶州湾攻战之余波,又失东蒙之锁钥。一寸江山,皆吾祖若宗殚思瘁力之所致,子孙视之曾不稍吝,拱手以断送之。起视世人,掷头颅流脑血,以入龙骧虎斗之场者,又莫不以攘夺土地而始然。国人憧憧,以当憾天卷地之潮流,其有幸乎！俄国蒙古文学博士蒙古侦探员婆兹德奈夜夫著《蒙古及蒙古人》一书,举凡蒙古山川道途之险易,天产物质之情况,生活之状态,社会之组织,政治经济之真象,风俗习惯之由来,及其对于宗国之感情,对于俄人之关系,纤悉靡遗。北洋法政学会译之行世,价大洋二圆三角,军人八折。及今奋起,则弭祸患于方来,回江山于异日,犹非无望也。经售所同上。

---

① 阿·马·波兹德涅耶夫的兄弟是著名东方学家德米特里·马特维耶维奇·波兹德涅夫(1865—1937),毕业于彼得堡大学东方系汉满蒙专业,长期任教于东方语言各专业,曾任海参崴东方学院院长(1904—1906),获得中国政府颁授的双龙勋章。
德·马·波兹德涅夫的女儿柳鲍芙·德米特里耶夫娜·波兹德涅耶娃,苏联著名的汉学家、中国文学翻译家。(详见本书收入的《波兹德涅耶娃第一本专著〈鲁迅〉》)

除了作者名字"婆兹德奈夜夫"与以上"新书预告"的"菠资德涅夫"不同之外,其余的文字"举凡蒙古山川道途……对于俄人之关系"基本相同(不包括之前其后的文字)。而且"新书预告"中提及"求于固圉之策",以上启事的开头就是"吾圉不固",用词与语气都相似。因此,可以初步认为以上的"新书预告"是李大钊起草的。这类似情况同样出现于《言治》(月刊)第 2 期刊登的再版《〈支那分割之运命〉驳议》《中国国际法论》附有的李大钊第一则启事,对此,上海图书馆再版本《重印说明》已经说清楚了,这在当时也是一个研究新成果,虽然没有形成一篇专题考证文章。

　　可惜,以上这两种类似情况都没有能体现在如今各种《李大钊全集》有关注释里,包括新出版的专著《〈李大钊全集〉疏证》(社会科学文献出版社 2011 年版),①如果能够确证以上两文是李大钊最初起草的文稿,那么这理应是填补李大钊研究的一个空白。

　　丁景唐收藏上海图书馆的再版本,也是作为研究李大钊的重要参考资料。他曾撰写《纪念〈守常全集〉出版二十周年》(原载《文汇报》1959 年 4 月 29 日,后收入《李大钊研究论文集》上卷,河北人民出版社 1984 年版),述说李大钊《守常全集》初版本(北新书局 1939 年 4 月出版)分为上、下卷,正文前有鲁迅所作的《序》即《〈守常全集〉题记》,但收入的文章并不多,并不包括以上引用的李大钊写的启事。北新书局的初版本被没收后,纸型还在。上海解放后,1949 年 7 月印行了新一版,只是书名有所改正,并改换了一个封面。

　　屈指算来,上海图书馆再版本《〈支那分割之运命〉驳议》已有近半个世纪了,但是仍然难以被世人所"识货"。

---

① 李继华:《〈李大钊全集〉疏证》,社会科学文献出版社 2011 年版,第 63—64 页。
该书第 63 页对于李大钊写的《〈支那分割之运命〉驳议》再版启事中的引文,即与《分割》一书的"叙(序)"文"相比较,"差别甚大",表示质疑。对此,本文只是一管之见,仅供参考。

胡愈之改题、校阅杨昌济《西洋伦理主义述评》

如今，慕名前来北京的游客，走进宝钞胡同内（东城区安定门地区），找到豆腐池胡同15号（原为9号），便会看见大门上挂着"板仓杨寓"的铜制门牌。这里的原来主人是近代教育家杨昌济，字华生，名怀中，1871年4月21日，出生于湖南长沙隐居山（亦称隐储山、隐珠山）下的板仓冲，杨昌济后来被人称之为"板仓先生""板仓杨"。

杨昌济与毛泽东的师生之谊、翁婿之情，已被广大读者所熟悉。

1918年6月，应北京大学校长蔡元培聘请，48岁的杨昌济担任该校教授，在哲学系教授必修课"伦理学"、选修课"伦理学史"。

豆腐池胡同里的杨昌济一家住处，是一座不太规则的两进院落，坐北朝南，杨昌济先生居住三间北房，女儿杨开慧住在东厢房三间。大院南房（靠近大门）的房间里，毛泽东、蔡和森曾暂住，这里成为毛泽东首次到北京的第一个住处，那是1918年8月的事情。

杨昌济在这里完成的著译之作，发表于《新青年》《国民》《民铎》等杂志，他的译作《西洋伦理学史》《伦理学之根本问题》先后由北京大学出版部出版。

可惜，杨昌济到京的第二年夏天，身体欠佳，赴西山休养。入冬，初为胃病，继而全身浮肿，不得不住进北京的德国医院，被诊断为"其脏腑俱有伤损，医疗匪易"。1920年1月17日早晨5时，溘然长逝。1月22日，杨开智（后为湖南省政协副主席）、杨开慧兄妹发表《杨怀中教授逝世讣告》（《北京大学日刊》）："家父杨昌济先生于一月十七日在本京德国医院病故，开智、开慧等亲视含殓，暂停本京宣武门外西砖胡同法源寺内，定期本月二十五日在寺设祭。择日扶柩回南，安葬长沙板仓故里，知关矜注，哀此讣闻。"

杨昌济病逝后，他的译作《西洋伦理主义述评》单行本，作为东方文库第35种，由东方杂志社编印，商务印书馆发行（1923年2月初版）。其实，该译作原题为《各种伦理主义之略述及概评》，连载于《东方杂志》第13卷第2号

西洋倫理主義述評

東方文庫第三十五種

東方雜誌社編印
商務印書館發行

至 4 号（1916 年 2 月至 4 月出版）。此后，该译作改题、校阅都与"一代师表"胡愈之（后为全国人大常委会副委员长）有关。

《东方杂志》是商务印书馆的老牌杂志，创办于 1904 年。1914 年夏天，胡愈之进入商务印书馆，次年成为《东方杂志》的助理编辑。随着新文化运动兴起，商务印书馆的保守势力依然宣扬国学和东方文明，拒用白话文。胡愈之则是新文化运动的支持者，广泛阅读了介绍西方各种新思想、新科学的书刊，并利用《东方杂志》的文化阵地，译介了国外许多新的科学知识和思想。胡愈之积极提倡文字改革，实行汉字简化和拼音文字，他和茅盾是当时商务印书馆里最早提倡白话文的。胡愈之在学习世界语的基础上，创造了一套拼音文字。他努力练习写白话文，发表的译作已经接近白话文了。原来《东方杂志》基本上只是译介国外的科学技术和学术思想，属于资料性的刊物，经胡愈之努力改革，使之逐渐成为学术性刊物。①

为了迎接《东方杂志》创刊 20 周年，胡愈之作为该刊主要编辑，从《东方杂志》登载的文章里，精心选编了一套东方文库，共计 82 种 100 册，均为统

---

① 胡序文：《胡愈之和商务印书馆》，载《商务印书馆九十年》，商务印书馆 1987 年版。

一的 64 开本,封面装帧简约大方,左上方为横排的书名,右下却是竖排的出版、发行机构的名称,比较别致。

胡愈之曾校看杨昌济的译作,留下了深刻印象,也收入其中。他不仅把原来该译作的"句读"(用圈即句号作断句标记)一律改为现代标点符号,而且大胆地改题为《西洋伦理主义述评》,使其更贴近译作的原意。

如今出版的《杨昌济文集》(湖南教育出版社 1983 年版)收入该译作,其依据还是原来商务印书馆发行的单行本,并非是《东方杂志》连载的"句读"初版本,不过继续沿用了原标题《各种伦理主义之略述及概评》。有意思的是《杨昌济:西洋伦理学史》(中国画报出版社 2010 年版)也"顺便"收入《西洋伦理主义述评》,但是不知为何删除了该译作的卷首说明①,也不作任何注释,让读者有些摸不着头脑。对此,《杨昌济文集》编者王兴国则花费了一番苦功夫,作了许多严谨的考证、研究性的注释,便于读者"顺藤摸瓜"去查阅。

遗憾的是毛泽东、杨开慧夫妇生前都未留下关于《西洋伦理主义述评》单行本的任何信息。

《东方杂志》首次连载杨昌济的译作时,他已经结束留日、留英的生活,返回湖南,执教湖南省立第一师范学校、湖南高等师范和湖南商业专科学校,讲授修身、教育学,教材之一为德国学者泡尔生所著《伦理学原理》,他还摘译了英国教育家斯宾塞《感情论》、威斯达马克《结婚论》(译自威斯达马克的专著《道德观念之起源与发展》)等。杨昌济熟知中外哲学史、伦理学史和教育史,造诣较深。

杨昌济的译作《西洋伦理主义述评》,原作者是日本学者深井安文。杨昌济的翻译动机已经在卷首说明了,同时间接反映了他的教学宗旨:"以直接感化青年为己任,意在多布种子,依其发生。"杨昌济此译作约 15000 字,内容分为 6 个部分:禁欲主义、快乐主义、个人快乐主义、公众快乐主义、进化论快乐主义、自我实现主义。分别介绍 6 种"主义"的要旨,以及各种流派学说的古希腊创始者和 18、19 世纪代表人物的学说概况,然后进行评述和比较性的评价。

有的学者认为:深井氏更青睐第三种价值倾向——自我实现主义。它既可以避免禁欲主义对于幸福、对于人的合理欲望的贬抑,也可以避免快乐主义可能导致的信仰匮乏、道德迷失的困局。他的很多论述可以与美国学

---

① 杨昌济的译作《西洋伦理主义述评》卷首说明:"吾国先民于伦理上之主义多有主张,吾人各尊所闻,各行所知,亦既可以自得矣;近日万国交通,西洋之思想渐渐输入,青年学子,遂生研究西洋伦理主义之心。然各种书籍,尚未译成本国之文,有志者辄有未由研究之叹。今取深井安文氏研究之所得,绍介之于国人,盖亦笃志潜修者之一助也。"

者马斯洛的"五大需要"中的"自我实现"的需要相互参照。

如今专家学者公认:伦理学是关于优良道德的科学,是关于优良道德的制定方法和制定过程以及实现途径的科学。杨昌济在伦理学上的探索,深深地影响了毛泽东、蔡和森等人。1918年4月,毛泽东等人筹划成立了新民学会,明确指出:"诸人大都系杨怀中先生的学生,与闻杨怀中先生的绪论,作成一种奋斗的和向上的人生观,新民学会乃从此产生了。"

丁景唐在该译作的1925年6月第3版扉页上注明:"此乃开慧烈士的父亲昌济先生译述,阅者其珍视之。"这也是广大读者的心声。

"难得的编辑"徐调孚及其《木偶奇遇记》

许多50岁以上的读者都看过一种彩绘画本《木偶奇遇记》(少年儿童出版社1957年版),封面的黑色"背影"是一个戴着高帽子的可怕大胖子,衬托着一个戴着尖角帽子的木偶孩子,他穿着红短衣、浅色短裤,手揞着帽子,迈开细长双腿,拼命地奔跑。

故事起因是安东尼先生送了一块木头给朋友盖比都,没料到这段木头会哭会笑,被做成木偶,大名叫匹诺曹,他只要一说谎话,鼻子就会变长,变得很滑稽,引出了一系列有趣的故事。历经各种磨难之后,匹诺曹终于变成了一个真正的孩子。

此书最初由资深编辑徐调孚(学名名骥,笔名蒲梢等)翻译,题名为《木偶奇遇记》(开明书店1928年6月初版),虽然此书后有不同版本,但是《木偶奇遇记》的译名生动贴切,与主角匹诺曹的译名一起留存下来,在广大少年儿童读者的心目中留下美好的记忆。

1924年夏天,经商务印书馆《小说月报》主编郑振铎的介绍,该刊的编辑徐调孚与赵景深、顾均正互为通信,准备合译《安徒生童话全集》,这在国内尚属首次。那时,他们三人都是"初出茅庐"的年轻人,又有共同的话题,彼此之间很快熟悉了。赵景深回忆说:

> 1927年,我才算在上海住定了。我住在"商务"附近的三丰里,调孚住在我对过的一个衖堂里。他每天午饭前从"商务"回来,或者午饭后到"商务"去办公,总要从我的衖堂穿过;经过时一定要来看我一趟。我住在楼上,我只要一听楼梯响,嚷着"赵先生拉屋里法(勿)"的声音,便知道是调孚来了。他来的时候,或者是抱了一大堆英文的文学杂志给我做《小说月报》文坛消息的材料,或者是匆忙坐下,问我:"阿有啥新个末事。"这时我拿给他看的,或是《上海漫画》,或是刊载文坛消息的小报,他看了以后,或者感到兴趣的从脱落一两粒牙齿的嘴里露出温煦的老妪一般的笑容,或者摇摇头,指着报说:"瞎三话四,热昏咧——我借

去看看，就还来！"说着，回过身来，跨着较大的步子，夹了报纸就走，一面嘴里愉快地哼着"起哉，起哉！"几乎每天都重复着这样的功课，我们都感到生活的充盈！（赵景深：《现代文人剪影·徐调孚》）

徐调孚是浙江平湖人，说着浓厚的浙江口音的上海话。赵景深出生于浙江丽水，听到徐调孚的家乡口音很亲切，而且彼此之间很熟悉，因此他笔下的徐调孚一笑一颦都是"活灵活现"的，非常传神。

1932年"一·二八"淞沪抗战之后，徐调孚离开商务印书馆，进入开明书店出版部、编审部，担任推广部主任。事前，徐调孚、顾均正等人已经共同策划了一套《世界少年文学丛刊》，旨在美化少年儿童心灵的文学作品，如童话、故事、小说、神话、语言、儿歌等，从1926年至1949年，开明书店出版的这套丛书共有60多种，加上徐调孚与赵景深、顾均合译的《安徒生童话全集》等，聚成了一个世界儿童文学名著宝库，在广大少年儿童中广为流传。

这套丛书最初有叶圣陶创作的童话《稻草人》《古代英雄的石像》、冰心的《寄小读者》、黄幼雄翻译的《昆虫世界漫游记》、胡愈之翻译的《寓言的寓言》、顾均正翻译的《鲁滨逊漂流记》、夏丏尊翻译的《爱的教育》等，徐调孚翻译的《木偶奇遇记》也列入其中。当初，徐调孚为了支持章锡琛创办开明书

店,把曾在《小说月报》连载的《木偶奇遇记》,交给开明书店出版单行本,版税则作为入股的股份。徐调孚在《译者的话》中写道:

> 本书的作者是一个署名作科罗狄(C. Collodi)意大利童话家,他本名罗伦席尼(Garlo Lorenzini,1826—1890)。……
>
> 在意大利的一切童话书中,这是最有名和最讨人喜爱的一册。匹诺曹的名字在他们的家庭内,差不多和孙行者在我们的家庭里一样的熟悉。而且它的丰富的想象,机巧的幽默和逼真的描写,不仅是年幼的孩子,连大人也都十分爱看。当我们读完一章后,随着我们的笑窝而来的感想是:它的故事仿佛就是我们——无论孩子或大人——自己所亲身经历过的,我们笑匹诺曹,不就是笑我们自己吗?

科罗狄,现译为卡洛·科洛迪,《木偶奇遇记》是他写得最成功的一部童话,从而赢得了世界性的声誉。

原版本《木偶奇遇记》问世于1883年,徐调孚不懂意大利文,没有去购买。他根据两种英文版本即《万人丛书》《昔日丛书》。后者译文比较浅显,但是有删节。因此,前者成为徐调孚翻译的"大致依据",不过辞句的翻译又参考了后者,"加以变通"。徐调孚坦言:"并未完全直译",尽自己的能力,"使它浅显流利",适应少年儿童的审美接受能力。徐调孚在《一个广告——世界少年儿童文学丛书》中曾说:"译者务必浅显,使适宜于才读过几年书的孩子的自阅。"

徐调孚感叹《木偶奇遇记》"故事的本身太奇妙了,无论译文是怎样的拙劣,多少都保存这一点原著的特点"。并且,徐调孚把"昔日丛书"中的科勃伦特绘图(原著插图)也移植过来,形成图文并茂的中译本,这为后世继续出版此书或改变为绘画本提供了"坚实的基础"。

丁景唐珍藏了《木偶奇遇记》(1949年1月15日版本),特地写有小纸条(夹在扉页上),竖写着几行字:"一直要追念徐先生,故留之。"

徐调孚被称为"出版全才,作家的知音",与张元济、陆费逵、王云五、章锡琛、叶圣陶、邹韬奋、胡愈之、张静庐、赵家璧等被称为中国近代十大出版家,这是从事新中国出版事业的丁景唐所钦佩的。

1985年4月,丁景唐参加中国出版工作者协会第二届出版研究会时,阎达寅介绍了中国展望出版社筹划出版一套《编辑与出版丛书》。同年夏天,展望社同仁来沪正式约请丁景唐主编一本中国现代著名编辑家的编辑生涯的专书,列入《编辑与出版丛书》,以后定名为《中国现代著名编辑家编辑生涯》(中国展望出版社1990年2月出版)。

起初,丁景唐与武杰华(责任编辑)等人商谈,确定了40人名单,最后落实为31人,其中就有徐调孚,这是丁景唐"追念徐先生"的又一种方式。

原拟由欧阳文彬负责撰写徐调孚编辑生涯一文,因健康关系,她找到了徐调孚的女儿徐生湫。徐生湫也是一位资深的编辑,传承了父亲敬业精神。她撰写的《毕生尽瘁编辑生涯——纪念先父徐调孚》,首次披露了父亲生前大量的动人事情。徐生湫写道:

> 20年代是父亲写作或翻译最多的年代,除了刊在《小说月报》上的一部分外,用各种笔名登在其他报刊上的,连我们也不清楚,他从不收集,也不告诉我们,任其散失,我们不知道他用过多少笔名,写了些什么,只见过他记着"今日某报某刊登出我文,今日某报某刊寄来稿费若干"之类的记录,但无从查考,例如,茅盾先生在一篇文章里谈到:有人问他,20年代署名蒲梢编的著录世界文学名著译本的书是不是他编的,茅公回答是徐调孚同志编的,读了这段话,我很惊讶,这个笔名,这本书,我竟一无所知,如果茅公不说,我即使见到此书,也不会知道是先父的手译,更不必说是一般人了,诸如此类,可见父亲著文述作似乎是故意不让人知道的。

1935年"翻译年"里,茅盾编译了《世界文学名著讲话》《汉译西洋文学名著》(详见本书收入的《茅盾"深入浅出"的〈世界文学名著讲话〉》《茅盾"急就章"《汉译西洋文学名著》》),因此有人前去请教茅盾,从而引出"蒲梢"即徐调孚的"秘事"。徐调孚淡泊名利、低调行事和严谨的工作作风,与他"起哉,起哉!"幽默风趣的言行截然不同。

徐调孚告诫女儿徐生湫:"你要做编辑,必须有不求成名的思想准备,否则是做不好的。不错,编辑要会创作,要懂著述,要有广杂的知识面,甚至要会翻译,还要熟悉出版工作。""如果一个编辑马马虎虎敷衍稿件,却把主要时间和精力放在自己的作品上,以求个人成名,那是严重失职。这样做,即使成了名家,也是扪心有愧的。你如果当了编辑,不许这样做,许多当编辑的名作家、名学者都是把编辑工作放在第一位的,应该向他们学习。"

徐调孚待人谦和,有着惊人的精力和出众的智慧。他的编辑生涯丰富多彩,甘为他人做嫁衣裳,他经手的茅盾、巴金、丁玲等名作家稿件特别多,其中感人的故事很多,不再赘述了。同时,徐调孚又是一位可敬的学人。

徐调孚出生于书香门第,祖父、父亲精于目录学,他从小耳目濡染,少时聪慧,过目成诵,又有幸得到章太炎弟子朱蓬仙(宗莱)、近代著名词曲学家刘毓盘的指点,他的国学底子很扎实。

淞沪战后，徐调孚移居于虹口，赵景深则住在公共租界，不像以前那样近在咫尺，可以时常聚首。"已经有五年不曾听见愉快的楼梯响"以及"起哉，起哉！"的声音了，赵景深很是怀念。

抗日战争期间，徐调孚的兴趣转移到中国古代小说戏曲方面，与赵景深的爱好"不谋而合"，后者时时关注着徐调孚的研究成果。

徐调孚任职的开明书店也兼出版古籍，徐调孚精心校订残缺的原版明代戏剧集《六十种曲》，收入明人传奇 59 种，附有元杂剧《西厢记》。他访求了不同版本的《六十种曲》，逐字逐句，互相核对原文，补足脱漏文字，订正错误，撰写了《排印缘起》；并附有"叙录"，考证了每一种曲的作者及其籍贯、生平，写了每一种曲的剧情提要，引录了几十种古今戏曲论著中有关该曲的资料、源流和评语。如此繁杂、细致的工作必然要耗费徐调孚的大量时间和精力，但是他没有留下自己的名字。这重新刊行的《六十种曲》和《二十五史正补编》《辞通》三部大部头书，被郑振铎称为开明书店的"扛鼎之作"。

徐调孚整理"断句"刊行的还有清代刘熙载的《艺概》、陈廷焯的《白雨斋词话》、毛奇龄的《西河诗词话》、王国维的《人间词话》等。其中徐调孚倾注心血的《人间词话》校注本，成为当时最完备的版本。他在《重印后记》中写道："书中的注，一部分是周振甫先生所搜集的，一部分是我加的，全部都经过我的校订。"他并未将全部功劳都揽在自己的名下，从而留下两位国学大家精心合作的一段佳话。

1942 年上半年，赵景深与庄一拂合编了期刊《戏曲》，与老朋友徐调孚"相聚"在此刊上。《戏曲》第 4 号上刊登了徐调孚关于《连环记》戏曲的专文，对于该戏的内容、曲调、角色等都作了详尽的叙述，使当时该剧的昆曲界有了依据，大感方便。同年，徐调孚还对日本汉学家青木正儿的《元人杂剧序说》(1941 年版)中的第 7 章作了大量校补。如书中所录的《东窗事发》，徐调孚认为作者不是孔非卿，而是金仁杰之作，由此得到青木正儿的真诚的谢意和尊敬。

1952 年，开明书店与青年出版社合并为中国青年出版社，领导上不想在原来老板、经理、襄理中挑选私方代表，因此希望徐调孚担任副社长。徐调孚却考虑到三个正、副社长都是搞文史的不大合适，应该有一个懂理科的，因此推荐了老朋友顾均正。这主动让贤一事，徐调孚生前从未告诉任何朋友。

当时，徐调孚面临三个选择去向：古籍出版社、文学研究所、人民文学出版社。徐调孚问起女儿徐生湫，女儿脱口而出："当然文学研究所好，做研究工作也好听些。"徐调孚说："我料到你会这样选择的，你们年轻人选择工作不切实际，这是不好的。其实我已决定去古籍出版社，那是个古籍的专业出版社,论工作,比较平凡,论名誉地位,出不了名,但是我国浩如烟海的古籍再不整理出版,有些湮没失传,这是抢救几千年来文化遗产的大事,已经刻不容缓了。同时,我在那里可以发挥专长,虽不会成名,但会有所贡献。"如今重温这番话,"恍如隔世",还有多少"红女绿男"为之感动呢?

中华书局恢复老牌号,因为古籍出版社要和中华书局合并,中华书局经理兼总编辑金灿然希望徐调孚前去协助,担任副总编辑。不料中华书局正式成立后,人事安排上出现了困难,金灿然私下对徐调孚说:"你是党员,所以想和你商量,委屈你当文学编辑组主任,这是商量,不是决定,你的意见如何,可以开诚布公地说。"徐调孚爽快地说:"没问题,我从来不计较名位,我来中华书局是来做我爱好的整理古籍工作的,什么职位都一样,请你放心,按党的政策安排!"此掷地有声之言,至今依然是"脑肥肠满"的某些人根本无法理解的。

徐调孚在写给赵景深的信中高兴地说:"来京后,觉学术空气浓厚,甚感畅快。昔年所作有关古代戏曲方面的成果,已交马彦祥先生编入《中国戏曲理论丛书》中。"

"文革"期间,章士钊的《柳文指要》是唯一被批准出版的国学专著,章士钊指名要"老开明"的徐调孚"重新出山"(全家已被迫迁居四川江油)。排校完稿后,章士钊向周恩来称赞徐调孚是"难得的编辑",谁知这是徐调孚最后的公开"绝唱"。

赵景深得知徐调孚不幸病逝的噩耗,悲痛地说:"徐调孚实在是我的诤友,他先我而去,我极为悲恸。"他撰写《徐调孚与中国古小说戏曲》一文(《南湖》1982年第2期),以表追思。

徐调孚的女儿徐生湫非常惋惜地说:"我常常想起一个无可补偿的损失。在他退休以后的岁月里,没有机会在他身边,帮他写下他的回忆录,没有尽到我这个拿笔的子女的责任。"

李伟森初版译作《十年来之俄罗斯》

1962年10月，丁景唐在李伟森的译作《十年来之俄罗斯》扉页上题词："一九六一年始于上海鲁迅纪念馆得见是书，录补李伟森烈士著译书目。本年九月张勉之君自北京远道寄赠，召自作二书相交换得此。一步楼主谨志，一九六二年十月。"

对于左联五烈士之一李伟森的研究一直比较滞后，特别是译作《十年来之俄罗斯》在有关的专著中几乎不见提及。

最初披露李伟森的生平和著译目录（仅5种），是在上海左联机关刊物《前哨》"纪念战死者专号"（注明1931年4月25日出版，其实因故推迟）"烈士小传"。小传中首位便是左联负责人李伟森，是一位年轻的老革命，1922年加入中国共产党，改名为李求实，曾担任团中央宣传部长、中共中央宣传部秘书等重要职务。他先后主编《日日新闻》《中国青年》《少年先锋》《列宁青年》《红旗》《上海报》等。

1926年11月，鲁迅应邀担任广州中山大学文学院长，中共广东区委书记陈延年指定李伟森、学生运动委员会副会长毕磊专门研究欢迎鲁迅的工作。但是，李伟森被调到湖南省团委工作，与鲁迅失之交臂，甚为遗憾。毕磊曾寄赠12本广东团机关刊物《少年先锋》给鲁迅，此刊物正是李伟森主编的。1927年10月，李伟森化名林伟与离粤抵沪的鲁迅接触，成为党内与鲁迅接触最早的一位领导干部。李伟森参加了左联成立大会，当场聆听鲁迅的讲话。

李伟森牺牲后，鲁迅一直保存着李伟森的照片，那是1927年他从武汉到上海后拍摄的。鲁迅在《为了忘却的纪念》一文中说："李伟森我没有会见过。"这也许是为了掩护李伟森，刻意回避的，或者不清楚化名林伟的就是李伟森。

李伟森的文学活动中著译作品甚多，《前哨》刊登的李伟森烈士小传最后只是介绍了他的5种著译作品。其中3种译作都是与苏联新面貌有关，如《革命十年后，俄国农业状况》（书名中的"俄国农业状况"有误，因此书主

要介绍苏联各个方面情况,农业只是其中一小部分,似可改为"各业")即现存的《十年来之俄罗斯》,1928年5月5日译毕于杭州,上海乐山书店于1929年7月印行;《动荡中的新俄农村》,上海北新书局于1929年11月出版;《俄国农民与革命》,1928年编,上海泰东书局于1930年3月出版。

其实,上述除了《十年来之俄罗斯》之外,后两种译作与莫里斯·辛德斯((Maurice Hindus)有关。这是过去研究左联五烈士的各种专著都未曾提及,或者说没有继续深入研究的一个空白。李伟森还翻译了莫里斯·辛德斯的《最后的一个哈孟雷德》《戈萨克之今昔》等介绍苏联新面貌的文章。

莫里斯·辛德斯是美国新闻记者、作家,他于1891年生于俄罗斯,1905年移居美国,后毕业于科尔盖特大学,获得文学学士学位。苏联十月革命后,他接受美国《世纪杂志》主笔格林·福兰克的委派,回到苏俄,从事新闻报道,将自己所见所闻介绍给西方世界,产生了广泛的影响。他创作的重要作品有《俄国农民与革命》(1920年)、《破裂的地球》(1926年)、《红色面包》(1931年)等。他创作的长篇小说《莫斯科的天空下》,曾影响了著名剧作家曹禺的思想和创作《蜕变》等。

国内曾先后出现了莫里斯·辛德斯著作的中译本《苏俄的生活》《掀天动地的苏俄革命》《俄罗斯母亲》《苏联的新面貌》等,各位译者分别将原作者名字译为辛梓、辛德斯、兴度斯、兴笃斯、辛都斯等,李伟森则译为欣都士。

李伟森的译作《十年来之俄罗斯》封面极为简朴,封底版权页上注明:"中华民国十八年七月初版","每册实价大洋六角"。著者:美国工人代表苏俄调查团。李伟森写有《译者赘言》:

一、这小册里所记述的是从"事实"抄写下来的材料,是二十几位有"良心"的美国工人和专门家最近实地的见闻;因为他(它)是美国公开出版的,所以读者尽可放心决没有"宣传赤化"的企图。

二、关于弱小民族问题,工资的发展状况,尤其是监狱制度之类,是我们所最易生疑的,本书中说得很简略或竟未提到的。附录一,二,三,便是补足这个缺点的。(农民问题说得也太简略,因译者另作有一册关于苏联农民问题的专书《俄国农民(与)革命》,故不再在本书中有何等补充)。

三、本书中统计材料太少,这或许是因为要使本书更通俗些所致;但终不免是一个缺点,此所以有四和五之附录。附录四和五能对照一看,更见其意义。

四、原书中有"美国承认问题"一章,几乎完全是对美国政府和人民说的,觉得对于我们无甚必要,便省略了。代表团人名表及代表团旅行程途亦均省去。

一九二八,五,五,竟于杭州

此书前有《导言》,正文为 12 章:1、《经济之进步》;2、《工会》;3、《工资》;4、《劳动法与社会保险》;5、《住屋问题》;6、《消费合作社》;7、《农业》;8、《教育》;9、《政府与党之构造》;10、《公民的自由》;11、《与其他国家之关系》;12、《美国承认问题》(略);《第二次的代表团》——结语。

其中第 11 章谈及北京的苏俄大使馆被张作霖所部搜查,李大钊等人被捕后"被处死刑",上海的俄国领事馆等处也被搜查。认为"这一切,在俄国人看来,都是英国企图推翻苏维埃政府的阴谋之一部分,因为英国仇视共产主义。"

后面有 5 篇附录:1、《苏联对于民族问题之解决》(M. Kalinin 作,译自加里宁所著的《苏维埃政权对于民主主义之实现的贡献》);2、《苏联工人工资之发展》(L. F. W. 作);3、《苏联之监狱》(Johaunes Wertheim 作);4、《苏联产业与劳动状况》;5、《世界劳动状况》(实际工资比较的指数,以食品价格为计算的基准,设一九二四年七月一日伦敦的物价为指数 100)。

显然,《十年来之俄罗斯》是介绍十月革命胜利后的苏俄概况,有着鲜明的倾向性。该书《第二次的代表团——结语》落款是调查团主要成员的签名：James H. Maurer(詹姆斯·H·毛勒，主席)、John Brophy(约翰·布洛菲，剧作家)、Frank L. Palmer(弗兰克·L·帕尔默)、Albert F. Coyle(阿尔伯特·科伊尔，秘书)。

《结语》写道："这次到俄国的旅行实在给了一种新鲜的经验。我们和旁的人一样，并不曾将那困惑着多数西方人心理的淆乱的排除净尽。许多疑难莫解的问题，此次至少为我们解决了。我们看见了一种表现真实的画图。俄国的经验真是浩如烟海，但这主要的还在于令我们向往过去数年中成绩的伟大，同时使我们对于未来抱有无穷的预期。俄国的成功过大半就在她的面前。这种成功的条件我们曾尝试加以研究。他们不仅在于土地上的富源和人民的复生的活力；亦且在于各国对于她的了解与宽容能到最大可能的限度。俄罗斯能够向前发展；我们深信这个。她的政府日进于强固而成为和平的中心。可是，她的一切措施若不能避免恶意的干涉，那末(么)便是在视野以内的那种成功她亦是不能达到的。"

这席话也是李伟森翻译此书的重要目的。他认为该书的统计材料太少，遂加入附录，其中附录四与附录五全部是统计数字，李伟森认为两者作个对比，便可看出许多问题。

关于李伟森的众多著译目录，新中国成立后才由丁景唐、瞿光熙等人四处搜寻、长期整理，逐渐趋向比较完整。1961年2月，左联五烈士等牺牲30周年纪念之际，丁景唐、瞿光熙经过一番辛勤搜寻，终于合编成功《左联五烈士研究资料编目》(以下简称《编目》)，同年7月由上海文艺出版社出版，这是第一本比较完整的"研究资料编目"。丁景唐以上的题词说是"录补李伟森烈士著译书目"，便是指编辑此《编目》一书，但是，只有译作《十年来之俄罗斯》的存目，并没有像其他译著那样有具体的目录(如上)。

"文革"后，1981年早春，左联五烈士等牺牲50周年时，丁景唐(瞿光熙已作古)再次修订此书，增加了不少内容，再版《编目》(修订本)，累计印书量高达万余册。《编目》不仅收入了左联五烈士的有关资料，研究者"按图索骥"，便可查到需要的文章。该书还有陈农非(陈同生)、阿英、魏金枝等人的各种文章，提供了关于左联五烈士的重要资料和研究成果。

但是，不知为何依然只有译作《十年来之俄罗斯》的存目，因此，以上抄录的具体目录和李伟森的《译者赘言》，也算是填补一个空白，了却家父丁景唐多年来的一个宿愿。

"革命程序的预想"《浮士德与城》

1929年9月13日下午4时,住在景云里三楼的冯雪峰突然在晒台上叫喊对门的柔石,说是华文印刷厂被烧了。柔石一听大吃一惊,他的中篇小说《二月》已经排好几十天了,因没有纸张,拖延下来。柔石无奈地摇摇头,叹口气,只好从纸篓里检出已经撕破的原稿,幸好初校样还在。同年11月,《二月》由上海春潮书店出版,鲁迅作序。

30多年后,该小说经夏衍等人改编为电影剧本《早春二月》,谢铁骊导演,孙道临、上官云珠、谢芳主演,1963年7月1日上演,"文革"后获得国内外有关电影大奖。

当时,冯雪峰与柔石、鲁迅在景云里"同框"(周建人、叶圣陶也住在同里),交往甚密,也是一件趣事。经柔石介绍,冯雪峰住进对门的茅盾家里的三楼,那时茅盾去日本避难了,三楼空着。茅盾的妻子孔德沚知道冯雪峰贫穷,没有要他的房租。

冯雪峰经柔石介绍,初次会见鲁迅,搬到景云里后,彼此渐渐熟悉。每天吃过晚饭,冯雪峰看看鲁迅家里没有客人,就过去聊天。在许广平的印象中,冯雪峰"为人颇硬气,主见很深,很(会)活动,他很用功,研究社会科学,时向(鲁迅)先生质疑问难,甚为相得。"(《鲁迅和青年们》)

冯雪峰与柔石、鲁迅多次商谈成立左联、创办左联刊物等,并且几次聚餐,这时期见证了他们3人的密切合作。

1930年4月11日,鲁迅收到为神州国光社编辑《现代文艺丛书》合同,这是冯雪峰前去洽谈的结果,柔石闻讯后立即赶来。当天晚上,韩侍桁也来敲鲁迅的家门。事前(4月6日)冯雪峰夫妇、柔石、鲁迅夫妇应韩侍桁邀请,在东亚食堂聚餐。4天后(8日、9日),冯雪峰、柔石、韩侍桁接连出现在鲁迅家里。此后,他们几个多次来鲁迅的家里,都与《现代文艺丛书》的合同等有关,一起商讨翻译苏联文学作品的事情。

鲁迅后来说:本年"上半年,是左翼文学尚未很遭压迫的时候,许多书店为了在表面上显示自己的前进起见,大概都愿意印几本这一类(苏联文

浮士德與城

一篇爲讀者的劇本

学——引者)的书,即使未必实在收稿罢,但也极力要发一个将要出版的书名的广告。这一种风气,竟也打动了一向专出碑版书画的神州国光社,肯出一种收罗新俄文艺作品的丛书了,那时我们就选出了十种是世界上早有定评的剧本和小说,约好译者,名之为《现代文艺丛书》。"(《集外集拾遗·〈铁流〉编校后记》)

鲁迅列出 10 种译作,第一种便是柔石的《浮士德与城》(原作者卢那察尔斯基,以下简称卢氏)。以后国民党加紧"文化围剿",神州国光社收到部分译书稿后毁约。实际出版的只有 4 种,除了柔石的译作,还有鲁迅的译作《十月》、贺非所译的《静静的顿河》(第一部)、韩侍桁翻译的《铁甲列车 Nr. 14—69》。

卢氏是著名的苏俄社会活动家、文学理论家和哲学家,十月革命胜利后担任教育人民委员十几年。1921 年 2 月,瞿秋白等人在克里姆林宫的卢氏办公室里进行了首次采访,约 10 分钟。事后,瞿秋白撰写了《兵燹与弦歌》,收入他的散文集《赤都心史》。

除了冯雪峰翻译卢氏的《艺术之社会的基础》和他人译作之外,鲁迅对于卢氏及其著作也比较熟悉,他转译了卢氏的《艺术论》(大江书铺 1929 年 6

月出版），在《小序》中介绍了卢氏的美学和文艺思想的有关著作。鲁迅为柔石转译的《浮士德与城》写的《后记》中，简要说明了卢氏创作剧本的有关情况。

卢氏最初写了3个剧本，第1个剧本《诱惑》并不成熟，是讲述青年修道士有更大理想，"非教堂所能满足，魔鬼诱以情欲"，但是"修道士与情欲去结婚时，则讲说社会主义"。卢氏在监狱里写的第2个剧本《王的理发师》，"是一篇淫秽的专制主义的挫败的故事"。卢氏写的第3个剧本《浮士德与城》，"是俄国革命程序的预想"，"也是作者世界革命的程序的预想"。初稿写于1908年，十月革命前夕（1916年）改定。

卢氏创作剧本的跳跃性思维，展现了"天马行空"的丰富想象力，剧本中人物的鲜明个性、浪漫与现实交融的故事情节，并非是"革命文学论争"时鲁迅所接触的卢氏（美学和文艺思想），完全是另一个卢氏新的创作领域，也是中国广大读者陌生又新奇的西方作品，令人大开眼界。这些成为鲁迅、柔石等人讨论要翻译《浮士德与城》的重要原因之一。

16世纪的欧洲流传的浮士德博士，博学多才，借助魔鬼的力量，创造出许多不可思议的奇迹，后来成为文学家们经常利用的创作素材。

"上天把人放在生动的自然里，你却背弃自然，周围是烟尘和霉气，甘于人骸与兽骨作伴。"这是德国作家歌德的诗剧《浮士德》中的台词，反思自己脱离实践（自然）的死读书的严重缺陷，促使他开始追求真理和人生意义，以实现自我生命价值。该剧利用了民间传说浮士德的有关情节，注入全新的内容。该剧第一部出版于1808年，共25场，不分幕。第二部共27场，分为5幕。全剧没有首尾连贯的情节，而是以浮士德思想的发展变化为线索。

卢氏起初是受到歌德诗剧《浮士德》第二部的启发，浮士德寻到了一座"自由的城"。在戏剧冲突的形式上，一方面，"是一个天才和他那种开明专制的倾向"，另一方面，则是民主的争斗。于是卢氏产生了"否定之否定"的构思，再次"旧瓶装新酒"。

在《浮士德与城》序幕和11幕戏中，"大圣人"浮士德摇身变为公爵殿下，即托洛志城堡的统治者，随着武装群众暴动，他与魔鬼梅菲斯托的矛盾愈益激化。

魔鬼威逼浮士德下命令，"率领长矛兵去攻打他们，消灭这狂乱的群众"。并且步步紧逼，指着浮士德说："你，要满足你底威望如一个善士，须竭力的试着去劝导这班指挥的领袖终止这个暴动。但是他们到这里来的目的是想要你让出你底权位。"

浮士德："你要我去残杀我底孩子们，如此我可延长我自己在地球上的日子么？不能！他们比我更重要的了！"魔鬼发怒地叫喊："你可怜的东西，现在怎么啦？谦虚，卑怯，而痛悔么？你——你是浮士德么？""我是浮士德，他知道他自己底价值。譬如，我知道，你是我底影子——空虚的，——那我底无论怎样简单的心跳总比你底妖怪的存在要有价值。……我早就知道，你是一个可怜的愚笨的魔鬼。"

歌德的《浮士德》中有一个情节——魔鬼和上帝之间打了一个赌，作为赌注的浮士德自己却"蒙在鼓里"。魔鬼引诱浮士德与他签署了一份协议：魔鬼将满足浮士德生前的所有要求，但是将在浮士德死后拿走他的灵魂作为交换。

卢氏则干脆将两者的矛盾来一个"质的飞跃"，转变为支持革命与镇压革命的殊死角逐。浮士德甘愿牺牲自我的一切，更不愿把自己死后的灵魂交付给魔鬼，与万能的上帝"不搭界"——藐视这一切。剧终，浮士德在民众的欢呼声中，发表了最后一次演讲，大教堂的钟声庄严地敲响，他死了——灵魂安详地升天。"群众脱帽，军旗半下，钟声高扬，可是更辉煌而胜利。渐渐地庄严地，群众唱起他们底赞美歌。"这与歌德的《浮士德》最后的结尾相似又有新的质变。

卢氏描写如此宏伟的胜利场面，不能不让中国广大读者感到震撼，因为他们还在黑暗中挣扎、摸索着前进的道路，也可以想象柔石翻译时难以遏制心中的激情。

《浮士德与城》剧本也有类似歌德的《浮士德》那样的宏伟构思，将真实的描写与奔放的想象、当代的生活与古代的神话传说杂糅其间等，也出现了许多诗句，人物对话很有个性，都是欧化式长句，这些都给柔石的翻译带来很大的困难。

1930年4月11日，鲁迅收到为神州国光社编辑《现代文艺丛书》合同，2个月后(6月16日)，鲁迅已经撰写《〈浮士德与城〉后记》。2天后(18日)，鲁迅收到《浮士德与城》的编辑费及其《后记》稿费90元，并且去春阳照相馆印《浮士德与城》插画的照片。6月22日，鲁迅将特意多印的照片分别赠送给冯雪峰、柔石等人。同年9月，神州国光社出版了此译作，分为精装、平装两种。

1929年底，柔石的日记中并未透露翻译《浮士德与城》一事。如果推算一下，柔石根据英译本转译的时间大约几个月，这期间柔石还要筹备左联、办刊物等诸事，足见他的笔耕之勤奋、思维之敏捷、驾驭文字之娴熟。因此，他得到鲁迅的器重并非偶然。

翻译，很苦很累很无奈，柔石曾"爆料"自我的心迹。1929年11月30日深夜，他在日记中感叹一年快过去了：

  因此，想在这要完的一月内，补做一些事，很想一天写出一万字来，到今年末日，可不致自己十分惋惜自己这最近的 364 日的光阴。可是，我的筋肉为什么不是铁，我的骨骼为什么不是钢，我为什么不是一辆可加马力的机械？即如这三天，我虽然似时时在手里提着笔，可是遇到一句难句，或一个生字，懒洋洋地翻了一下字典，仍不得其解，于是默然了，眼睛不知看在哪里，墙壁，窗外，还是书上。我底心却会莫名所以跑开了，远远地跑开了，跑到十年前的过去，百里外的家乡，想到双亲，想到孩子，呀，更会想到自己底前途，前途的荆棘与灰暗，等到墙外忽然什么一声，——变把戏的锣的一声——我才恍悟了，恍悟到自己在做梦，在做提着笔的梦，毫无意义的空想的梦，于是，我耸耸自己底肩，抖起精神来，用放在桌边的冷手巾擦一擦眼，重新去找寻原本书上的生字或难句，努着力，译下去。在这样的情形中，我最近的光阴过去了。

  可是报酬给我的是疲劳，与疲劳同来的是一些烦恼，放下笔，这两样就猛力地攻击我了。①

  我们过去研究左联五烈士等作品，往往忽视了他（她）们真实的内心世界，也很少去探讨他（她）们著译的艰难历程，仿佛他们不食人间烟火，缺少了一个"人性"。

  柔石在紧张翻译时也会一不小心"开小差"，想这想那，思维像脱缰的野马任性狂奔。但是，"变把戏的锣的一声"惊醒梦中人，柔石也会模仿书中的外国人习惯，"耸耸自己底肩"，"中西贯通"幽默一下。拿起"冷手巾擦一擦眼"，重新"抖起精神"，这是似曾相识的革命志士的一幅画面。

  在鲁迅日记里，也记载了柔石到他家里吃饭、校对《二月》、外出喝咖啡等诸事，但是，记录简要，而且有些事情并不记录。1929 年 12 月 22 日，柔石在日记里写道：

  好几次，我感觉自己底心是有些异常的不舒服，也不知道为什么。可是，在周先生（鲁迅——引者）家里吃了饭，就平静的多了。三先生（周建人——引者）的一种科学家的态度和头脑，很可以使我底神经质的无名的忧怨感到惭愧，他底坚毅的精神，清晰的思想，博学的知识，有理智的讲话，都使我感到惭愧。而鲁迅先生底慈仁的感情，滑稽的对社会的笑骂，深刻的批评，更使我快乐而增长智（知）识。今天中饭后，他讲给我们一个故事，有趣的故事，写妇人底心理的：

---

① 赵帝江、姚锡佩编：《柔石日记》，山西教育出版社 1998 年版，第 121—122 页，第 122 页。

——妇人底心理是如此的,他说,要笑不笑的样子。她告诉别人说:"现在我底儿子是真不孝,不及他父亲远甚了,他将他赚来的钱,统交给我媳妇,不肯交给我;以前,我底男人是将钱赚来都交给我的。"妇人底心理是如此。①

鲁迅讲述的这则故事,幸好经柔石记载下来,这与他创作的著名小说《为奴隶的母亲》有某种联系(后改编为同名连坏画、沪剧)。同时,柔石也承认自己具有"神经质的无名的忧怨",这是中国知识分子的一种心理特征,敏感、焦虑、纠结、无奈、自卑等,但是,在鲁迅家里能够得到"良药",一切得到"迎刃而解"。

柔石十分感谢恩师鲁迅的教诲,更感谢他的无私帮助,包括策划《现代文艺丛书》,指导、编辑柔石的译作《浮士德与城》。鲁迅不仅写了颇有见解的《后记》,而且节译了《作者小传》(原为日本尾濑敬止所作的卢氏传略),后收入1946年上海出版公司出版的《鲁迅全集补遗》,改题为《〈解放了的堂·吉诃德〉作者传略》。

柔石的译作《浮士德与城》问世后,受到广大读者的青睐,但是遭到查禁。鲁迅在《中国文坛上的鬼魅》一文里愤怒地谴责反动当局查禁149种进步书刊的罪行,并在《且介亭二集·后记》里列举了149种被查禁的书刊,排列第三的便是柔石的译作《浮士德与城》,这时柔石已经在3年前英勇就义了。

丁景唐收藏的是神州国光社再版本《浮士德与城》(1946年12月),鲁迅节译的《作者小传》改放在卷首,卷末为鲁迅写的《后记》,该版里面没有一幅插画。对此,丁景唐、瞿光熙合作编的《左联五烈士研究资料编目》(上海人民出版社1961年7月初版,以后多次再版)有详细介绍。

---

① 赵帝江、姚锡佩编:《柔石日记》,山西教育出版社1998年版,第121—122页,第122页。

"被遗忘"的瞿秋白译作《爱森的袭击》

新中国成立后,丁景唐看到一则资料:冯雪峰在回忆方志敏遗著、回忆鲁迅的文章中提到谢旦如保藏革命文献和掩护瞿秋白的事迹。于是便有了丁景唐与上海鲁迅纪念馆第一任副馆长谢旦如(馆长一职空缺)"以文会友"的相识。

丁景唐向谢旦如请教时,曾到访他的蜗居——住了18年的假三层的顶层,从地板到天花板堆满了中外文书刊,居室更显得逼仄。直到1957年才由文化局安排,谢旦如一家搬迁到大陆新村,与鲁迅旧居为邻。谢旦如不幸病逝后,1962年9月29日,上海文化界人士举行了公祭,方行主持,丁景唐致悼词,他俩联合署名敬献一幅挽联:"传播革命文化对学习活动积极促进,保存先烈手稿为文物工作矢志终身。"

"文革"后,丁景唐撰写了追念文章《怀念矢志保存革命文物的谢旦如先生》,收入丁景唐的《犹恋风流纸墨香——六十年文集》时,还刊登了一张昔日集体合影,地点在上海鲁迅纪念馆,那时我(上小学)站在妈妈旁边,后面是父亲丁景唐和谢旦如。如今我在电脑键盘上再次打出丁景唐、谢旦如的名字时,百感交集。一旁放着一本黑与红色封面的英文版小说《鲁尔的袭击》(《STORM OVER THE RUHR》直译为《暴风雨席卷了鲁尔河》),这是谢旦如当年赠送给丁景唐的,并且曾经留下瞿秋白翻看的"手迹"。

当时在莫斯科的萧三作为左联代表被选为国际革命作家联盟秘书处成员,兼任该联盟机关刊物《世界革命文学》(亦称《国际革命文学》)编辑。因此,萧三将此刊物寄回国,其中1931年第4期上刊登了翻译为俄文的《爱森的袭击》(《鲁尔的袭击》的后半部分),该长篇纪实小说原作者为德国作家汉斯·马尔赫维察[①]。

[①] 马尔赫维察(现译为马尔希维查),1890年6月25日出生于德国毕托姆城附近沙尔莱村的一个矿工家庭里,不到14岁辍学,下煤矿当矿工,1910年迁居鲁尔区。1912年因在罢工时散发传单被开除,第一次世界大战期间服兵役,在前线度过3年。1919年参加德国社会民(**转下页**)

瞿秋白看到后便动手转译为中文,但是此译作《爱森的袭击》未能面世。由于各种原因,鲁迅编校的《海上述林》、谢旦如校印的《乱弹及其他》,都未能编入《爱森的袭击》。新中国成立后,冯雪峰主编的 4 册 8 卷《瞿秋白文集》(人民出版社 1954 年版)最后一篇是《爱森的袭击》,这是根据瞿秋白手稿辑入。1954 年 4 月,人民出版社出版单行本,印行 2 万本,成为瞿秋白所有著译版本中发行量最多的。但是,至今也未有人撰文评价,似乎被人遗忘。

英文版《鲁尔的袭击》中的鲁尔位于德国西部、莱茵河下游支流鲁尔河与利珀河之间的地区,自古以来是东欧、西欧往来的交通路口。鲁尔是以采

(接上页)主独立工党(从社会民主党中分裂出来的左翼政党)。1920 年发生"卡普暴乱"时,担任鲁尔红军排长,奋勇抵抗,同年加入德国共产党。1924 年一次罢工中又被开除,随后拿起笔努力写作,参加"德国无产阶级革命作家联盟",担任该联盟的机关刊物《左曲线》编辑。1933 年希特勒篡夺政权后,迫使马氏与其他进步作家流亡国外,他曾赴西班牙参加反法西斯国际纵队。1939 年第二次世界大战爆发时在法国被拘押,两年后逃至美国,1946 年回到德国,担任德国作家协会副主席。1965 年 1 月 17 日,在波茨坦逝世。(陈山:《关于马尔希维查和他的〈库密阿克一家〉三部曲》,收入黄贤俊译作《库密阿克一家》三部曲,上海译文出版社 1981 年版)

煤工业起家的工业区,煤产量占据全国一大半。一般把这里的煤管区称为鲁尔区,区内城市有埃森、多特蒙德和杜伊斯堡等,形成连片的城市带,人口密集。这里以采煤、钢铁、化学、机械制造等重工业为核心,至今在德国经济中仍然具有举足轻重的地位。

转译的《爱森的袭击》故事发生地爱森(埃森)是德国鲁尔区里最大的一座城市,1929年已有60多万人口,整个爱森(埃森)像是一个山城,走在老城区鹅卵石地面上,犹如进入中世纪的古城堡,如今很多企业和政府行政管理机构都设在这里。如果说鲁尔区是欧洲第三大城市密集地区,那么埃森是德国工业和贸易集团的决策中心。

《爱森的袭击》描述1920年春鲁尔区埃森市发生的一场反抗战斗。当时德国处于魏玛共和国(后世历史学家的称呼)初期,德国作为第一次世界大战的战败国,面临割地和赔款的艰难困境,国家经济处于崩溃状态,社会矛盾愈益激化,各派之间的政治斗争非常复杂尖锐。1920年3月13日,发生"卡普暴乱",试图推翻共和国新政权,魏玛政府撤退到斯图加特,却激起全国一千多万工人的大罢工,几天后推翻了卡普政府。大罢工同时触发了各地武装反抗,鲁尔区的矿工等组成了声势浩大的红军,控制该地区。

1930年8月1日,瞿秋白、周恩来奉命回国纠正李立三"左"倾冒险错误,离开莫斯科途经德国柏林时,参加柏林失业工人举行的示威大会,参观德国共产党中央机关,与德国党报编辑交流经验,还参加党的区委会议以及工厂支部会议。因此,瞿秋白了解德国政治文化等情况,指出当年德国社会民主党分为好几派,其中左派后来加入共产党。他认为:

> 这战斗的结果也是一个"毁灭"。虽然这部小说比法捷耶夫的《毁灭》要粗浅些,内容方面没有那么深刻,艺术方面也比较的狭隘,然而这里却有一个特长,就是它表现了政党的领导力量和革命战斗的成败之间的因果关系。革命战斗的领导者的稀少;妥协派的领袖的动摇对于群众情绪的影响,领导机关的错误和调和政策客观上的断送革命,帮助敌人等等,——都相当的表现在具体的事变里,而且很真实的很深刻的教人感觉到这种失败的不可避免。

瞿秋白转译的《爱森的袭击》分为25章,共有9万多字(包括德文地名、人名与中文对照表和注解),大致分为3个部分:上前线过程,激烈战斗,反抗失败。每章篇幅都不长,多的3000字左右,少的2000字,在一幅幅真实的场景中展现着众多的人物形象,连缀成一个惨烈的历史故事。其中既有执意爬上卡车上前线的矿工和家属,也有畏缩不前的懦夫;既有激动地挥动手臂的左翼人士，也有暗地里咬牙切齿咒骂革命的右翼分子；既有硝烟弥漫的激烈战斗场面，也有后方激烈论辩的各方人物；既有浴血奋战的红军战士，也有道貌岸然妥协派政客的丑恶嘴脸；既有正直的底层劳动者大无畏的声音，也有幕后交易的肮脏言论；既有政府发布的公告文件，也有艺术加工的众多人物描写。《爱森的袭击》作者亲身经历了这场战斗，所见所闻的形形色色人物和事件，逐一展现在他的笔下。瞿秋白转译时参考了英文版《鲁尔的袭击》，他介绍说：

  这部小说原本是独立的，但是在这小说之前另外还有一部前编，叫做《鲁尔的袭击》（例如一九三二年的英文译本——Martin Lawrence Limited, London——就把前后两编合订，而总名称是《鲁尔的袭击》，其中的第二部分就是这部《爱森的袭击》，不过，这里的第六、第七章合并了，因此似乎少了一章，此外，英文译本还有好些小关节目和这本译文不同的地方）。而这《爱森的袭击》在国际革命文坛特别得到一般的赞美，因为"它有明确的共产主义的意识，和一种紧急的战斗的意义。"——这是《国际革命文学》杂志给它的评语。

  瞿秋白未提及英文版《鲁尔的袭击》上编的内容，其实是为下编展现反抗斗争作大量的铺垫，主要描写德国魏玛共和国初期错综复杂的现实状况在鲁尔地区的一个缩影，反映了动荡不安的社会，对执政的社会民主党右倾政策，以及国防军和武装警察的镇压等表示强烈不满，促使鲁尔地区的反抗斗争一触即发。煤矿工人弗朗茨的经历有作者的身影，始终贯穿着上编和下编，书中以他为中心，逐渐扩散到形形色色人物，演绎了一个个生动的故事和大量的精彩细节，从而撑起《鲁尔的袭击》整体框架。

  《鲁尔的袭击》32开，横排，全书269页，后记2页。没有插图，没有目录，上编、下编各自都没有标题，只是分别以"PART I"（第1部分）、"PART II"（第2部分）各占1页，表示上编、下编，各为24章。下编因第6章、第7章合并，故少了1章，瞿秋白译作《爱森的袭击》却有25章。但是，英文版上编有152页，比下编多出35页，显然内容要多一些。

  此书封面上端为黑色，衬托暗红色书名，中间为工厂、矿山建筑图案，下端为暗红色，有简要介绍（大意）：鲁尔煤矿怎么啦？这是发生在欧洲最大的一场煤矿暴动，同仁又进行一次战斗……

  内封上端有书名和作者署名，下端为伦敦出版机构，即瞿秋白以上提到的"Martin Lawrence Limited, London"。背面是版权页，注明"1932年初版"，下端为印刷发行机构。

封底暗红色,无图案,只有文字介绍(大意):"在各式各样的环境中,我们要达到更先进的阶级斗争阶段。无产者写的这本小说给人一种振奋感,为我们今天上了一堂生动的教育课。"

瞿秋白认真看了英文版《鲁尔的袭击》,并为《爱森的袭击》写了10个注解,开头两个都提到此英文版,他写道:"(一)'绿党',指武装保安警察。(据英译本注)";"(二)指国防部长诺斯克的军队,即国防军。(据英译本)"显然,他转译时,针对性地看了英文版正文和后记有关内容,弥补了俄文版《世界革命文学》译文中未表达清楚的意思。

另外,瞿秋白译作后面附有德文地名、人名与中文的对照表,并说明"因为这部小说有真实的历史事实做背景,所以我们把地名人名(真的假的)都注上德文的原文,以便读者高兴时可以检查"。显然,瞿秋白曾设法查了有关辞典,了解有关德文的含义,下了一番工夫。

瞿秋白转译《爱森的袭击》,牵涉到俄文、英文、德文3种外语,难度很大,费时费力。

在当时白色恐怖猖獗和党内"无情斗争"的恶劣环境中,瞿秋白凭着出众的才华,依然"如禅入定",翻译出"信、达、雅"的译文,令人钦佩。

最早介绍《爱森的袭击》的是北新书局总编辑赵景深,撰写《德国文坛新讯》一文,发表于《小说月报》第22卷第12期(1931年12月10日出版)"国外文坛"专栏。他写道:"马希维查(Hans Marchwitza)的《粮食风潮》(Sturm Auf Essen)被公认为第一部重要的新小说,……"

瞿秋白看到此文后,在《爱森的袭击·后记》里挖苦赵景深,批评他把德文地名爱森"Essen"误为"吃",以此推理,书名便成为《吃的风暴》或《吃的暴风雨》,"更直译些,就是《向着吃的暴风雨》"。他又指出:"赵先生素来喜欢'顺'的翻译,于是乎就变成了《粮食风潮》了!至于'Sturm'在军事上是'袭击'的意思,那更是赵先生所不暇查究的。"

"'顺'的翻译",即赵景深"牛奶路"误译一事。多年后赵景深还勇于承认,并认为应译为"银河"或者"神奶路",也有人为赵景深打抱不平。

瞿秋白批评赵景深误译地名,毫无疑问是对的。不过赵景深按照"顺"的翻译观点,把德文"Sturm"原意"风暴"译为"风潮",未尝不可。以上提及的英文版《鲁尔的袭击》(《STORM OVER THE RUHR》)第一个单词也是"风暴;暴怒"之意。瞿秋白从军事文化的角度去理解,把德文和英文书名的第一个单词统一译为"袭击",也是经过查找有关资料,认真分析之后才决定的,但不应由此苛责赵景深。

鲁迅译文集《恶魔》"正版"之谜

在中国现代出版史上,鲁迅的名字及其著译作品曾经是书商大桶捞金的"丰富资源",盗版的形式五花八门,无奇不有。鲁迅生前曾亲自出面打假,反而成了盗版的"促销"广告。

1931年10月26日,鲁迅在上海《文艺新闻》第33号"广告"栏发布一则《鲁迅启事》:"《果树园》系往年郁达夫先生编辑《大众文艺》时,译出揭载之作,又另有《农夫》一篇。此外我与现代书局毫无关系,更未曾为之选辑小说,而且也没有看过'许多世界名作'。这一部书是别人选的。特此声明,以免掠美。"

8天前(10月18日),现代书局在上海《申报》刊登广告:"鲁迅先生他从许多近代世界名作中,特地选出这样地六篇,印成第一辑,将来再印第二辑。"10月20日,上海现代书局出版《世界短篇杰作选——果树园》,内收苏联作家6篇小说,其中只有康士坦丁·斐定的《果树园》一篇为鲁迅翻译。封面和扉页署名"鲁迅等译",目录及正文并无其他译者姓名,试图制造一种假象,误导读者。

以上《鲁迅启事》中提及《农夫》译作,以后也未"躲过一劫",特别是在鲁迅去世后,盗版更是猖獗。

抗日战争时期,桂林文化人云集,曾一度为抗战文化中心。1941年3月,胡风夫妇从重庆辗转到桂林。5月,胡风参加广西省文协的保障作家权益会议,开始有了作家权益保障之说。经过几个月调查,发现鲁迅、茅盾等人著译作品的盗版本特别多。胡风与茅盾、巴金、胡仲持等商定处理偷印书的问题,并请熊子民介绍的张耀南律师出面,得到了一定成效。胡风每次收到的书款,都交给胡仲持,请他交给银行保管。

有一次,生活书店负责人徐伯昕路过桂林,特地来看望胡风。胡风毫不客气地指出,生活书店店员也有偷印书的问题。徐伯昕不好意思地说:"我会教训他们的,要严办。"

桂林的有些盗版本会以一种"正版"的面孔吸引读者。有的甚至在封底

冠冕堂皇地印上一行字："广西省图书杂志审查处审查证处字第四一九号"，具有广西国民党部所属机构的"护身符"，谁能奈何！这其中，广西文化合作事务所印行的"译文丛书第一种"《恶魔》是一个比较特别的例子。该书署名：高尔基等著，鲁迅译。版权页上特地注明：版权所有，不准翻印；"中华民国三十一年九月初版"（1942年9月初版）。

高尔基的短篇小说《恶魔》（原名《关于魔鬼》及《再关于魔鬼》）写于19世纪末叶，先后发表于同年《生活》杂志前两期。鲁迅是根据日文转译的，最初发表于1930年1月《北新》半月刊第4卷第1、2期合刊。鲁迅在《译者附记》里作了有关介绍，认为高尔基写《恶魔》时"自然是社会主义信者了，而尼采色还很浓厚的时候。至于寓意之所在，则首尾两段上，作者自己就说得很明白的。"

鲁迅与高尔基跨越时空的"合作"，成为上海书商销售的"热点"。1934年12月，上海春光书店初版的译作集《恶魔》，收入高尔基等人4篇短篇小说，鲁迅、唐晴各译1篇，楼适夷（健南）译2篇，封面却只写"高尔基著，鲁迅译"。此书多次重印，流传甚广。

春光书店前身是湖风书局，经理周濂卿是宣侠父的浙江诸暨同乡同学，宣侠父的内侄金树望当过该书局的伙计,地址设在上海北浙江路七浦路734号。该书局与左联、鲁迅的关系密切,先后出版左联刊物《北斗》等。1932年8月,周濂卿被捕,《北斗》被查封。1933年下半年,湖风书局被查封,后由春光书店老板高鹏天接手。

左联成员庄启东与高鹏天协商,出版左翼刊物《春光》,由陈君治、庄启东、胡依凡合编左翼刊物《春光》,"传承"了湖风书局原来与左联成员的密切关系,外界还以为该刊是左联机关刊物,特别是该刊展开"中国目前为什么没有伟大的作品产生?"的讨论,产生了重要影响。陈君涵、陈君治兄弟俩曾与鲁迅通信,请教有关问题,也曾寄《春光》刊物给鲁迅。因此,春光书店老板高鹏天趁机印行译作集《恶魔》。

桂林文化合作事务所再次出版鲁迅译文集《恶魔》时,删除了另两人的译文,除了高尔基的《恶魔》,还新增加鲁迅的译作8篇:A. 雅各武莱夫的《农夫》、左视黎的《亚克与人性》、S. 玛拉式庚的《工人》、I. 伐佐夫的《村妇》、L. 伦支的《在沙漠上》、M. E. 萨尔谛珂夫的《饥馑》、N. 略悉珂的《铁的静寂》、F. 班菲洛夫 V. 伊连珂夫的《枯煤·人们和耐火砖》。

其中5篇译作《亚克与人性》《工人》《在沙漠上》《铁的静寂》《枯煤·人们和耐火砖》,原来收入鲁迅编译的《竖琴》《一天的工作》,由"良友"(上海良友图书印刷公司)分别于1933年1月、3月印行。后来"良友"负责人赵家璧将其合并为"特大本",即鲁迅编译的《苏联作家二十人集》,"良友"于1936年7月30日初版,1937年3月1日再版。该书后有《良友文学丛书》广告:

鲁迅编译《竖琴》

这是近三年来鲁迅先生从苏联数百名作家中所精慎选译的十篇,代表十个作家,全是同路人的作品。鲁迅先生译笔的忠实,是全文坛所共知的事实。读了这册书,胜过读了数十册苏俄的小说集。

鲁迅编译《一天的工作》

读过《竖琴》的人,一定不要错过这部书,因为同样是鲁迅先生在最近数十年来,精选慎译最足以代表苏联的短篇小说。《竖琴》选的是十篇同路人的作品,这里是几篇苏联无产者作家的小说。现在另印两册合订本,取名《苏联作家二十人集》,售价一元二角。

桂林版的译文集《恶魔》收入鲁迅的其他4种译作,除了《恶魔》,《农夫》发表于《大众文艺》月刊第1卷第3期(1928年11月),《饥馑》《村妇》先后刊登于《译文》月刊第1卷第2期(1934年10月)、终刊号(1935年9月)。

可见,桂林版的译文集《恶魔》的编者比较熟悉鲁迅的译作,花费了一番工夫,才搜集到这9篇译作。这些译作的内容、风格有所不同,编者还是有较高的审美情趣的。鲁迅在各篇译作《译者附记》或《前记》《后记》里分别对9篇译作进行了有关介绍,不再逐一赘述,其中译作《枯煤·人们和耐火砖》有一段插曲。

姚蓬子主编(后由周扬接替)《文学月报》第1卷第2期(1932年7月10日出版)发表了周扬(周起应)翻译的《焦炭,人们和火砖》,姚蓬子在《编后记》很是推崇,认为"中国还没有人介绍过"。此后(1932年9月18日),鲁迅也转译了,题为《枯煤,人们和耐火砖》(理应译为"焦炭"),原载德文版的《国际文学》第3期,后根据日文版重译的,即日本的苏维埃事情研究会所编译的《苏联社会主义建设丛书》第1辑《冲(突)击队》(1931年版)中7篇"报告文学"之一。其实,这些作品是苏联文坛提出"号召突击队到文学中来"的成果之一。

鲁迅将其收入译文集《一天的工作》,并在《后记》(1932年9月19日)中作了具体说明:此原作者是苏联作家伊连珂夫,"拉普"成员,"是一个描写新俄的人们的生活,尤其是农民生活的好手",著有《主动轴》《太阳的城市》等。苏联实施五年计划期间,劳动者成立突击队,展开社会主义竞赛活动,《枯煤,人们和火砖》便是反映这方面的作品之一。该作品揭示了"枯煤和文化的关系,炼造枯煤和建筑枯煤炉的方法,耐火砖的种类,竞赛的情形,监督和指导的要诀。种种事情,都包含在短短的一篇里,这实在不只是'报告文学'的好标本,而是实际的知识和工作的简要的教科书了。"

鲁迅也发现了周扬的译文比自己的译文多出三分之一,并认为:"这大约是原本本有两种,并非原译者有所增减,而他的译本,是出于英文的。我原想借了他的译本来,但想了一下,就又另译了《冲击队》里的一本。因为详的一本,虽然兴味较多,而因此又掩盖了紧要的处所,简的一本则脉络分明,但读起来终不免有枯燥之感。——然而又各有相宜的读者层的。有心的读者或作者倘加以比较,研究,一定很有所省悟,我想,给中国有两种不同的译本,决不会是一种多事的徒劳的。"鲁迅还谈到原译本的错误。如果把鲁迅与周扬两个不同的译本加以比较,会有不少有趣的话题。

桂林版的《恶魔》为土黄纸张,封面设计简约,如果仔细核对鲁迅原来发表的9篇译文,会发现不少的校对问题。

如果说桂林文化合作事务所与广西省当局办的广西文化供应社有密切关系,或者说"两个招牌一套人马",那么就不能简单地把《恶魔》打印上"盗版"二字,其内情非同寻常,也留下了难解之谜。

抗日战争时期,著名开明人士李任仁、陈劭先主持"广西建设研究会"

（会长李宗仁，副会长白崇禧、黄旭初）的会务工作，并与桂林文化界人士胡愈之、杜重远等创办文化供应社，担任社长。同时，李任仁、陈劭先利用桂系与蒋介石的矛盾，抵制国民党的图书审查政策，保护了很多革命人士的安全。

1941年初，邵荃麟抵达桂林，按照周恩来的指示，由邵荃麟、张锡昌（1942年夏天，参加新知书店的领导工作，后为华东纺织工学院院长、内务部办公厅主任等职务）、狄超白（马克思主义经济学家之一，后任北京大学经济系教授、国家统计局综合处处长、中国科学院经济研究所代理所长等职务）组成桂林文化工作组，邵荃麟任组长，领导党与非党左翼文化工作。邵荃麟进入文化供应社，实际上直接领导该社工作（一说是陈劭先聘任他为社长），邵荃麟对外的名义是专任编辑和《文化杂志》主编。当时从上海等地辗转撤退到桂林的一些共产党人和进步人士以不同名义协助广西文化供应社的编辑等工作。

"皖南事变"后，"广西省图书杂志审查处（委员会）"凶相毕露，查禁书刊的通知满天飞。因此，《恶魔》以"译文丛书第一种"面世，其中内情很复杂。但是，迄今为止没有查到后续的几种，也没有见到有关的回忆资料（也许有）。可资旁证的参考材料之一，当时在桂林的新知书店以"改头换面"的方式，用桂林远方书店的名义，着重出版介绍苏联文学作品为主的"世界文学译丛"。

丁景唐收藏的盗版本《恶魔》，除可作为研究鲁迅译作时的参考之用，也承载了那个时代出版界很多湮没的信息。

茅盾"急就章"的《汉译西洋文学名著》

案头放着一摞书,地板上也散落一些书,都是一些外国名著的中译本,甚至是同一名著的不同译本。茅盾一边翻看,一边记录着书名,时而皱起眉头,摇摇头;时而点头称是,脸上掠过几许笑意;时而想起什么,急忙寻找刚才搁置一旁的一本书。夜深人静,茅盾还在灯下伏案写作,稿纸上出现了《荷马的〈奥德赛〉》《无名氏的〈房屋卡珊与尼各莱特〉》《但丁的〈新生〉》等各篇文章的标题。

"我只能这样写这样的书了,给初读外国文学作品的读者粗浅地介绍一些基本常识,引起他们的兴趣,因此又只能限定介绍已经有了中文译本的作品。这是一。其次,我手头没有这些译本,必须……"事前,茅盾带着歉意向亚细亚书局老板提出两点要求,关于第二点,就是希望书店提供重复的中译本,以便比较和选择。

出乎意料,书局老板满口答应,还提供了比较优厚的稿酬,"不过……"老板言下之意,希望茅盾写得快点,唯恐赶不上市场的需求,失去了赚钱的良机。当时各家书店竞相出版外国文学书籍,激烈竞争之下也舍得花钱,这种风气形成了 1935 年的"翻译年"。

于是,茅盾只好硬着头皮"急就章",边看边写,不过看书时间往往是写作时间的三四倍,于是出现了本文开头的一幕。同年春,出版了《汉译西洋文学名著》。

两年前,茅盾送母亲回乌镇老家,商量翻修后院三间平房的事情。1934 年秋后,茅盾亲自前往乌镇验收,感到很满意,真有点"桃源胜地"的味道。一结账,这个工程花费了近千元,这是一笔"巨款"了。不过"堤内损失堤外补",用稿费来弥补,茅盾在 1934 年翻译了 13 篇外国短篇小说,写了 12 篇介绍外国文学的文章。

这期间,茅盾还为叶圣陶主编的《中学生》写了一组介绍外国文学名著的通俗文章,其中有《〈伊利亚特〉和〈奥德赛〉》等(详见本书收入的《茅盾"深入浅出"的〈世界文学名著讲话〉》)。当时郑振铎主编的大型刊物《文学》、鲁

迅主编的《译文》掀起的翻译介绍外国文学的热潮已经蔓延到整个文坛，于是《中学生》编辑部邀约茅盾写这组文章。

　　如果说茅盾编写的《世界文学名著讲话》各篇是"精雕细作"，那么本文开头谈及的"急就章"《汉译西洋文学名著》，则好像是用炭笔勾勒的草图。既然亚细亚的书局老板一口允诺，茅盾便延续为《中学生》撰稿的思路，"驾轻就熟"，不过他还是不敢掉以轻心，这里牵涉到如何评价"复译"的问题。

　　"复译"即出现同一本名著的不同中译本，这也是市场竞争的必然产物。但是有人反对，认为这是"炒冷饭"，茅盾、鲁迅则撰文反驳。为了强调"复译"，茅盾产生了一个新构思，在《汉译西洋文学名著》每篇文章后特地增加一些文字，介绍该作品已经有哪几种中译本，包括书名、译者、出版者等，由此扩大读者的视野，"顺藤摸瓜"，寻找"复译"的不同版本，进行比较。同时以此驳斥反对"复译"的论调，说明中国经过多次"复译"，才能使中译本趋向完善。①

---

① 茅盾：《我走过的道路》（中），人民文学出版社1984年版，第267—274页。

《汉译西洋文学名著》收入 32 篇译介文章,每篇后面都出现类似的文字介绍,为后世留下这些中译本的珍贵资料。

"《复活》有耿济之的译本(商务)。《战争与和平》有郭沫若的译本,共四册(文艺书局),但此书译笔颇多费解之处。此外,《托尔斯泰短篇小说集》,瞿秋白、耿济之译(内有小说十篇,商务)。《托尔斯泰小说集》二册,译者多人,小说十余篇(泰东),以上二书恐已绝版。……"

这是茅盾撰写《托尔斯泰〈复活〉》文后的介绍资料,其实不局限于《复活》,茅盾充分利用手头已有的中译本资料,结合记忆中的"数据库",写下这段文字。

瞿秋白、耿济之合译的《托尔斯泰短篇小说集》,商务印书馆 1921 年 12 月初版,曾产生许多动人的故事。丁景唐珍藏初版、第 4 版两种,为此,笔者撰写专文《瞿秋白、耿济之合译〈托尔斯泰短篇小说集〉》(收入丁言模:《瞿秋白与书籍报刊——丁景唐藏书研究》,中国社会出版社 2013 年版)。

郭沫若翻译托尔斯泰的巨著《战争与和平》,起因是在 1926 年初。一天午后,天阴沉,郭沫若在小堂屋窗口下看书。突然,门口出现两个身影,蒋光慈在前,后面跟着瞿秋白,进门后坐在在桌边的椅子上。瞿秋白摘下墨镜,露出惨白的脸色,眼眶周围有点浮肿。郭沫若原来看过瞿秋白的相片,知道他有肺病,但眼前这副病容,还是不免大吃一惊。瞿秋白解释说,才吐了一阵子的血……

瞿秋白希望郭沫若为他主编的党中央刊物《新青年》季刊写些文章,言语中透露写文章的人比较少,特别是文化方面的。瞿秋白又谈起翻译俄国文学,劝说郭沫若翻译托尔斯泰的《战争与和平》,很有必要。

双方谈了约一个小时,瞿秋白说是有事,便和蒋光慈离去。不久,广东大学来函聘请郭沫若,后来知情的陈豹隐(陈启修)解释说:这是瞿秋白推荐的。郭沫若果真接受瞿秋白的意见,以后着手翻译《战争与和平》,1931 年 8 月由上海文艺书局出版了第 1 册(上),译到三分之一因故中断。抗日战争期间,郭沫若与高植重新合译,另行出版。

茅盾认为郭沫若"此书译笔颇多费解之处",这是其他人没有点破的一层窗纸,让读者有所心理准备。茅盾"急就章"《汉译西洋文学名著》完成后,1935 年 3 月,写下了序言:

> 这本小小的书讲到三十二位作家,每位作家的作品也只讲一本。并不是说应该讲的,只有此三十二人及三十二(本)书,也不是说只读这一点就够了。实在因为小小一本书里只能讲这么多。也许读者在这三十二人身上还要多看一点,那么,他们的作品已有译本的,这本小小书

里也抄得有目录（指每文后的介绍文字——引者）。

　　为什么就单单挑出了这三十二人呢？那无非因为他们的名字是大家熟知的，而且他们在文学史上演过重要的角儿。当然，国内已译的，还有许多同样重要或且重要的作家的作品，特别是十九世纪的，和现代的；但这本小小的书里实在容纳不了那么多，只好定格限制：凡是死在二十世纪初十年以后的，以及现在还活着的，都不收了。将来有机会，再请他们罢。

　　……

　　尽可能的范围内，我想这本小小的书里讲到欧洲文学发展过程的一点粗枝大叶。这本书各篇的次序就按照了这个目标编排的。

　　本想拣译文又忠实又流利的来介绍，但后来觉得没有办法这样严格，只好不拘。一书有两种以上译本的，也附记着。因为既然不是比较译文的，就应当一并登记了。

　　我的见闻不广，也许有好译本被我漏掉，这只好请原谅，如果有机会给我补过，自然是求之不得呵。

　　在"比较优厚的稿酬"允诺的大前提下，茅盾的序言里透露了几许无奈、不安、内疚，毕竟是"急就章"，免不了有各种"破绽"，还不如自己坦陈，提前做好思想准备，接受"好事者"乘机的叽叽喳喳。

茅盾"深入浅出"的《世界文学名著讲话》

1934年夏天,叶圣陶在开明书店工作,热衷于为中学生编课本等,并主持畅销刊物《中学生》。他知道老朋友茅盾对于外国文学感兴趣,写过几本介绍西洋文学的小册子。于是《中学生》编辑找到茅盾,约请撰写介绍外国文学名著的一组文章,为中学生提供一点这方面的精神食粮,并且强调要写得通俗些,使中学生能够接受。

茅盾回想起当年在涵芬楼里研读外国文学名著时,特别喜欢丹麦文学评论家勃兰兑斯写的《十九世纪文学主潮》。认为该作者掌握了丰富的材料后,采用讲故事的方式阐述文学史的发展,形象地描绘了各个作家的生平和他们鲜明的不同个性,由此评论作品的特点,宣传自己的观点。

这时,叶圣陶撰写了《杂谈读书作文和大众语文学》,反对读"古书",反对"提倡文言",希望各名家多写"大众语文字"。同时,开明书店出版了读写故事《文心》(夏丏尊、叶圣陶),他认为这是用小说题材叙述学习国文的知识和技能,"算是很新鲜的"。

这种"通俗化"的思路,茅盾心知肚明。他的脑子里闪过一个念头,尝试运用勃兰兑斯的方法,选择若干篇能代表西洋(欧洲)文学发展史各个时期的名著,以此为中心辐射出去,以讲故事的方式把各个时期的文学思潮、流派、作家及其作品,通俗地作一历史鸟瞰。各篇可以独立成章,但连贯起来又描写出一幅西洋(欧洲)文学发展的简图。同时,让中学生得到一次艺术享受,绝不会被罗列的史实和枯燥的说教弄得昏头昏脑。

亲爱的朋友!也许你没有读过任何译本的《伊利亚特》(Iliad)和《奥德赛》(Odyssey),可是我猜想你一定知道古代希腊有这两部杰作,而且你知道这两部名著的作者叫作荷马(Homer),是一个盲子……你大概想不到吧:这位伟大的"盲诗人"荷马当年是讨饭的!

茅盾提笔写下第一篇文章《〈伊利亚特〉和〈奥德赛〉》的开篇之言,最后

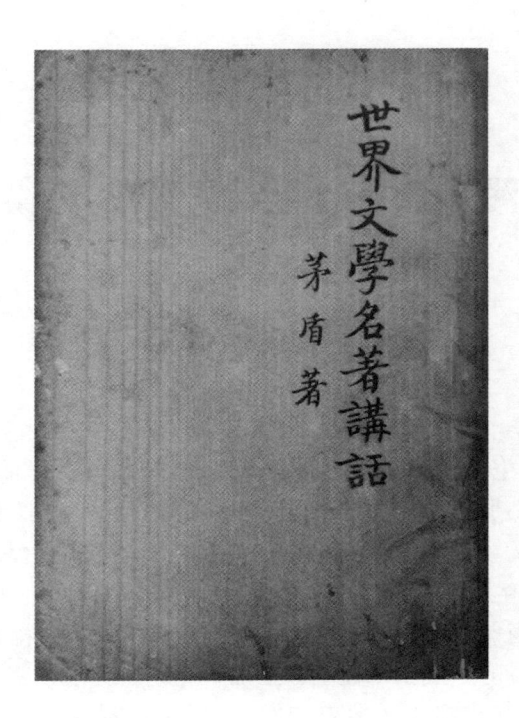

的结尾却是感叹中国也有过一部"史诗",题材是"涿鹿之战",主角是黄帝、蚩尤、玄女等,可惜"逸亡已久",现在连"传说"的断篇也只剩下很少的几条了。

这种"接地气"的通俗写法,立即获得开明书店编辑"第一读者"的好感,并且设法配上有关插图,连载于《中学生》第47、48期(1934年9月、10月)。叶圣陶特地在第47期《编辑后记》中提示诸位读者:"从本期起,新添三项文字:茅盾先生为我们写一种关于文学名著的讲话,以作品为本位,讲到它的时代背景,作者的艺术手腕,以至文学史上的同类作品;诸君即使不研究文学的,看了也会发生兴味。"

果然,此文一炮打响,大受欢迎,中学生、年轻的工人、店员乃至大学生都纷纷点赞。开明书店的编辑当然很高兴,向茅盾报喜,又催着他写第2篇,于是产生了《伊勒克特拉》开头的一段话:

> 梨园散场时,已经是十一点半了。我们踏着水泥地上的月光,一声不响,各自走路。戏园里人多,空气混浊,我们的头脑还有点昏胀。忽然笑了一声,我们的朋友站住了……
>
> 也许读者诸君也喜欢听听古代希腊的"梨园旧事"罢,那么,我在这里打算多说几句了……

上回我们说过，纪元前五百年左右，雅典的"执政"庇士特拉妥召集了一些文人编集写定了荷马的《伊利亚特》和《奥德赛》，现在我们要讲希腊戏剧的兴衰。

茅盾不愧为写作"高手"，以"大手笔"的魄力穿越时空，一下子缩短了中外古今的距离，并抓住众多读者的审美心理习惯，犹如坐在书场里听一回说书，"且说……"

茅盾写的第3篇《神曲》，以"中西贯通"的跳跃性思维，将但丁与屈原、《神曲》与《离骚》巧妙地"同框"，令人耳目一新。叶圣陶也忍不住击节叫好。刊登此文的《中学生》第55期（1935年5月1日出版）"每月人物"栏目里恰巧发表了郭沫若的《屈原》一文，因此，叶圣陶在《编辑后记》里"顺水推舟"介绍郭沫若、茅盾的两篇文章，并且说："五月是我国古代大诗人屈原蹈江的纪念"，对于茅盾的中西大诗人"同框"的创意，感到"有几分意思的；那么诸君可以趁这个机会，把这东西古代的两大诗人同时研究一下子。"

此后，茅盾相继写了《十日谈》《吉诃德先生》《雨果和〈哀史〉》《战争与和平》，最后一篇刊登于《中学生》第59期（1935年11月1日出版）。这时叶圣陶全家迁回苏州，每月定期来沪处理《中学生》杂志等编辑工作，他按照惯例写了《中学生》第59期《编辑后记》。不久，叶圣陶与茅盾等人聚餐，畅谈一番。

1935年被称为"翻译年"，茅盾的《世界文学名著讲话》卷入其中，开明书店的编辑自然一番欣慰，将该文在《中学生》上连载完后，便纳入早已策划的《开明青年丛书》的第二套，其中有顾均正翻译的《物理世界的漫游》、丰子恺的《艺术趣味》、朱光潜的《谈美》、傅庚生的《中国文学欣赏举隅》、胡仲持的《三十二国风土记》等。

开明书店很重视读物的系列性、连续性，《开明青年丛书》与《开明少年丛书》《开明文史丛刊》《开明少年文学丛刊》《世界少年文学丛刊》等，都成为拥有广大读者、享有较高声誉的优秀系列读物。

茅盾的《世界文学名著讲话》自1936年6月初版之后，立即受到广大读者的热捧，多次再版。进入新世纪后，中国青年出版社又将其重新包装，2010年6月出版，增加了7篇文章原出处和若干注释。但是，没有再版说明和编后记，让广大读者难以同该书初版本联系起来，出版社有关人员大概生怕"犯忌"，故意保持"原汁原味"。

丁景唐珍藏的《世界文学名著讲话》第4版（1949年3月），这个出版时间距离上海解放相隔两个多月。那时丁景唐暂且住在西摩路（陕西北路）369号宋庆龄老宅，这座古老的花园洋房曾经居住过宋氏父母和他们的子女。在这里丁景唐迎来了上海解放，因此，珍藏该书第4版另有一番含义。

施蛰存的签名本《域外文人日记抄》

1988年5月1日,施蛰存在早年翻译的《域外文人日记抄》(天马书店1934年10月初版)的扉页上题词:"景唐同志得此旧本为签名留念,施蛰存一九八八年五一节"。

此书的目录页上,丁景唐也写道:"赠观泉同志,一九八四年七月"。王观泉曾是丁景唐的学生,后为黑龙江省社会科学院文学研究所研究员,享受国务院特殊津贴,他委托丁景唐携带此旧版书前去施蛰存家里,请施蛰存题词,同时,丁景唐向施蛰存请教现代文学史的有关问题。

笔者曾随家父丁景唐前去施蛰存家里,冒失地问了一句:"鲁迅那个批评……"施蛰存急忙摆摆手,用地道的沪语说:"勿谈了,呒啥讲头的。"丁景唐在一旁笑笑,不接话题。

言归正传。1920年2月29日,英国女作家凯瑟琳·曼斯菲尔德(曼珠菲儿)在日记中写道:

啊,要做一个著作家,一个真的著作家就只是耽误于这一点!啊,我今天觉得失败了;我会转身去,我从肩膀上回看背影,我立刻觉得我被打倒了。这时,日子好像度得寒冷昏暗,好像是在伦敦的夏季的黄昏时分,好像他们关花园时的门响。好像那勾绘高屋子的深黑的光,好像木叶和尘土的气味,好像灯光,好像那感觉底颤动,好像黄昏之疲惫,她底呼息吹在人的面颊上,好像那一切的(我今天觉得)已经永远离去我的东西……我今天觉得我就快要突然地死去:但决不死于我的肺病。

凄美的才女曼斯菲尔德写完这则日记的2年后(1922年7月),多情浪漫的诗人徐志摩在伦敦留学期间慕名前去拜访,立即被深深吸引,引为心目中神圣的女神。此后,他以诗意般的语言描绘了她的美貌,包括每个细节都渗透着甜腻的奶油味。1923年1月9日,年仅34岁的曼斯菲尔德病逝,徐志摩悲痛地赋诗追念,并翻译她的小说集,编入《徐志摩文集》出版。

徐志摩把她的芳名译成曼珠菲儿，充塞着浪漫式情调。尽管此译名有点小小的失误，但是国人深受影响，包括"特立独行"的江南才子施蛰存。

1932年5月1日，施蛰存主编的大型文学刊物《现代》创办于上海。1934年10月1日，《现代》第5卷第6期推出"现代美国文学专号"。这时，施蛰存翻译的《域外文人日记抄》问世了，收入了外国作家、画家的7部日记，这些日记主人分别是英国女作家曼珠菲儿（凯瑟琳·曼斯菲尔德）、倍耐脱（阿诺德·本涅特）、俄国著名作家托尔斯泰、法国女作家乔治·桑、法国著名画家果庚（高更）、美国画家洛克威尔·肯脱（诺曼·洛克威尔）、日本作家有岛武郎。施蛰存在《引言》中写道：

> 在晚上睡觉之前，随意地写几句，把一日来的行事思想大略地作一个记录。因为并不是预备给别人看的，所以文字不必修饰，辞句不必连贯，而思想也毋容虚伪了。所以日记这种东西，当作者死后，为人发现，被视为作者的文学遗产而印行之，它才成立文艺价值。

施蛰存也曾断断续续地写过日记，因此颇有体会写了以上一段文字。

本文开头引录的曼斯菲尔德日记,也是她病逝后,由她的丈夫整理出版的。她随意写的日记并非是单纯的记事,而是以散文抒情的笔调,勾勒出她在一瞬间迸发的跳跃式思想情绪,不经意流露出一连串的"好像",宛如一首凄美的散文诗,令人联想翩翩,眼前浮想出一幅幅画卷,与徐志摩笔下的这位女神的一颦一笑,叠加在一起,逐渐游动起来,充满了生机。

对此,施蛰存把日记归纳为几种类型:"曼珠菲儿(凯瑟琳·曼斯菲尔德)则纯然以一个女性的艺术家态度,来忠实地记录她的文学上的感想及她的肺病时期的心理。""托尔斯泰是完全将他的日记册当做备忘簿用的,他每天将他预备要写的论文材料及小说结构都顺次分段地记录下来,以为应用时的参考的。"1889 年 1 月 13 日,托尔斯泰在日记中写道:

> 我还在替《白魔》寻找一个满意的形式,但还没有得到,虽然是有点近似了。……今天接到一个关于《艺术论》的电报。有几条劄记,我以为是很重要的:(一)有些很重要的事情,必须详细地说明的。组织,无论那(哪)一种组织,只要是逍遥乎任何人类的个人的,道德的责任以外的组织。世界上一切的罪恶都是从这种组织中产生的。它们把人类鞭挞到死,它们摧毁道德,它们蒙蔽了人类的心志,而无从归罪。在地狱复活的故事中,这是一个最重要的而最新颖的意义。

施蛰存特地注释:"这意义就是后来在一九〇二年托尔斯泰在他的巨著《复活》中所采用的。"《复活》初版是 1899 年,被迫堕落的玛丝洛娃与真诚忏悔的贵族聂赫留朵夫,构成了复杂、微妙的感情纠葛,赋予"复活"多层次的含义。托尔斯泰"非暴力"的爱的哲学,通过文学人物形象发挥得淋漓尽致。由此重温托尔斯泰以前的日记,想想很有意思,原来他早有此意,真所谓"厚积薄发"。

除了以上两种日记形式之外,施蛰存还举出乔治·桑的日记,认为"完全是热情而忠诚的恋爱苦之自白"的。此点评很巧妙,让众多读者自己去判断。

才华出众与火辣、性感等诸多词语集中在乔治·桑的身上,还不足以显示出她的桀骜不驯的独立、自由性格,她被同时代人公认为最伟大的作家之一。雨果甚至说:"她在我们这个时代具有独一无二的地位。特别是,其他伟人都是男子,惟独她是女性。"

施蛰存摘译乔治·桑的一段日记是 1834 年 11 月写于巴黎的,"今天早晨,我看见亨利,他对我说,我们是用头脑和感觉恋爱的,心对于恋爱只占据了很小的地位。两点钟时候,我看见阿拉尔太太。她对我说,我们必须用策略去对付男子,应当假装着发怒,以使他们回来。在这些人中间,只有圣伯符一个,他倒并不说这种蠢话来使我伤心。我问他恋爱的意义,他回答说:'这意义就是眼泪;如果你哭了,你就恋爱了。'"

乔治·桑说的亨利,即居住在巴黎的德国著名诗人亨利·海涅;圣伯符,今译圣伯夫,19世纪法国著名的文学批评家。乔治·桑的日记一不小心就踩到了社会名流的脚后跟,不经意的"爆料",足够世人苦苦探询一个晚上,脑袋里装满了无数个问号。

高更(施蛰存译为果戈)是法国后印象派画家、雕塑家,与梵高、塞尚并称为后印象派三杰,对现当代绘画的发展有着非常深远的影响。

高更年长梵高5岁,两人曾经同进同出生活两个月,度过了一段共同创作的岁月。虽然朝夕相伴,一起作画,聚焦同一个主题、同一片风景,但是观看的方式完全不同,并以极端冲撞的方式出现。高更常常半夜被惊醒,看到梵高向他走来,凝视着他,又无言地走回自己的床上睡倒——梵高几乎要发疯了。

终于,两位天才画家各奔东西,奇妙的是各自迸溅出艺术创作的灿烂花火,达到巅峰状态,但付出了沉重的代价,似乎孤独和死亡才是他们永恒的美学命题。

梵高割掉了自己的耳朵,不久去世。高更没有参加梵高的葬礼,独身去了南太平洋中的最大岛屿塔希提岛,与土著人长期生活在一起。他脱去了文明的衣服,独身一人赤裸裸生活,沉湎于"返璞归真"的自由境地。当病魔和丧女接连袭来,他想到结束自己的生命。他得救后,画了一幅传世杰作《我们从哪里来? 我们是谁? 我们往哪里去?》。1903年5月1日,高更去世,留下了不少"唯美"的日记(散文)。

1933年4月2日,鲁迅托日本友人增田涉购买德文版的高更《Noa,Noa》(毛利语,音译"诺阿,诺阿","芬芳"之意)——关于塔希提岛旅行生活。鲁迅准备翻译,并预先刊出广告:"作者是法国画界的猛将,他厌恶了所谓文明社会,逃到野蛮岛泰息谛(塔希提岛——引者)去,生活了好几年,这书就是那时的记录,里面写着所谓'文明人'的没落,和纯真的野蛮人被这没落的'文明人'所毒害的情形,并及岛上的人情风俗,神话等。"(1933年5月野草书屋出版的《不走整理的安得伦》卷末)但是,鲁迅未能如愿。

施蛰存则摘译了高更去世前在塔希提岛的生活日记,了却鲁迅的缺憾,虽然他俩打了笔墨官司,引出是否"劝说《庄子》与《文选》"的风波。同时,天马书店应该"感谢"鲁迅提前做的广告。

阿诺德·本涅特(施蛰存译为倍耐脱)是20世纪初英国杰出的现实主义作家,在"五个镇"小说里,绘声绘色地介绍了他的家乡——陶瓷镇。他还创作了大量的戏剧、文学评论以及在第一次世界大战期间撰写的大量通讯稿。如今依然有人论述他的小说《老妇谭》——被广泛地认为是他的代表作。本涅特生前留下两卷日记（1896年至1921年），施蛰存摘译了最后一部分。1921年4月19日，本涅特在英国伦敦写道：

> 今日下午，我读完了史屈莱采的《维多利亚皇后传》，这只是一部笔记，讲到皇后的寡居时期的一段（约四十年）实在不免太是纲要式的了。文体似乎常常是很艺术的，但其渲染处却失败了。可是就全体而论，这本书还是好的，很值得一读。书中充满了真实的想象，而评论也都很适当。作者对于连接的嘲讽之有节制，尤其是非常之有力的。总之，这部书真是一头伟大的云雀。

《维多利亚女王传》是英国传记文学中的佳作，历来好评如潮，翻拍的影视作品、动漫作品都是畅销之作，一度风靡全球。新旧中译本也拥有广大中国读者。

传记作者敦·斯特莱切（施蛰存译为史屈莱采）向英国"标准传记作品"的传统形式和风格提出了挑战，被公认为是开创一代新风的现代非传统传记大师。

但是，本涅特并不"买账"，以自己的审美价值观严苛地挑剔，认为"这只是一部笔记"。他承认此书"很值得一读"，比喻为"一头伟大的云雀"，不过此言会引起不同文化层次读者的各种解释，褒贬不一。本涅特说的该书"寡居时期"，即该书第7章《孀居》，他还敏锐地发现作者"嘲讽之有节制"等，确实"独具慧眼"，不愧为英国著名的文学家。本涅特的逆向思维和鲜明个性的评语，正中施蛰存的下怀——知音也。

早在《域外文人日记抄》出版的十几年前（1921年），鲁迅与周作人已经策划合译《现代日本小说集》，其中已经提到日本著名作家有岛武郎。两年后，该译作集由商务印书馆1923年6月出版（以后多次再版），收入15位日本作家的小说30篇，其中鲁迅翻译了有岛武郎等6位作家11篇作品。对于有岛武郎，鲁迅介绍说："本学农，留学英、美，为札幌农学校教授。一九一〇年顷杂志《白桦》发刊，有岛寄稿其中，渐为世间所知，历年编集作品为《有岛武郎著作集》，至今已出到第十四辑了。关于他的创作的要求与态度，他在《著作集》第十一辑里有一篇《四件事》的文章，略有说明。"

有岛武郎是日本近代著名作家，白桦派文学兴盛期的重要人物之一。他自称：为了"寂寞""爱着""欲爱"和"为了欲鞭策自己的生活"，改行悉心搞文学创作。因此，他被视为有良心的人道主义作家。同时成为日本最早倡导无产阶级文学的作家之一,1921 年曾在东京《读卖新闻》上发表论文《无产阶级与文学》。鲁迅翻译了有岛武郎的《与幼小者》,并写了文后感,认为他是"一个觉醒者,所以有这等话;但里面也免不了带些眷恋凄怆的气息。"(《热风》第六十三《与幼者》)

《现代日本小说集》问世后,不久却传来有岛武郎和女记者波多野秋子一起殉情自杀的消息。1923 年 7 月 17 日,周作人发表追念有岛武郎一文。次日,周作人写了"决裂信"给鲁迅,迫使鲁迅搬出八道湾。加之其他原因,鲁迅此后几乎再也不提起有岛武郎及其著作。

施蛰存则继续关注有岛武郎,特意把高明翻译的《有岛武郎著作集》第 10 辑中 1916 年的有关日记收入《域外文人日记抄》的篇末,这些日记披露了有岛武郎当时的思想和人际交往。其实,这一年有岛武郎的妻子神尾安子和父亲有岛武相继亡故,有岛武郎放弃教师职务,回到东京,专门从事文学创作。不过,家人不幸去世并未反映在被收入的日记中。施蛰存在译文前介绍有岛武郎时,提及殉情自杀一事。

每年圣诞节的贺年卡全球满天飞舞,贺年卡上的可爱慈祥的圣诞老人,穿着喜庆的大红袍,戴着红白相间的帽子。但是,在美国画家诺曼·洛克威尔(施蛰存译为洛克威尔·肯脱)的笔下,圣诞老人并非是卡通人物,而是现实社会中的人物形象——"接地气",左手胳膊挽着新年大礼包,手里拿着圆筒新年礼物,右手拿着写有地址的纸条,圣诞老人笑眯眯地查看纸条,寻找下一个幸运者。

洛克威尔·肯脱是美国 20 世纪早期的重要画家及插画家,他的作品既有商业宣传,也有爱国主义的宣传,《周六晚报》刊出他一生中大部分的绘画作品,影响很大。因为他用细腻的画笔把美国传统价值观的转变一一记录下来,使他的画作成为历史见证者,至今全球仍然有他的忠实粉丝。

施蛰存介绍这位特殊的美国画家时说:他是"近代美国文艺家中最富有美国特性的艺人,因为他的教育,他的艺术观,他的成就,都纯粹是美国的。"他还是一个"现代一流的木刻家,文学家,旅行家",他写了 3 本游记,其中有他的木刻作品。《域外文人日记抄》收入的正是他写的一本游记《荒岛游记》中的部分内容。

施蛰存很细心,分别为《域外文人日记抄》中的 7 位日记主人写了简要介绍,并且配有他们的肖像。为了让读者进一步了解日记的内容,施蛰存还作了许多注释。这些生动地体现了施蛰存"读者第一"的编辑思路和严谨学风,也展现了他的博学多才。

"文革"后,施蛰存及其众多著译作品焕发"第二春",《域外文人日记抄》改题为《外国文人日记抄》(百花文艺出版社 1988 年版),编辑还配上颇有诱惑的介绍文字:"这里的每一部日记,都像一条幽静的小路,将引你走进一个丰富而神秘的内心世界。"

丁景唐离休后,他原来所在的上海文艺出版社于1996年4月出版了《施蛰存七十年文选》,其中收入了《域外文人日记抄·引言》。7年后(2003年11月19日),施蛰存病逝于上海。

戴望舒首译小说《罗密欧和朱丽叶》

著名诗人、翻译家戴望舒与年轻美貌的施绛年互相依偎着,不过戴望舒有点不大自然,施绛年的头则斜靠在戴望舒的肩上。这张合影被施蛰存(施绛年的兄长)刊登于他主编的《现代》(第 2 卷第 1 期,1932 年 11 月 1 日出版),这是 1932 年 10 月 8 日亲朋好友欢送戴望舒去法国留学之后的事情。

一说在法国里昂大学的校园内的一丛丁香花旁,有一块纪念碑牌:"纪念中国诗人戴望舒里昂中法大学学生。"但是,当初穷困潦倒的戴望舒则是被校方开除的,其中原因之一,除了参加反法西斯示威游行之外,为了生计,戴望舒不得不拼命翻译(他时常提前用完了国内寄来的预支稿费),延误学业。

戴望舒选择了法国文学史(这个文凭比较难考),正式注册,缴了学费,但是从来不去听课,也不按时交作业,更不去参加考试。这让同宿舍的罗大冈(著名的法文翻译家)迷惑不解,他回忆说:"他在里昂两年干什么呢?在我的记忆中,他成天坐在窗前埋头用功。他写诗吗?不,搞别的创作或写论文吗?不。给他在国内的未婚妻写信吗?不。他几乎用全部时间搞翻译。"(《望舒剪影》,收入罗大冈:《鉴湖魂》,吉林摄影出版社 1999 年版)

这时,戴望舒与爱人施绛年之间的飞鸿来往越来越少,施蛰存有时回信说:"绛年仍是老样子,并无何等恼怒,不过其懒不可极而已。"真相的掩盖,暂时"麻痹"了戴望舒。

"他翻译的速度惊人!"著名翻译家沈宝基(曾获得法国里昂大学文学博士学位,后为北京大学、长沙铁道学院教授)感叹道。当时沈宝基买来一本法文书,戴望舒见到,立即被吸引了,说:"借一借。"半个月后,戴望舒还给沈宝基时说:"我翻译完了!"沈宝基惊呼:"好家伙!"

戴望舒具有语言天赋,留学法国期间,在执着、穷困、劳累、自我"麻痹"等复杂情景中,翻译了《苏联文学史》《比利时短篇小说》《法兰西现代短篇小说集》《高龙芭》《紫恋》等,他还介绍中国作家的作品,进行"汉译法",其中有张天翼的《仇恨》、施蛰存的《魔道》、丁玲的《水》等。

其中《意大利短篇小说集》，由商务印书馆 1935 年 9 月出版发行。这时戴望舒已经被校方开除，遣送回国，他临走时，只有罗大冈相送。他返回上海时坐的是轮船四等舱，条件很恶劣，还不如难民收容所。不久，他与施绛年解除婚约，开始筹办《现代诗风》杂志。次年 6 月，戴望舒与穆时英的妹妹穆丽娟结婚。

《意大利短篇小说集》收入 10 篇译作：《罗密欧与裘丽叶达》（马德欧·彭德罗）、《加拉西寄宿舍》（路易季·加布阿纳）、《失落的信》（安里哥·加斯德尔努优）、《老人的权利和青年的权利》（阿尔弗莱陀·邦齐尼）、《密友》（路易季·皮朗德娄）、《劳列达的女儿》（乌各·奥节谛）、《仆人》（阿达·奈格里）、《当我在非洲的时候》（朋丹倍里）、《屋子》（鲍尔吉赛）、《女教师》（泊洛斯贝里）。

这些大多是 19 世纪意大利的现实主义文学作品，只有首篇《罗密欧与裘丽叶达》是几百年前的文学作品。仅仅看这篇目，世人马上会联想到英国剧作家威廉·莎士比亚创作的著名戏剧《罗密欧与朱丽叶》。

罗密欧与朱丽叶的爱情悲剧，据说发生在 14 世纪意大利维罗纳城里。在长期的口述相传中，不断地补充和丰富故事的情节，逐渐演变为一个罗密欧与朱丽叶的传奇故事。

16世纪初叶,意大利人路易吉·达·波尔托以此为题材写了一则短篇小说。马代奥·班戴洛(意大利文艺复兴时期杰出的小说家),吸取了民间传说中的素材,又借鉴前人的作品,在1554年写成了著名小说《罗密欧和朱丽叶的悲剧史》。5年后,法国人皮埃尔·布瓦多将其译成法文。据此,英国人伊英特又译成英文版。该小说洋溢着人文主义精神,加之注重描写人物感情,构思跌宕起伏的情节,以及悲剧性的激情冲突,勾勒出现代小说的雏形。他的小说被众多艺术家看中,纷纷进行"二度创作",其中最为成功的还是莎士比亚的同名剧作。莎士比亚的其他剧本《无事生非》《第十二夜》,也取材于班戴洛的小说故事。

早在清朝咸丰六年(1856年)英国传教士慕维廉翻译的《大英国志》已经把莎士比亚("舌克斯毕")介绍到中国。此后,曹未风、朱生豪、梁实秋曾有计划地翻译《莎士比亚全集》,影响甚广。但是,对于莎士比亚的戏剧《罗密欧与朱丽叶》的来源,当时很少有人问津。

戴望舒早就很关注意大利等国的南欧文学。他曾与赵景深、黎锦明合译《意大利的恋爱故事》(亚细亚书局1928年版),但是在该书封面上并未署名戴望舒。1928年9月1日,赵景深在序言中透露:"亚细亚书局主人向我索译稿,我想,意大利的小说现在还没有单行本,便将我译的《两男一女》,和戴望舒的《不相识者》,以及黎锦明的《露娜的胜利》,合在一起,编为《意大利小说集》交给他。凑巧这三篇都是意大利的恋爱小说,而作者戴丽黛和Serao又都是女作家,最近的女作家,以女作家而写恋爱心理当然能够体贴入微,温柔细腻了。"

赵景深与戴望舒、施蛰存、杜衡很熟悉,甚至还记得戴望舒、杜衡光着脚跑到他的屋里,伸出光脚丫大声嚷嚷。因此,赵景深把戴望舒的译作拉进来,也在情理之中,并且他俩翻译的都是意大利女作家格拉齐娅·黛莱达(戴丽黛)的作品。黛莱达曾于1926年获得诺贝尔文学奖,她最初在妇女杂志上发表短篇小说,后来逐渐以写作长篇小说为主。她擅长以富有诗意的笔触和拟人的手法,描绘撒丁岛的自然风貌,文笔纤细婉致,抒情韵味浓郁。

此后,戴望舒到北平调查水沫书店(1928年由戴望舒、施蛰存、杜衡、刘呐鸥创办于上海)书籍的盗版问题,在借宿的简陋屋子里,与罗大冈等青年学子交谈时,希望以他们这些搞法国文学的人为基础,准备在《现代》月刊上大规模介绍南欧文学,还劝说罗大冈学习意大利文。

因此,戴望舒"一眼相中"班戴洛的这篇小说并非偶然,想让国人知道莎士比亚的戏剧《罗密欧与朱丽叶》的素材来源,开拓阅读视野,增加更多的文史信息。事前,王希和曾编写《意大利文学》,汉章编译《现代意大利文学》

等，但是，因故没有谈及班戴洛的小说。

这篇《罗密欧与裘丽叶达》译作，理应是戴望舒"第一个吃螃蟹"的，不知为何至今仍然未有人提及。其中原因之一，戴望舒在中国现代文学史上的地位，主要被《雨巷》等诗篇的耀眼光圈所笼罩，他的翻译成果长期以来被忽视，直至改革开放之后。

马代奥·班戴洛（Matteo Bandello），戴望舒译为马德欧·彭德罗，因转译的关系，篇名与如今流行的《罗密欧和朱丽叶》略有不同。戴望舒根据当时的材料，注明该作家的生卒时间（1480—1562），也与如今有所不同（1485—1561）。

戴望舒在《意大利短篇小说集》后附有《作者生卒年表》，即该集子里10位作家的生卒时间和外文名字。如今新版的《戴望舒全集·小说卷》（中国青年出版社1999年版）删除了这个年表，而且因故未能收入《意大利短篇小说集》后面3篇小说，实为遗憾。编辑也考虑到今昔译名的差异，尽力做了一些注释，以适应读者的需求。但是，《意大利短篇小说集》里仅有《密友》的作者有简略注释，其他作者的情况依然是空白。

戴望舒把《密友》的作者译为路易季·皮朗德娄，现通译为路伊吉·皮兰德娄，意大利小说家、戏剧家，1934年获得诺贝尔文学奖。2013年，意大利还发行了路伊吉·皮兰德娄精制纪念银币。如今已有《寻找自我》为题名的中译本，其中还包括原作者的四个剧本和一部长篇小说（漓江出版社1989年版）。

皮兰德娄的《密友》讲述两个很长时间未见的"老朋友"恰巧相遇，一个非常热心，一个摸不着头脑。"听了他那位从云堆里掉下来的朋友的奇怪的开玩笑的话而发了呆，琪琪·梅尔看着他，又在头脑里搜索着。这个人究竟是什么鬼名字，他是在什么时候，又是怎样地认识他的，在巴都瓦，毕竟故事在小时候呢，还是在大学读书的时候。他一遍又一遍地想着他在那时候所结交的熟识的朋友，可是始终无效；没有一个人是合得上这人的面貌的。"梅尔在家里盛情款待这位陌生的老朋友，经过几个回合较量，对方始终讲些莫名其妙的话，梅尔被激怒了，试图强迫对方说出自己的名字，不料对方轻松地说："不，不，这就完了。再见吧……"他笑着走开了，在扶梯上有转过身，"吹了一个吻给他"。

这平中见奇的"荒诞"情节，大有黑色幽默的情调，中国大多数读者可能不大习惯。但是，这恰恰是皮兰德娄赢得世界声誉的创作的一系列怪诞剧——在短篇小说中的延续。

罗大冈曾非常喜欢皮兰德娄的作品，通过法译文，阅读了他的40多部戏剧作品和大部分小说。显然，罗大冈与戴望舒同一个宿舍，还是有许多共同语言的。

戴望舒翻译的《意大利短篇小说集》问世时，注明上卷，很有可能他原来准备继续翻译，但是没有见到下卷。3个月后（1935年12月）该译集已经再版，显然是受到想"尝尝鲜"的读者追捧。

《意大利短篇小说集》最初列入"万有文库"第二部700种。"万有文库"是王云五策划出版的一套由多种丛书组成的综合性大丛书，分为两大部分，第一部千余种，第二部分700种，均为2000册。这套丛书不仅创造了百年商务第二轮辉煌，也开创了中国图书出版平民化的新纪元，产生了很大影响。

抗战胜利后，商务印书馆根据原来《意大利短篇小说集》的版式，并按照原来内封注明的"世界文学名著"丛书，再次出版发行，但是没有出版时间，也没有版权页。同时出版的"世界文学名著"丛书译作之一《青春不再》（贾默西屋·渥聚勒著，宋春舫译），却注明1947年印行，并与《意大利短篇小说集》的封面设计完全相同，显然后者也是这一年出版的。

丁景唐收藏的正是这个版本的《意大利短篇小说集》，作为研究戴望舒（曾短暂参加左联）的一个参考资料。

胡风编译的《山灵》集子

1935年初夏,胡风、梅志夫妇和刚出生的孩子在成都路成都坊过街楼的新居住了2个月,眼看天越来越热了,他们夫妇商量搬迁到福熙路(今延安中路)、静安寺路(今南京西路)慈惠里的一处大厢房,这地带属于大名鼎鼎房产大亨、犹太人哈同的房产。

在慈惠里的新居里,胡风撰写了许多文章,还译介了不少弱小民族的作品,加起来有几十万字。事后,胡风回忆说:"我还记得,这些翻译差不多都是偷空在深夜中进行的。四周静寂,市声远去了,只偶而听到卖零吃的小贩底凄弱的叫声。渐渐地我走进了作品里的人物中间,被压在他们忍受着的那个庞大的魔掌下面,同他们一起痛苦,挣扎,有时候甚至觉得好像整个世界正在从我底周围陷落下去一样。在这样的时候看到了像《初阵》、《送报夫》等篇里的主人公底觉醒,奋起,和不屈的前进,我所尝到的感激的心情实在是不容易表现出来的。"

那时,新创办的《世界知识》由邹韬奋主持的生活书店发行,是生活书店的期刊之一,发行人是徐伯昕。毕云程交际广,作为公开露面的编辑,实际主编是胡愈之。后来张仲实、钱亦石、钱俊瑞、金仲华相继接任主编,林默涵、王益也曾参加过编辑工作。《世界知识》高举爱国、进步的旗帜,分析国内外形势,普及国际知识,推动抗日救亡,发展国际反法西斯运动。

《世界知识》杂志分期译载弱小民族的小说时,胡风想到了东方的朝鲜、台湾,想到了他们的文学作品,应该介绍给广大读者。他把译作投稿给《世界知识》,立即得到了众多读者的热烈欢迎和文友的赞许。这促使胡风又翻译了朝鲜作家张赫宙的小说《山灵》,同时收集了朝鲜、台湾作家的有关材料和文学作品。

1935年3月16日,黄源编辑的《译文》月刊"复刊"了,新1卷第1期发表了胡风翻译的张赫宙的小说《初阵》。同时,胡风把6篇译作编成集子,题为《山灵——朝鲜台湾短篇集》。1935年9月15日,黄源邀约鲁迅全家等人在南京饭店聚餐,鲁迅与吴朗西、巴金商定,改由文化生活出版社出版"译文

丛书"，原来由生活书店出版，其中包括鲁迅的译作《死魂灵》、茅盾的译作《桃园》等。次年4月，《山灵》集子作为"译文丛书"出版后，胡风很是高兴，兴致冲冲赶到大陆新村，送给鲁迅一本。

该集子中有4篇朝鲜小说：张赫宙的《山灵》《上坟去的男子》、李北鸣的《初阵》、郑遇尚的《声》，以及台湾作家吕赫若的《牛车》、杨逵的《送报夫》。胡风在《序》里写道：

> 看张赫宙氏和杨逵氏底介绍，朝鲜底新文学运动比中国底要早十年，不但产出了许多新旧的作家，而且还形成了几种不同的流派，台湾底文学运动虽然较弱而且后起，但在日报文艺栏和期刊上用中国白话文和日文写作的作家也不在少数。但可惜我既不懂朝鲜文，台湾方面底材料又不能得到，只有留心从日本出版物里面搜集那结果是这么几篇的收获。所以，要说介绍朝鲜、台湾底文学，这当然非常不够。

事前，叶君健、黄源先后翻译了张赫宙的小说《被驱逐的人们》(1934年6月的《申报月刊》第3卷第6号)、《姓权的那个家伙》，(1934年7月的《文学》月刊第3卷第1号)。叶君健一文是从世界语译文转移的，认为原作者是一个走出象牙塔的写实作家，"在这篇小说中，我们可以看出朝鲜民众是怎样地在日帝国主义的铁蹄下呻吟着，而日帝国主义者又是怎样地用尽种种方法,把朝鲜民众驱逐到我国东省而把本国的民众移植到朝鲜去。我们读了这篇小说,是应当怎样地触目惊心呵!"

黄源在译文前对张赫宙作了简单介绍,称他是"用日文写作的朝鲜新进作家",其作品侧重于"殖民地的朝鲜农村间的知识分子生活",并且引用日本评论家濑沼茂树的评论之语,称其小说技术洗练,情节"迂回曲折",飘散着"一股特殊的风土香味",人物性格"散发着朝鲜的民族性"。

> 村子里的女孩子和女人们,有时杂着小孩子和青年男子一道出去。是各种杂木底果实,把那捡了回来,剥掉皮,捣碎浸在水里,把沉下来的淀粉当做食粮。全家出去,一天可以捡到两斗左右。然而,到能够吃为止,要费很大的工夫。
>
> 吉仙常常同邻居的粉玉和末顺出去。在杂木林中间,人声喧闹。野果之外,也吃葛蔓和松树皮。因此,村子附近的所有的松树,身子都被剥得白白的。(《山灵》)

胡风翻译张赫宙的 2 篇小说《山灵》《上坟去的男子》也是描写朝鲜农村的贫穷生活。前者描写现代化火车、汽车涌入朝鲜乡村之后,日益贫困的农民被迫逃往深山,沦为穷苦的"火田民",构成了殖民地的典型环境。关于殖民统治下的朝鲜大众生活,"我们差不多一无所晓",这些小说可以帮助读者了解真情,"应该有它的意义"。但是,张赫宙是一个后来被朝鲜人视为民族背叛者的亲日作家,他本名叫张恩重。[①]

对于《初阵》作者李北鸣的情况,胡风也不清楚。李北鸣是朝鲜普罗文学同盟成员,被称为"最早的劳动者作家",一直居住在朝鲜,曾担任朝鲜劳动党中央委员会候补委员、朝鲜作家同盟副委员长等职务。他根据自己曾在兴南素肥工厂做工的亲身经历,创作了《窒素肥料工厂》,1932 年在《朝鲜日报》上连载。1935 年被译成日文,改题为《初阵》,发表于日本左翼杂志《文学评论》。小说的结尾出现了悲壮的一幕,在广场上抬着死者的抗议人们听到日资工厂里传来的《国际歌》,也跟着唱起来:

> "不要唱!"
>
> 骑马的警察用了似乎炸裂的声音喊了。警备员跑过了,一队警察坐着汽车跑来了。一个人被抓去,就发生了想把他抢回来的群众底骚

[①] 李大可:《20 世纪 30 年代中国左翼文艺刊物中的朝鲜声音》,载《山东师范大学学报(人文社会科学版)》2008 年第 53 卷第 3 期。

动。从看热闹的群众里面,也有被抓去了的。汽车送给了一车子人到猪笼去,再驾着空车飞来的时候,群众差不多完全散尽,送葬者底一半失去了自由,但工厂里的歌声还没有停止。

把这样的情景留在后面,文吉底灵柩在严重的警戒里面通过工厂街向天笼里的墓地前进,一面听着后面从工厂里流来的悲壮的歌声。

这种类似的情景也多次出现在中国左翼作家的笔下,并且在苏联文学作品中可以找到更多的踪迹。同时《初阵》整体构思——侵占者与被奴役者,革命者、积极分子与胆小落后者、工贼,也体现了类似中国左翼文学的写作模式,真所谓"殊途同归"。

郑遇尚的《声》以妻子前去探监丈夫的角度叙述,并结合丈夫的难友被释放后的表述,勾画出一位坚贞不屈的爱国者形象。此题材、描写的角度都不同于前3篇的小说,在中国左翼小说里也有类似的构思。不过,胡风对于该小说作者的背景依然不甚了解。

"台湾第一才子"吕赫若集教师、音乐家、作家、记者于一身,其中小说的影响最大,如今已有《吕赫若小说全集》问世。1935年,22岁的吕赫若在日本《文学评论》杂志第2卷第1号上发表处女作《牛车》,受到台湾文坛的关注,也成为胡风等人介绍到中国大陆的首批台湾作家之一。

"不准坐在车上,不晓得么?"大人,脸上通红地喊了。

"呃,我——"不晓得怎样说才好,吃吃地动辄嘴,杨添丁底脸上又清脆地响了一声。(被打耳光——引者)

"这牛车,是你底么?"大人,从口袋取出小本子和铅笔,弯下身子看了一下车台的牌照,敏捷地写起来了。

"大,大人,一次,饶过,求您——"

杨添丁要哭似地做出对大人作揖的样子。牌照被写去了一会,曾受到怎样的处罚,杨添丁是早已知道的。

"有你底,支那猪!"(《牛车》)

"有你底,支那猪!"这个具有殖民统治的强烈色彩,投射在《牛车》描写30年代社会变革中乡村的巨大背景上,给读者留下深刻印象。

有的学者认为:吕赫若等知识分子使用日本殖民者的语言来描写本民族的生活,创造了另外一种文学的、文化的想象,并逐渐形成了用"弱小民族"的"现代性"来对抗日本殖民统治强权,形成一种特殊的现实主义文风。这本身就是一种间接的文化抵抗,即抵抗日本统治者强行废止汉文,推行

"皇民化运动"。

　　胡风在《序》里强调指出：必须把台湾、朝鲜的故事"读成自己们底事情"，因为"我们这民族一天一天走近了生死存亡的关头前面"，也将面临台湾、朝鲜被"全面"奴役的殖民统治，因此，胡风认为"读者诸君一定体会得到（的）"。

　　台湾著名爱国作家杨逵，本名杨贵，笔名有伊东亮、公羊、SP、狂人等，以杨逵的笔名行世，成为台湾文学成熟时期和战争时期的代表作家之一。他的一生历经政治迫害，被捕入狱十余次，被誉为"压不扁的玫瑰花"。他的《送报夫》里出现一个真实场景：

> 　　是第二十天。老板把我叫到他面前去，这样教训了以后，就把下面算好了的账和四元二十五钱推给我，马上和忘记了我底存在一样，对着桌子做起事来了。
> 　　我失神地看了一看账：每推销报纸一份，五钱；推销报纸总数，八十五份；合计：四元二十五钱。（这一段标点系引者添加）
> 　　我吃惊了，现在被赶出去，怎么办，……尤其是，看到四元二十五钱的时候，我暂时哑然地不能开口。接连二十天。从早上六点转到晚上九点左右，仅仅只有四元二十五钱！

　　胡风编译的《山灵》在那个年代很可能是第一部反映台湾、朝鲜民众受欺凌、反抗等生活的现实主义作品集，有着特殊意义。

　　《山灵》集子初版问世后，1945年5月再版，1948年10月第3版，比原来初版本阔气得多，外加封套。丁景唐收藏的《山灵》新版本（1953年5月）则与原来第三版的封面设计、开本、版式等完全一样，只是外封套的书籍广告有些不同，后面刊有茅盾译作《桃园》和萧萧翻译的《箱根风云录》（日本作家高仓辉著）的广告。前面增加了简介："这里包含六个短篇，都是经过精心的选择，由朝鲜和台湾现代作家中挑选出来的。原是被压迫，被剥削，被宰割的殖民地民众的真实情形，在这些短篇里，都有着极透彻的描写。尤其因为我们在解放以前所处的境地和这些作品所描写的相差不远，——也许更甚，所以，这些作品对于我们中国的读者是会更为亲切，更为动人的。即使是在今天来读这样的作品，我们也会感到一种很大的警惕的力量。"这段话不知是胡风写的，还是巴金或他人增添的，尚需考证。

　　丁景唐收藏的《山灵》新版本问世的两年后，1955年5月13日《人民日报》发表胡风的《我的自我批判》，同时刊登舒芜《关于胡风反党集团的一些材料》，第4天（17日）晚上，公安人员突然出现在胡风的家里……

《苏联版画展览会目录》公开的秘密

"展览会的说明书上各有简要说明,而且临末还揭出了全体的要点:'一般的社会主义的内容和对于现实主义的根本的努力',在这里也无须我赘说了。但我们还有应当注意的,是其中有乌克兰、乔其亚、白俄罗斯的艺术家的作品,我想,倘没有十月革命,这些作品是不但不能和我们见面,也未必会出现的。"这是鲁迅提前写的《记苏联版画展览会》(2月17日),发表于2月24日《申报》。

1936年2月1日,苏联方面通过茅盾把45幅苏联版画赠品交给鲁迅,并附有一封信和《苏联版画展览会目录》(鲁迅称之说明书,以下简称《目录》),请鲁迅撰文予以评价,于是鲁迅写了以上一文,他引用《目录》最后的说明,原译文为"其中一般的社会主义的内容与对于写实主义的根本企求",有些词语略有不同。

《目录》其实是一本小册子,印制精美,全部采用铜版纸,80多年后的今天依然犹新。封面正中为一幅美术作品《阿夫洛拉军舰放弹》(《阿夫洛拉军舰之射击》)(蚀刻,多卜洛夫亦为杜勃洛夫之作),阿芙乐尔巡洋舰在俄国十月革命时打响了第一炮,即"十月革命一声炮响,给我们送来了马列主义"。封面顶端为大写的英文"苏联版画",下面是一行英文"苏联国版画展览会",最下面为英文"中国,1936"。内页封面两面,中英文对照(以下序言、展品目录等都是如此),上面注明:"苏联对外文化协会、中苏文化协会、中国美术会、中国文艺社"联合举办。其中中国文艺社,1932年由张道藩、叶楚伧等发起成立。

封底正中注明:"上海中华书局承印,总厂澳门路四六九号。"后为澳门路477号。中华书局,全名为中华书局股份有限公司,是中国一家集编辑、印刷、出版、发行于一体的出版机构,于1912年1月1日由陆费逵筹资创办于上海。可惜这家百年老厂已被拆除,进行彻头彻尾的改造。事前,丁景唐等人试图"挽救",但是"杯水车薪",无济于事。

《目录·序言》由徐悲鸿撰写,他认为:"苏联自革命以后,百事更张,艺

術有托，……版畫者，乃其新興文化之一也。""故道在日新，藝亦須日新，新者生機也；不新則死，如吾國往日如許無名英雄，今至於不祀也。為畫亦然。"落款時間為1935年12月12日。

一年前，徐悲鴻在西歐等地遊覽，並應德國柏林美術會之邀，前去舉行畫展。1934年4月24日，徐悲鴻應邀抵達莫斯科，在蘇聯國立歷史博物館舉行中國近代繪畫展，引起轟動。徐悲鴻還與一些蘇聯著名美術家交談，互贈作品。蘇聯著名雕刻家梅爾庫洛夫贈送親手繪製的極為珍貴的列寧、托爾斯泰的面膜，石膏所製，經染以銅綠色，猶如銅雕效果。對此，徐悲鴻再次表示感謝。

畫展移至列寧格勒時，徐悲鴻準備掏出僅有的3000盧布，購買非常精美的人物雕塑，但是被同行的蔣碧薇一把奪過去，笑嘻嘻地買了一套純銀鍍金的西餐餐具，徐悲鴻喟然長嘆。這3000盧布是老鄉吳南如[①]（駐蘇聯大使

[①] 吳南如(1898—1975)，字炳文，江蘇宜興人，早年與瞿秋白、張太雷為常州中學同學，互有來往。1916年夏天，吳南如與張太雷考入北京大學法科預科，同年年底，他倆轉考天津北洋大學法科，一起度過4年同窗生活。這期間，瞿秋白作為北京晨報記者赴蘇途經天津時，還與張太雷、吳南如等暢談一晚。北洋大學畢業後，張太雷、吳南如曾在天津英文報《華北明星報》工作，以後走上不同的人生道路。

（轉下頁）

参事,仅次于大使的"二把手")特意赠送的,免得徐悲鸿这位中国艺术大师"羞于囊中",已备"燃眉之急"所用。这时驻苏大使颜惠庆回国休假,给吴南如提供了施展外交才能的机会,积极促进中苏文化交流,包括徐悲鸿和事后梅兰芳访问苏之行,此内情鲜为人知。徐悲鸿离开苏联回国之前,与苏联对外文化协会有关负责人建议中苏交换美术品,希望对方筹备答访中国的美术展览。

1935年10月25日,著名的国民党左翼人士张西曼拒绝了亲日的行政院长汪精卫推任驻苏大使之诱惑,与兄张仲钧、徐悲鸿等人艰难地创办中苏文化协会,并邀请国民党要人任职,国民政府立法院长孙科为会长,蔡元培、于右任、陈立夫、颜惠庆和苏联驻华大使鲍格莫洛夫等人为名誉会长,张西曼此后一直担任唯一的常务理事,实际主持协会工作,徐悲鸿、梁寒操等人为理事。中苏文化协会成立时通过该协会章程,其中规定"举行关于中苏文化之讲演及展览会"。此后,上海、湖北、湖南、广西、四川、延安等地先后成立了分会。

同年12月13日,召开中苏文化协会理事会第二次会议,决议筹办苏联版画展览会。12月25日,苏联对外文化联合会代理会长车尔尼雪夫斯基致书孙科会长,祝贺中苏文化协会成立,希望两国文化界密切合作。中苏文化协会向苏方借来200多幅苏联美术作品,张西曼等人积极筹备在南京、上海等地组织苏联版画展。

1936年1月11日下午,在南京中山大学图书馆举行苏联版画展览会开幕式,孙科和鲍格莫洛夫等人出席,为期8天的展览期间,每日参观者达千人以上。此后,该展览会移至上海,1936年2月20日起,在上海七仙桥的基督教青年会9楼展出。蔡元培、柳亚子、黎照寰、吴铁城等出席开幕式,鲍格莫洛夫特地赶到上海,中苏文艺界200多人观看了展出的200多幅美术作品,其中有木刻、石印、铜版、腐蚀铜版、水彩、粉画、铅笔画等原作。展览为期7天,至26日闭幕,参观者约万人。

《目录》详细地记载了这些作品及其作者,并且特地挑选了十几幅木刻作品,分别占据了《目录》的整版篇幅,以示"看点"。第一幅是斯大林的标准半身像(索洛威赤克之作),常见于报刊。还有包洛夫(即尼克来)之作《基洛夫像》、魏列司基之作《伏罗斯罗夫像》,以及《列宁之墓》(木刻),克老夫申阔

(接上页)吴南如以"天生"笔名发表了有关中日交涉之文,有独到见解,引起颜惠庆的关注。此后,他跟随颜惠庆开始外交生涯,在颜惠庆的日记中常常出现"吴南如"的名字。他长期在北洋政府、国民政府从事外交工作,病逝于美国。(丁言模:《中苏恢复邦交,梅兰芳首次赴苏演出》,载丁言模:《瞿秋白、鲁迅等名人往事探觅》,中国社会出版社2015年版)

（即克拉甫兼珂）之作。

　　前 3 人在苏联的政治地位和影响，以及他们之间的关系，足以写一本专著。特别是《基洛夫像》的主人是联共（布）中央政治局委员、列宁格勒州委书记基洛夫，1934 年 12 月 1 日在办公室走廊上被刺杀事件，引起苏联政界大动荡，由此拉开席卷全国"清除"狂潮，幕后唆使者至今说法纷纭。《目录》附有《苏俄版画》的介绍之文，其中特别指出：克列门铁夫的石印作品"《基罗夫在列宁格勒的葬仪》其中历史事件有深刻描写。"对此，赵家璧重新译为"克莱门铁夫的石刻《基洛夫在列宁格勒之葬礼》，是用深刻的戏剧性描画下了这段历史的事迹。"此作品在《目录》中未出现，它与《基洛夫像》的原型人物为同一人。

　　苏联元帅伏罗希洛夫曾是斯大林的"亲密战友"，但是，斯大林逝世后，他站在赫鲁晓夫一边，继续担任最高苏维埃主席团主席。1957 年 4 月 15 日，伏罗希洛夫作为国家元首率代表团出访中国，受到隆重的盛大欢迎仪式。他也南下上海，参观申新九厂等。他随到之处，都作为头条消息，刊载于全国主流媒体的报刊杂志。

　　白德尼①讽刺诗集插图，库克立尼克索之作。此插图画面为一个工匠对着一面圆形的大镜子，反射出丑陋的猎犬嘴脸，后者西装革领，一副绅士模样，"很有腔调"地斜靠在沙发上，若有其事地"照镜子"。别德内是斯大林"御用诗人"，以一首讽刺托洛茨基的长诗《没工夫唾骂》而著称。以上这几幅美术作品背后"你死我活"政治斗争的"火药味"并非所有参观者都了解，"穿越"至今，依然如此。

　　《目录》插图的著名文学家之像只有三人，一是《高尔基头像》（木刻），索洛威赤克之作，当时中国左翼和进步刊物上经常出现这幅作品。二是《柴霍甫》（《契诃夫》，木刻），鲍立诺夫（即潘夫立诺夫）之作。三是英国著名诗人拜伦之像，克老夫申阔亦为克拉甫兼珂之作，也是唯一一位非苏联的外国作家之像。当时英国与苏联之间外交关系很紧张，甚至处于敌对状态。选择这幅作品也许是技法取胜，刻法细腻，人物神态逼真，有些女性化，接近这位

---

① 白德尼，今译为杰米扬·别德内，1883 年出生于乌克兰，就读圣彼得堡大学人文系，1899 年发表第一本诗集，曾写诗称颂列宁和托洛茨基的丰功伟绩，被称为红色诗人。1926 年 10 月初，斯大林辗转告诉杰米扬，托洛茨基可能要被开除党籍。杰米扬用克里姆林宫的公文纸写了一首讽刺诗《没工夫唾骂》，表明了自己的立场。此后，杰米扬逐渐失宠，恐慌而死。瞿秋白曾翻译讽刺长诗《没工夫唾骂》，刊载于姚蓬子主编的《文学月报》第 2 期（1932 年 7 月 10 日）。周扬接替主编该刊第 3 期（1932 年 10 月 15 日），发表署名芸生写的讽刺诗歌《汉奸的供状》（仿照瞿秋白翻译的讽刺长诗《没工夫唾骂》）。鲁迅不满意，提笔写了一封信给周扬，即著名的《辱骂和恐吓决不是战斗》，引起一场风波。

浪漫诗人的气质。

　　反映苏联社会主义建设巨大成就的只有一幅作品《库兹聂兹克工厂之熔化炉》（独幅版画），索阔洛夫（即伊尔耶·索各洛夫）之作，画面呈现恢宏气势的建设场面，令人遐想无限，赞叹不已。

　　另外有查路申（即查路辛）创作的《熊之生长》（石印），儿童丛书插画，此画为一只憨态可掬的小狗熊，爬在一株孤立纤细的树枝上，摇摇晃晃，唯恐掉下来。简洁的画面，寥寥数笔，却非常传神。

　　《目录》的这些插图，以及封面《阿夫洛拉军舰之射击》和底封"《苏联共产党第十七次全体会议史塔林（斯大林）报告》中之插图"（苏塔洛诺索夫即斯塔洛诺索夫之作），传递的信息是鲜明的"赤色"——苏联是世界上唯一一个社会主义国家。

　　《目录》载有《苏俄版画》的介绍之文（说明），是一位苏联美术评论家撰写的，由郭曼（南京中央大学教授）翻译。该文首先提及徐悲鸿、梅兰芳先后访苏联"获得最大成功"，指出这次美术展览会"为介绍苏联艺术家创作品于中国人民之第一步"。认为"苏俄版画艺术，正如其他苏俄艺术，一年一年更坚决的证实了新的写实体裁，在社会主义者的写实主义名称下著名。苏俄版画作风，以及整个苏俄艺术作风，逐渐变成了写实的，其程度到了使得苏俄艺术家更明瞭苏俄的时代，苏俄的生动的现实及其新的人民与历史的景色，工业建筑中的烟囱与棚架，集合农民耕种着的田地。同时苏俄版画达到了大的光明与美丽，还有深刻的忠实在历史的具体的过去表现里，从社会主义的社会建造人的观点出发。"

　　鲁迅对于《目录》的设计和版式并不满意，他写信给茅盾时说："那一本印得很漂亮的木刻目录，看了一下，译文颇难懂。而且汉英对照，英文横而右行，汉文直而左行，亦殊觉得颇'缠夹'也。"《目录》设计者也许想符合中国人阅读的习惯，并区别于外国人，因此，出现这样不伦不类的排版方式。

　　鲁迅、许广平曾去青年会参观苏联版画展览会，并订购原拓美术作品。鲁迅很想把这次苏联版画展的作品印出来，介绍给中国广大读者，以满足没有机会前去参观的遗憾，他与良友图书印刷公司（简称"良友"）的赵家璧"即拍而成"。鲁迅写给赵家璧的信中说："展览会目录上一篇说明，不著撰人，简而得要，惜郭曼教授译文颇费解，我以为先生可由英文另译，置之卷头，作品排列次序，即可以此文为据。"此后，赵家璧改译《目录》中的介绍之文（说明），题为《苏联的版画》，收入"良友"出版的《苏联版画集》。赵家璧还撰写了《鲁迅编选〈苏联版画集〉》长文，介绍了其中的动人故事。

　　鲁迅从200多幅美术作品中挑选了180多幅（一说170多幅），《目录》选登的《基罗夫像》（《基洛夫像》）、《伏罗希洛夫像》和白德尼讽刺诗集插图等都未进入鲁迅的"法眼"。

鲁迅为《苏联版画集》"口述"的序言（许广平整理）："我希望这集子的出世，对于中国的读者（将）有好影响，不但可见苏联的艺术的成绩而已。"这可以作为鲁迅"挑选"这些美术作品的一种诠释，即鲁迅从"正能量"考虑，不想产生某种后果（瞿秋白在鲁迅家里避难时，彻夜促膝长谈，很可能接触到党内政治斗争的各种情况）。他也许从艺术角度去衡量和挑选，也许出于其他复杂因素的考虑，毕竟《苏联版画集》公开出版，也需为"良友"和赵家璧的处境设想一番。

2017年1月，《苏联版画集》16开本的"超大"豪华版问世（南开大学出版社社出版），根据1949年"良友"初版本《苏联版画集》排版（原版本没有徐悲鸿的序言）。该豪华版画集基本保留原状，不过其中有的说明与原《目录》不同，原为《苏联共产党第十七次全体会议史塔林（斯大林）报告》中之插图"，却被删除了几个政治术语，变成了《苏联第十七次会议史太林报告》书中插图"，这也许是当时为了"避嫌"，但如今仍然未加任何注释，令人不解。而且，《阿夫洛拉军舰放弹》《库兹聂兹克工厂之熔化炉》作品比较模糊，远不如《目录》插图那样清晰，编者为何不寻找《目录》，选择重新制作呢？也许没找到，也许嫌麻烦。

如果新版本的《苏联版画集》（"良友"版）把原来的《目录》作为附录，一并出版，那么徐悲鸿与鲁迅同时"亮相"，别有一番历史意义。同时保留了历史文献《目录》，也许有些读者"再次发现新大陆"——《目录》的秘密，以及鲁迅"不挑选"的秘密。

鲁迅并不"质疑"《苏联版画新集》

初夏,天气闷热,良友图书公司三楼编辑部朝西,满屋都是热烘烘的阳光。虚弱的鲁迅花费了3个小时,挑选苏联版画。傍晚才结束,鲁迅又气喘吁吁地下楼,疲乏的脚步显得很沉重。赵家璧非常后悔,不该让鲁迅亲自前来。

1936年7月初,"良友版"的《苏联版画集》问世,赵家璧立即派人送书给鲁迅。3个月后,鲁迅不幸病逝。

"良友版"精装本:特定瑞典制造一百六十磅铜版纸精印,十八开本皮制封面。普通本:一百磅黄道林纸印。二十开本纸装封面"。首印三千册,很快被读者购买了一大半。

"几乎同步"的另一本《苏联版画新集》也来抢占书刊市场,比"良友版"的书名多了一个"新"字,但是外包装显得"寒碜"多了。这是"突围文网一扁师"的上海天马书店①印行(以下简称"天马版"),只是普通的32开。但是,该书继续选用优质道林纸精印,因此印制的美术作品,至今仍然比较清晰。

《苏联版画新集》扉页和封底各有环衬图案,即印有奔腾的两匹飞马,由姚邑画家陈之佛设计,他为商务印书馆的《东方杂志》设计装帧而闻名。但

---

① 1932年,天马书店由浙江余姚同乡韩振业(经理)、楼炜春(副经理)、楼适夷(编辑)、郭静唐(郭激)等人创办,由左联成员楼适夷分别向鲁迅、茅盾等作家约稿。次年,楼适夷参与筹备远东反战大会之后被捕(直到1937年才出狱)。韩振业替代负责约稿,事前已经邀请时在南京中央大学任教的同乡陈之佛为出版的图书作装帧设计。该书店先后出版了鲁迅、郁达夫、周作人、茅盾、丁玲等作品,名声大振。
由于遭到国民党当局的查禁或扣留邮包,使天马书店不断遭受政治压迫和经济损失,43岁的韩振业心力交瘁,1935年11月不幸去世。其后由郭静唐继任经理,出面维持,增筹资金,进行书店改组,天马书店从北江西路迁到河南路永宁里55号。楼炜春利用业余时间前去帮忙,陈之佛则未再与天马书店合作。1938年6月,天马书店被迫停业。
1978年秋天,茅盾应楼炜春之请书写七绝条幅:"天马苍头忆往时,突围文网一扁师。蒋家书社空林立,萧瑟门庭鬼唱诗。"

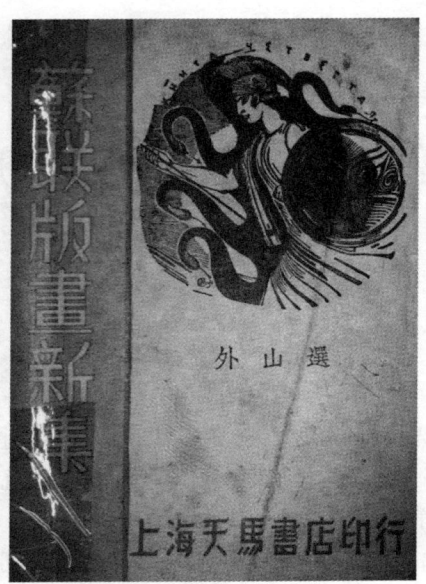

是《苏联版画新集》封面并不是他设计的,而是另有他人。《苏联版画新集》封底版权页注明:1936年7月初版,同年10月再版,显然销量也不错。并强调"版权所有,不准翻印"。

"天马版"的美术作品、排版式样等与"良友版"有所不同。前面有4篇文章,一是鲁迅写的《记苏联版画展览会》(2月17日),发表于2月24日《申报》。

二是徐悲鸿撰写的《序苏联版画展览会》,原载《苏联版画展览会目录》。三是《苏联版画》一文(无署名,郭曼翻译),介绍苏联版画展览会的文章(详见本书收入的《〈苏联版画展览会目录〉公开的秘密》)。不过此译文又经过"润饰",保留了主要内容和文字,只是将原来"苏俄"一律改为"苏联",修改了部分标点符号。

四是契果达叶夫(A. Chegodayev)撰写的《苏联的版画艺术》一文,这是新的评介内容。比《苏联版画》一文的内容多一些,但是观点相似,如果说前后两文都是出自一人之手(包括译者),那么也并不令人意外。

这4篇文章均为中英文对照,不但在同一页上,便于查阅,而且中英文一律横排,不同于《苏联版画展览会目录》,即"英文横而右行,汉文直而左行。"(鲁迅语)

在苏联版画展览会200多幅美术作品中,"天马版"刊登了130多幅,比

1949年重版的"良友版"(120多幅)还要多一些,不过尺寸小多了。"天马版"一页一图(背面均为空一页),但有时一页上印制2幅或3幅,甚至硬是挤进4幅作品。

如果细细地核对两者的美术作品,那么便可以发现许多问题,鲁迅没有挑选的3幅作品,即《基洛夫像》《伏罗希洛夫像》和讽刺诗集插图(详见本书收入的《〈苏联版画展览会目录〉公开的秘密》),出现在天马版中。而且女性为主角的作品(包括裸体的《浴女》等)多于"天马版",增加了雕塑和油画,并不局限于版画,因此书内页封面的标题下注明"附油画及雕刻"。显然,"天马版"策划者、编者的审美情趣和价值观不同于鲁迅,考虑问题的角度也不一样。

《苏联版画新集》的"新"字并非夸大其词,还是有比较充分理由的,特别是与张西曼等人举办的苏联版画展览会"接轨",不仅收入《苏联版画展览会目录》有关文章,新增加契果达叶夫和鲁迅的文章,这也是吸引读者的"卖点"。种种迹象表明,《苏联版画新集》的背景非同寻常,理直气壮地宣称"版权所有"——正宗的,并非是盗版。这些理应与中苏文化协会张西曼等人策划、挑选有密切关系(1936年3月1日成立中苏文化协会上海分会,会长黎照寰、总会代表常务理事张西曼到场讲话),否则难以"名正言顺"地刊登百余幅苏联版画作品,并公开发行。

其中引申出一个问题:鲁迅为何病逝前似乎从未提及"天马版"《苏联版画新集》,也不"质疑"为何收入他的文章。① 赵家璧的回忆文章里也不曾谈起这些话题,他们好像与天马书店之间有一种"默契",无需多言。1936年3月、4月和7月,楼炜春先后写信给鲁迅,主要是为了楼适夷在监狱中翻译高尔基的"三部曲"之一《在人间》,请鲁迅帮忙发表。楼炜春的信中可能谈及《苏联版画新集》出版一事。

《苏联版画新集》版权页上注明:发行者郭澂(郭静唐)②,选编者"外山",

---

① 1936年3月30日,鲁迅写信给巴惠尔·艾丁格尔(当时寓居苏联的德籍美术家兼美术评论家)时说:"中国的青年木刻家并无进步,正如你所看见,但也因为没有指导的人。二月中,上海开了一回苏联版画展览会,其中的作品,有一家书店在复制,出版以后,我想是对于中国的青年会有益处的。"(《鲁迅全集》第13卷,人民文学出版社1987年版)鲁迅说的"有一家书店在复制",不知是指良友图书印刷公司,还是天马书店,尚需佐证。

② 郭静唐是韩振业的学弟,早年同为浙江省立第一师范学校学生。1925年加入中国共产党,在余姚从事农民、盐民运动,后被通缉。1932年在上海参加左翼文化运动。抗日战争爆发后,在余姚从事武装抗日活动。1940年8月,被捕,关押在上饶集中营,与冯雪峰等人相识。1942年经营救,出狱。后任新四军浙东纵队司令部秘书长、浙江省人民政府委员兼财经委副主任等职。

(转下页)

是何人呢？

据楼炜春回忆，天马书店后期有3位编辑，一是楼明山，原来担任校对工作，由于勤奋好学，担任了编辑。后经楼适夷介绍，他去延安进了抗大，入党。此后他回家乡，担任舟山县委书记，反"扫荡"时不幸牺牲。二是潘枫图（潘念之），曾担任短时期的编辑工作，大概是到书店"避难"的。三是尹庚（楼宪，又名楼允庚），叶以群、楼适夷被捕后，他接替编辑天马丛书，曾向鲁迅约稿，编辑了鲁迅的《门外文谈》集子。不过尹庚回忆文章中没有谈起《苏联版画新集》，楼明山可能化名为"外山"，但需要佐证。

其实，还有一人也略知有关情况。曾是左联成员、作家、翻译家丘韵铎[①]以黄峰的笔名主编"世界文学连丛"《苏联文学》第1辑《高尔基》，天马书店出版（无出版日期），书后附有的书籍广告，其中有《苏联版画新集》："鲁迅、契果德耶夫（契果达叶夫）等撰文四篇，选图一百五十幅（大概包括其他图片——引者）。从画法上分，版画居多数，余如木刻，铜刻，石刻，漫画，照贴画，油画，雕刻等，亦均择尤（优）选入。从主体上，则有风物，景色，人物，妇人型，建筑之图分，处处显示着苏联社会发展之道路，和新型艺术的趋向。至于用笔的别致，思想的生动，实为资本主义国家所从未见过，这点，在鲁迅先生的文章中，已经说得非常详明，我们自不必多赘。全书用米色道林纸精印，约二百五十余页。"

可惜楼炜春的《忆天马书店》仅提及《苏联文学》，没有谈到《苏联版画新集》，郭静唐生前可能无暇写有关回忆文章，丘韵铎更不用说了，否则可以揭开此书印行之谜。

（接上页）郭静唐的弟弟郭肇唐，1925年加入中国共产党，参与领导五卅运动。同年赴苏联学习，1927年回国。次年复赴苏联，加入联共（布），曾任共产国际东方书记处主任助理、民族殖民地问题科学研究所科学部副主任，他与时为驻共产国际中共代表团长瞿秋白等人相识，曾撰文回忆瞿秋白往事。

[①] 邱韵铎早年是创造社"小伙计"之一，后为左联发起人之一，曾撰写了《〈海燕〉读后记》一文，其中有的看法遭到鲁迅的驳斥，写下《〈出关〉的"关"》，点名批评邱韵铎，影响很大，此后再也无人提及邱韵铎《〈海燕〉读后记》一文的褒扬之言（也许是当时唯一的公开观点），延至今日。邱韵铎晚年在重庆，年逾九旬，神志恍惚，生前未能留下回忆《〈海燕〉读后记》的片言只语。（详见丁言模：《轰动一时的〈海燕〉月刊》，载丁言模：《穿越岁月的文学刊物和作家》第1辑，中国社会出版社2017年版）

"半中半日"的奇特之书《现代支那趣味文选》

"中国通"田中庆太郎被称为学者型书店老板,是近代日本中国学发展史上的一位独特人物。

田中早年毕业于东京外国语大学中国语学科,后来华寓居较长时间,成为水平相当高的汉学家。他继承了祖辈开书店的"基因",在京都经营的文求堂,原来是供天皇家御用的日文书店。他凭着对于中国古籍书画的精湛学识,在中国大量搜购古书,运回日本售卖,做起了国际贸易。1923年日本关东大地震,文求堂毁于一旦,田中凭着一股韧劲,重建新店,兼经营新书的买卖和出版,生意越来越火爆。同时,他设法与鲁迅、郭沫若、郁达夫等中国著名作家"挂钩"联系。

田中广交名流,见多识广,他以日本汉学家的眼光审视、删选、摘录了80篇中国各家报刊的各种报道和短文,编辑了《现代支那趣味文选》(以下简称《趣味》),昭和九年(1936年)6月5日出版,从不同侧面呈现了上世纪30年代中国社会不同场景,犹如纷乱杂色的"万花筒",引起许多读者的浓厚兴趣。两年后此书再版,丁景唐珍藏的是第3版(昭和十六年即1941年)。

《趣味》的篇目排列看似无规律性,大概是按照摘抄散文时间先后顺序。摘录的短文大多为几百字,还是按照清末民初的"句读"断句,并没有改为现代标点符号。短文后却用日文注释,比较详细,有些文字甚至超过短文,由此形成了"半中半日"的"奇书",既招徕中国部分读者的眼球,又迎合了日本部分读者的猎奇心理。

宁波人富忍耐性兼创造性,善经商,足迹遍全球,与广东人并驾齐驱,但喜用反形容字,亦宁波人特性也。例如新字用老字来形容,小字用大字来形容。矮字,用高字来形容。诸如此类,不胜枚举。兹将宁波人之俗语,作成一妙联,令人读之,颇堪发噱,录之于后,以飨茶话读者。

大大小孩,坐高高矮凳,吃热热冷饭。老老新妇,拿黑黑白刀,切硬硬软糕(按宁波人年糕读软糕)(《宁波人之妙联》)

现代
支那
趣味文選

笔者小时候，经常听到大人讲述这则奇特的宁波歌谣，而且以此"正反词语"的逻辑思维，可以延续产生更多的联句，当时觉得很好玩，至今还记忆犹新，这大概是《趣味》的趣味。宁波人"口口相传"这种"颇堪发噱"的联句，牵涉当地的历史文化、民风民俗等积淀的心理状态，足以写一篇专题论文。

类似的生活趣味之短文比较多，"潜伏"在中国民众日常的吃穿行之中，如《竹丝蚊帐》《兰州之瓜梨》《雨花台畔现古窑》《今非昔比之鲫鱼》等。

> 寻常请人吃饭，总称曰便饭，以示菜蔬无多之意。于是请柬上亦有便酌等字样，所谓便者，随便不照宴席成规之谓也。此便乃形容词，与尿溺之称大便小便之便，作为名词解，迥然不同，一进一出，尤别霄壤。乃有某老爷者，向一饭馆订便饭一桌，而菜肴从丰。开来发票，则曰大便席一桌，见者骇然。初以为某老爷所食者，乃人中黄之一类佳品，同尝妙味诸宾，则力辩为便酌便饭之便，而非小便大便之便也。（《大便席》）

这些原来是不登大雅之堂的"忌讳"文字，却公然出现在发票上，与其说是中国文字含义复杂，不如说是"灵光乍现"的讽刺思路，"某老爷"只是一种象征,很容易联想起"朱门酒肉臭"等诸语。当然,不同的"三观"(世界观、价值观、人生观)会产生不同的审美情趣,甚至会得出"大相径庭"的结论。

坊间流传的中国文人趣闻轶事,历来都被广大读者津津乐道,这既是销售的"卖点",也是"热点"。田中作为精明的书商也将此纳入自己的"法眼",诸如《胡适之反对民权同盟》《史良才忆则屡中》《林语堂可比徽宗》《美畹华银幕生涯》《说古话,唐祝文张四才子》《吴江老画师》《文人别号尼姑化》《名士习气》等。其中《陈独秀想女人》只是"道途听说"陈独秀在南京监狱里的一句戏言,便成为"大声吆喝"的标题,犹如当下"不法商人"的违规广告,热衷打出名人招牌,作为某产品的代言人,不动声色地"挖坑"。

但是,《趣味》收入诸文并非都是插科打诨,充满小市民的习气,也有"含而不露"的妙文。

> 遇湘友某君,讯及丁玲女士事,承其答复云:丁女士死与不死,吾人初弗得知。但丁女士来沪之前,尚未成名著作家时代,其身世大概,吾尚可约略述之。……女士生于清末甲辰,以时纪之,今年三十岁矣。(《偶述丁玲一页史》)

1933年5月14日,左翼作家丁玲(曾任左联党团书记)、潘梓年因叛徒出卖,在上海租界被国民党蓝衣社特务秘密绑架。这时,应修人(时任中共江苏省委宣传部长)恰巧前去访见丁玲,与埋伏的特务抗争,坠楼身亡。此消息传开后,引起社会上很大震动。

在国内外舆论压力下,国民党特务把丁玲秘密押送到南京软禁起来。外界则传说丁玲已经牺牲,6月28日,鲁迅悲哀地写下旧体诗《悼丁君》,但仍抱有希望,没有立即寄给报刊。《偶述丁玲一页史》也是外界舆论的一种反映,说是介绍丁玲的简介,闲聊几句,其实也不妨看做是一种"无声"的抗议。

> 女儿出嫁最风光,鼓乐旗锣列前行,一乘花轿走中央,啜泣思量新嫁娘,思量父母恩周到。民之父母却未料,民之父母恩上恩,公益抽捐到花轿,悬赏提成告漏税,利用轿行轿夫报。轿夫报,税警来,风行更雷厉,花轿阻当街,恰如缉私捕盐贩,又似巡捕扫赌台。新娘狼藉母家回,宾媒流血警棍挨,公愤酿罢市,跪香民状哀。地皮终要刮,天听岂能迴,一场喜事变为灾,花花轿子是祸害。彻悟虚荣取实祸,根本改计不徘徊,省钱况免十倍罚,嫁女不用四人抬。儿郎招赘女行露,陆有车驴水船排,从兹花轿无人坐,轿行门也无人过。民之父母恩上恩,另筹抵补

防亏课，抵补新筹灵柩捐，轿行关门轿夫饿。(《花轿捐》)

这是一篇类似诗歌形式的辛辣讽刺之文，勾勒出贪婪无厌的官僚("民之父母")的丑恶嘴脸，肆意欺凌、敲诈民众，恶狠狠地把中国传统喜事扭曲成一出悲剧。这里同样运用了以上宁波人"正反词语"的手法，明明是明火执仗的强盗行径，却被冷嘲热讽为"民之父母恩上恩"；明明是强行缴纳"花轿税"，巧立名目的苛捐杂税之一，却将其称为"公益抽捐到花轿"；明明是恬不知耻地强行下令"悬赏提成"，却巧设一项罪名"漏税"，云云。

田中筛选文章也花费了一番功夫，除了犀利的抨击之外，也有其他形式的短文。

鄙人阅读贵栏数年，迭见披露刑事案件，不必交纳诉讼费。但内地兼司法的县政府，遇有刑事案件，仍收堂费。此种堂费，经司法警察之手，且甚于民事，凡此种事件，在法律上有否救济，抑或兼司法的县政府与法院不同。敬请指教(高)。

(答)内地兼理司法之县政府，对于刑事案件，亦一律不收讼费。所述情形，恐系司法警察勒索陋规之一种，久已悬为厉禁，当事人可向该县政府告发。(《法律质疑——刑事堂费》)

现实生活中的"民告官"，只能是天方夜谭，民间疾苦更是无人问津，《趣味》收入的《十二圩盐船被火记》《绍兴吃田之叫苦》等便是一幅幅凄惨悲剧。对此，那些国民政府的要人是否熟视无睹呢？他们在决策之余，又上哪里寻找乐趣呢？

庐山会议，显赫当时，诸要人复结社吟哦，以殿其末，武辈文修，蔚为大观。而寂然已久的白鹿洞书院，亦蒙嘉惠，有重兴之象。……前贤讲学之流风余韵，历历如绘。今不得闻朱陆伟论，然有诸公之高吟逸兴，亦足慰沉廖矣。(《恢复白鹿洞谈》)

白鹿洞书院位于江西庐山五老峰东南，白鹿洞书院第一个院落为先贤书院。其中朱子祠为先贤书院主要建筑之一，专祀朱熹(宋代集理之大成者)，该书院在某种程度上也成为读书人向往的神圣殿堂。南宋时期朱熹的理学与陆九渊的新学明显有异，引发思想交锋和学术辩论，故有"朱陆伟论"之说。

民国时期的庐山会议，成为南京国民政府要人身价的一种象征。以上短文是在讽刺"诸要人复结社吟哦",附庸风雅,在白鹿洞书院里高谈阔论,好不快哉,哪里还有心思"重振山河",关心民间疾苦。而且"今不得闻朱陆伟论,然有诸公之高吟逸兴"诸语,今昔"质变"的鲜明反差,其意不言而喻了。

> 骨(古)董商有言曰:"古董者,后进先出者也。"骤听斯语,殊费思索,一经细研,殊绕兴趣。凡暴富之户,于其布置园林婢女妾犬马之余,乃得骨(古)董商,进以似是而非之鼎彝图书,罗列座右,以资摩挲,及至家道中落,当变卖园林,遣散婢妾之初,其最先脱手者,厥惟骨(古)董。近如中华村夏宅,古器之多,名闻中外,近已加紧整理,努力迁移,以八百万金,抵押于洋商,家运中落,镶宝云亡,旨哉骨(古)董商之言也。(《后进先出》)

田中还是一个成功的商人,深谙经商之道,他挑选的《后进先出》,折射出他经商的某些心理,不过此类短文并不多见。

《趣味》的"趣味"是广义的,亦庄亦谐,亦真亦假、亦善亦恶,"左右逢源",任君(读者)自行理解和笑纳。但是,田中还是有自己的底线,决不"得罪"声望很高的"高级贵宾"鲁迅等人,拒绝把他们的趣闻轶事作为"卖点"。

1926年10月21日,鲁迅在厦门大学教书时,收到日本文求堂赠送的"抽印《古本三国志演义》十二叶,淑卿转寄"。事前,田中将抽印的样本12页寄到北京,由住在鲁迅京寓帮助鲁母理家的许羡苏(徐钦文的四妹,字淑卿)转寄厦门大学的鲁迅。

文求堂藏有嘉靖壬午刊本,堪称珍本。1929年商务印书馆影印此本,除了依据该馆涵芬楼的藏本之外,残缺部分则以文求堂藏本补配。田中久闻鲁迅大名,主动相赠,以增进情谊。

1932年春,田中设法率先出版一本日文译本的《鲁迅小说选集》,同年5月12日,鲁迅收到4本样书,其后收到版税日元50元。遗憾的是此书印制欠佳,引起鲁迅的不满。同年6月18日,他致许寿裳信中说:"文求堂所印《选集》,颇多讹脱。前曾为之作勘正表一纸,顷已印成寄来,特奉一枚,希察收。"

同年11月18日,日本东京改造社初版《鲁迅全集》,井上红梅翻译,道林纸精装本,32开,黄漆布硬封面。事前,鲁迅与井上红梅有通信来往。此版本要比文求堂所印《选集》高出一筹,后者似乎未能留存。

丁景唐珍藏《趣味》一书,是作为研究鲁迅等人的参考资料。不过《趣味》的趣味也能穿越时光,迎合如今某些读者群的好奇心,足见田中具有"前瞻性"的眼光。

罗稷南的译作《高尔基论》

西班牙作家塞万提斯笔下的堂·吉诃德早已被世人所熟悉，那匹坐骑（Rocinante）同样闻名于世，有人将其翻译为驽骍难得（兼顾译音译意），意为过去是驽马，现在却是"第一流"的。

1932年"一·二八"淞沪抗战时，十九路军军部秘书陈晓航（北京大学高材生），与身材瘦长、勇猛无畏的蔡廷锴朝夕相处，不由得产生联想——西班牙骑士堂·吉诃德，"马前鞍后"的陈晓航便自称为罗稷南（坐骑译音），多少有些戏谑成分，以此为笔名，并逐渐取代了原名，谱写了传奇人生。①

"福建事变"失败后，罗稷南辗转到上海，结识艾思奇、郑易里、杨青田等乡友，来往甚密。他举办过"现代知识讲座"。

1936年初，李公朴、柳湜、艾思奇、黄洛峰、郑易里②等人创办读书出版

---

① 罗稷南，原名陈强华，号陈晓航，又名陈子英，云南凤庆（顺宁）县人。1923年毕业于北京大学哲学系。历任国民革命军第四军101师政治部宣传科科长、十九路军总指挥部秘书、福建人民革命政府闽西善后委员会办公厅主任等。新中国成立后，担任中国作协上海分会书记处书记等。

② 艾思奇，原名李生萱，云南腾冲人，蒙古族。1935年，参加中国共产党。他写的专著《大众哲学》（原名《哲学讲话》），成为读书出版社成立后出版的第一本书，成为最受欢迎的通俗哲学著作。后到延安，历任中共中央高级党校哲学教研室主任、副校长、中国哲学会副会长等。
柳湜，湖南长沙人。1928年加入中国共产党，后被捕入狱，1934年获释后即前往上海，担任《申报》读书指导部主任，后与李公朴等创办《读书生活》半月刊。新中国成立后，担任《人民教育》总编辑、教育部副部长等职。1957年被错划为右派，"文革"中被迫害致死，后平反。
黄洛峰，云南鹤庆人，1927年加入中国共产党，曾任中共安宁县、易门县、禄丰县特委书记，共青团昆明市委书记。1930年赴日本留学。1931年回国，任上海民众反日救国联合会秘书长。后任生活·读书·新知三联书店管理委员会主席、中共中央宣传部出版委员会主任委员。新中国成立后，历任中央人民政府出版总署出版局长、文化部出版局局长、中国出版工作者协会第一届副主席等。
郑易里，原名郑雨笙，曾用名郑重良，云南玉溪市人。早年就读北京大学农学院预科，1927年东渡日本留学。后回国，在上海参加反日大同盟，1928年12月，加入中国共产党。后任读书生活出版社董事等。早期从事马列主义著作的编译和出版工作。新中国成立后，成（转下页）

社（其前身是1934年创刊的《读书生活》半月刊，后为读书生活出版社），李公朴为社长，与各方打交道。主持社务和编辑工作的有艾思奇、柳湜、郑易里等，黄洛峰担任总经理（一说罗稷南也曾担任此职务）。抗日战争胜利后，该出版社与生活、新知两店合并为生活·读书·新知三联书店。

著名民主人士李公朴之外，读书出版社的骨干成员都是共产党人。因此，该出版社被称为中国共产党领导的革命出版机构。

罗稷南早年就读北京大学时结识了李大钊，加入了社会主义青年团，不久加入了中国共产党。他精通俄语、英语，曾发表《陀思妥以夫斯基传略》《法朗士传》等文。1931年6月，上海商务印书馆出版了他的首部译作——高尔基的《幼年时代》。次年，上海国光社出版了他翻译的高尔基《阿尔达莫诺夫家事》(书名译为《没落》）。他翻译了苏联、英国、美国文学作品等20余部共计800多万字的世界名著介绍到中国，影响了中国好几代人，被称为用

（接上页）为著名农学家、科技情报专家、中国电脑汉字形码理论体系的奠基人。主编的《英华大词典》，多次再版，影响很大。

文学形式介绍西方进步思想和马列主义到中国的最突出的中国翻译家之一。

1936年9月,罗稷南翻译的《高尔基论》(乌尔金著)作为艾思奇主编的"角半小丛书"之一出版,正文76页。该书后版权页注明:读书生活出版社发行者:李公朴;读书生活出版社地址:上海静安寺路斜桥弄71号。最后一页刊有"角半小丛书"第1辑10册的广告:

> 眼前发生的实际问题,读者每每无法得到透彻来了解,单靠各刊物上的零碎文章,是不够的。这套用丛书的目的,是要在最快的时间内,把一般人所急需的东西,供献给读者。内容不一定有系统,出版也没有一定的限制,一切都依着读者的需要来决定。每种定价一角半至二角半,预定八册以上者,一律作一角半计算。

第1辑10册有:李崇基(艾思奇)的《如何研究哲学》、罗稷南翻译的《高尔基论》、谢汉夫(与吴敏合作)的《联合战线论》、刘群的《西班牙人民阵线》、柳湜的《实践论》、章乃器的《国防总动员》、胡愈之的《法国人民阵线》、罗稷南翻译的《怒吼吧中国》、柳湜的《救亡的基本认识》。

这10本书名以后有所变化,或替换。其中柳湜的《实践论》,可能是他的《街头讲话》和其他著作的原拟书名。1936年1月,邹韬奋主办的《生活日报》星期增刊发表《实践论》(方直),同版上刊登评论柳湜的《街头讲话》(落观)一文。因此,柳湜的《实践论》书名并非偶然,但是毛泽东的著名《实践论》问世后,柳湜的《实践论》便不见"踪影"了。

罗稷南翻译的《高尔基论》是一本通俗读物。该书的中译本没有目录,正文里设有小标题:《"悲叹的家宅"》《褴褛的人群》《不怜悯穷人》《来自下层》《在革命旗帜下》《"你们甚至不配在地狱里"》《纯粹的无产者们》《列宁与高尔基》《回忆〈老俄罗斯〉》《"我所知道的可怕是真实的"》《克里·萨木金》《普罗艺术的最重要的代表》《在普罗文艺的摇篮期》《革命手册著作者的突击队》《我也要加入红军作一名兵士》等。这些短文简明扼要,勾勒出高尔基的"俄罗斯普罗文艺之父"活动生涯的粗线条,符合斯大林等人有关的指示精神,渗透在苏联主流媒体的各种文章里。

为了便于读者了解该书中的俄国、苏联作家,罗稷南特地编写了《本书人名索引》,列举了20多位作家,其中有一些是鲁迅、郑振铎、曹靖华等中译本的原作者。

该书的《克里·萨木金》高度评价了高尔基这部著名的长篇小说,指出这是"最近的和最大的作品","真可说是第一次革命时代的俄罗斯生活的一个横断面,它是各种典型的全部展览,是各种事件无限连续的光景,是细密而有趣的社会各阶层的测绘,是细工雕刻成的巨大图像。主角克里·萨木金,一个资产阶级的知识分子,不过是作者藉以穿缀起他的人物和背景的宝藏的一个事象。"

此短文开头提及该书时,罗稷南作了文中注释:"英译者改名为《旁观者》,这是错误的。"短文后面,罗稷南又添加了一个注释:"全书分为三部,第一部出版数年后,第二、第三部始陆续出版;此处专指第一部。"上世纪30年代初,瞿秋白隐居在上海时,曾计划翻译高尔基这部煌煌巨作,题为《克里慕·萨慕京的生活》,但是未能如愿,仅留下开头译文的残篇。

罗稷南花费多年的心血,终于完成了这部译作,1950年出版,题为《克里·萨木金的一生·四十年》(3册),由三联、中华、商务、开明联营联合出版。该书中有一个细节,描写李鸿章到俄国后,在大庭广众下,前呼后拥,好不威风,突然,他随地吐了一口痰,令人瞠目结舌,至今仍然传为笑柄。

《高尔基论》最后一章《高尔基文学活动四十周年纪念》中写道:

> 共产党中央执行委员会祝词:"由于他的已成为大众的财富的出色的文艺,高尔基'自己已经和俄罗斯及全世界的工人运动坚固地集合着'(列宁)……"
>
> 人民委员会称呼高尔基为"我们苏联的荣耀","他的伟大的艺术天才已经并且正在服役于普罗革命的胜利,社会主义的文化。"
>
> 斯大林的祝词:"亲爱的阿列克先·马克西莫维奇:我诚恳地祝贺你,握着你的手。我希望你有许多生活和工作的年岁——为一切劳苦群众的喜悦,为工人阶级的敌人的惶恐。"
>
> ……在这盛大的庆祝会中高尔基的答辞由次日的《真理报》发表如下:
>
> "在高尔基枉然尽力对大众作了许多手势也不能平静的暴风似的喝彩之后,他才作为最末的发言者而出现在演讲台上。他抑制着感情,慢慢地说道:'我不想叙说这次(大会)是怎样地感动着我。我也太老了,不会客气了……这庆贺不是我的事。'(大笑,喝彩)'可尊贵的不是我的工作而是你们的,现在我接受它好像一种预支,我愿意尽力去证实它。''好,仪式已经够了,我们必须说一说这纪念会的意义……'

这些熟悉的赞美词句,又显得很陌生,恍如隔世。随着前苏联大量档案的陆续解密,类似"高尔基的悲剧晚年"的词语占据了诸多高尔基研究专著的篇幅。《高尔基论》是斯大林热捧高尔基(从意大利回国)的政治文化通俗读物,无需回避。

上世纪30年代,中国左翼文学运动期间迫切需要高尔基这样的国际"标杆"的出现。左翼文学工作者公认高尔基是伟大的国际普罗文学"旗手",他的杰出文学作品曾深深地影响了中国几代读者。

左联负责人周扬曾编辑了《高尔基创作四十年纪念论文集》一书,交给良友图书印刷公司的赵家璧出版(1933年10月印行,不久被查禁),这是继1932年左联和"文总"(中国左翼文化总同盟)刊物上发表了一系列纪念高尔基创作40年的论文、译文、图照后的一个结集。该书首篇为鲁迅、茅盾、丁玲、曹靖华、洛扬、适夷等联名写给高尔基的一篇祝辞,原载"文总"机关刊物《文化月报》创刊号(1932年11月出版)。

对此,丁景唐特地写了《关于〈高尔基创作四十年纪念论文集〉》(载丁景唐:《学习鲁迅作品的札记》增订本,上海文艺出版社1983年版)。赵家璧也写了《关于周扬编〈高尔基纪念论文集〉》(赵家璧:《编辑忆旧》,生活·读书·新知三联书店1984年版),谈及丁景唐经考证、核实,改写的专题一文(如上)。

丁景唐珍藏罗稷南翻译的《高尔基论》,也是作为研究30年代左翼文学运动的一个重要参考资料。况且出版该书的读书生活出版社重要骨干李公朴、柳湜、艾思奇、黄洛峰、郑易里等,都是中国现代出版界的前辈,值得后世敬仰和研究,他们在中国现代出版史上占有重要一页。

罗稷南的初版本译作《怒吼吧中国》

"舞台上两个主要地方——帝国主义的'金虫号'和中国的码头——决定了这剧本的连锁的结构,各个剧情像连环一样互相衔接着。他们在炮艇上从望远镜里观看着有阿斯来的落水,而这同一事件在第二景……"这是翻译家罗稷南根据英译本翻译的九幕剧本《怒吼吧中国》前面的布景说明。

说明中的"落水"指该剧情中的英国军舰停泊在四川万县长江中,舰上一个美国商人搭小船上岸,因渡资与两名船夫发生争执。美国商人欲行凶,却失足落水淹死。英舰舰长胁迫中国官府一日内拘捕船夫,最后悍然下令炮轰县城。

此译作出版的2个月前,说明的布景已经被首次搬上舞台,引起上海滩的一阵轰动。上海《申报》特地刊出海报:"戏剧协社第十六次公演话剧,应云卫导演,全体社员百余人合作演出《怒吼吧中国》……"中国左翼戏剧家联盟发动进步戏剧工作者、业余戏剧爱好者协助演出,袁牧之、陈波儿、魏鹤龄主演,其中有10余名外国人。

9月16日到18日,该剧在黄金大戏院上演,一天连演两三场。场内座无虚席,气氛热烈。全剧最后,舞台上高呼"全世界听着中国的怒吼!""(帝国主义)滚出去!"将全剧推上高潮,引爆了全场的高呼声,这成为全国纪念九一八事变两周年的抗日救亡浪潮的一个缩影。

事前,应云卫从美国杂志上看见《怒吼吧中国》剧照和剧情介绍,又设法找到英文剧本,请人译成中文。此剧上演获得了空前的成功,各家书局纷纷邀约赶译此剧本,其中有仓促翻译或节译的,罗稷南的译本则是完整的,成为丁景唐珍藏此译本的主要原因之一。

"以中国的民族解放运动为题材,而获得世界成功的戏剧作品,谁都要承认《怒吼吧中国》是第一部。这个剧本,在中国上演过好多次,但是直到现在还没有一本忠实可靠的全译本。我们所以要出版罗稷南先生的译本,就是为要弥补这缺陷。本书译笔准确流畅,可以算是定本。"丁景唐将此介绍短文剪下,贴在《怒吼吧中国》扉页左下角,以作备用。

罗稷南的译本封面装帧简朴,仅有左上的一个头像侧面投影图案,头像里面则是声势浩大的示威人群,振臂呼喊,意即抗日救亡的浪潮。下端为套红的书名。前面有《英译本瑞纳教授序言》和原作者"铁捷克"的说明。后面版权页注明:发行人李公朴,由读书·生活出版社,1936年11月初版,每册3角。

该剧作者特莱耶珂夫(亦译为特列季亚科夫、特勒蒂科夫),中国名字为"铁捷克"。他是苏联左翼文学家,在大学时期写过2000多首诗歌,成为未来主义的诗人,与未来派领袖马雅可夫斯基结为好友。1924年特莱耶珂夫又来中国,在北京大学当教授,曾帮助任国桢翻译《苏联文艺论战》。他在北大执教时,从学生那里知道不少中国情况,写了一首未来派的诗歌《咆哮的中国》。

此后,特莱耶珂夫根据1924年6月万县事件创作剧本,1926年1月23日更名为《怒吼吧中国》①,在莫斯科梅伊荷德剧场公演,引起热烈反响。后

---

① 笔者曾在图书馆查看材料时,误抄录了一些情况,并未进一步考证,便写入《穿越岁月的文学刊物和作家》第2集(中国社会出版社2017年版)第199页,谨向读者致歉。如今找到父亲丁景唐的藏书即罗稷南的初版本译作《怒吼吧中国》,得以纠正,现以本文为准。

来又在日本东京、英国曼彻斯特、美国纽约以及德国和北欧的一些国家演出,国际上的影响甚大。

"这个剧本……英雄并不是一个人,而是正在斗争着的中国民众全体。《怒吼吧中国》曾经被批评为不过是一种宣传品,然而不如说是因今日中国的被外力压迫而格外显明了的一切帝国主的总暴露。这个剧本奇异地预言了那时以后的帝国主义者在中国的更其重大的种种暴行。凡反对帝国主义的剥削的兽行及伪善的人们都不能不被激动于今日中国所怒吼着的和这剧本所以名为《怒吼吧中国》的那种反叛的精神。"这是瑞纳教授为英译本《序言》写的一段话,他的思想境界和预言却超过了那些所谓的"批评家"。

"这个剧本奇异地预言了……"这句话在剧作家特莱耶珂夫写的序言里得到证实,剧情"都是事实,我并不曾有所更改。况且,这事件已经证明为典型的事件了。阿斯来事件是一个悲剧;但是这城市也有了它的趣剧。'金虫号'事件过了几个月之后,在万县的一个小酒店里,中国人和法国炮舰的水兵发生了一场斗殴。一个水兵受了伤。那舰长就向地方当局提出要求:打坏的肋骨应由中国方面赔偿一个不很大的数目(约合一百卢布),否则就要轰毁城市云云。这城市,几经从外国大炮底下苟延过去之后,终于一九二六年被它们轰击了。外国轮船公司和一位中国将军冲突的结果,这轰击就开始了。因此,有些看过《怒吼吧中国》的人们把这剧本当做一个预言。"

"一九二六年被它们轰击了……"指"万县惨案",1926 年 9 月 5 日,英国帝国主义军舰炮轰四川万县县城,屠杀中国军民,被毁民房千余间,财产损失约 2000 万元。震惊中外。中共四川省委书记杨暗公等共产党人发动和组织群众,掀起了抗英高潮。但是,杨森秉承吴佩孚的旨意,下令释放了寻衅肇事者英国太古公司商轮,并压制人民的反英示威运动。如今重庆市万州区(万县)建有"九·五"惨案陈列馆和烈士事迹陈列馆。

翻译家罗稷南,原名陈强华,号晓航,又名陈子英,云南凤庆(顺宁)县人。他的前半生富有传奇色彩,他早年在北京大学哲学系读书时相识了该校的图书馆长李大钊,随后入了青年团、共产党。北伐战争期间,他投笔从戎,担任师政治部宣传科长、师部秘书。1932 年一·二八淞沪抗战时,罗稷南担任十九路军军部秘书,得到蔡廷锴军长的赏识,经常代表蔡军长举行记者招待会,发布战地新闻。

1933 年 11 月"福建事变"爆发之前,罗稷南作为参与者之一,秘密派人前去上海,转交一封密信给著名的佐尔格小组,向共产国际汇报十九路军酝酿抗日反蒋,要求红军予以支援等。原来罗稷南、倪琳夫妇早就从事共产国际远东局的情报工作。

"福建事变"失败后,罗稷南辗转到上海,从事进步文化工作,参与了

1938年《资本论》中文全译本的译校和出版工作,并且翻译了《马克思传》《安娜·卡列尼娜》《暴风雨》《双城记》等20余部世界名著。

新中国成立后,罗稷南曾担任中国作协上海分会书记处书记等职务。毛泽东主席曾在上海中苏友好大厦与上海文艺界人士座谈,现存一张照片:毛泽东主席与黄宗英、赵丹、应云卫、罗稷南等人,不知应云卫、罗稷南见面是否有机会谈起当年的《怒吼吧中国》诸事。进入新世纪后,传出当年毛泽东主席与罗稷南对话的内容——如果鲁迅还活着,引起一场"轩然大波"。

丁景唐珍藏罗稷南的初版本译作《怒吼吧中国》,扉页上有此书原主人用钢笔写的"短言":"达到一个终点总比停留在迷途中好,——生活的行动也是如此,常常不容许(自己)有半点迟疑。——笛卡尔。"

这句"短言"在抗日战争期间,也别有一番深意,特别是对于决心投身于抗日救亡时代潮流的广大青年来说。初版本译作《怒吼吧中国》问世的第二年,17岁的高中生丁景唐毫不迟疑地参加了革命队伍,次年加入中国共产党。

日本反战作家鹿地亘的《我们七个人》

日本反战作家鹿地亘[①]在报告文学作品《我们七个人》里写道：

"现在是由我们真正友人的日本反战同盟诸位同志,在这火线上,利用播音机亲自向敌人广播,说明这次日本军阀侵略中国是如何违反正义与人道,并劝日本士兵不要再受日本军阀的欺骗,赶快反战,投诚我方……"
……

哒哒哒哒,突然(日军)重机关枪开始了射击,流——流——流——子弹在头上……飞过了。……我苦笑着自己的胆怯,重新镇静下来,等待射击的停止。打了一阵,果然停止了。我毫无放松,继续演说起来："这种可怕的战争,究竟是为的什么呢？"

1938年冬,鹿地亘、池田幸子夫妇把一些有觉悟的日本战俘组织起来,成立"在华日本人民反战同盟西南分盟",后在重庆设立总部,鹿地亘担任会长。

《我们七个人》开头描写出发前的一幕(以下引文均出自此书)：1939年12月25日,上午九点,在空袭的警报中,鹿地亘调集的7名队员,即"在华日本人反战同盟桂林支部第一工作队",准备赶赴昆仑关,"准备好了吗？卡车在公路上等着,拍张纪念照片,便马上出发。"这7名队员中有一名来自贵州

[①] 鹿地亘,原名濑口贡。日本大分县人,著名反战进步作家,中国近代政治和中国文学研究家,中国现代文学翻译家。1927年毕业于东京帝国大学文学部,参加日本无产阶级艺术联盟,受到马列主义著作的熏陶。他早年加入日本共产党,其后一直在日本无产阶级作家同盟和文化联盟任职。1927年被捕,1935年底获释。次年1月,乔装改名,秘密潜来中国,与鲁迅相识,成为至交。后从事反战文化宣传。抗日战争胜利后,鹿地亘返回日本,从事中国现代文学研究和编译工作。

镇远"和平村"①的日军战俘，叫樱井胜（小林巳之七）。

一个月前，日军为了截断中国桂越国际交通线，集结3个师团和一部分海军陆战队，侵占南宁，又攻下南宁至柳州的军事要地昆仑关。中国军队奋起抗敌作战，投入了战斗力最强的部队，史称昆仑关战役，是抗日战争时期的大型战役之一。

12月29日，昆仑关争夺战从傍晚打响。在距日军阵营200米远处，鹿地亘等人用喇叭向日军宣传反战宣言。

樱井同志说明了自己从出征的经过到觉醒的经过。他告白了自己

---

① 贵州镇远"和平村"的旧址，原是晚清时期镇远总兵署的中衡衙门，民国初年改建为贵州省第二模范监狱。抗日战争中，成为国民政府第二日本俘虏收容所。鹿地亘曾写《和平村记——俘虏收容所访问记》一书，由冯乃超译成中文，连载于《救亡日报》上。"和平村"之名沿用至今，现为全国重点文物保护单位。
1938年至1941年，这个收容所由国民政府军委会政治部第三厅（1940年后改组为文化工作委员会）管辖，由厅长郭沫若、阳翰笙、冯乃超等负责领导。中共中央南方局和周恩来也曾通过其中的中共特别支部指导各方面的工作。鹿地亘被聘为第三厅第七处（对敌宣传处）顾问，与夫人池田幸子负责对日文件的起草和"在华日本人反战同盟"的工作。

从前也同样是军人,同样被俘虏过来的。——"诸君,说俘虏是被杀,那完全是撒谎的。我以自己的眼睛,看过许多处于同样境遇的牺牲者呀。……不要受他们的骗而枉死了罢。快些到我们这里来。……"

"樱井同志,请唱一首歌罢。"从侧旁,廖同志这样要求道。

"嗯,弟兄们,唱歌了啦!"——于是,果然唱起歌来。

"……那以后,孩子也总是爱哭/第二次的春天的来了/但父子之春却无音讯……"

唱得好,他继续又唱了几首才结束了。

樱井胜用日语唱起了日本民谣,唤起了日本士兵的注意,不再用重机关枪扫射。"从月下的山中,一种看不出影子来的声音向地底呐喊。日本军方面依然没有射击。在夜间的静寂中,只有(反战喊话)声音在继续着……"

第二天早上,鹿地亘等人睡不着,起来开始工作,翻译中国军队缴获的日军文件,发现日军的作战计划,令人大吃一惊。午后,他们上路了,突然出现几个学生军的女学生,她们也想到前线去喊话宣传。在上下颠簸的车子上,她们蒙着灰尘唱起歌,反战工作队的廖同志还打着拍子。

"喂,停车!"鹿地亘大声喊道,这时半空中出现了日军轰炸机,"不要慌!不要慌!……马上散开!"

到了前线,战斗更加激烈,许多伤兵不断地被抬下来。女学生的脸上充满了同情的神色,拿出饼来,分给伤兵们,反战工作队队员们点头赞许,感动说:"嗨,不错不错!"

鹿地亘到师部去打听消息,师长表扬他们昨晚上喊话宣传产生了很大的影响,说:"你们昨晚宣传过的日军部队,今天几乎失掉了抵抗力,退却了一公里以上,这可以说明一切了。"鹿地亘解释说:"日本军的退却,还是你们作战的胜利。我们的宣传只是起到了辅助作用。"

当天晚上,鹿地亘的反战工作队后面,还增加了师部林参谋和女学生,这是师部组织的。

"同胞诸君!请好好想一想罢。……不要使我们再受这样的悲哀罢!必要的事只有一个——决断!就是决断!诸君要自己脱出穷(困)境,(挽)救可爱的父母和我们的祖国的话……就只有一个决断拉!同胞诸君,抓住机会罢,……请想一想恳切的我们同胞的真情罢!"

全山寂然无声,谷间和低地,都像毫无波纹的湖面一样。月亮静静升到天空,像兵士们的魂一样,将惨白的光,悲戚地满投在大地上。

反战喊话后，女学生合唱歌曲，"作为中国军将士的慰安和激励"。子夜后，林参谋好像还沉浸在刚才激情反战宣传的氛围里，感动地说："这是很有效的，我都被感动了！"

12月31日，鹿地亘因故离开前线，反战工作队的其他队员应邀为中国军队将士讲解使用缴获的日本重机关枪。夜晚，反战工作队没有上前线进行反战宣传，中国军队从日本军队手里夺回了昆仑关。

第二天是1940年元旦，"好消息！好消息！昆仑关攻下了！"另一位戴参谋气喘吁吁地跑过来，大声喊叫着，平时温柔的表情不见了，激动得涨红了脸。缴获的大量的战利品中，有许多重要文件，需要鹿地亘等人翻译。

军部召开庆功大会，鹿地亘等人受到邀请。军长端着装满茅台酒的杯子，热情地赞扬鹿地亘等人反战宣传的"力量极大"，其他将领也纷纷称道。鹿地亘一激动，一口喝干杯里火辣辣的茅台酒，并且趁机提出想要几件"小东西"战利品，如小手枪、照相机、望远镜，留作纪念，这也是工作队其他队员的心愿。

鹿地亘等人的反战工作队出名了，中央社记者、摄影师也进行了采访报道。

一位师长得知鹿地亘等人一行前来，特意邀请会见，并说："对你（们）的工作，我们都是很感动的。这次的战事，实际上，对贵国的人民大众，真感觉难过。今天也是有过相当激烈的战斗的。在夺回来的阵地上，两方的战死者纵横交错着。俘获了很多日记及其他文献，而一想到士兵们的心境，连我们也真不能不留下了眼泪。在日记中，没有一个不流露着怀乡的情绪的。其次，在土穴（战壕）中还写有各种各样的文字。……想着这些人的心境，似乎惹得我们也要哭一样。（日军）战死者和中国士兵一样，都好好地埋葬了的。请放心罢。"鹿地亘抑制着内心的激动，"厚厚地感谢了年轻的师长"。师长说的日军士兵日记中流露出强烈的怀乡情绪，正是鹿地亘等人的反战工作队抓住的宣传"节点"，也是最能动摇日军军心的"武器"，甚至反映在日记中。

其后，鹿地亘回到重庆，写了长篇报告文学《我们七个人》，记录了昆仑关之战期间反战工作队的行动。他写下脱稿时的时间：1940年11月7日。

鹿地亘还做了大量的反战宣传工作，并创作了以反映日本劳动人民反对本国法西斯为内容的大型话剧《三兄弟》，由反战同盟盟员先后在桂林、柳州、重庆演出，并由电台向日本广播，引起了强烈的反响。

《我们七个人》由沈起予翻译，作家书屋（重庆白象街88号）将其作为"当代文学丛书"之一，1943年6月初版，时代印书馆（重庆上清寺局旁）发行，售价26元，发行人姚蓬子。当时处于抗日战争艰难时期，该书只好用土黄纸,质量比较差、比较薄,能够看到反面的字印。

抗日战争胜利后(1945年12月),此书改名为《叛逆者之歌》,封面重新设计,纸张质地比较好,称其为"沪一版",仍然是作家书屋(上海中正中路601号)出版发行,重庆仍然设有作家书屋办事处(民国路102号)。书后有"作家书屋谨启"告白:"本书屋诞生于抗战炮火之中,惨淡经营,四年以还,为支持大后方文化事业竭尽绵力。现抗战胜利,亟待和平建设,本书屋鉴于文化教育之发展,有关国家之近代文化至巨且大,故虽明知收复区经济枯涸,邮运未畅,文化工业之展开尚非其时,但仍不辞艰困,自渝迁沪,继续出版工作。今后当一秉过去抗战时代之奋斗精神,为未来新文化之建设努力,盼国内同业读者多予指导爱护是幸。"作家书屋是姚蓬子开办的,生意尚可,至解放初,赚了不少钱。1954年公私合营,作家书屋并入上海教育出版社。

沈起予早年在上海与姚蓬子(曾是左联宣传骨干)有各种来往。沈起予是重庆巴县人,毕业于日本京都帝国大学。1927年回国后,他在上海参加创造社,成为左联发起人之一,后任左联机关刊物《光明》主编等。他积极从事文学创作、理论批评及翻译外国文学,成绩卓著,具有很高的文学修养。沈起予的夫人李兰也是一位翻译家,曾应鲁迅转托翻译马克·吐温小说《夏娃日记》,鲁迅以"唐丰瑜"的笔名作《小引》,1931年9月湖风书局出版。

沈起予、李兰夫妇、姚蓬子与鲁迅都曾有来往。鹿地亘秘密来华后,到上海经内山完造介绍与鲁迅相识,成为至交。1936年8月,鲁迅病情稍有好转,他俩交往更为密切。10月17日下午,鲁迅、胡风去燕山别墅①访见鹿地亘夫妇,这是第一次,也是最后一次。那天鲁迅特别高兴,戴着礼帽,身穿长衫,带着吴郎西(上海文化生活出版社创办人)前天送来的刚出版的《凯绥·珂勒惠支版画选集》缩印本(鲁迅精心策划的)和3本《中流》,赠送给鹿地亘。鲁迅对鹿地亘说:"请把这送给日本朋友。"他们交谈时,经常伴随着哈哈大笑,度过了一个愉快的下午。两天后,鲁迅不幸病逝。

鹿地亘致力于7卷本的《大鲁迅全集》的编译工作,此后,在《图书评论》上陆续发表70余篇回忆文章,追述了上海文艺界与鲁迅有关的情况。

鹿地亘与鲁迅的交往,以及反战宣传活动等,成为丁景唐珍藏鹿地亘《我们七个人》的主要原因。

---

① 1983年10月,鹿地亘夫妇的女儿坂田晓子和丈夫、儿子来沪,最大心愿是查找父母曾居住的燕山别墅,这也是鲁迅的最后一次外出的见证,但是未能如愿。此后,经鲁迅研究专家周国伟多次查找,才得知燕山别墅现为虹口区多伦路257弄34号,附近是左联大会会址纪念馆(多伦路201弄2号),距离鲁迅大陆新村旧居也不远。

杨潮的狱中翻译《我的爸爸》(遗作)

1946年2月3日,重庆《新华日报》刊登夏衍《哭杨潮》一文:

> 清早起来翻阅报刊,一个黑边新闻闯入眼来:"名记者杨潮突在狱逝世!"……
>
> 我清清楚楚地能够想起他的声音笑貌,慢吞吞的谈话声音,在长象牙烟嘴上一支又一支地点着卷烟的那温文的神态,和感情激动时成了习惯的口角上的痉挛,这一切,都不能再看到了;他的学识,他的热情,他的趣味,他的探索精神,和他不管一切地用全生命来拼撞的斗争态度,一切一切,都随这短短的几十个字的新闻报道而逝去了。"

1945年7月15日至次年1月间,杨潮被关押期间,抓紧时间翻译美国长篇小说《我的爸爸》。正值酷暑,牢房变成了蒸笼,但是门窗都不准开一条缝,如要大小便,要大声喊叫半天,才有卫兵来开门。在极为恶劣的环境中,杨潮却犹如老僧入定,安然自如,坐在铁窗前,借着窗口投射进来的一丝阳光,埋头翻译。难友劝说:"要爱护自己的身体,等回复自由了,再翻译吧。"杨潮答道:"既然被抓进来了,就没打算活着出去。生命有限,时间不多了,我要把这本小说翻译出来。"

杨潮临终前,前来探监的妻子沈强问:"是不是你翻译的那本书要我设法出版呢?"他点点头。"是不是你想念的儿子朝权?"(朝权即耿青,时为人民解放军某部骑兵师的团政委)他又点点头。"请你放心!我一定把在狱中的译稿拿出去,找朋友想办法出版。我一定设法把儿子朝汉的通讯处找到……"他听着听着,慢慢地瞑目离去了。然而,他的嘴还张大着,好像还有很多话没有说完。[①]

[①] 吴德才:《新闻巨子:羊枣传》,中共党史资料出版社1990年版,第221、227—228页。

一九四五年七月，他突然被第三战区司令长官（顾祝同）部拘捕，先后被捕的人，共一百多个，是（抗战）胜利前夕的一大冤狱。

　　抗战胜利后，他随长官部由江西铅山移押杭州。被囚数月，始终没有正式审判，没有宣布任何罪状。……

　　杨潮先生其实并非死于病，他在狱中受到各种虐待和戕害，这才是他的死因。正直的美国友人为了他的死曾联名提出抗议，国内文化界新闻界都表示极大的愤慨，他们又发起筹募杨潮先生纪念基金，以一部分作安葬及赡养家属之用，一部分作为"新闻自由基金"，奖励卓越的青年记者。

　　《我的爸爸》一书是杨潮先生在狱中翻译的。如果不是杨夫人沈强女士的泣求取回，这部可贵的译稿也许永远不会和读者见面了。

　　这是中译本《我的爸爸》附录的《杨潮先生事略》记载的史实。引文中提及的"正直的美国友人"，指杨潮被拘捕前工作的美国新闻处中国分处总编辑、著名剧评家华慈，美国著名记者、女作家史沫特莱等 24 人联名向国民党政府提出严重抗议。上海《密勒氏评论报》连续发表了《论羊枣之死》《再论羊枣之死》的文章,揭露和抗议国民党政府虐杀羊枣(杨潮)的严重罪行。上海新闻界于友、金仲华、林淡秋、柯灵、姜椿芳、夏其言等 61 人联名发表《为羊枣之死向国民党当局的抗议声明》。1946 年 5 月 19 日,上海各界人士千余人,在国大殡仪馆举行杨潮烈士追悼会,郭沫若主持大会,马叙伦、梁漱溟、熊佛西、金仲华、许广平、田汉等在大会上发言,抗议国民党的暴行。

中译本《我的爸爸》,生活书店 1946 年 9 月初版,发行人徐伯昕(后任三联书店总店总经理)。丁景唐在该书扉页上敬重地写道:"向杨潮烈士致敬!"并夹着购书发票,上面记载 1958 年 1 月 8 日,在大华旧书店(上海陕西北路 71 号)门市部购买了 4 本书,其中有两种版本的《铁流》和《童年的伴侣》《我的爸爸》。

《我的爸爸》共有 30 个短篇小说,即《跟爸爸去耍》《爸爸骑马》《爸爸和病斗争》《爸爸买冰》《爸爸不肯横死》《爸爸请厨子》《爸爸饿坏了》《爸爸赏罚分明》《唱歌的天才》《最高尚的乐器》《爸爸要妈妈记账》《爸爸和摇摇船》《爸爸和埃及闹别扭》《爸爸教我守时刻》《诗篇第二十三首》《妈妈和亚美尼亚人》《爸爸拆我的信》《爸爸请我看世界博览会》《爸爸的旧裤子》《爸爸装电话》《爸爸帮不了忙》《爸爸缝扣子》《爸爸和女人》《爸爸请客》《爸爸陪我受罪》《爸爸和政治问题》《爸爸和亲戚们》《爸爸搬家》《爸爸和法国宫廷》《爸爸预备后事》。该书以作者的专横父亲为中心,生动地描述了他的家庭生活中各种有趣的故事情节,表现了当时美国人的幽默、诙谐的情调,触及到众多美国读者心底的柔软部位。

其中有的短篇小说夹有注释,如《诗篇第二十三首》接连出现两个注释,其中第一个是谈论法文《圣经》的,"作者在这里说法文,本用 Moiss 代替了英文的 Moses,'似乎是一种轻佻的称呼摩西的方式'。其实,原来'摩西'的音是与法文的更近。"第二个注解:"Urinh Heep,是迭更斯的《块肉余生述》的一个柔顺而阴险的人物。"英国著名作家狄更斯(迭更斯)长篇小说《块肉余生述》最初是林纾(琴南)翻译的(商务印书馆 1912 年出版,以后多次再版),影响很大,该书今译为《大卫·考伯菲尔》。显然,这是杨潮添加的注释,他不仅精通英文,也懂得法文。夏衍为中译本《我的爸爸》写了《前记》:

> 杨潮爱这本书而把它翻译出来,就不是偶然的了。戴氏的这本书成为美国家庭里的一本必读书,改编了的剧本一直在上演,一直在使他的观众重新经历一次儿时生活,而清洗着每一个为名利所锈损的灵魂,为什么这样一本平平凡凡的絮述家常的书能够有这么多的读者和观众?理由只有一句话,它真!在外国,真实是常道,真是做人的起码的道德标准,而在今日中国,真就可以获罪,就可以致死,写到这儿我就只

有黯然了。

　　算是侥幸,从牢狱里居然还译成了这么一本书。杨潮死了,他的译著永远不会死;杨潮死了,休息了,但是他的著作,特别是他译出的这本书,还将为着中国的人民个性解放,自由,平等,而继续服务下去的。

　　夏衍提及原作者戴氏,即美国作家克拉伦斯·谢波德·戴(Clarence Shepard Day),是一位美国作家和漫画家。①

　　杨潮走上革命道路,与他的妹妹杨刚②有关系。当初杨刚南下来上海时,住在杨潮家里,促使杨潮开始学习马克思主义理论,并引荐他结识周扬、夏衍等人。不久,杨潮由周扬介绍加入左联,并加入中国共产党,后担任左联宣传部干事,并且是左联"马克思主义文艺理论研究会"的成员,杨潮家里也常常成为左联领导人的秘密会议场所。

　　杨潮在《文艺》《春光》《太白》《光明》等左翼、进步刊物上发表各种文章,其中《文学新地》(1934年9月25日创刊,鲁迅出资支持的左联后期刊物,仅出1期)同时发表杨刚的译文《现代资本主义与文学》、杨潮根据英文版转译的《马克斯论文学》。杨潮的译文中提及恩格斯致哈克奈斯的信件及其谈论巴尔扎克的现实主义文学创作问题等,可以看作是继瞿秋白编译《"现实"——马克斯主义文艺论文集》之后的一个重要补充,其中足以写一篇长文。

　　这些也是丁景唐珍藏杨潮的译本《我的爸爸》主要原因之一,即可以作为研究左翼文学的参考资料。

　　初版本《我的爸爸》后面附有"曹靖华先生的译苏联文学名著"书籍广告,其中有《铁流》《我是劳动人民的儿子》《苏联作家七人集》等,以及"高尔基的著作":《高尔基创作选集》(瞿秋白翻译)、《奥洛夫夫妇》(周扬翻译)、《奸细》(夏衍翻译)、《苏联的文学》(曹葆华翻译)、《和列宁相处的日子》(罗稷南翻译)。这些又可以引申出许多动人的故事。

---

① 美国作家克拉伦斯·谢波德·戴(Clarence Shepard Day,1874年11月18日—1935年12月28日),出生于纽约市,1896年毕业于耶鲁大学,在那里他编辑了校园幽默杂志《耶鲁纪录》。第二年,他加入了纽约证券交易所,并成为他父亲的华尔街经纪公司的合伙人。1898年入伍,但患上了严重的关节炎,并以半残废的方式度过了余生。
② 杨刚是才华横溢的左翼女作家,原名杨季徵,易名杨缤,笔名贞白、杨刚。1928年就读燕京大学英国文学系,同年冬天加入中国共产党。1930年暑期,杨刚与潘漠华、孙席珍、刘尊棋、李俊民等共同发起北方左联。1933年春,杨刚在上海参加左联,成为美国进步女作家史沫特莱的翻译、秘书,协助美国作家埃德加·斯诺编辑英译中国现代小说集《活的中国》。新中国成立后,杨刚担任周恩来总理办公室主任秘书、中共中央宣传部国际宣传处处长、《人民日报》副总编辑等职务。杨刚先后创作了小说《一块石头》《异状》《肉刑》以及译作《华沙》《傲慢与偏见》等。

茅盾、曹靖华、钱君匋"合作"的译本《团的儿子》

"文革"初期,时为全国政协副主席的茅盾"靠边",1970年1月29日凌晨,朝夕相伴了半个多世纪的妻子孔德沚突然撒手离去,茅盾不禁放声痛哭。第二天,叶圣陶登门吊唁,劝慰老友茅盾。2月1日,茅盾与儿子去八宝山火葬场取回孔德沚骨灰。茅盾到叶圣陶家里回拜,致谢。

第二天上午,著名翻译家曹靖华前来茅盾的家里,"盖闻德沚去世消息故来吊唁也"。他与茅盾是多年的老交情,有说不完的话,不知不觉到了中午12时。茅盾再三挽留他吃午饭,曹靖华谢绝,茅盾"只能任之"。临别时,茅盾握住曹靖华的手说:"这种时候,只有叶老和你还想到我……"茅盾在当天日记里记载了这件感人之事。

"文革"期间,不断有外调人员前来打扰茅盾,其中某外调人员气势汹汹,强求茅盾证明曹靖华在重庆期间与苏联大使馆过从甚密,因而有"苏修"特务之嫌。茅盾冷冷地说道:"我不知道,我没有看见,我不能证明!"对方恼羞成怒,竟然拍桌子。茅盾也气愤地站起来,反问:"毛主席说'要实事求是',你是怎样理解的?我对一切调查所抱定的态度就是'知之为知之,不知为不知',这条原则我决不会改变!"

茅盾与曹靖华的交情由来已久。曹靖华早年中学毕业后,到上海泰东书局当校对时,曾去拜访已经出名的茅盾。茅盾不仅没有摆出"作家"的架子,反而平易恳挚,这一点给曹靖华留下了美好的第一印象。

抗日战争期间,中苏文化协会随同南京国民政府迁至重庆。周恩来等人商量决定要打破中苏文化协会现有的"体制",进行改组,大为扩充它的机构,设法建立各种委员会。曹靖华听从周恩来的安排,出任该协会的编译委员会副主任委员(主任是西门宗华),负责苏联文学方面的翻译工作,后主编"苏联文学丛书",经常收到从苏联寄来的英文版小说。

1941年9月1日,茅盾在香港创办了《笔谈》半月刊,著名漫画家丁聪协助当美编,共出刊7期。这是一种"杂拌式的小品文刊物",投稿者有乔冠华、叶以群、戈宝权、袁水拍、林焕平等,茅盾包写了《笔谈》上的"书报春秋"

"杂俎"等专栏。

在该刊第 2 期和第 5 期的"书报春秋"专栏里，先后发表了茅盾写的关于《我是劳动人民的儿子》《邮船"德宾特"号》译作的小评论，介绍了该译作的内容，并注明原作者名字和"曹靖华译"，以及中译本的价格。这大概是茅盾最初介绍抗日战争时期曹靖华翻译的苏联文学作品，不过曹靖华从未提及。

茅盾刚到重庆不久，住在江北的唐家沱新村，曹靖华托人送来一本英文版的苏联巴甫连科的特写集《复仇的火焰》（现译为《人民的复仇者》）。茅盾一看书名犹豫了，当时懂俄文的人不少了，况且翻译小说一般都根据原文，不再提倡转译。

曹靖华得知后，便劝说：译文的好坏主要取决于译者的中外文修养和对作品风格的理解，而不在于是否转译。他还列举了鲁迅转译《死魂灵》《毁灭》的事实，并指出这个观点还是茅盾自己当初写文章时曾说过的。

经过一番热情的劝说，茅盾动心了。他声称："既然有这位苏联文学研究权威的撑腰，我也就大胆地翻译起来。"因此，在茅盾一生的文学活动中，"最早怂恿"他翻译苏联小说的是曹靖华。

对于茅盾高效率、高质量的翻译成果，曹靖华感叹不已，1943 年 10 月 7

日写了一封信给茅盾,再次邀约翻译一书,即苏联作家格罗斯曼的《人民是不朽的》,这是第一部反映卫国战争的长篇小说。曹靖华在信中写道:"现得英文全译本,极望兄能分神译出,以不朽之笔,译不朽之文,写'不朽之人',则巧成三不朽矣。盼兄无论如何,能允如所请,代为译出,列入'苏联文学丛书',则感激无尽矣。"

茅盾看到此"三不朽"之言,不由得哑然一笑,不过信中交代的"经济利益"内容,还是颇有吸引力的。曹靖华写道:"……版权归作者,除作者应得一般之百分之十五版税外,会中(指中苏文化协会——引者)每千字另付发表费六十元(前为三十元,现增至六十元),交稿期三两月均可,能早更好,迟亦无妨。如蒙俯允,当即将原书及预支之发表费奉上。可先付四千,或五千,余差不久后,按印页将字数算出付清。""望示,如何,则俟店云看会中新书广告时,将兄书预告列入,一面别方译重……"

按照现在的眼光来看,约稿先来"金钱诱惑",未免太不尊重作者了,但是在20世纪40年代的重庆则是十分平常的事情。当时重庆物价飞涨,大米一斗200元,阴丹士林布百元一尺,冰淇淋30元一客,不少有名作家生活陷入绝境,如张天翼、王鲁彦等。曹靖华自己也是在同样困境中苦熬日子,深有同感。

尽管《人民是不朽的》的篇幅与茅盾原来翻译的《复仇的火焰》差不多,但是茅盾拖延了一年后才交稿,原因是茅盾连续生病,无力伏案工作。为此,茅盾特地写信给曹靖华,作了一番解释。这期间还发生了茅盾向戈宝权求援的故事,此书的翻译成了曹靖华、茅盾和戈宝权三人合作的典范,留下一段佳话。(详见丁言模:《曹靖华》,上海外语教育出版社1998年版,丁景唐作序)

1946年5月7日,曹靖华一家离开了居住7年之久的重庆沙坪坝的小土屋,带着沉重的行李,乘坐专车进城。第二天,飞抵南京,曹靖华继续在中苏文化协会里工作。但是,南京物价疯涨,民不聊生,曹靖华一家整天为生计发愁。

这时,茅盾夫妇辗转到香港,下榻铜锣湾海畔的海景酒店,参加了有关的欢迎会,作了几次演讲。为了打发在香港(澳门)这一个多月的闲散日子,茅盾翻译了苏联卡达耶夫的中篇小说《团的儿子》,这理应也是曹靖华邀约翻译的。

卡达耶夫是苏联著名小说家、剧作家、诗人。茅盾在《团的儿子·译后记》中做了介绍,并说:"七八年前,他那部以第一(个)五年计划第一年中的乌拉尔区工业建设为题材的巨著《时间前进呀》,就有了林淡秋先生的译本;他的另一部杰作《我是劳动人民的儿子》,则有曹靖华先生的译本。"

《团的儿子》是一部新型的儿童文学作品,"配合了苏联反法西斯战争的政治要求",荣获 1945 年斯大林文艺奖中的小说二等奖,小说方面只有 4 部作品,一等奖是法捷耶夫的长篇小说《青年近卫军》。以后,卡达耶夫荣获苏联"社会主义劳动英雄"称号。

茅盾也坦率地说:这部译作《团的儿子》是根据英文版的《国际文学》1945 年 11 月号发表的英文重新翻译的。该英文译版颇有删节,分章亦和俄文版不同;删节最多的是原俄文版第 11、22、25—28 等章。但是,"大体尚不碍于主人公凡尼亚故事的发展,所以也就贪图省事,不再请求懂俄文的朋友加以补订了。又本书翻译之时,有一二疑难曾蒙戈宝权先生据原文指正,合并致谢。"

茅盾写此《译后记》的落款时间为 1946 年 9 月,"记于上海"(5 月 26 日茅盾夫妇到上海),其中还有个插曲。

曹靖华收到茅盾的这部译稿后,与上海开办万叶书店的钱君匋联系并谈妥,将著名翻译家孙绳武(时在中苏文化协会编译委员会工作,后为人民文学出版社副总编)翻译的白俄罗斯诗人扬卡·库帕拉诗集《白俄罗斯的阳光》和茅盾的译作《团的儿子》一起寄出,但是一直没有回音。

曹靖华只好写信给友人,前去催促:"是否能代催早出,因积压过久,实难交代也。"万叶书店也有难言苦衷,最后只出版了《团的儿子》,孙绳武翻译的诗稿却从此"失踪"了。对此,曹靖华也百般无奈。

丁景唐珍藏的茅盾译作《团的儿子》,被列入中苏文化协会文学丛书第 15 种,上海万叶书店(上海天潼路宝庆里 39 号),1946 年 10 月 20 日初版。版权页上注明曹靖华主编,还有中苏文化协会原来地址"重庆中一路 206 号"。封面设计者理应是钱君匋,封面上有一幅人物漫画,大概是原作者本人。

1946 年 12 月,茅盾夫妇访问苏联时,特意带了几本苏联小说的中译本,其中有《复仇的火焰》《人民是不朽的》《团的儿子》,准备带去送给苏联作家。茅盾回国后写的《苏联见闻录》,被列入中苏文化协会文艺丛书,依然是曹靖华主编,不过是开明书店 1948 年 4 月初版。

茅盾的《我走过的道路》回忆录里没有谈起《团的儿子》出版之事,但是,他留下了写给钱君匋一信(《茅盾珍档手迹》,浙江大学出版社 2011 年版):

君匋兄:

顷得若君来信,谓《团的儿子》二版拟加用插画,即可付印云云,甚为欣慰。七月以来,开明付版税新法,足下想亦知之。鄙意此法对作者固有利,而对书店亦少了若干麻烦,万叶经济宽裕,对于《团的儿子》新版版税祈能照开明办法一次付清，此款请即交另境可也。结单则仍请寄鄙处。

  匆上即颂

日祺

雁冰上
九月廿五日

  此信写于 1948 年 9 月 25 日，信中谈及的"若君"即孔另境（详见本书收入的《孔另境主编"今文学丛刊"第一本〈跨着东海〉》），显然他是"中间人"。

  《团的儿子》再版本是 1949 年 1 月 20 日出版。"拟加用插画"，钱君匋确实下了一番功夫，再版本的装帧设计很漂亮，扉页的原作者速写图与原来初版本的封面漫画截然不同，形象比较正规，封面与正文里的一些插图都是采用俄文原版本的。《团的儿子》第 3 版是 1950 年 5 月 1 日出版，其中一本内封上有钱君匋签名，落款时间为 5 月 24 日"在万叶"，他把刚出版的这本译作赠送给朋友，心情不错。

  1953 年，万叶书店与教育书店、上海音乐出版社合并，更名为新音乐出版社，钱君匋出任董事和总编辑。一年后公私合营，更名为音乐出版社，迁往北京，钱君匋出任副总编辑。2 年后，钱君匋返沪，参与筹建了上海音乐出版社。

  丁景唐与钱君匋曾经同在上海出版系统，互有来往，关系不错，钱君匋曾特地制作藏书票赠送给丁景唐（另撰文）。丁景唐珍藏的茅盾译作《团的儿子》具有多重意义，也是研究茅盾、曹靖华的参考资料。

夏丏尊修改范泉的译作《鲁迅传》

范泉,原名徐炜,编辑家、作家、文艺理论家、翻译家集一身,被称为"死后还继续活着"的文化人。1997年9月,他主编的30巨册2000万字的《中国近代文学大系》,荣获国家图书奖荣誉奖。

他晚年写的最后一篇文章,"用左手食指推着右手执的笔,一笔一笔写下"。这个感人至深的画面是无法用言语来表述的。"我因经过X光放射治疗八十七次,耳朵已经不容易听了,而且舌头割去三分之一后,说话也不清楚了。""写到这里,我已精疲力尽,不能再写了。"这是1999年11月17日,范泉写给台湾著名作家陈映真(原名陈永善)的信。事前,陈映真在北京参加了庆祝建国50周年盛典。次年1月,84岁的范泉走完了命运坎坷的人生道路。

范泉晚年时曾写信给"忘年交"钦鸿(钦志衍),回忆说:"我于1933年在内山书店见过鲁迅,并和他谈过话。后来陈烟桥陪我去看鲁迅时,他不在家。此后我去北平学习。1936年鲁迅逝世时,我是参加了北京大学的追悼会的。我还看到周作人(光头)代表鲁迅家属说了话,言下之意,认为一个人死了,也就算了,颇有贬意。那时的追悼会主席(学生)是朱穆之。到1937年回上海时,鲁迅先生早已谢世,见不到他了。因此我对鲁迅先生有感情,不仅因为读了他的书,还因为亲眼看到了他,握过他的手,体会到他对待文艺青年的那种亲切热忱、一见如故的神情。"(钦鸿编:《范泉编辑手记》,中国文联出版社2004年版,第367页)

因此,1940年12月,经内山书店老板内山完造推荐,范泉决定翻译日本作家小田岳夫的《鲁迅传》。

"中国通"小田岳夫的《鲁迅传》是鲁迅逝世后第一种外国人编写的鲁迅传记,主要是依据鲁迅作品中的自传性要素,进行梳理、研究、撰写的结果。该书由筑摩书房(1941年)昭和十六年3月出版发行,以后多次再版,影响颇大。该书扉页刊有鲁迅肖像,以及1936年10月18日鲁迅最后写信给内山完造的手迹影印件。小田岳夫还写有序言,叙述了鲁迅病逝后的有关情况

和编写《鲁迅传》的起因。他最后写道：

  在上海法租界霞飞坊六十四号的家里早已没有鲁迅的影子，那很像鲁迅面影的九岁的遗儿海婴君，抱在鲁迅夫人广平女士的手里，异常地爱护着。

  在这狭长的应接室的壁上，奥村博氏画着鲁迅的面像①，那面像上隐藏着苦斗的痕迹，在最后的病榻上安眠着。对面的壁角，有玻璃的罩子，那冷冷的黝暗里面，有奥田齿科医生手制的死后的面型②，在傍晚的黝暗里浮现着白色。

  在死者的画像的旁边，悬挂着一张鲁迅亲笔写的七言绝句的有色

---

① 鲁迅逝世的那一天，日本画家奥村博氏在中国写生，途经上海，看到了报上发表的鲁迅逝世消息和鲁迅的遗像，便在写生板上用油彩画了一幅《鲁迅遗容》，并且配了画框，赠送给许广平。1963年内山完造的弟弟内山嘉吉随日本出版交流代表团访华，受到奥村博氏的委托，将一幅新画框送给许广平，替换27年前单薄的旧画框，由此续写了一段感人故事。

② "奥田齿科医生"，即奥田杏花，他开设的诊所在内山书店西侧，靠近甜爱路的第一幢，原为施高塔路一号。1936年10月17日下午，鲁迅在胡风的陪同下去拜访鹿地亘夫妇。随后，鲁迅去内山书店，奥田杏花见到后也跟随过去，向鲁迅询问了有关中日关系问题，不料这次交谈竟成为诀别。鲁迅逝世后，奥田杏花应邀前去大陆新村，从鲁迅遗容上翻制成石膏遗容。

纸张。他上面这样写着:岂有豪情似旧时,花开花落两由之。何期泪洒江南雨,又为斯民哭健儿。

……

然而鲁迅为国家,社会和民族而用血来写作的热诚的文字,却无论在什么时候,都可以使在灯下读着他著作的年青(轻)人的胸怀温暖,而有多感的热血涌上来的罢!

小田岳夫从事中国现代作家作品研究,特别是鲁迅著作的研究,除了《鲁迅传》之外,他和田中清一郎合译《鲁迅选集·创作集》,作为"青木文库",1953年在东京出版。

小田岳夫编写的《鲁迅传》问世后,引起中国书商和读者的重视,先后有长春艺文书房、上海星洲出版社、北平艺光出版社等中文译本出版。其中目前能看到的还有任鹤鲤的中译本《鲁迅传》(1945年11月星州出版社出版发行),但是流传不广,极为罕见。如果说影响大、流传广的中译本《鲁迅传》,还是范泉翻译的版本。1946年10月,中华全国文艺界抗敌协会在上海举行鲁迅逝世10周年纪念大会时,范泉的这个译本作为会议材料发给每个与会者。

范泉的文学翻译成果,现存有《朝鲜风景》《文章》《黑白记》和集外译作《译丛拾遗》,均已收入钦鸿编的《范泉文集》第4卷(上海书店出版社2015年版)。范泉主要从事日文翻译,有时从英文翻译,既有忠实于原著的翻译,也有缩译改写式的翻译。他翻译《鲁迅传》时,已经积累了许多翻译的经验。

但是,翻译一事很不顺利,一波三折。范泉编辑《中美日报》副刊时,因得罪了国民党三青团,被内定为暗杀对象,又因为"共党嫌疑"被撤职。加上太平洋战争爆发,上海租界被日军占领,他平时挤出时间翻译的《鲁迅传》文稿,被日本宪兵队封锁在中美日报社的宿舍里,无法取出,只得暗暗叫苦。

1942年,范泉振作精神,再次提笔,重新翻译《鲁迅传》。他发觉原著存在不少问题,"(小田岳夫)虽然在鲁迅逝世几个月后,到上海法租界霞飞路(淮海路)霞飞坊六十四号……访问过许广平先生,但是由于他对鲁迅的认识不深,调查研究工作做得不细,加上当时有关鲁迅先生的研究、考证、回忆录等参考资料发表的不多,占有资料不够,有很多地方写得与实际情况有出入,开掘鲁迅先生的思想境界也比较肤浅。"(范泉:《记丐翁》)范泉甚至认为原作《鲁迅传》存在"严重错误"。

当时,"一些有意歪曲的空谈主义者,常常以一知半解的口吻,用淡淡的闲情来议论着鲁迅的短长,藉以增高自己在文坛上的地位。这种卑劣的谋略家正需要我们用切实的工作来答复他。我们要用谨慎的态度从事切实地研究,我们要介绍中国以外的比较有价值的有关鲁迅的著作,丰富研究鲁迅的资料,集合一切可恃的著作来保卫鲁迅!"(范泉《关于〈鲁迅传〉》)

因此,1944年初,译稿初步完成后,范泉请许广平详细校审。许广平也很重视,把原作者歪曲的地方,用一张张小纸片记录下来,并且具体地解释给范泉听。范泉又向许广平借了《鲁迅全集》,与《鲁迅传》提及的原文进行校对。许广平想想不放心,找出一些书籍资料,先后两次惠赠给范泉,这让范泉深受感动。

范泉与黄幼雄(负责出版《鲁迅全集》)同在一个公司里任职,黄幼雄以鲁迅的同乡的身份,讲述鲁迅的故乡以及鲁迅的祖父深陷牢狱之灾的故事。虽然这些不能写入译文中,但是让范泉受益匪浅,避免了翻译原著时的若干错误。

经黄幼雄介绍,范泉把译稿和原著一起交给开明书店总编辑夏丏尊,请他对照原著,加以订正。夏丏尊把译稿和原著略加翻阅,便欣然同意。大约过了2个月,范泉第二次去拜访夏丏尊,他像见到老朋友一样,很高兴地与范泉握手,并说:"啊,你来了!译稿我已经看过。我们开明书店今后可以出版。"

夏丏尊认为原著的优点是简明扼要,缺点是不少观点不够恰当。同时指出译稿的毛病,"有些语句,得意译,不能完全直译。意译了,反而能够表达原著的精神"夏丏尊翻开原著,念出一些原文,举出几个例子。经他这么一点拨,范泉豁然开朗,这些正是他长期以来十分苦恼而没有解决的问题。此后,范泉继续翻译其他文学作品时,按照夏丏尊的教导,不仅突破了许多难点,而且大大加快了翻译的进度。

终于,开明书店出版了中译本《鲁迅传》,这已经是抗日战争胜利后的事(1946年9月)。事前,徐调孚(开明书店出版部、编审部、推广部主任)派人把范泉的译稿和清样送来,并附信要范泉作最后一次校对。范泉打开纸包,翻开译稿,一张张看下去,突然愣住了,原来译稿上出现了夏丏尊修改的手迹,不止一处。范泉这才恍然大悟,原来夏丏尊担心范泉失去继续翻译的信心,因此没有把译稿退还给范泉,而是自己亲手修改,这要花费许多时间和精力。

"谨以此书献给夏丏尊先生",范泉在《鲁迅传》的扉页上激动地写下这段话,"我流了感激的泪水,翻看着留在译稿上的夏先生的手迹。想不到这个集子出版的时候,夏先生已永远不再和我们见面了……"范泉在中译本《鲁迅传·附记》的最后,再次"感谢夏丏尊先生恳切的指正,使本书减少了不少的错误"。

原著《鲁迅传》把鲁迅的生平分为三大部分:清代——《幼年》《日本留

学》《乡里生活》；辛亥革命以后——《北京·沉默》《呐喊》《彷徨》；国民革命以后——《厦门之行》《广东受难》《上海生活（一）（二）》《从万国殡仪馆到万国公墓》，附录《鲁迅著作年表》。

作为第一本外国人写的《鲁迅传》有如此构思和初具规模，实属不易，如果没有深厚的感情和执着精神，难以搜集如此众多的资料，至少比那些闲聊者的叽叽喳喳之论高明得多。

范泉则是更多地从"保卫鲁迅"的政治文化高度去理解和观审原著，加之原著的确存在各种不足之处。因此，范泉在中译本《鲁迅传·附记》里作了许多解释，以正视听，明确地写道："以上这些以及其类似这样的地方，都已经删削和改正。同时，为了细节的错误过多，在改正或删削的地方都未加以说明的注解，以免除不必要的累赘。"并且在附录《鲁迅著作年表》前面作了说明：

> 原著中的《鲁迅著作年表》是根据增田涉氏所编订的目录。增田涉是根据《三闲集》里附载的《鲁迅译著书目》，加以增补，并经鲁迅先生校阅而成。它和《鲁迅全集》里的《三闲集》末尾附录的《鲁迅译著书目》，以及附录在全集末尾的《鲁迅译著书目续篇》合并比较，略有出入。这里的目录，是参照三者增补而成，并且已经被编入其他单印本的，或同时包含旁人作品的著译，加以注释。特此附记。

显然，范泉花费了许多精力进行校对，包括"三者"对照，充分显示了他的严谨学风、认真负责的态度。1947年10月，鲁迅逝世11周年之际，上海《时与文》周刊上关于范泉译本的校阅问题发生了一场争论。

有的学者根据自己珍藏的任鹤鲤译本（简称"任本"）与范泉译本（简称"范本"）进行简约的比较，发现"任本"删除了原著的序言，不过正文第一页谈到周作人时有一个括弧里的说明："但是他的节操，就远不及他的兄弟，并且现在是个附逆者。"不知这是原著如此，还是"任本"的译者添加。

"任本""范本"有明显不同之一，是在最后一章，"任本"的小标题为《哀荣》，"范本"则是意译为《从万国殡仪馆到万国公墓》。两者都是全篇抄录巴金的《一点不能忘却的记忆》，不过"任本"抄录前有五行关系不大的文字。"范本"则根据柯灵的《文坛巨星的陨落》等报刊资料，将鲁迅遗体移至殡仪馆的前后情况作了必要的补充，这"十八行文字不枝不蔓，剪接有序，无拼凑的痕迹"。[①]

---

① 李真波：《小田岳夫〈鲁迅传〉第一个中译本》，载《鲁迅研究月刊》1997年第1期。

如果把原著与"任本""范本"三者进行比较、研究一番,那么一定会得出更多令人感兴趣的结论。

丁景唐珍藏"范本"的原因,其一,范泉一生的编辑活动令人瞩目,先后编辑《作品》《学生生活》《文艺春秋副刊》《文艺丛刊》等,被称为"卓越的文学编辑家",他结识了众多左翼、进步作家,他的广泛人脉关系串联起大量的现代文学史、出版史的资料,是一个值得深入研究的重要课题。

其二,范泉曾担任新闻出版印刷学校分校副校长,曾属于丁景唐分管的新闻出版系统。丁景唐也曾应邀为《范泉文艺论稿》题写书名,中国戏剧出版社 2004 年 6 月出版后,该书编辑钦鸿赠书给丁景唐,以表感谢。

丘成首次节译《中国之战歌》

丁景唐除了珍藏英文版本《中国的战歌》《史沫特莱》(1—3集)之外,还珍藏一本摘译的《中国之战歌(序曲篇)》,展望出版社1946年5月初版本(扉页上注明"一九六一年十一月"珍藏),译者为丘融,即丘成①。

丘成早年在香港华声英文书院专攻英语。抗日战争胜利后,他先后在重庆、上海现代外国语文出版社、中外出版社担任编译工作。1945年11月,他与老同学蔡北华(时在《新华日报》工作)一同自渝赴沪途中,经后者的介绍,认识了廖梦醒(时任宋庆龄的秘书)。次年6月,由廖梦醒介绍,丘成进入联合国救济总署上海分署担任翻译,7月被派往苏北解放区淮阴,同行的还有"联总"其他工作人员等10人,接待他们的是韦悫(后任教育部副部长)。同年10月,丘成在苏北参加新四军,担任山东解放区华东医科大学秘书。1947年底回香港,经蔡北华介绍,认识周而复,到《华商报》工作。丘成曾翻译斯诺的《在我们这一边的人民》(因故未出版)、福尔曼的《红色中国报告》(与段为合译),后改书名为《解放区见闻》。

因此,丘成首次摘译《中国之战歌(序曲篇)》并不是偶然的,他在《译者前言》(1946年2月28日,沪上)中写道:

史沫德(特)莱这名字对于中国读者太熟悉了,实在毋须译者再做什么介绍。但关于这本书,却有特别值得一提的地方——这也就是翻译的原委:

记得去年旧金山会议开会的时候,中国代表团的首席某巨公曾经

---

① 丘成(1917—2007),幼名丘容,学名丘蔼达,曾用名和笔名丘融、丘爱德、史其华、丘岳、赖乔等。广东惠阳人,早年在香港九龙上学,曾在华声英文书院专攻英语两年半,后赴日本留学。抗日战争时期,曾在国民党政府外交部亚东司工作。新中国成立后,担任《南方日报》采编部文教组副主任、新华总社《参考资料》编辑部日文组长、中国社会科学院研究生院外语教研室负责人等。主要译著有《英文惯用语及难句详解》等。(《丘成先生年谱》,载《世界哲学》2008年第1期)

在某次记者招待会上被一个美国记者问及：有没有看过史氏的这本书。回答是：没有。

没有——这也许会使那位发问者觉得讶（诧）异罢，因为这是一本报道中国艰苦抗战情形曾经在美国赢得广大读者的畅销书（本书所根据的蓝本即为其第四版）。然而，在中国人看来，巨公要员之不曾读，不愿读或读不下本书，毋宁是很自然的。那位美国记者的发问其实可说未免过于天真。

然而，真正的中国人和真正爱中国的人却要感激本书作者，因为她报导（道）了中国新生力量的成长过程，她把中国在抗日战争爆发前后艰苦斗争的光景介绍给全世界。虽然都是些根据个人体验的侧面描写，但字里行间却洋溢着伟大的同情与崇高的人类爱。这样的一本书，中国人是渴望读，而且也是应该读的，我们相信。

史氏在中国滞留前后达十四年之久，足迹遍东北、华北、华中、华南，抗战后又随军在各战场做报告和救护医药等工作，至一九四一年才因病回美（国）。这本书因系她滞（留）华期间的记录，篇幅很多，全书四十余万言，共分如下十篇：……

这本小书不过是原著第四篇的节译，因为里面有些事件和人物的描述可自成一书,特冠以《序曲篇》之名,先付梓出书,以飨读者。其余部分打算以后陆续译出问世。割裂之嫌,在所难免,这是对不起原作者和读者的地方,只好谋补救于异日了。

最后还有一点感想:

抗战胜利了,对于某些也许是"坐待"政策的成功,也许大有"从天而降"之感,因此他们便以为又可以安稳地坐在人民的头上,张开口来"接收"胜利之果而毫无愧容,仿佛他们是注定来"坐享其成"似的。然而,我们试闭目想一想整个抗战过程,尤其是初期的那种艰难困苦情形,恐怕在古今中外的历史上也难找到相近的例子罢。回想到那时的情景,我们现在还能活着目睹胜利的人其实是应该愧死,真不知要如何加紧推进民主,使胜利不为极少数人所独占才能对得起那些已死者!

还有,史氏所写下的见闻虽然不足以构成一幅完全的图画,但故事里面交织着血和泪,很多是有其不磨(灭)的价值,足以做(作)为抗战史的人参考的。

"中国代表团的首席某巨公",理应是指代理行政院院长宋子文(首席代表)。1945年3月27日,国民政府行政院正式公布了出席旧金山联合国制宪会议的10位代表,其中也有中共代表董必武,这是国共两党自1927年分裂以来,惟一一次共同组团参加重大国际会议。

丘成的节译本是"原著第四篇的节译",即《统一战线与战争(一九三六——一九三七)》(今译文添加了"抗日"二字),分为5个小节,即《西安事变》《人物思想》《风云人物》《冲破封锁线》《奔赴山西前线》(以今译文为准)。第1小节讲述了史沫特莱在此事件中的所见所闻,包括作者受到到国民党便衣特务的恐吓,东北军将领张学良与红军谈判,西安各界民众高昂的抗日情绪等真实情况。

后面4节都是描写延安的共产党领导人和八路军将领,如毛泽东、朱德、贺龙、彭德怀等和抗日前线的八路军指战员,穿插讲述了国民政府军政代表团抵达延安等情况。

其中《冲破封锁线》一节,讲述了国民党阻止中外记者去采访延安的内情,最后还谈到外国记者采访延安之后,"他们都喜欢毛泽东,都大谈大讲毛泽东的稀奇古怪的传说"。由于此节内容过于敏感,丘成没有翻译。

当时丘成的翻译水平已经很不错了,虽然与如今他人的译作《中国战歌》(《史沫特莱文集》第1集《中国战歌》,新华出版社1985年版)有些不同,但是基本内容相同,举一例子:

(丘成译文) 那天晚上我们在一间低矮的泥土筑成的小旅馆里宿了一夜。第二天早上冷气彻入肌肤;我们那位司机要在发动机下面燃起小堆火来才把机器发动了。我们的车子驶过三原的古城,准备在那古老的,一半荒凉的同官进午餐;同官就是在左权率领下的红色第一军团的司令部所在地。

我们终于到了城边,但是那城门太小了,车子开不去;我们都要爬出车来。一群穿黑军服的年青士兵开始聚拢过来了,就在这时候我在他们中间看见了我的朋友丁玲——真是意想不到。原来她从南京的监狱里出来了以后便设法到西北,最后到了红军的地区来。

(今译文) 我们在一个黑暗的小客店里住了一宿。第二天清早,气候奇寒,司机在引擎下生了一堆火发动机器。我们坐车穿过三原古城,打算到墙垣一半倒塌的杜里镇、红一方面军总部左权将军那里去吃饭。

我们终于到了杜里镇,城门太窄,卡车开不去,只好下车。一群穿黑布制服的青年战士围上来了。出乎我意料的是,人群里面有我的朋友丁玲。她被关在南京监狱,逃到西北终于参加了红军。

显然,丘成比较注重直译,尽量接近原文,这是当时翻译的一种方式,不必苛责。

丘成相识廖梦醒之后,才动手翻译《中国之战歌》,因此节译本问世的过程中,必然有鲜为人知的故事,有待揭晓。

戈宝权、葛一虹合作的《高尔基画传》

著名翻译家戈宝权在《我见到了高尔基》一文(收入苏联塔斯社中国分社社长罗果夫与戈宝权合编1947年出版的《高尔基研究年刊》)里回忆说:

是一个晴朗的日子,蔚蓝色的五月天,把大家都笼罩在幸福和快乐的氛围之中。这一天高尔基伴(同)了罗曼·罗兰到红场去。当他们在红场上出现的时候,他们是怎样引起人们的注意呀!

高尔基的肩上披了一件淡褐色的春季大衣,戴了一顶黑色的宽边呢帽,手里拿了一根细长的烟管,这样子多么动人呀。我看见过他这样的装饰已不止一次了,我在画像上和照片上早已就看见过,特别是那顶宽边的呢帽!高尔基的背,稍微有些驼,当他阔步跨过红场的那一方一方的大石砖时,你又会晓得,这是怎样一个充满活力的巨人的体形,呈现在你的眼前。这时候,高尔基已经衰老了,但这一次充满了青春之力的体育大检阅,带给他无限的生气。在第二天他为报纸写了一段印象记,可惜我手边无原文可引(用),只记得其中有这样的句子:"当你看到那些青年走过红场时,你感觉你自己是衰老了,你没有力气能跟着他们走过列宁墓前,高呼一声'乌拉!'(万岁之意)。但他们会燃起你心中的星星的火光,你会看见这些青年人,走向光明的遥遥的远方……"

戈宝权以不同的角度描述了高尔基的形象,令人难忘。不料这是他最后一次在公开场合中看见高尔基。次年(1936年)6月18日,大文豪高尔基不幸病逝,引起全球的高度关注。戈宝权悲伤地写道:

第二天很早我就起床,一来想抢先去买纪念的报纸,二来想到工会大厦去看看他的遗容,他的遗体是陈列在工会大厦的圆柱厅里,好让全城的人最后一次看看他们的导师——这位巨人高尔基;并且只有这一天的机会,因为他的遗体当晚就火葬。整个莫斯科的人,都从四面八方

挤到中心来。从中心的红场，穿过特威尔斯卡亚街（现名高尔基街）一直到普希金广场，再沿着林荫路转到大厦米特洛夫卡街，整整几里路段的地方都被人的浪潮拥满了。很多街口临时用卡车拦起来，民警骑着马也出动了，注意：这些卡车不是街垒，这些民警不是哥萨克骑兵，他们是想来缓和一些人的浪潮，但他们也知道这是枉然。我爬了几座防人潮的"街垒"，靠了身边带着的外国记者的证明书，才能取巧先走进了大厦。

高尔基的遗体是停在圆柱厅的中央，身上盖着红布，遗体的四周全是鲜花，稍远一点，站着荣誉守卫人。更远一点是乐队，在奏悲多汶（贝多芬）和肖邦等人的丧曲。……

廿日这一天下午，红场举行了高尔基的葬礼。……我事先领到一张通行证，到了红场，史（斯）大林等人将高尔基的尸灰罐抬进红场，举行了一次追悼的仪式，即由作家托尔斯泰等人将尸灰罐移到宫墙旁，安置进宫墙。现在凡是观礼红场的人，还可以看见克里米（姆）林宫的白墙上，嵌着一方黑色的大理石，上面写着："阿列克赛·马克西莫维奇·高尔基"等三个金字。

戈宝权的"零距离"所见所闻,对于中国广大读者来说"很新鲜",以后变成了一段段说明文字,载于《高尔基画传》(以下简称《画传》),由著名文学翻译家、戏剧家葛一虹编辑,天下图书公司于1946年出版,中国文化投资公司发行,平装,18开,共39页。这是作为中苏文化协会丛书之一,以纪念高尔基逝世10周年。此后,经修订再版,增加为44页。

葛一虹多次参加各种有关纪念高尔基的活动和编辑有关纪念书刊。他曾特地写了《六月十八日》一文(1947年出版的《高尔基研究年刊》),讲述了此后每年6月18日举办的各种纪念高尔基的活动。高尔基逝世3周年时,葛一虹在以产糖著称的小县城客栈里,举行了简单的纪念,"满天的星斗,凉爽的微风,沱茶和糖果,那种风味是极其特殊的。"1940年6月18日,他回到重庆,为中苏文化协会的刊物《中苏文化》编了一期纪念高尔基的特刊。次年5月,他再次告别山城,事前编完了高尔基逝世5周年的纪念专栏,共有10万字。1942年5月,桂林激战之后,葛一虹回到重庆,参加了合并放在一起的纪念高尔基、屈原的活动,这也是当时抗日战争艰难时期特有的现象。1943年高尔基纪念会上,葛一虹曾经作了一个书面报告。1945年,他和茅盾、戈宝权、郁文哉合作出版了一本罗斯金写的传记小说《高尔基》,最初为新中国书局1945年8月东北版,后有上海光华书店1948年11月再版本,郭沫若作序。

1946年6月18日上午9时,中苏文化协会上海分会、中华全国文艺协会上海分会等8个团体在上海沪光大戏院联合举办"文豪高尔基先生逝世10周年纪念会"。同时,茅盾收到苏联有关部门的邀请,将于同年秋天成行。

据戈宝权介绍,高尔基的作品早在清末已经从日文转译为中文。此后,随着中国新文艺运动的开展,高尔基的作品越来越受到中国广大读者的喜爱,茅盾甚至认为:"高尔基的影响无疑地应当视为最直接而且最大。"

高尔基不幸逝世后,中国众多左翼、进步作家纷纷撰文纪念,不少报刊特地出版特辑,刊登纪念诗文和有关高尔基的照片。一年前同样的日子(1935年6月18日),则是中国共产党早期领袖、中国革命文学事业的重要奠基者之一瞿秋白英勇就义。因此,中国共产党的大型机关报《新华日报》曾一度在每年6月18日同时纪念高尔基和瞿秋白,这是特有的纪念现象。

高尔基逝世10周年,《新华日报》推出纪念高尔基的专版,刊登曹靖华《人民的春天要开始了》、郭沫若《不要把自己的作品偶像化》、茅盾《高尔基和中国文坛》、田汉《高尔基和中国作家》等文章,还特地发表了高尔基逝世1周年之际,苏联党政要人莫洛托夫的讲话(L.N翻译)。曹靖华、郭沫若、茅盾等文以后出现于1947年出版的《高尔基研究年刊》。莫洛托夫讲话中的一句话也出现在戈宝权、葛一虹合作的《画传》里,不过L.N与戈宝权翻译的略有不同,戈宝权的译文:"在列宁逝世之后,高尔基的逝世,是全苏联和全人类的一个最重大的损失。"L. N 翻译为:"自列宁死后,高尔基之死是我们国家和全世界人类的最沉重的损失。"

当时在国统区的上海大报上难以找到纪念高尔基的消息和文章,戈宝权、葛一虹则合作了颇有影响的《画传》。

"高尔基写给孙中山先生的这封信,是在一九一二年十月写的。是年秋天,高尔基负责编辑《同时代人》杂志,其中专有一栏即题名为《国外生活纪事》,高尔基曾在这一栏中写过一篇讲中国问题的文字;他写给孙中山先生的信,也就是为了这目的才写的。原文,最初刊载在一九三七年六月十八日的《消息报》。"这是《画传》开头刊登高尔基写给孙中山的信前说明,由戈宝权写的,并翻译了此信。著名诗人杨骚也曾翻译了此信,刊登于丘韵铎以黄峰的笔名主编"世界文学连丛"《苏联文学》第 1 辑《高尔基》,天马书店出版(无出版日期)。

《画传》为何首篇是此信呢?众所周知,《画传》是以中苏文化协会丛书之一的名义出版。中苏文化协会及其上海分会公开露面的都是一些国民党要人和社会名流,况且《画传》出版时正值抗日战争胜利之后,国共两党统一战线还在维持。因此,高尔基写给孙中山的信"旧话重提"很有必要,也是苏联方面所期望的。

戈宝权是中苏文化协会理事,葛一虹曾任该协会研究委员会副主任,他俩一起编辑该协会杂志《中苏文化》。该刊原为《中国与苏俄》,由该协会唯一常务理事、主持工作的张西曼改编的。抗日战争期间,戈宝权、葛一虹曾与张西曼合作,葛一虹称张西曼是"一个爱国的铮铮铁汉"。

抗日战争胜利后,戈宝权在上海时代出版社编译部工作,负责编辑《苏联文艺》和编译出版《普希金全集》等,加之戈宝权在苏联担任记者的经历等因素,他撰写的《画传》说明文字具有很高的权威性。《画传》的图片则是苏联有关部门提供,以及戈宝权等人搜集的,其中许多图片也曾刊登于《高尔基研究年刊》。

《画传》刊有高尔基不同时期的个人、住处等图片,以及他的手迹和出版的各种著作、编辑的刊物等,以及关于高尔基的速写、油画、雕塑等。戈宝权的说明文字有时采用高尔基文章里的原话,特别是他的三部曲《童年》《在人间》《我的大学》,以增加可信性和亲切感,这也是借鉴外国人物画传的表述方式,成为以后编写中国著名人物画传的一种典范。

《画传》最后刊登了高尔基逝世前的最后一张半身照片,他西装外面披着人们熟悉的淡褐色大衣。还发表了其他照片,如在工会大厦圆柱厅展出高尔基的遗容,他的花白头发梳理整齐,面部安详,右手放在胸前,他睡的枕头凹陷——似乎还在仰面沉睡,以及莫斯科万人空巷——聚集工会大厦外面,红场高尔基之墓等。对此,戈宝权对照着图片写说明文字时,感慨万千,毕竟他曾亲身经历。

《画传》不可避免地突出了列宁、斯大林等政治领袖与高尔基之间的关系,以各种艺术作品"再现"双方亲密无间的"同框"场面。这在当时的影响很大,延续到新中国成立后,多次被各种主要报刊转载。随着"文革"后俄罗斯档案的解密,再来观看《画传》,大有隔世之感,不过《画传》毕竟是那个历史时期的见证,是一种综合性的反映,不必苛责。

新中国成立后,又出现了不同版本的《画传》,不过主要图片还是来自戈宝权、葛一虹合作的初版本《画传》。

新中国成立前夕,戈宝权被派往莫斯科任新华通讯社驻苏记者,后任驻苏联大使馆临时代办及政务、文化参赞。他晚年致力于中外文化交流,享有"文化和友谊使者"的美誉,获得众多殊荣。友人曾建议戈宝权撰写回忆录,但是考虑到俄罗斯档案还未解密等因素,戈宝权迟迟没有动笔,直至去世,遗憾地带走了大量的秘密,包括中苏外交史和文化交流史、国共两党历史、中国现代翻译史,以及中外社会各界人士有关情况等。

葛一虹后任《外国戏剧》主编、中国戏剧出版社社长兼总编辑、中国剧协书记处书记、中国艺术研究院话剧研究所所长等。他病逝后,中国戏剧出版社出版了4卷《葛一虹文集》(2012年版)。

丁景唐与戈宝权、葛一虹曾有各种交往,另撰文述之。

辑七 艺苑纷呈

郑君里"一年写一章"的《角色的诞生》

夏衍高度评价郑君里的"全才":他"既擅演技,又能执导;既有舞台经验,又有电影实践;既从事创作,又研究理论的多面手。在中国戏剧电影界是并不多见的,他的成就可以说达到了中国电影艺术的高峰,在中国电影史上占有重要一席。"

其实,郑君里还是一位出色的翻译家,侧重于翻译和研究苏联戏剧大师斯坦尼斯拉夫斯基(以下简称斯氏)的表演体系,并付诸于实践。加之其他众多因素,他撰写了表演理论专著《角色的诞生》(1947年生活·读书·新知联合发行出版),一直畅销不衰,影响很大,成为表演艺术工作者的"教科书",也是了解表演艺术的入门书。

郑君里早年投考南国艺术学院戏剧科时,是在欧阳予倩家里进行的。入学后,跟随朱维基学习外语。该校停办后,田汉创办"南国研究室",鼓励郑君里等人自学。郑君里天资聪颖,竟然在翻译方面显示出过人的天赋,开始翻译《易卜生论》,发表于《民众日报》,那时他才17岁。

1930年,郑君里与左明、赵明彝(后为左翼戏剧家联盟党团书记)、林林(后从事著译等工作)、吴湄(后为有名的电影演员)等人组成摩登社,与夏衍等人的上海艺术剧社部分成员一起到南通演出,这是应赵丹父亲的盛情邀请。赵丹还在上中学,热衷于"文明戏",第一次见到郑君里,觉得他特"帅":"留着长长的头发,沉默而寡言,一双凝邃的眼睛总是钉(盯)住一个地方,似乎有多少沉重、忧伤在压着他,我觉得他'深刻'极了。我看了他们那些深刻而又浪漫蒂克的演出,我就爱上了他们,并和他们交上了朋友。"

郑君里经历了多年的舞台实践,并开始涉足传入中国的新型艺术门类——电影圈子,他撰写了《中国影业发达史》,曾作为节录本在1935年底至1936年初期间连载于上海《新闻报》,收入《近代中国艺术发展史》(良友图书印刷公司1936年版)时改题为《现代中国电影史》。这虽然是一种纵向史的表述,但是他已经对苏联戏剧艺术殿堂的新学说——斯氏表演体系产生浓厚兴趣,总觉得这才是自己苦苦寻觅的"创造角色"的理论。

我想写一部巨大的、卷数很多的、论演员技术的著作（所谓"斯坦尼斯拉夫斯基体系"）。已经出版的《我的艺术生活》一书就是作为这部著作之引子的第一卷。本书，论"体验"创作过程中的"自我修养"，是第二卷。最近我正着手编纂第三卷，在这一卷里将论及"形象化"创作过程中的"自我修养"。第四卷论述"角色的扮演"。

　　斯氏在《演员自我修养·自序》中写下这些文字时，眼前大概还浮现着排练场上的一幕幕精彩片段。根据英文版转译的郑君里则是在兵荒马乱、贫瘠落后的大西北，拍摄《西北特辑》期间翻译的。此拍摄任务非常艰难，是1939年春"中制"（中国电影制片厂，原为汉口摄影场）委派的，沿途还受到宁夏"土皇帝"马鸿逵的监视。郑君里在繁杂纷乱的拍摄事务中硬是挤出时间，强迫自己安下心来，翻译《演员自我修养》的前半部。在宁夏、金积、董府等候胶片约一个月内，郑君里抓紧时间，跟着俞世堃学习俄文。此后，郑君里与著名导演章泯合译《演员自我修养》（重庆新知书店1943年7月初版），此书成为畅销书，多次再版，直至如今。

　　在翻译斯氏等人表演理论著作等众多因素的基础上，郑君里决心撰写《角色的诞生》，直接诱发因素正是1942年夏天的一次聚谈。

1942年夏天，郑君里与重庆中国万岁剧团（以下简称"剧团"）的同仁为了躲避重庆大轰炸，聚集在远离市区的澄江镇座谈。

"剧团"的冠名来自1938年上演的著名话剧《中国万岁》，由怒潮剧社演出，唐纳编剧，王为一导演。怒潮剧社隶属于"中制"，由国民政府军事委员会政治部三厅（厅长郭沫若）领导，郑用之任三厅第六处电影科长，后为"中制"厂长。怒潮剧社迁移到重庆，上演《中国万岁》一剧，轰动一时，享誉山城，1940年初更名为中国万岁剧团，郭沫若、郑用之兼任正、副团长。此后，"剧团"在重庆上演了《雾重庆》《虎符》《蜕变》《国家至上》《国贼汪精卫》等大批新剧、历史剧。

事前（6月4日），"剧团"下发一个通知："我们这回下乡，预备抽出些时间来，以座谈会的方式，研究些问题，希望每一个同志都能发表意见，兹特将预备研究的题目附上，务望于事前加以准备。抵（北）碚一回，每日上午谈话，前日下午再作临时之准备。"并列出"戏剧工作者必须研究"的8个课题：苏联演剧方法论；剧场艺术全套；导演与演员；剧场艺术讲话；中苏文化文艺专号；中苏文化电影戏剧专号；表演艺术论文集；演技六讲。

其中《演技六讲》是郑君里翻译的表演理论专著（上海良友图书印刷公司1937年版，以后多次再版），原作者是美国电影、戏剧导演波列斯拉夫斯基，他16岁起就是舞台演员，曾在莫斯科艺术剧院工作，得到苏联戏剧大师斯氏的指导，较有系统地学习表演。因此，《演技六讲》深入浅出地介绍了斯氏的表演基础知识，是初学者必读之作。

"剧团"在澄江镇座谈40多天里，大家"有系统地交换彼此的演剧经验"，有时座谈会由郑君里主持，李畏记录。

郑君里回忆说："数十人的经验谈像百川滔滔地汇成一个海，在这里经过相互间的批判和借镜，又复合流为一脉。我将永远怀念这暑天，那朋友间的炎夏般的热情、坦白和虔诚。难得是我们大伙儿生活在雄浑的嘉陵山峡的怀抱中，有时你会豁然领悟艺术与大自然隐约相通，朋友的点滴的启发可以使你从自然的默示中引申得更深更远。好多年了，我的思索老给堵住——像峡下石罅间的死水，感谢这一股奔流把我带出来，送我流出山峡……我于是开始构思这本书。"（《角色的诞生·初版后记》）

郑君里与江村、李畏、孙坚白、舒秀文①有着许多共同话题，谈起斯氏的

---

① 江村，毕业于重庆的国立戏剧学校，"剧团"的主要演员之一。他相貌英俊，演技精湛，所刻造的角色形象大都清朗优雅，富于诗人气质。后因遭到反动当局的迫害,含恨早逝，年仅27岁。
郑君里在大西北拍摄《西北特辑》时，绥远演剧队员李畏等人前来协助，互相逐渐熟悉。此后，李畏进入"剧团"。

（转下页）

表演理论,更是"眉飞色舞",很是兴奋。

大家座谈时的话题有"演员的任务":演员艺术的基本目的是什么?"创造一个角色的'性灵(精神)'的生活,把这种生活用艺术的形式传达到舞台上。"他们还讨论:什么叫"体验角色","生活于角色";角色是剧作家所创造的特定的环境中的一个个人,他有独特的,不一定与演员相同的"性灵的生活","演员要创造他,就得体验角色所特有的性灵生活,生活于他的性灵生活之中";"内心底创造"等。

这些是当年"剧团"座谈的珍贵资料"一斑",如今有关部门精心整理后,收入《郑君里全集》第 1 卷(上海文化出版社 2016 年版)。

郑君里撰写《角色的诞生》时,"再现"了座谈会谈及的"热点"话题,但已是经过他的深思熟虑,分别演变为该书总共 4 章的标题,即《演员与角色》《演员如何准备角色》《演员如何排演角色》《演员如何演出角色》,各章里分为若干小节,从不同的角度进行论述。

郑君里回忆说:"在写作中,我企图根据斯氏学说的一些重要的论点,在我个人所见到的演员的优秀演出中去发现一些正确的、有用的经验,而不愿硬搬'体系'。我从我同时代的优秀演员的创造中得到直接的启发和教育,我在书中曾引证过袁牧之、唐叔明、陈凝秋、赵丹、金山、舒秀文、张瑞芳、孙坚白(石羽)、陶金、高仲实等等同志的经验的片段。"(1963 年再版本《演员与角色·自序》)

但是,谁也没有想到郑君里撰写此书的 4 章内容,竟然花费了 4 年,几乎是每年写一章。

1942 年夏天"剧团"座谈之后,"中制"厂长郑用之被迫下台,吴树勋上台,强迫郑君里在《民族万岁》中出现蒋介石的形象,并改歌词"响应委员长"为"服从委员长"。郑君里断然拒绝后,被关在"厂长室"里。吴树勋亲笔写了"勒令条子",逼迫郑君里修改,郑君里虽然勉强服从,但是依然未能逃脱被开除的命运。

这时郑君里刚刚动过手术(盲肠炎开刀),偏偏创口发炎化脓,开裂。失去工作后,"外忧内痛",穷困潦倒。突然,夏衍送来百元,说是朋友送的,事

(接上页)著名表演艺术家孙坚白,即石羽,他与江村同为重庆戏剧学校毕业生,一起参加旅川上海业余剧人协会,参演《日出》《阿 Q 正传》《奥赛罗》等剧。1948 年他参演的电影《小城之春》,被誉为中国电影史上的 10 部经典名作之一。新中国成立后,他担任中国青年艺术剧院副院长,被话剧界誉为"体验派先驱"。

舒秀文,著名女演员,1933 年从影,在银幕和舞台上塑造了众多身世不同、性格迥异的人物形象。1957 年调任北京人民艺术剧院演员,主演《北京人》《关汉卿》《骆驼祥子》等话剧。同时,她是我国第一位女配音演员,"文革"中去世。

后才知道是党组织"雪里送炭",这也为郑君里撰写《角色的诞生》前两章留下难以磨灭的"外一章"。

1944年,经朋友介绍,郑君里前去重庆戏剧学校授课,每月去3天,教材则是郑君里刚完成的《角色的诞生》前两章内容。同时,他拒绝了到阎折吾的教育部演剧队去讲课赚钱的机会,继续关起门来写《角色的诞生》第3章。

1945年底,郑君里的妻子黄晨先坐木船离川赴沪,郑君里则"躲"到重庆东北部万县的演剧九队驻地。演剧九队主要成员来自左翼"剧联"(左翼戏剧家联盟)及其领导下的上海业余剧人协会和所属实验剧团,实验剧团的编、导、演、舞美等各方面水平比较高,其优良作风被带到演剧九队里,其中有郑君里的老朋友吕复、赵明等。同时,郑君里写信并汇款给老朋友吴湄代购日用品。

郑君里在演剧九队里又一次参加了阔别3年的演剧经验的座谈,又一次朝夕面对着滚滚东流的江水,又一次"感谢这一股奔流把我带出来",带向更为广阔的天地。郑君里在这里得到进一步思索,完成了《角色的诞生》最后一章。

> 毛虫蜕变为蝴蝶的那一天是节日,演员蜕变为角色的那一天也是。那一天,从大清早起,做演员的就预感到"化身"的不安的振奋:那可喜而又可怕的精灵一刻近一刻地要附入自己的身上来了。他像新嫁娘似的精心而迷惑地张罗一切,忙这,忙那。一切纵然圆满,比起自己的想法总有点不惬。但,没有余裕了,只好将就一点,隐隐有点不快。

郑君里写下最后一章的开头,笔下的字里行间依然显露出当年的某些痕迹,即受到"田汉唯美主义和颓废派的毒,波达莱尔和野口次郎的散文诗"的影响。

经历了几番倾述衷肠——对表演艺术的最后概括,郑君里回想起昔日演戏、执导的纷乱画面,百感交集,笔下出现了这样一段文字:"殿下,演员们到这儿来了!是世界最优秀的演员……"这是引用《哈姆雷特》第三幕第二场的台词,作为《角色的诞生》全书的结尾。

对此,有一个诠释可作为"旁证"。郑君里在《初版后记》里写道:"据说英国名优马克瑞狄晚年退休时,最后一夜演《哈姆雷脱》,戏完了之后,他叠好哈姆雷脱的紫色天鹅绒的戏服,反复地摩抚着它,不自觉地低吟着何莱淑(哈的至友)对哈姆雷脱告别的台词:'晚安!殿下……'然后将它珍重地放入箱箧……这种心情值得个中人去吟味。"

郑君里的"吟味",是对自己过去的演戏、执导的经历做个总结,并在斯氏体系理论的光辉照耀下,得以升华、扬弃。同时,他把希望寄托在中国新老同仁的身上,"殿下,演员们到这儿来了!是世界最优秀的演员……"

郑君里带着《角色的诞生》的书稿,顺流而下,返回阔别多年的上海,立即与蔡楚生合作导演、编剧《一江春水向东流》,整天忙着拍摄。这是郑君里首次执导电影处女作,并写了学习札记,成为一份珍贵的资料。这部电影由白杨、陶金、舒绣文、上官云珠等主演,1947年10月上映,出现了连映3个月的观影盛况。这也是郑君里将《角色的诞生》理论和见解付诸于电影实践的一个生动体现。

《一江春水向东流》热映期间,郑君里请洪深写《角色的诞生》的序言:

> 中国有个旧说法:"大匠能与人规矩,不能使人巧";这个"怎样"是只可"意会"而不能"言传"的。但是斯坦尼斯拉夫斯基记录了自己的以及别人的工作经验,勇敢地努力于"言传"这个"怎样"。郑君里记录了别人的以及自己的工作经验,也勇敢地努力于"言传"这个"怎样"。我以为后者受前者的影响颇大,后者也是前者的延长。如果郑君里不翻译《演员自我修养》,也许他不会想到,甚至写不出他的《角色的诞生》;但后书确有它自己的贡献,有很多话确是未经前书道出的。

郑君里在《初版后记》感叹:"无意中又将这本书搁置近两年了。也好,凑满十年吧,让我作一个怀念的十年祭。"

丁景唐收藏《角色的诞生》(生活·读书·新知三联书店1950年3月出版的北京版),是因为郑君里曾参加"剧联",并起草了一份很重要的指导性文件《行动纲领》,这对于世人来说"鲜为人知"。而且《角色的诞生》里谈及不少名演员的工作经验,有助于了解中国电影发展史,包括30年代左翼戏剧、电影的某些情况。

齐如山口述《梅兰芳游美记》

齐如山在《梅兰芳游美记》（以下简称《游美》）如实地评价梅兰芳：

> 我对于梅君所唱的小嗓子，觉得毫无一点膈膜。我以为梅君的小嗓子，与女子的真嗓子的差别，与戏中的身段和平常人动作的差别，大致和同。这是纯美术化的动作，所以听着毫无不愉快的地方。
>
> 我想梅君在中国演戏，一定比在美国好的多。因为在这里演唱，我看着似乎有迁就美国人眼光心理的地方；可是我要劝梅君千万不要这样，致损中国剧的价值。凡是来看梅君戏的人，都是按照极高尚的艺术来看，或是按照古代雕刻来看，倘若他们有些不了解的地方，也毫无妨害。越是按照中国戏剧规定的演法，极力发挥，观客越欢迎，越感兴趣。

齐如山曾为梅兰芳编写了《嫦娥奔月》《黛玉葬花》《天女散花》《霸王别姬》《宇宙锋》等剧本，被公认为梅兰芳的主要编剧和文学顾问，也是梅兰芳创造梅派艺术的主要参与者。

齐如山通晓德文、法文，曾游学西欧，早年学习和考察了欧洲的戏剧。辛亥革命后回国，他担任了京师大学堂和北京女子文理学院的教授。他以一个研究家的眼光，曾写了长达3千字的长信，指出梅兰芳演出《汾河湾》时的不少瑕疵和不足，谦恭、好学的梅兰芳立即改正。此后，他俩成为莫逆之交，梅兰芳始终把齐如山尊为师长。通晓中西戏剧的齐如山在《游美》里继续写道：

> 我看梅君的嗓子很好，但似乎是不敢用力唱，其实不要紧，纽约的人，既然公认了中国剧是世界的艺术，梅君就应该极力发挥中国剧固有的长处，发挥力越大，欢迎的程度越高。因为有许多人不是为取乐来的，都是为研究艺术才来的，为研究东方艺术才来的，所以梅君万不可气馁，致损梅君艺术的价值，并损中国剧的身份和地位。中国剧的举止

动作，极雍容大雅，位置的高尚，分量的沉重，实在在世界戏剧之上。

  我这次看了梅君的戏，对于戏剧的原理明白了许多，对于世界艺术的原理也明白了许多，真是异常的愉快！

  通晓中西戏剧的齐如山，才能得出如此精彩的评说，以中国传统戏剧为自豪，感慨万分。

  1930年1月9日，齐如山在上海与梅兰芳等人会合，随后作为剧务主任一起前往美国。事前策划、宣传、选剧等，以及处理梅兰芳在美国演出的繁杂剧务诸事，齐如山都亲身参与，立下"汗马功劳"。

  回国后，齐如山"点检丛帙，一一追忆。授其女香，为笔之于书。香承家学，文字斐美，乃以语体写此书，则采风写事，贵廉其实，亦以求尽人而获解也。"初稿写出后，齐如山仔细校阅，老友赵尊岳花费"一日夕之力，而毕其词"。1933年夏天，赵尊岳撰写了(《游美·序》)讲述了此书的来历，他说："乃又得如山之作，一一写其实况，用为轺车之史料，亦即国家之懿荣。余以浮沈之身，得预其役，又览斯篇，益憬于礼乐不可阙失，海宇之应事循掖。"

  赵尊岳，自幼阅览群书，精通词学，他搜辑的《明词汇刊》等至今还在网上销售。他号称"梅党健将",曾任《申报》经理秘书,深得史量才的赏识。他除了在《申报》上撰文大捧特捧梅兰芳之外,他还顾及梅兰芳在上海演戏时的起居等。1961年8月8日,梅兰芳辞世后,在海外的赵尊岳写诗悼念。次年,齐如山在台湾病故,赵尊岳吟诗曰:"著作平生戢伪体,多能一艺重斯文。"

但是,抗日战争期间,赵尊岳投靠日本,历任汪伪政府要职,昔日信誓旦旦说的"同文共轨,永销兵革,克抵治平"(《游美·序》)之言,成为绝妙的讽刺。

1933年11月1日,齐如山口述,他的女儿齐香(曾为北京大学西语系教授)整理的《游美》问世,16开本,商务印书馆出版。该书封面设计颇有特色,四周为黄色细围框,图案以中国戏曲的吹、拨、打各种器乐为主,象征着历史悠久的中国戏曲文化。左上角为黄秋岳的题词,字体娟秀。

福建近代著名词人黄濬,字秋岳,有神童之誉,后赴日本留学,回国后,受梁启超赏识,聘为财政部长秘书,后转入南京政府任职。黄秋岳与赵尊岳都是有名的"梅党"骨干分子,黄秋岳甘愿"大材小用",为梅兰芳处理文案。一说,梅兰芳表演的《霸王别姬》大获成功,"就是倚仗着黄秋岳掰开揉碎的讲戏,才把虞姬的性格刻画得丝丝入扣。"

齐如山在《游美》里谈及梅兰芳赴美之前的宣传造势。齐如山和黄秋岳曾编写一本详细介绍梅兰芳的小册子。经过一番商议,内容分为七章:《梅兰芳之家族及历史》《旦角之由来及其地位》《梅兰芳之创造品》《梅剧在中国剧之地位》《梅兰芳之国际酬酢》《梅兰芳之国内欢迎与批评》《外人眼光中之梅兰芳》。他俩依仗平时积累的大量资料,花费了约4个月,编写了4万多字,又添加许多照片。听取友人的批评建议后,又削繁从简,聘请他人翻译为英文。但是,核算的印刷费超过预算好几倍,只好忍痛割爱,删去图画、照片,定名为《梅兰芳》。但是,印刷费用仍然高达6、7千元,最后由赵尊岳"代为斟酌办理,并在上海与商务印书馆接洽,为这件事赵君费了不少的精神"。

"四方王会,凤具威仪,五千年文物雍容,茂启元音辉此日;三世伶官,早扬俊采,九万里舟舻历聘,全凭雅乐畅宗风。"这是梅兰芳游美演出时,戏台两旁柱子上挂着的一幅对联,出自黄秋岳的手笔。

齐如山还写道:"台上的桌椅都是特别制的,可以任意放大缩小。所有的尺寸,都比中国普通的加大,因为外国戏台宽大。两边有龙头挂穗,朱红描金,颇觉富丽堂皇。外国人对这戏台上的一切布置,都感到壮丽调和。"剧场门口制作了百余个灯笼、几十张画片,以及旗帜等。"给看座人员"等,做了特别中国式的衣服,"这一切颇引起外国人的注意和赞美"。

颇有文采的黄秋岳后为汪精卫秘书,但是"世乱佳人还做贼"(国学大师陈寅恪之诗句),因泄露最高军事机密,成为抗战中第一批被枪决的汉奸。

齐如山口述的《游美》内容翔实,透露了许多内情。事前仅仅是准备的演戏行头,花费了齐如山大量的心血和精力。他写道:

> 我时常到后台去调查,并且把管戏衣的人请到家里,一种一种的仔细斟酌。又把从前清宫里管衣箱的王太监等请来,作了几次长时间的谈话,得益很多。这样把材料搜足了后,都罗列案头,一次一次的审查,排出次序,觉得正确了,然后详细的开出单子来。……
>
> 把单子开完后,交给画工去画。有时忽然想起次序不妥,又取回来改,像这样子不知有多少回。然而这关于我的工作还好办,最困难的是画工,因为他非照原物画不可,不然只看见名字,不知原物形状,那怎么能画对呢?所以我又由戏箱上借出几件来,交给他照样画;画完这几种,再换几件别的来。有时我看他画得不妥时,又叫他拿回去改。所以这行头一类,只算画工一项,就用了多半年的工夫。

齐如山列举的一连串"画谱"的数字令人惊叹不已,他一丝不苟的执着态度,还有画工等人的辛勤劳动,都值得后人钦佩。不知如今戏曲舞台上的京剧行头,有多少是出自齐如山等人的"画谱",恐怕难以统计。

《游美》如今已有各种新版本,而且《梅兰芳游美日记》(以下简称《日记》)也出版了,与《游美》装帧相似,也是仿照线装书的格式,不过采用宣纸,衬托作者的手迹,显得古色古香,精美耐看。《日记》作者是梅兰芳的弟子李斐叔(李金章),梅兰芳纪念馆编辑此书的《后记》(奉华生作)等作了详细介绍。此书与《游美》两书对照起来观看,很有味道,可以互相补充,相得益彰,一个鲜活的梅兰芳等人形象呼之欲出,以及比较完整的多幕精彩大戏"梅兰芳游美之行",一起呈现给众多观众。

丁景唐收藏《游美》一书,也与研究鲁迅有关。

鲁迅在少年时代就不喜欢"咚咚哐哐之灾"的京剧,在几篇文章里也有讽刺和抱怨。鲁迅晚年批判杜衡之类的"第三种人"时,把梅兰芳的表演作为"说事",齐如山也"沾光"了。特别是在梅兰芳赴美演出载誉归国后,鲁迅接连写了《略论梅兰芳及其他》(上、下)两文,认为"梅兰芳的游日、游美,其实已不是光的发扬,而是光在中国的收敛。"这是指梅兰芳的表演已经"被士大夫据为己有,罩进玻璃罩"的延伸之意。

鲁迅多次尖刻的批评言论产生了很大影响,特别是新中国成立后,凡是被鲁迅点名批评过的剧目,如《天女散花》《黛玉葬花》等,也因此而修改或停演。梅兰芳担任了中国文联副主席和中国戏剧家协会主席,成为文艺界重要的领导人之一。但是,他很少出席各种鲁迅纪念会,有时即使到场也十分勉强,也不讲话。

鲁迅与梅兰芳的话题,至今颇有争议。但是,梅兰芳赴美演出的重要意义,已经与世公认,毋庸置疑。如今看看《游美》《日记》,品品香茗,还是挺滋润的。

舒湮主编《演剧艺术讲话》

明朝"复社四公子"之一的冒辟疆与董小宛的凄美爱情故事,出现在冒辟疆后人冒舒湮(以下简称舒湮)的笔下,即四幕古装历史悲剧《董小宛》。该剧抗日战争时期得到周恩来等人的支持,在重庆上演,盛况空前。时称"四大名旦"之一秦怡出演董小宛,秦怡的先生、著名的话剧演员陈天国扮演冒辟疆,名演员杨薇出演柳如是,还有刘琦、钱千里、王珏等参演。多年后,秦怡还深情地回忆起当年演出《董小宛》时的情景。

舒湮,著名剧作家、影评家,其父冒广生(鹤亭)是一代诗词大家。舒湮天资聪颖,深受冒氏世家学风的影响,才学出众,风流倜傥,酷爱戏剧。他毕业于暨南大学政治经济系,曾任上海《晨报·每日电影》编辑,因写作《〈铁板红泪录〉评》一文闻名影坛。抗日战争时期,舒湮创作了一批爱国历史话剧《董小宛》《正气歌》《精忠报国》《梅花梦》等,都是借古喻今,唤起民众民族意识,积极投身抗日运动;其中《董小宛》还有为先人冒辟疆和董小宛辩诬的因素。

舒湮曾被称为"中国的斯诺",那是接受委托,前往延安采访的结果——出版了《战斗中的陕北》《万里风云》等报告文学集,其中有采访朱德、毛泽东、张闻天等人的报道,这是国内首次报道,引起广泛的关注。新中国成立后,舒湮担任中国人民银行总行编辑主任、研究员。

抗日战争时期,上海沦陷为"孤岛",经原左联作家邱韵铎介绍,舒湮结识光明书局老板王子澄,此后,舒湮为该书局编书写剧,其中包括舒湮的剧本《董小宛》,1941年7月首次由上海光明书局出版。

1939年11月,应王子澄之邀,舒湮编了两集"光明戏剧丛书",内容多与爱国救亡有关。其中有许幸之改编的《阿Q正传》《天地长久》《小英雄》、胡春冰的《中国男儿》《儿女风云》、唐纳的《生路》、汪巩的《炮火升平》、舒湮《董小宛》《精忠报国》和顾仲彝的《阴谋与爱情》《水仙花》、吴天改编的《家》等。

舒湮还为光明书局编辑了两集《世界名剧精选》,分别于1939年12月和1941年2月出版(后来多次重版),收入曹靖华、焦菊隐、于伶、罗家伦、田

汉、顾仲彝等人翻译的外国名剧。两书附有"剧情说明、装置设计、导演计划和作者小史"，以便剧团的演出。

在这期间，为了及时总结经验，进一步推广抗日救亡戏剧运动，舒湮（主编）与顾仲彝等人合作（署名"集体著作"），出版了一本《演剧艺术讲话》，由光明书局于1940年2月初版。舒湮在《序》中写道：

> 理论是工作的明证。为了解救当前剧坛的困难，我们更需要有系统的正确而适宜的理论。这理论必须是从戏剧工作者的经验中体察出来的结果，并且在不断实验中得到改进。这些宝贵的经验是值得我们介绍给广大的戏剧爱好者们的。这本书的目的便在集合了许多人的力量来完成这部工作。我们将演剧艺术看作一个整体，又用科学的方法施以解剖；从静的到动的，从源流与本质到舞台技术与实务工作。我们怀着奢望使读者阅过这本书，就可以立刻开始工作；书的每一页也都是一张最妥善的 Formulas（准则、方案）。
>
> 执笔的作家们，除编者滥竽其间不计之外，都是每一部门的修养有素的专家。他们的论见是值得我们重视与学习的。

舒湮的人脉关系很广,通过不同方式收入一些著名剧作家、导演和演员等人的文章。其中有《戏剧的源流》(顾仲彝)、《戏剧的本质》(章泯)、《戏剧艺术的综合性》(沈西苓)、《编剧论》(胡春冰)、《剧本创作过程解剖》(张庚)、《导演论》(许幸之)、《我的导演方法》(欧阳予倩)、《演员论》(吴天)、《演技论》(白朗)、《诵读台词》(李健吾)、《声音的处理》(陈歌辛)、《舞台装置的一般问题》(张大任)、《舞台电学》(莫言)、《舞台光》(吴仞之)、《舞台化妆》(洪谟)、《舞台服装及其管理》(蓝兰)、《剧团的组织与经营》(舒湮)、《舞台管理的理论和实际》(易乔)、《继承中国戏剧的遗产问题》(周贻白)。

其中有不少剧作家原来是"剧联"(左翼戏剧家联盟)成员。1934年4月,于伶调到"文总"(左翼文化总同盟)工作,在夏衍的领导下,分管"剧联"等组织的联系工作。上海"孤岛"时期,于伶团结了欧阳予倩、阿英、许幸之、李伯龙等组成青鸟剧社,演出《雷雨》《日出》等。此后,于伶和阿英、吴仞之、李健吾等人几经波折筹建了上海剧艺社。上海剧艺社的主要导演有朱端钧、吴仞之、黄佐临等,主要演员有夏霞、蓝兰、石挥等。通过不断的演出,该社的队伍不断扩大,还和法租界当局合作开办了中法戏剧学校,培养了一批日后有名望的编剧导演和舞台美术工作者。

有一天,舒湮遇见暨南大学教授顾仲彝,得知留守"孤岛"的戏剧界生力军成立了上海剧艺社。此后,舒湮在于伶写的《花溅泪》中担任角色,这是他第一次参加话剧演出。此后,他还在该剧社公演的《明末遗恨》中曾担任主角,该剧本原名《碧血花》,又名《葛嫩娘》,阿英执笔。不过,舒湮并没有在该剧社里担任职务。

不久,许幸之又来邀请舒湮执教中法戏剧学校,舒湮短暂担任校长的秘书。该校由阿英担任教务长,教员除了上海剧艺社于伶等骨干之外,还有郑振铎、殷扬(杨帆)、溥侗等。同时,许幸之等人在筹备职业化的剧团"中法剧社",舒湮应邀执笔写了"中法剧社"的开幕词《我们的愿望》,该剧社成员有吴天、吴晓邦和一些电影演员。该剧社正式成立时,原拟首演法国名剧《祖国》,因故改为排演许幸之改编的《阿Q正传》,拟定在7月14日法兰西共和国国庆之日正式上演。

因此,舒湮撰写的长文《剧团的组织与经验》(收入《演剧艺术讲话》),深有感触地写道:"本年度中法戏剧学校公演《阿Q正传》,连演十七天,售款七千五百元;又上海剧艺社公演《明末遗恨》,竟连演三十余日,售款二万元左右。这种现象打破话剧自有史以来的记录。它的原因在哪里?撇开戏的本身不讲,广告宣传虽说有一部分效力,可是最大的效力还在观众自动的口头介绍,和报章杂志上的一致推荐之功。"

欧阳予倩是著名艺术家、戏剧教育家,中国话剧的开拓者和戏剧运动的创始人之一。《演剧艺术讲话》出版时，他因参加抗战救亡的艺术活动，引起敌伪汉奸的注意，早于2年前离开上海，第二次赴桂林。《演剧艺术讲话》收入他写的《我的导演方法》，其实是几年前他写的《导演经验谈》一文，发表于1937年6月16日《戏剧时代》第1卷第2期。舒湮将该文收入时，删除了前面"开场白"："谈导演的经验，关于我本身的都无从有条有理的表述，因为我从来没有记录；只好想到什么说什么。"显然，舒湮认为这段"开场白"是多余的，还改动了标题，认为这样才更为切题。但是，此事并未在有关专著里出现，包括新版的《欧阳予倩研究资料》(知识产权出版社2009年版)。

老影迷还记得"文革"前的一部反特故事片《国庆十点钟》，吴天导演。该影片情节曲折，扣人心弦，人物刻画细腻，当时很受观众欢迎。

吴天，原名洪为济，中国电影编剧、导演。他早年考入上海美术专科学校，积极参加学生运动以及抗日救亡运动，曾被捕。此后，他东渡日本留学，专攻戏剧。他与刘汝礼、杜宣共同导演曹禺的名作《雷雨》，首次在东京神田区一桥讲堂公演（国内还未上演），留下一段佳话，但至今已被世人淡忘。

1936年，吴天又被迫去马来西亚，新加坡等地，他编写了《伤兵医院》《春回来了》等独幕话剧。1938年，他回到上海，在上海剧艺社担任编导，并首次将巴金的《家》改编为话剧，还导演了《上海屋檐下》（夏衍）、《北京人》（曹禺）等话剧。他还翻译了话剧剧本《马汉姆教授》、法国柯克兰的戏剧论著《表演艺术论》、苏联泰洛夫的《演剧论》等理论书籍。

吴天在还未沦陷的香港时写的长文《演员论》，引用外国戏剧理论，结合自己的导演经验，阐述了演员的特性。其中谈到上海曾关于"剧本与表演究竟谁重要"的争论，吴天认为要看站在什么立场上来观审此问题。如果以文学的眼光来看，当然是剧本重要，演员只是解释得正确与否。如果从演员的立场上来看，当然是演员重要，演员是"二度创造"，"已经为了适合舞台而修正改为台本，演员在舞台表演已经是崭新的直接诉之于观众的'演剧艺术'。"

吴天最后强调演员必须提高综合素质，有的演员因一戏成名，但是这"不能算作真正的永远的成功"，"今日中国所需的的演员多是新的'时代演员'"。

陈歌辛曾被称为"歌仙"，代表作《玫瑰玫瑰我爱你》《夜上海》《凤凰于飞》《苏州河边》《恭喜恭喜》等名曲，由周璇等演唱出名，如今则有费玉清演唱，大受众多粉丝的追捧。陈歌辛的长子陈钢，是中国当代著名作曲家，与何占豪创作的小提琴协奏曲《梁山伯与祝英台》享誉国内外。陈歌辛写的《声音的处理》一文很有特色，从声音抑扬顿挫的角度，谈论话剧、歌剧等戏剧演员的舞台艺术，显示出他对音律研究的深厚功底。

《演剧艺术讲话》初版本原来收入胡春冰①写的《编剧论》,其中讲述关于抗日战争题材的编剧问题。随着上海被侵华日军完全占领,该集子第3版被迫抽掉该文。舒湮在《序》后面故意增添一段说明文字:"附告:本书二○至三六《编剧论》一篇,于第三版删去。"以此抗议。

初版本还附录阿英《引言》、舒畅《抗战时期内地出版戏剧目》,但是,第3版也出于同样原因被迫删除。阿英在《引言》中写道:

> 按:在我军自淞沪撤退之前,余曾作《淞沪战争戏曲录》一卷,附刊于拙编《抗战独幕剧选》后。翌年春,又重加增益,编入杂文集《抗战时期的文学》(广州北新版)内。抗战初期有关淞沪战争之剧作,大体略备。嗣后屡欲续作,以内地与上海交通之阻滞,搜集之艰难,始终不克有成。然固无时不望内地同志有完备戏曲录之编制,以存一代戏剧文献之著录也。去年,得舒畅先生此稿于友人处,欣喜欲狂,两年间之内地戏剧出版情况,竟宛在目前。屡思设法付印,以迁延不果。舒湮兄编《演剧艺术讲话》,因商得统一,附之编末。异日书成,宝之者当不止我。

此《引言》落款"1940年1月13日",这距离《演剧艺术讲话》正式出版只有一个月。阿英是以历史学家的眼光看待舒畅搜集的资料,他"欣喜欲狂"的激动心情,让如今安享于喝咖啡的世人难以理解。

《演剧艺术讲话》收入文章的作者中有著名的剧作家、导演,他们已有多文介绍,不再赘述,其他作者则不大为读者所熟悉。其中莫言不是如今诺贝尔文学奖得主,而是上海剧艺社的演员,曾在《明末遗恨》中担任角色。

女演员蓝兰在上海剧艺社首次公演的《爱与死的搏斗》担任女主角,该剧导演是许幸之。蓝兰与于伶是中共地下党员,潘汉年奉党中央之命,从陕北秘密来沪,正是通过他们与上海地下党组织取得了联系。蓝兰写的《舞台服装及其管理》和莫言写的《舞台电学》两篇文章,鲜为人知,文章的标题似乎与他们的演员身份完全"不搭界"。

---

① 胡春冰被称为"以喜剧开幕,以悲剧收场",他早年毕业于北京师范大学英文系,后留学美国,深造戏剧专业,涉猎中外古今戏剧,颇有心得。1929年,胡春冰应欧阳予倩的邀请,到广州协助筹办广东戏剧研究所。自加入"南国社"始至抗日战争结束,胡春冰始终以戏剧参与社会运动,积极组建各种进步剧团,对于戏剧创作与理论建设作出应有的贡献。1949年他定居香港,成为香港戏剧文学的拓荒者、奠基者,但是历来戏剧界、文学界很少论及。胡春冰曾回广州探亲访友,并去过北京,找过周扬、田汉等文艺界领导人,谈起自己的历史问题,表达了回内地参加工作的愿望。但是,胡春冰未能如愿,1960年病逝香港。(详见周仁成:《胡春冰的戏剧人生、创作与理论》,载《戏剧:中央戏剧学院学报》2016年第4期)

白朗写的是《演技论》，谈论的都是话剧演员的内行话。她与丈夫罗烽躲避敌人追捕，逃离哈尔滨，南下抵沪，参加了左联。白朗才华横溢，曾与萧红齐名，但是她与罗烽后半生命运多舛，令人叹息。

丁景唐收藏的《演剧艺术讲话》是第3版，1942年12月发行。该书有不少内容牵涉到上海"孤岛"时期的戏剧活动资料，尤其是与于伶有关。丁景唐与于伶是老相识，另撰文述之。

洪深独立写作与《十年来的中国》

1937年4月,南京国民政府成立10周年之际,蒋介石经历了震惊中外的西安事变,怒气未消,哪里有好心情大搞庆典活动。

这时"二陈"(陈果夫、陈立夫)掌管党务、文化和教育,陈立夫则授意樊仲云等人,责令几十位有名的笔杆子,撰写了30多篇文章,各个标题的前置语统一为《十年来中国……》,内容涉及广泛,如政治、外交、法制、金融、工业、农业、商业、文化、教育、出版等。由樊仲云编辑,书名为《十年来的中国》,多达45万字,洋洋大观,分为厚厚的一册精装本,以及平装本(上、下两册)。丁景唐收藏的是初版的精装本,深红色封面,前有陈立夫题写的书名,原价"国币四元",价格不菲。

此书以中国文化建设协会名义问世,1937年7月商务印书馆出版。这时刚刚发生1937年"七七"事变,中日战争全面爆发。7月17日,蒋介石发表了著名的"最后关头"演说(庐山谈话)。

陈立夫在该书序言中,还未来得及谈论"七七"事变,便认为"西安事变之解决,更促进全国统一之基础"。樊仲云的《后记》(6月30日),顺应陈立夫的"统一"话题,侈谈发挥,认为:"九一八"事变后,日本侵华,"引起列强的疑惧,现在陷于各国的包围中了。日本知国际形势的不利,于是也来了转变,感到军事准备之不可或缓,从此以后,遂正式开始了各国的军备竞争时期,这是到实际战争的第一步。"

"七七"事变的隆隆炮声,无情地击碎了樊仲云这位研究过预测学的"奇人"占卜预测。此后,樊仲云摇身一变,出任汪精卫伪南京国民政府教育部政务次长、汪伪中央大学校长。抗战结束后,樊仲云改名,在香港报馆当编辑,"文革"后回到大陆内地。

陈立夫出任理事长的中国文化建设协会,最初是与贺衷寒等人"复兴社"成立的"中国文化学会"对着干的产物。"复兴社"打着蒋介石的旗号,在上海抢占"滩头"得到市长吴铁城等人大力支持,不择手段在上海文化界展开活动。

"二陈"领导文化的根基主要在上海,见势不妙,陈立夫立即召集张道藩、程沧波、潘公展等人,一面呈请蒋介石,取消"中国文化学会",一面着手成立中国文化建设协会,邀请"国民党第一支笔"陈布雷亲自"捉刀"。

不到两小时,陈布雷一口气写了两篇文稿,即中国文化建设协会成立《宣言》和《纲要》。这两个文件除了继续宣扬"一个党、一个主义、一个领袖"等政治信条之外,强调在经济上要求统一全国财政金融,实现中央集权官僚垄断资本的"统制经济";在文化教育上实行和发扬中国固有文化,接受和发展西方先进科学,反对不适合国情的破坏性的马克思斗争学说和全盘西化论的奴隶思想。在适应中国特殊国情的"中国本位文化"的基础上,实行"文化统制"政策。[①]

3天之后(1934年3月),在上海中华学艺社大厦大礼堂草草举行成立中国文化建设协会,宣布通过《宣言》《纲要》等文件。不久,"二陈"利用南昌纵火案调查不实之事,趁机告状,蒋介石一怒之下解散"中国文化学会",禁止其一切活动。同年10月,中国文化建设协会出版《文化建设》月刊,樊仲

---

① 张阳、胡移山:《陈果夫、陈立夫与蒋介石》,团结出版社2008年版,第222—224页。

云任主编。

樊仲云在《十年来的中国·后记》中写道："这里所述，都是政治、经济、文化等各方面过去十年的建设，且执笔诸先生又多躬预其事，故所记述，最切事实，足资参考。这是十年来的中国史，也是最近中国的图画。当中国文化建设协会之第一次代表大会，能得此以为纪念，我们感到非常的荣幸。敬（谨）在这里对执笔诸先生致其谢意，而以自发信征稿至付印，为时不过一月，执笔诸先生大都公务丛脞，竟于忙中抽暇作稿，尤可感谢。至商务印书馆在不满半个月的短时期内，把这样一部四十五万字的著作，排印完成，其效率与厚意，也是应当记取不忘的。"

在30多位撰稿人中除了国民党要人孙科、居正、孔祥熙、陈果夫、潘公展、俞飞鹏等之外，也有资深的学者、专家马寅初、晏阳初、刘瑞恒、朱义农、叶恭绰、吴保丰、傅东华、洪深、萧友梅、沈嗣良等。

其中萨孟武是国民党政治文化倡导、设计、维护者之一，著作颇多。他出身于著名的福州萨氏家族，祖先有元朝诗人萨都剌、近代著名海军将领萨镇冰等。萨孟武曾执教南京中央政治学校行政系，后为中山大学法学院院长、台湾大学法学院院长等。而且，他的妹夫是樊仲云，他俩同时出现在《十年来的中国》，几乎无人提及。

该书除了有些文章明显地鼓吹陈布雷起草的《宣言》《纲要》宗旨之外，有些资深的作者总结了各自领域内的工作经验和感悟，具有不同程度的参考价值，如王云五《十年来的中国出版事业》、傅东华《十年来的中国文艺》、叶恭绰《十年来的中国美术》、洪深《十年来的中国戏剧》、萧友梅《十年来的中国音乐研究》等文，丁景唐特地在这些文章上面用毛笔打了红勾。

洪深一文"纯粹"谈中国现代戏剧运动，不谈政治，如实地认为：

> 十年来的中国戏剧，可以分为三个阶段：第一，对人生的不平事作呼号；田汉的初期作品都是。间有描写恋爱无出路的苦闷，和恋爱与革命的矛盾，如胡云翼、刘大杰等的作品是。
>
> 第二，从攻击现存社会中的丑恶，渐渐转变而攻击现存社会本身的丑恶，如艺术剧社诸人作品，洪深的《香稻米》，田汉的《洪水》等。同时，对于一切人生的错误、虚伪、欺骗，也看得更加清楚，批评得更加深刻了；如张道藩的《自救》，王文显的《委曲求全》，李健吾的作品，（石）凌鹤的《高贵的人们》，阿英的《春风秋雨》等。
>
> 第三，抗敌的民族自救，从九一八之后到现在；如田汉的《战友》，以及收在《回春之曲》和《黎明之前》两个集子里的剧本，洪深的《走私》，李健吾的《老王和他的同志们》。尤其是上海的一般青年作家，最近一二

年来非常努力;如尤兢(于伶)的《汉奸的子孙》《撤退赵家庄》《夜光杯》,章泯的《我们的故乡》,(石)凌鹤的《黑地狱》、张庚的《秋阳》等。

其中张道藩的4幕剧本《自救》、王文显的世态喜剧《委曲求全》(被称为"中国人对喜剧的一种的贡献"),如今世人不大熟悉。其中张道藩曾写过7部剧本,由于他曾任国民党中央宣传部长等政治原因,他的处女作《自救》尽管具有某种价值,也被长期"冷落"。

洪深说的"十年来的中国戏剧"的"三个阶段",其实是新兴戏剧运动(包括左翼戏剧运动)发展的轮廓。他列举的剧目大多是都是"剧联"(中国左翼戏剧家联盟)成员创作的,这些作者都是中国现代左翼戏剧运动的骨干分子。其中夏衍领导的上海艺术剧社是首次倡导普罗戏剧的剧团,两次公演后,遭到查封。洪深和田汉、石凌鹤、尤兢(于伶)、张庚等人的剧本,抨击黑暗、腐败社会制度和揭露国民党"不抵抗主义",上演后都遭到刁难、阻扰和禁演。

对此,洪深既不奉命加以歪曲、仇视、攻击,也不愿意"跑题"去美化、吹捧国民党的"民族主义文学"及其作品——陈立夫、潘公展等人一手策划的文化"围剿",以及拉扯"乱神力怪"等剧目。洪深"行得正、坐得端",一概只字不提,一点面子也不给。洪深按照现代新兴戏剧发展的轨迹和鲜明的特点,直言不讳地叙写:"攻击现存社会本身的丑恶","抗敌的民族自救",这在某种程度上,是公开向国民政府的"文化统制"等"叫板"。洪深的胆子如此之大,真不愧为"大闹大光明"的铁汉子(该电影院曾放映美国《不怕死》电影,片中有侮辱华人的情节,洪深拍案而起,大声疾呼,强烈反对,轰动一时)。抗日战争胜利后,洪深续写了《抗战十年来中国的戏剧运动与教育》(中华书局1948年版),有些内容早已在《十年来的中国戏剧》里显露端倪。

对于洪深一文显露的"左倾"味道,精明的樊仲云不会不知道,但是他"眼开眼闭",依旧收入《十年来的中国》。其他学者、专家撰写的专业性较强的文章,也有不程度地保持自己的写作个性,或多或少偏离陈立夫《序言》规定的政治轨道。也许随着抗日战争全面爆发,陈立夫另有"小九九"的算盘,没有进一步追究。

上世纪80年代,陈立夫联合33名"中央评议委员",提出了"中国文化统一论",被台湾媒介奉为"促进两岸交流与和平"的"基磐"。这是当年中国文化建设协会某种基调的另一种延伸和质变,已经超出了本文的话题。

罕见的土纸初版本——丁聪《阿Q正传插画》

"景唐宗兄：感谢你把这本粗糙的东西保存了三十五年。"落款"小丁，七九年四月，上海。"这是著名漫画家丁聪写在土纸初版本《阿Q正传插画》扉页上的题语。他称丁景唐为"宗兄"，其实他比丁景唐年长4岁。他自称"小丁"，则是漫画家张光宇建议的，便于漫画作品的制版。

丁聪的第一套书籍插画《阿Q正传插画》(24幅图)，也是他涉足插画的成名作。世人皆知1946年的版本，这是丁聪回沪后，由上海出版公司结集出版。

其实，在重庆时，郭沫若夫妇集资开办的群益出版社第一次结集出版了丁聪的《阿Q正传插画》，1945年2月出版。抗日战争时期，重庆经济困顿，纸张非常紧张，各家出版机构只好采用质量较差的灰黄土纸印行书刊，史称土纸版，这是中国现代出版史上特有的历史现象。

抗日战争期间，丁聪在重庆担任中国电影制片厂美术师，曾为话剧《雾重庆》设计布景。此后辗转桂林、重庆、成都、昆明等地，为《钦差大臣》《正气歌》《北京人》等话剧作美术设计，与戏剧界的剧作家吴祖光、陈白尘等人很熟悉。

当时的报业不景气，出版条件很差，漫画失去了发表的阵地，丁聪便想另辟捷径，改画书籍插画，首先选择了鲁迅的名作《阿Q正传》。但是，吴祖光表示反对，认为此小说已经"过时"了，而且已经有其他画家作过《阿Q正传》的插画和连环画。丁聪当场问道："那么再请你为我想一本别的书来。"吴祖光认真地想了许久，觉得奇怪，"在我们的现代文学里竟找不出一本再比《阿Q正传》更值得画上图的书"。他又重读一遍此书，便后悔说的"过时"了，"我们的劣根性，坏习气一日不能消除，《阿Q正传》的涵义便是万古长新的。"

吴祖光与丁聪同住在荷花池塘中的一个出水阁凉亭，用旧布景围起来，打引号的门窗齐全，白天透光，夜里通风，日月星辰相伴。当地的顽皮孩子还撕去了纸糊的窗子，夜里从墙角里钻出来的老鼠到处乱穿。住在这浪漫

的区区陋室里,丁聪趴在桌子上构思、绘作《阿Q正传》的插画,让坐在桌子对面的吴祖光回想起来,记忆犹新,"这二十几幅插画自然就是我们流浪半年的一个纪念品"。

当时一大批文艺界进步人士荟萃于成都五世同堂街上,盛极一时的《华西晚报》也诞生在这条街上的张家大院(后为省立成都中学),丁聪随吴祖光的怒吼剧社住在其中。陈白尘担任该报副刊主编,发表了丁聪的《阿Q正传》24幅插画。当时那里的制版、印刷条件很差,很多漫画、插画都要转成木刻,再直接拼版印刷,木刻名匠胥叔平应邀承担了《阿Q正传插画》的木刻事宜。"胥先生所用的工具是最原始的直线的刻刀,就用这一把简单的刀来镌刻最细致的花纹,传出原作神韵,不爽毫厘,所以仅就木刻一项,已堪称手工业的珍品。"

那时重庆被称为"大后方"的政治、经济、文化中心,其中有陆续迁移来的开明书店、世界书局、中华书局、良友图书印刷公司等,也有文化人和作家新开张的出版社,重庆的出版业出现了前所未有的活跃景象。

群益出版社首任经理郭培廉(字宗益,郭沫若的侄子),时任"文工委"(文化工作委员会)办公室主任秘书。总编辑刘盛亚(郭沫若的内弟),曾赴德国法兰克福大学留学。1938年回国后,刘盛亚被戏剧家熊佛西聘为四川省立戏剧学校导师,与吴祖光被誉为"南北神童"。刘盛亚著有长篇小说《夜雾》《彩虹曲》《水浒外传》等。

"文工委"对外以国民政府军委第三厅厅长郭沫若为首，成为中共长江局、南方局和周恩来领导的抗日统一战线的一面旗帜。群益出版社筹办时，得到中共南方局的大力支持，"文工委"负责人阳翰笙、冯乃超将一笔党费以个人名义入股的形式参与筹资，并且派出有出版经验的中共地下党员进入出版社，主持业务工作。因此，丁聪的《阿Q正传插画》由群益出版社出版发行，具有多重意义。

著名漫画家黄苗子早在上海就结识叶浅予、华君武、丁聪、张乐平等人。抗日战争期间，他被调任要职，经常往返于香港、重庆之间，协助抗战文化活动。黄苗子高度评价丁聪的《阿Q正传插画》，认为这是"善本，也是抗战到第七个年代(头)艺术书刊中的一颗灿星。这是可以很荣幸地介绍给全国读者的。"

黄苗子不吝溢词说道："我所最爱的就是他那种写实的作风，看得出作者创作态度之忠实和一丝不苟，起码他对于这件工作是非常之认真的，下苦功的，而绝不是猫猫虎虎画出来骗骗人而已。单看阿Q和小D揪着辫子打架那一张，就可以证明我的话不很错。"

除了写《跋》，黄苗子还为《阿Q正传插画》设计装帧，封面正中竖排黑底白字，衬托刊名，左上竖排一行楷体小字即"鲁迅原著，丁聪作画"，右下为"群益出版社出版"。正页中的24幅插画分别占据整页，每幅画旁一页配有鲁迅《阿Q正传》的一段话，以便读者了解插画的含义。封底版权页上注明：作者丁聪，发行人刘盛亚，发行2000本。黄苗子写的《跋》落款时间为1944年3月。

随后，茅盾也应邀为《阿Q正传插画》写了序言，落款为1944年4月19日，唐家沱(今重庆市江北区长江北岸)。在沦陷前的香港，茅盾等人听说丁聪来了，便拉着他为《笔谈》搞美术设计。丁聪给人的第一印象是一个"运动健将似的风采，他的天真而快乐的容颜"，以后每次看到丁聪的画作，茅盾眼前便会跳出"一个短小精悍、天真快乐的运动员"。

茅盾没有想到丁聪带来一个惊喜的转变，创作了《阿Q正传插画》，不同于舞台剧本中的阿Q和其他画家笔下的阿Q形象。他说："小丁的《阿Q正传》故事画一方面表现了他个人的个性，又一方面他是打算表现出《阿Q正传》的整个气氛来的。构图的大胆而活泼，叫人想起小丁的全部风采。二十四幅画，从头到底，给人的感觉是阴森而沉重的。这一感觉，我在读其他的阿Q画传时，不曾有过。我是以为阴森沉重比之轻松滑稽更能近于鲁迅原作的精神的。"

茅盾的审美眼光不同凡响，还认为丁聪画笔下的阿Q形象是鲁迅原作中的阿Q,并不是阿Q画像,换句话说丁聪的画作比较忠实于原作,"这是因为他能够整个地理解到阿Q这典型人物之复杂与深刻,矛盾而又统一,他觉得与其画一个不全的,歪曲的,毋宁付缺。就画而论,这当然是美中不足,然而小丁的对于《阿Q正传》的忠实,他的艺术家的态度之严肃,我们是能够谅解而且深致赞美的。"

对于茅盾、吴祖光作序和黄苗子作《跋》的高度评价,丁聪却谦称为是"粗糙的东西","态度之严肃",令人钦佩。

抗日战争胜利后,上海出版公司重新结集出版,增加了许广平的序言:"呜呼,阿Q!他至今还是一面无情的镜子,阿Q的时代没有死去。绘影画声,从文字,从插图,我们可以更够清楚的找出一大堆的脸谱。我们如果对于现实不能舍弃,对于阿Q的一切还是值得研究。"这个新版本的《阿Q正传插画》裱布精装,书名烫银,光鲜靓丽,不过是64开的小本样式,丁景唐珍藏了一本。重庆土纸初版的《阿Q正传插画》则显得土里土气,但是32开,又比上海版本大气多了,24幅插画随之"高大上"。70多年后的今天,它依然令人爱不释手。

苏联著名的鲁迅研究专家波兹德涅耶娃的第一本专著《鲁迅》(直译为《鲁迅·生平与创作概述》),青年近卫军出版社于1957年出版。其中有丰子恺的4幅漫画插图和丁聪《阿Q正传插画》第4幅画:阿Q弯腰,头被人揪住小辫子,左手被扭到背后,伸出的右手却在扳指头计算。《阿Q正传》写道:"但是,阿Q站了一刻,心里想:'我总算被儿子打了,现在的世界真不像样……'于是也心满意足的得胜走了。"这个被人揪住小辫子及其愚蠢的自我安慰,足以表达"阿Q精神"。不过《阿Q正传插画》配这幅画的则是另一段文字:阿Q两只手捏住了自己的辫根,歪着头,说道:"打虫豸好不好?我是虫豸——还不放么?"

万万没有想到十几年后,《阿Q正传插画》当事人,除了茅盾,丁聪、吴祖光、黄苗子和发行人刘盛亚都被戴上"右派"帽子,前三人被发配到黑龙江北大荒劳动,"文革"后平反,重新焕发艺术青春,上海枫泾古镇(丁聪父亲的出生地)还设有丁聪漫画陈列馆。但是,刘盛亚没有这么幸运,1960年饿死于服苦役的某处劳教之地。

丁景唐珍藏了两种版本的《阿Q正传插画》,其中足可引申出文学界、戏剧界、美术界、出版界里许多名人轶事。

第一本研究新兴木刻理论著作《鲁迅与木刻》

1943年秋天,著名版画家陈烟桥来到桂林,经黄新波、卢诒灏介绍,担任德智中学(李宗仁夫人郭德洁创办)图画教员。次年夏天,陈烟桥因不愿意加入国民党,被校方开除,加之国民党当局发行的纸币急速贬值,陈烟桥一家六口人的生活陷入绝境。这时进步民主人士金仲华伸出援手,介绍他进入美国新闻处("美新处")桂林分处当一名临时美工。他每天工作8小时不停手,甚至加班加点,工作非常辛苦。

"美新处"总处长为费正清,桂林分处长是威廉·鲍威尔,其父亲是在中国出版的重要西方报纸《密勒氏评论报》的第二任主编约翰·本杰明·鲍威尔。1944年底,桂林分处撤退到重庆,并入"美新处"总处,陈烟桥继续当临时美工。他的这段经历,在"文革"中曾被污蔑为"投靠美帝国主义",是被迫"交代"的重点事项之一。[①]

在桂林期间,陈烟桥对于以前发表的文章《鲁迅与木刻(艺术史论)》(《文艺杂志》第2卷第2期)、《美术和他的技巧修养》(《中学生》第72期)等文,加以整理、补充、扩写,初步完成了《鲁迅与木刻》书稿(中国木刻用品合作工厂、新艺丛书社1946年1月初版),其分为《前言》《鲁迅与木刻》《鲁迅论木刻版画》《论木刻与绘画》《论美术的技巧》《论美术与美术家》《对于罗丹美术论的认识》。

此书被公认为中国第一本研究现代新兴木刻理论的著作,其中《鲁迅与木刻》《鲁迅论木刻版画》两文比较全面地阐述鲁迅有关的美术活动以及对于木刻的理论见解。该书收入的其他文章渗透着鲁迅相关的美术思想,也体现了陈烟桥对现代美术(包括木刻)的审美情趣和价值观。

在鲁迅先生主办的数次版画展览会中,最后一次,我与数位木刻朋友是天天在场的,他和我们谈了许多话,在谈话骤然好像想起了甚(什)

[①] 陈超南、陈历幸:《陈烟桥传》,中西书局2015年版,第185—190页,第165页。

么似的，马上跑回家去，十分钟后便带了两厚册英国出版的《世界近代版画集》来了。他追述他得到了这许多版画书的故事，并且不厌烦地逐页地向我们解释。他是老早就认识了德国版画家凯绥·珂勒惠支的，当他谈到她的时候，用非常亲切的语调介绍她的战斗生涯——她是为被压迫阶级求解放的战士！他还介绍德国木刻家梅斐尔德，他说他最爱刻含有革命底内容的木刻连作，现在他虽然年青，但却是一个老经世故的艺术家了，他把好几份单独印行的毕斯凯莱夫所作的《铁流》之图分发给我们。继又介绍我到德国人开的壁恒书店去订购凯绥·珂勒惠支的版画集第二、三两辑。从这些小事看来，他对于青年的诚恳与亲切，就可知道一二了。

这是《鲁迅与木刻》一文中的一段引文，最后提及"凯绥·珂勒惠支的版画集第二、三两辑"，陈烟桥特地添加注释："第二辑，鲁迅先生已给他一部分的印出，即成为《凯绥·珂勒惠支的版画选集》。第三辑，我已交给香港'新艺社'完全印出，即成为《凯绥·珂勒惠支的版画画册》。"在《鲁迅与木刻》文后，注释多达 56 条，显然陈烟桥力争"每言必有出处"，有据可查，真实可靠，经得起历史的检验。

鲁迅是中国现代新兴木刻运动的倡导者、指导者、推动者,他积极介绍国外的优秀木刻家及其作品,悉心培养陈烟桥等青年木刻家。陈烟桥是投入新兴木刻运动中的最初一批"学徒"之一,继而成为鲁迅的忠实助手。平时鲁迅的言传身教,对于新兴美术的真挚热爱之情及其精辟见解渗透了陈烟桥的心灵。

1935年10月10日,手拓本《陈烟桥木刻集》(收入8幅作品)出版,这是陈烟桥的第一本个人木刻作品集。他将此自选木刻集寄赠给鲁迅,被鲁迅珍藏,如今上海鲁迅纪念馆的藏品中有此原本。

陈烟桥以上提及的"最后一次"与鲁迅交谈,是在1936年10月8日下午,鲁迅抱病来到八仙桥青年会,参观正在展出的"第二回全国木刻流动展览会"。事前,陈烟桥等人筹办这次展览会时,通知了鲁迅。同时设想:如果鲁迅病了,不能勉强他前来,以免加重病情。当然还是希望他能来,聆听他的指导。

鲁迅当时与陈烟桥、白危、曹白、林夫、黄新波等多位木刻青年交谈,陈烟桥作了笔记。以上的引文里,陈烟桥只是简单说了"他和我们谈了许多话"。20多年后,陈烟桥发表了《最后一次的会见》(《美术》1961年第5期),详细地回忆了鲁迅关于木刻创作基础是素描等谈话内容,加之白危、黄新波等人的回忆,互相补充、印证,基本上可以勾勒出鲁迅当时讲话的内容。

鲁迅与陈烟桥等人交谈的时候,青年摄影家沙飞及时按下照相机的快门,留下了珍贵的历史照片,被各类出版物广泛刊载。

鲁迅逝世后,陈烟桥、黄新波含着泪,各自创作了一幅鲁迅遗容的速写(黄新波将此速写改作为木刻),陈烟桥在速写画面的右下角,匆忙地写了一行字:"1936,10,19 烟桥",发表于有关刊物。

此后,陈烟桥撰写了纪念悼文《鲁迅先生与版画——作为补充木枫先生的大作鲁迅先生与木刻画》(《光明》1936年第12期),被收入《鲁迅先生纪念集》第2辑(文化生活出版社1937年版)。并且开始构思和创作了关于鲁迅的系列木刻作品,其中有《光明的指导》《鲁迅与青年运动》《鲁迅提倡木刻》《鲁迅与高尔基》等。

陈烟桥曾希望茅盾能够出面填补鲁迅留下的巨大真空,继续指导中国新兴木刻运动,但是因故未能如愿。

陈烟桥一直把鲁迅生前的亲切教诲铭记在心间,在抗日烽火的艰难日子里,他凭借着顽强的意志,终于完成了《鲁迅与木刻》书稿。

那时老友郑野夫、杨可扬主持的木刻用品供应社,最初由郑野夫、金逢孙、潘仁等创办。该社先后移至丽水、云和、江西应家坊、福建崇安赤石,规模逐渐扩展,从浙江木刻用品供应社、东南木刻用品供给社,一直到1943年改组为中国木刻用品合作工厂(以上均简称"木合社"),抗日战争胜利后,迁移上海,办事处暂设在大名路65号三楼,由杨可扬(兼任中华全国木刻协会即"木协"总务)、邵克萍(联络等工作)驻办事处。郑野夫兼任东南合作印刷厂工作,经常奔波于宁沪之间,他曾建议"木协"将"木合社"附设的新艺丛书社移属"木协出版组"。

除了在江西、福建、上海等地生产木刻刀具外,"木合社"多次举办木刻函授班,郑野夫《木刻手册》便是那时授课的结果。(详见本书收入的《郑野夫推出"后生"黄永玉的木刻作品》)

郑野夫、杨可扬合编出版"新艺丛书",其中陈烟桥的《鲁迅与木刻》列入"新艺丛书"之三,编号为003B。在此前后,"木合社"还出版了其他书籍,都列为"新艺丛书",其中有唐英伟的《中国现代美术史》(1944年7月),编号001A(详见本书收入的《"第一本"中国现代新兴木刻运动史(1930—1942)》)。"新艺丛书"第二种可能是杨可扬的《新艺散谈》。

> 鲁迅先生究竟是怎样来提倡和爱护这新兴艺术——木刻的呢?这是每个对于鲁迅先生跟木刻的关系不甚明瞭的人所急需知道的一件事,也是本书作者陈烟桥先生所以要特别着重阐述的所在。
> 陈烟桥先生是木刻界里面与鲁迅先生的关系最久也是最密切的一个,因之,他对于鲁迅先生与中国新兴木刻的情形,也就比较一般人了解得更为详尽透彻。《鲁迅与木刻》《鲁迅论木刻版画》两文,已系统的给读者作了一次深入的研究和介绍了。我们相信,这于每个木刻工作者认识鲁迅与木刻,是十分重要而且有益的。

这是杨可扬写的《鲁迅与木刻·前言》(1944年月7月)中部分内容,他最后认为《鲁迅与木刻》一书中的其他文章,陈烟桥"都能以严谨而客观的态度去加以探讨与阐明,特别是对于罗丹的美术论在某些方面的强调,(对)于中国美术界若干偷懒取巧的倾向,确具有他重大的意义与用心。"对此,陈烟桥在《对于罗丹美术论的认识》最后一小节里写道:

> 罗丹说:"要于做美术家之前,先堂堂地做一个人!"
> 这里所说的"人",是具有了高深的修养之后才能成立,"人"的美术家是真理的发掘者,爱护者与奉行者;他为着真理,能用经久不怠的坚忍不拔的精神去战胜他的一切障碍物!

> "美术家,当热情盛意的爱护诸位的使命。没有比这个使命更尊美的,它远非流俗之所信的高贵所能比拟。"
>
> "不要荒废你的光阴与社交应酬之中,你将看到你的同伴中途得到了荣誉富贵,但他们绝非真正的美术家。他们之中也有聪慧之士,如果你去和他们角逐名利,你将和他们一起牺牲:你再无一分钟的余暇去作美术家了。"

著名翻译家傅雷执教美术专科学校时翻译了《罗丹艺术论》,作为美术讲义,陈烟桥可能摘录其中的一些内容,以上的译文与如今译文略有不同。"要于做美术家之前,先堂堂地做一个人!"鲁迅也说过类似的话,深深地影响了陈烟桥的美术人生。

《鲁迅与木刻》一书问世后,颇受读者欢迎,新中国成立后几次再版,其中1949年10月开明书店的版本里,许广平(景宋)写了序言,指出"这一本书就是说明这任务的文证。作者陈烟桥先生又是最早就在履行这任务的辛勤不倦的工作者"。1956年罗果夫(原苏联塔斯社中国分社社长)组织人员将《鲁迅与木刻》翻译为俄文,在苏联的《造型艺术》杂志上连载。其后,出版了俄文单行本,保留了许广平的序言,并增附中国新兴木刻作品近60幅,其中有陈烟桥的《鲁迅与高尔基》、与戎戈合作的《解放军与农民》。罗果夫为该俄文译本写了"结语":

> 陈烟桥的这本不大的书向我们介绍了作为中国革命木刻捍卫者鲁迅,介绍了他的美学观点和对中国艺术发展道路的深刻思考。在这本书中我们知道了鲁迅是争取复兴中国木刻的具有革命意义运动的发起人。在我们面前展现了鲁迅在20年代至30年代在文学和艺术方面孜孜不倦的活动。①

"文革"中,陈烟桥被迫害致死。1979年5月3日,在广西南宁举行陈烟桥追悼会,他终获"平反"。30多年后,陈烟桥的儿子陈超南与陈历幸合作,出版了40多万字的《陈烟桥传》(中西书局2015年版)。该书资料之完整、内容之翔实、评述之精当,煌煌一册,在各种版本的现代中国美术家传记中当属佼佼者。

事前,陈超南曾到华东医院探望年逾九旬的丁景唐,谈起这本传记,丁景唐很高兴,还想写条子给中西书局负责人。《陈烟桥传》问世后,2016年春

---

① 陈超南、陈历幸:《陈烟桥传》,中西书局2015年版,第185—190页,第165页。

节,陈超南赠送一本给丁景唐,并在扉页上写道:"丁景唐大家　雅正。"

如今丁景唐已经驾鹤西去,留下陈烟桥的初版本《鲁迅与木刻》《陈烟桥传》等书。上文引用了《陈烟桥传》的有关重要资料,试图与《鲁迅与木刻》"融为一体",以作一种特殊的纪念。

"第一本"中国现代新兴木刻运动史(1930—1942)

中国第一代现代版画家、藏书票艺术的先驱唐英伟①,名字多次出现在鲁迅的日记里,而且来往书信比较多。鲁迅逝世后,他将其中两封信交给当时征集鲁迅书信的许广平。

> (1936年5月4日)才在广州青年会举行"第一次个人木刻展览会",全部作品共一百二三十帧,这个展的目的一是将自己数年间的习作展览于观众之前,希望得到一般的批评与指导,其次是藉展出的力量,推动木运的进展。我这首次展出的作品,当然是极端幼稚的,但在广州首次的展出,稚弱之处,不但得到相当的原谅,同时也得一般的鼓励。
>
> 这个展的展出,同时还是得力于鲁迅先生的每次给我的通信的鼓励,当我每次得到鲁迅先生的复信的时候,心里真有说不出的愉快,最难得的尤其是每次去信在相当邮递的期间,鲁迅先生的复信便到,他不会轻视我们是后辈的青年,反而热烈地鼓励我们工作,当我的《青空集》呈现给他,请他指示及批评的时候,他说:"这是须要对木刻有相当素养的人才能看得懂的。"②

这是唐英伟撰写的《中国现代木刻史》(中国木刻用品合作工厂1944年7月初版)中的一段文字,深情地回忆了鲁迅亲切的指导。1936年9月,唐英伟和陈烟桥等人忙于筹备"第二回全国木刻流动展览会"(简称"木流

---

① 唐英伟,1915年出生,广东潮安人,毕业于广州市立美术学校国画系。1934年与李桦等发起组织了广州现代版画会。
② 鲁迅收到唐英伟寄赠的木刻集《青空集》后,1936年6月29日回信说:"但我看《青空集》的刻法,是需要懂一点木刻的人,看起来才有意思的,对于美术没有训练的人,他不会懂。先生既习中国画,不知中国旧木刻,为大众所看惯的刻法中,有可以采取的没有?"(《鲁迅全集》第13卷,人民文学出版社1987年版,第162页)

展"),他回忆说:

> 使我永生最感遗憾的,就是当我由粤携带"木流展"的作品抵沪时,想与鲁迅先生一晤,那(哪)想到他正在大病中,我一时不便前往打扰他,先到杭州展览之后,返沪时他的病尚未好转,一时因学校职务关系,把全部作品交托野夫,力群二兄,便匆匆回粤了。那(哪)想鲁迅先生的病在"木流展"沪展后数日便离开这斗争的人世,我深深的痛惜着,同时也感到失去了一位挚诚的导师而悲哀了!

唐英伟的深深内疚之情充溢于字里行间———一旦失去了,更觉得珍贵。对导师鲁迅的敬仰之情,成为他撰写《中国现代木刻史》的主要原因之一。

该书称为"现代木刻史",其实是鲁迅倡导、指导、推动中国现代新兴木刻运动的兴起、初步发展的十几年活动史,不妨说是第一本中国现代新兴木刻运动史(1930—1942)。唐英伟亲身经历了其中的许多重要活动,因此,该书的大量史料具有很高的价值,而且在此基础上加以梳理、分析、判断,得出的结论也比较令人信服。

此书分为《前言》《导言》《新兴木刻艺术的起源》《木刻艺术运动发展的概况》《抗战木刻运动的思潮》《中国现代木刻运动的展望》，以及附录《木刻生活十年》。这附录是唐英伟的自述，为后世提供了第一手的研究资料，从中可以进一步了解唐英伟与鲁迅之间不寻常的"师生"关系。

编者在《前言》写道："本书是以一九三〇年起至一九四二年止这十二个年头为其记述的范围的，本来在今天来出版，应该将一九四三年的经过情形也记述进去，可是作者还在重庆，往返不免费时，而一切审查编校的工作都已竣事，亟待付印，所以只好让它去算了，愿以后有继起的人，来接续这个重要的工作。本书第三章《抗战木刻运动的思潮》的后段，略有删折，未先征得作者的同意，这是应请作者和读者原谅的。"

鲁迅先生不仅是中国一个伟大的文学家，而且是一个伟大的艺术家，他虽不是现代造型艺术的创作者，但是他却是一个艺术的爱好者，理论家，评论家，与西洋艺术的介绍者，现代木刻艺术的首倡者。

鲁迅先生对于艺术并不是单限于爱好而已，在他研究文学的过程中，他可说是同时双方并重的，他早年出版的《现代美术思潮》，与《卢那卡尔斯基艺术论》二书便可作一个证明。

介绍西洋美术，鲁迅先生也认为是一项重要的工作，他的目的并不在模仿西洋的新作风，而是希望融洽中国的艺术的优点创作中国的新艺术风格，也许因为西洋的画布和颜色需"花大批钱"，在经济上，应用上，都没有什么方便的好处，所以才在有意无意之间而发现木刻的艺术价值，对于中国古代的木刻觉得不应该任其沉沦湮没，同时觉得西洋的木刻的制作方法有介绍到中国来作为参考的必要，所以他确定木刻是一种"简单朴素"与"有用"的艺术。鲁迅先生因此便存心提倡复兴木刻艺术运动了。

在该书第一章《新兴木刻艺术的起源》里，唐英伟如此明确地指出鲁迅在中国新兴木刻运动史上的重要地位、开拓性的历史贡献，以及倡导中西结合的新型木刻艺术的重要原因和宗旨，也许是"第一次"。同时，为该书奠定了重要基调，凸显了此书"与时俱进"的时代意义和重要价值，延续在此后的各种版本的中国现代美术史专著里。

唐英伟的《中国现代木刻史》由郑野夫、杨可扬主持木刻用品社（后改名，统一简称为"木合社"）出版（参见本书收入的《第一本研究木刻理论著作〈鲁迅与木刻〉》），列入"新艺丛书"第一种，编号001A。封底左上角注明："福建省图书审查处阳图字第二十一号"。"木合社"是抗战时期浙江木刻运动的一个重要成果,唐英伟在该书里作了重点介绍。

1938年以后,浙江木刻运动进入一个新阶段,在全国范围内最为活跃,延续了"七七"以前广州的木刻运动精神。在丽水的林夫、陈尔康,乐清的郑野夫,永清的金逢孙,金华的万湜思、项荒途,因为联系密切,成立了"七七版画会",同时出版了《五月纪念木刻集》《尔康木刻集》。

在浙江省抗敌自卫委员会教育文化事业委员会领导下,成立了统一的"木刻研究社",在金华首次举办了"七七抗战版画展览会",继而在丽水、平阳等地流动展出。

"木刻研究社"成立后,举办"木合社",这是木刻运动以来最完善的一个组织,人才的集中也最多。同时举办"木刻函授班",开展木刻艺术的普及教育活动。其分为丽水、温州、永康、桂林、长沙等6个指导区,由该区负责函授指导。

以上提及鲁迅收到唐伟英寄赠的《青空集》写了回信(1936年6月29日),最后说:"P. Ettinger 那里,我近已给他一封信,送纸的事,可以不必提了。"

P. Ettinger,即巴惠尔·艾丁格尔(当时寓居苏联的德籍美术家兼美术评论家),曾为鲁迅购买欧洲版画名家的原拓作品。鲁迅委托瞿秋白将回信翻译为俄文寄去,对方还以为鲁迅也懂得俄文,现存有鲁迅写给艾丁格尔的3封信。鲁迅把唐英伟介绍给艾丁格尔,以便他俩通信联系。

唐英伟在《木刻生活十年》中透露:"自从鲁迅先生介绍俄国的木刻作家E.氏与我通讯之后,E.氏便不断地从遥远的北国来信,和木刻画刊等等。这异国的高贵的友情,使我非常感动,不但时时希望着,维系着以至于永久。同时,我之所以能够参加一九三六年在匈牙利举行的'世界木刻展览会',可说是 E.氏的介绍。当时国内只有我一人参加,共有四幅作品:(一)《纪念鲁迅先生》;(二)《伸诉》;(三)《囚徒》;(四)《拓荒者》。"E.氏即艾丁格尔。第二年,唐英伟还应邀参加"第六届国际木刻展览会",他请李桦一起送木刻作品去参展,唐英伟的《卢沟桥抗敌》、李桦的《一个游击队员》《三个农夫》入选。唐英伟强调说:这"虽不是创举,却是没有藉着什么人力或外力的选拨作用,纯(粹)是私人自由行动的表现而已。"

唐英伟在《木刻生活十年》中还讲述了与老画友李桦("文革"后为中国版画家协会主席)的多年情谊。

唐英伟在广州市市立美术学校学习时,已经是中国画系的叛逆者,被称为"玩木刻公仔",似乎全校只有他一人在搞木刻,感到孤单和落寂。在一次年底学校作品展时,唐英伟硬着头皮交出数十幅木刻作品,"得到一般朋友的鼓励和一些难得的批评"。同时得到一个意外的信息,同校也有一位先生

在从事木刻,他是教授西画系一年级的新老师李桦,唐英伟迫不及待地想和他见面。在李桦的家里,唐英伟见到他的第一印象:

> 他的个子并不高,说话声音却很洪亮。他并不像我心目中所想象的大师,或老朽的先生们一样;他还年青,我一晤见他,心里便感到无限安慰,因为学校中西画系十分膈膜的关系,我又是将近毕业的学生,一半时间到外地去服务,所以对于新到来的先生多数不留意的,李桦先生就是这其中的一个。当然,他心中也许会怀疑我一个学习中国画的学生为什么要刻木刻的吧?当我们两人的谈话互相了解与投机之后,我感到从此以后工作有伴的温暖,况且李桦先生也是一个个性坚强热心努力创作的人,我也看出他是决定永远为开拓木运而努力的人;在互相共感的情愫中,大家都觉得有组织一个木刻研究会,招集校内的同学参加,共同工作而发扬木刻艺术的精神的必要。于是在一个夏夜的电灯光下,电风扇不停转动着,我深深地记得:李桦先生在起草组织木刻会的大纲,我在旁边参加着意见。广州的荒芜的艺坛中,我觉得这木刻会的新生,是最值得纪念的。
>
> 这就是"广州现代版画研究会"诞生的前后,当征集木刻同志的启事发表之后,学校中的同学们,在一天之内共参加有二三十位同学。这二三十位同学,确定了我们版画会的人数,同时也建立了广州现代版画会的基础。

此后,唐英伟和李桦开始与鲁迅通信,寄赠自己画作给鲁迅,在思想、艺术和木刻运动等方面深受影响。他们创办的广州现代版画会会刊《现代版画》,自1934年12月至1936年5月,共出18集,几乎每期都寄赠给鲁迅。1935年3月9日,鲁迅写信给李桦,高度评价《现代版画》第4集:"内容以至装订,无比优美,欣赏之后,真实感谢得很。"如今,《现代版画》存世甚少,但是幸运地保存于5卷本的《版画纪程——鲁迅藏中国现代木刻全集》(上海鲁迅纪念馆编辑,江苏古籍出版社1991年版)。

抗战胜利后,唐英伟与李桦"分道扬镳",天各一方。新中国成立后,李桦出席第二次全国文代会,当选中国美术家协会常务理事兼版画组组长,担任中央美术学院版画系主任等。唐英伟则"孤居"香港,远离了大陆艺坛,寄情于水墨画。

改革开放后,世人想起唐英伟这位曾经活跃的木刻运动干将,前去拜访。唐英伟回顾1946年10月李桦给他的两封信时感叹道:既不愿谈政治,更不想与政治人物结不解缘,虚度战后的残生。"指望早日恢复生活的自由,和创作艺术的自由,可惜一延二三十年了,我的木版已化成灰烬,而我的内心却仍热烈的期待着!"①

当年,唐英伟在《中国现代木刻史》的最后一章《中国现代木刻运动的展望》里,还意气风发地写道:"富有现代中国的革命精神,正确的代表现代中国民族最有价值的木刻艺术,也是最值得发扬于世界的一种伟大艺术了。"

丁景唐珍藏唐英伟的《中国现代木刻史》,也是作为研究鲁迅的重要参考资料之一。

---

① 吴兴文:《唐英伟与〈中国的血〉》,载《博览群书》2010年第2期。

郑野夫首次推出"后生"黄永玉的木刻作品

东汉初大司徒邓禹将军手植四株古柏,历经千余年的风雨,长得古拙别致,清乾隆南巡时将其命名"清、奇、古、怪"。现为苏州司徒庙廊内,坐落于苏州光福邓尉山麓香雪海村。

历代文人骚客都慕名曾前去观赏四株古柏。其中有一位瘦个的湘西青年,接连3天去写生,早来晚归。他的"背临"功夫十分了得,多年后还能在丈二大纸上描绘出四株古柏,其准确而流畅的白描线条,令人称奇叫绝。

他,就是著名美术大师黄永玉,从小自学美术、文学,被称为一代"鬼才"。他少年时不得不辍学,在福建、江西等地靠绘画和木刻谋生。黄永玉发表的第一幅木刻作品《讲故事》,竟然出现在著名版画家郑野夫[①]撰写的《木刻手册》(1948年8月初版)封面上,那年他才24岁。可惜黄永玉的名字并未出现在该书的版权页里。

黄永玉的这幅木刻作品《讲故事》呈现了酷暑期间一位老汉给孩子讲故事的画面,两个天真无邪的孩子坐在葡萄架下,老汉光着膀子,穿着黑色"七分裤",背后腰间有个钱匣,很像是个小商贩。但是,他手里拿的不是大蒲扇,而是一把黑色折扇,这是颇有身份的读书人或其他有地位人的一种象征。黄永玉故意颠覆了世人的传统观念,颇有"传承"四株古柏"清、奇、古、怪"之意,同时表明"民间奇才"大有人在,折射出作者本人"怀才不遇"的真实写照。

---

① 郑野夫,版画家,原名郑毓英,亦作育英,笔名野夫(EF)、未名(明)、新潮等,浙江乐清人。先后就读上海中华艺术大学、新华艺专、上海美术专科学校,加入"中国左翼美术家联盟"。与陈卓坤、江丰、陈烟桥等人发起春地美术研究所,参与组织"野风画会""铁马版画社"等多个进步社团。他多次寄赠版画作品给鲁迅,并与鲁迅通信,得到各种指导。
新中国成立后,在上海军管会文艺处、华东文化部工作,担任中央美术学院华东分院(现中国美术学院)总务长、中国美术家协会第一届理事和副秘书长等。后被错划为"右派",免去一切职务。"文革"期间,惨遭批斗,含冤病死于北京。

抗日战时期，郑野夫以家乡乐靖为起点与木刻界同人倾力推动抗战救亡活动，1939年8月，他与金逢孙、潘仁等在永嘉创办木刻用品供应社，以后发展为中国木刻用品合作社（统一简称"木合社"），由郑野夫、杨可扬主持，除了在江西、福建、上海等地生产木刻刀具外，多次举办木刻函授班，并出版有关美术书籍。（参见本书收入的《"第一本"中国现代新兴木刻运动史(1930—1942)》《第一本研究新兴木刻理论著作〈鲁迅与木刻〉》）。

丁景唐珍藏的《木刻手册》（文化供应社1948年8月初版）说是"初版"，其实是"三版"。郑野夫在《木刻手册·三版增订感言》（1948年3月5日）中写道：

> 这本小册子是一九三九年夏，当浙江省"战时木刻研究社"举办"第一期木刻函授班"时，匆促而又潦草的写成，由浙东丽水会文图画社编入写读丛书之一，印了三千册，一九四一年春，正准备再版，突遭"四一九"浙东战变而受阻，当时因全国文化中心转移桂林，乃征得"会文"同意，将版权移转给桂林文化供应社续印三千册，后因桂林弃守，"文供社"销完三千册后，即未续印。（抗战）胜利以来，因交通逐渐恢复，及木运（木刻运动——引者）地区逐渐宽阔，而有关木刻技法的书籍反而不

多见，战前及战时出版的几种亦都未续版，"中国木刻用品合作工厂""新艺丛书社"在战时编印的一本《给初学木刻者》，亦于本年春间售罄，该社因经费无着，一时无力再版，而请各地初学木刻者又迫切需要，后经文供社同意牺牲原有纸型，重加修正重排付印，感激之余，便不辞炎夏的威逼，花了一个多月的时间，把它从头至尾重写一遍，添了不少章节，插图亦全部重选重制，可是仍因陷于经验的贫乏及笔锋的拙劣，依旧未能把它修得怎样完善，除自觉歉疚意外，还希望读者诸君多多指教！

郑野夫在最后还歉意地写道："关于插图的挑选，是从《苏联版画集》、《抗战八年木刻选集》、《北方木刻》、《苏联木刻集》、《死魂灵百图》等集，及个别作者的作品中选出，其中有些是事先未征得原出版家及作者的同意，而冒昧采用的，不过意在推美，当不致见责。"他最后说的歉言，包括采用黄永玉的木刻作品用在封面上。

不过，郑野夫在《木刻手册》最后一章《木刻史话》中几次提及黄永玉的名字。

(1947年12月25日)"木协"(中华全国木刻协会)召开理监事会书面改选开票。结果：可扬、野夫、麦秆、西厓、永玉、刃锋、克萍、李桦、王琦、秉恒、珂田十一人当选为理事，漾兮、蔡迪支、余白墅为候补理事，以前五名得票最多者为常务理事。烟桥、延年、志耕、正献、甫堡、树艺为监事，永泰、戎戈为后补监事，以前三名票数最多为常务监事。并推麦秆负责总务，可扬研究，西厓出版，野夫供应，永玉展览，珂田继任会计。另选烟桥、野夫、可扬、西厓、刃锋五人组织评审会。

那时，黄永玉的非凡的艺术才华已经得到圈内人士的公认，并且当选为理事，票数竟然位居前五位，在他前后的理事都是鲁迅最初提倡木刻运动时培养或影响的青年美术版画骨干，也是黄永玉的"前辈"。并且明确规定"永玉(负责)展览(事务)"，这为"中秋园游大会"的布置埋下伏笔(见下文)。同时，郑野夫作为评审会成员之一，挑选黄永玉的版画作品《讲故事》作为《木刻手册》的封面插画，是在情理之中，也是黄永玉的"幸运"之事。

当初，黄永玉自学木刻时的案头必读书之一，正是最初出版的郑野夫的《怎样研究木刻》(丽水会文图书社1940年1月1日初版，后改名为《木刻手册》)。60多年后，著名的当代作家李辉请年逾八旬的黄永玉老先生在《木刻手册》上题跋(2009年7月12日)：

我学木刻,是从这本书开始的,以前在学校做得很盲目,刻出的板子甚至怀疑有没有白做?后来跟野夫、李桦、陈烟桥先生通信,(19)46、47年又见了面,在我说来,神圣如殿堂。先生们以后的遭遇,不幸,丝毫无损于我对于他们(包括新波)的崇敬。

我也成为八十六岁的老人。

在他们面前,他们活着年月,以及他们都不在人世而只留下渺小幼稚的我。我还是以前的我。

他们在人世对我的宽容以及他们在天之灵我都相信,他们在注视我——佻(调)皮不佻(调)皮?用功不用功?

郑野夫竭力扶持才华横溢的黄永玉,将他的木刻作品《讲故事》作为自己专著《木刻手册》的封面,这是一个很重要的信号,鲜明地表明立场。其实,他也承受着很大的压力。

1947年7月15日,汪曾祺写信给沈从文,谈到上海文艺界有人对黄永玉的木刻作品表示不满,"因为他聪明,这是大家都可见的,多有木刻家不免自惭形秽,于是都不给他帮忙,且尽力阻挠其发展。他参与全国木刻展览,出品多至十余幅,皆有可看处,至引人注意。于是,来了,有人批评说这是个不好的方向,太艺术了。(我相信他们真会用'太艺术了'作为一种罪名的。)他那幅很大的《苗家傩神舞》为苏联单独购去,又引起大家嫉妒。"

1948年4月,有人公开发表《谈黄永玉的木刻倾向》(署名公孙龙子,载《"同代人"文艺丛刊》第1集《由于爱》),对于黄永玉的木刻作品讥讽为上海"大世界"游乐场所里的"哈哈镜"效应,"实在迎合了小市民的趣味"。并且严厉批评黄永玉被选送到第三届全国木刻展览上的作品:"那些大作不止是没有现实感,而却在有意的玩弄现实。并且,在客观上,是有目的地灌输或散播某种思想或毒素。"多年后,黄永玉还记忆犹新。①

郑野夫在《木刻手册》最后一章里多次列出第三届全国木刻展览的有关条目,其中有些与黄永玉等人有关;而且选送黄永玉等人木刻作品,都是郑野夫等人组成的评选会"千里挑一"的结果,批评黄永玉也就是把矛头指向郑野夫等人。因此,黄永玉晚年时依然对郑野夫等人表示尊重,并不是偶然的。

郑野夫原来的《怎样研究木刻》前面有陈仲明作序,并且摘录鲁迅的书信内容等作为"代序",郑野夫自己写了《绪论——木刻在抗战时期的重要性》,后面正文分别为《中国新兴木刻艺术发展的实况》《版画概说》《木刻概

---

① 李辉:《传奇黄永玉》,人民日报出版社2010年版,第173—183页。

说》《木刻的用具及材料》《木刻制作的程序》《木刻制作的几个基本条件》《木刻创作的准备》。其中引用了许多木刻作品和有关创作时的示意图,以便读者了解。最后《附记》写道:

要写这本小册子的念头是起得很早的——大约在四年以前就打算动手写,好几个朋友也时常催促着我……

经过了三个多月断断续续的时间,这册子总算给我写成了。全书分十节,一、《代序》:所以把鲁迅先生的几段遗言拿来做为这本小册子的代序,是因为先生对于开拓者新兴艺术运动的精神和诚意,实在太值得我们学习和赞扬了;而且这样大概不会对不起鲁迅先生,同时也不会对不起读者,……

……

十、《木刻创作的准备》:里面所述的四点,笔者认为是每个从事木刻工作者——尤其是初学的人所必须注意,而且必须特别加以重视和做到的。内容是参考《创作的准备》(茅盾),《新文学教程》(不详)①,《怎样阅读文艺作品》(沈起予),《知识的应用》(艾思奇)等几本书而写的。因为"文学"的创作和"艺术"——木刻——的创作,在创作法的基本原则上是相同的,所以便撮其大意,写成这四点。这也可以说是介绍或阐扬的意思,因为存心不是"偷",大概不致于犯了"偷的罪"! 同时希望读者能把原著细细的阅读,对于各方面的修养,一定很有帮助的。

当初黄永玉将这本小册子作为"案头本",看到以上这段述说,理应有很大的感触,进一步催促自己继续"跨界"自学美术、文学,此后成为名扬四海的"鬼才"。

郑野夫最后注明:"本书第九章第2篇第72页内,关于排刀刻法的插图,本已选好一幅李桦先生的《汗流》。但因整理插图时的不谨慎,把原作失落了,临印时因时间的匆促,只得把新波先生的《城堡的攻克》来补充,《城堡的攻克》本不是排刀刻的,(三棱刀)只以刀法的精细,很像排刀所刻,故暂时拿来代替一下。望李桦、新波两先生能加以原谅以外,同时还应当向各位读者做郑重的声明。"

---

① 文中提及的《新文学教程》,原作者为苏联文艺理论家维诺格拉多夫,1936年4月8日逝世,享年34岁,此书在苏联是一部最风行的文学入门书。叶以群根据熊泽复六的日译本译为中文,上海天马出版社1937年出版,以后多次再版。新中国成立后,许多高等院校还是以此作为文科教材之一。

李桦、黄新波都是鲁迅培养的青年木刻家,与郑野夫关系很密切。失落老友的木刻原作是一件大事,郑野夫不得不作一个"声明",以便向各方有一个交代。经较大修改的《木刻手册》里用排刀刻的木刻作品换为苏联美术家波列珂夫的作品《无家可归》,以三棱刀制作的作品,则是郑野夫的《泛区难船》。

修订后的《木刻手册》删除了原来的《序言》和"代序",郑野夫重新写了《绪言》,正文分为 7 章,即《版画概说》《木刻概说》《用具及材料的准备》《刻作的程序》《画面构成诸要素》《学习步骤》,其中的内容都有较大的增删,最后一章《木刻史话》和《后记》是新增写的。

丁景唐作为资深的鲁迅研究专家,更注重的是《木刻手册》前面两章和最后一章《木刻史话》。《木刻史话》分为两大部分,即《中国古代版画的渊源与西洋版画的关系》《中国新兴木刻运动史略》,特别是后者不仅记载了有关鲁迅与木刻运动的大量史事(郑野夫亲身参与或所见所闻),而且与丁景唐等人在上海从事地下党的"学委""文委"活动有关。

> (1947 年)中国福利会定于十月一日假中央银行俱乐部举行"中秋园游大会",为上海文艺界筹募医药救济基金,函约"木协"参加筹办工作,"木协"派延年、麦秆、永玉、余白墅、阿扬、克萍、野夫、夏子颐、吴彭年、许逸帆、郑光耀等连日前往分别担任绘图、布置会场等工作,情绪异常紧张。
>
> ……
>
> 十二月初,福利会基金会将"中秋游园会"所得的医药救济金分派各文艺团体,"木协"得数千万元(相当于新中国成立初期的人民币 600 多元——引者),这自然是加强"木协"许多力量,"木协"获此有力资助后,工作更形活跃,首批得到救济的是卢鸿基、葛克俭、陈烟桥等。
>
> ……
>
> 这半年内,福利会又分批捐赠"木协"衬衫,多种维他命丸等,经监理事会决定,按曾出品木展(1948 年 5 月举办第三次春季全国木刻展览——引者)的作者平均分配,本埠的拿实物,外埠的寄贷金。

"木协"派出协助"中秋游园会"的人员中陈烟桥、杨可扬等人与丁景唐很熟悉。那时黄永玉还年轻,风华正茂,按照以上提及的"永玉展览"的职责,那么他应该是这次布置的"主角"。这段人生插曲,不知"享誉海内外"的黄永玉晚年时还记得否,至少在李辉的《传奇黄永玉》里未能提及,成为鲜为人知的轶事。

在上海举办"中秋园游大会"时，丁景唐因躲避上海反动当局"黑名单"的抓捕，已经和夫人王汉玉辗转宁波、香港、广州等地，丁景唐在香港九龙街头巧遇叶以群，才得知宋庆龄在上海主持"中秋园游大会"，进行筹募的详情。对此，丁景唐晚年的《八十回忆》（朱守芬整理，载《史林》2001年第1期）中说道：

> 这次中秋游园会是由中共地下党组织策划，于伶、叶以群参与策划，通过廖梦醒、许广平与宋庆龄商洽，请宋庆龄出面主持，用中国福利基金会名义为筹募文化界、艺术界医药救济基金举办的一次大规模的义演义卖活动。1947年10月1日晚7时，宋庆龄亲临陆家路（今淮海西路338号）中央俱乐部主持中秋游园会。来客中除文艺界、企业家、银行家等各界人士外，还有解放区救济总会驻沪办事处的代表和外籍人士，人数达四五千人。与会的文艺界人士，每人都参加一项或多项活动，郭沫若义卖签名图书，茅盾夫人与胡蝶劝买纪念章，熊佛西与欧阳予倩为书画定价，洪深与应云卫轮流在露天的戏剧舞台上报幕；麒派名角高百岁演《徐策跑城》，金素琴演《苏三起解》，尹桂芳、袁雪芬合演《新梁祝传》，另有音乐、舞蹈、活报剧等节目，十分精彩。
>
> 为积累中秋游园会的资料，解放后我访问过于伶，于伶说：那天"我在干杂差，在露天舞台后忙着为化妆、卸妆的演员们倒换洗脸水。许广平、廖梦醒大姐却热心地在观众义卖节目单与说明书哩。"于伶还深情地回忆起：宋庆龄一到场，就受到全场热烈的鼓掌，舞台上的表演也停了一下，记者围了上去，她婉言谢绝说："今晚勿讲闲话。"她一开始就致了简短的开幕词，还给周围涌上来的人们签名，签一个10万元（相当于人民币30元），为了救济贫穷的文人，她签了一个又一个。

"中秋园游大会"结束后的第二天，上海《申报》刊登了新闻报道《中国福利基金会月下园游——蛱蝶穿话花群星出勤，百戏杂陈鼓乐喧阗》，透露了这次游园会场景的精妙布置，花费了很大的精力，并且配有宋庆龄进会场的照片，以及白杨、秦怡、胡蝶、舒秀文的合影。

这次精彩的"中秋园游大会"如果写成一出影视剧，那么一定很热闹。事前参与布置"中秋游园会"的陈烟桥、杨可扬、黄永玉等人大概没有机会前去观看，否则将留下更为精彩的"第一手"资料。不过，黄永玉等人布置这次中秋园游大会及其后事，则弥补了丁景唐述说的一个缺憾。

后来，郑野夫被错划为"右派"，与黄永玉的关系中断，昔日《木刻手册》及其封面画《讲故事》的故事成为他俩"交往"的一种"绝唱"了。

桑弧写的电影剧本《哀乐中年》

大多数上了岁数的影迷还记得著名导演桑弧指导的戏曲电影《梁山伯与祝英台》（简称《梁祝》）和《祝福》《子夜》，以及他拍摄的第一部彩色宽银幕立体电影故事片《魔术师的奇遇》，参与拍摄芭蕾舞剧《白毛女》、执导电影《他俩与她俩》《邮缘》等。

但是，如今世人大多不知道桑弧执导的喜剧电影《哀乐中年》，更不知道他写的该电影剧本，被长期湮没在"铿锵洪亮"剧目的五彩光环背后深处。但是，有人为此打抱不平，坚决拂去历史尘埃，撰写《〈哀乐中年〉：经典中的经典》（陆绍阳）等文。

1949年元旦前后，桑弧在紧张拍摄喜剧电影《哀乐中年》期间，修改了该电影剧本（潮锋出版社1949年2月初版），其最后写道：

（绍、敏同入，见一堆石块和坟料，地上横卧着一块大石碑，赫然为"陈公绍常之寿域"七字）

绍："陈公绍常之寿域"原来在这儿。

匠：你认识这个人？

绍：唔。

敏：这是怎么回事啊？

绍：这就是建中给我做的寿坟。

匠：啊？你就是陈老爷？巧极啦。老太爷，再过一个月就要做好了，幸亏大少爷买得早，现在价钱又不对了，你真是好福气？

……

绍：我们不是找不到房子吗？我决定在这儿盖几间平房。我们结了婚就住在这儿。

匠：老太爷你说什么？

绍：我要在这儿盖房子，这一堆材料，（指砖石）都可以用。

匠：你别开玩笑吧？坟地上怎能盖房子呢？

绍：活人比死人要紧呀！

敏：这儿还有空地，将来我们还可以在这儿办一所学校。

（绍、敏出园，石匠目瞪口呆，镜头摇上，"陈氏墓园"的匾额化为"陈氏小学"）

喜剧电影如此逆反思维的结尾，远远超出世人的意料之外，观众与剧中的石匠一样目瞪口呆。多年后，桑弧却依然认为："这个故事实际上是一个正剧，而我则用了一种喜剧的笔触来写，里头甚至还带有一点悲剧色彩。因为我觉得在'笑'中间还应该有一些苦涩的味道，这样的喜剧才是比较好的喜剧。"

悲、喜之间的辩证法，在看似两级分化之间的平衡"砝码"移动一下，反而刺激另一方，催逼产生一种和谐，这在许多文学大师笔下经常出现。桑弧巧妙地运用了这一点，用喜剧写出人生悲凉，将哀婉、讽刺与幽默、达观融为一体，加深了该剧的思想内涵。

该剧中的小学校长陈绍常的妻子去世之后未再续弦，子女孝顺，却把父亲当成宠物养起来，缺乏情感交流，这无形的鸿沟折磨，让陈绍常"黄莲在心底，苦衷说不说出"。陈绍常受他人委托，向老朋友的女儿去说媒，没料到对方爱慕的正是陈绍常。陈绍常的再婚引起一场轩然大波,把喜剧冲突推向高潮。

这原来是桑弧亲耳听到的一个故事,激起了他的创作愿望,改编为电影。他认为剧中的小学校长陈绍常,"在他儿子送给他的墓园上建了一个小学校,在这里重新开始教一批学生。这个意思是说,50岁不是人生的终结,应该是人生的一个新的起点。另外,他与老朋友的女儿结婚,也冲破了传统的观念。总之,影片里有这样一层主题——生总是要比死重要,生活着和工作着总是美丽的。"

《哀乐中年》由文华影片公司摄制,由石挥、朱嘉琛主演,其他演员有韩非、李浣青、莫愁、沈扬、俞仲英、叶明、崔超明等。桑弧与石挥多次合作,并且认为石挥是一个了不起的好演员,有天赋,"又非常刻苦,对角色分析很细,常常在自己的剧本上注得密密麻麻。"1982年,桑弧参加陈荒煤任团长的中国电影代表团赴意大利都灵,出席规模盛大的20—40年代中国电影回顾展,国际上许多评论家观看后纷纷说:"我们过去只知道中国有一个赵丹,今天才知道你们还有一个石挥。"

《哀乐中年》被公认为是桑弧导演的巅峰之作,也是"文华风格"中最有风格的一部,显示了上海独有的都市市民文化的底蕴。香港电影导演刘成汉在《中国电影的回顾》(1978年)一文中,给予《哀乐中年》极高的评价,认为其成就是可以放在国际水准上衡量的,"可以说是内容和技巧都接近完美的中国电影,亦是40年代光芒四射的一部作品。"

当初,该片还在拍摄中,桑弧在《哀乐中年·后记》(1949年1月于徐家汇)中写道:

> 我写《哀乐中年》电影剧本的时候,只是着眼于制作上的应用,从没有考虑到它有一天会以书籍的形式与人相见。除了对白之外,我没有加上什么关于性格和景物的描写,仅有的一些说明也是非常简略的,因此这个剧本恐引不起多大阅读的兴味。其次,在摄制过程中,我有时不免要改动剧本,而当本书付印之时,《哀乐中年》尚未摄制完成,因此它在银幕上的面目可能和剧本有些不同。
>
> 我敢贸然把这么一个"毛坯"交给书店排印,是由于一位朋友的热心鼓励,但对于读者,我永远感到一种无可求恕的惭疚。

"一位朋友"是何人不得而知,不过桑弧最初踏入电影圈子时是以创作剧本起家的,难怪他的剧本《哀乐中年》被朋友热情推荐出版。

桑弧在《回顾我的从影道路》一文里特别感谢"恩师"著名导演朱石麟,当时是通过著名京剧表演大师周信芳结识的。桑弧最初尝试电影创作,如剧本《灵与肉》《洞房花烛夜》《人约黄昏后》均由朱石麟先后搬上银幕。多年后,桑弧一直怀着敬仰的心情谈起"恩师"朱石麟,并且他承认自己执导《哀乐中年》等电影具有"流畅"特点,正是受到"恩师"朱石麟的影响。

1946年8月下旬,卡尔登戏院老板吴性栽成立了文华电影公司,桑弧负责公司的艺术创作,厂址设在徐家汇联华公司的原址。因此,以上提及桑弧写的《哀乐中年·后记》落款"徐家汇",即指该处。

经人介绍,桑弧开始与著名女作家张爱玲合作,执导后者创作的电影剧本《不了情》,影片中会弹钢琴的小女孩扮演者是著名导演黄佐临的7岁女儿黄蜀芹(后写有《桑弧导演引领我进摄影棚》),该影片打响"文华"第一炮,获得各方好评,以后他俩多次合作。

1952年,夏衍在上海主持文化工作,建议上海电影制片厂交给桑弧的一个任务,把著名越剧表演艺术家袁雪芬、范瑞娟主演的优秀越剧《梁祝》搬上银幕。桑弧、徐进根据《梁祝》演出本改编为一个电影文学剧本的初稿,随后桑弧执导了这部新中国成立后的第一部彩色戏曲艺术片。

1954年,周恩来总理出席瑞士日内瓦国际会议,也带去了《梁祝》影片,招待各国代表,还邀请电影大师卓别林来观看。卓别林十分欣赏这部片子,由衷称赞中国民族戏曲的优秀传统,他说:"就是需要有这种影片!"

3年后,为了纪念鲁迅逝世20周年,桑弧又执导了电影《祝福》,这是夏衍根据鲁迅名著改编的故事片。夏衍对该片很重视,几次找桑弧谈话,谈起改编的设想,以及对分镜头的意见。他还建议请刘如曾作曲,使用民族乐队。夏衍还几次去观看阶段样片,给予鼓励。"文革"后,桑弧再次观看此片,觉得其中有些拍摄处理不妥当,感觉特别不舒服。"既不符合鲁迅小说的风格,也不符合夏衍文学剧本的风格"。桑弧回想起当年,每次遇到夏衍,却从来没有受到任何指责,这让桑弧内疚不已。

这些都被桑弧写进回忆文章里,他还回忆起1981年把茅盾名著《子夜》搬上银幕的事情。

1980年春夏之际,桑弧在徐家汇藏书楼翻阅30年代初的报刊,又在上影厂文学部完成了《子夜》剧本的初稿,随后把剧本寄给茅盾。同年8月中旬,桑弧专程到北京拜访茅盾,听取他对初稿的意见。茅盾仔细阅读了剧本,并且详细地谈了自己的看法。他鼓励桑弧根据电影特性放开来写,不必拘泥于小说原著。次年1月,桑弧和主要演员李仁堂(扮演吴荪甫)等人再次到北京拜访茅盾,临走时桑弧告诉茅盾,等片子一完成,就带样片来北京。没想到这竟然是诀别,茅盾未能亲眼看到上映的电影《子夜》。

以上这些情况是丁景唐珍藏初版本《哀乐中年》的重要原因,也是他研究茅盾、夏衍等人的参考资料之一。

董林肯"出格"改编《表》

1935年春天,萧军、萧红住在上海拉都路(今襄阳南路)。一天早晨,萧红到斜对面的326弄堂口一旁的早点摊买油条,意外地发现包油条的纸,竟然是鲁迅翻译苏联作家班台莱耶夫的中篇儿童文学作品《表》的手稿(该译文发表于1935年3月16日出版的《译文》月刊第2卷第1期),感到很吃惊。随后,萧军、萧红把手稿寄给鲁迅,表示"愤懑",并请他把手稿催讨回来。鲁迅并不以为然,认为自己手稿的境遇,似乎有点悲哀,但是满足了,毕竟还可以包油条,可见还有一些用处。原来鲁迅的手稿是从《译文》编辑部流出的,那时拉都路324弄敦和里设有《文学》《译文》《太白》3家编辑部,都和鲁迅关系密切。后来《译文》编辑黄源得知,懊悔不已。

鲁迅根据德文版转译《表》时费了好大劲,"在开译以前,自己确曾抱了不小的野心。第一,是要将这样的崭新的童话,绍介一点进中国来,以供孩子们的父母,师长,以及教育家,童话作家来参考;第二,想不用什么难字,给十岁上下的孩子们也可以看。但是,一开译,可就立刻碰到了钉子了,孩子的话,我知道得太少,不够达出原文的意思来,因此仍然译得不三不四。现在只剩了半个野心了,然而也不知道究竟怎么样。"1935年1月4日、21日。鲁迅写给萧军、萧红的信中感叹说:"竟比做古文还难,每天弄到半夜,睡了还做乱梦。""前几天的病,也许是赶译童话的缘故,十天里译了四万多字,以现在的体力,好像不能支持了。但童话译成了……"

十几年后(1947年4月10日),上海兰心大戏院(今上海艺术剧场)首次上演五幕六场儿童剧《表》,这是"中国儿童戏剧运动创始人"董林肯根据鲁迅转译的《表》改编的。

突然,化妆室里一阵欢呼,原来宋庆龄要来接见董林肯和张石流、任德耀和一批小演员。大家被引到戏院的楼厅,看见宋庆龄站在楼厅第一排座位旁边,她穿着黑色的衣裳,和蔼可亲,令人肃然起敬。宋庆龄向挨次走过来的每个人一一握手,轻声重复地说:"辛苦了!"有时还加上一句:"谢谢你们!"

事后，宋庆龄还特地题词："《表》是一出深刻而生动的儿童剧，中国福利基金会主办的儿童剧团，曾在上海演出，成绩良好。它不仅对儿童有很大的教育作用，同时也给予从事儿童教育者一个明确的启示。"

首次上演儿童剧《表》的那一天，便成为中国福利基金会儿童剧团诞生之日。

事前（1946年秋），宋庆龄在上海委托戏剧家黄佐临，筹备专为儿童演戏的剧团，她说："儿童是国家未来的主人，通过戏剧去培养下一代，提高他们的素质，给予他们娱乐，点燃他们的想象力，是最有意义的事情。"不久，黄佐临通过上海文艺界的中共地下党员刘厚生的介绍，推荐张石流、任德耀到宋庆龄领导的中国福利基金会（简称"基金会"）工作，着手筹建儿童剧团，该剧团首次上演的儿童剧正是《表》。据董林肯介绍，此剧是宋庆龄亲自选定的。

该剧团在1957年正式更名为中国福利会儿童艺术剧院，任德耀历任副院长、院长兼艺术指导，他先后创作儿童剧《小足球队》《宋庆龄和孩子们》等23部，其中代表作《马兰花》影响了几代人。①

董林肯是昆山人，早年就读同济大学机械系，抗日战争期间，董林肯随校迁移到昆明，与几位志同道合的友人组织十几个孩子，办起了昆明儿童剧团，并邀请相识的邱玺（万之，执教国立艺专）参加。1939年，董林肯写出了第一个儿童剧《难童》。次年，他又创作了三幕儿童剧《小间谍》，经邱玺推荐，参加了云南第一次举办的戏剧节，深受欢迎。此后，董林肯、于同尘合作的《小主人》，经集体讨论修改后演出，邱玺邀请电影剧团白杨、章曼苹、魏鹤龄等专业演员来观看，由此肯定了该剧，结果该剧连演8场，场场爆满。1940年昆明连遭敌机轰炸，昆明儿童剧团因小朋友纷纷疏散而停止活动。此后，董林肯在中央机械厂当技术员，因为工人利益讲话被捕，经多方营救获释，在上海育才学校担任戏剧组主任。

以上这些情况被邱玺首次写进《忆昆明儿童剧团及董林肯》（《戏剧报》1985年第8期）。当年的知情人刘厚生看到此文很是感慨，撰文补充说："董林肯同志从事戏剧工作时间不长，由于1957年受到不公正的待遇，脱离了戏剧界，以致没有创造出更多的业绩。他的主要戏剧活动，都在抗战时期的后方，现在很少人知道他了。"

董林肯曾指点著名国画家程十发年轻时"渡过难关"。程十发18岁时

---

① 最近，有人撰写了长文，只字不提昔日儿童剧团"元老"同事董林肯，也许作者不知此人此事，甚至把董林肯根据鲁迅转译的《表》改编为儿童剧《表》，误写为鲁迅改编的，以至于把转译与改编两件事混为一谈。（华心怡：《任德耀：一生只做一件事》，载2018年10月28日《新民晚报》第22版。

就读上海美术专科学校,因作画"离经叛道",得不到经院派的赏识,竟然卖不出一幅画作。为了养家糊口,他不得不放下画笔,当了钱庄职员,不幸又染上肺病。"内外交困"之际,他有幸相识董林肯,经常登门拜访,得到董林肯的热情指点,以画"小人书"、连环画来谋生。多年后,程十发还记得董林肯的"金点子"。

为了实现"教育立体化,教室舞台化,教材戏剧化",董林肯在上海创办中国第一个专门出版儿童戏剧书籍的专业出版社——立化出版社(后为南昌路529弄B字2号),得到王鼎成、贺宜、包蕾、张石流、孙毅、邢舜田、任溶溶、穆木天、任德耀、邱玺等人的大力支持,并推出"立化儿童戏剧丛书",其中就有董林肯改编的剧本《表》(1948年9月初版,1949年11月第3版)。董林肯在该书《改编者的话》中写道:

> 《表》!这篇世界闻名的中篇童话,在中国早已有鲁迅先生的译本,是孩子们也是成人们一册百读不厌的作品;我自己,也着实喜欢它,我喜欢这故事的"有趣"和"生动",我终于大胆地把它改编成这个儿童剧。
>
> 为了要构成一个"戏剧",为了要表达出我们现在所期望的一种"新教育",我这次的改编,无论在故事、布局、内容、结构上,实在有点"出格",恐怕班台莱耶夫重生,鲁迅先生再世,也不容易认识这个舞台上的"东西"了。假定我是这份产业的承继人,那末(么)两位先生在天之灵,也许在瞪着眼骂我:"不孝逆子败家精!"我在这儿惶恐地又该怎么说呢?
>
> 我仅仅能为自己申辩的是:"彼一时也,此一时也。"班台莱耶夫的时代和我们的时代是不同了;那时的最高教育理想,已经不再能满足我们今天对教育的要求了。假定这个"出格"的改编,实在违反了两位先哲的本意,那所有的罪过,应该是完全属于我的;假定这出儿童戏在目前中国,还多少有一点价值的话,那么,这个戏宝贵的轮廓,还该感谢班台莱耶夫赐给我们启示,更该感谢鲁迅先生给我们有益的介绍。

如果比较一下鲁迅转译的《表》与董林肯改编的剧本《表》,那么后者的确是"出格"了,完全"中国化"了,类似当初师陀、柯灵改编的高尔基的剧本《底层》为"中国化"的《夜店》一样。

原来的苏联人名姓氏均改为中国观众所习惯的人名,彼蒂加改为小扒手裴七,醉汉库兑耶尔改为醉鬼顾大爷,他的女儿娜塔莎改为苦怜儿顾小莲,其他人物改为独眼龙毕大富、警察谭开球、警官张敬光,以及小伙伴多人等。

董林肯把原来苏联少年教养院改为中国儿童保育院——一个理想中的神圣"净土",保留了原来曲折的故事:意外得表、丢表、寻表、藏表、取表、还表,在此基础上增加了大量的中国儿童保育院启蒙、教育、培养孩子的情节。其中裴七从抵触、反感转变为融合、依赖保育院的过程,生动地展现了裴七的复杂又纯真的感情世界,他与其他人物之间的沟通、交流,所产生的微妙、细腻的变化,使得人物性格得到特殊形式的处理。这些都反映了董林肯强调要把孩子作为一个真正的人来尊重的思路,尊重他们的人格和感情,让每个孩子都能尽情地发挥自己的才干。由此丰富了《表》的内涵,凸显"儿童是国家未来的主人"的主旨。

"的答! 的答! 时光一刻不停留,的答! 的答! 岁月永远向前走……"这是董林肯增加的该剧主题歌之一,显然要告诉中国广大的孩子们,新中国的曙光在前面,大家要珍惜儿童时代,加紧学习和工作,"的答! 的答! 美好的世界就在前头! 亲爱的朋友们,前面没有穷和愁……"

董林肯还写了其他3首主题歌《这里的学校真奇怪》《这是我们的家》《工作忙呀忙》,仅仅看这些标题就可理解董林肯改编的用心良苦,大力宣传宋庆龄主持的"基金会"为孩子们办的大量"实事工程"。

董林肯改编的剧本《表》首次上演时,"基金会"已经办起了第一所儿童福利站,位于上海市胶州路725号(余姚路口,现为上海市静安区教育学院),外国友人捐助的两间圆顶铁皮房子作为校舍,宋庆龄亲自前往查看施工现场;儿童福利站开办后,她又数次到福利站视察工作。

抗日战争胜利后,广大劳动人民依然在生死线上挣扎,失学儿童愈益增多,设在贫民地区的儿童福利站便成了他们的学校和"大家庭"。儿童福利站内设图书阅览室和保健室,免费向贫苦儿童开放,免费为贫苦民众治病。这些都成为董林肯改编剧本《表》时的生动素材。丁景唐回忆说:

> 1948年圣诞节前夕,党组织让王楚良通知我,把我从上海沪江大学中文系的教学岗位调至宋庆龄领导下的中国福利基金会,任第三儿童福利站站长,由罗明(解放初任嘉定县副县长)去上海沪江大学中文系为我代课。
>
> 第三儿童福利站设在虹口乍浦路245号昆山儿童公园的东北面沿街(今虹口图书馆的一部分),搭着一座半圆形的铁皮活动房子,面积约二十几平方米,三分之二用作课堂,三分之一用作图书室和教师办公室,后面还搭出一个小间用作牙医诊所。另外有半间狭长的活动房子辟为卫生室。就在这小小的天地里,我第一次见到宋庆龄。
>
> 宋庆龄指示工作者:儿童福利站既要从物质上救济穷苦孩子,又要

为他们提供精神食粮。根据这一指示,儿童福利站为进不起学校的贫穷儿童开设识字班,从小学三年级到高小程度,由工作人员担任教师,轮流在活动房里上课。我们还挑选年龄稍大、热心服务的高年级学生当小先生,分散到里弄中教一、二年级校学生识字、演算术;图书馆也推选大孩子负责。福利站还为缺乏营养的婴儿免费供给黄豆、奶粉,向贫困妇婴发放救济物资,如棉衣鞋帽等。诊疗所还为孩子们免费治疗、打防疫针预防疾病。宋庆龄十分关心儿童福利站的工作,常到站里来看孩子们活动,询问孩子们的学习和健康状况,有时还同孩子们一起看图书,听孩子们讲故事、唱歌。①

因此,丁景唐珍藏了董林肯改编的剧本《表》(1949 年 11 月 3 版),同时还怀有对宋庆龄的感恩之情。

中国福利会成立 20 周年时,丁景唐为《儿童时代》写了一首诗歌《我们的家》,其中有一段回忆了当年在宋庆龄领导下的上海第三儿童福利站的情景:"铁皮房子十尺宽/好似狭长一旱船;旱船旁边一小屋,好似舢板靠旱船。旱船前舱是教室,后舱还摆图书室。舢板虽小用处多,上面设有诊疗所。黑漆门儿朝东开,一片阳光进屋来。老师来了,孩子来,你也来,我也来,来读书,来唱歌。课本老师编,图书自己做,儿童剧团排戏又教歌。'三毛'演得好,孩子拍手笑。秧歌扭得妙,'沙拉沙拉多拉多'……"

---

① 丁景唐口述、朱守芬整理《八十回忆(1920—1949)》,载 2001 年第 1 期《史林》(上海社会科学院历史研究所主办)。丁景唐回忆说:

宋庆龄不仅关心孩子,也关心工作人员,除采取一些措施保障职工在币值暴跌、物价飞涨时能过好日常生活外,还关心职工的身体健康。有一天,她陪一位外籍医生到儿童福利站来,给孩子们和工作人员检查身体。我在这小小的活动房里第一次见到了宋庆龄。她问:"你从沪江大学调来搞儿童教育工作有什么不习惯的地方?"我激动得只说了一句:"很好!"当时我患严重的鼻炎,经常鼻塞,呼吸不畅,还流浓涕。宋庆龄知道后,亲切地问我病情,并要这位医生给我诊治。医生检查后,用英文写了一张条子,让我到霞飞路、善钟路口(今淮海中路、常熟路口)大楼里的一家诊所去治疗。这是一家高级诊所,设备新式,室内宽敞明亮,但收费昂贵,因我是中国福利基金会的工作人员,受到手术费和医药费全部豁免的优待。经过治疗,我的鼻炎得到全部根治。

1949 年春节后,我住进西摩路 369 号宋庆龄老宅为掩蔽。这座古老的花园洋房曾经居住过宋氏父母和他们的子女。当年,宋庆龄虽然住在靖江路(今桃江路),却常来老宅。

10 月,中华人民共和国成立。宋庆龄参加开国大典后,回到上海淮海中路 1843 号(今宋庆龄故居)。举行了一次家宴,我也应邀参加。那天晚上参加家宴的有金仲华、赵朴初、王安娜、沈粹缜等人,共一桌。宴会上,宋庆龄笑容可掬地告诉大家:"毛主席和周总理身体很健康!"并感谢大家在中国福利基金会的工作。宴会后,宋庆龄把一只从北京带来的铜匙送给我留作纪念,我一直保存着。

此诗的标题类似于董林肯写的剧本《表》主题歌之一《这是我们的家》，也许是受到后者的启发，借此抒发了内心的真挚情感。

丁景唐在董林肯的剧本《表》书里夹着一叠稿子，上面详细写着有关资料：1981年第12期《儿童时代》（6月16日出版）上面有宋庆龄四幅题词。以及该刊连载连环画《表》、董林肯写的《宋奶奶关怀〈表〉的演出》等文，丁景唐还抄写了董林肯的全文，并且垫着复印纸，抄件一式两份，以示重视，拟此后撰写专文。

但是，丁景唐未能如愿。他仙逝后，笔者来完成他的遗愿，于是就有了以上这些文字。

纪念青年木刻家宋城甫

丁景唐长期保存着一个藤条小箱子,简陋的铁丝搭扣上挂着的一把铁锁和钥匙,已经锈迹斑斑。箱子里面存有众多资料,其中有解放军22军政治部文工团编印的《渡海大合唱》(庄超、甬牛合作),载有《向舟山群岛推进》《人民水兵》等曲谱。其分为油印初稿、正稿两种版本,设计、装帧美观大方。因此,《渡海大合唱》两种版本是文工团音乐股、美术股合作的成果(包括各级领导的审查和战友协助),当时同乡、战友孙绍、宋城甫恰巧在这两个部门里工作,也许他俩也参与了。

在众多资料中,还夹着一本保存完好的《城甫木刻纪念集》(以下简称《纪念集》),由宋城甫纪念委员会(宁波专署建设科转)编辑,1950年10月1日由宁波市印刷业工人生产合作社印行,小32开,共有49页。《纪念集》封面设计简约,左上方为宋城甫遗像,由周士非创作的木刻作品。下端为书名,其中"城甫木刻"为套红。内页封面上是宋城甫的木刻作品《讨论明年生产》(似为《丰年图》),《纪念集》目录上的作者错为杨可扬。

《纪念集》分为三辑:城甫木刻遗作,城甫文字遗作,纪念城甫同志。前两辑的内封上均为著名版画家李桦的两幅木刻作品《愤怒的记忆》《流亡地主在都市》,第3辑的内封也是一幅木刻作品《卖烧饼的人》(朽木)。

《纪念集》编辑为吴永青、周士非、冯华英、杨可扬、董振丕、刘良通。"文革"后,董振丕回信给孙绍,附寄一直珍藏的两本《纪念集》。随后,孙绍把其中一本转寄给丁景唐,并先后寄给丁景唐其他众多资料[①],包括以上提及的

---

① 孙绍、董振丕等曾是上海文艺青年会宁波分会(简称"宁波文谊")的成员。孙绍与丁景唐(曾是上海文艺青年会负责人)先后有书信联系。《南北方民谣选·序言》里提及他的名字。(详见本书收入的《"首次"合编〈南北方民谣选〉》)
孙绍,1929年出生,曾是"宁波文谊"主持人、小学教员,同时搞文艺创作。1949年夏天,考入宁波干校,后分在22军政治部所属的文工团音乐股。退伍后,先后执教宁波市各所中学。后被错划为"右派"。"文革"后,写信给丁景唐,希望能提供帮助,早日摘去"右派"帽子。并寄来许多有关材料,包括《渡海大合唱》。

《渡海大合唱》。30多年后,笔者打开藤条小箱子,才得知原来其中安放着一个青年木刻家宋城甫的英魂——《纪念集》。《纪念集·编校后记》(1950年9月14日)写道:

  青年文艺工作者宋城甫同志,生长在奉化的一个农村——下跸驻,今年还只有二十七岁,但不幸于一九四九年十二月十九日病逝杭州×兵团卫生部直属医疗队。我们得悉这个噩耗,除了吴永清同志因由该队直接函告外,大多还在今年元旦以后,从他同在文工团里的一个妹妹——宋亚炜同志的口里才知道的。但真想不到正当今天我们来纪念他的时候,亚炜同志也于不久以前死去了。虽然我们还不知道她是怎样死去的,但这终究又是一个不幸的消息。

  说起我们要为城甫同志出版一个纪念集子,把他生平的作品来作一个好好的总结,这一方面固然是为了纪念他,但在另一方面实在也是藉此为了提高自己;彼此的心愿虽然早就有了,可是都为了各自的工作和经费凑集的不易,更由于几个负责编辑的人分散各地,所以一直到了今天,才总算和大家见了面。

  关于城甫同志生前的木刻,在数量上也不能算少;当我们的征集启事情在报上服务版里刊出来以后。宋造时先生首先就寄来了他许多的作品,此后相继都有人陆续寄来,可扬同志也寄来一幅《讨论明年生产》。就这样我们依据了他刻作的先后才选出了各时期的作品,现在都收集在第一辑里。不过解放以后,本来他还刻了一幅《农民》,《甬江日报》也曾把它做好了版子,可是后来我们都找不到了,这是使我们非常抱憾的。

在第二辑里,我们选刊了他几篇文字,大多是有关木刻艺术方面的,从这儿我们也可看到他对木运的热忱了。

此外,我们为了表示纪念起见,所以在第三辑里,就由许多同志描绘了他生平的图画。特别使我们感谢的是,孙绍同志虽在病口,也写了这么一篇长长的文章来;而把他参加部队以后,为我们不大明了的情形,也活生生地呈现在我们的眼前了。

最后,由于我们力量有限,使我们对于这本东西无法做到"精耕细作"的要求,这是应该向大家致歉的。还有得使这个集子顺利的出版,如路萍、林地和张品三同志等都帮了许多事的忙,也应该在这儿说一声谢谢。

根据《纪念集》等有关资料,大致可以知道宋城甫的生平。他出生于一个大户人家,老家在浙江省宁波奉化区溪口镇下跸驻村,即奉化溪口和绍兴新昌交界之处。学校毕业后,他积极投入抗日救亡的文化运动。1942年,宋城甫与董振丕同在战地服务团,他看见董振丕的木刻作品集,特别是封面上的工农兵三人木刻作品,连连称好,由此激发了他爱好木刻——富于战斗性的艺术。1949年在宁波干校学习时,他与董振丕重逢,便向人介绍:自己的木刻创作最初是向董振丕学习的。

抗战胜利后,宋城甫因病回家乡休养,依然刻苦钻研,甚至进入"狂热"状态,进步很快,不断有新作出现,如《雨天》《老农妇》《丰年图》《挑种花》《讨论明年生产》等,这些都是乡土风情的"实录"。

宋城甫曾在奉化海边的一所小学里教书,创作了一批学校生活的力作,如《学习》《修建校舍》《思索》,也有海边题材的作品《挖蛎蟥》《修筑象山港海塘》《大众食摊》等,并且出现了农民饱受剥削的作品《缴租》,揭示社会的尖锐矛盾。

趁着学校假期,宋城甫和几位爱好木刻的朋友,到附近的新昌、奉化一带举办新兴木刻巡回展,播下了新兴木刻的种子。这种启蒙工作,李桦认为"值得在木刻运动史上大书特书"。

吴永清与宋城甫同为木刻函授班的同学。1948年7月,宋城甫写信给吴永清:他将木展深入农村,介绍给需要新艺术的劳动人民。他肯定了自己工作的意义,并且说:"这半年里我感受到木艺的深入农村是能得到效果的,因为一般农民对人物画都很感兴趣;农村并不是顽固的,而是没有新的来代替它们(旧文化艺术)。"

这期间,宋城甫结识了许多木刻圈内的同行。杨可扬记得与宋城甫只见过一次,但是互相通信长达4年。他俩交往最初是在中华全国木刻协会举办抗战胜利后第一届木刻函授班上,宋城甫分配在杨可扬的联系群里,加之宋城甫学习特别认真,他是唯一按时寄交作品(每半月一次)的学员,促使他与杨可扬的关系更为密切。函授班结束后,宋城甫依然如故,按期寄交作品,每次两份,一份是赠送的,一份请杨可扬"批阅"后寄还,以便宋城甫不断地提高水平,他俩这样的通信往来一直到宋城甫病逝。杨可扬称道:宋城甫"在学习上、工作上的态度和精神,是老老实实、诚诚恳恳,实事求是,勤奋不缀的一个好同志,一个值得大家学习的好榜样。"

1948年10月,举办第四届全国木刻展时,宋城甫有两幅作品入选,其中一幅《修建校舍》得到好评,被有的观众看中订购。宋城甫、董振丕等人还在宁波、奉化、溪口等地流动展出,其中来自全国各地的木刻展品中有很多"怒吼"的题材,得到众多观众的好评,认为这是"最健康的艺术"。

1949年7月7日,在宁波各界庆祝"七七"纪念大会上,宋城甫代表学界讲话,他激动地大声说:"我们今天举行这盛大游行,也就是对这顽强的无形敌人一个进攻。……敌人是会被消灭的,只要我们勇敢,好,看呀!我们的队伍不是已壮健地在这儿集合了吗?一会儿我们的队伍就要勇敢地前进了,这里让我们高呼,全宁波同胞们团结起来!"字里行间活生生地呈现了一个热血澎湃的革命青年,这大概是他唯一留下的讲话记录稿。

是年夏天,宋城甫投考宁波干校,分在文艺班,与老乡孙绍同班。多才多艺的宋城甫大显身手,写稿、绘画、木刻,每期出的墙报都让其他班的学员自叹不如。

在干校里,宋城甫、董振丕再次相逢,宋城甫的木刻硕果累累,令人刮目相看,相比之下,董振丕叹息自己没有一部"成熟的作品"。宋城甫在一本纪念册上写道:"紧握我们的武器,在革命的最前哨,我愿你永远站在一起!"这是他留给董振丕的赠言。

此后,宋城甫参加了22军政治部的文工团。22军是一支英雄的部队,南征北战,英雄辈出,孙继先任军长,丁秋生任政治委员,刘春任政治部主任。文工团团长傅泉,1938年在陕北公学参加革命。后任上海市粮食局办公室主任,上海人民艺术剧院党总支书记、副院长等职。

宋城甫被分在文工团美术股,与音乐股的孙绍促膝交谈时,宋城甫坦诚地说:"当我看见某件事情,为人众所需要而大家都去做的时候,我就不管自己思想有没有打通,对自己有利还是有害,先跟着做了再说;思想打不通,以后慢慢打通就是了。"

这次谈话的第二天,奉化老家来人找宋城甫,说是他家是大户人家,被农民斗得很厉害,他的弟弟也因其他事情被扣押了,劝他快点想想办法。宋城甫耐心地向老家来人解释政策,并说:"无论我家被斗争得怎样,总不会苦过农民们从前受的苦。"

10月上旬,前方战士浴血奋战,解放了浙东金塘岛,作为献给刚成立的新中国的一份重要厚礼。宋城甫曾对战友说:"我现在对身体的对策是这样的,严格掌握作息时间,不作剧烈运动,这样对自己的身体已够负责了,难道这个时候,还允许我去躺上三五年吗?"全然不顾自己虚弱的身子,与文工团的男同志一起打起背包上前线。11月上旬,因劳累过度,肺病复发。

杨可扬还记得自己曾患有肺病,宋城甫闻讯后寄去《肺病疗养法》一书,在信中谈了自己过去如何治疗肺病的心得体会,并再三提醒杨可扬,身体没有好之前,不必马上回信,即点评木刻作品一事。杨可扬回想起来依然很感动,感叹宋城甫"对人的真心的关怀,那感情是恳挚的,可敬的"。

可惜,宋城甫没有等到1950年元旦,更没有听到舟山群岛战役最后胜利的喜讯,他带着"壮志未酬"的遗憾离去了,告别了出生入死的战友和心爱的木刻事业。

《纪念集》特地刊登了一则启事《同志!紧密地携起手来》,并说明:"正如吴永清同志所说一样:'为了纪念城甫,我愿与城甫生前的朋友作为朋友。'所以我们特地把城甫同志生前的朋友,把调查了解的写在这里,希望彼此因而取得更密切的联系。"以下刊登的朋友名字和通讯地址,除了以上提及的《纪念集》编辑名字之外,还有石守宽、宋造时、宋秉恒、吴生廉、李桦、李翰屏、吕漠野、竺清逸、娄平、孙绍、叶红野、张于槐、野夫、戴士清、应真华。

《纪念集》收入了宋城甫一些木刻作品,但是还有许多作品未保存下来。日本神奈川县立近代美术馆曾于1975年发行《中国木版画展》,收入334幅木版画作品,其中有著名版画家郑洛耶、李岫石、陈烟桥、陈铁耕等作品,也有宋城甫的作品。

辑八 史林独步

第一本纪念册《殉国烈士瞿秋白》

  1936年瞿秋白牺牲周年之际,莫斯科外国工人出版社编印第一本中文版《殉国烈士瞿秋白》纪念册(以下简称"纪念册"),以文章为主,没有插页图片。如今国内存世的"纪念册"极少,具有重要的历史价值。

  景唐同志多年来研究瞿秋白同志的生平与著作,并编有《瞿秋白著译系年目录》一书,具有参考价值。忆一九三七年旅居莫斯科时,曾购到《殉国烈士瞿秋白》一书,收藏至今,现特转赠景唐同志,并请教研,以留纪念。

戈宝权(钤印)
一九六三年五一节于北京

  丁景唐珍藏的"纪念册"扉页上,著名翻译家戈宝权写下以上一段话,字里行间流露出当年学者之间的真挚感情和至诚交往,至今读来倍感亲切。1959年1月,瞿秋白诞辰60周年之际,经华东局宣传部部长石西民批准,几经波折的丁景唐、方行(文操)合编的《瞿秋白著译系年目录》由上海人民出版社出版内部发行,同年10月再版,引起学术界广泛关注。戈宝权遍觅此书不得,来函向丁景唐要了一本。丁景唐与戈宝权之间的友情,早在抗战胜利之后。那时丁景唐参与编辑《文坛月报》和主持党领导下的上海文艺青年联谊会,得到戈宝权的相助,此后"已逾半个世纪的介于师友情分交往",丁景唐已将此写入《追思戈宝权同志》一文(收录丁景唐《犹恋风流纸墨香——六十年文集》,上海文艺出版社2004年版)。

  纪念册32开,文字竖排,目录、正文共有53页。印刷纸张较好,装帧简单。封面为土黄底色,左上为一幅瞿秋白头像的黑白照片,理应是瞿秋白担任中共驻共产国际代表团长时在莫斯科拍摄的,以后国内出版瞿秋白文集、纪念册等大多采用此照片,作为一种标准像。黑白照片下竖排"一九三六年印行"。封面右边为书名,其中"瞿秋白"三字是根据他的手迹制作的。内封

设有黑色围框,中间竖排一行醒目黑字"瞿秋白同志牺牲周年纪念"。

封底为俄文版权页,右上角为每册定价 25 戈比,中间为"悼念瞿秋白同志"和"中文版"。下端印着苏联外国工人出版社(莫斯科中心街 25 号),以及发行机构及其地址等。

封底里左下角有几行俄文小字,注明(大意)青年技术编辑出版社、全书总字数、印数(1100 本),以及出版时间 1937 年 3 月 14 日、出版社征订(书刊)编号。由此产生一个疑问:为何这里注明的出版社、出版时间与封面、封底的不同。这至少有两种可能,一是编辑时间与正式出版时间不同,由原来出版社因故委托给另一家出版社正式出版。二是两家出版社的两种版本,因此出版时间不同,即初版本、再版本之分。这些有待于挖掘资料佐证,或者还有其他内情。

目录的"天地"和四周空间很大,目录(序号和括号原有):引言;(一)瞿秋白同志殉难一周年;(二)瞿秋白同志传;(三)纪念我们亲爱的战友瞿秋白同志。纪念册后还有"附录":(一)王明、康生追悼瞿秋白同志;(二)古(库)西宁追悼瞿秋白同志;(三)日本共产党追悼瞿秋白同志;(四)英国共产党追悼瞿秋白同志;(五)美国共产党追悼瞿秋白同志;(六)德国共产党追悼瞿秋白同志;(七)加拿大共产党追悼瞿秋白同志;(八)安南(越南)共产党追悼瞿秋白同志;(九)毛泽东同志《论苏维埃文化教育》(原目录上把"论"排印在书名号之前,正文标题无书名号,现以《引言》表述为准)。

  瞿秋白同志不仅是中国共产党的最好领导者之一,而且是中国人民最优秀的领袖之一。他毕生为中国民族解放,和社会解放而奋斗到底。当他牺牲的周年纪念日,不仅中国共产党员,而且全中国人民都必然要纪念这位优秀的领袖。因此,本部特出版秋白同志牺牲周年纪念册。并将他被难以后各国共产党追悼他的文章收入于附录,以见秋白同志的牺牲全世界无产阶级都表示同声哀悼。
  秋白同志是中华苏维埃中央政府教育部部长。苏区文化教育之发展,秋白同志努力极多,所以把毛泽东同志在苏维埃第二次全国代表大会的报告中《论苏维埃文化教育》的一段亦摘录放入附录里面。

这是"纪念册"《引言》,文中自称"本部",可能是共产国际工作人员(中国籍)或中共驻共产国际代表团成员起草,以共产国际东方部名义发表的。

纪念册第1篇文章《瞿秋白同志殉难一周年》开头写道:

  今年六月十八日,是我们的秋白同志被国民党杀害底一周年。
  在党的会议上,在苏维埃的会议上,不聆秋白同志的言论,不瞻秋白同志的风采,已经一年了!
  在党的《实话》报上,在苏维埃政府的《红色中华》报上,不见秋白同志的论文,不见秋白同志的建议,已经一年了!
  在中国文化界里,在中文拉丁化研究团体里,不见秋白同志的新贡献,不闻秋白同志的新提议,已经一年了!
  在抗日救国的人民战线中,在红军游击队英勇抗战中,不见秋白同志的运筹帷幄,不见秋白同志的戎马倥偬,已经一年了!
  流光真似水,惨痛的一九三五年的"六一八",引起中国共产党数十万党员同声悲痛底"六一八",引起中国数十万红军一致举哀底"六一八",引起全中国劳动者,文化界和智识青年无限痛愤底"六一八",引起共产国际号召全世界劳动者抗议国民党残暴兽行底"六一八",距今已整整一年了。

全文千余字，散文体，何人起草，难以考证。文后落款为王明、康生、史平(陈云)、周和生(高自立)、李广(滕代远化名为李光)、徐杰(陈潭秋)、康谷(曾山化名为"唐古")、李明(李立三)，落款的这些化名如果有误，可能笔误或与音译名有关。这些人都是与杨之华一起参加共产国际"七大"的中共代表团成员。

此文还刊登于1936年6月20日《救国时报》(在巴黎出版)第3版"瞿秋白先生殉难一周年纪念"专版，改题为《我国共产党领袖王明等之纪念词》。

"纪念册"的第2篇文章《瞿秋白同志传》有6千多字，第一次归纳整理了瞿秋白的短暂的战斗一生，从不同角度高度评价了瞿秋白为革命事业所作出的杰出贡献。

《瞿秋白同志传》没有署名，1940年再版"纪念册"(见下文)时，仍然没有署名。1949年8月，苏南新华书店出版的《烈士传》(此书版本比较多)收录了此文，才署名为"杜静、萧三"。将前后收录的该文作一核对，发现两者基本内容相同，除了个别的文字、标点不同之外，后者删掉一段内容，正是以上提及的瞿秋白"犯了调和派的错误"等文字。由于1945年4月中共六届七中全会通过的《关于若干历史问题的决议》，已经对瞿秋白的历史问题作出了重要评价，应该删去那些文字。

"纪念册"的第3篇文章《纪念我们亲爱的战友——瞿秋白同志》，约2千字，文后落款为"一九三六年五月十日　杜宁"，此为杨之华的化名。此文开头描述了瞿秋白被俘前后的一些情况，首次透露了瞿秋白说过的话：

> 当他在白区工作的时候，与我谈到准备被捕以后的口供时，他曾说过："敌人来审判我的时候，我一定要说你们不配来审问我，我们对敌人，特别在自己已经到了生死关头的时候，一句废话都用不着说，不管是拷打到粉身碎骨，不管是用计来诱惑……"他有时候说："如果要枪毙我的时候我很安宁的，我要唱革命歌。"

这段话以后经删改，出现在杨之华《回忆秋白》(人民出版社1984年版，第149页)里。

"纪念册""附录"首篇悼词为《王明康生追悼瞿秋白同志》(简称《追悼》)，约2千字，文后落款"王明、康生等"。该文简要述说瞿秋白的生平，夹有点评。此文最初刊登在1935年10月"文总"(中国左翼文化总同盟)出版的内部油印刊《文报》第11期上，标题为《讣告——纪念热烈的革命者瞿秋白、何叔衡》(简称《讣告》)、署名"驻莫斯科中国代表王明等"，这是迄今为止看到的中共驻共产国际代表署名的第一份悼词。经过核对，《追悼》与《讣告》基本内容相同,由于中译俄、俄译中的问题,两文的词句并非完全相同。

但是,《追悼》一文经过修改,述说和评价仍有许多漏洞,或刻意贬低,或佯装不知,或含糊其词,产生这种情况的复杂因素,一是不了解瞿秋白有些情况,二是不言而喻的政治原因,等等。

"纪念册"的"附录"还收录共产国际负责人库西宁和日本等共产党组织追悼瞿秋白同志的文章。有些文后落款是某国共产党代表,如日本共产党代表中田,美国共产党代表叟门,加拿大共产党代表泡透,这些人名均为音译,他们可能当时都在共产国际执委会工作。曾在莫斯科共产国际执委会工作的郭绍棠回忆说:

> 我第一个了解到他(秋白)牺牲的消息。我将发生的情况向共产国际执委会领导成员作了报告,他们听到这个悲痛的消息都很震惊。皮克、贝拉·库恩、马·卡申、曼努伊尔斯基、克诺林、科拉罗夫、库西宁、加·波利特等分别为共产国际悼念瞿秋白的专号墙报写了悼念文章,都对这位杰出的国际共产主义运动活动家、共产国际主席团成员、国际反帝联盟领导人之一表达了深切的敬意。他们指出了瞿秋白在世界革命运动中的杰出功绩,谈到了他的英勇精神,认为他的牺牲是不可弥补的损失。墙报上刊载的悼词是我以中共中央驻共产国际执委会代表团名义写的。我非常满意的是,后来这篇悼词几乎只字未改地收进了中华人民共和国出版的纪念烈士文集。[①]

郭绍棠起草、王明等人审订的最初《讣告》是否是以上提及的"附录"首篇文章,有待考证。以上回忆的库西宁悼词有可能是"附录"的《古(库)西宁追悼瞿秋白同志》悼词。由于翻译的缘故,这篇悼词文理不通畅,辞不达意,比较别扭。

1940年上海"史社"再版纪念册,改名为《民族解放先驱瞿秋白》(简称"再版本"),版式依旧。封面也是仿照初版本,仍为土黄底色,改换了书名中"瞿秋白"三个字的手迹,左边瞿秋白头像黑白照片下方为横排的"史社发行"字样。扉页刊登《再版序言》(落款"史社"):

[①] 郭绍棠《回忆瞿秋白》,载《瞿秋白研究》第6辑,上海学林出版社1994年版。
郭绍棠,俄文名为阿法纳西·加夫里洛维奇·克雷莫夫,与瞿秋白相识于1923年。五卅运动时期,他参加学联报纸《学潮》的有关工作,与瞿秋白有工作上联系。1925年底,他进入莫斯科中山大学。1928年9月,他与张闻天、王稼祥、沈泽民等被共产国际和联共(布)中央选送到红色教授学院深造。他后来留在共产国际工作,加入苏联国籍,转入学术界,研究中国现代社会思想史。著有《一个中国革命者的历史回忆》(莫斯科1990年版)。

一个革命者所受到的摧残和打击，不仅是肉体上的痛苦和死亡，同时更会在精神上。中伤，诬蔑，挑拨，离间，这些都是罪恶者惯用的伎俩，他们用以抹杀自己血腥的事实，侮辱革命者坚贞的精神。可是真理是不灭的，肉体虽然会腐蚀，然而精神却是永恒的，不灭的。同时更非常明显，这精神的不灭，是须要我们未死的人来肩负的。所以目前民族解放的斗争中，那些活跃在前线，后方，敌人的后方的千百万战士，在艰苦地战斗着，这也正是说明我们殉难者的精神不死。

"历史是残酷的"，可是我们却永远这样地坚信着，时代是前进的。

下一页（口号页）竖排两行字："为中国革命而牺牲，是人生最大的光荣。""自己的死是为千万群众的生。"落款"瞿秋白"。

关于"史社"的材料很少，只能作一些推论。"再版本"封面上"瞿秋白"手迹，除了鲁迅，只有谢旦如藏有《瞿秋白手稿》，而且他有出版瞿秋白遗著的经验，形成"霞社版"系列。"再版本"面世的前一年（1939年）纪念方志敏烈士就义4周年时，谢旦如以霞社名义出版了方志敏的《方志敏自传》（收录《清贫》、《可爱的中国》等文）。同时，上海"史社"出版了《民族解放先驱方志敏》，这是国内最早出版方志敏部分狱中文稿的两本书。

"史社"先后出版这两种纪念书籍，书名也有延续之处，都采用"民族解放先驱"作为前置语，理应都与谢旦如有密切关系。另外，陈君实[①]曾以史社名义翻印莫斯科出版的《瞿秋白小传》《方志敏小传》，但是他与史社内情均不详，有待进一步挖掘资料。（本文有删节）[②]

[①] 陈君实（1916—1980），原名陈德宣，笔名梦海、村野、思立、史源等，江苏武进人，中国作家协会会员。1932年在上海读过半年高中，因家贫辍学谋生。1934年进入开明书店当店员。1937年与友人合伙开青年书店，经销进步书刊。1940年自费创办青年文化出版社，并以史社名义翻印莫斯科出版的《瞿秋白小传》《方志敏小传》。1941年进时代出版社工作。抗战胜利后在《时代日报》任校对、编辑、编译等职。解放后曾在新文艺出版社任编辑，1953年因病退职，在家从事专业翻译，发表诗歌和儿童文学作品，出版的主要译作有《盖达尔中短篇小说》《克雷洛夫寓言》《克雷洛夫评传》《普希金童话诗》等。（《上海作家辞典》，百家出版社1994年版，第134页）

[②] 详见丁言模著、丁景唐作序的《瞿秋白、鲁迅等人往事探觅》（中国社会出版社2005年版）收入的此文。

三种张太雷小传

笔者撰写的《张太雷传》(上海辞书出版社 2011 年版)最后一章,描写了张太雷牺牲的一幕:

> 张太雷闻讯敌人进攻,与纽曼乘车赴大北门指挥战斗。古老的大北门城楼年久失修,几年前已拆除,只留下颓垣残壁,人们还习惯称那里为大北门(现为"大北立交"之处)。
>
> "砰砰……"敌人一阵伏击枪声,司机、卫士倒下了,张太雷胸口好像被什么东西撞了一下,还未回过神来,接着又挨了两枪,鲜血涌出,染红了一大片。"哎约,可恶的魔鬼!"张太雷嘀咕一声,眼前一片血红,天地旋转,他努力睁着眼睛,还想挣扎起来。耳边有人在惊叫,但是他听不清,枪炮声逐渐远去。

此书是笔者撰写(或与他人合作)的张太雷研究系列丛书之二(共有 4 本)。事前,笔者已经撰写(或与他人合作)瞿秋白研究系列丛书 7 本(原拟写 10 本,因故搁笔)。因此,手头积累了大量的有关材料,包括撰写其他人物鲍罗廷、杨之华、曹靖华等传记的史料,其中有家父丁景唐珍藏的一套烈士小传集子,都是中共七大(1945 年 4 月 23 日至 6 月 11 日)召开后出版的。每本书的卷首均为《中共七大代表暨延安人民代表追悼中国革命死难烈士祭文》(1945 年 6 月 17 日),不过每本书记载的烈士小传有些不同。限于篇幅,以下介绍其中一种。

中共七大是我党历史上唯一一次以党代会名义举行追悼烈士的大会,6 月 11 日举行第 22 次会议即闭幕式,通过《关于以"七大"名义召开中国革命死难烈士追悼大会的决定》,"以纪念三个革命时期死难的人民与党的烈士",以"追悼逝者、鼓舞生者"。

6 月 17 日,中国革命死难烈士追悼大会在中央党校大礼堂举行。毛泽东、朱德、刘少奇、周恩来、任弼时等全体七大代表及延安各界代表参加大

会。公祭由毛泽东主祭,朱德、刘少奇、周恩来等陪祭,全体代表肃立致敬。毛泽东致悼词,朱德、林伯渠、吴玉章等讲话。

丁景唐珍藏的《中共革命烈士传》,延安新华书店出版,缺失封面、封底和版权页,书后有《读者谢云巢同志来信》,提及此书原为《烈士传》第1辑,由"华中"(可能指华中新华书店)出版。谢云巢曾是恽代英被关押在南京的同牢难友,他对该书收入的《纪念恽代英同志》(柏林)一文补充了有关资料,这是一份研究恽代英的珍贵史料。

1949年8月,苏南新华书店翻印《烈士传》,版式和内容与《中共革命烈士传》相同,页码都是293页,但是没有收入《读者谢云巢同志来信》。此书的前面部分收入了李大钊、瞿秋白、关向应、刘志丹、左权、彭雪枫、罗炳辉、王若飞、秦邦宪、叶挺、邓发、罗登贤、李兆麟、吉鸿昌,这些烈士小传各自都有几篇文章,形成一组。后面部分的烈士小传都是单篇的,其中有顾正红、刘华、萧楚女、熊雄、陈延年、赵世炎、马俊、张太雷、罗亦农、向警予、苏兆征、彭湃、杨殷、恽代英、蔡和森、黄公略、赵傅生、邓中夏、杨靖宇、寻淮洲、方志敏、李斗文(韩国)。

在其他版本的《烈士传》集子中只选择了以上部分烈士,张太雷等烈士小传被删除了。因此,延安、苏南新华书店的《烈士传》收入的烈士小传是比较多的。

自张太雷牺牲后，到新中国成立初期，笔者仅看到4种张太雷小传，前3种是公认的（后一种待定）：其一，瞿秋白《悼张太雷同志》，原载中共中央机关刊物《布尔塞维克》第12期，1928年1月9日出版。其二，李光（滕代远）《张太雷同志传略》，收入延安、苏南新华书店出版的《烈士传》（全文见本文附录）。其三，常州张氏家谱《毗陵天井里张氏圣经公支谱》（简称《支谱》），这是张咏苹初步编纂、张荟甄①进一步搜集材料和加以修订，1949年秋天完稿。《支谱》收入《十八世禧正二十六世①泰来事略》（简称《事略》），泰来，即张太雷。

瞿秋白是张太雷的常州同乡、常州中学的同学，并且在莫斯科时由张太雷介绍入党。"八七"会议后，瞿秋白为中共中央主要负责人，参与决策、指导张太雷等领导的广州起义。因此，瞿秋白与张太雷的关系非常密切。② 瞿秋白撰写的《悼张太雷同志》一文具有很高的权威性，但是，各种早期的《烈士传》等集子都没有收入此文，大概没有找到。

瞿秋白一文首次简略地讲述了张太雷的生平，包括张太雷历任的党内各种职务，比较具体地介绍了张太雷领导广州起义的主要过程，明确地指出张太雷所发挥的重要作用。瞿秋白最后写道："张太雷同志死在几万暴动的广州工农兵群众与反革命军阀搏战之中，死在领导工农兵暴动的时候。他死时，觉着对于中国工农民众的努力和负责；他死时，还是希望自己的鲜血，将要是中国苏维埃革命胜利之渊泉！"

《张太雷同志传略》的作者滕代远比张太雷小6岁，湖南省怀化市麻阳县人。早年就读常德湖南省立第二师范学校，曾参与领导进步学生运动。大革命时期加入中国共产党，后任湖南省委委员、省农民协会委员长。张太雷牺牲后的第二年，滕代远担任中共湘鄂赣边特委书记，与彭德怀、黄公略等发动和领导了平江起义，成立了中国工农红军第五军，任党代表，是湘鄂赣革命根据地的创建人之一。新中国成立后，他担任铁道部部长等

---

① 张荟甄，名张赞巽，与张太雷父亲张亮采（张光斗）同辈族兄弟。张荟甄曾任江苏省公署参议兼财政厅机要秘书、代总务科长和太仓县县长等职务。张荟甄的大哥张韶甄（张赞宸，曾任萍乡煤矿总办兼汉阳铁厂总办）曾介绍张太雷父亲赴江西萍乡安源路矿工作，张太雷与姐姐、母亲同去，直至父亲病逝。其后张太雷母亲因生活所迫，曾去奉侍张荟甄之母（张荟甄3个兄长已先后过世）。如今唯一幸存的张太雷写给妻子陆静华的家信中提及"母亲尽可向他要（钱）"，即向荟甄四叔要钱，其中包括奉侍张荟甄之母的费用等。

① "十八世禧正二十六世"，指张太雷是张得中的十八世孙，张举的二十六世孙，详见钱听涛：《张太雷家世新探》（内刊）。

② 详见丁言模、李良明：《张太雷研究新论》有关章节，华中师范大学出版社2016年版。

职务。

　　1935 年 7 月,滕代远与瞿秋白的妻子杨之华等人一起参加了共产国际"七大"。此后,瞿秋白牺牲一周年之际,王明、康生、陈云、陈潭秋等人发表《瞿秋白同志殉难一周年》,其中落款人中有化名李广者,可能是滕代远,当时他化名为李光。(详见本书收入的《莫斯科出版的第一本纪念册〈殉国烈士瞿秋白〉》)

　　滕代远在莫斯科学习期间,撰写了第一部关于中国工农红军有关历史和现状的专著《中国新军队》。1936 年 1 月,他以李光的化名,由莫斯科工人出版社用中文公开出版。其中部分章节曾发表于《共产国际》的机关刊物 1936 年前两期的合刊上。

　　在中共七大上,滕代远当选为中央委员。延安、苏南新华书店出版的《烈士传》中,除了《张太雷同志传略》,还收入《黄公略同志传》一文,也是署名李光即滕代远。

　　《张太雷同志传略》进一步明确了张太雷的杰出历史功绩,除了与瞿秋白的纪念文章主要内容相似之外,还补充了一些重要细节(不可避免地存在一些笔误),并且引用了中共六大的政治决议,高度评价了广州起义。中共六大的政治决议是瞿秋白起草,经共产国际负责人布哈林、米夫修改,瞿秋白最后定稿的。

　　第三种收入张太雷小传《事略》的《支谱》,先由张氏廿五孙张咏苹自湘东返回常州故里,搜集材料,分门别类,编成谱稿 4 册,因故未能印行。

　　1947 年抗战胜利后,张氏廿五孙张荟甄自重庆返乡,经张氏族人公推,次年 7 月开始着手编纂《支谱》,完成上册,即分给张氏各房收藏。1949 年 7 月,常州解放后,张荟甄自沪返回,编纂《支谱》下册。"当此炎暑之时,荟甄勇于尽责,不避烈日在外奔走,采访搜集各种资料,实为他人所难能。"(《支谱·跋》)

　　《事略》落款为张太雷的大女儿张西屏、二女儿张西梅(张西蕾)和小儿子张一阳。这时小儿子已经牺牲,故意瞒着张太雷夫人陆静华。[①]

　　《事略》修改的痕迹比较明显,仅以时间记述为例,如"民十七年",应该为 1917 年;"民二十四年",应该为 1924 年;"纪元前十四年",应该是 1898 年,这里的"纪元"指辛亥革命后的 1912 年民国纪元。因此,新旧"公元纪年"杂糅在一起,令人难以辨清。

　　《事略》首次披露张太雷和儿女的有关真实情况,有不少误写之处;张太雷的经历和担任的职务等情况,也有不少错误,但因当时搜集材料很困难,

---

[①] 详见丁言模:《张太雷传》最后一章,上海辞书出版社 2011 年版。

条件有限，不必苛责。

以上介绍的三种张太雷小传，如果要细细分析，那么足以撰写一篇长文了。

[附录]

张太雷同志传略

李 光

太雷同志是广州起义政治上军事上最主要的组织者和领导者。在殖民地半殖民地第一次举起苏维埃旗帜的广州公社是与太雷同志的名字不能分离的。因此，他在中国革命的历史上具有极伟大的功绩，不仅为全中国的人民所知道，而且是全世界无产阶级和被压迫民族所晓得的。

太雷同志，江苏常州人，家极贫寒，因天资聪敏，得戚友的资助，而入中学校读书，但仍不能卒业。家有老母、妻子，并四个小孩儿，因家庭负担，受尽了经济压迫和痛苦，这就是他早年就具有热烈革命心情的来源。

太雷同志，当中国共产主义青年团一开始运动时，他就是极其主要的创始人之一，他曾经担任了多年的中国少共中央书记。太雷同志曾在莫斯科东方大学读过书，在东大学习过程中，他对于革命的理论及实际的经验得到非常大的长进。

当一九二六年、一九二七年武汉成为全中国的革命中心势力时，太雷同志在这时担任中央汉口市委书记。至武汉国共分家，国民党完全公开背叛民族革命后，太雷同志就被党派任广东省委书记。

在中共布尔什维克化的事业中，具有伟大意义的，和成为中共历史发展的一个主要关键的"八七"会议，太雷同志是曾积极参加与有力主持的。"八一"南昌起义后的贺（龙）叶（挺）南征军还不没有到汕头时，粤军已实行特别戒严，而太雷同志冒着一切危险和艰苦赶到上杭，向南征军报告"八七"会议的经过和总结。

贺（龙）叶（挺）军因政治领导上战略战术上的错误，当进抵朝（潮）汕之时，不久便遭失败而存留几千武装的队伍；当时重要的领导者与指挥员多已离开部队，士气表现十分涣散；而这样的一个部队又归于太雷同志领导的中共南方局和广东省委指挥，但由于太雷同志正确的领导，该部队积极的去帮助农民开展土地革命，和组织苏维埃政权，所以海陆丰便先于广州起义而将苏维埃的旗帜高举起来了。而这一部队，则成为以后中国伟大红军最基本的部队。

在有世界历史意义的树（竖）起了中国革命苏维埃旗帜的"广州公社"中，太雷同志则是这一伟大历史事件中——由开始准备直到为它牺牲着最后一滴血时止——一个最中心和最主要的领导者与组织者。太雷同志领导的广东省委，于一九二七年十一月二十六日接到中共中央训令，讨论了广州起义的问题，并决定了发表广州起义号召群众的宣言和口号，拟定广州苏维埃政府的政纲，并立时组织革命军事委员会，以便从事军事计划领导和组织技术等工作。太雷同志是广州起义中，每个工作计划的主脑。如夺取教导团的工作，便是最好的例证。十二月四日，在广州郊外，召集教导团两百多个积极分子进行会议时，太雷同志代表共产党出席会议，给他们作了关于广州起义的报告，结果取得到会的全体同志一致的通过和拥护，因而在起义胜利的过程中，教导团确实尽了最重大的作用，并成为取得起义胜利的武装中心力量。

至十二月十一日夜，震动全世界的广州起义的时间到了。太雷同志首先亲身到教导团去，在全团官兵的大会上，热烈的演说，于是更兴奋了官兵全体起义斗争的决心。全团官兵立时竭诚的宣誓，推翻国民党政府，为创立广州工农兵代表大会（苏维埃）政府而坚决斗争，并当场枪毙了反动的军官。太雷同志身先士卒的率领着教导团和几千工人纠察队分向预定计划的地点前进，顷刻，广州起义的战斗就开始了。参加这一革命战争的不仅有教导团，而且有工人纠察队，农民自卫队、（和）城市贫民、学生、小商人等。由于在英勇，坚决而多谋的太雷同志领导之下，仅于二小时内，就夺取了广州，推翻了国民党的统治，建立了苏维埃政府和红军，把苏维埃斧头和镰刀的红旗插遍广州城市，把广州近百万的人民从国民党统治下解放出来，把国民革命的策源地，从背叛民族革命屠杀中国人民的刽子手——国民党军阀统治下，重新光辉起来，广州成为苏维埃革命——"广州公社"的广州。

起义胜利的第二日（十二日）上午十二时，广州成千成万的人民集合于西瓜园参加工农兵大会——即苏维埃大会，在大会上群众一致热烈的赞成并拥护成立广州工农兵代表会议——苏维埃政府，并选出了苏维埃政府的委员。太雷同志就是广州苏维埃政府的陆海军人民委员长，并代理着苏维埃政府的主席（主席苏兆征未到任前由太雷同志代理）。这样太雷同志的一呼一吸都与广州苏维埃政府息息相关了。

不幸，英勇的太雷同志，在他由西瓜园大会的归途中，在爱惠街上遇着了北大门来的敌军一队的袭击，于是广州起义胜利后在政治上军事上主要的组织者和指导者，我们的张太雷同志，便在敌人的枪弹下为中国人民解放事业，为中国苏维埃革命而光荣地牺牲了。

正因为太雷同志之死，致使广州公社立时失（去）了中心的领导，特别是失（去）了军事的集中指挥，于是广州公社便陷于极困难的地步，成了广州公社迅速失败的征兆，在太雷同志牺牲当天的下午，广州公社就处于四面重围的当中，而终于完全失败了。

　　广州公社虽然失败了，但是它的伟大的世界历史的意义，永远是灿烂光辉的，中共第六次大会的政治决议中说："第六次大会完全赞成共产国际执委第九次全体会议所指出的广州（武装）起义之世界的历史意义。广州（武装）起义是必要的英勇的尝试，是为保持革命胜利的斗争，是使革命深入，直接创造苏维埃政权的斗争；不过（在）客观上，广州起义在革命失败过程中成为'退兵时的一战'。"①

　　太雷同志为广州公社的斗争，流尽了他的最后一滴血，但是太雷同志虽然牺牲了，与我们永远分别了，可是他所手创的广州公社，所举起的中国苏维埃革命的旗帜，不仅永远的深印在中国人民的意识中，而且（在）胜利的中国广大的领土上飘扬着，只有中国苏维埃才能是反对帝国主义奴役瓜分中国的团结中心，只有中国苏维埃才能统一和团结一切救国救民的力量，进行胜利的中国人民的民族解放斗争。太雷同志的事业是永垂不朽的。

---

① 此段引文与瞿秋白最后定稿的中共六大政治决议案（收入《瞿秋白文集》（政治卷）》第5卷，人民出版社1995年版）略有不同，除了在该引文中添加括弧中的文字之外，最后一段原为"广州起义在革命退却时的'退兵战'"。这可能是译文问题，原文也是来自共产国际执委第九次会议决议。

历史文献《上海商务印书馆被毁记》

1997年5月16日,在上海广电大厦8楼举行商务印书馆百年庆典大会,与会者领到一份大型画册《商务印书馆百年大事记》。其中记载1932年"一·二八"事变中,商务印书馆遭遇了侵华日军炮火的野蛮重创,震惊中外,这是日本军国主义者对中华民族犯下的滔天罪行——中国现代出版史上的悲痛、沉重一页。可能因篇幅有限,该画册仅有寥寥数语提及历史文献《上海商务印书馆被毁记》(以下简称《被毁记》),不能不说是一个遗憾。

"轰、轰、轰……"1932年"一·二八"事变的第二天,上午10时,日军多架飞机向商务印书馆总厂投下6枚炸弹,顿时浓烟蔽日,厂房、机器尽毁。荟萃中外古籍善本的东方图书馆曾被誉为"吾国各公众图书馆藏书之富,在当时殆以东方图书馆为首"。2月1日晨8时许,东方图书馆复又起火,古籍孤本尽付一炬。"巍峨璀璨之五层大厦"的东方图书馆被夷为平地,变成一片废墟。厂房、机器设备直接损失高达1600多万元,化为灰烬的古籍孤本则是永远无法挽回的巨大损失。

张元济时任商务印书馆董事长,王云五时为商务印书馆总经理兼东方图书馆之馆长。商务印书馆被炸的那一天,上海刮起东北风,"烬余焦纸,遍天空飞舞若墨蝶。数十百片随风堕庭前,拾之,犹微温,隐隐有字迹。此皆先民之文献也。"纷纷扬扬的纸灰飘到张元济的家中,他悲痛地对夫人说:"工厂机器设备都可重修,唯独我数十年辛勤收集所得的几十万册书籍,今日毁于敌人炮火,是无从复得,从此在地球上消失了。"他顿首自责:"这也是我的罪过,如果我不将这五十多万册搜购起来,集中保存在图书馆中,让它仍散存在全国各地,岂不可避免这场浩劫。"一批跟着张元济整理、校勘古籍工作的年轻编辑前来慰问,大家抱头痛哭。

商务印书馆被炸之后,2月4日,商务印书馆董事会决议成立特别委员会,推定王云五等4人为常务委员。2月8日正式成立特别委员会,同日成立商务印书馆善后办事处,立即着手处理的22项事务中,第18项是"宣传"。

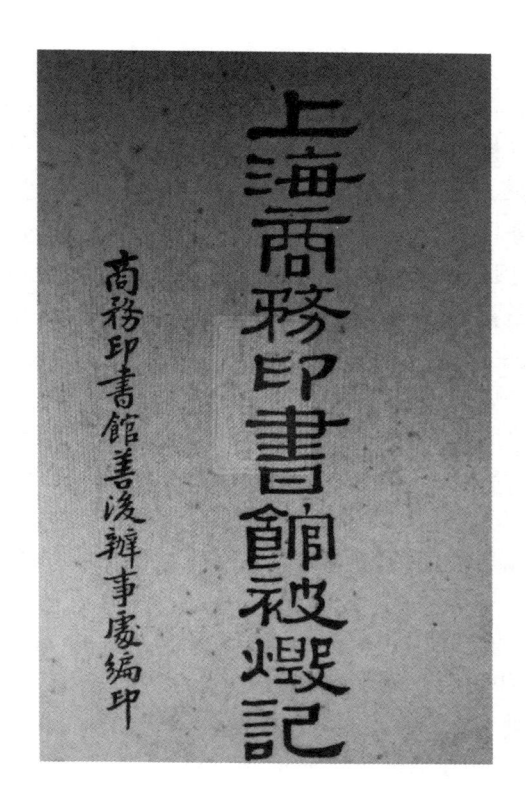

5个多月后,商务印书馆善后办事处编订的《上海商务印书馆被毁记》出版,让海内外广大读者清楚地了解这场空前未有的文化大灾难的来龙去脉。不过,其以非正式出版物的形式刊行,省去了上报审批等繁琐手续,尽快地问世。

　　《被毁记》的封面极其简单,中间为竖排的黑体隶书,左边为"商务印书馆善后办事处编印。底封中间竖排着两行小字,即"民国二十一年七月五日出版"。

　　《被毁记》分为:(一)《上海战事起源》;(二)《商务印书馆小史》;(三)《商务印书馆总厂被炸》;(四)《东方图书馆概况》;(五)《东方图书馆被焚》;(六)《日本人辩护》;(七)《赔偿损失要求》;(八)《损失情形及数目》;附录《善后纪要》。《被毁记》后面夹有《勘误表》,列有七处错误。何炳松[①]时任商务印书

[①] 何炳松为现代著名史学家和教育家,他的著述融会古今,学贯中西,曾被誉为"中国新史学派的领袖"。何早年留学美国,攻读现代史学、经济学和国际政治学等。回国后,他执教北京大学、北京高等师范学校等。1924年夏,他应聘担任商务印书馆百科全书委员会历史部主任。抗日战争期间,他参加"文献保存同志会",与张寿镛、叶恭绰、郑振铎等人抢救沦陷区古籍数万册。

馆编译所所长兼东方图书馆副馆长,负责编写《被毁记》。

同年10月16日,商务印书馆的《东方杂志》复刊号(第29卷第4号),《卷首语》为王云五撰写,"我所以不顾艰苦,不避嫌怨,力排万难把商务印书馆恢复,并没有什么高远的目的,只是为我们中国人争一点点的气。日本帝国主义者认为商务印书馆是中国人自办比较有点规模的企业,觉着有些讨厌,便首先把它炸毁。我认为一打便倒,一倒便不会翻身,这是莫大的耻辱;所以极力要把它扶起来。日本帝国主义者认为商务印书馆出版的图书杂志,多有提倡民族主义和反对帝国主义的,也觉着有些讨厌,便趁势一火把它烧尽。我认为一烧便不能复兴,也是莫大的耻辱;所以不独要把各种旧出版物赶紧重印,而且对于新刊物也仍积极进行。试举一例,日本帝国主义者于炸毁商务印书馆后,藉口商务出版的教科书多含排日教材;揣其意一方面似为暴行辩护,一方面或亦以为今后无如我何。但是商务印书印书馆在劫后重印的各种教科书,仍旧不止几千万册,而且每册都带着"一·二八"国难的创痕。"

王云五以惯有的语气,说出了"商务人"的骨气、勇气和志气。他虽然谨慎地使用"觉着有些讨厌"等词语,但是遏制不住心中的怒火,坚决撕去侵华日军百般狡辩的薄纱,揭露其狰狞的嘴脸、狂妄的叫嚣——"今后无如我何",意即你们"不堪一击"的支那人能把我大日本怎么样。"落后要挨打",沉痛的历史教训得出沉痛的结论。

王云五一文之后,这期《东方杂志》刊登了何炳松的《商务印书馆被毁纪略》,这是摘录了《被毁记》的主要内容,分为五个部分,其中详细列出了原有古籍孤本等细目,以及厂房设备受损的价目表。以此"既激同胞公愤","一致奋起,共救危亡"。此文以后收入《何炳松文集》第2卷,商务印书馆1997年5月出版,正是商务印书馆百年庆典之际。

2016年5月,商务印书馆成立120周年之际,出版了装帧精美的《被毁记》(也收入了何炳松之文),弥补了20年前《商务印书馆百年大事记》的缺憾。

1932年"一·二八"事变中,瞿秋白的译稿《新土地》[①]等也与被炸的商务印书馆一起毁于其中,这种损失也是无法估量的,只是世人早已忘却了。

---

① 苏联作家格拉特柯夫长篇小说《新土地》,是鲁迅最初交给未见面的瞿秋白翻译的书稿,反映苏联现实生活的。瞿秋白抓紧时间译完《新土地》,写信给曹靖华:"这书已译好,交商务印行。出版时,我要写一篇序文印在书前,这序文只有五个大字,就是'并非乌托邦!'"小说译稿原拟在1932年第4期《小说月报》上刊登,但是,在"一·二八"淞沪抗战中,小说译稿也被同时焚毁,只留下未定稿几页残篇。

《论语》专号发表删改的史沫特莱记录稿

2013年2月初,为了纪念宋庆龄诞生120周年,上海孙中山故居纪念馆筹办的《不朽的岁月——宋庆龄在莫利爱路寓所》展览正式展出,其中有一本宋庆龄亲手保存的《论语》半月刊第12期(1933年3月1日出版),右上端印着"萧伯纳游华专号",下面还有一幅萧伯纳的漫画。其中刊载《萧伯纳过沪谈话记》(署名镜涵,以下简称《谈话记》),包括萧伯纳与宋庆龄的谈话记录。遗憾的是,大多数参观者并未注意到这期《论语》的特殊性和影响力,也没有兴趣去考证、分析《谈话记》。

1932年9月16日,《论语》半月刊创办于上海,由林语堂与潘光旦、李青崖、邵洵美、章克标等发起,"以提倡幽默文字为主要目标",林语堂主编创刊号至第26期。《论语》创刊号一炮打响,屡次加印,每期发行量很快达到三四万册。此后,各种所谓幽默刊物纷纷亮相,一时流行小品文之类的幽默文章,竟被称作上海文坛的"幽默年"。

1933年2月17日,爱尔兰戏剧家、评论家萧伯纳环球旅行途中逗留上海,宋庆龄热情邀请萧伯纳下船登岸,参加各种活动。中午,宋庆龄陪同萧伯纳来到莫利爱路寓所,并设中式肴馔招待,蔡元培、鲁迅、杨杏佛、林语堂、伊罗生、史沫特莱等出席作陪。林语堂用英语同萧伯纳进行了很风趣的对话。萧伯纳"快闪"在上海,仅停留7个多小时,便登船离沪。

林语堂作为当事人之一很是兴奋,抓紧时间组稿、约稿,并在"第一时间"推出《论语》"专号",刊登有关介绍文章和译作、图片等,以示自己主编的倡导幽默刊物《论语》与国际幽默大师萧伯纳"相接轨",在国内占得先机,包括刊登独家新闻《谈话记》。

《谈话记》开头说明(记者按):"本文手稿曾经孙中山夫人审阅,所载孙夫人谈话部分,皆经孙夫人手订无讹。"此言很可能是林语堂添加,以示"正宗",绝不是坊间之流言。《谈话记》整理者镜涵则谦称:"萧氏健谈,语妙天下,所涉范围尤广。此篇所载,仅就记忆所及,问答语气,力求近似,以期不失原意。"

《谈话记》主要是萧伯纳在上海不同场合与宋庆龄谈话的一个汇总,序数有 12 个部分(但是缺少第 6、第 7,也许内容敏感被删除了):

1. 萧伯纳首次与宋庆龄谈话,牵涉到日本侵华、扶持满洲国,以及南京政府的外交政策,宋庆龄显示出鲜明的爱国立场,谴责南京政府"攘外先安内"的政策。以下是他俩的谈话,以及记录者镜涵的说明:

萧氏:"请问中国对日本的侵略有什么准备?"

孙夫人:"差不多没有。北方的军队仅有陈旧的军械与军火。南京政府把最好的军队最好的军械军火,用来抵抗中国的农工,不用来抵抗日本。"

萧氏:"南京政府与红军能不能成立一种联合战线来抵抗日本呢?"

孙夫人:"前年十二月中国中部苏维埃政府曾发表宣言,宣告假使南京政府停止进攻苏维埃区域,他们愿意与任何军队缔结攻守同盟,抵抗日本的侵略。"

萧氏:"这倒是一个很公平的提议。"

孙夫人:"这个提议并未被接受,南京军队仍旧继续向苏维埃区域进攻。"

萧氏："请告诉我苏维埃区域的所在与面积。"

关于这一类的谈话继续许久，萧氏所问的包括张学良、满洲国、国民党、南京政府、蒋介石等等，对于这些问题，萧氏似乎都十分关心。（这里理应有具体内容，但被简化了）

2. 萧伯纳访问苏联的若干感想。

3. 萧伯纳对于斯大林的"第一印象"。

4. 萧伯纳第 2 次与宋庆龄谈话，问起宋庆龄是否被南京政府"取消孙中山夫人的头衔"，以及萧伯纳会见列宁夫人的情况。

5. 萧伯纳与某君等人谈话，谈及高尔基的著作、萧伯纳访苏的趣闻等。（这段谈话记录比较长，显然是在午餐时萧伯纳与林语堂等人谈话时的基本内容）

8. 萧伯纳第 3 次与宋庆龄谈话，关于萧伯纳的作品问题，以及中国言论查禁问题。

宋庆龄坦言："中国的情形更坏了。言论机关非常驯服的。国民党所发新闻，说我是中央委员，或是说我说这样，我说那样，或是说我跟反动军阀同行，或是我是在这个委员会，在那委员会。我否认时，他们命令报纸不许登载。"

萧（伯纳）的眼睛，变成两条讥讽的细线，说："自然他们一定是这样做的。他们当不起（当然不会）让人家知道你的主张。你瞧，比方现在报上说我，萧伯纳杀死岳母，这便是新闻好材料，是不是？但是如果我否认起来，说他们撒谎，而声明我在此地安然同我岳母吃早餐，他们不认为这是新闻好材料。"

9. 萧伯纳回答关于婚姻等问题。

10. 有人谈起《萧伯纳传》的作者赫里斯。某君说："赫里斯在《比尔孙杂志》的后封面，曾登一大广告，上端大书'三位伟大的同代人物。'底下左边是你萧氏；右边是王尔德；而在正中稍高的地位，有一张更大的小照——就是赫里斯。"萧（伯纳）笑了，"那正是像赫里斯的为人。"他说："但是可惜，没有一人来收集及记述他所著述实在好的作品及他的行径。"

11. 萧（伯纳）见了鲁迅时说："他们称你为中国的高尔基。但是你比高尔基漂亮。"鲁迅说："我更老时，将来还会更漂亮。"

12. 上海记者问萧伯纳对于中国的意见。萧（伯纳）说："问我这句话有什么用——到处人家问我对于中国的印象，对于寺塔的印象。老实说——我有什么意见与你们都不相干——你们不会听我的指挥。假如我是个武人，杀死个十万条生命，你们才会尊重我的意见。"

如果要细细解读《谈话记》，足以写一本专著；由于限于篇幅，只能简要说明以下几点。

萧伯纳起初不愿下船登岸，只想见宋庆龄一人，因此他俩谈话尤为重要。以上他俩首次谈话时，宋庆龄毫不回避敏感问题，爱憎分明，立场坚定，显示了"20世纪伟大女性"的风采。

事前(1932年12月29日)，宋庆龄、蔡元培、杨杏佛等人在上海南京路华安人寿保险公司大厦举行"民保会"(中国民权保障同盟)的中外记者招待会，宣布该组织的临时执委会名单：主席宋庆龄，副主席蔡元培、总干事杨杏佛、宣传委员林语堂等。

因此，宋庆龄、蔡元培等人是以"民保会"临时执委会成员的身份迎接萧伯纳的，林语堂作为宣传委员也有责任刊登《谈话记》，他也许知道该整理者镜涵(化名)某些情况。

宋庆龄设午宴欢迎萧伯纳时，美国著名女记者史沫特莱也参加了，她也整理了一份萧伯纳与宋庆龄的谈话记录①，基本内容与《谈话记》记载的他俩谈话内容相似，只是翻译的文字略有不同：

萧：请明确告诉我，为对付日本的侵略采取了什么办法。

宋：几乎没有……南京政府把最精良的军队和武器用来对付中国红军而不是日本人。

萧：是不是可能使南京的军队和红军组成一个反对日本的统一战线？

宋：去年12月，在华中地区的(中华)苏维埃政府发表了一项宣言，如果南京政府停止向苏区推进，苏维埃政府愿意同任何部队达成共同抵抗日本侵略的作战协议。

萧：这个建议够公平的。

宋；但没有被接受——从那时以来，南京的军队发动了对苏区的进攻。

……

宋：新闻界完全听命于当局。国民党发表消息，说我是他们的中央执行委员会委员，或者我说了这个、那个，或者我和反动将军们一同旅

---

① 伊斯雷尔·爱泼斯坦：《宋庆龄传——二十世纪的伟大女性》(沈苏儒翻译)，人民出版社2008年版，第312—315页。
史沫特莱的记录稿复印件是《史沫特莱传》的作者简·麦金农、斯·麦金农夫妇提供给国际著名记者伊斯雷尔·爱泼斯坦的。

行,或者我参加了这个、那个委员会。当我出来否认时,他们就下令报纸不许登载我的声明。

萧:当然,他们会这样做!如果让老百姓知道你是怎样想的,他们就不得了了。但他们也有一些新闻专业上的借口。你看,如果报上说我萧伯纳谋杀了我的丈母娘,那将是一条轰动的新闻,不是吗?但如果我否认,说这是说瞎话,我今天早上还好好地同丈母娘一起用早餐,那他们就认为这不是什么好新闻了。

因此,可以初步认为《谈话记》原稿整理者是史沫特莱,她记录、整理的萧伯纳与宋庆龄谈话,共有 21 页(打字页)。

林语堂等人设法拿到史沫特莱的英文记录稿,按照自己的思路保留了萧伯纳与宋庆龄谈话的重要内容,并且增加萧伯纳的幽默举止细节,还删去更为敏感的谈话内容,或者以简要的说明文字出现(见以上第 1 部分的最后说明)。此事在各种版本的研究林语堂专著里都未能提及,成为一个鲜为人知的空白。

同时增加了林语堂等人与萧伯纳"零距离"交谈的许多内容,以适合《论语》办刊的"幽默"宗旨。如果说以上摘录的部分内容中的"某君"是林语堂,那么也并不令人感到意外。因此,《谈话记》整理、定稿者"镜涵",理应是精通英语的林语堂或他人,尚待进一步佐证。

以上摘录的《谈话记》第 11 条内容,鲁迅写给台静农的信中提及(1933 年 3 月 1 日):"萧在上海时,我同他吃了半餐饭,彼此讲了一句话,并照了一张相,……萧在初到时,与孙夫人(宋),林语堂,杨杏佛(?)谈天不少,别人不知道,登在第十一期《论语》上,……我到时,他们已吃了一半饭,故未闻,但我的一句话也登在那上面。"

显然,鲁迅看了这期《论语》,承认"一句话"是他说的。如果说这是萧伯纳的赞美之言,不如说是给鲁迅"挖个坑"。鲁迅反应很快,不仅没有尴尬之颜,反而不失风度地回敬了一句,不愧为中外幽默大师之间的精彩对话。

这期《论语》也刊登了鲁迅的一篇杂文《谁的矛盾》(作于 2 月 19 日),为萧伯纳访沪之行受到各种攻击而打抱不平,认为这些人"唠唠叨叨,鬼鬼祟祟,是打不倒文豪的。"2 月 23 日,鲁迅用日文写了《看萧和"看萧的人们"记》(应日本改造社之邀写的),文中记述了会见萧伯纳的经过,以及当天上海的中外记者、文化人士欢迎和访问萧伯纳的情况。文章针对中外记者对萧的不同反应,说萧"是一面镜子",它照出了记者的不同嘴脸。鲁迅在《萧伯纳在上海·序言》里也认为:萧伯纳访沪之行,"就将文人,政客,军阀,流氓,叭儿的各式各样的相貌,都在一个平面镜里映出来了。说萧是凹凸镜,我也不以为确凿。"

　　无独有偶,《谈话记》的整理者也是化名为镜涵,真是无巧不成"镜"。而且,林语堂主编的这期《论语》"专号",发表了《萧伯纳与上海扶轮会》,说是萧伯纳在香港大学演讲时,"劝中国青年学生研究共产主义,已唬得上海帝国主义的外商魂不附体",于是上海扶轮会讽刺萧伯纳"发痴",林语堂趁机"刺"了一下,并讥笑这是"国际骂"。扶轮会的"发痴"之言的消息来自2月17日《大陆报》。

　　鲁迅与瞿秋白商议编写的《萧伯纳在上海》一书(上海野草书屋1933年3月出版),也收入了2月17日《大陆报》刊登的一则消息《马相伯老人之答问》,瞿秋白借此冷嘲热讽一番。瞿秋白也注意到"萧伯纳到中国来,在香港就放了一个大炮——'宣传共产',在上海也没有什么好话——很有鼓动民众推翻戏子统治的嫌疑。"并认为"中国的上海当局半官报,《大陆报》和《大晚报》,骂他'不诚恳',骂他'卖狗肉'。"(《吓萧的国际联合战线》)

　　鲁迅、瞿秋白和林语堂在对待萧伯纳访沪之行,在某些方面有"不约而同"的看法,都可归入对于"看萧"和"看萧的人们"的讽刺幽默之列。

　　镜涵整理的《谈话记》给鲁迅留下很深的印象,鲁迅写作《打听印象》(1933年9月20日)时引用了以上摘录的最后一条,写道:"萧伯纳周游过中国,上海的记者群集访问,又打听印象。萧道:'我有什么意见,与你们都不相干。假如我是个武人,杀死个十万条人命,你们才会尊重我的意见。'革命家和非革命家都愤愤然,以为他刻薄。"这又可以引申出无数的话题。

　　林语堂主编的这期《论语》与鲁迅、瞿秋白编写的《萧伯纳在上海》的动机、性质、选文和编排等方面多有不同,但是,前者刊登的有些文章还是有"看点"的,包括《谈话记》和鲁迅的杂文、林语堂之言,以及蔡元培的《萧伯纳颇有老当益壮的感想》、洪深的《幽默——矛盾——萧伯纳》、邵洵美的《我总算见过他了》等。并且,有些译文透露了萧伯纳的一些重要信息,如萧伯纳《敬告中国人民》(宋春舫翻译)、《泰晤士报》记者与萧伯纳的谈话(开洋翻译)、《萧伯纳传》(陈翔冰节译)等。

　　因篇幅有限,另撰文述之。

邹韬奋《萍踪寄语选集》

1933年7月14日,邹韬奋登上意大利邮船佛尔第号,离沪赴欧美考察。出国考察原来是邹韬奋"数年来萦回梦寐的一件事",但是这一次是为了为躲避国民党反动派的迫害,不得不离开民族危机日益严重的祖国。

临行前(7月11日),邹韬奋写了一封信给挚友戈公振:"弟出国费用先向本社(生活周刊社——引者)借三千元,作半年之用,该款俟归国后分期归还。本定出国期限一年,入伦敦经济政治研究学院,选一二种与新闻学校有关系之科目听听,余时,游历欧洲各国,惟如往俄国或须再居半年,所苦者,费用方面颇紧,弟新著《革命文豪高尔基》一书销数甚佳,版税等等或可凑足三千元仍恐不敷用,只得冒几分险出国再说者。"

"出国期限一年"的计划因故延长,至1935年8月27日才归国。在国外流亡两年期间,邹韬奋先后考察了意、法、英、荷、比、德、苏、美等国家。

邹韬奋在莫斯科时,正值召开苏联作家大会,作为左联代表的萧三邀请邹韬奋参加大会。邹韬奋很遗憾地说:"假如参加了苏联作家作家大会,那么回国就会不方便,更不说写什么文章了。现在我只是一个普通的旅行者,没有作为苏联的宾客,这样人家就不会怀疑我了,请你原谅。"这时邹韬奋与萧三坐在花园的长椅上,邹韬奋边说边示意那个刚才盯梢、盘问的"不善意"的中国人——站在不远处。

同时,邹韬奋赶紧从布袋里取出自己编译的《革命文豪高尔基》一书(生活书店1933年7月初版),交给萧三说:"请将我编译的这本书,转给高尔基先生。"书中"已经用英文和中文题写好了'敬赠高尔基先生——邹韬奋'几个字"。邹韬奋还写信给高尔基,希望能见面,但是因故未能如愿,否则又将留下一段佳话。

在国外流亡两年期间,邹韬奋写了大量通讯,陆续寄回《生活》周刊,该刊连载了前面部分,后因停刊暂且中止。留守在上海的徐伯昕等人设法编辑结集出版为《萍踪寄语》初集、二集、三集,一共131篇,37万余字。回国后,邹韬奋又将在美国所采访的材料写成《萍踪忆语》一书,十几万字,曾在

《世界知识》发表一部分。这些通讯的发表,在当时引起强烈的社会反响。

丁景唐珍藏的《萍踪寄语选集》(生活书店 1936 年 3 月初版,以下简称《选集》)是在《萍踪寄语》三集的基础上,邹韬奋精心挑选 36 篇文章结集成书,约 11 万字。邹韬奋在《弁言》中写道:"原来的三集中,第三集专记游历苏联的印象,约二十万字;因为许多朋友对于苏联新社会的建设状况特别注意,所以这《选集》里对于这方面的材料也特多,超过全书的一半。关于苏联在文化、教育、工业、农业、商业、社会关系种种方面,都有相当的扼要评述。"

《选集》的 36 篇文章中后面 16 篇是专门报道苏联各方面情况,前面 20 篇分别是关于英国(7 篇)、法国(4 篇)、德国(4 篇)、意大利(2 篇)以及瑞士、荷兰、比利时的不同角度的报道。

在这凭靠着船旁的搭客里面,有五六十个男女青年围着聚拢来,齐声高唱其《国际歌》,同时岸上也有若干送别的青年用足劲高声唱和着。……说来惭愧,我一向虽在国内报上偶尔看到有'国际歌'的字样,其内容究竟怎样,一点不知道,只知道在有些人看来是'大逆不道'的东西,在此时倾耳静听其中的辞句(他们唱的是英文),才知道其要旨原来不过是勉励世界上的被踩躏被摧残的人们共同起来努力奋斗,解除束缚,积极自救。

1934年7月14日,邹韬奋从伦敦动身赴苏联,上船时遇到这凸"奇特"的场景。这些高唱《国际歌》的五六十个年轻人竟然是美国全国学生同盟的青年(此后邹韬奋跟随他们在苏联参观游历):那时《国际歌》竟然成为时尚的流行歌曲。如今中国"红女绿少"有多少会唱《国际歌》,多少人听说过?

但是,众人大声高唱《国际歌》细节的这篇文章,不会入选《选集》,还有其他敏感话题的有关报道也未辑入。不过《选集》还是保留了一些"比较更为重要"的文章。

邹韬奋参观了伦敦、巴黎的蜡人馆,前者被称为杜索夫人的展览会。里面有个"鸦片窟",布置着一个拖着辫子的中国人伺候两个英国水兵吃鸦片的场景,"在这样富于民众教育意味的机关",简直"替中国人丢脸"。巴黎的蜡人馆里,关于中国的只有一幕所谓的"中日之战",是日本人攻打中国长城的布景,其中长城上竟"阒无一人","不知道他们是否认为这是'一面抵抗,一面交涉'的象征!"邹韬奋愤愤不平地写道,趁机辛辣地抨击国内外反动当局。

同时,他设想:"我们自己倘能设立一个蜡人馆,却很有民众教育的价值,至少可将历来为革命而牺牲的许多烈士,尤其是辛亥革命之后,慷慨起义,临危舍命的种种惨状,把他们好好的布置起来,使人常常想到许多烈士的惨痛牺牲,现在所换得的是什么?"

在臭名昭著的墨索里尼的法西斯党统治的意大利旅游时,邹韬奋在罗马曾去参观所谓的法西斯党10周年纪念展览会。事前邹韬奋一行受到"殷勤引诱",可以拿着打折的火车票前去免费参观展览会,可是到了展览会门前,才得知还要付款,相当于法币6元2角半,原来的承诺只是一个"美丽的谎言"。邹韬奋被敲竹杠之后,硬着头皮进去,"原来他们只不过按年把法西斯一党发展中的杀人照片,'烈士'照片,所用的刺刀旗帜等等,陈列出来,尤多的当然是他们的老祖宗墨索里尼的大大小小各种各式照片。"

邹韬奋在德国参观了规模最大的出版和印刷公司,那里有四五十架轮转机印刷机,每小时可以印2万份的日报。此后有一架最新式的印刷机,每小时可以印3万份,而且一点没有隆隆的机器声,"装在印机房的中央部分,看上去巍巍然好像南面王似的"。但是,这样先进的印刷设备和新闻出版媒体,都被希特勒的纳粹政府控制着,"德国所有的报纸,已全成了纳粹政府宣传部的附属机关"。希特勒说一千遍的谎言便由此成为"真理",疯狂的战争喧嚣声音充塞着德国每个角落,深深地植根在大部分德国民众的心中。

这时中国已经遭到侵华日军的严重威胁。《选集》出版3年后,第二次世界大战爆发,西方德国、意大利和日本形成三个法西斯轴心国,中国军民加入了反法西斯同盟和全世界反法西斯的阵营。邹韬奋以记者的敏感性,"超前"意识到纳粹德国、意大利"潜在"妖魔般的可怕力量。他不是政治家、军事家,更不是预言家,但是在他的字里行间充溢着"忧国忧民"的强烈爱国热情,让读者感受到一种可怕战争日益迫近的危机感。

《选集》的视觉触角"深入"英、法、德等西方强国的不同社会层次,揭露与感叹、描写与点评,时而穿插,融为一体。《选集》后面16篇关于苏联新社会发展的与世瞩目新面貌,也许难以引起如今众多读者的浓厚兴趣,原因很简单也很复杂。但是,对于当时长期遭受各种深重灾难的国人来说,苏联的新社会则是一个"美丽的传说"。

> 记者于七月二十八日下午参观莫斯科郊外的一个幼稚园,是一个橡皮厂所附设的,在一个森林里面,蓊郁翠绿,成为天然环境,屋分上下两层,屋外有一大园围着,和以前谈过的红伟厂的托儿所相仿佛,不过因年龄的差异,设备上有些不同,下层有浴室、藏衣室、换衣处等;上层有大会堂、卧室、作业室等,空气和光线都是十分充足的;小榻、小椅、小桌、小衣橱等等,都布置得非常整洁,在浴室里装有白瓷面盆,装得很低,恰够儿童们立着可以自用,因为无论在托儿所或是幼稚园,凡是儿童自己可以干得来的事情,总是让他们自己去干,看护或教师至多在旁指导或看着,决不越俎代庖。

邹韬奋已有自己的孩子,自然很注意苏联的儿童教育,包括幼稚园、托儿所等社会福利机构。

对于不同文化层次读者的各种想法,邹韬奋当时已经有一种预感,他在《弁言》中写道:"我把这本小小的《选集》贡献于读者诸君,倘能由此使国人里面有更多的人了解世界的大势,看到别人的流弊知所避免,看到别人的优点知所取法,那便是作者所最欣幸的事情了。"

此《弁言》写于1936年2月23日晚上,落款时注明"韬奋记于艰危中的大众生活社"。一个月前,特务头子刘建群、张道藩突然找邹韬奋谈话,以死相恫吓;上海滩枭雄杜月笙奉命前来胁迫邹韬奋去南京,在蒋介石身边做"陈布雷第二",以高官厚禄诱之。但是,邹韬奋置生死于度外,不为所动。

2月11日,国民党中央宣传部发表《国人书》,污蔑文化界救国会,"怙恶不改,是则甘心受共党之利用","当予以最后的严厉之制裁"。事前(2月6日),国民党在上海市党部开会时,已经策划取缔文化界救国会的7项办法,

第一条便是禁止邹韬奋新创办的《大众生活》的发行,"凡贩卖及印刷该刊物者一律查办"。

2月15日,邹韬奋在《大众生活》第1卷第14期上毅然发表《韬奋紧要附启》:"近来得各方读者好友来信,报告本刊将要被封闭和我将被拘捕或陷害的消息,诸位好友垂爱的殷切和关心的恳挚,令我万分感动,永不能忘。""希望没有什么被害的事实发生;但是也许变起仓卒,来不及留下几句话和许多读者好友道别而遽去","特在这里预先略倾我的胸怀。"这分明是一封令人肃然起敬的特殊遗书,邹韬奋大义凛然地写道:"……只须对民族解放有些微努力的可能,个人的安危生死,早置度外。所欲披沥肝胆,掬诚奉告于读者好友的,是我深信只有大众有伟大的力量,只有始终忠实于大众的工作,才有真正的远大效果。我个人无论如何,必始终坚决保持这个信仰,决不投降于任何与大众势不两立的反动势力。"

2月19日,国民党政府悍然下令邮局停邮《大众生活》。邹韬奋写完《选集·弁言》的第7天(2月29日),仅创刊几个月的《大众生活》被当局勒令停刊,罪名是"鼓动学潮,毁谤政府"。同年11月下旬,发生了震惊中外的邹韬奋等"七君子"被捕入狱的事件。

如今再来重温《选集·弁言》的落款,即"韬奋记于艰危中的大众生活社",不知广大读者会有如何感想呢?

《选集》36篇报道的落款地址也值得注意,前面7篇分别落款地址为日内瓦、巴黎,后面19篇的落款地址均为伦敦(1933年12月9日至1935年4月21日上午)。可以想像邹韬奋在巴黎、伦敦等地回忆、整理在法国、英国、苏联采访和搜集材料时的场景,希望广大读者"看到别人的流弊知所避免,看到别人的优点知所取法",更是迫切希望危难之中的中华民族能够早日获得自由和解放,重振雄风,屹立于东方。

丁景唐生前很钦佩中国现代出版界的前辈邹韬奋,多次前往邹韬奋纪念馆(重庆南路205弄53号),参观留影,并撰写有关文章。他珍藏的《选集》,也是作为研究邹韬奋的重要资料之一。

超前意识的《上海的将来》

进入新世纪后,上海中心城区东北部的建设规划图上猛然跳出一个巨大的"地标"——新江湾城,成为上海市区唯一一块自然生态"绿宝石",那里翻天覆地的巨变,令人咋舌,惊叹不已。

上世纪30年代,国民党当局曾拟订了一个"大上海计划",拟将位于上海东北的江湾靠近黄浦江的约7000亩土地建设成为一个"新上海",其中包括如今的新江湾城,但是众所周知的原因,未能实现。

当时"大上海计划"逐渐成为市民饭桌上的热门话题,激起不同的反响。1933年11月,精明强干的"大头"陆费逵(近代著名教育家、出版家、中华书局总经理)"脑洞"大开,卓有远见,与舒新城(中华书局编辑所长、曾主编《辞海》)、周宪文等人商议后,决定顺势推舟,以《新中华》的名义,发起"上海的将来"为题的征文活动。

《新中华》半月刊是中华书局旗下的众多刊物之一,创办于1933年1月,周宪文(曾任暨南大学经济学教授兼系主任等)、钱歌川(著名的散文家、翻译家)、倪文宙担任主编。周宪文负责经济论文征稿和撰稿,钱歌川负责文艺方面的,他俩都是兼职,倪文宙是专职主编,每隔两周作一篇国际时事综述。另外有张健甫负责校对,撰写国内时事论文,还有两个实习生,由倪文宙指导他俩作初步的校对。

倪文宙早年曾记录著名教育家黄炎培的演讲,后在商务印书馆的《东方杂志》编辑部工作。1932年一·二八淞沪抗战中,商务印书馆遭日军炮火的疯狂轰炸,损失惨重,《东方杂志》编辑自找出路。应舒新城的热情邀请,倪文宙进入中华书局,兼编《中华教育界》以及新书来稿的编审工作,并得知将创办综合性刊物《新中华》,略同于商务印书馆的《东方杂志》。因此,倪文宙是《新中华》的创办人之一,但是,他写的回忆文章《埋头编辑的五年》中只字未提"上海的将来"的征文活动。

1932年11月1日,《东方杂志》主编胡愈之向全国各界知名人士发函400余份,提出两个问题:"梦想中的未来中国是怎样","个人生活中有什么

梦想"，由此引发了一场规模空前的"新年的梦想"。1933年元旦，《东方杂志》（总第30卷第1号）同时刊登了140余人的240多个"梦想"，这些作者均为当时文化界的名流，产生了很大的影响。

这可能萌发了陆费逵等人此后策划"上海的将来"为题的新年（1933年11月）征文活动，以期获得同样的轰动效应——为新创刊的《新中华》做了一次绝好的广告。凭着陆费逵等人的人脉关系，邀请社会各界名流茅盾、郁达夫、王造时、章乃器、沈志远、林语堂等撰文，其中也有上海特别市市长吴铁城等政府官员。

1934年1月，编者从百余篇征文中选出79篇，辑为一书，题为《上海的将来》，以《新中华》副刊的名义出版。编者在序言中写道：

> 上海是世界第六位的大都市，是中国第一位的大商埠；是国际帝国主义对华经商的大本营，是民族资本主义发展滋长的根据地，上海的市民，日益增加；上海的建筑，日趋高大；这都足以表示上海的繁荣与欧化。但在另一方面，在日益增加的上海市民中，不知有若干人在号饥呼寒；在日趋高大的建筑旁，不知有若干人在风餐露宿。上海的生活实富于变化与对比，有主人，有奴隶；有高等华人，有马路瘪三；有大量之进

出口贸易,有大批倒闭之工厂与商店;对此富于变化与对比的上海生活,各人必可以其职业、家庭、生活、思想之不同,而各自具其特有之感想,……同人不敏,特以此神秘而内容丰富之"上海的将来"一题,向各界征求高见,历时二月余,共收鸿文百余篇,因限于篇幅,字数太多者略予删,意义相同者则酌量割爱,又有来稿过迟者,则未及编入;兹以收到先后为序,次第揭载;见仁见智,各呈思维,非邹衍之空谈,实曼倩之讽喻;窃愿读者,郑重视之。

收入的文章经删改为短文,内容悲喜哀乐,五花八门,洋洋大观,大多数人说出了不同色彩梦想中的上海未来,有些则反映了强烈的爱国主义精神,也有些当时被认为是梦呓,却成为如今市区规划巨变的辉煌现实,不可思议。

"现在机器旁边的'黑虫',就是将来上海的主人翁,也即是将来中国的统治者!当着帝国主义正在打得昏天黑地的时候,他们将手揽着手向'冬宫'进攻,高举着火帜(红旗)去欢迎'巴士底狱'的罪人!在东方已白,汽笛正在'呜呜'叫号的时候,就是'老上海''寿终正寝'的辰光!到那时候一切的'黑虫'与奴隶都将大呼:'新上海万岁!'"(刘梦飞),这是第 3 篇来稿,大胆地说出了千百万中国民众的心声:仿照俄国十月革命,推翻反动统治,昔日的"黑虫"(工人阶级)当家作主,高呼"新上海万岁!"——建立民主、和平的新中国。

《新中华》副刊编辑真是"胆大包天",也不畏惧刊登如此"叛逆"言论,随时被五花大绑扔进大牢,而且同一本书里还有吴铁城市长的"宏论"(摘录自己发表的《繁荣大上海之基本原则》《上海市中心区建设之起点与意义》言论),竟然"同框"问世,不知广大读者如何作想。

类似的"胆大包天"言论还比较多,有的说:"上海的将来,不是沦为殖民地,澳门第二;就是成为革命策源地广州第二!"(钱洪涛)看来这位读者对于曾经如火如荼的中国大革命记忆犹新。

对于上海处于列强租界的政治、经济、文化的畸形环境里,加之侵华日军虎视眈眈的狼子野心,诸多读者感到危机四伏,头上始终悬着一把"达摩克利斯之剑",忧心忡忡,难免流露出悲观的情绪。"上海的将来,只有衰颓和毁灭,并不是神经过敏之谈事,分明已有显著的必然性了。"(竹友)

茅盾带着揶揄的口气,"乐观"地说:"内地的现金都往上海送。内地的地主缙绅都搬家到上海来。外洋的存货都运到上海倾销,这就决定了上海的'伟大'。钱都到上海来了,会花钱的人也都到上海来了,要花钱买的东西也都到上海来了,这样的事,恐怕在世界上找不出第二件来。所以目前上海还不过是世界第六位的大都市,将来一定会升做第一;就是第一位专门消费的大都市。"

俞颂华早年与瞿秋白、李仲武作为中国记者首次赴苏俄采访,掀开了中国现代新闻史上新的一页。俞颂华回国后曾编辑商务印书馆的《东方杂志》,兼任暨南大学、持志大学等校教授。他与黄幼雄合作的征文里写道:"现在上海所有一切畸形的和不合理的原形,都归于淘汰消灭","全靠我们自己的奋斗"。

著名爱国人士章乃器则认为:"等到日本帝国主义崩溃了,汉奸们自然会受人民的裁判,上海才要变成中国民族的上海。"

谌小岑早年与张太雷同为北洋大学学生,并且一起参办天津第一个青年团组织。谌小岑还曾参加周恩来、马骏、郭隆真、刘清扬、邓颖超等组织的觉悟社,此后担任国民党上海市党部监察委员、国民政府铁道部劳工科科长等职。新中国成立后,为国务院参事。他认为:目前"上海将成为帝国主义统治中国的'新都'。否则上海将成为中国民族革命运动的前哨所在地,亦将为中国民族革命最后胜利的决战场。"

"上海的将来"的话题也引起许多市民的关注,迫切希望摆脱目前各方面的生活困境,产生了各种梦想。"闸北、杨浦、徐家汇一带的草棚,完全拆除,改造作电影院,跳舞场、咖啡馆、酒排(吧)间、大饭店……""马路上划满了蛛网式的汽车线……另辟人行道,以免人车冲突。黄包车、马车、脚踏车,全遭淘汰。行人代步,限乘汽车,并有公共飞机,交通非常便利。"这是第一个读者(铭三)的稿件,其中有些梦幻般的描述——"公共飞机"如同公交汽车那样便利等,如今早已经成为很平常的现实。同时,这位读者还留恋上海新式弄堂,希望"弄堂房子一律是十层楼,中西合璧式,每幢限住二十家至四十家人"。并且幻想保留房东制,"大房东以下有二房东、三房东、四房东、七房客、八房客等等的阶层。"

近代著名哲学家李石岑具有鲜明的超前意识,信心满满地指出:"在不久的将来,上海租界必然收回,那时候最繁荣的地方,仍是南京路一带,不过路名却改了。最惹人注意的是跑马厅改为'人民公园'之一,成为人民集会的重要场所。"这真是一个"伟大的预言",如今都变成了鲜亮的现实。

李石岑还规划了南京路的三大公司(永安公司、先施公司、新新公司)的前景,以及中心城区各处的文化圈、教育区域等。同时,他认为将来的上海"有一个怪异的现象",增加了许多牛奶场,每天清晨,每条弄堂里不再是一片"刷刷"的马桶声,而是送牛奶或送报纸的少男少女的身影。同时,发起消灭马桶运动,"一律新抽水马桶"。

李石岑的代表作之一《中国哲学十讲》,是在"中西比较"框架下进行中国哲学研究的开风气之作,可谓独树一帜。当时他心目中的"上海的将来"的规划蓝图,则是他哲学思考得以升华的一种体现,但是鲜为人知。

《上海的将来》竟然破例允许上海各阶层民众同时登上这个公众平台,没有被国民党当局查禁,重要原因之一应是有上海市长吴铁城等政府官员的文章"撑腰"。

该书后面刊登了中华书局的四大刊物的广告,即《新中华》《中华教育界》《小朋友》《英文周报》,其中《新中华》主旨为"灌输时代知识,发扬民族精神",这也符合《上海的将来》一书的基本精神,包括"灌输"梦想中的上海新知识。

丁景唐收藏此书,主要是该书保留了社会各界人士的"奇谈怪论",可以作为研究人物的参考资料,特别是茅盾等著名作家的言论,一般是不会出现在有关人物传记和研究专著里的。

马叙伦自传《我在六十岁以前》

丁景唐生前曾写过自己住家附近曾有文化名人光临的去处,其中有萧军、萧红曾三次借居上海拉都路(今襄阳南路)的3个故址,鲁迅全家三口曾去过其中一个(411弄22号二楼前房),丁景唐经常带客人去那里拍照,成为追念文坛前辈的一个景点。

不过还有一位大名鼎鼎的文化老人曾住在襄阳南路383弄某号,就在411弄隔壁,他是新中国成立后第一任教育部部长马叙伦——中国近现代著名民主人士、著名经学家、文字学家、书法家、诗词家、政论家和教育家。

在建立新中国的筹备过程中,马叙伦作为中国民主促进会的首席代表,被推举为新政协筹备会常务委员会委员,并担任"拟定国旗、国歌及国徽方案"的第六小组组长,副组长是北平市市长叶剑英和茅盾,成员有张奚若、田汉、马寅初、郭沫若、李立三等人。1949年9月下旬,在一次座谈会上,马叙伦首先提议"用《义勇军进行曲》暂代国歌"。10月9日,在中国人民政治协商会议第一届全国委员会第一次会议上,许广平委员发言:"马叙伦委员请假不能来,他托我来说,中华人民共和国成立应有国庆日,所以希望本会决定把10月1日定为国庆日。"这两项具有重大历史性的提议,以后都被正式采纳。

马叙伦的一生经历清朝、北洋军阀、国民党统治时代和新中国的岁月。他在60岁大寿之后,在生活书店特地出版了一本自述回忆录《我在六十岁以前》,丁景唐珍藏该书再版本(生活书店1947年9月),其中写道:

> 有一件事情,可算"五四运动"里的插曲吧。在风潮高涨的时候,我是每日从早晨八时到晚六时,有时直到八时以后,都在沙滩北大第一院(文学院)三楼临街中间一间教员休息室呆守着,为了保持各方的接触。有一日,我已回家(吃)晚饭,忽然得到电话,是休息室工友打来,叫我去开会。我想,有什么会?向来有会,我总事前接洽的,这是什么会?但是不好不去。到了第一院问起工友,他只对我说:"东屋里开会啦,有人

在签名啦。"我过东屋去一看，长桌上摆了一本簿子，写着："北大迁往上海，老师同学愿去的请签名。"（原文记不清了，这是大概文句）果然，已有教员学生签上几个名字，我还记得有"五四运动"的"巨子"北大同学博斯年、罗家伦的大名。我想，这真怪事！是什么人的主张？我便退回休息室，且看动静。一忽儿刘文典先生来了，他说："开会？"我说："不知道，不过你可以往东屋里看一看。"他听我的话有点蹊跷，一看便来问我："你看怎样？"我说；"我们不是要奋斗？奋斗要在黑暗里的。"他转身便走。第二日，他来告诉我："昨晚我把你说的话告诉了独秀，他说：'你的话很对。'他已把傅斯年、罗家伦叫去训了一顿。"果然，这件事算就此不提了。

2019年是"五四"运动爆发100周年，再翻看马叙伦的回忆录，令人感叹不已。那时北京大学成立了教职员会，马叙伦担任书记（康宝忠任主席），以北大教职员会发起组织了北京中等以上学校教职员会联合会，最初仍然是他俩搭档，康宝忠患病去世，马叙伦接任主席，沈士远任书记。马叙伦经历了"五四"运动的各种"节点"，加之他的讲述生动翔实，纪实性很强，具有重要的历史价值。

马叙伦的经历非常丰富,他在《我在六十岁以前》里精心选择一些,免得被反动当局抓住把柄。不过他在《石屋余沈》记载了一则重要史事。以上文中提及陈独秀(时任北京大学文学院院长),6月11日因散发传单而被捕,经多方营救被释放,暂时住在刘文典教授(曾任孙中山秘书、国学大师)的家里。一日晚饭后,马叙伦突然得到消息,说是北京政府今晚要逮捕陈独秀。他家距离刘文典家里有十几里路,既无交通工具,又没有通讯设备。情急之下,马叙伦想到沈伊默(兄长沈士远)距离刘文典家比较近,便设法借电话通知沈伊默,通话时又怕暴露,只是说赶快通知陈独秀速离刘文典家。此后发生了李大钊护送陈独秀离京的故事,以及"南陈北李"相约建党,开创了一个新时代。在早期建党史上,关于陈独秀离京脱险之前的故事有不同版本,马叙伦的自述却不为"教科书"所采纳。

马叙伦的一生中有两次被反动军警殴打,引起全国一片哗然。马叙伦在《我在六十岁以前》扉页上刊登有一幅图片,他躺在病榻上,照片旁注明:"民国十年六月三日,我在新华门被枪伤后,摄于首善医院。"(原文无标点符号)

1921年6月3日早晨,北京国立小学以上教职员和学生近万人走上街头,向北洋政府请愿"索薪"。当队伍走到总统府时,新华门紧闭,门外排列着大批军警。请愿队伍刚在门前停下,大批军警持枪冲上来,用枪托敲击师生。走在队伍前面的马叙伦(八校教职员会联合会主席)被击中头部,李大钊(联合会书记)、沈士远等北京大学教授也都被打得头青脸肿。马叙伦回忆说:

> (总统)徐世昌还要非法惩办我们,我们受伤的住在首善医院,被他派下等特务看守住了卧室。……我们固然白挨了打(首善医院的医药费倒是教育部担负的),他也失败了,因为我已设法迁入了东交民巷法国医院(我要谢谢一位徐鸿宝先生,他是替我设法,而且护送我到医院的),法院没法"传案"。而且各校教职员说:"要'传案'大家都到!"后来因暑假已过,非开学不可,由各大学校长等和教育部商量,拉了两位做过国务总理的,一位汪大燮先生,一位孙宝琦先生,还有一位是清朝广西布政使、辛亥革命时反正,做了广西都督的王芝祥先生出来转圜,他们三位先到医院来慰问,才后法院派了法官,便衣私入医院,用谈话式问了一问,就算了案。

> 六三事件的规模,实在远过"五四运动";因为实际上有革命意义的,而且也"事闻中外",国内教育界没有不给我们援助,孙中山先生在

广州也给我们正式的援助，北京军阀政府的威信就此一落千丈。后来徐世昌又被他的部下一逼，溜之大吉地下台了。

  我这次受伤，虽不曾流血，血却瘀积在脑上，时时发痛，并且神经衰弱的旧病又发了（这因上年为教育经费问题每日开会，有一日，从午前八时起直到午后八时没有五分钟停止说话的，散会后在公园里吃饭，一下子跌倒了，以后就犯了这病），日夜不得睡眠，医治了几个月，还没有大好，因此请假回到杭州休息一下。

"六三事件的规模，实在远过'五四运动'"，马叙伦这个评语，自然不被如今主流媒体所采纳。各种版本的李大钊传记凸显传主在"六三事件"中的光辉形象，却有时"冷落"了首席主角马叙伦。

马叙伦第二次被反动军警殴打，则是发生于1946年6月震惊中外的"下关惨案"。"下关惨案"因故没有被马叙伦写入《我在六十岁以前》，该回忆录只写到1941年12月太平洋战争爆发，最后仅谈了1944年一事，并写道："这年四月，是我六十岁的'初度'，我写我生平经历的大概，就此结束。我从得了神经衰弱病以来，记忆力日差，所以对于自身经历的事情，许多仅仅记得大概，上面写的恐怕还有颠倒错乱，将来再修正吧。"

该书的扉页上刊登了他在50诞辰和60大寿之际写的诗词墨迹，袒露了他的心迹，他并非是埋首书斋的文化名人，而是执着追求大写"民主"的爱国斗士，"破碎金瓯还待补"，彰显热肠劲节。其中"六十初度之作"《金缕曲》一词写道：

  又是十年去，叹十年韶华如故，鬓丝非故。蓦地风涛淹绿野，惊起鱼龙无数，对锦陌铜驼不语，破碎金瓯还待补。愧深衣皂帽春申浦，望钟阜，空怀古。

  扪天梦里无凭据，且安排藏山之业，日亲蝉蠹。半亩梅边一溪水，此计因循已误。怕斜照渐昏江树，扶竹闲吟归去也，又烟云杳渺知何处，浮一艇，逐鸥鹭。

马叙伦自述是1884年4月27日出生，那么他的60岁大寿应该在1944年4月27日，为何在事后撰写回忆录呢？

《我在六十岁以前》完稿于1947年3月10日，马叙伦校对后又写了《校后记》（5月31日），其中披露了一些细节。1947年春，开明书店创办的《中学生》编辑再三"逼"（邀约）马叙伦写文章（"关于我的革命工作"），马叙伦推辞不过，只好写了一篇《我在十八岁以前》，"并非为写'自传'的'楔子'"，只是为了写做中学生时的经过,"补充他的(《中学生》)篇幅"。此文在《中学生》刊登了一半,"便停版了",却引起其他出版社的浓厚兴趣,纷纷前来邀约继续撰文。最后,马叙伦权衡再三,还是答应了生活书店,写了《我在六十岁以前》。

马叙伦在《校后记》中没有透露《中学生》编辑是何人,按理是该刊主编叶圣陶,他俩关系一直不错,多次一起参加各种社会活动。1946年6月23日,马叙伦等代表前往南京请愿时,叶圣陶等人前去上海北站送行。同年10月,叶圣陶主编的《开明书店二十周年纪念文集》问世,其中有吕叔湘、郭绍虞、浦江青、郭沫若、钱钟书、顾颉刚、游国恩等著名专家撰写的学术论文,每篇文章前面有叶圣陶写的提要,这是很少见的,该文集的书名则是特地邀请"元老级"的马叙伦题写的。马叙伦担任中国民主促进会第一任主席,叶圣陶则是第三任主席(周建人是第二任主席),不过有的专著并没有透露他俩在任期间交往的具体细节。

马叙伦"终究答应了生活书店",可能"得罪"了叶圣陶和开明书店。《我在六十岁以前》版权页上注明:生活书店发行人徐伯昕[①],他与马叙伦等人一起创办中国民主促进会,担任出版委员。因此,抗日战争时期加入共产党的徐伯昕积极出版马叙伦的自传,实在情理之中,顺应了党内外的"呼声"。

丁景唐珍藏的再版本《我在六十岁以前》后面附有生活书店编者写的《补遗》,前面写道:"本书于出版后,复经作者详加校订,增入若干材料,并有若干修正。惟以重版在即,不及改排,除将修正部分,列一勘误表,附于书后外,特将增入之重要材料,补排于左,待重排时一并订正,尚希读者鉴原是幸!"读者如果看了勘误表等内容,一定会被马叙伦的严谨学风所折服。

[①] 徐伯昕,原名徐亮,笔名徐吟秋、徐味冰、赵锡庆等。早年毕业于上海中华职业学校,后协助邹韬奋承办《生活》周刊,与邹韬奋一起创办生活书店,历任经理、总经理。新中国成立后,担任中央人民政府出版总署办公厅副主任、发行管理局长兼新华书店总经理,以及中国民主促进会中央副秘书长、秘书长、副主席等职务。
1945年11月,徐伯昕与郑振铎、马叙伦在一次座谈会上提到建立民主促进会的事。1945年12月30日,中国民主促进会在上海爱麦虞限路(今绍兴路)中国科学社(原卢湾区图书馆)正式宣告成立。1946年1月4日,在民进第一届理事会举行的第一次会议上,一致推举马叙伦、陈已生、王绍鏊为本届理事会常务理事,并选任周建人为起草委员,严景耀为财务委员,徐伯昕为出版委员,宓逸群为秘书,张纪元任事务。

张次溪"活的天桥"

天桥,是老北京的代名词,类似昔日老上海的城隍庙、南京的夫子庙。在"老北京"的心目中,天桥汇聚了久远的热闹、温馨的回忆,在不同时期的斑驳杂色的历史背景上,"酒旗戏鼓天桥市,多少游人不忆家"。民国初年,天桥真正形成为繁荣的平民市场,充塞着浓厚的京腔、京味、京韵的情调,天桥文化影响了一代又一代的"老北京"。

> 民国二年(1913年),先父带我来京,住在宣南,时常同我到天桥水心亭去坐船,在临河一间四面明窗的茶馆内饮茶吃饭,这一带沿河饭馆,有自己养鱼虾池子,任客选择,或炒或炝,极富江南风味。尤其在雨后,夕阳反照,更露出天坛先农坛的苍翠松柏,和池中红白莲花相映,很有诗意。西岸先农坛根,是养马跑车,和东北角锣鼓声相间,很像清明上河图的画境。

这是张次溪回忆早年到北京去天桥游玩时情景,与日后繁荣市场的天桥情景截然不同。对于张次溪的名字,如今世人一定很陌生。北京龙潭湖"袁督师庙"(原为民族英雄袁崇焕挥师进京时的指挥部驻地)曾是张次溪到北京最初的住处。1917年,张次溪的父亲张伯桢(康有为的弟子、中国第一批留日学生,早年叱咤政坛)慷慨捐助,康有为等人将该居所改建为袁督师庙,亦称袁祠。1952年,张次溪将其捐赠给国家,如今已修葺一新,被列为北京市级文物保护单位。

张次溪是著名的史学家、方志学家,也是北京史地民俗方面的专家,在老北京的文化圈子里曾经很有名。张次溪与父亲搭设了一个名流社交平台,参与人有徐悲鸿、陈师曾、齐如山、梅兰芳等。张次溪热衷于北京天桥的民间曲艺杂技、艺人及民俗生活的调查研究,"从容周旋"的范围更为广泛,三教九流都在内,这生动地体现于他花费30年心血编著的《人民首都的天桥》(修绠堂书店1951年7月初版,以下简称《天桥》)。此书原名《天桥志》,

后改名为《天桥丛谈》,被称为"民国天桥研究开山扛鼎之作",且此书仅仅是他一生 240 种著述之一。

张次溪 13 岁时,已经注意到天桥的一个现象:众多身怀绝技的老艺人,"日久凋零,后起无人,好多绝技就要失传"。他 21 岁时(1930 年 12 月),应北平研究院历史学会聘任,调查北平风土,专事纂修《北平志》,这为他奠定了研究史学、方志学的良好基础。同时,他搜集了有关天桥的大量资料,先后编著《北平天桥志》《天桥一揽》《天桥杂技考》《天桥景物图》等。

张次溪先后采访了三教九流,既有名伶贵子,也有赛金花之流的高档歌姬。他在《天桥·自序》中说道:

> 研究一个问题,不是一件容易的事,当我二十年前研究天桥最感兴趣的时候,曾经屡次约着余姚谢素声老先生(苏生)和小朋友合肥方问溪(俊章)常常到天桥小红楼茶馆上,或到先农坛四面钟东南松荫下的野茶馆,买些水果烟酒,来请老云里飞谈天桥故事。我与谢方两君,分别来记录老云里飞的谈话。

老云里飞,原名庆有轩,又名白庆林,被广大群众尊称为第二代天桥"八大怪"之一。老云里飞带着十几岁的儿子白宝山(毕来凤,后为大名鼎鼎的云里飞)属于即兴表演滑稽。对此,张次溪在《天桥》"天桥人物考"中有精彩的记述。

除此之外,《天桥》另外 8 章分别为《六百年来天桥的变迁》《学者和诗人在天桥的故事》《天桥初期的游乐》《天桥演出的曲艺和杂记的演变》《天桥的曲艺场和杂技场的情况》《天桥摊贩的情况》《天桥吃食》和《天桥调查和研究的方法》(李景汉作)。

仅看这些标题,便可推知张次溪搜集的资料之广、耗费的时间和精力之多、编著时的增删、修改、校对之累,局外人根本难以想像。最后,他为何收入李景汉教授早年写的《天桥调查和研究的方法》呢?

1935 年,李景汉在清华大学社会学系任主任时,曾经领导调查北京天桥的工作,并派一位大四的学生李作猷来请教张次溪。那时,张次溪在北京研究院工作,专门从事北京历史风俗工作。他带着李作猷多次到天桥调查,不仅介绍了不少的有名艺人,还提供了有关材料。

李作猷很卖力,几乎把所有课余时间都花在调查研究天桥上,并且拍摄了大量的照片,其中 200 多张赠送给导师李景汉。事后,李作猷写了一篇很长的毕业论文,可惜散失了。李景汉写的《天桥调查和研究的方法》,是在一年期间指导李作猷前来调查研究天桥的一份纲领,并且特地抄录一份送给张次溪。因此,这份纲领见证了当年他们 3 人的亲密合作,而且张次溪又请李景汉修改、补充纲领内容,随后特地收入书中,"立此存照"。同时,这份纲领也提供了当年调查研究天桥的一个思路,"亦可作国内从事调查研究类似天桥场所的参考"。

新中国成立之前,李景汉回到北京,与张次溪同在辅仁大学,分别在历史研究室和社会调查研究室工作。他见到张次溪,立即问起天桥的资料"无恙否"。张次溪便送上《天桥》书稿,其中汇集了他 30 多年来的资料。李景汉一见不由得大喜,赞叹地说:"这是研究北京社会史的宝贝。"他立即允诺为此书写序言。

张次溪很受鼓舞,又花费了 3 个月的时间,重新进行了编排,共有 30 万字。他在书名中增加了"人民首都"4 个字,凸显新中国成立后的重大政治变化。他删除了某些旧职业,如快手公司(用废烟头重新卷纸烟的)、看瓶子(利用凸透镜原理看瓶底裸体女像)等。并增加了人民政府肃清天桥的恶霸,说服教育小摊贩等新内容。

张次溪精心绘制《天桥》方位地图,加以详细说明(载《天桥》扉页)。他还请中央美术学院孙行予教授设计封面,绘制庚子时期天桥艺人画像和天桥全图,其他民俗专家等分别提供了有关资料,他在《自序》中表示谢忱。张次溪在该书最后专门列出《引用资料目录》,便于后世继续研究之用,同时感谢这些同人之作。

张次溪邀请北京师范大学校长陈垣题写书名(陈垣后在北京师范大学历史系分担《辛亥革命》历史资料丛刊的收集、整理、编辑工作),除了李景汉作序之外,还有孙至诚、黎景熙、周作人也写了序言。孙至诚写道:"次溪专攻燕都掌故,述造日富。故时之称述品藻者,每相谓曰:游燕都而不识张次溪可乎。天桥茸尔一隅,其故实自朱竹坨日下旧闻外,见于记注者盖寡。比次溪罗其旧闻,旁搜博咨,务为翔实,用力至勤。凡明清之轶闻琐记,至罕见如故桥旧图,闻人遗像,往往旷岁月不可猝得者,竟若珠玉之无胫自至。"

另外,汪公岩(曾是末代皇帝溥仪的老师)、夏蔚如、潘伯鹰、陈器伯、郭蔼春、陈彦通、周维华等分别题言、赋词吟诗,以示祝贺。这些人"学富五车",来历都不简单,在各种场合谈起张次溪的新作《天桥》,在老北京文化圈里漾起一圈圈反响涟漪,足见张次溪的人脉关系很广泛,甚至涉及北京梨园戏曲研究等领域学者。周作人在《序言》里写道:

> 大概十五六年前,张次溪君拿了他的《天桥志》的稿本来给我看,我很是欢喜,怂恿他付印。他要我给他写一篇小序,我也答应了。年月荏苒地过去,这书没有出版,稿子幸而保存着不曾遗失,去年见到次溪便还给他,了结这十多年来的一件事。次溪将稿本大加修改,成为这一册《人民首都的天桥》,这回真要出版了,仍然要叫我写序。因为他敦促,我不能不写,虽然不想写,因为我觉得没有什么可写,所以找将以前预备写序的话拿来塞责,不能满足次溪之意那也是当然的吧。

此《序言》写于1951年5月7日,周作人已经离沪赴京定居,搬回北京八道湾的老房子,专心翻译和写作,以稿费维持生计。1952年8月起,他出任北京人民文学出版社编制外特约译者,每月预支稿费200元人民币,按月交稿。

周作人推辞不过,"塞责"敷衍写序言。其中原因之一,抗日战争期间周作人"落水"当汉奸,出任汪精卫伪政权的"教育总署督办"等职务。汪精卫曾与张次溪的父辈有交往,张次溪在敌伪时期曾编撰《汪精卫先生行实录》《汪精卫先生庚戌蒙难实录》等,或是周佛海、周作人题签,周佛海作序,或是汪精卫作序。

加之其他复杂原因,张次溪的《天桥》一书刚问世,便被停止出售。进入新世纪,《天桥》改名为《天桥丛谈》,先后由人民大学出版社、中央编译出版社2006年、2016年出版,但是,张次溪早已在"文革"期间病逝。遗憾的是新版的《天桥》不仅删除了李景汉、孙至诚、黎景熙的序言,只保留周作人《序言》、张次溪《自序》,而且未复印原有的插页图片,如历来的天桥全景、天桥桥身、湖心亭一角(见本文开头引用的张次溪回忆)、金鱼池全景和杂耍艺人表演,以及邵飘萍、林白水、赛金花等人照片。也许这些历史旧照片不易找到,即使将此书刊载的图片重新扫描,也难以达到理想效果。

张次溪在初版本《天桥·自序》里坦率地说:"为了排印纸张等用费太巨,不得已,把一些材料缩减,如叙述天桥各类杂耍场中的情景,和天桥各种摊贩的事情,未能尽量说全,是一件最遗憾的事。不久想出一本续集,把这次未能收入的材料编入,更希望读者把看过这本书后的意见,尽量指教,使我好来修改,并作编著续集的借镜。(赐函请寄北京宣外烂漫胡同四十九号次溪野录室)。"

烂漫胡同49号(现为127号)即北京东莞会馆,后搬迁至上斜街时称"东莞新馆"。对此,张次溪的父亲张伯桢题联:"禺山莞水,邻结两家,花间问斜街,到此应思前世事;辽蓟增城,烈传千古,芳徽贻后代,可能还忆故乡人。"

张次溪生前再也没有机会续补被删除的《天桥》史料,"续集"乃为泡影,成为名副其实的"一件最遗憾的事",而今人逝事非,再也难觅张次溪这样"活的天桥"。

丁景唐珍藏的初版本《天桥》扉页上注明"丁景唐购于北京旧书摊",封底版权页上"不准翻印,版权所有"两行竖排字的中间空白处,盖有张次溪的白文朱印版权证(印花),其下有"修绠经籍"钤印,显得弥足珍贵。

"修绠经籍"指1915年陶湘创办的修绠堂书店(北京隆福寺街153号)。陶湘,江苏武进人,长期在实业界和金融界任职,亦儒亦商,名头很响。修绠堂书店经营古旧书40余年,后专于印刻图书,在出版界享有盛誉。张次溪在《自序》中很感谢修绠堂书店总经理孙诚俭(孙助廉),"为我计划出版"。

除了以上介绍的史料原因之外,还有一个重要因素,该书特辟一章《学者和诗人在天桥的故事》,其中列有《邵飘萍林白水两先生的血迹》《寓居天桥的赛金花》两节内容。

邵飘萍、林白水都是民国时期著名报人、记者,因揭露奉鲁军阀统治的黑暗暴行,先后不足百日,双双在天桥饮弹身亡。

邵飘萍时任京报社长兼主笔,是中国传播马列主义、介绍俄国十月革命先驱者之一,以及中国新闻理论的开拓者、奠基人,被后人誉为"新闻全才"。

张次溪记述的《寓居天桥的赛金花》,史实翔实,富有可读性,很多史料是首次披露,这是研究夏衍创作《赛金花》剧本的重要参考资料之一。该剧曾一度轰动剧坛,还引发了某女演员争抢出演赛金花角色的故事,"辣手"促成后世众多名人的悲剧。

"第一个"赴北平的和平代表团

《前线日报》编辑王浩①撰写的《北平去来——一个新闻记者的忠实报道》(1949年3月1日《前线日报》印行)写道:

> 四点半钟,我们飞抵北平上空。……我们的飞机一下飞得很高。从窗子里看出去。机翼上清清楚楚有一个透穿的创洞。我说:"我们中弹了。"记者还有到窗子上来观望的。代表们的神情,顿现(显)紧张,吴裕后(代表团秘书长——引者)半躺在地上,苗迪青(副秘书长——引者)两只手撑在脚前,屁股翘得多高。一个飞行人员从驾驶舱赶出来,他说:"底下打炮了。这样我们怎么可以降落?看看再不对的话,我们还是飞回青岛。"邱致中(代表团首席代表——引者)倒还比较显得镇定,他坚决主张要降下去,非降下去不可。

1949年2月6日在中国航空公司XT131号小型客机上的这批特殊乘客是"南京人民和平代表团",由"中国人民和平策进会、中国各大学教授国策研究会"组成,除了以上引文中提及的3人之外,还有曾资生、邓季雨、宋国枢、夏元之、吴哲生,以及3名秘书刘达遂、黄浩(据说当过参政员,原来在表格上写"福建时报",后圈掉)、任竹君(女,《新夜报》驻南京记者)。记者有6名,除了临时秘书任竹君之外,还有唐季平(《商报》)、罗祖光(《益世报》,自称曾与梅益很熟)、王浩(《前线日报》)、徐知勉(《大刚报》),由于两名外籍记者因故不去,由戴魏光(南京《每日晚报》)、黄浩替代。这张名单几经变动,最后才确定,并由吴裕后重新印制了一张团体名片。事前,中央大学的郭至

---

① 王浩与著名作家、复旦教授贾植芳曾经同为留日同学。抗日战争期间,受共产党派遣,贾植芳进入国民党新闻机关工作,在徐州一带从事策反工作,被日军逮捕。出狱后,在上海从事民主文化运动。1946年12月20日,贾迁居虹口狄思威路(今溧阳路)源茂里100号楼上《前线日报》编辑王浩家的亭子间,开始与李桦、黄永玉、方成、韩尚义等一批青年艺术家交往。

德突然改变主意,让太太转交一信给邱致中,说是听从医生建议即"坐飞机会得肺炎"的,借故不去,因此由苗迪青替补,事后有人说这是"郭太太的主意"。

此前,蒋介石发表"引退"文告,由副总统李宗仁代行总统职权。第 2 天,李宗仁发表代总统文告,表示愿意以中共提出的 8 项条件作为和平谈判的基础。

同时,李宗仁发动"和平攻势",先是派私人代表黄启汉(解放后在上海对外贸易管理局、上海海关出口处等单位工作,后为民革中央监委常务委员、全国政协常务委员)、参议刘仲华(山西省崞县第一位共产党员,解放后为政务院参事、北京市政协常委等职)飞往北平,受到叶剑英的接见。叶剑英将会谈的情况报告西柏坡的中共中央。周恩来为中央起草的致彭真、叶剑英等电报中,请李宗仁代表转告:如果真有诚意,就应该迅速与蒋介石分裂,"中间道路是万万走不通的"。黄启汉回到南京,向李宗仁作了汇报,李宗仁很高兴地说:"总算很快就接上了关系。"

李宗仁、白崇禧、黄绍竑进行密商,拟定了 3 项赴北平和谈的计划,并交请邵力子执行,于是出现了以邱致中为首的"南京人民和平代表团"前去,成为第一个赴北平和谈的代表团。

邱致中曾在日本留学,后任重庆大学教授,主要从事城市规划学研究,一度担任国民政府社会部社会福利司副司长和成都市代市长。抗日战争时期,李宗仁来重庆时,经友人引见,与邱致中一席长谈,随后邀请邱致中出任广西省政府顾问。抗日战争胜利后,邱致中在南京任国立政治大学(后为南京大学之一)教授。

这次"南京人民和平代表团"临行前,李宗仁和行政院长孙科曾分别约谈邱致中。该代表团对外宣称主要由9名教授和一名律师组成,但是,并非如此,有的人身份不明(一说是在国民党部任职,与中统关系密切)。随团前去的6名记者则是临时通知的,比较仓促,这在《北平去来》书里有详细描写。

1949年2月1日(大年初四)上午,代表团和记者乘坐两辆红色"救火车"(消防车,代表团成员夏元之律师是南京市各区救火联合会常务理事兼总干事)前去南京明故宫机场,那里已经停着五六辆"救火车",上面插满了小纸旗,写着"希望和平""欢送和平代表团"等。

一行人当日下午飞抵青岛。由于北平刚刚解放,飞机无法直抵北平。这时,山东大部分地区已经解放,青岛沦为一座孤城。代表团住进了新新公寓,这一住就是好些天。

来访的青岛市长龚学遂是一个矮胖子,秃顶,很会说话,"有一股傻劲"。他介绍说,解放军距离青岛最近的海路,是8公里外的黄岛,最近的陆路,是几十华里之外的即墨。两军的瞭望哨都相互看得非常清楚,但基本互不相犯,处于一种对峙状态。代表团滞留青岛期间,龚学遂委派秘书长郭大雄带领代表团和记者参观中纺第一纺织厂等。

代表团在南京起飞时,北平已经和平解放,举行了隆重的人民解放军入城仪式。这时,叶剑英等人已经接到中共中央有关指示:不要拒绝南京地方人民代表团飞来北平,"应有礼貌地招待他们,探明来意,报告中央"。(《叶剑英年谱》(上),中央文献出版社2007年版)

滞留在青岛的代表团很着急,委托唯一女性记者任竹君接连打电话给北平"联合办事处"的周北峰(早年参加中国共产党,后到傅作义部队工作,作为傅作义的主要和谈代表,参与了北平和平解放谈判的全过程),希望早日启程赴北平,并且应北平方面的要求把代表团和记者的名单报过去。周北峰说是欢迎代表团,保证安全,但是记者不能随团前来。这立即引起王浩等人的强烈反应,纷纷猜测代表团成员的复杂背景,并且设法打电话给《人民日报》的范长江,希望这位新闻界的同行伸出援手。

南京、上海、青岛报纸纷纷刊登将赴北平的代表团有关消息,其中有代表团的"声明":"此次赴北平,为代表人民要求呼吁全面和平,代表团所撰纲领内容，约为四点：一、进行和（平）运（动）之步骤；二、推展和运之步骤；三、联合政府之体制；四、联合政府成立后共同施政之纲领。"这些新闻引起代表团秘书长吴裕后等人的不满，大发牢骚，认为"首席代表"邱致中抢了"风头"。

王浩等记者正式向代表团提出"声明"，表示一定要随团前去。邱致中解释了一番，谈了三种可能性的后果：不让记者下飞机；拒绝记者的采访；连同代表团一起被拒绝赴北平。王浩等人依然坚持立场，"根本不考虑"其他问题。事后，邱致中私下对王浩说："这是代表团的意见，我不过代表他们说说而已。你我都是留东（留学日本）的先后同学，当你这次来参加的时候，还是我提的，他们说《前线日报》是与军方有关的报纸，他们反对你去。"王浩答道："过去的话不谈了，我只希望你们真正努力和平。"

2月6日，代表团与随团记者终于重新登上飞机，前往北平，飞抵北平上空时，发生了本文开头的惊险一幕。驾驶这架小型客机的机组人员有4人，其中驾驶员卢某颇有"历史足迹"。解放军进入北平前，他是最后一个驾机飞离东单机场，这次解放军接管北平后，他还是第一个驾机降落西苑机场。

飞机降落后，第一个上飞机的是一位30多岁的中年人，穿着灰色棉军服，胸前佩着一块白布标志，上面写着"中国人民解放军。军事管制委员会"，他叫王拓，北平军管会交际处长（兼北平六国饭店经理），代表叶剑英前来迎接，与大家一一握手。他解释说："真是抱歉得很，刚才让大家受惊了。原因是今天上午还有国民党的三架蚊式飞机到这里来用机关枪扫射过，解放军的同志，一看见飞机就打，于是发生这个误会，真是对不起得很。"

随后，王拓拿出原先收到的代表团名单，与他自己掏出的名单叠在一起，然后逐一点名代表团成员，点到最后一个临时秘书、女性记者任竹君时，坚决挡驾了，她只好与其他记者一起留在飞机上。随后，华北军区航空处处长方华将王浩等记者带到机场接待室，介绍一位年轻的军人负责他们的生活起居（记者与机组人员住在一起），并强调不准离开机场，"他的态度很冷静，讲话没有表情，说完话，转身而去。"

代表团一行进城后，被安排在六国饭店。事后，邱致中向王浩等记者讲述了进城后的情况：

> 我们到的那一天是六号，大家休息，没有活动。第二天是七号，我们到联合办公处去拜访叶主任叶剑英，中午就在那里吃饭，和七个委员都见面了。除叶主任委员外，属于共方的还有徐冰，陶铸，戎子和三个委员，属于傅方的有郭宗汾，周北峰，焦实斋三个委员。叶剑英穿了一件很旧的棉军服，油渍满身，但是精神非常健旺，面孔红红的。我们从一时到二时半，一共聚谈了一个半钟头就回来了。晚上把和平纲领送

过去,他又叫我们分别写点和平意见。

第三天是八号,我们从晚上九点开始,分别和叶主任谈话,叶主任在三楼(六国饭店),同他一起在的有徐冰、王拓,还有一个书记。我们把书面意见递给他后,一直谈了很多问题,最大的收获,就是他说他们对于和平是有诚意的,说是只要(南京)政府不备战,不演唱双簧,随时都可以正式谈判的。我们的谈话是有记录的。这样一直谈到一点多钟才完毕。他对我们的问题答复,说是或者正式用广播答复,现在已经转到延安中共中央去了。

第四天上午办理汽车通行证。下午由王拓陪同我们去游北海和故宫,第五天又去颐和园同燕京大学,这都是汽车来回,每一辆车子上还有两个背盒子炮的士兵保护的。今天本来要去游三殿的,因为天气好,我们就回来了,临行我代表大家到三楼去给叶主任辞行,他下来到二楼又给我们送行。

秘书长吴裕后又告诉王浩一些"秘密"("独家新闻"):

我们在那里(六国饭店)吃的很好,住的也很好,我和叶剑英谈了两次话,跟大家一同谈过一次,我自己还去找过他一次。我提出了十个都是最具体的问题,有许多(问题)他都很具体的回答了。譬如我说"战犯"一点,可以改为"惩治贪污和顽固分子",不是可以减少刺激吗?他说可以商量。我又说到军队改编问题,他说也可以研究的,还有他保证在和谈未破裂之前,林彪军队决不南下进攻京沪。我说,陈毅、刘伯承呢?他说也可以保证不渡江……我又问他究竟什么时候可以举行和谈呢?他说在一月之内。

……我给南京和广州打过电报,他们都知道,并没有检查。我还去访过一个朋友,他们派一个兵一同去保护的,因为北平城里还有一千多特务潜伏着,他们正在准备举行户口总清查一次,在没有把武器查出之前,怕我们有危险,我走到朋友家里,那个兵站在门口,并不进去。我们拒见新闻记者,所以报纸上很少刊载我们的消息。

代表团邱致中等人与叶剑英等人谈话的内容,如今有不同版本,因篇幅关系,不再赘述。

2月11日上午,北平天气突然放晴了,王拓前来向代表团送行,说了"对不起"的客气话,并提来三篓水果和三条香烟,分别送给代表团、记者和机组人员,他说:"叶剑英同志要我特别带来送给诸位的。"王浩等记者趁机发问,为什么不允许他们进城？王拓很有风度地答道："真是对不起！你们给城里打电话访亲戚,我都是知道的。第一,因为这个决定,是军管会决议的,不能更改。第二,我们正在办理接收事项,一切还没有进入常态,记者未便接待。第三,你们是随同代表团来的,假如是记者的单独组织的,或是记者的单独行动,我们一定欢迎。"

当天,邱致中等起草代表团一份公开声明,交给叶剑英转报中共中央："本团此次来平,承叶剑英将军及中共在平当局热烈招待,同仁至深感谢。连日以来,先后与叶将军等会谈二次。第二次谈话达四小时之久,业将人民对和平的愿望,及必需和平之理由,详细陈述。叶将军态度异常诚恳,表示愿将吾人意见转达中共中央,并告以中共对于和平向具诚意。如南京政府确有和平诚意的事实表现,吾人当准备与他们谈判,以期获得有利于人民的真正和平。本团认为和平前途,颇可乐观。"

邱致中等人返回南京,向邵力子汇报。邵力子认为:此行敲开了和谈大门。果然,2月13日上午11时,"上海人民和平代表团"颜惠庆等人启程赴北平,随后到西柏坡,与毛泽东、周恩来等人见面。4月1日,张治中、邵力子、章士钊等组成代表团飞抵北平,与周恩来、叶剑英等人和平谈判。4月15日,双方通过《国内和平协定》,4月20日为最后签字时间。但是,蒋介石早已拍桌怒斥首席代表张治中,迫使南京政府拒绝签字。20日晚上,第三野战军第七、第九兵团首先突破国民党军队的长江防线。4月21日,毛泽东、朱德发出"向全国进军的命令",解放大军即行渡过长江,以排山倒海之势向南挺进。

蒋介石曾派人找邱致中谈话,要他到台湾去,并许诺给一个部长的职位,但是遭到拒绝。全国解放后,邱致中再一次来到已成为首都的北京,投身于新中国的建设,他曾任林业部总工程师、江苏省政协委员等职。

王浩花费了10天左右,写完了《北平去来——一个新闻记者的忠实报道》(脱稿于2月22日晚上),他在《尾记》中强调"避免直接涉及个人隐私的报道"。该小册子后面附录了平津张贴的安民告示,其中有《三大纪律八项注意》《惩处战争罪犯命令》《货币发行与金圆券兑换办法》《中共的〈土地法大纲〉》《工业政策》等。

同去北平的记者唐季平也写了《转换中的北平》(商报出版社1949年2月26日出版),在《后记》中提及王浩的《北平去来》,"可与本书对照参阅"。《北平去来》最后也刊登了《转换中的北平》的广告,两者互相呼应。

丁景唐收藏《北平去来》也很有意义:"第一个"和平代表团归来之后,5月25日上海解放了,丁景唐在宋庆龄老宅(现上海陕西北路369号)迎接解放军进城。同年秋天,经夏衍、姚溱提名,丁景唐被调回宣传工作岗位。

为何收藏《新鲜笑话》

有几只蚊子在热议,选择吸血对象的问题。有的认为对象最佳是小孩子,"一曰不然,小孩子血太稠,多食而生懑。"有的把矛头转向老者,反对者认为:"老翁皮膏骨干枯,血气已衰,噬之不饱。"有的洋洋得意地说:"斗士的血最佳。"立即遭到反对:"斗士血太热,且其志在流血救世。倘若我辈食尽,若辈永无救世之日。"还不如把对象转移到富翁身上,"富翁食甘饫旨,我们可择肥而噬。"最后,一个老蚊子胸有成竹地说:官吏才是世间里最佳吸血对象,因为他们"专吸民脂民膏,其适口殆有不可思议者"。有的担心官吏的血太毒,老蚊子笑着说:你们真是门外汉,"官场之血虽有毒,但其血甚凉,何忧不能解哉?"众多蚊子顿时释怀,大为赞成。

这是丁景唐收藏的《新鲜笑话》(大中华书局 1947 年 11 月新一版)第一则笑话《择肥而噬》,犹如当今流行的"段子",吸引广大手机拥有者争相观看,会心一笑,到处转发。事前,该书初版(同年 6 月),比"新一版"少了后面 80 则笑话,因此"新一版"书脊上的书名下注明"全"。

"新一版"全书(下同)近 400 则"新鲜"笑话,有着明显的近现代语言交杂的特点,文白相间。其文字长短不一,少则几十个字,言简意赅;多则几百字,具有故事情节,语言生动,诙谐、幽默。这些笑话既有辛辣讽刺的,也有插科打诨的,牵涉到"三教九流"的趣闻轶事。其中有些是雅俗共赏,有些为谑而不虐,生活气息特别浓厚,而低俗、庸俗、媚俗的"荤段子"也有不少。

当时《新鲜笑话》编辑还未能"脑洞"大开,他们大致上还是按照原来坊间流传的各种"笑林"版本的思路"循规蹈矩",也不排除"抄袭"、改编的可能性。今昔众多书商皆有共性,以市场销售量递增为出书"硬道理",《新鲜笑话》尤为突出,其封面上印着招徕读者的广告语言:"滑稽极点,笑料独多","一看就笑"。

中国历来的坊间笑话,可以追溯到先秦,明清时期"爆发",出现诸多的"笑林"本子,民国时期广泛流传,延续至今。关于笑话的定义,众说纷纭,褒者认为笑话是"以讥刺、嘲谑为目的小故事",甚至具有"强烈的批判意识、丰

富的认知功能和明朗的娱情效果"。贬者则不以为然,认为那些笑话只是茶后饭余的无聊谈资,区区"剔牙"之乐。有的人试图将幽默与笑话加以区分,并以中西审美情趣来谈论一番。

广大的中老年观众还记得1987年除夕春节联欢会上群口相声《五官争功》,那是马季与弟子赵炎、冯巩、刘伟及王金宝合说的,博得全场热烈掌声,引起强烈共鸣,成为春晚经典群口相声。

当初《新鲜笑话》问世时,还有一本《新鲜笑话一大箱》,开卷便是《五官争论》的笑话,比较简短,但具有很强的讽刺性,不妨看作是多年后马季创作的群口相声《五官争功》的一个"前奏"。显然,坊间流传的笑话完全可以"旧瓶装新酒",扬弃升华,"为我所用"。

丁景唐作为研究鲁迅的资深专家,收藏"新一版"《新鲜笑话》的主要原因之一,是受到鲁迅的启发,由此作为"窥视"民国时期特别是抗日战争胜利后的社会心理等方面的参考资料。

鲁迅编写的《中国小说史略》及其附录《中国小说的历史的变迁》等文先后提及中国古代几种"笑林"版本,如三国时期魏人邯郸淳的《笑林》(中国笑话史上第一部专书)、何自然的《笑林》、明代文学家冯梦龙编辑和整理的《笑府》、清代游戏主人纂辑的《笑林广记》等。

鲁迅搜集了古代小说的大量资料,并得出许多独到见解。他认为邯郸淳的《笑林》比晋朝的《世说》还要早,比后者"质朴"。《笑林》《世说》两种书,"到后来都没有什么发达,因为只有模仿,没有发展。如社会上最通行的《笑林广记》,当然是《笑林》的支派,但是《笑林》所说的多是知识上的滑稽;而到了《笑林广记》,则落于形体上的滑稽,专以鄙言就形体上谑人,涉于轻薄,所以滑稽的趣味,就降低多了。"如果要了解三国、晋国六朝时期的人物诸事社会心理潮流,"要和这流名士谈话,必须要能够合他们的脾胃,而要合他们的脾胃,则非看《世说》,《笑林》这一类的书不可。"(《中国小说的历史的变迁·六朝时之志怪与志人》)

由此可见,《新鲜笑话》便是一个了解当时社会之窗,如上文引用《择肥而噬》的蚊子议论,显然不是什么无聊的"荤段子",而是一则政治笑话,鲜明体现了民众泄愤的一种方式,具有强烈的批判意识,对社会弊端、人性劣根有深刻体察,进行无情嘲讽,类似的例子在《新鲜笑话》里还有不少。

大文豪鲁迅是勇敢的斗士,在某种时空环境的"契机"中,他会显露出很多警醒、深邃的一面,毫不掩饰自己的真实情感。

创造社骨干成仿吾曾在"灵魂的冒险"的旗子下抡起板斧,严厉批评鲁迅的短篇小说集《呐喊》中的一些名作,唯独对卷末的《不周山》"独有情钟",推为佳作。

鲁迅则不以为然,后来把《不周山》从《呐喊》集子中抽出,改题为《补天》,收入著名的历史小说《故事新编》,并在《序言》中坦言:此传奇小说"自然也仍有不好的地方",写作时"止不住有一个古衣冠的小丈夫,在女祸的两腿之间出现了"。《不周山》原来是根据中国古代神话中的人类始祖女祸的传说改编的,传说中女祸用黄土造人。但是,鲁迅还是进行认真反思,认为这种描写,"是从认真陷入了油滑的开端。油滑是创作的大敌,我对于自己很不满。"

但是,鲁迅与郁达夫等人私人聚会时,也会说起"荤段子"的笑话,说是"好心人"为高僧"召妓"的故事。这是某人的回忆,而且流传甚广。鲁迅毕竟也是要"食人间烟火",看了那么多的"笑林"版本书籍,偶尔流露,不值得大惊小怪。

社会上流传的大量笑话均属于市井文化。有的学者认为:这是一种生活化、自然化,无序化的自然文化,反映了市民真实的日常生活和心态,表现出浅近而表面化的喜怒哀乐。但是,一旦经过鲁迅的妙笔生花,立即注入了新的思想内涵,展现出广阔、复杂的社会现象,直刺国民劣根性的要害。

《新鲜笑话》中有大量笑话属于市井文化,仅仅看标题便可窥见一斑,如《一厚一薄》《还我红脸》《自己的饭》《烂屁股药》《反比例》《吃姓》《算术太坏》

《记忆力》《批发面议》《没有鱼吃》《队长吃亏》《捉贼妙计》《马桶词句》《生死不包》等。如果将此分类，咀嚼一番，足以写一篇长文。

1934年4月1日晚上，鲁迅写给陶亢德的信中说：收到林语堂主编的《论语》第38期，"我以为内容实非幽默，文多平平，甚者且坠入油滑。闻莎士比亚时，有人失足仆地，或面沾污黩而不自知，见者便觉大可笑。今已不然，倘有笑者，可笑恐反在此人之笑，时移世迁，情知亦改也。然中国之所谓幽默，往往尚不脱《笑林广记》式，真是无可奈何。小品文前途虑亦未必坦荡，然亦只能姑试之耳。"

林语堂关于中西幽默、小品文等问题与鲁迅有不同见解，鲁迅认为笑话和幽默"时移世迁，情知亦改"，这是一针见血，对于如今的喜剧创作依然具有重要的指导意义。

《新鲜笑话》的编者很聪明，打着"新鲜"的旗号，汇聚民间流传的近现代的各种笑话（事前有类似的版本），"斗胆"入选《择肥而噬》《优待女犯》《官话速成》之类的流行政治笑话，尽管是夹在其他"荤素"种类的笑话之间，但还是要冒着被查禁的风险。

中国历来有"五子登科"之说，那是鼓吹和美化荣华富贵的封建意识，随着"时移世迁"，其内容发生急速变化。《新鲜笑话》出版时，正值抗日战争胜利后，国民党当局从日伪占领区接收了大量的物质财富，"五子登科"（房子、车子、女子、金子、票子）腐败之风随之疯狂"劲吹"，著名小说家张恨水创作了长篇小说《五子登科》，轰动一时。民间流传民谣："想中央，盼中央，中央来了更遭殃。"这生动地说明了民心向背的瞬息之变。由此，国民党政权埋下了几年后彻底失败的祸根。

因此，《新鲜笑话》开篇《择肥而噬》就是辛辣地讽刺那些疯狂吞噬"民脂民膏"的国民党接收大员，并不是偶然的，顺应了广大读者的民心。

《新鲜笑话》由大中华书局出版发行，该书局创办于1929年2月，设在上海白克路（今凤阳路）228弄33号，总经理崔俊夫。他对于中国历史文化颇有研究，编著作甚多，其中有编纂的《大中华楹联菁华》，并写有序言（大中华书局1932年版）；撰写3卷《隋宫两朝秘史》（大中华书局1949年版）等。

因此，崔俊夫对于历来"笑林"版本并不陌生，《新鲜笑话》大概也是他编辑的。但是，该书封底左下角只是"注明"大中华书局出版及时间、价格等，并不署名（编者），也没有"版权所有，不准翻印"的严正声明，显然这也是翻印本，在书名、内容增删、编目等方面做了一些工作，旨在凸显"新一版"的特点。

辑九 家父之窗

自费出版的第一本诗集《星底梦》

丁景唐第一本诗集《星底梦》问世后，他在扉页上用毛笔题写"席明兄惠存"，落款是"弟""赠"，中间则是"丁英"朱文白底印章；"卅四年四月"即1945年4月，《星底梦》刚出版的时间。丁景唐还另外加盖了一个蓝色印章，中间为他所在的《小说月报》刊名，上方弧形为"联华出版公司"，下方为该公司的地址"宁波路四七〇弄"。这两个印章和题赠手迹，如今成为稀罕物。

"席明兄"即鲍士用，又名鲍良佐、鲍子垩（后为上海市静安区政协主席），1936年来上海当学徒，1939年参加益友社，次年加入中国共产党。益友社是中国共产党领导的以商业系统店职员为主体的进步团体，培养骨干、发展党员。中共上海党史资料委员会出版的《益友社十二年》有详细介绍，其中有鲍士用、刘燕如（电影《51号兵站》中"小老大"原型之一）等人撰写的回忆文章。

当时，鲍士用以"席明"笔名投稿给著名女诗人关露编辑的《女声》，同时投稿的还有丁景唐、杨志诚、钟恕、陈新华、李祖良、董乐山（笔名"麦耶""史蒂华"）、陈琳、陈嬗忱、杜淑贞（笔名"李璇"）等地下党员。这种特殊方式反映了当时地下党宣传工作的斗争艺术，为此，丁景唐曾撰写了专文。

"文革"后，鲍士用的女儿鲍放首次踏进上海文艺出版社时，丁景唐突然走过去问情况，因为在她的脸相上一下看到了她的父亲的影子。鲍放的这一"亮相"，把丁景唐与鲍士用的昔日情缘又重新续接起来。对于这段惊喜的插曲，鲍放写进了悼念丁景唐的文章里。

以上提及的丁景唐的《星底梦》盖章本，当时赠送给"席明兄"鲍士用。半个多世纪后，丁景唐想起要查阅《星底梦》，以撰写专题文章，但是手头暂且找不到，只好向鲍士用借用《星底梦》盖章本。经历了多少风雨，鲍士用一直珍藏着，这时却很大度地委派女儿鲍放送来。丁景唐特地将此罕见盖章本和其他有关资料一并打包，留存在家里，以备今后继续查用。

如今被笔者翻检出来，重见天日，由此见证了家父丁景唐与好友鲍士用之间的昔日深厚情谊。遗憾的是不知道鲍士用如何协助丁景唐出版了《星

底梦》，双方子女都未曾向自己的父亲请教。

　　1945年早春，世界反法西斯战争初现胜利曙光之际（见本书收入的《点评〈六艺〉月刊》），丁景唐忍痛割爱以前写的诗歌（虽然很喜欢），仅仅挑选了1943年初至1945年春创作的28首诗歌，以及外代序诗《有赠——呈一切爱好诗歌的友人》、附录论文《诗与民歌》（全文见本文附录），汇编为第一本诗集《星底梦》（署名"歌青春"），请萧岱、王楚良分别作跋。

　　诗集《星底梦》为瘦长的64开，共有64页，采用一个虚拟的诗歌丛刊社，并列为"诗歌丛书第一册"。封面的下端印着"一九四五年三月出版"，封底的时间却为"一九四五年四月出版"。多年后，丁景唐在该诗集封底批阅为"封面作'三月'出版，统用1945年3月"。丁景唐在该诗集的末尾《编辑小语》写道：

　　　　为着《星底梦》的出版，曾经打扰了不少相识和不相识的朋友。承受他们友情的援手，使得这本诗集得以经历多种阻扰和艰难，而终于诞生。

　　　　感谢那些陌生的友人从僻远的乡城，寄来关切和鼓励；同时也向许多帮助这本集子出版的友人,尤其是可敏,菊潭,(陈)展云,(鲍)士用,滋春,(阮)冠三诸友表示敬意。

这时 26 岁的丁景唐已经从光华大学中文系毕业,公开身份是《小说月报》编辑,同时从事中共地下党"学委"的宣传、调研工作。他在《编辑小语》中提及 6 个人中的陈展云,是画插图和广告的青年美术师,与丁景唐编辑的《小说月报》同属于联华广告公司(总经理陆守伦)。丁景唐自己设计了《星底梦》朴素无华的封面,请陈展云题写诗集名称——融合了篆体字和美术字体的元素,其下为丁景唐书写"歌青春"的手迹,均为套红字,由白底衬托,更为显眼。

阮冠三(袁援)曾就读上海圣约翰大学,为中共地下党员。1945 年 8 月,日本宣布无条件投降,丁景唐联系了阮冠三、潘惠慈、成幼殊(金沙)等,指导、帮助他们创办新的学生刊物《时代学生》。

丁景唐在《编辑小语》中提到的另外 3 个人的化名为"可敏、菊潭、滋春",都是文艺青年,热情地帮助丁景唐圆梦——自费出版《星底梦》。《编辑小语》最后还有一个《勘误表》,纠正 7 处(多年后,丁景唐重新审阅时,又挑出不少错处)。丁景唐还写道:"倘蒙同好,投以批评意见,感想,请径函上海邮政信箱一五八一号可也。"此信箱为丁景唐当时的联系方式之一。

如今网上有不少介绍丁景唐的诗集《星底梦》,但是从未有一份完整的诗歌目录,现抄录如下,弥补缺憾。其分为 5 个部分,其一,《星底梦》《在南方》《西子湖边》《当春天趸近我的身旁》《江上》《五月的雨》《雁》《秋》《寒园》《窗与瓶花》。其二,《我爱》《鸽铃》《向日葵》《囚狮》《塔》《春天的雪花》。其三,《异乡草——给石琪》《生活》《开学》《病中吟》《乡恋》。其四,《桃色的云絮》《敏子,你还正年青》《红叶——纪念一位北国的姑娘》《初夏夜之风》。其五,《风筝与小草——献给童年时代的幼小者》《弃婴》《秋瑾墓前》。

丁景唐晚年时整理、编辑《犹恋风流纸墨香——六十年文集》(上海文艺出版社 2004 年版)时,仅仅收录了原来诗集《星底梦》的一半诗歌(14 首),撰写了《〈星底梦〉,我的第一本书》,并附录了著名女诗人关露的旧作《读了〈星底梦〉》,一并作为"立此存照"。

丁景唐坦诚地认为:《星底梦》"从某些侧面反映出富有民族自尊心的敏感的青年学生,在日本帝国主义统治下,要冲破沉闷的政治气候的心情。我蕴蓄地表现了在那个特殊环境里生活和战斗着的青年一代的心绪,努力谱写带着特定的时代印记的青春之歌,我爱我们所爱,我憎我们所憎。"

在这些充满青春燃烧激情的诗行里,丁景唐"追寻着早晨的阳光,明朗的春天,灯火的光亮,满缀花朵的田野",追寻着"星光下的梦,会在未来的日子中开花"。"这个未来的开花的日子,象征着人民胜利的节日。"(丁景唐《八十回忆(1920—1949)》)除了《星底梦》,他"私心偏爱的诗歌"还有《我爱》《向日葵》《风筝与小草——献给童年时代的幼小者》《弃婴》。仅仅从这些诗歌的标题来看,也能触摸到丁景唐的一颗大爱之心,包括他的信仰、理想、追求,由此产生的炽热感情。"我艰苦地耘耕,不闻明天的收获怎样;我沉默地灌溉,(用我的生命的点滴)/像雪一样地融化在地下,滋润沙砾中的花卉,愿化作蚯蚓/把贫瘠的土壤变沃野。"(《我爱》)这是他的誓言,融入他的生命和血液里,付诸于"歌青春"的一生。

《星底梦》收入的《秋瑾墓前》《异乡草——给石琪》两首诗歌,详见本书收入的《丁景唐的诗歌刊登于〈九月的海上〉刊物》。

另一首诗歌《敏子,你还正年青》,丁景唐塑造了一个多愁善感的女青年,原先投身于青年先锋队,后来却落伍了。诗歌中的敏子,曾在学校里,"你是一朵六月天的蔷薇——有这一份温情/却带着神圣的尊严。敏子,你天真,你热情,你爱人们的爱,你也恨人们的恨。"但是,3年后,敏子回到我们老同学中间,变成一个陌生女子,"默默地点头无言","苍白的脸已找不到青春的热情,这是你……你站在/我面前……!"丁景唐叹息的同时,又迫切希望她振作起来,"死去的太阳明天要升,停滞的水流也有/泛滥;浪花的一天。何况是你,敏子,你还正年青!"

丁景唐在《我的自省》(1943年12月《女声》第2卷第8期)一文里透露,《敏子,你还正年青》是他首次投稿给《女声》。他在该文中还谈了自己写诗歌的缘由,并且进行了自我点评,认为前期发表在《女声》上的16首诗歌,存在"内容的空洞","技术的缺乏修养"的问题,应该向民间歌谣学习"优美的独特风格,趋向通俗化的方向"。

萧岱、王楚良与丁景唐同为地下党员"先睹为快",分别以"穆逊""祝无量"的化名为《星底梦》作跋。

萧岱热情地"点赞"《星底梦》流露的真实情感,引起读者的共鸣。同时指出该诗集力图扩大视野的不足之处,"若不把所感受到的加以深刻的研究和体验,写出来的作品,我的意思以为不一定就是好的。倒不妨先在自己所熟悉的生活里找题材来写,主要是开掘要深,不以浮浅的观察为满足,一面再要求自己的视野设法扩大开去。这就是我喜爱你的《阳光》(可能指《向日葵》或被最后删除一诗——引者)比《弃婴》和《开学》来得多的缘故。《风筝与小草》的尝试也是很可喜的。"

王楚良谈了几点看法,其一,作者"是一位青春的歌手,他的诗章是孕育着青春的情感的歌唱"。其二,作者"更是一个善于刻画,善于运用色彩的能干的画家"。其三,作者的诗歌"无论从形式或内容上说,都有着很广阔的疆域。他很能够创造新的形式,也很能够灌注了'力'的内容"。最后,王楚良希望作者"带着他那火灼的青春的热情跨向前进,在扬弃了华贵的诗的文句和诗的韵律,在放弃了美丽的风景画的描绘之后,诗人歌青春能够真的变成为一个我们所渴望的歌手——青春的歌手!"

多年后,丁景唐重新审阅《星底梦》时,也坦诚地说:"《星底梦》中,有我青年时代的激情,也有我青年时代的缺点。它已经成为过去时代的历史鸿爪。有朝一日,今天的读者见到那个特定环境中贫瘠诗坛上荆棘丛中的星星小花,我将十分高兴地听到八十年代青年人对它的评语。"

北京大学教授吴晓东在《抗战时期中国诗歌的历史流向》(《文学评论》1995年第5期)一文里写道:

> 在沦陷区的写实主义诗风中独树一帜的是华东的丁景唐。1945年问世的诗集《星底梦》是他在敌占区上海写就的。他的诗作在殖民地上海商业化的气息中堪称是警世的歌吟。女诗人关露在《读了〈星底梦〉》一文中曾感叹:"在近来惨淡荒凉的这片诗领土中突然看见这本小册子《星底梦》,好像在一片黑寂的大海里看见有灯的渔船一样。"整部《星底梦》,恰似沦陷区"铁汁般的天颜"上一颗闪亮的星星。丁景唐的诗歌,以其在沦陷区诗坛很少见到的一种清新和明澈的风格,与戕时大上海消沉萎靡的风气抗争。他的这部诗集,尽管也许像诗人自况的那样,仅是贫瘠的土地上羸弱的花卉,但它们更大的价值在于忠实记录了一个艰难时世中不甘堕落的个体心灵的坚忍的挣扎和对"未来的日子"带有乐观主义色彩的预言和展望。

如果亲身经历了上海沦陷区严酷的生存环境,时刻感受到的敌伪反动统治者的高压钳制——令人窒息,那么对于当时消沉萎靡的诗风并不为奇。但是"歌青春"丁景唐偏偏在"贫瘠诗坛上",奋力辟开荆棘丛,满怀信心地种植了"星星小花",给黑暗中的人们带来了"灯塔"希望和一抹阳光,"堪称是警世的歌吟"。

丁景唐晚年时发现《星底梦》目录最后遗漏了附录《诗与民歌》和《辑后小语》,用钢笔细心地添加,希望能再版时弥补缺憾。

《诗与民歌》写于1944年12月,也是萧岱作跋的时间。此文可以看作是丁景唐编辑新诗集《星底梦》时的有感而发,在某种程度是对新诗创作的新的理解,表明新诗人的追求目标:"艺术不能离开活的人群,诗歌不能离开现实的人生。"同时此文也是他搜集、整理民歌的一个小结,有助于了解他当时的学识、心态和情感。丁景唐晚年时,又对此文作了校改。现将此文抄录,作为本文的附录。

关于《星底梦》的各种情况,在丁景唐《〈星底梦〉,我的第一本书》已有详细介绍(现存有他起草此文的初稿、修改稿,反复修改多处),同时也可参见本书收入的《抗战后期编辑〈谷音〉创刊号》《丁景唐的诗歌刊登于〈九月的海上〉刊物》《丁景唐避难香港时评述歌谣集〈愤怒的谣〉》等文。

[附录]

诗与民歌

从偏僻的小城镇寄来友情的信札和好意的询问,这不是第一次。但你的信,仿佛是一团温暖的焰火点缀了这寒冷而满有雪意的岁尾,深怀着更大的欢欣。你知道我曾经写过一些诗和关于民间歌谣一类的文章,从而企求我发表一些"心得"或论文,这是你的谬爱。

说实话,对于诗,我虽也不乏抒写的经验,但我还得保持我有一次在另外一篇《自省》中说过的话:"我得坦白的自供,到目前为止,自己尚缺乏系统的理解。"如果你不以为这是掩盖对自己的作品不负责任的推诿,那么倒无妨站在诗和民歌的爱好上,表示一些粗浅的见解。

在文艺的王国里,和语言同时降生的诗歌,远在人类的原始期,已同音乐和谣、舞结合一体,伴随着人类共同的操作而产生了。《吕氏春秋·仲夏纪·古乐篇》中所谓:"昔葛天氏之乐,三人操牛尾,投足以歌八阕。"就反映了当时诗、乐、舞合体的真相。中国《诗经》中的《国风》,印度的《马哈拉德》,希腊的《伊利亚德》和《奥德赛》,以及后一些阿拉伯民族的《天方夜谈》,日本的《万叶集》,这些矗立在世界文学史上最初的丰碑,都是古代民间艺术(诗歌)的苑园里获得养料栽培出来的。现择熟知的来举例:

歌德所从事的杰作《浮士德》,是利用十六世纪流传的民间传说为"底本"而写成的。匈牙利的民族诗人裴多菲·山道尔,这位早年被严父驱逐家门的"劣子",短期里过着游行伶人的生活,走遍全匈牙利的僻乡,在他的接近民间歌谣风格的,采取了匈牙利民间故事为题材的叙事诗——《勇敢的约翰》(孙用译)中便可找到密切的联系。而来自民间,被称作俄罗斯乡村生活的记录者底涅克拉索夫,在他的出色的诗作《严寒·通红的鼻子》《在俄罗斯谁能自由的快乐》(高寒译;现译为《在俄罗斯谁能快乐而自由》——引者)也明显地表现出他是一个出色的民间诗人。

次之,像托尔斯泰、屠格涅夫、法朗士、易卜生、施笃谟(现译斯托姆——

引者)等大作家,他们对民间的诗歌也有着密切的注意,往来和爱好。易卜生赞赏说:"它(指民歌)是人类的诗的天禀的果实","它是人类诗的能力的总和"。

法国文豪法朗士在他沉醉于民间的艺术底欣赏中,曾经这样提醒过那些漠视民间歌谣的艺术价值底诗人,他说:"乡间的老百姓是我们言语的创作者,是教导我们诗歌的先生。"

施笃谟(斯托姆),这位十九世纪末期德国的代表作家,借着他的名著《茵梦湖》里的主人翁莱茵哈德的嘴里也说过这样的话:"我们在这些歌里面,发见出我们内心最深切的情感与苦痛,好像它们之作成,我们大家都有份似的。"

但是作家和民间文学的关系的密切,再也没有比普希金和高尔基,这两大人类心灵的雕刻匠更接近的了,在普希金长篇叙事诗《奥涅金》中,普希金陈述过这样的诗句:"往诗歌的杯盏里,我掺合了许多白水。"

我们不难了解这里的"白水"二字,是指他的善于融用民间的语言而说的。在他的诗歌的杯盏里,他曾经给我们留下撷集民歌丰富的形象所酿造的浓郁的美酒。至于一代巨匠的高尔基,他和那些从书本上接近民间艺术的人,又有显著的区分。他生活在民间,民间诗歌,和民间艺术的包围中,直接由民间的口头撷集了丰美的珍宝,或者换句这位巨匠自己的话,他养育在民间的生命的泉源间,获得了创作力。

讲到民间文学留存中国文学史上的绩业,它不仅赋予正统的书写文学以新的内容,新的生命,并且当书写文学在庙堂中濒向窒息的时候,它又以新的姿态出现,创造了和发展了书写文学各种各色新形式,挽救了正统文学的垂亡。

《诗经》时代的《国风》,汉初五言诗的起源,以及文学史各朝代文体,如汉代的乐府、六朝的新乐府、唐五代的词、元明的曲、宋金的诸宫调,无不由民间文学所滋养而成长起来的。它占据了中国文学史主要的篇页,创造了小说、戏曲、小令、曲、弹词、唱本……各种重要的文体。

像生长在野田里奇花异葩,民间歌谣也曾引起不少文人的惊异,改变了他们鄙夷不屑的看法,进而仿效写成文人式的歌谣。可惜他们大多忘掉了野花的鲜丽,全然离不开土地、阳光、露水,所以这株奇花异葩移植到传统的暖房中,便黯然失色,变成萎谢的枯花。刘禹锡的《竹枝词》,郑板桥的《道情》底所以尚富有不少的生气,原因恐怕还得归功于他们没有隔绝民间的土地、民间的生活。

诗是语言文字的艺术。作为一个诗歌的爱好者,应该有决心从活人的口头撷集活的语汇、提炼活的字藻,而不应该也不能躲在象牙塔式的暖室中,紧闭了房门,对天花板出神。历史上伟大的诗人底光辉的绩业曾经昭示着这一点真理:艺术不能离开活的人群,诗歌不能离开现实的人生。这里不必过奢的冀求诗人,写出永垂诗史的杰作,倘若不愿毫无诚意的装腔作势,徒以抒写梦呓式的文字游戏为满足,那么他必将不负责任的"胡作",认作诗人的耻辱!

批判地接受人类历史的文学遗产,和提炼并发掘民间艺术(歌谣)的宝藏,是新诗的创作两大课题。但不论前者或后者,同样地需待诗人诚意的学习和研究。

当诗由口头的语言创作而远离民间、蜕演为书写的文字游戏,也就是诗的歌唱机能萎缩趋向死灭的时代,民间歌谣的研究尤值得我们新诗人的注意。鲁迅先生生前有句批评现代诗歌的缺点的话:"诗歌虽有眼看的和嘴唱的两种,也究以后一种为好;可惜中国的新诗大概是前一种。没有节调,没有韵,它唱不来;唱不来,就记不住,记不住,就不能在人们的脑子里将旧诗挤出,占了它的地位。"

要医治诗只能看、不能读的病症,口头创作通俗化的民歌是一帖对症的药,可以用来医治诗歌的"哑症",恢复它的健康的生命的歌唱,因为民歌的药料中含有一大堆好的成分:

(一)内容通俗,反映民间现实的生活,替民间留下爱与恨的烙印。

(二)活人的口头创作,为民间所转传与诵咏,是口语化的产物。

(三)经过无数人的修正和补充,表现了民间心声一致的集体情致。

当然民歌是生长在乡村泥土间的野花。惟其是野花,所以也沉黏上许多鄙俗粗糙的斑点,同时也溅染着传统陋习的污点。我们正不必将它看成神圣的东西,也不必抹杀它的缺陷。但总之,民歌的优点:内容现实情感真挚,口语化可歌唱性……应是新诗一条健全发展的康庄大道。

话是要说回来,关于诗和民歌,我缺乏太少的研究,尤其是因为我是久住在都市里,离开乡村的土地很远,这是一件莫大的遗憾。因此我向你,那些居住在城镇间有机缘跟民间口头的歌谣亲近的友人,深致美慕。和民间朴质厚实的语言经常接触,是对诗的写作很有益处的事,正如阳光和绿色对人健康一样可以珍贵。至于如何接受民间歌谣的优点,扬弃它的缺陷,牵涉到新诗的创作方法诸问题,尚有待于同好的研讨和实践。当新的年头启端的日子,谨祝同样的快乐和健康!

一九四四年十二月

诗歌《秋瑾墓前》刊登于《九月的海上》

1944年春,丁景唐到杭州去联系地下党关系时,从城区往西泠桥要通过日伪军铁丝网封锁的岗哨,岳坟那边全部封锁,不准前进,丁景唐在这种屈辱的环境中凭吊西泠桥畔的秋瑾墓。

回沪后,丁景唐创作了诗歌《秋瑾墓前》:"暗云密集,电光闪射,我来自——阴翳下的城。""雨雾中的西子湖/蒙罩紫金色的光芒。那当是雨水反照的落日光?那是你,秋瑾的/碧血汇集的河荡!""漫天风雨进飞作千行热泪,为我向你——秋瑾的英魂追悼"。他遏制不心中的激情,吟诵道:"秋瑾,你是女性的荣光!你是中华的矜傲!""让千百万的后代崇扬你,用鲜血涂描的/英勇的形象!"

这首诗歌发表于郑兆年编辑的《九月的海上》(1944年9月5日出版),署名为丁大心。此刊物以"碧流丛书"第1册的名义出版,以此避免到日伪有关新闻检查处备案(他们往往借故拖延不准办理),书店有权自行出版像"丛刊"那样类似的丛书,这是已经沦陷的上海出版业的"潜规则"。

"碧流丛书"之名原为文艺青年郑兆年等创办的《碧流》半月刊,1943年8月在上海创刊,同年12月停刊。他们宣称这是一本以青年为中心的综合性刊物,努力要"献给青年一点精神的食量!"将此作为自己"最大的责任"。

该刊第1卷第2期(1943年9月1日发行),郑兆年写的《致读者》透露:创刊号问世后,千余份刊物很快被"如饥似渴"的青年读者一抢而光,毕竟这是在沦陷上海地区极少数的进步青年文艺刊物。

丁景唐作为地下党"学委"的宣传调研工作者,很重视这份刊物。1943年底,《碧流》半月刊被迫停刊。次年春夏之际,丁景唐自光华大学中文系毕业后,参加《小说月报》工作,以不同方式联络青年、学生,充分利用"大中学生文艺征文"专栏,发现和培养了不少青年作者,影响很大。

因此,郑兆年等人改换方式筹办"碧流丛书"第1册《九月的海上》时,丁景唐以《小说月报》编辑的公开身份给予支持(投稿),郑兆年作为编辑当然知道诗歌《秋瑾墓前》的"弦外之音",这也是沦陷上海地区广大爱国青年、学

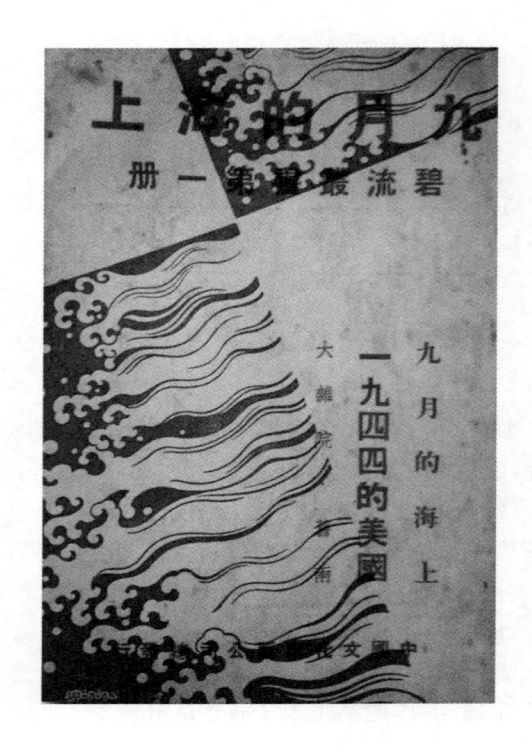

生的心声。因此,郑兆年在这期《九月的海上·编后》中特别感谢丁大心(丁景唐)。

《九月的海上》与普通刊物并无差别,同样登载了各种文艺作品,刊登的一些科普文章是该刊"综合性"的一种掩护。郑兆年在《编后》中写道:

> 《碧流》半月刊和读者告别差不多有九个月了,许多读者都很关心地写信来问询它,然而它不幸因为种种关系不能出版,这里我们贡献给诸位的是它的一本姊妹刊物。
>
> 《一九四四的美国》、《拿破仑之死》、《独裁者的解剖》,都该是读者们所乐于知道的,《夏天的科学》和《夏夜纳凉话萤火》是"季节性"的好文章,值得推荐。
>
> 余党先生以《独自者的恋爱故事》而享盛誉,为读者所称道,迩来公务繁忙,能于百忙中为本刊选述《作曲家罗西尼》一文,这是我们觉得很光荣的事。
>
> 本期的小说虽然只有四篇,但都是不可多得的精心之作。南婴女士的《旧雨》是继《季候》后的杰作;施济美小姐的《九月的海上》,有散文

的韵味;石琪先生的《大杂院》体(注)重人物的刻划,唐敏先生的《鹰嘴峰》也值得一读。

最值得感谢的是阿湛先生和丁大心先生,他们都在编辑余暇为本书(刊)执笔,并且答应继续将宏文惠赐本刊。

最后,我要向读者致最大的歉意,就是《潮流》暂时要和读者告别了,所以这本丛书的大半稿件都是从那里移来的,然而这里有一个小小的请求,就是大家不要忘记这本短命的东西,因为它随时都在充实自己,来日方长,准备不久的将来再和诸位相见。

其中提及《大杂院》的青年作者石琪,其实这期还刊有他的散文《无家二章》,凸现了深夜里的"孤独"二字。石琪,原名张英福,是震旦大学医科学生(后为天津名医),来自北方,在上海生活了六七年。他笔下的《无家》之类的散文,字里行间充溢着徘徊、哀叹、消沉的情绪,几乎令人窒息,这让丁景唐很是不安。

除夕之夜,丁景唐写下了《异乡草——给石琪》:"谁家的灯火辉煌,谁家的儿郎夜啼,谁家的人又还欢乐地/围聚红烛守岁一堂?稀疏乏力的几声锣鼓,撩不了街头的饥啼哀号。"由此委婉地提醒石琪,天下无数忍饥挨饿的穷苦民众,在除夕之夜哪有什么欢乐,希望石琪跳出"小我"圈子,上升为"大我"的境界。丁景唐希望石琪振作起来,"听远处的晨鸡报出了破晓,昂头看朦胧的雾层外,已可以瞧到——新的一年跳跃着轻快的步子,在曙光中走近!"丁景唐考虑到石琪逢年过节不免想家的孤独感,便为石琪介绍几个同乡朋友,便于交流、沟通。

虽然,丁景唐此诗未必深深地触摸到石琪的孤独心底,但是,石琪心存谢意,特地写了散文《乡恋》,解释自己内心的惆怅。丁景唐的第一部诗集《星底梦》收入《异乡草——给石琪》,问世后,石琪赶写了《〈星底梦〉及其他》(《诗歌丛刊》第2辑《抒情》,1945年5月15日出版),真诚地说:"在对于人生的观点来说,我虽是一个多暮气的人,却也喜欢年青上进的心,心情上我不能和歌青春先生携手,但在他的诗集中,我愿紧握着他那青春的手。"

当时,郑兆年发表石琪的《无家二章》时,也发表了沈寂的4篇散文《天山梦——给郭朋》《拾星记——给刚》《天涯篇——给石琪》《惜阴人——给慧》,沈寂与郭朋、石琪等青年作者都是丁景唐编辑《小说月报》时的"常客"。此后,沈寂成为著名作家,晚年时与丁景唐有来往。笔者曾请教沈寂老先生,才改变了原来对史济行的"第一印象",重新撰写了《史济行对鲁迅、郁达夫等人的行骗劣迹》(收入丁言模:《瞿秋白、鲁迅等人往事探觅》,中国社会出版社2015年版)

沈寂在《天涯篇——给石琪》中也进行了劝说:"你没有家,但你何必说得这般沉痛! 不幸的是你太爱我们这几个南方朋友了。我们本来不该常常来找你谈心,更不该在夜深时匆匆握别,抛你一人在黑室中。我不忍想,当你独自一人,轻轻阖上房门,忽然觉得四周异常的静,你迎着月光仰躺着,感到自己孤独,和想起朋友们都有家可归时,朋友,你不曾悲恸得流过泪吗?"沈寂很理解身在异乡的石琪复杂的心理和微妙的感受,不同于丁景唐从政治上进行开导。

同时,沈寂也透露了与郭朋、石琪等人的密切关系。他写的《天山梦——给郭朋》,则是设想郭朋躺在病床上的角度,探寻他此时此刻的心情。"这是一间病房,所有的东西都是白色,见不到一滴(点)刺激的色彩,你侧过头向窗,看着虚缈的阳光,多感的你,或骤然间觉到:即使光明能照亮他物,使大地光明,使宇宙苏醒,但他本身却是——虚缈! 他献给人类幸福,而白白浪费了自己的热力。你恐怖地想:施与幸福者,他自己却得不到幸福啊?"这里没有枯燥的说教,却一言一语敲打着郭朋的心房,真所谓"润物细无声"。沈寂最后写道:"我等待你,相信在你病好的一天,你会走来告诉我,你重又拾起奋斗的勇气了。那时,让我紧握你(的手),听你重诉《天山梦》的痴言。"

沈寂写的《惜阴人——给慧》,"慧"可能是指徐慧棠(余爱渌),"你说,你悲哀以前的光阴被自己浪费——那是一段有黄金色彩的光阴。你爱生活,又舍不得活,怕一旦逝去了找不回……"沈寂最后豁达地说道:"活着是好的,老是好的,死也是好的。而无所作为的活,颓然丧气的老,不足一谈的死,方是可痛。以后,你还是别回首去看日历,别想起自己的年岁,只要活一天,就工作一天。我自己在这样做着,我也这样劝你。"这竟然成为一种谶语,预示沈寂后半生的坎坷经历,以及不服老的顽强精神,最终取得杰出的文学成果。

当时,丁景唐编辑《小说月报》时,广泛联系文艺青年,组织他们搞各种活动,以进步思想来影响他们的写作,他很快与徐开垒(著名作家,著有《巴金传》等)、沈寂、郭朋、石琪、徐慧棠、林莽(王殊,后为外交部副部长)等人成了好朋友。

其实,还有一位才华横溢的传奇女子施济美也是丁景唐编辑《小说月报》时的"座上宾",她是丁景唐就读东吴大学时的同学。1939年秋天,丁景唐考入东吴大学,担任该校地下党支部书记,开展学生工作,编辑学生刊物《东吴团契》。不久,东吴大学涌现一批才女施济美、汤雪华、俞昭明、邢禾丽、郑家瑗、杨依芙、练元秀、程育真等,被称为"东吴派女作家群",领军人物正是施济美。

施济美的父亲施肇夔供职于北洋政府外交部,是著名外交家顾维钧的得力助手。她就读于上海培明女子中学时,已经为上海畅销刊物《万象》《紫罗兰》等写小说,那时她才 15 岁。一家刊物进行读者"民意"调查——"你最钦佩的一位作家"时,施济美竟排位在巴金、郑振铎、茅盾之后,高居第四。如今突然"爆红"的张爱玲,当时却是"望尘莫及"。

施济美很有骨气,并不认同张爱玲、苏青等人津津乐道的都市市民人生哲学,她严格遵守"彼此砥砺,不当汉奸"的做人原则,从不在有敌伪嫌疑的刊物上发表作品。施济美的小说多以恋情为题材,文笔清丽,情节缠绵,情思凄艳,产生了很大影响。刊物只要发表她的作品,便会热销,成为畅销刊物的一种风向标。有的学者认为她的文学作品"是新文学创作的延续和发展"。新中国成立后,她淡出文坛,献身于教育事业,因教学成绩突出,被誉为"施济美水平"。"文革"中,施济美不堪受辱,以死抗争。如今有不少有识学者,疾声呼吁"不能遗忘这位女才子",并且设法出版了施济美的小说集,以告慰她的在天之灵。

郑兆年等人创办的《碧流》半月刊也热衷推出施济美的小说,博得读者的眼球。施济美写的小说《九月的海上》,便成为郑兆年编辑"碧流丛书"第 1 册的标题,并且在封面上冠以醒目的位置。刊登她的小说时,在标题下面特地制作她的签名,以示重点"关照"。遗憾的是郑洪年在《编后》中把《九月的海上》的标题误排为《八月的海上》,看来校对还是郑兆年等人的老毛病。

《九月的海上》由中国文化出版公司总发行,其扉页刊登该公司的广告"三大丛书":列车丛书、文潮丛书、碧流丛书。并且发行四大杂志《文潮月刊》(文艺小说)、《潮流月刊》(综合知识)、《世纪风》月刊(艺术综合)、《上海人》半月刊(生活趣味)。

郑兆年也希望能把碧流丛书继续办下去,并在这期《九月的海上》正文里,刊登一则预告:集体创作《天山之恋》,执笔者郭朋、沈寂、石琪、萧群、沈翔鸥、余爱渌(徐慧棠)、谷正槐、唐萱等。以上提及沈寂写的《天山梦——给郭朋》,也已提及《天上梦》,显然他们策划已久。但是,也许因故未能如愿,令人遗憾。

《九月的海上》的目录 4 页均为超大张,折叠起来的左右两页。右边是《文潮月刊》第 1 卷第 3 期至第 5 期的要目,左边是《潮流月刊》创刊号、第 2 期要目,其中有郭朋、沈寂、石琪、施济美、程育真、沈翔鸥、余爱渌(徐慧棠)、林莽(王殊)等作品。

《文潮月刊》创办于 1944 年 1 月 1 日,主编是马博良(马朗),社长郑兆年,该刊 32 开,终刊于 1945 年 3 月,共出 7 期(该刊为 1950 年问世的香港《文艺新潮》的前身)。有的学者认为:《文潮月刊》的文学取向是"综合"的

"左翼"和"现代"的交汇,文学的本位立场和社会使命感的互补等,这些特点也延伸在《九月的海上》刊物里。

《潮流月刊》由郑兆年编辑,因故停刊,他不得已把准备刊登的大部分稿件,设法改名为"碧流丛书"第1册《九月的海上》,对于作者、读者有个较好的交代,因此《九月的海上》也不妨认为是《潮流》的无奈延伸。

丁景唐珍藏"碧流丛书"第1册《九月的海上》,因为其中不仅刊登了自己的诗歌,也发表了他那时所结识诸多文友的文章,共同见证了上海沦陷时期的难忘岁月。

点评《六艺》月刊

《六艺》月刊创刊号(六艺新文艺出版社 1945 年 2 月)的扉页上贴了一张纸条,丁景唐写道:

这份刊物,幸得上海书店同志之助,终于在仓库中觅得。

《六艺》创刊于 1945 年 2 月,出至何时,要查资料。先是 1944 年底,苏联反攻进德境,英美 6 月开辟第二战场后,转入反攻;美军攻占日占塞班岛,言发日本领土。8 月 30 日,戴高乐在巴黎宣布临时政府成立。二次大战形势明显有利于反法西斯统一战线。

有天,领导上说有人想办一刊物,我们可以写稿。我要钟恕同志写一小说,便是发表于《六艺》创刊号上的《老赵》。稿是我转去的。康丹曾到我办事的《小说月报》编辑部来过,详细(情况)已记不清楚。

翻翻此刊,有不少苏联作家新作品,这是上海沦陷期间,除苏商《苏联文艺》之外,很少有的。第 98 页马尔沙克原著的《新年之夜》的诗句,很有意思,《后记》第一段话也妙,已经为迎接抗战胜利而有行动了。

写《老赵》小说的钟恕同志,1940—1941 年与王涵钟同志编学生刊物《海沫》,写长篇小说《米斯托罗贵福》,是学生党员(宣传干事)中写作水平较高的一位。《老赵》是她去川沙代学委书记张本代课,半年后(写)的力作,她写的人物有张天翼笔法,人物形象突出,具有讽刺、幽默的作风。

一旁附有买此书的发票,时间为 1982 年 1 月 26 日。显然丁景唐的批语是购买此书后写的,以备之用。

《六艺》刊名原来就有,也是在上海创办的月刊,1936 年 2 月 15 日问世,第 3 期出版后停刊。由高明、姚苏凤、叶灵凤、穆时英、刘呐鸥编辑,姚苏凤为发行人,他是苏州人,曾任明星电影公司宣传科长、上海《晨报》《每日电影》副刊主编。这些人的背景比较复杂,在此不赘述了。该刊曾引起鲁迅的

注意，那是为了左联女作家草明"声明"一事。

《六艺》第 3 期刊登了《赶夜路》，写的是南洋某地 3 个赶夜路的人，天黑时住在一家旅店，听掌柜说"鬼"的故事，揭示一种野蛮的人吃人的罪恶。由于该小说署名"草明"，这让草明"火冒三丈"，一口气写了几百字的声明，发表于左翼刊物《夜莺》第 4 期（1936 年 6 月 15 日）。草明还去请教鲁迅，请求他介绍到《申报》上免费刊登。鲁迅认为《六艺》刊物本来没有什么市场，如果在大报上大骂，反而帮了它的忙，替它作了义务宣传。鲁迅草拟了一个含蓄而简单的声明，让草明附在下一次发表的短篇小说的题目下面刊出，这样既达到声明和谴责的目的，又避免了为该刊物作义务广告。草明以此照办，多年后还回忆此事。

现在不大有人关注此事，甚至有人认为此事是"小题大做"，不值得一谈。对于《六艺》创刊号曾发表的漫画《文坛茶话图》在 1991 年《文汇读书周报》重新刊登后，关于此画作者是否鲁少飞，则是引起一场争论。

《六艺》停刊 9 年后"复苏"，封面上端的刊名下特意添加"新文艺"，以此区别原来的《六艺》，下端印着"六艺新文艺出版社"。后面的版权页上注明：主编者康丹，出版者史凌柏，总经销为五洲书报社、文汇书报社。

五洲书报社曾出版郭沫若《抗战颂》等著作。1944 年 6 月出版文学刊物

《千秋》，徐础编辑，刊有文坛趣闻轶事，但仅出刊两期停刊。

这时著名的《文汇报》（上海"孤岛"时期唯一抗日宣传阵地）自1939年5月停刊之后，还未正式复刊（1945年8月15日才复刊）。"文汇书报社"似乎与《文汇报》没有什么瓜葛，不过《六艺》编辑部（后来与良友图书公司有关系，总经销后者的再版书籍，《六艺》第5期刊登有关广告）则已经在传递"春天"信息。

《六艺》编辑部设在上海南京路慈淑大楼528室（后迁移）。该大楼原来是大陆商场，铺面及二、三层租给爱国工商业人士方液仙、李康年创办的中国国货公司。其三楼先后为申报流通图书馆（馆长李公朴）、新亚图书馆、丁香图书馆（新中国成立后，这里又称为南京东路新华书店）。抗日战争期间，这里曾作为圣约翰大学的临时宿舍。1940年，之江大学内迁，但有部分教师留在上海，由建筑师陈植等创办之江大学建筑系，设在大陆商场楼上，解放后并入同济大学建筑系。

从丁景唐的简约介绍来看，"复苏"的《六艺》引起了上海地下党的"学委"注意，否则丁景唐也不会接到指示，叫钟恕去投稿的。事前，丁景唐也是让钟恕写了一篇小说《青涩的恋》，用笔名"微萍"投稿给著名女诗人关露主编的《女声》，作为一种试探。投稿录用后，丁景唐也使用"微萍"笔名，投稿给《女声》，结果都被刊登，由此打开了投稿的大门。这是一个"题外话"，也颇有趣味。

《六艺》创刊号发表的《老赵》，署名"沙金"。多年后，丁景唐将其正名，圈去"沙金"，添加真实名字"钟恕"，并用红笔修改该文多处漏字、错字等，显然此文勾起丁景唐对于许多往事的回忆。

当时在上海郊区的川沙县教书的地下党"学委"书记张本因故离去，钟恕前去替代授课。半年后，钟恕写的《老赵》正是取材于那里学校发生的事。小说中的老赵既不是训育主任，也不是正规的教师，"什么都教过，什么都教不来！只会打人，只好教教体操。"他是学校里赫赫有名的"赵老虎"，也是校长一旦遇到难事时首先想到的"救兵"。

晚上，校长指派给我一个铺位，就在赵老虎的房里。

我正在整理被褥，赵老虎醉醺醺的走进来，玻璃弹子样的眼，睁得更大，发红，像疯狗的眼，叫人望着有凶险的感觉，好像冷不防会咬你一口似的。

可是赵老虎却显出和气来了，歪歪斜斜的脏牙齿，露在嘴唇外面，酒气直冲上我的鼻孔："呃，呃，这位就是……"我连忙退后一步，也藉以表示谦虚："呃，呃……"我又理我的被头去，他也理他的。

"×先生以前在上海是……""刚离开学校,没有教过书,以后请多指教。""是吧,那不要紧,我老赵——"他拍一拍胸,"是个直性子的,以后当然帮你忙,那些小鬼不好弄,操呐!个个都是杀胚!非打非骂不可,譬如今天——"

钟恕笔下的赵老虎并非是粗人,动辄就打人,在"调解"校长与教员、学生之间矛盾时,他总是站在校长一边,但有时也能说出真谛:"打人是要看看人头的。"果然,小说结尾出现了戏剧性的一幕……

因此,丁景唐点评钟恕的这篇小说《老赵》,具有"张天翼笔法,人物形象突出,具有讽刺、幽默的作风。"此小说在《六艺》创刊号里比较突出,编者康丹在《创刊后记》里提及该小说,并写道:

是"春的季节",这表示了一个新岁月的开始。《六艺》于这个时候创刊,希望也有一些新的表现。当这个沉寂冷静,而还有点冷意的上海出版坛上!

办刊物,在目前是被认为最笨拙的一种工作了。印费及纸价不但超过了饱和点,而达到不胜负担的程度;而一切的一切,更是吃力而不讨好。《六艺》偏偏在这个时期由孕育而诞生,自然我们将被人目为傻瓜。然而当这一册厚厚的创刊号呈现在每个读者手上的时候,我们又觉得有一些阿Q式的自我慰安了。

在本期材料的分配方面,我们曾经下了一点小工夫。谁都知道,唯有非常时期才有非常时期的作品产生。因此,在创作号里,特别选译了好几篇战时的名作,把这一些令人爱不忍释的作品献给读者们,在编者的心中,真有说不出的快慰!

值得郑重推荐的作品,在这里让我依次的把它介绍出来:

罗曼罗兰这一伟大的天才,刚刚于短时期以前逝世。关于他的一生,真是一个最美丽而灿烂的史页。本期特请罗又先生把他一册最伟大的杰作介绍出来,是一篇难得的文章。

《空中探照灯》,写出了今日战场上的新武器,《天寒谈伤风》,《天花,种痘……》是这个季节里的应时文章。《美国犯罪界内幕》《处女时代的贞操》《我在里斯本》《埋在地底的黄金》和《新闻记者》……都是不可多得的译作。《星与原子》《世界行列》是两篇很动人的袖珍作品。

苏联在今日战线上的地位,是最引人注目而令人加以特殊注意的。本期内,我们用了种种方法,特地约了几篇最有价值的苏联战时作品,《俄罗斯性格》和《离开了丈夫的妻子》是两篇可以称为惊人的杰作,编者曾为它而深深的感动着。前者是小托尔斯泰的新作,我们知道,小托尔斯泰是现代苏联伟大作家之一,革命前就已经颇享盛名。他的名著为《彼得大帝》和《苦难的历程》那有名的三部曲。《彼得大帝》系历史长篇,描写彼得大帝如何整军经武,使俄国强盛起来。我国有根据日文所译的译本。《苦难的历程》则写俄国革命前后的情形,写苏联在革命与建设途中,所经历的苦难。后者则是一位新作家的作品。都是很难得的译作,今后我们将特别向尽量刊载翻译名作这方面发展。

《老婆婆》,《表的故事》和《母与子》,我特别把它同时刊载出来,那里面的真切感人的情味真是太动人,太可爱了。《老婆婆》出于拉甫列涅夫的手笔,拉氏曾以所著《毁灭》一剧在中国闻名。《表的故事》的作者卡维琳,不仅是一位名作家,并且是一位俄国文学史的专家。《母与子》为西蒙诺夫所作,这是一位才华焕发不可一世的青年诗人,其创作诞生与苏维埃时代。特别成长于战争时期,震惊苏联剧坛的名剧《俄罗斯人》和中篇小说《日日夜夜》都是出于他的手笔。

还有两首特选的诗:《她,那一双女人细心的手!》《新年之夜》也是令人留恋的作品。前者为女诗人薇拉英倍尔所作,她曾在战时出过几本诗集。后者为苏联著名儿童文艺作家马尔沙克新作,他曾出过许多儿童诗集,战争后更写过不少短小犀利的杂文,颇脍炙人口。

《莫斯科艺术剧院印象》是绪方寿彦的作品。

在创作方面,我想介绍叶邨先生的《塑像》,和《金鱼》《老赵》……等篇,虽然都是新作家的手笔,但在技巧方面,都值得称赞的。

本期中,有两篇值得特殊注意的学术探讨与研究的文章。其一是何凯先生特译的《怎样读书?》,其次是小林秀雄的《给有志于创作的青年》,这两篇是在质量两方面都极优秀的好文章,希望读者们能仔细加以欣赏。在长篇方面,特地选了两篇趣味与内容并重的作品:芝加高·梅的《女盗自传》和《国际间谍秘话》。前者极尽细腻精致之能事,后者能得紧张惊险之妙,可以分看,可以合读,是这一篇文章的特色!因为付锌匆促,四版插页来不及在本期内附出,这只好留待下一期刊载了。我们特殊希望爱护《六艺》的,努力赐寄稿件,和贡献我们以宝贵的意见。谨祝健康!

《创刊后记》的这些介绍已经勾勒出这期刊物的主要内容和特色,其开头:这是"春的季节"。立即触动了丁景唐的心弦,只有经历了艰苦卓绝的抗日战争岁月的人们,才能真正体会到渴望已久的"春天"滋味。因此,丁景唐评价为"已经为迎接抗战胜利而有行动了"——妙。

"在坦克车里或是在飞机上,在掩蔽处或是防御土房内,或是凌着海波汹涌的波浪里,在待机出动的水雷艇上,或是寒风凛冽的田野里,我们迎接新年,恭贺新禧!在这黑暗寒冷的新年之夜,进行着战斗,在雪地冰天,为了这刚要降临的新年,或是为敌人最后的一年。"这是苏联著名儿童文艺作家马尔沙克的诗歌《新年之夜》,夏随翻译。对此,丁景唐同样敏感地察觉到抗日战争胜利的"春天"即将到来,高兴地点评为"很有意思"。

《六艺》刊名的古意指礼、乐、射、御、书、数。30年代的《六艺》是一本综合性的文艺刊物,其中有文学、戏剧、电影、音乐、绘画、雕塑、艺术评论等。"复苏"的《六艺》则改为普及科学和文学知识,并夹杂着发表国内外的诗文,看似杂乱,其实是一种办刊的策略,以前者掩护后者的宣传舆论,用暗喻、象征等文学手段——"弦外之音"吸引爱国、进步的学生、青年等广大读者。

《六艺》创刊号刊登了一些苏联著名作家法捷耶夫(《创刊后记》译为拉甫列涅夫)、卡维琳、西蒙诺夫的小说,并且在《创刊后记》介绍了他们的代表作,特别是西蒙诺夫的《日日夜夜》是描写斯大林格勒保卫战的著名小说,成为反法西斯的文学号角。法捷耶夫的小说《毁灭》、绥拉菲摩维奇《铁流》都揭示了布尔什维克领导下的劳动群众组成的游击队是不可战胜的,并且曾与鲁迅、曹靖华的名字紧密相连。因此,丁景唐点评《六艺》:"这是上海沦陷期间,除苏商《苏联文艺》之外,很少有的。"

1945年2月,《六艺》问世,次年4月终刊,共出版了6期。该刊第2期是"春季特大号"(1945年3月出版),《编辑室》欣喜地说道:上期创刊号6000册在问世的3天里,竟然销售一空,以致无法满足其他众多读者的需求。第2期卷首为象征手法的抒情散文《春的季节》(施玲),第二页便是欧洲战场反法西斯战争的胜利消息,公开凸显上期"春天"的气息,继续推出苏联文艺作品的译作等。出版者仍为史凌柏,刊物的发行人改为穆时杰(化名)(直至停刊),六艺出版社地点改为上海青海路(静安寺路,即今南京西路)7号;总经销改为文汇书报社独家经营。

第3期(1945年5月出版)比创刊号的正文167页码多一些(195页),扉页刊登"春季征文"启事,其题材为"我生平最感动的事""我闹了一次笑话""事实故事",这再次延续创刊号"春天"气息的主题,明确告诉广大读者:伟大历史时刻的到来,希望广大读者拿起笔记录这一时刻。因为卷首便是《斯大林告民众书》(5月9日),以及《苏联最高总司令命令》《由莫斯科到柏林》等消息,宣告5月8日德国法西斯正式投降,标志着苏联卫国战争取得伟大的胜利。

这期为"短篇小说专号",除了一些娱乐趣味之外,还刊登了10篇小说,其中4篇译作,6篇文学原创作品,作者分别为吕白华、丁谛、周楞伽、谷正櫆和郭朋，他们在当时上海文坛上颇有名气。其中郭朋是丁景唐编辑《小说月报》时认识的年轻作者，并成为好朋友。这期编者称郭朋的小说《原野之火》，"更是紧紧地把这故事中的主要人物，生龙活虎的描写出来。"

第4期为"革新号"（1945年7月出版），请吕白华写了专题文章《释六艺》，并刊登《记洪深》（笔名"大红袍"）、《赛珍珠的写作生活》（笔名"方夕"），编者称为"是极难得的作品"。

第5期则是"复刊纪念号"，推迟到1946年2月出版，编者称其"又复活了"。卷首为《划时代的胜利》（李思秋），刊登蒋介石的头像，显然这是国民党当局同意"复刊"的主要条件之一，由此抬高"中国统帅"蒋介石的地位。因为前几期虽然只字未提共产党领导的八路军、新四军，但是也被国民党当局嗅出其中的"赤色"味道，同时绝不能偏向于斯大林领导的苏联卫国战争。因此，发生了停刊、换人等变故，这期"复刊"的主编者、出版者分别改为六艺月刊社、上海刊行社，没有人名。

第6期为"夏季特大号"（1946年4月出版），主编改为陈东林[①]，发行人为康丹（原为编辑），推出"夏季征文"活动，基本上继续第3期的征文题材，不过增加了"我的奋斗史"。入选的征文准备在8月号上刊登，但是，未能如愿。

陈东林在这期《编者的话》中理直气壮地说："事实上，空泛的议论既不能增进读者对于时代的认识，也不能充实他的生活，简直完全是在糟蹋杂志的篇幅。因此，在这本杂志中，我们竭力避免此项趋势，务使每一篇文字多少能够贯彻一些切实的知识，这样才能对得起出了一千块钱来买本期《六艺》的读者了。"这里的"一千块钱"，相当于后来人民币3角钱。"空泛的议论"潜台词不言而喻，但是这竟然成为《六艺》的最后一次"亮相"，此后停刊了。

丁景唐生前未能查阅有关《六艺》的资料，因而留下了许多难解之谜，以上聊作补缺。

---

① 陈东林，中国早期英语教育专家，著有《华童游英记》《英文会话全程》《英汉汉英翻译详解》《体育之话》等，主编《中华英文周报》《日语学习》《六艺》等报刊。

指导沈惠龙编辑《莘莘月刊》

"说是'春光无极',小城里装满了暖洋洋的春光。柳絮任和风激荡,挣脱孩子们灵活的手,一片接连一片,萦绕在碧绿的涟漪上,像古昔的恋歌。昨夜的残梦同样飘渺又凄迷。当欧阳英回到小城,正是这个抑郁的时节。"

柯群写的短篇小说《年青的时候》,发表于《莘莘月刊》第 1 卷第 3 期(1945 年 6 月 5 日出版)。多年后,丁景唐重新审阅此文,不仅修改了此文排印中的错字、衍字、漏字等,而且重新写上作者的真名金如霆。丁景唐特意用一张便笺贴在这期刊物扉页上,其中写道:

《莘莘月刊》自 1945 年 2 月—7 月,共出 4 期。

这是日伪统治时期,党的"学委"领导的唯一公开出版的青年学生刊物。由交大学生(党员)沈惠龙主编,参加此刊工作的党员有冯大文、江凨、金如霆(笔名柯群、史亭)等。那时袁鹰(田钟洛、田复春)还不是党员,也参加编辑工作。该刊由我负责具体联系。

《中共上海党史大事记(1919—1949)》,1988 年 8 月上海党史办编(知识出版社 1988 年版),第 585 页列入大事记,2 月 1 日:上海党"学委"以莘莘学志社名义,公开出版学生刊物《莘莘月刊》。

我和沈惠龙同志都写过回忆文章,刊上海市政协编的《抗日风云录——抗日战争胜利 40 周年纪念特辑》(下)第 342—361 页,1985 年 8 月,上海人民出版社出版。

1944 年秋冬之间,吴学谦从华中局学习后返沪,到丁景唐(地下党"学委"从事宣传工作)家里传达上级有关指示。这时第二次世界大战形势发生急速变化,苏联红军开始全面反攻。上海青年学生富有强烈民族自尊性,需要有一份具有知识性、文学性的学生刊物,慰藉精神上的寂寞。犹如本文开头引用的《年青的时候》引子,大家在渴望和焦虑中期待抗日战争胜利的春天到来,但是"昨夜的残梦同样飘渺又凄迷"。

莘莘

第一卷 第三期

五月六號

·莘莘学志社出版版·

沈惠龙时为交通大学学生，因参加校外的地下党工作，他的党组织关系转移出交大支部，改由金德琴（曾任中共上海工委宣传部负责人）领导，很快转由丁景唐负责联系。丁景唐指示沈惠龙：尽可能利用日本人的合法关系，创办一个学生刊物，开展群众工作。沈惠龙说服了堂舅吴君尹（震旦法学院学生），并与圣约翰大学学生袁万钟（曾与沈惠龙一起编辑《大学周报》）、震旦大学学生陆兆琦共同商量，吸取《大学周报》被迫停办的教训，决定：一是不谈政治，二是主要传播知识，三是刊登文艺习作。

沈惠龙等4人在西康路196号（后为公开的莘莘学志社地址，后有变动）商量刊名时，吴君尹提议为"莘莘"。《莘莘月刊》第1期《创刊献词》和《编辑室》(《编后记》)解释了"莘"字，上面是草字头，下面是辛，象征着一条荆棘之途。

莘莘学志社成立后，吴君尹任社长，沈惠龙等3人为编辑，由沈惠龙主持，会计是吴君尹的爱人周清英（东吴大学会计系学生）。大家都是兼职的，利用课余时间去值班。另有一个义务值班的中学生江汛住在西康路附近，几乎天天去。随着刊物杂务事情增多，加之江汛原来是患病在家休养，病情加重,不能常来了,沈惠龙向丁景唐提出需要有专人值班。

丁景唐设法调来沪新中学学生冯大文,酌情给予津贴,其余人仍然是尽义务的。丁景唐向沈惠龙明确交代,必须严格遵守地下党组织的纪律,不准与冯大文发生横向关系。当时《莘莘月刊》里有4个党员:沈惠龙、冯大文、江渢、金如霆(交大学生)。沈惠龙负责有关"上层关系",团结其他编辑。冯大文主要负责下层群众工作,利用推销刊物之机,做一些中学方面的"开辟"工作,先后在青年会、育英、京沪等中学发展了一些通讯员。江渢有病,不幸于1946年夏天去世①。金如霆也是病休在家,起初由丁景唐联系,后转给沈惠龙,他不时撰稿,但从不在编辑部露面。

时为华东教育系学生的袁鹰(田钟洛,后为《人民日报》副刊部主任)主动投稿,由袁万钟接待,此后他前来帮忙,参加编辑工作。1945年7月,袁鹰由好友廖临介绍参加中国共产党,廖临通知他党组织派人第一次来联系的时间和暗号。田钟洛没想到,前来的是丁景唐(当时化名丁英),并向他如实汇报了《莘莘月刊》的有关情况。丁景唐不动声色地听完汇报,叮嘱田钟洛认真当好编辑。事后,田钟洛才知道丁景唐是领导此刊物的,完全清楚有关情况。因为组织纪律关系,丁景唐没有把事情挑明。

《莘莘月刊》说是不问政治,但是该刊第2期依然增加了《助学义卖市场特辑》。原来这是丁景唐指示沈惠龙,要配合当时正在兴起的"义卖助学"——"学委"领导的全市校际较大规模的一次活动,专门推出的一个特辑。丁景唐还说:"刊物的内容一定要让事实说话,写得生动活泼,符合学生身份,让读者自己去体会,切忌感情冲动。"因此,第2期推迟到4月才出版,这期"特辑"除了沈惠龙采写的综合报道《义卖市场参观记》外,还有各个学校12名参加义卖活动的通讯员写的报道,以及11张现场照片。

当排版、印刷这期刊物时,由于"义卖助学"活动引起敌伪的注意。丁景唐立即通知沈惠龙,原想撤销这期"特辑",但是考虑到这么处理,反而会不妥当。因此,丁景唐叮嘱沈惠龙:必须密切注意这期刊物出版后,敌伪动向。确定没有危险之后,第4期卷首还刊登了《论抢救失学》短评,可能是沈惠龙或他人撰写的。

1945年6月,刘长胜在淮南华中局城工部会议上,对这次"义卖助学"给

---

① 江渢生前曾热心地帮助聋哑人编辑、油印刊物《聋潜》。抗日战争胜利后,他参加了丁景唐领导的上海文艺青年联谊会("文谊会")的工作。他临终前,嘱咐妹妹江静托丁景唐,向郭沫若请求为他写墓碑。丁景唐以"文谊会"的名义写信给郭沫若,由梁达(范荣康,后为《人民日报》副总编)转送给郭沫若。郭沫若欣然提笔写了"江渢之墓"。新中国成立后,丁景唐见到在上海音乐学院读书的江静,她很遗憾地说:原件没有保留,连刻字的石碑在乡下也被人敲掉了。

予很高的评价:"党领导上海人民在敌人残酷统治下的一次示威和重大胜利,是符合党中央指示的要求的。"

由于第 2 期延迟出版,因此沈惠龙在第 3 期《编后记》中写道:

> 我们终于第三次见面了。
>
> 因为出版的不能准期,这本月刊无形中变成了不定期刊物,但是我们正在努力设法,希望从下一期起,可以准期出版。
>
> 本期除论文之外,又添辟了一栏"大家谈",专收短小精悍的文字,所谓费最少劳力获最大效果,就是我们创设这一栏的动机,希望读者们能好好地利用它。
>
> 铁翁先生的《马赛曲及其他》是值得推荐的一篇,先生是海上著名史学家,在这篇文字中先生用生动的辞语,写述这二段史事轶话,读后谁再会说历史是枯燥的呢?
>
> 《电波车》是一种新发明的介绍,写得很扼要。
>
> 文艺方面,柯群的《年青的时候》是一篇力作,虽然篇幅很长,但是我们把它一次刊完。想读者们一定同意我们这样做吧。
>
> 学校生活征文方面,承蒙读者寄给我们很多稿子,但是可用的实在少得很,这一期选刊了两篇,以后还希望读者源源赐寄这一类稿件。
>
> 关于征文的范围,从这一期起,我们把它扩大了一些,在启事里面说得很详细,请读者注意。
>
> 最后,还是一句老话:我们虚心地等待着读者们的批评,热诚地等待着读者们的惠稿。

一日,沈惠龙问丁景唐:"有人约来歌青春的一首诗,你知道吗?"丁景唐摇摇头,心想这是很有意思的对话。因为歌青春正是丁景唐的笔名,但必须遵守组织纪律,不准说白。第 3 期发表了这首诗歌《毕业行》:

> 我们来自不同的方向,我们来自不同的家,像小河的水汇集浩瀚的海洋,我们投奔慈母的门墙。
>
> 智慧的灯照亮我们的路,友情的苗随着岁月茂繁;当熏热的风烧灼榴焰融融,我们就将像带翼的种子,载着歌笑向四方播送。
>
> 莫辜负青春的年华,莫看轻自己的力量,迎接着锦绣前程,我们要为新中国的女性争荣!

"新中国"的神圣名称,4 年后成为中国现代革命史上开创一个伟大时代的象征,丁景唐没有料到来得那么快,更没有想到此诗歌70多年后竟成为他去世后被人遗忘的一首佚诗。

此诗副标题是"为某女校一九四五级作",据丁景唐生前介绍,此诗是为上海启秀女中毕业班写的。当时,丁景唐应沪江大学中文系同学陈嬗忱(1942年毕业)之邀,到启秀女中讲授写作课,受到欢迎。于是1945届毕业生陈休徽邀请丁景唐为该届毕业生写此诗,后被谱曲作为校歌。

启秀女中始建于1905年,1938年建立了中共地下党组织,中华职业俱乐部主席茅丽瑛烈士曾就读和任教于该校。现该校改名为启秀实验中学,具有深厚人文底蕴的百年老校,地处思南路,毗邻孙中山故居、复兴公园。

当时,是沙寄生前来向丁景唐约稿时取走《毕业行》诗稿的。沙寄生化名吴年,时为大同大学学生,写的散文发表于《莘莘月刊》。"文革"后,他还从南京写信给丁景唐,回忆起当年参加《莘莘月刊》《时代学生》工作的青春伙伴。

丁景唐使用歌青春的笔名发表了第一本诗集《星底梦》,1945年4月,他以"上海诗歌丛刊社"名义自费出版(详见本书收入的《自费出版的第一本诗集〈星底梦〉》)。丁景唐生前多次谈及《星底梦》,但是,他不愿意谈起此诗集的有关广告。其实,除了在《谷音》中刊登广告(详见本书收入的《我与萧岱、王楚良合办"译作文丛〈谷音〉"》)之外,还在《莘莘月刊》第3期上刊载广告:

歌青春新著《星底梦》,现已出版! 每册特价三百元

本书系作者历年诗作之精髓,凡五辑二十八首都(有)一千数百余行,附录《诗与民歌》一篇,为近年上海诗坛稀有之收获。

经售处:上海圆明园路二〇三号(沪江书院底层)沪江实业公司

这里说的"三百元",实为新中国成立后的人民币9分钱;当时沈惠龙不知道《星底梦》的作者歌青春是丁景唐的笔名,那么这则广告可能与沙寄生或他人有关。

《莘莘月刊》创刊号的扉页上有"献给同学们"的两句话:"用我们的手和脑来开垦这园地,只有集体的力量才能锦绣繁荣。"该刊主要是3个方面内容:知识、文艺和学生生活。文章短小精悍,充满生活气息。

知识性文章包括科学知识、历史知识、社会生活知识等,撰稿人中也有大学教授和学者。复旦大学工学院院长R. P. Dumas是"远东著名之天文学权威",他的讲话题为《星体的诞生生命及死亡》,由震旦大学学生"子由"翻译,内容生动,毫不枯燥,发表于《莘莘月刊》第2期。

以上第3期《编后记》提及的铁翁,在第3期、第4期接连发表《马赛曲的

故事》《历史上的狂人》，前文讲述法国大革命中产生的战斗歌曲《马赛曲》，此后被定为法国国歌。1917年俄国二月革命时，被填上俄语新词，作为俄国国歌，十月革命后被《国际歌》取代。《马赛曲》在中国的影响也很大，曾于革命者集会时传唱。此文对于上海沦陷时的青年学生有启迪作用。

本文开头提及的柯群（金如霆）的短篇小说《年青的时候》，丁景唐看到后不免有点惊喜，认为作者用了抒情散文的手法，描写了一对青年男女同学，因思想不同、家庭贫富悬殊，最后被迫分手的初恋故事，结局是女同学被一个男子骗婚，流泪度日。故事有点抑郁的情调，但以情动人，受到读者的赞赏。

不满20岁的陈新华用"陈联"笔名写了一些小说和儿童故事。她写的《羊》，得到关露的赏识，获得《女声》征文二等奖。《莘莘月刊》前两期连载陈新华的小说《马燕珍》，作者以明快、幽默的风格，描写优等生马燕珍为了保持每年第一的荣誉，不幸得了急性肺病。另一位女生汪纪芳不计个人得失，以坦荡的胸怀感动了马燕珍，两人结为好朋友，以此控诉不合理的教育制度造成了同学之间的矛盾与隔膜。"文革"后，陈新华曾来探望丁景唐，谈起许多往事。

袁鹰首次投稿的是文艺短论《向生活学习》，他写的中篇小说《掘墓的人》(小人物的故事之一)自第3期开始连载，但是第4期后停刊了，未能如愿刊完。

圣约翰大学学生董乐山以麦耶笔名写了《歌德重晤夏绿蒂》，发表在《莘莘月刊》第2期，他还为《杂志》《女声》写了不少影评。新中国成立后，董乐山翻译了许多外国专著，其中有与人合译的《第三帝国的兴亡》、新译的《西行漫记》。1982年夏天，董乐山（时为中国社科院研究生院美国系主任）与哥哥董鼎山来上海。7月23日，丁景唐与老友董氏兄弟一起前往巴金家里，畅谈一番。

1945年7月，抗日战争胜利已成定局，丁景唐通知沈惠龙，《莘莘月刊》准备停刊，指示沈惠龙、冯大文和刚入党不久的袁鹰立即筹备出版一份新的刊物《新生代》。这是为了迎接新四军解放上海，组织里应外合。由于此计划后被中止，因此《新生代》仅出一期。

《莘莘月刊》决定停刊时，有人提议移交给国民党的三青团，遭到大家的反对。①

---

① 详见丁景唐《回忆〈莘莘月刊〉》、沈惠龙《莘莘学志社始末记》，载《上海文史资料选辑》第51辑《抗日战争风云录》(下)，上海人民出版社1985年版。

与王楚良、萧岱合办"译作文丛"《谷音》

丁景唐遗作

　　1938年11月,我加入共产党,创办文艺半月刊《蜜蜂》,开始我的编辑生涯。1940年冬天,我与沪江大学学生王楚良一起编辑上海基督教学生团体联合会的刊物《联声》,以后担任地下党"学委"系统的宣传调研工作。

　　王楚良比我大4岁,曾参加左联,翻译A.托尔斯泰《保卫察里津》和美国作家辛克莱《不准敌人通过》等。解放后,历任《上海新闻》英文版副总编辑、中国驻加拿大大使馆代办,"文革"后在中国外交学会工作。

　　1945年春天,我注意公开工作与秘密工作相结合,利用合法的社会关系团结积极分子,参与中共地下党员自办两份刊物。一份是由我联系的学生刊物《莘莘月刊》,由交通大学的地下党员沈惠龙等负责,其活动后来被列为抗日战争时期中国共产党上海党史大事记之一。另一份是我与"文委"系统党员王楚良、萧岱合办的《谷音》。

　　记得创办《谷音》之前,德国已向盟军签署无条件投降书,欧洲反法西斯战争胜利结束,艰苦卓绝的8年抗战局势已转守为攻,日本无条件投降指日可待。

　　萧岱,原名戴行恩,比我年长7岁,大学毕业。1934年留学日本时参加东京左联支部,著有小说《残雪》、长诗《厄运》和译著《苏联文学》、《列宁给高尔基的信》等。解放后,历任上海军管会文艺处文学室主任、上海文联副秘书长、上海作协副主席、《收获》副主编等职务。

　　我们3人在王楚良工作的运输公司办公室里闲聊,谈起《莘莘月刊》被迫停刊(共出4期),暂且没有地下党领导的文艺刊物诸事,应该填补这个"空白",设法再办一个,尽力满足进步读者的需求。我自告奋勇来具体操办,过去办《蜜蜂》《小说月报》等刊物时积累了一定经验,还与部分作者保持联系。

　　新刊物叫什么名称,既能代表编者的心境和意向,又能吸引读者,颇费脑子。王楚良、萧岱干脆用一个简单的办法——翻看《辞源》,恰巧查到黄庭

坚诗句:"别后寄诗能慰我,似逃空谷听人声。"①瞬间灵光闪现,"刊名就叫'谷音'!"我特地将此诗句安排在《谷音》扉页上,坦然"告示",其弦外之音,让读者自行细细品味。

大家商量结果,除了我们3人写稿之外,我负责组稿,联系恩师朱维之等人。经过一番紧张的约稿,组稿、编辑,同时通过亲朋好友拉广告,筹集资金,落实印刷厂。忙碌一阵后,我把一叠文稿送到汪伪图书审查机构(福州路、江西路的一所大楼)审查。1944年起,我曾经常送《小说月报》去审查时,与审查人员混个脸熟。由于我们事前作了周密考虑,把文稿内容控制在"纯文学研究"的界限内,因此两星期后,汪伪审查机关在送审稿上敲了审查通过的蓝色印章,我顺利取回文稿。解放后,我所在中共市委宣传部工作的大楼改名为建设大楼,恰巧与原来汪伪图书审查机关是同一大楼。

我编辑的《谷音》32开,70页,共7万多字。封面设计简洁大方,四周围框,上端为"译作文丛第一集",其下为刊物名称,粗黑体,醒目;下端居中为"沪江实验公司",以及创刊时间"1945(年)"。扉页上排印黄庭坚诗句下面,

---

① 黄庭坚《登南禅寺怀裴仲谋》:"茅亭风入葛衣轻,坐见山河表里清。归燕略无三月事,残蝉犹占一枝鸣。天高秋树叶公邑,日暮碧云樊相城。别后寄诗能慰我,似逃空谷听人声。"

还请中法药房职员、地下党员杨国器创作山水版画（署名"SC"），虽然木刻刀法比较粗糙，但毕竟表达了"谷音"一些意境。

封底版权页下半部分注明"发行人兼编辑丁英"。其上半部分为王楚良写的《编后》之言：

> 因为爱好文学，我们就想出一个纯粹是研究文学的刊物，我们并不希望出众，但我们自然也有我们的标准和水准：我们想提供一些还是有内容的文学的作品，给我们一种爱好文学的读者。
>
> 但这样的渴望是不容易完成的，现在就弄成了这么一份东西。这自然是离开我们自己的理想太远了，更不能说我们已替爱好文学的读者尽了一些什么本分。
>
> 这也许是我们对于自己所有的微薄的能力有了奢望的缘故吧。但是如果每一个读者都能够帮助我们的话，那末，有这么一个奢望自然也不是太过分的事。
>
> 我们下一期不知什么时候再发行，但如果能够再印一本的话，那末我们至少有这几篇文章是可以先向读者预告：
>
> （一）托尔斯泰的悲剧
>
> （二）T. S. 爱略忒论
>
> （三）六朝的民歌（北方篇）
>
> 这几篇文章早已在我们手头了，但因为篇幅关系，我们只能留诸下次。
>
> 希望读者给我们指正和援助。

这些话语比较委婉，类似于当时创办文学刊物《后记》的基本意思。文中谈到预告的几篇文章，前两篇译作是王楚良、萧岱的意向，第 3 篇是我准备继续编写《六朝的民歌（北方篇）》，但都因停刊未能写。

《谷音》第一辑"译作文丛"包括中外文学理论与创作。首篇是我的恩师朱维之写的《由绘艺到唐宋文艺思潮》，他还一起寄来一首诗歌《但她的鞋子笑了》，使用笔名"白川"。多年后，朱先生还记得我请他写稿一事，他回忆说：由于物价飞涨，工资不够付房租，不得不到其他学校兼课，"丁景唐同学办的刊物要稿，也只能写些短文。"有一次下雨，他和其他人到招租的一幢花园洋房里参观，恍如梦境，一位女士的皮鞋在雨中嘎吱作响，好像在嘲笑大家没有"枕首的地方"，于是朱先生有感而发，写下《但她的鞋子笑了》一诗。（朱维之《沪江的二八年华》，载 1986 年出版的《沪江大学纪念集》）

1942 年，我从东吴大学转到沪江大学中文系三年级读书时，在圆明园路真光大厦有幸听到王治心、朱维之、黄云眉三位先生讲课，他们分别教授《中国文化史》《中国文学史》和《国语文法》《诗词作法》。

朱先生比我年长 15 岁,出生于浙江平阳县朱家岛村(现属苍南县),初名维志,单名智。村里百姓大多信奉基督教,因此,朱先生很早接触到《圣经》,成为他以后终身研究希伯来文学的渊源。他在沪江大学执教 16 年,著有《李卓吾论》《中国文艺思潮史论》《基督教与文学》等。这几本书,我原来都有收藏,可惜后来遭失。1948 年夏天,我在香港躲避上海特务追捕时,朱先生(时为沪江大学中文系主任)毅然邀请我回沪担任中文系助教,安排我隐居在远离市区的沪江大学助教宿舍里。当我危难时,朱先生及时伸出援手,让我终生难忘。

《谷音》第 2 篇是我以"丁英"笔名编写的《六朝的民歌(南方篇)》。由于当时时间紧迫,我来不及到图书馆查找,便摘录了郑振铎编写的《中国俗文学》中一些材料,然后根据聆听朱先生教课时的体会,融会贯通,进行编写。我选择古代民歌作为研究课题并不是偶然的,那时我已经对民间文学产生兴趣。此后,我写过《民歌中的妇女生活——她的一生》《歌谣中的官》等文章,编写《怎样收集民歌》(上海沪江书屋 1947 年 5 月初版)。解放初,我还曾担任中国民间文艺协会理事、上海民间文艺家协会副会长。

我编排《谷音》时,校看了王楚良、萧岱等人翻译的巴尔扎克、契诃夫、普希金等诗文和有关文论,其中有《巴尔扎克新论》《一笑之失》《高级课程》《书蠹的牺牲》《普式庚诗抄》等。

当年出名的青年作家有沈寂、张富英(石琪)、郭朋。沈寂曾为我编辑的《小说月报》写过小说,他因忙于别的写作,没有为《谷音》写稿。我邀约的其他青年作家稿件,都发表在《谷音》创刊上,如郭朋(萧群)《在呼鲁图克河畔》和《故居》、王殊(林茫、林莽)《山啸》、张富英(石琪)《雨天》、倪江松《松树盆景》、徐慧棠(余爱渌)译诗《巨哥斯拉夫之歌》。他们都是我在编辑《小说月报》时相识的,还成了好朋友。

郭朋、张富英都是震旦大学医科学生,我与张富英还有诗歌唱和。倪江松是复旦大学三年级学生,他的这篇散文《松树盆景》还获得我发起《小说月报·学生征文》第二名。王殊比我小 4 岁,江苏常熟人,原名王树平,复旦大学英国文学系学生,1948 年担任新华社随军记者。解放后,历任中国驻德国大使、外交部副部长、国际问题研究所所长等职务,著有《国际通讯选》《音乐之乡奥地利》等。他退休后,仍然与我有书信来往,他笔耕不已,常有散文发表于各报刊。

我编辑《谷音》时,也欣喜地看到王楚良撰写的《青春之歌——略论歌青春的诗》(署名"古道"),评价我的第一本书——诗集《星底梦》。该诗集出版时署名笔名"歌青春",留下了我的青春足迹和情感。

《星底梦》收录我前两年创作的 28 首新诗、外序诗《有赠》一首,以及附录《诗与民歌》,1945 年 3 月编成诗集《星底梦》。王楚良、萧岱两位学长,分别以笔名"祝无量"、"穆逊",为《星底梦》作了跋语,以示鼓励。我以上海诗歌丛刊社名义自费出版,一切都是自己动手,从编辑、设计、校对、张罗纸张、跑印刷所,以及包扎、分发到预定的青年朋友的手中。

    诗人在这里用的语言是多么地明朗,音律又是多么地自然,愉快。歌诗人的这一切成就给我们提供了一个确信,诗人歌青春的诗路是广阔的,诗人歌青春的诗感是真挚的,诗人歌青春缺少的只是实(际)生活的体验和意识上的锻炼。在经过了一番更大的努力之后,在冲出了华贵的诗底语言和诗底韵律以后,诗人歌青春就会很快地变为我们的歌手的。我们现在对于诗人歌青春的这种过分苛刻的要求和批评,也就是因为我们对诗人歌青春存在着这一种强烈的希望所致;愿诗人努力,愿诗人的诗会真正地变成为我们这一时代的健康的"青春之歌"。

  这是王楚良撰写评论的最后一段,作为同学、文友和同志坦陈心底之声,既有中肯评价,又有希望寄语,至今读来仍然倍感亲切。①

  《星底梦》收录的诗歌,原先大都发表在关露编辑的《女声》上。诗集出版后,著名左联女诗人关露用"梦茵"笔名在《女声》(第 4 卷第 2 期)发表《读了〈星底梦〉》一文,开头指出:"在近来惨淡荒凉的这片诗领土中突然看见这本小小的册子《星底梦》,好像在一片黑寂的大海里看见一只有灯的渔船一样。《星底梦》虽然装订很小,页数很薄,但是仍然发生了'诗'的力量……好像渔船虽小,仍旧是一只船,星星的光虽然不强,仍然能够把宇宙照亮。"解

---

① 此文是笔者为家父丁景唐起草的,这里原来还有一段文字,被家父责令删除。现抄录如下:
  我编排王楚良此文时,还在文后空余之处,放置一则《星底梦》广告:
  歌青春诗集《星底梦》现已出版!每册特价五百元。为便利本外埠埠读者购订起见,附邮五百元径函沪江公司,当即按址挂号奉寄一册。
  本书系作者历年诗作之精选,凡五辑二十八首,都一千数百余行。后附《诗与民歌》论文一篇,为近年上海诗坛稀有之收获。
  经售处:沪江实验公司,圆明园路二○三号,电话:一三五二二号。
  "每册特价五百元",由于当时通货膨胀,物价飞涨,这些钱只够吃一顿便饭。这则广告也是当时的"自我介绍",今日重见,感慨不已。
  按:此广告中的"五百元"与另一处说的"三百元"有差别(见本书收入的《丁景唐领导、沈惠龙编辑的〈莘莘月刊〉》),这是各种因素造成的。
  此广告上半部分:"诗歌丛刊已出二集:1,《蓝白合》,2,《抒情》。地址:凤阳路同春坊廿五号。"
  其中《蓝白合》由诗歌丛刊编辑室蓝漪编辑,争荣出版社 1945 年 3 月 1 日出版,定价 100 元。该集中刊登丁景唐(歌青春)一首新诗《池边》:"响午的眼光睡意浓重,静寂的园林微风温馨。蜂蝶在花丛蹀躞私语,水珠飞迸作五色的彩虹。柳影掩映一个少女的脸,池面摔碎了幽远的钟声。"

放后,《星底梦》的有些诗被入选《中国新文学大系》、《中国四十年代诗选》等多种选本,其中诗人周良沛编选的《新诗钩沉》第 2 辑(湖南人民出版社 1986 年 6 月出版),共有 10 集,也收录我的诗集《星底梦》。《星底梦》重新面世后,得到不少现代文学研究者的积极评价。

  我与王楚良、萧岱合办"译作文丛"《谷音》之后,遵照党组织的指示,各自回到"学委""文委"的工作岗位。回想起当年我们合办的《谷音》,距今已有 66 年了,那时我们共同战斗,努力为现代文学留下一本值得纪念的刊物,良可欣慰。

2013 年 4 月初
于华东医院

"文委"支持的《文坛月报》创刊号

丁景唐曾深情地回忆:"对于外祖母和皑姑,她们所给予我个人的激发,以及我对于她们的敬崇与感忉,是远过我自己亲生的娘的。"(详见本书收入的《祥林嫂、孟姜女的"链接"故事》)

外祖母的故事完了。接着就轮到新从外江来的舅父了,他笑着说:"你们还没有看见电灯呢。仿佛倒挂的茄子,悬在空中,能够照亮几十间屋子呢。"

"有这样奇怪的东西吗?"外祖母惊奇地问。

"几时带你们到外江去见识见识呵!"舅父说。

"隔山过海的,怕走不动了。"外祖母笑着:"除非装到我们的村里来。"(《灯》,全文见本文附录)

丁景唐讲述外祖母的故事,首次出现在散文《灯》里,刊登于丁景唐编辑的《文坛月报》创刊号。

1944年春天,丁景唐参与编辑《小说月报》。抗日战争胜利后,丁景唐开始考虑在新形势下另办刊物。他设法争取联华广告图书公司经理陆守伦,不再复刊《小说月报》。并与王楚良、林淡秋商量,推荐魏金枝担任《文坛月报》主编,丁景唐负责具体事务。多年后,丁景唐精心保存了仅出版3期的《文坛月报》,并特地写了一张便条,贴在《文坛月报》创刊号(1946年1月20日出版)扉页上:

(《文坛月报》)自1946年1月20日、4月10日、5月10日,只出了三期。

此刊为魏金枝出面主编,实际在党的"文委"支持下,由我(丁英)一人负责,编辑事务,包括校对、跑印刷厂、送稿费等都是一个人。因为是"文委"领导的,组稿面较广,有解放区的,如刘白羽、杨朔、周而复等,有

留在大后方的艾芜、沙汀等,上海的作家有党员(占比例较大),有夏丏尊、刘大杰等,还有胡风、舒芜、路翎等。越薪、函雨、方晓白、吴岩为束纫秋、王元化、满涛、孙家晋笔名,闻歌为包文棣笔名,萧岱自抗战前(从)日本回国后,很少写作,创刊号上写了一首诗。

丁景唐等人推荐的老作家魏金枝,早年是左联成员,与柔石等人相熟。1930年初,魏金枝与冯雪峰、柔石协助鲁迅编辑左联机关刊物《萌芽月刊》,他发表的文学作品得到鲁迅的好评。魏金枝在抗日战争期间创作了许多文学作品,其中有些入选《中国新文学大系(1937—1949)》的小说卷。因此,由这样一位资深的作家出面主编《文坛月报》,左右逢源,有能力应付各方情况,产生预期的影响。

如果推算一下,筹备此刊应该在1945年冬天,稿子来自上海作家和解放区、原大后方的作家之手,其组稿的难度很大,但是丁景唐生前未透露内情。"文革"后,以上提及的王元化等人与丁景唐保持各种来往,直到晚年。

《文坛月报》创刊号刊登王元化(函雨)的小说《舅爷爷》,写于1944年冬天,描绘了一个旧式老人生活的无奈和精神的低迷状况,其受到果戈理的小说《旧式地主》的影响。王元化回忆说："我可以把这三次反思简述如下。第一次发生在抗战时期一九四〇年前后,那时我刚入党不久,受到了由日本转译过来的苏联文艺理论的影响。……在四十年代读名著的诱发下,很快就识别了自己身上那种为了显得激进所形成的'左'的教条倾向。……直到(上海)沦陷区时代即将结束,时间已经过去了三四年,我才取得了一些进展。当我把我写成的一篇小说《舅爷爷》和评论曹禺改编《家》的文章给一位朋友看时,这位朋友禁不住说:'真的脱胎换骨了。'这时我也成为满涛所喜爱的契诃夫作品的爱好者,我们在文艺思想上则主张回到马克思的原初理论上去了。"①

抛弃"左"倾教条主义的公式化、概念化的创作模式,回归人性高地的文学理念,这也是《文坛月报》创刊号发表其他作品的"共性",由此显示地下党"文委"领导此刊物的不同凡响之处。

束纫秋在抗日战争初期从事文艺创作,曾在《文汇报》《译报》《大美晚报》《文艺阵地》等报刊上发表小说、速写、散文。太平洋战争爆发后上海成为"孤岛",在党的领导下,他继续从事文艺创作。新中国成立后,束纫秋与丁景唐长期在新闻出版界工作,彼此很熟悉。束纫秋的中篇小说《投机家》、短篇小说《节日》,分别被收入《中国新文学大系(1937—1949)》的中篇小说卷和短篇小说卷,其中《节日》的文后注明:"原载《文坛月报》一九四六年一月二十日创刊号,署名越薪。"

1939年,路翎的短篇小说《要塞退出之后》,让向来挑剔的胡风刮目相看,称他"年轻、纯朴、对生活极敏感,能深入地理解生活中的人物。""这是一个有着文学天赋的难得的青年,如果多读一些好书,接受好的教育,是能够成为一个大作家的。"1942年后,未满20岁的路翎进入创作高峰,完成了著名的中篇小说《饥饿的郭素娥》,后收入《中国新文学大系(1937—1949)》的中篇小说卷,他被公认为上世纪40年代崛起作家中的佼佼者。

路翎写的短篇小说《人权》发表于《文坛月报》创刊号,仅仅从这标题也足以让后世的直线思维的评论家大吃一惊,况且此作品与路翎同时期的《谷》《旅途》等小说着眼于揭示知识分子的精神创伤与危机,在鞭挞、咆哮、呻吟、咒骂、吼叫的血淋淋的场景中,逼迫读者去思考人权的问题。因此,有的学者点评时采用了"疯狂躁动"的极端词语。路翎的人生道路的成败与胡风密切相关,1955年因受胡风冤案牵连,被迫中断写作20多年。

1945年6月,茅盾在重庆参加了"茅盾先生五十岁寿辰和创作活动二十

---

① 王元化:《沉思与反思·我的三次反思》,上海辞书出版社2007年6月出版。

年"的纪念茶会之后,忙于写作第一个剧本《清明前后》。中国艺术剧社赵丹导演此剧,王为一、顾而已、秦怡等人公演,引起轰动。

1946年1月,著名文学家、教育家、出版家夏丏尊写下了《读〈清明前后〉》一文,发表于《文坛月报》创刊号。夏丏尊认为此剧并不像国民党中央广播电台所说的"有毒素",而且"主旨的正确和反映现实的手腕,是值得敬服的。"夏丏尊还特地作一首七律诗为茅盾祝寿,其中写道:"待旦何时嗟子夜,驻春有愿惜清明。"

不料几个月后(4月23日),夏丏尊在沪溘然长逝,茅盾被列为治丧委员会成员。6月2日,茅盾辗转赶回上海,参加了在玉佛寺举行的夏丏尊追悼会,并作了即席演讲。

丁景唐很敬重夏丏尊这位前辈,《文坛月报》创刊号发表夏丏尊一文,因此理所当然地把夏丏尊纳入自己研究的范围,并搜集了夏丏尊各种资料,其中有稀少的版本书籍。(详见本书收入的《夏丏尊的〈文艺讲座ABC〉与〈文艺讲座〉》)

1946年,重庆举办高尔基逝世10周年纪念大会,艾芜发言时说:"(高尔基)同时也是由于他从小就经历过艰难的生活,熟悉劳动人民的痛苦,明白他们的优点和长处,并热爱他们,……更重要的一点是他能够把他生活和笔,都拿来参加无产阶级革命事业,努力写出他们需要的东西。"果然,艾芜的笔下出现了自己熟悉的故乡,创作了《丰饶的原野》《故乡》《山野》等作品,其中《丰饶的原野》由《春天》《落花时节》《山中历险记》系列作品构成。

《文坛月报》创刊号、第2期连载《落花时节》,但是,该刊的第3期没见到该作品的续篇了,此事鲜为人知。

昔日左联成员、翻译家董秋斯,原名董绍明,字秋士,河北静海人。他的名字在鲁迅日记中出现时,也写为董时雍、董君。1929年间,董秋斯在上海编辑《世界月刊》《国际》月刊,与史沫特莱熟识。董秋斯和蔡咏裳合译苏联小说《士敏土》,1931年再版时,鲁迅曾为之校阅并译序。

时隔10年后(1941年春天),董秋斯在旧书摊上意外地发现了英文版《士敏土》,惊喜不已,"真像发见了一个多年不见的老朋友,于是动了修改中译本的念头。"他写了《关于〈士敏土〉》发表于《文坛月报》创刊号,透露了许多内情:

> 两个人合译一本书,正如两个人合写一篇文章,结果是无法满意的。所以这一次的修改,完全以英文本为准则。不再迁就旧译本的文字;名为修改,实际是又译过一遍了。

  这一次改译,在我个人看来,总算是比较满意。可是,从生意的观点来说,那一次出版却是最大的失败。译本过去出版过两次,出版者总藉口环境不利,不肯爽爽气气地付版税,但仍旧收到一些。一九四一年的再版,竟是大蚀其本了。

  董秋斯的"吐槽",补充了鲁迅全集有关注释的内容,并引申出后续的修改中译本的故事。此后,董秋斯修改的中文译本《士敏土》,由海燕书店1950出版,圆了他的一个梦。此后,他担任上海翻译工作者协会主席、《翻译》月刊主编、《世界文学》副主编等职务。

  这期《文坛月报》创刊号目录的最后注明:"提花图构"(插图)作者有池宁、张乃鸠、王骊眉、戎戈①。其中戎戈是一位出色的木刻家,也是丁景唐领导的"文谊"(上海文艺青年联谊会)成员,与丁景唐同乡(浙江宁波)。他的木刻作品刀法娴熟,线条流畅,表现手法细腻。丁景唐多次请他创作,如鲁迅、瞿秋白和左联五烈士等木刻肖像,收入丁景唐专著《左联五烈士研究资料编目》等。

  《文坛月报》创刊号和后面两期刊登的文章内容丰富多彩,因篇幅关系,尚待有机会继续介绍。这期创刊号的卷首《创刊辞》,署名陆守伦,但是,很可能由丁景唐起草,魏金枝修订的。其写道:

  如其要问,在这水深火热的当日,为什么不对症下药,还从事于饥不可食,寒不可衣的文艺工作?这就由于我们的看法,以为文艺所能贡献于人类的,虽较渺茫而不切合实际,然亦较微妙而有积极的功效。因为文艺实为人类的精神食粮,不问其职业阶层,在这黑暗痛苦的人间,无不需要安慰和鼓励。无如物质既已有限,供应自亦有穷,只有这精神食粮,非为占有,而为贡献;非为杀戮,而为救护;非为争夺,而为了解;非为宣传,而为共鸣;故可取之无尽,用之不竭,既可以忘却人间的黑暗与痛苦,更可进而消除人间的黑暗和痛苦。

  将原来的《小说月报》改为创办《文坛月刊》,则是丁景唐"设法争取"的

---

① 戎戈1923年10月出生,浙江宁波人。他幼年丧父,14岁到上海当学徒,后入苏州美专沪校学画,18岁开始发表木刻作品。1946年参与"抗战八年木刻展览会"筹备工作,后当选中华全国木刻协会候补监事。1947年上海重建普希金铜像,设立普希金画像奖,他所作的木刻像被评选获奖,原作被送往苏联普希金纪念馆陈列。1959年任《文汇报》编辑。他的木刻作品多次参加全国美展和全国版画展,部分作品被国内外美术馆及纪念馆收藏,曾获得"鲁迅版画奖",出版木刻画集。

结果。以上《创刊辞》中的一些看法，仿佛是丁景唐向老板陆守伦进行劝说，细细品味，很有意思。

本文开头摘录的丁景唐写的散文《灯》就像一首抒情诗歌，采用欲扬先抑的手法，从最初全家人围着油灯，随着欢乐的笑语逐渐消失，取代的是黑色的压抑气氛，在文字间缓慢地流动，逐渐弥漫开来，令人喘不过气来，胸口堵得慌，甚至窒息，最终，全家人眼睁睁地看着外祖母"死在这几盏黯淡的豆油灯下了"。这是留给丁景唐的最后印象，充满了惨淡、忧伤、悲哀、惋惜的情感。

丁景唐校对完最后一篇文章，终于松了一口气，这本刊物既是为广大读者提供的一份精神食粮，也是向"文委"交出一份答卷。这期《编后》中写道：

> 本刊内容已呈读者眼前，若妄加称褒，则有欺读者，若轻相谦逊，则有侮作家，两者都有伤于忠厚，正不如著一言，一听读者自加评骘，较为妥善。俗语有云，公道自在人心，编者固愿以这点自慰，作家所仰望于读者的想亦不过这点而已。惟以编者的立场言，对于为本刊写稿的众位作者，慨赐大作使得可集腋成裘，其盛情美意，不可不加以赏扬。尤有不得已于言者，本期因为篇幅关系，不得不将若干篇大著，留待下期发表，是则感激之外，还得致其歉意，请求予以鉴有。
>
> 至于本刊以后内容，仍拟以创作的小说、诗歌、散文、戏剧、理论为主，译述次之，且在可能范围内，增加文艺性的通讯报告，使本刊更为生动活泼。以上各门，除仍请文艺界先进，经常赐稿外，尤望文艺青年，踊跃投稿。盖编者既深信抗战八年以后，经过惨（残）酷现实的孕育，定有伟大锦绣的名作，在此时出现；而编者的采稿态度，尤无门户宗派的观念，唯以作品的本身价值为准，希望投稿诸君，明鉴此意。

其中"尤无门户宗派的观念"含义，在《创刊辞》中已经出现，《编后》反复强调此意，自然有弦外之音。

这期创刊号版权页上注明：联华图书公司编辑部，地址是上海宁波路470弄4号。这是丁景唐当年的工作地点，如今这里是靠近外滩的黄金地段，周围大变样了。夜晚的外滩，灯火辉煌，璀璨夺目，这是丁景唐的外祖母生前都不敢想象的蔚然壮观的场景，外祖母的家乡宁波乡下也发生了翻天覆地的巨大变化，曾是传说中的"太阳灯"（医疗设备），也不是什么稀罕物，可惜丁景唐生前未能续写散文《灯》。

[附录]

灯

丁 英

　　冬天的晚上，旷野就像鼓风炉，田禾，树林，村庄，都成了炉里的炭块与煤屑了，呼呼地仿佛一个疟疾患者，在寒阵之中颤抖着牙齿。

　　我们在屋里，围在桌子四周。中间点着一盏洋灯，火焰不时受着门缝里吹来的风的袭击，在玻（璃）罩里摇摆着。家里的长辈，都安闲地坐在藤椅里，看我们不住的剥着落花生的果壳。

　　灯火在没有风的时候更加亮了。火焰向上舔着，这更提起了外祖母的精神，外祖母是喜欢讲故事的，她有几十年所经历的有趣的故事。"我现在讲灯，"她说："我在做姑姑的时候，我们用的通常是油灯，有高脚的，绿色的，粗瓷的；发亮的，重甸甸的，黄铜的。里面盛着豆油，我们用细纱编成灯芯，它不断的吸着油水，突出火花。每天黄昏，它领着我们走路，纺纱，一直到床边。"

　　"我出嫁的那一年，一个远房的叔叔打外江带来了一盏洋灯，全身是银质的，仿佛婷婷站着的少女，在凸出的肚皮上雕着栀子花，里面装着白油。扁带像肚肠一样的伸到玻（璃）罩里面，发着强烈的火光。我们把它放在大厅里面，村中的阖家老少都来参看。'好漂亮的灯呵！'许多人都赞美着。"

　　"从此，旧式的油灯慢慢地少了。"

　　外祖母的故事完了。接着就轮到新从外江来的舅父了，他笑着说："你们还没有看见电灯呢。仿佛倒挂的茄子，悬在空中，能够照亮几十间屋子呢。"

　　"有这样奇怪的东西吗？"外祖母惊奇地问。

　　"几时带你们到外江去见识见识呵！"舅父说。

　　"隔山过海的，怕走不动了。"外祖母笑着："除非装到我们的村里来。"

　　"在这冷落的乡下，隔山过海，电灯怎么会来呢？"

　　"那么，我是看不到了。"外祖母到底有些怅然了。

　　去年冬末，外祖母死了。患的是一种踝骨炎。临死时，她的脚也落了下来。她要看看她曾经失掉知觉而落下来的自己的脚。晚上叫舅父把全屋的灯都点亮了。可怜的星星之火的豆油灯，放在她床前。她的散光的眼睛，什么也看不出了。

　　"洋灯没有了。"她看着七八盏像霎（眨）着眼睛的灯火。

"外面打仗,洋油已经好几年买不到了。"舅父说。

"要有电灯就好了。"她颓然的倒了下去。

外祖母死前二天,医生说这病要有太阳灯,尚有痊愈的希望。太阳灯是什么样子的呢?他说没有见过。也许从什么人嘴里探来,或者看了什么杂志上的。

"就是有了太阳灯,"舅父失望地说:"在冷落的乡下,隔山过海的怎么能够来呢?"

外祖母在二天以后,就死在这几盏黯淡的豆油灯下了。

初访茅盾

"本书原想送掉的,翻过以后,却要留存下来。本书编辑时,正是我同'文谊'一位同志到大陆新村访问茅盾先生之时。另外,本书的《后记的后记》记下了一些时代的痕迹,也是我们这一代所曾经经历过了的。于是乎,收入藏书。景玉记。"这是丁景唐在茅盾的杂论集《时间的记录》扉页上写的一段说明,以备查用。

"景玉"即丁景唐与老伴王汉玉的简略合称,一旁盖有"景唐藏书"印章。"文谊"即上海文艺青年联谊会,1946年2月10日成立,由丁景唐等人组织的。"'文谊'一位同志"即杨志诚(陆以真)。

同年5月下旬,茅盾从重庆经香港到上海,丁景唐等人奔走相告,不久借育才中学召开欢迎会,茅盾欣然到场。有人致欢迎词,也有人用宁波方言朗诵《欢迎茅盾先生》的献词,有的表演短小的文艺节目。在一片热烈的掌声中,茅盾发表讲话,表示不敢接受"献词"这样的歌颂。他从青年的学习、生活谈到青年的创作,谈得那样诚恳、亲切而又风趣,很快拉近了与在场文艺青年的距离,气氛很融洽。

通过叶以群联系介绍,6月的一天上午,丁景唐与杨志诚(陆以真)前去大陆新村6号,与原来鲁迅先生的住处仅相隔几间房屋。敲开二楼房门,茅盾和夫人孔德沚亲自迎了出来,就像长辈一样把丁、杨二人领进房间,招呼坐下,使得丁、杨二人的紧张心情很快平静下来。茅盾夫妇的住处不大,除了睡床、沙发和书桌之外,空余地并不多,窗外飘进楼下居民生煤炉的浓烟味,很快弥漫在房间里。

茅盾询问了"文谊"的情况,又谈起文艺青年的问题。他认为"文谊"的工作很有意义,感慨地说:"在中国,爱好文艺的年轻人是那么的多,他们好像是部队里的军长和师长。但是缺少的是连排长啊!没有连排长,师长和小兵之间就脱了节。这军队还怎样去作战?"这个生动、浅显的比喻,说得丁、杨二人笑起来了。茅盾不仅鼓励"文谊"要多作连排长的工作,还强调指出,文艺青年的学习很重要,要学习政治,也要学习艺术技巧。平时要多读

别人的作品,要不断提高自己的鉴赏能力。茅盾建议"文谊"举办文学讲座,多多练习写作,在学习中开动脑筋。年轻人既要尊重老一辈作家,但也不能盲从,重要的是自己的研究。真理是从一点一滴的研究中获得的。

那天,丁、杨二人还带去两本"文谊"刊物《文艺学习》,茅盾兴致勃勃地翻了一下,语重心长地说:"为了培植文艺新军,光是刊载几篇青年作者的作品还是不够的,应该对这些作品进行评介。要收集读者的意见,最好在第二期上刊登出来。还可以选刊优秀的作品,并且好好地解释一下:它们的内容怎样,修辞怎样?……"

最后,丁、杨二人拿出早已准备好的米色道林纸,请茅盾挥毫为"文谊"题词,茅盾欣然写道:"今天的文艺工作者不能藉口于'我是用笔来服务于民主'而深居简出,关门做'民主运动',他还应当走到群众中间,参加人民的每一项争取民主争自由的斗争,亦只有如此,他的生活方能充实,他的生活方是斗争的,而所谓'与人民紧密拥抱'云者,亦不会变成一句毫无意义的咒语。"

《文艺学习》第 3 期(1946 年 7 月 20 日出版)很快刊登了《六月的友谊》(萌·华)、《和茅盾先生在一起》(陆以真)两篇文章。"文革"后,丁景唐、杨志诚(陆以真)合作写就《茅盾关心文学青年——记三十五年前的一次会见》，发表于《青年一代》1981 年第 4 期，此文后收入《犹恋风流纸墨香——丁景唐六十年文集》（上海文艺出版社 2004 年版）。

这段经历让丁景唐记忆犹新，因此在茅盾的杂论集《时间的记录》扉页上写了以上开头一段说明。

《时间的记录》被列入"大地文学丛书"之二，大地书屋于 1946 年 11 月出版。封底版权页上端注明"大地文学丛书"编辑委员会成员名单：洪深、叶圣陶、郭沫若、郑振铎、茅盾。

此书后面有两篇后记，其一简略介绍了此书的基本情况，除了《风景谈》之外，其余 20 多篇随笔杂文都是"香港战后回到'大后方'的两年半内所写的"。这是指在重庆写的文章，"这些小文章倘还有点意义的话，则最大的意义或亦即在于此。命名曰'时间的记录'者"，这是"一个在'良心上有所不许'以及'良心上又有所不安'的作家所能记录者"。茅盾此番话的"弦外之音"，让读者自己去细品。

其二《后记之后记》开头说："《时间的记录》刚刚排印好，日本人就投降了。"这是茅盾喜出望外赶写第二篇后记的主要原因。并且谈了"苦衷"，原来此书最初以土纸版的形式在重庆出版后，售出 600 多本，不幸一场火灾，焚毁其余书册和纸版。茅盾不甘心，"敝帚自珍的心情油然而生"，便与原出版商（良友图书印刷公司）商议，收回版权，加以订正土纸版上的"颇多误植"，转给大地书屋。

丁景唐看了这两篇后记后，提笔在内页封面上又写下一段批语："《风景谈》现收入《茅盾选集》，在九卷《见闻杂记》后记中提及此书出版时曾受到国民党检查官斧削，但未具体提到《风景谈》。"

丁景唐还把此新版与重庆土纸版的《时间的记录》（1945 年 7 月）进行校对，发现前者增加了 7 篇文章即《狼》《森林中的绅士》《现在要开始检讨》《为诗人们打气》《高尔基和中国文学》《高尔基与现实主义》《忆悼冼星海先生》，删除了《不能忘记的一面之识》《不可补救的损失》《悼念胡愈之先生》《马达的故事》4 篇文章。只需看看这些增删的篇目，也可以推想而知其中的原因。这种校对既是学习、思考的过程，也是研究茅盾著作版本的一种方式，反映了丁景唐的严谨治学。

茅盾在《后记之后记》欢呼抗日战争胜利的喜悦心情，代表了每一个中国人的心声，这是丁景唐留下此书的主要原因之一，同时会联想到去大陆新村拜访茅盾先生的难忘经历。

首次"亮相"于"群星璀璨"超长照片

1946年3月2日,中共地下党员丁景唐作为上海文艺青年联谊会负责人,化名为丁英,参加了一次重要活动。对于这次活动,赵景深写了题为《一个作家集会》的长文,开头写道:

老舍和曹禺接受美国国务院的邀请,在民国三十五年三月二号动身赴美,把我们中国的新文艺,介绍给美国的作家,这在中美文化沟通上是有很大的意义的。中华全国文艺协会上海分会特地在(金城银行七楼餐厅——引者)二月十八日下午四时举行了一个会员大会欢送他们,同时还欢迎新近从重庆、厦门等地来沪的会员戈宝权、宋之的、吴祖光、柳亚子、施蛰存、袁水拍、许杰、华林、叶绍钧、赵太侔等。柳亚子因病未到,赵太侔则已离沪,其余八位都到了。此外我们在签名簿上可以看到签名的会员有下列这些人:凤子、杨云慧、赵清阁、余所亚、许广平、王辛笛、赵景深、魏金枝、严敦易、蒋天佐、葛一虹、任钧、孔另境、徐调孚、周予同、钱君匋、冯亦代、郭绍虞、叶以群、陈烟桥、夏衍、吴天、顾仲彝、唐弢、柯灵、李健吾、曹未凤、郑振铎、姚蓬子、张骏祥、黄佐临、徐蔚南、朱雯、罗洪、赵家璧、陈西禾、董秋斯、崔万秋、熊佛西、曹聚仁等。杨云慧是成都文协的理事,冯亦代也是总会的会员。新闻记者也到了不少。

老舍到得很早,接着又来了四位外宾,其中一位个子最高的是费正清(Dr. K. Fairbank),他曾任北平、清华大学教授,现任美国新闻处的文化部主任,就是他介绍老舍、曹禺到美国去。还有一位是新闻记者。

有人提议要一个纪念,敦易就拿了一张大纸来,圣陶在前面题了几句:"文协上海分会欢送舒舍予、万家宝两先生赴美讲学,宣扬我国新文艺,到会者咸签名于此纸,永留纪念,时为三十五年二月十八日下午四时,会场为金联食堂。叶圣陶书端。"他签了名,老舍接着笔写了一个极小的名字,他幽默而且谦虚地说:"大人物写大字,小人物写小字。"第三

个写名字的是郑振铎。

外国记者拍过几张照片后,五时一刻欢迎会开始。

在这"群星璀璨"(除了少数人之外)的聚会里,27岁的丁景唐归于"等"的名单里,但是,他在记者拍摄的照片里出现了,并印制在赵景深编辑的自选集《文坛忆旧》(北新书局1948年4月初版)扉页上。这是一张很有历史意义的超长照片,有这么多著名作家"同框"。照片下面注明名字的有30多位,其中也有丁景唐的化名"丁英",站在吴祖光、李健吾的后面,露出比较模糊的脸(印制条件有限)。这是解放前,他唯一一次在书刊的合影照片里"亮相"。

到场的许多著名作家在中国现代文学史上分别占有重要的地位,以后都成为丁景唐研究的对象,其中许广平、郑振铎、叶圣陶、夏衍等人生平和作品还是重点研究课题。上海刚解放时,夏衍一纸调令,让丁景唐重新"归队"——从此在上海宣传、出版系统干了30多年,直至离休。丁景唐还与赵家璧、曹聚仁、王辛笛、孔另境、陈烟桥等人的子女保持联系,引申出许多动人的故事。

赵景深在《一个作家集会》里还透露了许多有趣的情节。欢迎会由郑振铎主持,首先讲话之后,老舍幽默地说:"报上都说我去讲学;要是讲学,我就不去了;因为我的英文不行,只是二把刀(Second Knife)。美国朋友希望我们说话。我们实在是去学习的。"徐蔚南(教授、作家、学者)趁机拿了一本刊物,其中载有老舍的长篇小说《骆驼祥子》的译文片段,请老舍题词。

曹禺接着话题说:"老舍说是向美国作家学习。自然我们要从美国得到一些东西。另外我们还有一个使命,就是如何把现代变化中的中国告诉美国民众。老舍的《骆驼祥子》英译本封面(上)拉车的人还有一根猪尾巴,可见美国人对中国还认识得不够。"

费正清"打圆场"说:"老舍、曹禺二位不但作了中国代表,也帮助了美国人。美国人一定要负责。可惜美国人对中国的学问情形还了解得不够。美国人不懂得中国的事情,那是有危险的。美国对别国事情办得不好,就要失败。这虽是我个人的意思,却知道好多美国人也有此感想。"

吴祖光则不客气地说:"方才费正清先生说,现在已经进入原子时代,但我们中国实际上却已回到石器或铁器时代。美国人在黄包车夫背后画猪尾巴并没有画错,本已剪掉,现在又有人给挂上。希望老舍、曹禺向美国人说,我们中国人还是有猪尾巴的。"

"猪尾巴"即清末遗留的小辫子,辛亥革命已经"剪掉了"——鲁迅在《阿Q正传》里有深刻地描述,其象征着中国几千年封建社会积淀的国民劣根性。以上围绕"猪尾巴"的即席发言,显示了各自的鲜明个性。

其实,"猪尾巴"一事还是茅盾首先提出来的,那是一个多月前(1946年1月20日)重庆"文协"(中华全国文艺协会)为老舍、曹禺举行欢送酒会,这是抗日战争胜利后第一次送中国文化使者出国,茅盾、巴金、胡风、阳翰笙、聂绀弩、邵荃麟等50多人欢聚一堂,茅盾首先发言:"我看到美国的《骆驼祥子》这本书的广告,那广告上面画的一个中国人,脑袋后面拖着一条长长的辫子,那辫子还翘得高高的。现在美国人是怎样地看我们中国人啊!"他还说:"吃黄油的洋人对于中国的小辫子和三寸金莲未免太膈膜了。现在要让美国人知道,中国人如今不仅在形式上没有了小辫子,在精神上也没有了小辫子了。这样对于真正中美两国文化的沟通,才会有真正的帮助。"

事前,曹禺曾去请教茅盾,这次出国讲学要讲些哪些内容。茅盾讲了很多,其中两点:实事求是讲学;文学是有社会意义的,不只是娱乐。曹禺记住了(到美国就是这么说的),还记住了"猪尾巴"的事情,虽然他即席说的"猪尾巴"或赵景深记录有误之处,但是基本意思表达清楚了。

"绮才玉貌"的女作家、戏剧家凤子登台亮相。她是在曹禺四大名剧《雷雨》《日出》《原野》《北京人》中先后担任女主角的首位扮演者,她后任中国剧协书记处书记。

赵景深记录了凤子"朗诵了四十多位外埠作家的慰问信",故意没有点名"外埠作家",其实是苏北解放区作家致上海"文协"的信,也带来了解放区的消息,引起了与会者的极大兴趣。赵景深只好摘录了致信的前半部分,隐去了后面的内容,如"我们应该加强团结,互相取得联系,建立华中解放区域上海及各大城市的文化工作上的交流。……欢迎你们到解放区来参观,你们被禁止出版的书籍和被禁止上演的剧本,解放区愿替你们出版和上演。"这是1946年4月2日延安《解放日报》刊登的一则消息《上海文艺界欢送老舍曹禺赴美》透露的,弥补了赵景深长文的缺憾。

那天欢送会的最后,由郑振铎报告了上海"文协"的会务情况,并通过了有关议案,大家开始聚餐,摆开五桌酒席,很是热闹。老舍特别高兴,与人握手敬酒,姚蓬子来了兴致,上前与老舍猜拳,顿时响起"七巧八仙"的猜拳声音。老舍趁着酒兴站起来,大声说道:"现在我向诸位挑战,请来猜拳!"北方人的好爽性格,促使他干脆走到每桌前去挑战。曹禺(或李健吾)不会猜拳的口令,便与老舍像"老小孩"似的,同时喊着"刺、刺、刺",快速出拳,煞是有趣,结果老舍略胜一筹,少喝一杯酒。

觥筹交错一番,散席之后,老舍等人兴致未减,又到隔壁小间里,老舍亮嗓唱戏,接着曹禺、吴祖光、顾仲彝、陈西禾、赵景深都尽兴唱了一段。吴祖光还"爆料"说,那年冬天在江安,有一只大老鼠钻到曹禺(万家宝)的丝绵袍里去,曹禺还以为是胃病犯了。吴祖光拿出说戏的看家底子,绘声绘色地"再现"场景,引得众人哄然大笑。

余兴之中,戈宝权唱了一段北方秧歌,很有民族气息,大家觉得很新鲜,可惜戈宝权只唱了一段,众人觉得不过瘾。最后,赵景深唱了一段昆曲《紫钗记》中的"折柳阳关"选段,作为送别。压轴节目,还是老舍唱的京剧经典《草桥关》的选段。在惜惜依别中,众人散去。

笔者曾问过老父亲丁景唐:"那天晚上,你吃大餐吗?""没有,我已经走了。"丁景唐摆摆手,又去整理他心爱的旧书了。

丁景唐珍藏的赵景深的初版本《文坛忆旧》,在重要的内容一旁特地制作了纸搭扣,便于今后查找。此初版本和上海书店影印本(1983年12月出版),前者是特制的瘦长的32开,后者是普通的32开本,但是文字和照片依然如旧,页码也相同,并保留封底的版权页。此后,又有新版本《文坛忆旧》(三晋出版社2015年版)。那时丁景唐已经住进华东医院,高寿95岁了,如果他得知,还会叫家人去购买,因为这本书里记载了他昔日"激情燃烧"的往事。

赵景深的《文坛忆旧》内容牵涉面比较广泛,详见本书收入的《赵景深的自选集〈文坛忆旧〉》一文。

祥林嫂、孟姜女的"链接"故事

　　1981年春节前,三女儿丁言昭拿了一份《文汇报》的"周末版",问父亲丁景唐:"爸爸,你怎么和越剧《祥林嫂》有一些关系?"

　　原来该报连载《袁雪芬的艺术道路（九）》,其中提到1946年雪声剧团把鲁迅的小说《祝福》改编为《祥林嫂》并上演的史实。当初该剧编剧南薇看了丁英写的《祥林嫂——鲁迅作品中之女性研究之一》后,介绍给袁雪芬,并找来原著《祝福》,念给袁雪芬听。征得袁雪芬同意后,南薇着手改编,于是就有了上演的《祥林嫂》。雪声剧团纪念刊上还摘登了丁英那篇论述祥林嫂的文章片段,但是,《袁雪芬的艺术道路》的作者并不知道丁英是何人。

　　此文一下子撞开了丁景唐的记忆大门——丁英是他的笔名之一。此后,丁景唐的老战友廖临写信给丁言昭,加之丁景唐"滚雪球"的回忆,才逐渐完成了这件往事的"拼图"。丁景唐把《祥林嫂——鲁迅作品中之女性研究之一》收入《学习鲁迅作品的札记》(增订本)(上海文艺出版社1982年版),写了比较长的《附记》,叙述了这件往事"拼图"的具体情况。该文收入丁景唐的《犹恋风流纸墨香——六十年文集》(上海文艺出版社2004年版)时,还刊登了丁景唐与廖临夫妇、袁雪芬的合影,画上了一个圆满的句号。

　　《祥林嫂——鲁迅作品中之女性研究之一》一文最初刊登于《前进妇女》(1945年11月第2期),后收入丁英《妇女与文学》(沪江书屋1946年2月初版)。

　　《妇女与文学》初版本收入10篇文章,即《妇女与文学》《她的一生——歌谣中的妇女生活》《〈诗经〉中的妇女生活·恋爱·婚姻》《陆放翁出妻事迹考》《朱淑贞与元夕词》《六朝的民歌（南方篇）》《诗人秋瑾》《孟姜女传说的演变》《祥林嫂——鲁迅作品中之女性研究之一》《新女性的典型创造》。其中《祥林嫂》一文是丁景唐从事鲁迅研究工作开端的专论,在当时产生了较大的影响,丁景唐已有专文述之。[1] 丁景唐还保存着一本连环画摄影本《祥林

---

[1] 丁景唐口述、朱守芬整理《八十回忆(1920—1949)》,载2001年第1期《史林》(上海社会科学院历史研究所主办)。丁景唐回忆说:　　　　　　　　　　　　　　　（转下頁）

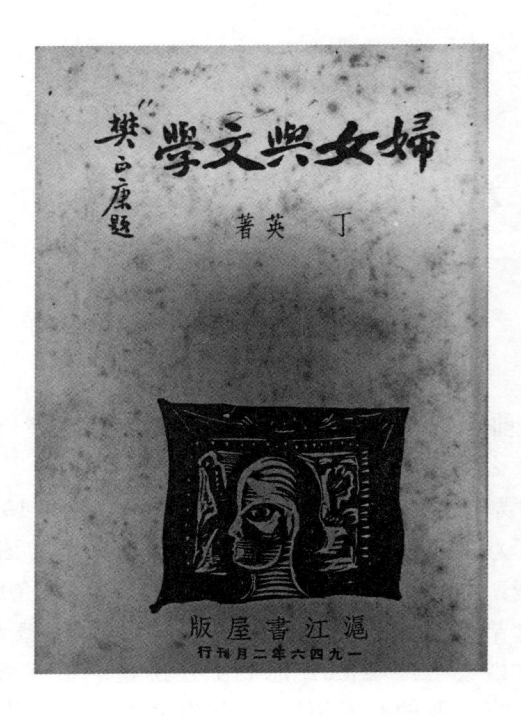

嫂》（上海美术出版社 1979 年 8 月出版），这是拍摄、整理袁雪芬主演的越剧《祥林嫂》剧照所编成的。

丁景唐的这 10 篇文章的时间跨度很大，从古代穿越到 20 世纪，除了第

（接上页）1946 年 2 月，我的第二本书是一本学术性的论文集《妇女与文学》，由上海沪江书屋出版，以当时公开的名字"丁英"署名。……

书出版后，我赠与吴康（后为上海市委统战部副部长）一本，吴康即介绍给他的妹夫——雪声剧团编剧南薇。南薇看到书中的一篇《祥林嫂——鲁迅作品中的女性研究之一》，认为可以将《祥林嫂》改编为越剧，于是向袁雪芬介绍鲁迅的《祝福》小说，征求袁雪芬同意后，南薇试编为越剧《祥林嫂》。我又设法介绍当时与我一起工作的廖临（时为《时事新报》影剧特约记者）与南薇交朋友。后来，田汉要了解越剧情况，我安排廖临约袁雪芬、南薇去见田汉……田汉、许广平看了越剧《祥林嫂》的演出。

4 月 28 日，廖临以"罗平"的笔名在《时事新报·六艺》上，以头条位置对袁雪芬主演的《祥林嫂》作了较高的评价。文章在引述了丁英关于祥林嫂的分析后称："《祥林嫂》应该不仅是雪声剧团，而是整个越剧界的一座纪程碑。"他又用"罗平"的笔名写了《田汉与袁雪芬南薇谈改良越剧》（载 1946 年 5 月 10 日《时事新报》）摘登了我的论文，由我领导的在《世界晨报》工作的袁鹰等也在报上为《祥林嫂》上演撰写评介文章。这就是当时中共地下党与越剧《祥林嫂》的关系。

5 月，《雪声纪念刊》中的《袁雪芬与新越剧》摘登了我的论文，也详细作了记载。

1981 年 1 月 8 日，《文汇报·影剧版》刊登了《袁雪芬的艺术道路（九）与许广平谈〈祝福〉的改编》后，我才在《艺术世界》上首次撰文，撰述了丁英的文章和越剧《祥林嫂》的因缘。

一篇是"开场白"的简略综述,其他 9 篇文章中的 6 篇与古代诗歌、民谣有关,另外 3 篇是近现代的事情。

中华书局曾印行《中国妇女文学史》(梓潼、谢无量编,1916 年 10 月初版,以后多次再版),主要讲述上古至明代的妇女文学问题。陶秋英写的《中国妇女与文学》(北新书局 1933 年 4 月出版)主要论述历朝妇女教育和对于文学兴趣等问题,以及"各种文体的代表作家",如所作的赋、书牍、诗词、散文和弹词小说等,远离近、现代妇女文学"接地气"的问题。

丁景唐的《妇女与文学》显然与此不同,并非是"纵向史",而是以各篇文章的"横切面"为主,时而变换文章切入的角度,勾勒了一个粗线条的古今妇女文学的长廊,而且"接地气",包括抗日战争及其胜利后的妇女文学新动向,甚至产生了"链接"故事。

古今妇女形象为何进入丁景唐的研究视线呢?他在《妇女与文学·后记》里写道:

> 自我能记忆的时候起,父亲就已离开了这个人间,而在珊妹懂得记忆的时候,终年卧病的母亲,又忧苦地结束了她年青的生命。对于他们的死,我只有一阵怅惘的感觉,也没有在他们的灵前流泪哭泣。这并非说一个失去了亲人的幼小者他没有悲哀。而是说当时的年龄使他不懂也不会凭藉哭泣来泄露他蕴藏的情感。但是作为一个失去了亲人的幼小者,我是幸福的,年老的外祖母曾经是第一个负起母亲的重荷的人。回想到外祖母家那间古屋的廊檐下所送别了的童年,一股明亮的太阳光时常便会在我的忆念里耀放,而小河、禾苗、丛树、瓜田,以及夏晚微微的薰风,和晚风中的山歌民谣遂作了我同年的教本。自然,幼小的心是不会理解透农村隐匿在和平静谧背后的贫穷与饥馑的真实的面容。有一年秋天,当大水涨弥了河沿,稻场也变成了河面的清晨,因为歉收的缘故,我终于随着外祖母家唯一的长工坐着航船离开了乡野。和长工紧挤在火轮船的白鸽笼——底舱间朦胧了一夜。我们来到了上海,就在一间仅能放一张床与一张小小的单人桌底亭子间中,我开始在皉姑(丁瑞顺,又名丁秀珍——引者)的辅导下学习新的课程:被送入她曾经担任过教职的小学校去读书。
>
> 有些友人曾经好意地询问我为什么爱写有关于妇女与文学一类的文章,我现在就将上面的一段经历来代替我的回答。罗曼罗兰在意大利的游学期间,有一个被他崇扬为"第二母亲"的德国老妇人玛尔微达·封·迈森堡(Malwida von Meysenbug)启发和鼓励了他从事创作事业的努力。对于外祖母和皉姑,她们所给予我个人的激发,以及我对

于她们的敬崇与感纫,是远过我自己亲生的娘的,她们是同样可以借用这一尊敬的称呼的。倘若这本书也能引起一些人的谬爱,那应是所有可敬的长辈的赐与。

文中提及的玛尔微达·封·迈森堡,今译为玛尔维达·冯·梅森堡。1889年夏天,23岁的罗曼·罗兰通过历史教授蒙诺的介绍,认识了年愈70岁的梅森堡(歌德的后裔),建立了十分真诚的友谊。罗兰晚年撰写的自传《内心的历程》中,尊称她为自己的"第二个母亲"。如今存有《罗曼·罗兰与梅森堡书信录》,广为流传。

丁景唐无意将自己比拟为罗曼·罗兰那样的著名作家,他只是举例说明"外祖母和皑姑"对他的养育之恩,终身难忘,犹如"第二个母亲"。这种浓烈、真挚的情结一直萦绕在他的脑海里,时而浮现在他的眼前。丁景唐回忆说:"我能够读毕中学,以后又考入大学,全赖姑母的资助。姑母施与的母爱和开明的熏陶,对我后来参加革命,走上文艺工作的岗位,用笔鞭挞旧社会吃人制度鲸噬妇女儿童的罪恶,是有影响的。"(《八十回忆(1920—1949)》)年逾九旬的丁景唐住在华东医院,逢年过节与子女大聚会时,谈起自己小时候受到长辈"哺育"的往事,依然很激动,不由得声泪俱下。

《妇女与文学》收入的这些文章中有些是在上海沦陷之后写的。那时丁景唐转学沪江大学中文系三年级,开始治学之路,常去大学附近的原工部局图书馆看书。同时,他坚持做党的地下工作,负责宣传调研工作。根据党的关于敌占区的工作方针,自己不能办刊物,他就组织原《海沫》《中学生》《联声》的编辑向敌伪办的刊物投稿,丁景唐使用各种笔名为《女声》写稿。

《女声》创刊于1942年5月15日,由日本著名女作家佐俊子任社长,中国著名女作家、富有传奇色彩的关露公开身份是该刊编辑,其实她是由潘汉年派遣打入敌人内部,担负着重要的秘密工作。因此,丁景唐写的《妇女与文学》《她的一生——歌谣中的妇女生活》《〈诗经〉中的妇女生活·恋爱·婚姻》《陆放翁出妻事迹考》《朱淑贞与元夕词》《诗人秋瑾》等文,属于"能暴露又有内容的作品"(丁景唐语)。

丁景唐在叹息、惋惜中国历来的"弱势群体"——女性的同时,利用收集的各种资料,挖掘其中的"亮点",为才华出众的女性"伸冤"呐喊。

秋瑾是浙江绍兴人,辛亥三杰之一,她的英勇事迹在当地广为流传,丁景唐从小"耳濡目染"。他从女诗人的角度去研究秋瑾,在当时敌伪刊物上发表,与众多读者达成某种默契——在民族存亡的危机时,便于联想到辛亥革命的重大历史意义,正如丁景唐在该文最后说道:"就在秋瑾殉难的后四年来了'辛亥'的步伐。那末,就让秋瑾,以先知底喇叭响彻祖国的长空,像西风一样给沉睡的世界吹起烬火吧!"

"红酥手,黄藤酒,满城春色宫墙柳。东风恶,欢情薄,一怀愁绪,几年离索。错、错、错!"南宋大诗人陆游的这首《钗头凤》词很有名,流传至今。"错、错、错"三个字,精妙地刻画了陆游当初被迫休妻、多年后再相逢前妻唐氏的内疚、悔恨的复杂心情。唐氏看到这首词《钗头凤》,不久忧郁成病而卒。

丁景唐查找了许多史料,层层剖析,逐一推理,最后认为:"唐氏是代表了千万位有才干的女性,被摧残着,想到她的婆婆却代表了宗法社会传统的权威,一种对媳妇生死予夺的权威。"陆游的《剑南集》第14卷中的一首诗比较长,"描写他前妻的出身,她侍奉翁姑,她的勤劳操作,则较出色,另外还可以从那上面得到她被出(休)的原因,乃是没有养下一个孙男来怡娱翁姑。"虽然,先人与后世持有不同的见解,但是大多还是公认这些史料和结论。同时,从中可以窥见丁景唐严谨治学的道路。

"老见异书犹眼明","老来多新知,英彦终可喜。"这是丁景唐晚年时手书陆游的诗句,贴在居家石库门三楼的书橱玻璃门上,自赏自乐,心底宽广,安逸晚年,从中也能寻觅他当年研究陆游生平的某些痕迹。

抗日战争胜利后,丁景唐联系沈惠龙、袁鹰等编辑出版《新生代》。同时,丁景唐与郭明、陈给、董乐山和董鼎山等支持圣约翰大学毕业生张朝杰创办《时代文艺》,并撰写了《新女性的典型创造》,他还关注上海舞台上演的《孟姜女》,撰文介绍。

1945年11月26日下午5时,中国第一部现代意义上的音乐剧《孟姜女》在上海兰心大戏院正式上演,轰动一时:此剧触动国民党特务的敏感神经,要追查此剧与共产党的关系;美国驻华的魏德迈将军及留沪各将领被邀请观看,大为赞赏,魏德迈将军要求制定一份"赴美演出计划书";宋庆龄通过中国福利会基金会名义支持该剧公演,票款收入用于援助贫困作家、艺术家等。

《孟姜女》(又名《万里长城》)为六幕十景音乐歌舞剧,由俄籍犹太人阿龙(阿甫夏洛穆夫)导演并作曲。他是中国现代音乐的开拓者之一,与聂耳、冼星海、贺绿汀等中国作曲家交往颇多,他创造的几十部作品均以中国故事为题材,带有浓重的中西合璧的独特风格。更重要的是他首次为《义勇军进行曲》进行管弦乐配器,那是1935年的事情。那时聂耳主动请缨,为田汉创作的《风云儿女》电影剧本作曲,曲谱定稿后,由贺绿汀出面,邀请阿龙。

《孟姜女》的文字编剧是共产党人贺一青(姜椿芳,曾任中共上海局文委文化总支部书记、《时代》周刊主编、时代出版社社长等),剧本以民间传说"孟姜女万里寻夫故事"为蓝本,鼓舞人民起来反抗专制压迫。阿氏在此剧本的基础上进行了再创造,大胆地采用中国广大观众所熟悉的《孟姜女十二月花名》为音乐素材,形成中西合璧的音乐作品。

此剧上演之前,已经开始宣传什么是音乐剧,也是为该剧公演制造舆论。丁景唐也撰写了《孟姜女传说的演变》,发表于1945年11月26日《文汇报·世纪风》,正是《孟姜女》公演的那一天。

丁景唐凭借着自己平时收集的众多史料,经过一番梳理、分析之后,认为"孟姜女是一支民间叙事诗典型的代表作:有大众所熟知的丰富内容,和各式多样通俗的形式。这次阿父夏莫洛夫(阿甫夏洛穆夫——引者)先生,以一个外国音乐家的身份,给我们古老的美丽的孟姜女故事赋以新型歌剧的演出,不仅是件意义深长的工作,也且开辟一条采撷民间艺术,铸创一种新形式的途经。愿它尝试成功!"

"文革"后,姜椿芳担任大百科全书出版社总编辑,被荣称为"中国大百科全书之父",他与丁景唐有各种交往。姜椿芳因病去世后,丁景唐在初版本《妇女与文学》收入的《孟姜女传说的演变》文后注明:"可依姜椿芳文章和中国福利会会史资料,写一附记,谈这次演出与宋庆龄——中国福利会的义演。一九九六年十二月记。"但是,丁景唐没有撰写"附记",众多因素之一是此文没有收入他的《六十年文集》(《妇女与文学》中的其他3篇文章《〈诗经〉中的妇女生活·恋爱·婚姻》《朱淑贞与元夕词》《六朝的民歌(南方篇)》因各种原因也未收入)。当时《六十年文集》篇幅过长,丁景唐特意删除了不少文章,最大的理由是绝不能超过《巴金六十年文选》(上海文艺出版社1986年版)的篇幅。丁景唐在《妇女与文学·后记》里最后写道:

> 承沪江大学樊正康校长题署,谨致诚挚的谢忱。此外,我也得重复地向为帮助这本书出版的皉姑、昌叔(丁继昌、皉姑的弟弟——引者)、(陆)守伦先生,以及许多师友表示我的敬意。
> 歉仄的是自己既为学识见闻所限,又未能遍读群籍,错讹之处想来一定不少,在此期待着熟悉的和陌生的友人们底批评与指正。

樊正康是个留美学者、基督徒,个性鲜明,视教育为生命,曾担任沪江大学第一任中国籍教务长,成为该校首任校长刘湛恩的得力助手。刘湛恩不幸遇难后,他继任校长,被称为"沪江大学的忠诚守卫者"。对此,上海理工大学(前身为沪江大学)档案馆馆长章华明写有专题文章。

丁景唐的《妇女与文学》集子出版时(1946年2月),沪江大学校董会决议聘请凌宪扬为代校长,以5个月为(试用)期,同时批准樊正康的辞职请求。因此,《妇女与文学》集子也见证了那段校史。

《妇女与文学》集子问世，也得到了陆守伦的支持。他曾是民国时期广告、出版巨头之一，1940年10月，创办32开本的《小说月报》，由联华广告公司出版部发行。

1944年春夏之际，丁景唐经姑丈向陆守伦（联华图书股份有限公司经理）推荐，参加《小说月报》编辑工作，发起"大中学生征文"和学生文艺奖金，发现和培养了不少文艺新人。抗战胜利后，丁景唐劝说陆守伦，不要再复刊《小说月报》，改办成传布新文艺的《文坛月报》。丁景唐与王楚良、林淡秋商量，推荐著名作家魏金枝担任主编，丁景唐负责具体编辑、印刷、校对等杂务。该刊较好地体现了文化统一战线的政策，撰稿人有夏丏尊、魏金枝、林淡秋、蒋天佐、王元化、戈宝权、杨朔、周而复、刘白羽、陈荒煤、艾芜、沙汀、胡风、路翎等名家。

丁景唐还保存了另一个版本《妇女与文学》，署名为"丁宗叔"（丁景唐的笔名之一），其中的正文版式与初版本相同，但是没有封面，以绛红色的硬厚纸替代，也没有版权页；内封设计大致相同，不过书名、作者和"沪江书屋版／一九四六"的字体均为书写迹。

丁景唐在初版本的《妇女与文学》封面上批语为"拟再版"，在收入的文章和目录上都有修改的笔迹，特别是在目录上删去了卷首《妇女与文学》，把《后记》拟改为"再版后记"，"另有抨击孔子关于贱视女性的文章可编入"。但是，因故未能如愿。

"紧急撤离"前留下的《怎样收集民歌》

　　1947年4月,丁景唐秘密身份是上海地下党"文委"系统宣传工作人员,对外是上海文艺青年联谊会(简称"文谊会")负责人,编辑《文艺学习》《文坛月报》等刊物。

　　突然,丁景唐接到上级领导唐守愚的紧急通知:已被国民党当局列入"黑名单",立刻撤离上海滩,注意隐蔽。

　　第二天,丁景唐离沪到嘉定,隐居在中共地下党员廖临家中。廖家是嘉定名门之后,大院前五进被国民党占为县党部和县政府,最后小院三间留给廖临居住。在敌人的眼皮下,这里却成为中共上海郊区的一个地下秘密联络点。

　　丁景唐离沪了,旁人不知所踪。但是,他留下的《怎样收集民歌》等文稿,继续得到丁继昌(即昌叔,与其姐姐丁瑞顺把少年时离开宁波到上海的丁景唐带大)和好友袁鹰等人的热情帮助,按照预定计划出版了。丁景唐在《编后小记》中写道:

　　　　忽迫中,编好这本寒伧的小册子,像在暑天跋涉一阵山程,停歇在苍松下迎向凉风。感谢昌叔帮助我完成蕴藏心底的小小的愿望,他就是那山间的苍松,以它茂荣的枝叶披挡烈日风霜,整整的廿年间,荫护一个幼失怙恃的孩子底成长。

　　　　草拟的书目初稿,虽是一篇备忘录的流水账,化的工夫却也不少,曾经有劳赵景深先生及薛汕[①]、庄稼、千鹤年、居滋春诸兄的校正和补充,惟因极大部分书目系间接引自各图书目录或其他书刊,极难见到原书,错误遗漏明知多得非凡,也无法求全,在此期望海内先进,各地友好的指教,并祈藏有各类民歌、小调、俗曲书刊或直接收录流传口头材料的先生们能借阅、出让、交换,请径函上海邮箱一五八一号,笔者当以拙

[①] 详见本书收入的《避难香港时评述歌谣集〈愤怒的谣〉》注解[1]。

作或依来函所开条件酬答，以示谢忱。

　　临末，得谢谢代我为这本小书奔走、校对、发行、印刷的模善、（倪）江松、淙漱、勉之、袁鹰诸位朋友。

此文开头"忽迫中，编好这本寒伧的小册子……"显然是指接到紧急撤离通知时，把书稿交给时为基督教书店职员的昌叔（丁继昌），并联想起多年来的"荫护"，感激之情油然而生，情不自禁地称他为"山间的苍松"。

袁鹰，原名田钟洛，比丁景唐小4岁，当代著名作家。新中国成立后，担任《解放日报》记者、编辑，后任《人民日报》文艺部主任。他回忆说：

　　1945年初春的一个下午，我和一位朋友路过上海博物院路，偶然走进一家小书店。在书架间逡巡时，看到一位面目清秀、两道浓眉、满口宁波口音的青年人，正同书店主人热烈交谈，走出书店，同去的朋友悄悄告诉我那就是丁英即歌青春。"真的？"我读过歌青春的《星底梦》，这个名字在当时上海一些爱好新诗的青年朋友中常被提到。……

　　三四个月后，我由好友廖临介绍参加中国共产党。廖临通知我组织上第一次来联系的时间和暗号，到那天开门一看，竟是这位诗人。我有点意外的惊喜,没想到他竟是共产党员。他按约定暗号同我接上关系后,就直率地问:"侬认得我伐?"我嗫嚅地回答:"你是丁英先生吧?"他问明原委,才放心地进屋谈话,这天是七月十一日星期三下午,我后来填表格,就以这一天作为我入党日期。(袁鹰:《犹恋风流纸墨香·序二》,上海文艺出版社 2004 年版)

袁鹰时为上海《联合晚报》副刊编辑,写了很多杂文、散文、小说、诗歌,人脉比较广。1946 年初,丁景唐率领郭明、廖临(叶林)、袁鹰、杨志诚(陆以真)等人筹组"文谊"(上海文艺青年联谊会),其中有不少成员原来是民歌社成员。因此,丁景唐撰写、出版《怎样收集民歌》也得到民歌社成员薛汕、庄稼、袁鹰等人的大力支持和热情帮助。可惜《编后小记》中提到的人名大多是化名,如今难以考证。其中的江松,即倪江松,曾是复旦大学学生,写的散文《松树盆景》,荣获丁景唐编辑的《小说月报》征文第二名,此后参加"文谊会"。

民歌社是丁景唐于抗日战争胜利后组织的,幸好在《怎样收集民歌》附有《征求各地民歌启事》,并列有该社成员名单,保留下一则宝贵资料:

爱好民歌的朋友们:

为了加强与开拓诗的创造道路,必须注意民间的文艺宝藏——歌谣。因此,特恳切的希望各地的朋友们,代为大量的搜集,好让我们整理、保存、研究和出版,这工作,我们相信是有意义的,现将征求的内容列项如下:

(一)直接录自口头的歌谣、曲调、谜谚等。特别是反映现实生活的:如各种职业——渔夫、乞丐、工匠、流浪人等。如农村的破落、穷苦、灾荒、饥寒、兵燹、保甲长的政风、妇女的被压迫以及一切不平和反抗等。

(二)间接转录自报纸上的各类歌谣,介绍文字或研究论文等。

(三)全国各省各县各旗各设治区的歌谣与需要,各少数民族——如满蒙藏苗瑶僮羌等,尤其需要,不论是汉文,少数民族文字(最好是请翻译出来),并标明流传的年代地区。

(四)各地如已有出版的歌谣集,不论何种性质,不论新旧,不论大小,不要存"也许我们已有"心理,请转让与我们,要不,借抄也好,若需酬劳,也望开一个最低的价格。

请帮助我们!如果你们也有这份兴趣,更盼共同合作,作友谊的通讯与联络,我们当引以为荣。敬候佳音。

并致

热烈的握手礼!

民歌社:丁英、王采、吕剑、郭明、席零、黎明、李凌①、沙鸥②、吴越、李索开、徐淑琴、劳辛③、袁鹰、项伊、陆以真、陆淳、谭林、向前、霞巴、赵小诃、孙慎、林慧、叶友秋、张文纲、陆素、麦野青、徐渡、萌竹、廖晓帆、叶平、庄稼、默之、刘岚山、魏绍昌、薛汕、张周、洛汀、苏金伞、马凡陀、廖逊人、端木蕻良同启

当时上海一些报刊登载这个启事,同时丁景唐等人又转托北平的丁东、开封的苏金伞、重庆活路社的老粗和青年创作社的雷韧、南京的默之、四川岳池的庄稼、惠安的非蒙、宁波的麦野青、镇海的臧洛克、台湾的罗沉、福州的欧坦生和成寂等朋友,在各地发布和宣传。启事的落款名单(顿号系添加)中有著名作家端木蕻良、诗人马凡陀(袁水拍)、"红学家"魏绍昌等,还有"文谊"的青年成员,每个名字都有着生动的故事。

其中郭明,又名郭锡洪,原来是丁景唐组织的读书会成员,家境条件比较好,大家怂恿他去问他父亲要钱,用8元钱预定了一部普及本《鲁迅全集》。当郭明拿着红色封面布脊的20卷《鲁迅全集》时,大家真是喜出望外,竞相传阅。1939年郭明加入共产党,王楚良调到"文委"工作后,组织上调郭明协助丁景唐编辑《联声》。解放初,郭明任华东文化部副科长,1951年积劳病故。

项伊,真名陆钦仪。1945年投稿给丁景唐编辑的《小说月报》,经丁景唐介绍给郭明,发展加入中国共产党。他擅长写杂文、小说,曾得到魏金枝的称赞,把他的小说《大年夜》推荐给《文坛月报》发表。陆钦仪与"文谊"的郭明、萧毅(周朴之,著名翻译家,担任巴金翻译赫尔芩的《往事与回忆》中文版责任编辑)、戎戈(著名木刻家,他刻的普希金像被编入《普希金文集》,原拓

---

① 可能是中国音乐评论家李凌,原名李树连,曾用名李绿永,广东台山人。1938年赴延安,入鲁迅艺术学院音乐系学习,同年任音乐系高级研究班研究员。1939年赴重庆组建新音乐社,任《新音乐》月刊主编。1946年在上海创办中华星期音乐学校。此后到香港,与赵沨等人创办中华音乐院。新中国成立后,任中国音乐学院院长,兼《中国音乐》主编。

② 著名诗人沙鸥,原名王世达,重庆市人,是学者止庵(原名王进文)的父亲。1946年大学毕业后,到上海参与主编《新诗歌》与《春草诗丛》。新中国成立后,与王亚平主编《大众诗歌》,后担任《诗刊》编委、《北方文学》副总编辑等,出版诗集《农村的歌》《故乡》《初雪》等。

③ 劳辛,原名劳家顺,广西合浦人。早年毕业于广州国立中山大学哲学系。1937年参加革命工作,抗日战争胜利后,在上海从事中共地下工作。新中国成立后,担任上海诗歌工作者联谊会主席、《人民诗歌》月刊主编等。

的普希金像被莫斯科纪念馆收藏)、梁达(范荣康)都是年轻有为的共产党员,分散居住在虹口一带。袁鹰写有散文集《上海:未褪色的梦忆》(丁景唐代序《旧梦的拾得》),其中《横浜桥》等文记述了当时"文谊"的有关情况。

麦野青,真名胡育琦,宁海人,浙东左翼作家。1946年春,他与新婚妻子一同到上海,结识了丁景唐(丁英),被吸收为上海文艺青年联谊会会员。同年10月,他返回家乡,仿照上海模式,联络了《宁海民报》协理竺仁静及旅外同乡胡敦行等17人,筹备组织"宁海文艺青年联谊会",他主编《文谊》旬刊,作为会员发表园地。此后,他进入四明山"三五"支队根据地,参加革命队伍。1962年2月,在家乡老屋里含冤病逝。

《怎样收集民歌》很薄(32页),仅为巴掌大的小册子,竟然引申出许多故事,足以写一本专著。封面上注明"歌谣小丛书之一",封底标明印数2000本,这是一个不小的数字,不过每册的价格,则是空格。

小册子的正文《怎样收集民歌》主要介绍了民歌收集的两个具体问题,一是收集些什么——收集的范围;二是收集的方法——怎样收集。并认为"收集是向改造的第一步,先熟悉它,然后才能作精密的深入的研究,吸收它刚健清新的养料,充满人民智慧的洗练的语言,逐渐获得结论,解决我们怎样接受旧时的民间文艺遗产,创造出新的风格,新的形式底优秀作品。"如何传承中国几千年博大精深的文艺遗产,长期以来欣喜的成功和惨痛失败的经验教训,毋庸赘述。

其实,《怎样收集民歌》前文为《谈民间歌谣的收集》,署名丁英,载《青春》1947年第1期。这是上海师范大学戴健国老师查找到的,他发现该文的前言比3个月后出版的《怎样收集民歌》多出一大段话:

> 因此比较详细地来叙述我们对于歌谣的企望和收集整理的具体计划,遂成为非常必需的事。在一个星期日的午后假期魏绍昌兄家中约集十余位友人,那就是吴越,项伊,袁鹰,陆以真,徐淑岑,薛汕,叶平,刘岚山,廖晓帆,魏绍昌诸兄,(马凡陀先生和沙鸥兄因事缺席)作了一次初步的商谈。谈话间,大家都感觉到要使民歌研究工作能经营展开,有成立一个专门收集,整理并出版的学术团体的必要,当经一致同意"民歌社"的组织。不过,同时我们也保留并不一定要有固定的严格的形式底建议,所以也没有章程和负责人那一套的拘束;只想每月来次友谊性的座谈,交换心得和意见。

上述文字,在《怎样收集民歌》里仅保留了第一句话。显然这是丁景唐特意删除的,避免暴露民歌社更多的内部信息,被反动当局抓住把柄。可惜，笔者未能为此及时请教家父丁景唐。

而且，这期《青春》刊登丁景唐（丁英）一文，紧接着便是《各地民歌特辑》，收集者有庄稼、戴（臧）洛克、朱观成、申国椿、王季伯等，这些大多是各地的民歌搜集者，与丁景唐等人的民歌社有联系。此特辑与丁景唐（丁英）一文有着内在联系，成为《青春》编辑特意编排在一起的主要原因。

几个月后出版的《怎样收集民歌》还附有《民歌书目初稿》，列出七大类：一是概论类（附及俗文学），有17部专著，如郑振铎的《中国俗文学史》（上、下）、阿英的《中国俗文学研究》、杨荫深的《中国俗文学概论》等，最后列有丁景唐（丁英）《怎样收集民歌》小册子。

其二，15部全国性歌谣集，陈增善、顾惠民的《中国民谣千首》、朱雨尊的《民间歌谣全集》、胡怀琛、杨荫深的《民歌选集》第1集等，其中何中孚的《民谣集》，丁景唐特地注明"郭沫若序"（详见本书收入的《郭沫若作序的〈民谣集〉》）。

其三，地方性歌谣集，多达53部，包括浙江、江苏、北京、广西、福建、湖北、陕西、山东、淮北、台湾等地，其中浙江民谣比较多。其中有民歌社成员李凌《绥远民歌》（配曲谱）、丁景唐（丁英）《新编宁波歌谣初集》（待出版）等。

其他的有少数民族的歌谣、儿歌童谣、外国民歌中译本和民间文学、民俗、歌谣的各种刊物，其中有五四文学运动时期的北京大学编辑、发行的《歌谣周刊》，钟敬文等编辑的《民俗学集镌》，以及薛汕、李凌、沙鸥编辑的月刊《新诗歌》（诗、谣、歌），此三人都是民歌社成员。

这些都是丁景唐等人挤出时间，辛勤搜罗的结果。《怎样收集民歌》问世后，丁景唐已经离开嘉定廖临住处，到岳父家乡镇海岭里山下隐蔽，为在宁波、镇海读书的初中生补习英文，以作掩护。同时，丁景唐广泛搜集歌谣和唱本，积累一批民间文学资料。新中国成立后，丁景唐汇编了《南北方民谣选》（第一、二集），其中就有他过去搜集的各种资料，为他昔日的小册子《怎样收集民歌》增添了新的诠释内容。

避难香港时评述歌谣集《愤怒的谣》

1947年4月,丁景唐接到上级领导唐守愚的紧急通知:已被国民党当局列入"黑名单",立刻撤离上海滩,注意隐蔽。此后,他辗转南下,流寓广州、香港,撰写了不少文章,发表在各地报刊上。

1948年4月,丁景唐在香港看到薛汕①编辑的歌谣集《愤怒的谣》(香港的生活书店初版),欣喜之余,也发现不少问题,便提笔写了《谈民歌的鉴定、歌谣体创作——从〈愤怒的谣〉想起》,以"洛黎扬"笔名发表于香港《华商报》副刊《热风》(1948年5月22日—23日)。不久夏天来临,丁景唐应沪江大学中文系主任朱维之老师之邀,返回上海,担任该校中文系助教。

多年后,丁景唐已经淡忘了此文,他晚年时还感叹:当年曾写过不少文章,但是找不到了。他仙逝的次年秋天,上海师范大学图书馆戴建国老师热情地向笔者推荐"洛黎扬"一文(全文见本文附录,"洛黎扬"是丁景唐当时使用的笔名之一),由此填补了丁景唐那时文学活动的一个重要空白,引申出许多话题。

薛汕是丁景唐的文友、上海民歌社的成员,并且为了出版丁景唐(丁英)《怎样收集民歌》小册子花费了不少时间和精力,丁景唐在《编后小记》中表示感谢。"洛黎扬"一文的最后也写道:"好在编者也是熟人,想不以这些话为过分的。"显然,丁景唐与薛汕的关系不错。

---

① 薛汕,原名黄谷隆,笔名雷宁,广东潮州人。早年,与碧野、梅益、饶宗颐、陈辛仁就读潮州金山中学。1933年因参与领导金山中学罢课风潮被开除学籍,后与碧野到北平,就读于中国大学化学系,后转国学系。1935年参加"一二·九"运动,不久,参加中国共产党,参加南下宣传队到无锡、常州、上海一带。1940年被捕,任狱中地下党小组长。1941年,逃脱出狱,到广西桂林,记录各地的民间歌谣,偏重民俗学的研究活动。1946年,到上海,在震旦大学任教。参加丁英(丁景唐)、袁鹰等组织"民歌社",与李凌、沙鸥编《新诗歌》杂志。1949年,进入广东潮汕游击区,以《文汇报》记者身份写通讯,创作《唱俺个潮州》数百首方言歌谣。后任北京市图书馆馆长,北京大学图书馆专修科教授,中国曲艺出版社编审,中国俗文学会常务副会长,中国通俗小说研究会会长,北京东方文化馆馆长,新诗歌杂志社社长。

薛汕编辑的歌谣集《愤怒的谣》收入江苏、浙江、福建、广东、云南、湖北、四川、安徽、广西、山东、山西、甘肃、河北、台湾等全国各地近270多首歌谣。薛汕在香港时担任中华全国文艺协会香港分会（以下简称香港分会）民间文艺组潮汕方言组组长，积极提倡方言文学，创作小说、论文等。

在香港的中共"文委"书记冯乃超，以香港分会研究部的名义在《愤怒的谣·前言》(1948年4月21日)[①]中写道：

> 《愤怒的谣》是薛汕先生和好几位热心搜集民间歌谣的朋友共同努力的成绩，也是散处全国各地无名诗人的作品的合集。诗集向来就不容易找到出版的地方，这样的诗集尤其难得有机会出版的。文协港分会相当注重民间文艺的研究，愿意把这个集子拿来出版。文协港分会虽然有了一个研究民间文艺的组织，对于普及文艺的提倡工作，多少也做了一些事。但对于搜集民间歌谣，加以整理与研究，尚没有切实地着

[①] 冯乃超此文未收入《冯乃超文集》（中山大学出版社1986年版），该文集下卷附录的编者李伟江编写的《冯乃超生平著译年表》也未提及此文。刘锡诚：《二十世纪中国民间文学学术史》（中国文联出版社2014年版）下卷第14节《香港的民间文艺活动》中"收获期的薛汕"，则明确此文为冯乃超之作。

手去做。这本集子的搜集工作,属于上海的民歌社朋友们的功绩,应该在这里声明一下。相信这本集子的出版,对于我们的研究工作、创作工作,都会有很大的帮助的。

这里面的歌谣,有几首为大家公认为比较完整而成就颇高的作品,值得我们揣摩学习的:如浙东的"兵老队,老队兵",赣西的"有面子,没脑子",四川的"推磨,押磨",河南的"太阳落西山,大祸叩人间",商城的"小梆子,梆梆响",陕西的"老乡见老乡,两眼泪汪汪",甘肃的"老天爷,你年纪大"等等。

这本集子里面所载的歌谣,差不多都表现一个中心主题,可以用"官发胜利财,民遭胜利灾"这句话来概括的主题,反映出"惨胜"以后的深重的民间疾苦。这倒不是故意先立标准从事挑选的结果,而是全国各地都是一片辛酸的自然写照。民间歌谣是人民自然流露的声音,这本集子里面的声音,显然唱出了时代的特点,写出了一个日暮途穷、奄奄一息的旧世界的真实面目,隐隐地汇合成为一股感情的激流,喊出"你塌了吧!"的粗壮呼声。"老百姓"的心事,可得知矣。

这里面的作品,未必如是"惨胜"后的作品,有些是抗战期中的,也有更旧的,我们是来不及鉴定了。这个搜集研究的工作,显然不是少数人负担得了的,希望国内有志于此项工作的前辈及朋友,共同该努力。

香港民主文化事业基金会玉成这本书的出版,谨在这里表示感谢。

以上说的"这本集子的搜集工作,属于上海的民歌社朋友们的功绩",这句话是触发丁景唐撰文评论的主要原因之一,因为丁景唐等人发起的上海民歌社,由丁景唐主持。而且事前(1946年2月10日),丁景唐组织、领导的上海文艺青年联谊会是在中华全国文艺协会上海分会的赞助下宣告成立。此后,丁景唐还参加了该上海分会的有关活动(详见本书收入的《丁景唐首次"亮相"于"群星璀璨"超长照片》),上海、香港分会有着亲密的关系,因此,《愤怒的谣》更加引起丁景唐的关注。

《愤怒的谣·前言》指出该集子的不足之处,提及"这里面的作品,未必如是'惨胜'后的作品,有些是抗战期中的,也有更旧的,我们是来不及鉴定了。"这让丁景唐很是不安,仅凭着头脑里的记忆,以及事前自己编写的《怎样搜集民歌》小册子有关资料(参见本书收入的《丁景唐"紧急撤离"前留下的〈怎样收集民歌〉》),便发现该集子里有不少明显的"硬伤",即使是《前言》中点赞的"老天爷,你年纪大",其实也是胡适从《豆棚闲话》中抄录的,其中还有一则故事(见本文附录注释[1])。

丁景唐又看了该集子中薛汕写的《附记》(1948年1月8日于香港几我楼)：

> 这里所辑录的,是日本帝国主义投降后流行于全国各地的人民歌谣。这一部分,原来已经编入《政治谣》作为最后第二期的,即从一九四五年九月起至一九四七年七月底止,这个时期的特点是人民享不到胜利之福,在饱受独裁政府的浩劫后,痛苦而愤怒地发出吼声,书前的提语,即此一意思的说明。
>
> 《政治谣》是一部未刊稿,是近百年来中国人民忍受双重压迫——帝国主义与封建势力的民间作品,是从鸦片战争失败起至今代人民解放战争展开止的歌谣实录,采集时曾花了不少的时间,特别是在求内容的真确上,相当吃力,然而,站在保留时代诗篇这一意义上虽是抄抄剪剪的工作,想不至于完全没有必要。
>
> 至于为什么要先把这一部分印出呢? 理由很简单:里面所赌咒的,所痛恨的,所抨击的,是我们生活的一部分,血肉相关,这种现实感,对于我们大有裨益,"从人民中来,回人民中去",一定会增强我们的信念,再不愿向任何剥削人民利益者低头,战到"死而后已"! 如果,再能从中寻觅到有关文艺上的若干问题,如表现一些什么内容,有些什么新的形式……则是另外一些收获了,这或则(者),可以作为每个文艺工作者,连我在内的学习课本吧!
>
> 这里面,由于我(的)学力不够,见闻不广,对于歌谣的收集,挂一漏万,在所难免,这是很需要各方加以补充的,至于流行的地点,以及每一首的辨别,——凡发见是"文人"润色成的我代笔是毫不客啬的剔去了,然而难免仍混有;所有这些,一定还有错误,那是希望海内先进及读者们,予以不客气的教正,在此先志感谢之忱。

薛汕透露辛辛苦苦收集、整理的《政治谣》展现了"近百年来中国人民忍受双重压迫","从鸦片战争失败起至今代人民解放战争展开止的歌谣实录",真实地反映了中国人民的心声,被迫"喊出'你塌了吧!'的粗壮呼声"。先行出版的《愤怒的谣》是未刊稿《政治谣》的"最后第二期",表达了坚决要求推翻黑暗社会和"独裁政府"的强烈呼声。

对此,时在香港的丁景唐很是感慨,非常理解薛汕等人的心情,撰文评述时首先指出:"这一二年来,整个中国进行着惊天动地的大变革,……我的怀念是深切的,像捏着一团火似的,我时常记惦着许多在同一岗位上工作着的战友和那些远道寄赠民歌的同好,以及他们辛勤收集得来的材料底下落。"

薛汕等人把尖锐抨击蒋介石"独裁政府"的"政治谣",限定为抗日战争胜利之后的两年内,这时国民政府已经发布《后方共产党处置办法》,有2000多人上了黑名单,郭沫若、茅盾等著名人士在地下党组织的安排下,先后离沪去香港。解放战争进入全国性反攻,将战争引向国民党统治区,因此,丁景唐兴奋地说:"整个中国进行着惊天动地的大变革。"

这时,薛汕等人的"政治谣"《愤怒的谣》及时问世,积极反映了全国人民的呼声,这是敏感的政治嗅觉产生的结果。但是,不能"顾此失彼",把限定时间的歌谣与"更旧的歌谣"相混淆,这不仅在某种程度上"授人以柄",而且大为削弱了《愤怒的谣》的预期效应,降低了在广大读者心目中的地位。

丁景唐坐不住了,提笔疾书,说出了自己的意见:其一,"母歌所孳生的子歌"的歌谣历史演变的问题,这是抓住了《愤怒的谣》存在的关键问题,不能被当下许多流行歌谣的"表象"所迷惑。必须开拓视野,多看多想多写多调查,追踪寻源,才能辨别、鉴定众多歌谣的时间性,拿出令人信服的成果。

其二,薛汕等人入选《愤怒的谣》的标准之一:"文人"润色的歌谣作品一概加以拒绝,力图保持歌谣——民间文艺的纯净性,以区别与文人润色的歌谣。对此,丁景唐不同意。

丁景唐以鲁迅的精辟见解为大前提,并建议收集研究文人润色的歌谣作品,"可以注明作者附在书后,或另集专书,以便比较研究参考。""我愿有人能编一本各种运用旧形式的改造了的创作,如以上所提的民谣体作品……包括诗、剧、小说各方面加工改造了的作品。"

而且,丁景唐指出:《愤怒的谣》"仍混有"许多"文人"创作的歌谣和打油诗,包括"比较完整而成就颇高的作品"。其中既有丁景唐所熟悉的文友的作品,也有他本人的作品(暂定,详见本文附录注释[9])。

其三,丁景唐严肃地批评了薛汕等人缺乏"民主作风"。他认为:民间歌谣的搜集、整理、鉴定、研究的工作,是一件靠大家共同努力来做的事业,"这里最应该警惕有意无意的个人主义的作风"。"既不在书中提及这些材料的来源和经过,更没有一一向投寄歌谣来的友人们表示尊重他人劳力的诚意。这种态度不仅反映知识分子'好大喜功,掠人之美'的偏向,也且妨碍歌谣搜集工作的开展。"

此言分量很重,不知薛汕等人看了心里啥滋味。毕竟他们付出了辛勤劳动,"相当吃力",没有功劳,也有疲劳,丁景唐的批评是否过分了?如果薛汕等人理解丁景唐的"用心良苦",提醒大家必须从政治大局出发,着眼于搜集、整理、研究歌谣——民间文艺事业的发展和未来前景,那么与其被外人嘲笑、讽刺和尖刻批评,不如自己先反思,多做自我批评,以被动变为主动,这也是一种斗争策略,尤其是在香港复杂环境之中,防止出现各种意想不到的严重后果。

同时,也反映了丁景唐自入党之后,经过党组织的培养和教育。他的政治敏感性、思想素质、斗争策略水平等方面都有了明显的变化和提高。他也知道《愤怒的谣》之类的集子"编起来也不是一件简单的容易事,倘详详细细将歌谣来源出处和收集者的姓名一一标明,对方言中疑难加以注解,自然不胜麻烦与繁琐了。"由此并未轻易地抹杀薛汕等人的辛勤劳动,毕竟丁景唐自己也从事这方面的工作,对于其中的酸甜苦辣,深有体会。

丁景唐在严肃的批评时,还特地捅破了一层窗纸,即《愤怒的谣·前言》中未说明白的话:"薛汕先生和好几位热心搜集民间歌谣的朋友共同努力的成绩。"其实,"这本《愤怒的谣》的搜集工作还得归功于庄稼、活路社诸位友朋:臧洛克、默之、金河、朱观成、丁柏威,以及无数姓名被忘掉的同好。"

值得注意的是丁景唐在撰文评述时,特地举例了"旧瓶装新酒"的典范,即运用民间文艺形式进行创作的可喜成果,如李有才板话、马凡陀(袁水拍)山歌、宋阳(扬)的《古怪歌》、(费克)《茶馆小调》,以及"东方红,太阳升"等,"这类民歌化了的崭新作品,给新诗开拓了一条与人民结合的新路。"其中(黄友凡)老粗的"金钱板"很有特色,他也参与了重庆活路社的有关活动(详见本书附录注释[7])。

丁景唐此文反映了他的严谨学风、博闻强记、严于律己和尊重作者、读者等良好作风,这些都延续在他的后半生从事的宣传出版工作和治学著述里,得到圈内人士的公认。

香港《华商报》副刊《热风》连载丁景唐这篇5000多字的评述之文,该报是公认的"中共喉舌"。

在香港主管文艺工作的邵荃麟、冯乃超积极支持《华商报》副刊,并给予指导。1946年12月,以《华商报》的名义召开了一次文艺工作座谈会,随后开展了关于马凡陀山歌的讨论、关于粗野和通俗的高低之争,后来发展成为方言地区是否需要方言文艺的论争,薛汕等人也参与其中。

丁景唐在香港时很注意翻看《华商报》,从中了解香港文坛动态。

这里引申出一个问题:丁景唐当时在香港是否与地下党组织取得联系,如何看到薛汕编辑的《愤怒的谣》集子;他投稿给《华商报》,其中有什么故事,丁景唐生前并未透露内情。现在有一个旁证,他在香港时偶遇叶以群(后为上海文联副主席、作协副主席、《上海文学》《收获》副主编等),也许由此"链接"《华商报》副刊。

北京大学教授刘锡诚撰写专著《二十世纪中国民间文学学术史》(上下两卷,中国文联出版社2014年版)期间,曾与丁景唐通信,请教关于上海民歌社等情况。但是，丁景唐淡忘了自己曾写过评述薛汕编辑的《愤怒的谣》一文。因此，刘锡诚的专著下卷第 14 节《香港的民间文艺活动》中"收获期的薛汕"，未能提及丁景唐评述之文，留下一个遗憾的空白。

笔者以上写的有关内容，权作一个弥补，以告慰家父丁景唐的在天之灵。

[附录]

谈民歌的鉴定、歌谣体创作
——从《愤怒的谣》想起

洛黎扬

在旅途中，有幸见到《愤怒的谣》底出版，在我是何等喜悦，然而又是感慨难尽的呵。这一二年来，整个中国进行着惊天动地的大变革，……我的怀念是深切的，像捏着一团火似的，我时常记惦着许多在同一岗位上工作着的战友和那些远道寄赠民歌的同好，以及他们辛勤收集得来的材料底下落。我虔诚地期待着有天能将它印出来，不致辜负了朋友们的一番心血。现在《愤怒的谣》既经出版，它释卸了材料散失的心事，但也引起另一些想说的话。这里分成（一）民歌的鉴定；（二）关于创作的歌谣；（三）一个编辑者应有的民主风度等三部分来加以叙述。

一、民歌的鉴定

民歌是农村社会生活的产物，敏感地留下时代的烙印，和浓郁的地方色彩——所谓地方色彩和其他的民间文艺同样包含着时间、空间以及历史、社会、经济诸状况所形成的特定语言、事物、风格等等多种因素，而民歌的这些外镶的特色尤得易见。

民歌中流传时间很久地域又很广的，譬如"孟姜女""唱春调""张打鼓李打锣""看见她"等同母歌所孳生的子歌到今天依旧流行，固不少数，甚至在明清已有了的像"大雪纷纷下，柴米都涨价，板凳当柴烧，吓得床儿怕。"被原封保存着也有。因此要鉴别一首的流行时间、地区，或是否文人的仿作，就需下些功夫去研究了。

据编者《附记》里说《愤怒的谣》里所辑录的"是日本帝国主义投降后流行于全国各地的人民歌谣……即从一九四五年九月起至一九四七年七月底止"，而实际上正如文协研究部说写的《前言》中已指出了的："这里面的作品未必尽(如)是'惨胜'后的作品,有些是抗战期中的,也有更旧的,我们是来不及鉴定了。"

民间文艺作品——尤其是活的口头在吟唱着的民歌,它们是流水,在不断补充着变动着向前发展,创造着新的内容和形式,因此,要把一首歌谣流行的时间作硬性的确定有时是很难的。但倘为了要凑数量,而将战时和更旧的拉扯(在)一起,或竟改动内容(词句)硬凑时间却是大可不必,有违客观事实的。不是实事求是的作风,应该给以(予)纠正的。这里先检出甘肃的那首(二五〇):"老天爷,你年纪大,……"还是当今"不做总统做卒子"的胡适在一本清人笔记(似是《瓜棚闲话》)里抄出,发表于北大《歌谣周刊》(廿五年)的复刊号上,[1]记得他除推崇一番外,还指出这是明末"流寇"来时民不聊生的呼声,和我们现在解释"杀人放火的享受荣华"立场却巧相似。

第二〇〇——四以及二一九的一首"妞儿(孩,孩),快些长",流行山东、河南各地,我还清楚地记得那是上海江湾一位山东籍的士兵寄来的,因他没留地址,我还在《文汇报》刊出代邮(启事),并且也曾根据那几首民歌写过比较研究的短文,所以记得内中第三句都系"长大嫁给大队长",写(上海)沦陷期间"流寇"大队长威风的,也许这里另有依据,"长大嫁给乡镇长"也未必不可能,虽然,"腰里带着盒子炮","两边跟个挎枪哩"的镇长到底并不普遍。

散见于各地已出版的歌谣集,或为各地同好所辑录投寄而未经编者详细挑择,杂入本集的也不在少数,在战前已经流行了的,有七三"我有一条破裤",七四"堂前天官赐福",七五"大衣高帽",七九"喂狗会守门",一〇三"好多乌云天上横",一〇四"出又难来入又难",一〇六"脚巴行路难过关",一二九"做官吃米我吃糠",一四六"有钱有理,无钱无理",一九七"白杨叶忽啦啦",一九八"锅里煮一个羊尾巴",二〇四"黄昏放牛至夜半",二一〇"秋风呼呼树叶黄"等十几首,陕西的那首"老乡见老乡,两眼泪汪汪"(二四四)流传甚广[2],是民国以来军阀混战的产物,民国廿二年出版的江苏民谣集第一册中就录下靠(近)十首同一母谣的子歌,内中有几首比这更优秀更深刻。我还认为有首后二句"打了好几年,只剩一把枪"的,友人葛原曾将它画图,《联合晚报》上连续刊登过。第一首的上海儿歌"孙中山活转来,东洋乌龟死脱哉",早在八·一三炮声一响后就产生了,而在(上海)孤岛时期的"汪精卫,油氽烩"[3]的童谣一起盛行,在当时这正是民心向上的呼声,上海的儿童个个会唱,虽然简单,在他们的幼小的心田里种下对敌伪仇恨的种子,收获民族教育的效果,倘说是"惨胜"后的作品,那现实意义就差得远了。要鉴别一首民歌的时间、空间,不仅仅从民歌中的方言、事物、内容就可分辨的,而更要紧的首先还在生活中亲身体验着又熟悉当地情况(风习、方言等),另外看得多,作比较研究的分析,也有助于我们鉴赏的能力。这就是为什么从事民歌收集与整理工作特别要重视亲身从人民口头直接收集的功绩。至于"乡长买田起屋,保长吃鱼吃肉,甲长头五头六(形容奔走忙碌),户长抱头大哭"[4]那类有关伪保长、"流寇"大队长一类民歌基本是(上海)沦陷期间内产物,笔者曾有文论述发表于《时代日报》,可资参照,这里也就不再一一举例了。

流行地点的弄错,本集内页发现几处:上海是五方杂处的"洋场",各地人都有,所以各地方言都可听到,各地民歌也都有流行,但在本地住久了的人,一上口就挺容易分辨出那(哪)是本地的土歌,那(哪)是外来的,因此像三"今天巴"、四"左也巴"、八"二皇变中央"……就不应归入上海区域,读起来完全是淮北的口吻,十四"捐税重"、十五"好男买掉分家饭"两首是无锡一带最出名的,归在南京似归入江南的好。一九六"省府搬合肥,百姓倒了霉"安徽歙县的那首是我的一位宁波乡友寄来的,不知是编者抄错,还是二地同有一摸一样的歌谣?

二、关于创作的歌谣

作家创作的诗和萌芽状态的民歌之间有着非常显而易见的歧异点。那就是鲁迅先生早已说过的"眼看"和"口唱"的分别,而民歌底值得学习揣摩[5],也就在它以口语(方言)表达人民大众的思想和情感,为人民所喜闻吟唱,而作家加工了的民谣体的诗,便正如鲁迅先生说的:"旧形式是采取,必有所删除,既有删除,必有所增益,这结果是新形式的出现,也就是变革。"[6]和过去文学史上文人仿作的竹枝词(的)打油诗一类完全装饰或游戏的,文字是意义不同,立场不同的。我们现在已经有了许多优秀的创作民歌了,李有才板话、马凡陀山歌(运用中国化民谣体还不够娴熟)、老粗的"金钱板"[7],新音乐方面更有可喜的"收获",如宋阳(扬)的《古怪歌》、(费克)《茶馆小调》,以及《毛泽东颂》[8]内的"东方红,太阳升"。本集内的"十四年呵没有家"(二六七),"推磨,押磨"(一六四)等等这类民歌化了的崭新作品,给新诗开拓了一条与人民结合的新路。

因此对于编者所持编辑方针,"凡发见是'文人'润色或代笔的,我是好不吝啬的剔去了",我们不同同意这见解。为什么?一则我们认为好的歌谣体创作,我们也应该收集研究,可以注明作者附在书后,或另集专书,以便比较研究参考。我愿有人能编一本各种运用旧形式的改造了的创作,如以上所提的民谣体作品,以及申曲(如倪海曙先生的"朱警长查户口")。粤剧(如《星期报》上的),越剧(如《联合晚报》上的"仿新十八相送"),故事新编(如秦似先生的"人肉店"),包括诗、剧、小说各方面加工改造了的作品。二则事实上本集内"仍混有"许多的"文人"创作的歌谣和打油诗,几乎所有比较完整而成就颇高的作品,都经过"文人"的润色或代笔。这倒不是说未经"文人"润色或代笔的原始萌芽文艺不一定不好,而是证明萌芽文艺倘经"文人"的加工琢磨,就更圆润更成熟。

这里先就我们几个朋友的"创作"来"剔"一下吧!

十一首是笔者所写[9],登在《夕拾》上,很幸运还仍旧当作民歌留着。六十六——八的四首是臧洛克兄的创作也登在《夕拾》上的,其他"正月当兵百花开"(一二五——六)"我偏唱个民不主"(一四一,印错为"主不民"),"政治不改良"(一四二),"推磨,押磨"(一六四),"谁在扯谎谁在骗"(一七一)……都曾经在《活路》上登过,出自各朋友的改造。

经过"文人"的润色或完全是"文人"口吻术语的要"剔"是更多的。像"民也民兮奈若何"(一六〇),"房子是老爷兵的旅舍,田地是乡保长的手掌,养妮子是老蒋的呼唤"(十八)[10],"党伐血腥遍地哀"(四八),"室如悬磬,……盗匪盈廷"(五四),"何思源集奸团结"(二五五)……都极显著地是报屁股的文人仿作,生硬,揉造,那(哪)里像出自农民口中的语言。另外八十八"庶务最风流,用钱不用愁,电钟五点半,北投。"——九十七"天天都一样,中午汽笛放,打开抽屉来,便当。"[11]共十首也一望而知是台湾公务员的十七字 ——打油诗。

三、一个编辑者应有的民主作风

这些已经在上面指出了的地方,多半自己经手过,所以即在手边一些資料也没有可资参考引证的现在,也依旧记得,其余小错误相信也还有,如同地的同一母歌的子歌二〇〇"长大嫁给乡镇长"——四与二一九"孩,孩,快些长,长大你好当保长。"不归在一起;十六"苦干硬干,目的达到,不会没官。"十七"官逼民反,不得不反,若要不反,免兵免款。"明明是一首,分为二个半首等。这可见"在求内容的正确上""虽是抄抄剪剪的"把别人亲身从老百姓口头"采集"来的记录,编起来也不是一件简单的容易事,倘详详细细将歌谣来源出处和收集者的姓名一一标明,对方言中疑难加 以注解,自然不胜麻烦与繁琐了。

民间歌谣的搜集、整理、鉴定、研究的工作,是一件靠大家共同努力来做的事业,这里最应该警惕有意无意的个人主义的作风。

将这采集靠无数人精力、时间的劳动结晶,独归功于某一个人的"采集",既不在书中提及这些材料的来源和经过,更没有一一向投寄歌谣来的友人们表示尊重他人劳力的诚意。这种态度不仅反映知识分子"好大喜功,掠人之美"的偏向,也且妨碍歌谣搜集工作的开展,结果落得没有人再会寄材料来的,为了纠正这种近视作风,同时也为了向无数投寄歌谣的友人表示我的怀念与歉疚,我在这里不得不以民歌社同人的一员站出来说话:

(一)发动民歌收集,民歌社也许多少起过号召作用,但这本《愤怒的谣》的搜集工作还得归功于庄稼、活路社诸位友朋:臧洛克、默之、金河、朱观成、丁柏威,以及无数姓名被忘掉了的同好,不是他们的热心协助,决不能收集这些作品的。

(二)一个编辑者应将这些材料来源的收集人,或从单行本、报章、杂志上抄录的一一注明出处。这一方面是尊重他人劳力的问题,另方面是做学问应有的态度问题。

近一二年来,文艺界日渐的注意起民间文艺的收集和整理,是可喜的现象,但要使这工作不停留在小圈子里,而把它当做一个运动来搞开去,不是为着猎奇,不是为着几个人的偏好,而是为着扩展文艺战线,为人民服务,那末(么)及时的克服偏向,纠正歪风,一点一滴,踏实地虚心地做出成绩来,则民歌收集工作会有前途,民歌的研究者会有前途。

当我反复翻阅着本集内的歌谣,一些亲手参与其事的回忆都兜上心来,因此就写了些反省和批评,本意是为了进步,我虔诚地希望在再版时能补正这些缺点,希望不要重复那些错误,好在编者也是熟人,想不以这些话为过分的。

原载 1948 年 5 月 22 日—23 日

香港《华商报》副刊《热风》

注释:

[1] 北大《歌谣周刊》第 2 卷第 1 期(1936 年 4 月 4 日)卷首为胡适《复刊词》。1942 年 2 月 27 日,胡适时任驻美国大使,抄录《豆棚闲话》中的"老天爷,年纪大……"唱词,写信给在美国大学任教的语言学家赵元任,并请他谱曲。赵元任据此创作歌曲《老天爷》,作曲家谭小麟将此带回国内。1946 年 10 月 31 日蒋介石六秩寿,歌唱家喻宜萱演唱了《老天爷》,后来被广泛传唱。

[2] 这些民歌原来只有序数,现依次添加词句。

[3] "汪精卫,油氽烩",来源于民间传说炸油条的来历——与南宋朝奸臣秦桧有关。

[4] 丁英(丁景唐)《怎样搜集民歌》提及此民歌。参见本书收入的《丁景唐"紧急撤离"前留下的〈怎样收集民歌〉》。

[5] 详见鲁迅《且介亭杂文·门外文谈》《鲁迅书简·致窦隐夫》。

[6] 鲁迅《且介亭杂文·论"旧形式的采用"》。

[7] 金钱板是四川、贵州等地传统说唱艺术。1936 年,黄友凡(巴松)参办《活路》杂志,

为《新华日报》撰稿。他创作"时事金钱板"、唱词小调以及自由体的讽刺诗,用"老粗"的笔名发表在重庆《新华日报》《活路》杂志上。他先后担任中共重庆市委宣传部部长、四川省党史学会副会长等职务,参加编辑《南方局党史资料丛书》1—6集,主持编辑《重庆党史研究资料丛书》,出版《巴松诗歌集》《盛世歌吟》等。

〔8〕艾青等人著、冯乃超编的《毛泽东颂》一书,香港海洋书屋1948年3月初版,冯乃超写有该书《编后记》,此文原题为《关于〈毛泽东颂〉》,载1948年3月6日香港《华商报》副刊"周末版"。

〔9〕原文"笔者"或"编者"看不清,根据下文口气,前者似为妥,而且丁景唐是宁波镇海人,此歌谣采用宁波方言写的。现将此民歌抄录:"(十一)清乡兵,洋枪兵,逼军米,抓壮丁,跨进屋落翻东西,看见钞票狗眼开,勿拨铜钿勿走开,拍拍家伙喉咙响,有仔钞票好商量,米缸翻向,鸡飞上墙,清乡兵,洋枪兵,若要命,只有拼。"

〔10〕原文"……手掌……呼唤",现补齐词句。

〔11〕原文只有序数,现添加词句。

《沪江文艺》创刊号

丁景唐晚年时还清楚地记得在沪江大学的一些情况,撰写了《二进沪江》一文(《沪江大学纪念集(1906—1986)》),其中写道:

  我出席过一次中文系师生联欢会,看了同学们的文娱节目,其中有一两位女同学颇有音乐舞蹈才能。中文系同学办了一期《沪江文艺》,朱维之、徐中玉、廉建中和我(署名丁宗叔)都写了文章。近年,我从上海旧书店觅到一本,编辑戴光晰[①]等都不认识,只有看了"朝露"写的九首诗,才朦胧地记起她曾将精心手抄的《朝露诗抄》送我看过,似乎她就是联欢会上的活跃分子。

1948年夏天,丁景唐应恩师朱维之(沪江大学中文系主任)之邀,前去军工路的沪江大学担任了半年的中文系助教,为一年级新生上语文课,帮助朱维之老师批改学生作文。

那年夏天新生入学,其中有17岁的女生戴光晰,她与丁景唐是老乡(浙江宁波镇海)。她原来就读上海市第一女中,高中语文老师是施济美(丁景唐就读东吴大学时的同学,详见本书收入的《丁景唐的诗歌刊登于〈九月的海上〉刊物》)。戴光晰高中时开始写文章,"非常悲天悯人",被称为"小施济美",被施济美推荐到刊物上发表。

戴光晰考入沪江大学中文系后很活跃,不仅记录了刘大杰教授的讲演,负责编辑《沪江文艺》创刊号(1949年1月1日出版),并与其他同学设法邀请中文系老师朱维之、徐中玉、廉建中、丁景唐等写文章。她在《沪江文艺·编者的话》中写道:

[①] 戴光晰,1931年出生。1950年9月考入中央电影局表演艺术研究所,以后成为资深的电影翻译家,担任中国电影艺术研究中心外国电影研究室研究员。

沪江文艺

　　编者谨以腼腆与惶恐的心情接办了这本《沪江文艺》，幸亏作者们能扶持这本小小的刊物的诞生，惠赐我们不少的佳作，十分感激。

　　尤其使我们庆幸的是，每一位国文系的教授都有杰作赐给本刊，使嫩芽似的本刊收到了雨露的灌溉，在波折叠起的环境中生长，茂盛。

　　这一期的来稿，以本系的教授及同学们的投稿占绝对多数，然而也有几篇佳作是编者特约他系和他校的同学写的，这也是本刊的幸运和光荣。

　　在这儿，编者很高兴能为读者们介绍几篇难得的佳作。

　　朱维之先生的《名歌试译》的确是精湛的译作了，译者非但能保存原作幽美而超然的情调，同时更尽了介绍世界文化的使命，使它成为中国的文艺作品；廉建中先生的《感时二首勉励大诸同学》是二首富有警惕意味的诗，也是不多得的；周继善先生以令人向往的笔调描绘了《马思聪的提琴演奏》，会使你耳畔飘扬起断续而轻美的提琴声……

　　徐中玉先生的《中国文艺批评研究的材料与趋势》是一篇谨严的文艺理论，对于研究中国文学的人，的确是一个宝贵的启示；丁宗叔先生的《谈民歌的收集》，是以轻松的笔调告诉我们民歌的重要性和收集法。

　　《文艺与现代生活》是暨南大学文学院院长刘大杰教授的讲词，是由编者笔录的,在这儿,编者要向刘教授致歉,因为拙劣的记录,已使刘教授辉煌的讲词减色不少。

李士珍的《灯塔》是一篇文笔生动,含义深长的小说;《望月的黑街》,让你看到了下层社会的缩影;小凤的《别》,会带给你温馨而可贵的友情。

童一秀的《窗下》、彬的《山城之雾》、尚汉年的《哭与笑》,都像是轻描淡写的中国山水画,有着梦一般的情调。

《望月怀友》是略带感伤与孤寂的七言绝句,能使人起共鸣。

蒋凡的《尝试短曲》,也方的《聆奇》,朝露的《朝露集》等都是清隽,蕴蓄的诗歌。还有,那文锦的《谈书法》也是一篇富有学术研究性的文艺理论。

虽然,还有不少的佳作,然而,为了篇幅的有限,不能把每一篇都加以介绍。

这是戴光晰唯一一次介绍丁景唐(丁宗叔)的《谈民歌的收集》一文,可惜后来没有任何联络,否则可以留下关于沪江大学的一些故事。

1942年,丁景唐从东吴大学转学到圆明园路的沪江大学三年级(肄业),聆听了三位老师的授课,王治心先生讲授"中国文化史",朱维之先生讲授"中国文学史""中国文法",黄云眉先生讲授"诗词作法"。在沪江大学学习的一年期间,是丁景唐学习中国古典文学作品最多的一年,也是写作比较勤快的一年,除了写诗歌、散文,还从事民间文学和古典文学的研究。1947年,丁景唐发表了论著《怎样收集民歌》。他第二次进入沪江大学时,"旧话重提",在原来的基础上增加了前面千余字历来收集民歌的概况,改题为《谈民歌的收集》(收入《怎样收集民歌》)。

《谈民歌的收集》开头引用鲁迅《门外文谈》的观点,以此说明民歌收集活动早已产生,被称为"活化石"的《诗经·国风》便是一个杰作——中华民族艺术宝库中的瑰宝。此后,该文简要介绍了民歌收集的历史,直至上世纪40年代,认为"在这个苦难的国土上,学术的花朵是常被当做野草般践踏的,近些年民歌的研究工作益发显得沉寂了,即使有些可敬的先导者在静默地耕耘,除为生活的负荷所胁迫外,还得忍受孤独的寂寞。"此番见解穿越时空,延续至今,况且远远超出了民歌的研究和收集的范围。

朱维之先生的《名歌试译》一文理所当然地被编排在这期《沪江文艺》的首位,该文认为"翻译诗歌的最大任务是要把原诗底内容和形式两方面的美都由另外一国的国语去表达出来,因为诗歌是文学底冠冕,它底特色不仅在于情调上的美,思想上的美,也在于形式上的美。"

朱维之先生介绍了自己翻译的3首诗,其一,亨利·沃兹沃斯·朗费罗(19世纪美国最伟大的浪漫主义诗人之一)的一首诗歌《拉斯本曲》。其二,阿尔弗雷德·丁尼生(英国维多利亚时代最受欢迎及最具特色的诗人)的"绝笔"诗歌《济渡彼岸歌》。其三,杰出的爱尔兰民族诗人托马斯·穆尔写的抒情诗《相信我》。朱维之先生分别作了具体分析,给诗歌爱好者上了一堂生动的课。这三位外国著名诗人的作品,先后出现于国内各种版本的诗歌选集和外国文学史的专著,诗人及其作品的译名略有不同。

其实,朱维之先生也写过白话诗,其中《但她的鞋子掉了》一诗发表于丁景唐、萧岱(后为上海作协副主席)、王楚良(后从事外交工作)合编的《译作文丛·谷音》。

徐中玉原来在山东大学任教,因公开支持当地"反内战,反饥饿"的学生运动,被迫南下返回上海,他回忆是在1947年暑假后到沪江大学中文系任教,丁景唐则回忆是1948年暑假的事情,那时朱维之先生原拟委托丁景唐邀请魏金枝、许杰来沪江大学中文系,可惜魏、许两位已经就聘于麦伦中学和暨南大学。经许杰写信介绍,丁景唐前去见徐中玉,后者欣然允诺应聘,朱维之先生得知后很高兴。

徐中玉是一位出色的文艺批评家,写过许多专题文章,他写的《中国文艺批评研究的材料与趋势》,在文后注明:"这篇短文原是前年在山东大学一次讲演的提要,所说都极简略,仓卒间又无暇改写,自知草率,敬请读者教正。"落款时间为"十二月廿二日",即1948年12月23日,一周后《沪江文艺》出刊了。因此,徐中玉交稿的时间仓促,便写下这段"附记"。

戴光晰记录刘大杰的讲演《文艺与现代生活》,可能是邀请的结果,可惜其中内情至今未能查到。戴光晰还写了短篇小说《蝶蝶》,描写一个多愁善感的女青年,落款时间为1948年5月2日,显然是跨入沪江大学校门之前写的。她在《编者的话》里不好意思提及此小说,此后她也遗忘了这段青春少女的心程。

"负笈莘莘到沪江,几多千里别乡邦,潮声又共书声起,笔力还凭学力扛,且缓腾骧游海国,务先刻苦伏芸聪,自知原壤无称述,羞对青年气欲降。"(《秋感》)这是沪江大学教授、诗人廉建中对入学新生的期望,诗中的"潮声"即沪江大学靠近杨浦区的黄浦江吴淞口,师生都能听到潮起潮落之声。丁景唐与几位助教住在中文四学生宿舍的顶层,每人一间,颇为清静,丁景唐将其取名为"望天听风楼",极目远眺浩瀚的黄浦江吴淞口。

廉建中一生从事教育事业,曾任乐天诗社理事长,与柳亚子、黄炎培、周瘦鹃、吴昌硕等时有唱酬。廉建中的夫人惠毓明,擅长国画,他们夫妇都是无锡人,以后皆为上海文史馆馆员。

丁景唐在《二进沪江》一文里回忆：1948年10月15日（晚上7时），著名小提琴演奏家、作曲家马思聪和夫人王慕理应沪江大学音乐协会的邀请，来校举行小提琴独奏会，王慕理钢琴伴奏。"独奏会很成功，师生情绪热烈，一再鼓掌要求重演。至今我的耳际还会响起富有民族风韵的《思乡曲》的旋律。"对此，周继善的《马思聪的提琴演奏》一文得以证实，并以此说开去，介绍了马思聪的音乐天赋，称他为"大众的乐手，全中国人民所爱戴的乐师"。

丁景唐喜欢诗歌，因此看过《沪江文艺》中的女生"朝露"写的《朝露集》中9首新诗，其中一首《梦！》写道："那幅柠檬月下，浸着水的普希金纪念塔，润润的树，软软的风，的画，如今，还在你心灵的纸上么？我们的眸子都溢着水，像梦里的流溪，你发觉，梦一般的情景，又如梦一般地无形，无形，没有痕迹。"

普希金纪念塔在丁景唐家附近，即岳阳路、汾阳路、桃江路交会的街心，俗称"三角花园"。1937年2月10日，俄国侨民建立一座普希金纪念碑，曾经是上海地标建筑之一。丁景唐曾多次带领子女或朋友在那里合影留念。普希金著名的一首爱情诗《我曾经爱过你》（戈宝权翻译），也许启发了"朝露"这首《梦！》的构思。

《沪江文艺》最后附有版权页，注明：编辑是戴光晰，出版为高扶霄，广告为宋梅凤，印务和校对均为潘大树，发行唐佩弦，顾问是朱维之、韦翰（瀚）章（时为上海沪江大学秘书、教授）[1]。

其中宋梅凤也许是以小凤的笔名在《沪江文艺》发表小说《别》，该刊后面有4则广告：中国钟表厂的"三五牌十五天钟"、徐锦记营造"赠登"广告（注明"本刊谨致无限谢忱"）、公与昌德记五金号、上海拆船公司，显然这位宋梅凤招揽广告的"能量"很大，也许与她的家庭背景有关。

2008年5月至6月，戴光晰在家里接受采访，谈起沪江大学中文系主任朱维之、教授徐中玉和著名戏剧家余上沅（新中国成立后受聘沪江大学）、著名历史学家蔡尚思（1949年5月上海解放后到1952年，任沪江大学副校长、代校长、教授），却遗忘了自己编辑的《沪江文艺》诸事。[2]

---

[1] 韦瀚章，祖籍香山县翠薇（今属珠海市）。1929年毕业于上海沪江大学，担任上海国立音专注册主任、商务印书馆编辑等。1950年定居香港，后应聘赴马来西亚，出任婆罗洲文化代理局长。韦瀚章是我国第一代从事现代歌曲创作的歌词大师，首先提出"歌词"一语。他一生共创作了500多首歌词，其中有抗日歌曲《旗正飘飘》《白云故乡》、艺术歌曲《采莲谣》《五月蔷薇处处开》、清唱剧《长恨歌》等。

[2] 启之、黎煜、李镇：《戴光晰访谈录》，载《当代电影》2009年第3期。

合编《南北方民谣选》

1950年元旦后,丁景唐到上海市委宣传部正式报到,听取姚溱交代的任务。至此,丁景唐由原来地下党员的身份转为公开党员的身份。

当时中共中央华东局兼上海市委机关驻地在建设大厦,位于福州路、江西路口。丁景唐在建设大厦三楼的市委宣传部开始了新的人生道路。

在繁忙的工作中,丁景唐还有机会发挥原来研究中国民间文学的特长,并且与林冬白合作,编选《南北方民谣选》第1集、第2集(1950年11月初版),由新华书店华东分店(福州路390号)发行6000册,这是丁景唐在新的工作岗位上合编、刊行的第一本集子。

如何挖掘、搜集、研究民间文艺的重要组成部分——民谣,积极发挥民谣的"载道"功能,顺势利导广为流传所产生的社会影响,"对接"新中国初期的共产党宣传"轨道",丁景唐与林冬白编选的《南北方民谣选》是一个生动的例证。该集子的《序言》(1950年8月)写道:

> 耗费了不少友好的努力,终于将几年来收集得近二千首的歌谣,压缩成了这两本选集。从选上的这些歌谣中,我们很清楚地看出了万恶帝国主义的凶暴残忍,反动官僚资本主义的腐朽没落,封建地主阶级的残酷剥削和压迫……。但人民不是羔羊,在敌人统治下的旧社会里,人民有的是诅咒、憎恨、反抗、斗争,而民谣也就成了他们斗争的一种武器。共产党、解放军来了,人民是多么拥护她,热爱她,歌颂她,他们热爱自己的领袖,自己的政党和军队。从许多首歌谣中看出他们的真情洋溢。这时,民谣便成了激动战斗意志,鼓舞劳动热情的有力工具了。人民的眼睛是雪亮的,从这里可以看出民心的向背,这些都是人民的真心话,从这些歌谣中可以帮助我们认识真理正义究竟在哪一边,可以激发我们仇恨谁和热爱谁的感情,可以使我们知道成败谁属从而坚定我们的胜利信心……。另外,由于反动特权阶级的长期统治的结果,使人民世世代代过着贫困、愚昧的生活,在有的歌谣中也会反映一些农民的

落后意识，这，我们是可以拿批判的眼光来看它的。

热爱与憎恨、歌颂与揭露成了该集子的主旋律。《南北方民谣选》第 1 集分为三大部分：一是"反对帝国主义"，主要是抗日战争、解放战争时期的民谣。二是"反对封建剥削"，其中有不少历代流传的民谣。第三部分的内容比较多，既有抨击国民党的苛政杂税，也有揭露国民党军队的腐败等，最后是"人民的反抗情绪"。显然编选者的指导思想很明确：读民谣，知政识民心——政治第一，鲜明地反映了新中国成立初期的特点。

对于南方的古今民歌、民谣，丁景唐曾作了一番研究，并搜集了不少，编为《浙东民歌》（未刊）。他在《六朝的民歌（南方篇）》（收入丁英《妇女与文学》，沪江书屋 1946 年 2 月初版）里写道：

在（六朝）南方的民歌，因着歌谣流布地域的不同又可分为：（一）吴越地区——太湖流域的吴声歌曲；（二）荆楚地区——长江流域的西曲歌。前者多为少男少女的恋歌，后者偏于贾人思妇的情趣。但二者皆曼婉缠绵，充满着生（活）之热情，渲染着江南水乡明艳的色彩。以其来源而论，大都是民间无名女子精心的杰作；以其艺术而论，题材偏于单纯，大部是爱的歌颂，但在表现的技巧上却有卓越的成就，如形式上的多样性（五言四句居多，其他长短句自由体亦多）。口语的特征，如多用谐声双关的字（加莲射怜，藕射偶，星射心，丝射思……）运用俚语俗字，随声音的节奏而有丰富的变化，实为前所罕有。至于想像深邃，描写深切，情致真率，尤其余事。

民歌与民谣的涵意有些区别（众多学者有不同的解释），现实有时介于两者之间，难以区分，通称为歌谣。因此，丁景唐从自己编的《浙东民歌》里挑选了一小部分，加入《南北方民谣选》。

《南北方民谣选》凸显"政治第一"，入选民谣的政治倾向很鲜明，这也可以从《南北方民谣选·序言》与《六朝的民歌（南方篇）》的两种不同色彩的表述文字中鲜明地体现出来。但是，也有不少地方色彩浓郁的民谣。

"布谷！布谷！朝催夜促，春天不布，秋天不熟。布谷！布谷！朝求夜祝，春布一升，秋收十斛。布谷！布谷！朝忙夜碌，农夫忙碌，田主福禄，田主吃肉，农夫吃粥。"这首民谣题为《布谷》，尾注："流行于江南一带。"其实，这是著名诗人刘大白（浙江绍兴人）在"五四"新文学发端时期（1921年6月12日于杭州）写的诗歌，收入他的新诗集《旧梦》（后重编为《卖布谣》《丁宁》等），因流传甚广，反而湮没了原作者的名字（1932年2月13日病故）。

"小花鸡，跳磨台，那（哪）天熬到八路来。也能伸腿睡个觉，敞门不怕人偷根柴，说话喘气也自在！小花鸡，跳磨台，那（哪）天熬到八路来。鸡鸭猪羊能传种，眼看灾荒没得底，八路不来怎安排？小花鸡，跳磨台，那（哪）天熬到八路来。弟弟煮好了红鸡蛋，姊姊做好新布鞋，前边二嫂没布做，栽棵好花等你来。快些来，快些来，我们比在地狱还难挨。"（《小花鸡》）尾注："江苏淮阴。"

此民谣在当地有多种版本，开头相同，后面的词句则不同，如"小花鸡，跳磨台，多会熬着小媳妇来，我替伤兵来弄饭，妈替部队把衣裁。"这首《小花鸡》最初是当地流传的民谣，如"小花鸡，推大磨，没有女人怎么过？衣服没人弄，一天三顿要挨饿。发发狠，脚一跺，摔锅卖铁请老婆。"

《南北方民谣选》第2集分为两大部分，第一部分是"旷工谣及其他""揽工谣及其他""妇女谣"，大多是近现代工矿企业和历来乡村里流传的各种民谣，悲伤、痛苦、忧愁占据主要篇幅。

"泥瓦匠，住草房；纺织娘，没衣裳；卖盐的老婆喝淡汤；种米粮，吃米糠；磨白面，吃瓜秧；炒菜的，光闻香；编凉席的睡光床；抬棺材的死路旁。"（《不平歌》）尾注："苏北。"其实，这是流传甚广的民谣，有的"口口相传"，增添了内容："当奶妈的卖儿郎，挖煤哥儿家里像冰窖，淘金老汉一辈子穷的慌。"

"十八大姐周岁郎,每天每晚抱上床,睡到半夜要奶吃,劈头脑,几巴掌:'只是你妻子,不是你的娘!'"(《小丈夫》)这是中国曾经出现的畸形婚姻的悲剧——"童养婚",即女孩在幼年时即被夫家用较少的钱财买来收养,长大后成婚的特殊婚俗。这样的女孩被称作童养媳,这是当时贫穷、愚昧、落后的社会生活写照,在不同地域流行着不同版本的"小丈夫""小女婿"的歌谣。其他"怨妇恨""贞女叹"等之类的歌谣更是不计其数,也是中国历代歌谣传唱不息的永恒主题。

《南北方民谣选》第2集第二部分是"解放谣""生产谣",特别是前者,则是名副其实的"翻身谣"——中国历史上前所未有的新歌谣,充满了广大人民群众当家作主的意气风发的豪迈之情,以及憧憬美好未来的无比喜悦激情。

"共产党,为人民,土地回家翻了身,倒比父母对咱还关心,拥护毛主席,拥护八路军,吃水不忘掏井人。"(《翻身谣》)"吃水不忘掏井人",一般流传是毛泽东当年住在中央苏区瑞金城外的沙洲坝,帮助村民挖水井的故事。新中国成立后,沙洲坝人民在井旁立了一块石碑,上面刻着:"吃水不忘挖井人,时刻想念毛主席!"此文曾入选小学课本。"吃水不忘掏井人"的民谣与"吃水不忘挖井人"的故事仅有一字之差,可能前者版本更早流行。

"你拍一,我拍一,女的赶套,男着犁,小孩后尾扶拉子。你拍二,我拍二,开犁先要种小麦,再种萝卜和白菜。……你十二,我十二,一个整猪劈两半,日子越过越有盼。"(《生产谣》)

"你拍一,我拍一"的形式原来是童谣,添加新的内容,变成了新的民谣《生产谣》。如今与时俱进,"你拍一,我拍一"则成了宣传文明准则的儿歌,验证了"旧瓶装新酒"的魅力。《南北方民谣选·序言》最后写道:

> 本书的出版,曾承孟凡同志补充一些蒋军兵谣,王士菁同志和袁丁同志的参加意见和补充,陆以真、臧洛克、孙绍、默之、庄稼诸友的协助收集,以及成寂、张心怡、朱微明、黄国材、童天湘、吴延豫、孙志丰、杨湘尧诸位的帮助抄写,由于他们共同劳动的结果,使此书得以跟读者见面,特在此表示我们的敬谢。我们的工作还在开始,在编选方面还存在着一些缺点,我们也期待着批评和指教。

王士菁是资深的鲁迅研究专家,与丁景唐是老友,常有书信往来。新中国成立后,他在上海担任华东新华书店编辑、鲁迅著作编刊社编辑(主任是冯雪峰),后到北京,担任人民文学出版社鲁迅著作编辑室主任等职务。因此,他作为华东新华书店编辑对《南北方民谣选》提出修改意见,也在情理之中。

1946年初,丁景唐与陆以真(杨志诚)等人筹组"文谊会"(上海文艺青年联谊会),并且一起去采访茅盾,撰写了有关文章,陆以真(杨志诚)、庄稼、默之均为民歌社成员,能够为《南北方民谣选》协助搜集民谣,也是延续昔日民歌社的"职能",很有意义。

孙绍曾是上海文艺青年会宁波分会(简称"宁波文谊")的主持人,与丁景唐先后有书信联系。

朱微明是一位江南才女,她的丈夫是彭柏山(曾任华东军政委员会文化部副部长、上海市委宣传部长)。朱微明早年参加皖南新四军,1941年2月入党,先后担任解放区的报纸编辑和记者工作近10年,1952年春入上海俄专高级班学俄文,次年,分配在上海电影绎制厂翻译外国电影。朱微明等人帮助抄写《南北方民谣选》的文稿,留下了鲜为人知的"痕迹"。

《南北方民谣选》出版的5年后,1955年5月19日凌晨,彭柏山在家中突然被捕,罪名是"胡风分子"。朱微明被迫离婚,她与5个孩子背上了沉重的政治包袱,在20多年里苦苦煎熬。"文革"后,蒙冤而死的彭柏山得以平反,朱微明也写了《往事札记》(广东人民出版社2001年初版),披露了许多"惊心动魄"的史实。彭柏山、朱微明的女儿彭小莲继承了父母的文学基因,才华横溢,成为著名导演、编剧,多次获奖。她在《往事札记·后记》里痛苦地回忆起可敬可爱可悲可叹可怜的顽强母亲,令人唏嘘不已。

丁景唐在上海市委宣传部工作时,上级领导曾是彭柏山。同时,丁景唐作为研究现代左翼文学史的资深专家,珍藏了有关彭柏山、胡风的一些书刊,他保存的《南北方民谣选》则是另一种纪念吧。

萧乾寄赠英文抽印本

"文革"结束后,著名文学家、翻译家萧乾终于获得平反,继续拿起笔进行钟爱的翻译工作。他曾担任伦敦大学东方学院讲师,兼任《大公报》驻英记者,是第二次世界大战时期欧洲战场中国战地记者之一,他还曾采访报道第一届联合国大会、审判纳粹战犯事件。此后,他出版了《一个中国记者看二次大战》,他与妻子文洁若合译爱尔兰作家詹姆斯·乔伊斯的名著《尤利西斯》,获得第二届外国文学图书三等奖。

1980年春天来临之际,萧乾收到美国汉学家保罗·G·皮科维兹博士(Paul G. Pickowicz)寄赠的一篇长文《瞿秋白与马克思主义者对革命大众文艺的概念》(以下简称"长文"),并由英国一家出版机构出版抽印本。萧乾看到第2页的脚注时,不由得哑然一笑,于是提笔在抽印本的扉页上写下几句说明,把抽印本寄给了远在上海的丁景唐。

这时,丁景唐已经重新走上工作岗位,担任上海文艺出版社社长兼总编辑、党组书记,为新时期的出版工作忙碌着,并时而参加各种活动,焕发"第二春",努力弥补"文革"期间被剥夺的工作时间。

十几年后,丁景唐年逾七旬,已经完成了他半个世纪编辑生涯中最为辉煌的一项重点工程《中国新文学大系(一九二七——一九三七)》的编辑出版工作,这积蓄着他一生的革命、文学、编辑三方面的经验和成果。

1993年春节来临,丁景唐在家里整理书时,翻检出十几年前萧乾寄赠的英文抽印本,感慨良久。几个月后,丁景唐与三女儿丁言昭准备出席在湖南桃花源举行的"丁玲文学创作国际研讨会"。临行前,丁景唐生怕事多忘记,便在夜里写下一段说明:

  1993年春节理书,忽然检出一本十几年前萧乾同志送我的一本美国汉学家 Paul G. Pickowicz 写的论文《Ch'ü Ch'iu-Pai and the Chinese Marxist Conception of Revolutionary Popular Literature and Art》,发表于伦敦《The china Quarterlk》(1977年6月号)上的抽印本。该文作者

在第二页的第一个注解[1]中就注明许多著译都引自丁景唐和文操合编的《瞿秋白著译系年目录》(1959年上海人民出版社)。

萧乾同志在扉页上提写了这样的几行字：

景唐同志：
这是美国汉学家所赠的一篇论文《瞿秋白与马克思主义者对革命大众文艺的概念》。现奉上供您参考。并致
敬礼

萧乾
(一九)八〇年三月

丁按：信中的书名号系我所加。

丁景唐
1993年3月12日夜，录存

皮科维兹写"长文"时,得到美国耶鲁大学教授莫里斯·迈斯纳(Maurice Meisner)和夏洛特·富斯(Charlotte Furth)教授"提出的宝贵建议",他找到了丁景唐、文操(方行)合编的《瞿秋白著译系年目录》,以此作为"入门"的搜集工具书,获得了大量的有关信息,继而查到冯雪峰主编的第一套200多万字4册8卷《瞿秋白文集》。这套文集1953年10月至1954年2月期间由人民文学出版社出版,主要内容是瞿秋白在文学方面的创作评论和译文(包括原先鲁迅抱病编辑的瞿秋白的译作集《海上述林》),并收录了瞿秋白的《新中国文草案》,但没有收录他的政治论述。

皮科维兹还查阅了其他有关资料,在此基础上梳理、归纳、提升,撰写了这篇"长文"。

丁景唐、文操(方行)合编的《瞿秋白著译系年目录》(上海人民出版社1959年1月初版)是解放后第一部研究瞿秋白的学术专著,长期以来一直是海内外学者研究瞿秋白和搜检有关资料的重要工具书之一。

1954年丁景唐在方行(上海市检察署副检察长,后任文化局副局长)家里聚餐时,首次认识了瞿秋白烈士夫人杨之华。当杨之华得知丁景唐和方行在编写《瞿秋白著译系年目录》时,非常高兴。她回北京后,寄来了有关材料,并与丁景唐、方行经常通信,可惜这些信件在历次运动中遗失了。

认识杨之华之前,丁景唐已经开始研究瞿秋白著作和译文,陆续编成《瞿秋白文学著作翻译书目》(简称《书目》)。1955年4月1日,由上海市人民图书馆(后并入上海市图书馆)油印为小册子,文前有丁景唐写的"前言":

> 这个《书目》,以文学的著作和翻译抽印本为主,是我一九五四年五月以来,在阅读和研究瞿秋白同志文学著作和译文过程中陆续编集起来的。现在由上海市人民图书馆油印五十份,供有关同志参考,并希望大家补充、校正。
>
> 丁景唐
> 一九五五年四月一日

《书目》油印面世的两个月后,1955年6月18日是瞿秋白殉难20周年忌辰,中共中央在北京八宝山革命烈士公墓为他的遗骨安葬举行隆重仪式。

1955年至1957年,丁景唐有系统地整理、研究瞿秋白笔名、别名,最初编写的《瞿秋白笔名、别名集录》,分为两次发表于《学术月刊》1957年第8期、第9期。经丁景唐修改、补充之后,把这个首创的研究成果编入《瞿秋白著译系年目录》。

1957年12月11日,广州起义30周年纪念日之际,丁景唐首次写下《瞿秋白著译系年目录·编后(记)》,谈了编辑此书的体例等问题:

> 辑录在本书中的著译系年,是依写作的年月日先后为次序的,发表的年月日先后为辅,因此,有些著译的发表日期在后,而写作、翻译日期在先的,就列入著译发表在先而写作、翻译日期在后的前面,有些著译因年月日不详或大致可以推测的,则另编入系年目录的补遗内。《书目》的编次是以每一种书的初版本出版先后为序排列的,而每种书的重版本则列在初版本之后。

1958年12月5日,丁景唐撰写《补记》,补充说明了修改此书的有关问题:

> 《瞿秋白著译系年目录》编就后,很快地将一年。上海人民出版社把排成的校样送来,也已半年多了。……在这半年多的时间内,我们由于紧张的工作,不得不把校样暂时搁下来。前些日子,我们欣幸地得到杨之华寄来的《瞿秋白同志著译年表》(后改为《瞿秋白同志年谱》未刊稿——引者),我们即与《瞿秋白著译系年目录》的校样作了一次校读,增补了好些著译目录。有些篇目,我们原先从刊载瞿秋白同志文章和译文的刊物上录下来的,凡有写作时间的,我们也都录下,有些没有署明写作时间的,只好暂缺,现在从杨之华同志所编的《瞿秋白同志著译年表》上,有好多篇又找到了著译的日期。因此,就将有关篇目的次序,按照著译日期,重新加以排列,并注明这些著译日期是根据《年表》而来的。在《瞿秋白同志著译年表》上,有些未经公开发表过的作品,这里没有列入。此外,在近一年来,我们又发现了一些原先所没有见到过的材料,现在也把目录辑在这本集子里。

1959年1月,瞿秋白诞辰60周年之际,终经华东局宣传部部长石西民批准,几经波折的《瞿秋白著译系年目录》由上海人民出版社出版,引起学术界广泛关注。著名翻译家戈宝权遍觅此书不得,来函向丁景唐要了一本。不久香港某出版社未经同意翻印一版,改为平装,封面另行设计。

皮科维兹的"长文"阐述基本上都是按照自己的思路展开的,所依据的大量材料,则采用脚注的办法,让读者自己去搜检,并不逐一引用原文。皮科维兹作的第一个注释(直译):"有关论文及其他相关论文的详细资料,请参阅丁景唐和文操合编的《瞿秋白著译系年目录》(这是一个编年史的书目,描述了瞿秋白的著作和翻译)(上海人民出版社 1959 年版)。"皮科维兹把丁景唐和文操的名字拼音为"Thing Ching-t'ang and Wen Ts'ao",把瞿秋白拼音为"Ch'ü ch'iu-pai",或者简写为"Ch'ü"(瞿)。

皮科维兹写道(大意):"最后,重要的是要指出,甚至在瞿秋白的大众文艺理论中也有一些乌托邦的菌株。瞿秋白的通俗文学和艺术作品给人的印象是,他的动机远不止于战略考虑,他确实认为文化的传播是实现更宏伟的革命目标的一个重要战略手段。这也非常清楚地表明,在他看来,文化的释放是潜在的,但却是内在的创造性和艺术冲动,作为几亿革命者的合法的革命目的。[41]瞿秋白希望马克思所说的'人类主观情感的丰富'能够在革命本身的过程中被唤醒。"

其中第 41 个注释为冯雪峰主编的《瞿秋白文集》第 2 卷第 899—900 页、第 909 页刊登的两篇文章。一是瞿秋白的《再论大众文艺答止敬》,此文是与茅盾关于文艺大众化争论之文,并附有茅盾争论之文,这在茅盾的《我走过的道路(中)》(人民文学出版社 1984 年版)有详细记载。二是瞿秋白的《大众文艺和反对帝国主义的斗争》。这两篇文章的出处,在《瞿秋白著译系年目录》均有说明。根据这两篇文章的内容和观点,皮科维兹得出以上的看法。

皮科维兹的"长文"以瞿秋白关于大众文艺等论述作为切入契机,试图揭示上世纪 30 年代瞿秋白被迫"退出"中央领导岗位后,重返文学阵地,所作出的杰出功绩与政治环境之间关系的复杂因素,包括民主革命进程与大众文艺互为协助、促进、嬗变等关系,展现一幅中国现代文学史的阶段性历史画卷。

同时,皮科维兹把大众文艺的问题向前延伸到中国大革命时期,北伐战争时期"左翼工人帮助组织工人夜校,并参与到农村动员农民的运动中",由此产生大众文艺新气象。他甚至以自己的思维角度提及梁启超等人的"第一次文学革命"的言论,显然这是"诠释"瞿秋白在《鬼门关以外的战争》《学阀万岁!》等文的论述。对此,皮科维兹"长文"第 4 个注释有简要说明。

由于各种因素,皮科维兹难以全面揭示鲁迅为首的左联倡导大众文艺运动,以及瞿秋白为何积极加入其中的深层次的重要原因。但是,这不能一味地苛责。

其实,纵观中国现代文学史长河,中国新文学"建设和破坏"成为一种主旋律,瞿秋白的大众文学就是其中一个重要的"中介环节",两头分别联接着胡适的白话文学和毛泽东的工农兵文学。

在重建中国新文化的战略目标下,胡适、瞿秋白、毛泽东提出服务不同政治内涵的新文学建设论,三者之间存在着历史承接和扬弃发展关系。

"五四"时期胡适提出的"再造文明"现转变为瞿秋白的"无产阶级的'新五四'"的战略目标,胡适原先的新文学建设宗旨也转为瞿秋白大众文学建设所服务,这是瞿秋白在提出"第三次文学革命"——大众文学时主动地提出、大胆地转化。这种历史性转变以后由毛泽东进一步加以深刻的概括而奠定,毛泽东的工农兵文学观念中包含了许多瞿秋白的大众文学建设的主张,其中最突出的是瞿秋白明确提出为人民服务是革命文学的中心问题。

瞿秋白明确和发展"五四"时期胡适等人"普及"的内涵和启蒙的功利,把开拓读者"第一性"的重要性与政治斗争紧密结合起来,使得广大工农读者作为阅读主体,接受大众文学作品启蒙"刺激",产生投入社会斗争过程中激发出内在的能动"变量"。并且提出为大众普及和"在大众之中"提高的新命题,这是推动大众文学持续发展的重要因素。

工农大众破天荒地登上读者"第一性"的榜首,不仅迫使作家、作品、读者的各自地位和价值观都发生根本变化,直接影响这三者之间的关系。由原先"少数人"改为"多数人"工农读者来决定文学作品的生产价值,包括大众文学的内容和形式迫使作家改变思维方式和创作方法,必须与工农读者的"期待视野"相适应,包括思想观念、道德情操、审美趣味、接受水平等。因此,转变作家的创作观念,加强自我改造就提到议事日程上,"向群众去学习,同着群众一块儿奋斗"。

由于主客观原因的种种历史因素,胡适原来提倡的新文学建设宗旨在很大程度上是初步实现了封建文学向现代文学"单一专型"的历史任务。瞿秋白"旧话重提"的宗旨则要承担"双重性转型"的历史任务。虽然前后两者都是一种新的启蒙文学,然而瞿秋白一方面要继续完成胡适的历史任务,彻底批判封建主义及其在现代社会中摩登化的"艺术"表现;另一方面则既要"打倒胡适之主义",批判资产阶级之腐败堕落的文化思想,又要利用其反封建的积极性,哪怕是仅存的"'五四'宝贵遗产"——民主、科学的正当要求。

另外,虽然胡适和瞿秋白都强调面向民众的"白话化"文学,并希望跟上世界文学新潮流的发展性的文学。然而瞿秋白提出严厉的大写的政治功利,远远超出胡适原先提出建设宗旨的文学空间,在"白话化"文学创作的每个环节上都制定了严肃的政治原则,挤压文学创作自身的特殊性。同时,瞿秋白理解的文学"现代型"也与胡适的不同,是以苏联普洛文学为模式,跻身于"世界革命"战斗文学行列中。

但是,瞿秋白在准备同时实现"双重性转型"向革命的大众文学发展时,难于瞬间缩短"建设和破坏"宗旨的理想与现实、意志与效果、愿望与条件之间的历史距离,也难以完美的内涵与外延的理论形象,去接受来自不同层次的各种挑战,更无法担负起超负荷的"双重性转型"的政治文学和新文化相结合的艰难任务,让当时许多不同阶层的文学家难以"转变"去接受。对此,瞿秋白也已有感觉,坦率地承认"革命的大众文艺创造是一个伟大的艰难的长期的斗争……"

瞿秋白抓住"革命文艺必须向着大众""如何为工农大众"的关键问题,以此推动中国新文学的建设和发展。毛泽东也敏感地意识到这一点,以此作为一把"钥匙",一切纷繁复杂文艺问题迎刃而解。在政治与文艺、普及和提高、作家自我改造等问题上,毛泽东都作出了重要解释和发挥。

丁景唐、文操(方行)合编的《瞿秋白著译系年目录》多次再版,得到海内外学者的重视,皮科维兹的"长文"便是其中一例。

"文革"后,温济泽主持出版14卷《瞿秋白文集》,包括"政治理论编"和"文学编",弥补了原来冯雪峰主编的第一套《瞿秋白文集》的缺憾。据参与收集、整理、编辑14卷《瞿秋白文集》的瞿兴华生前介绍,最初收集资料时,正是按照30年前的《瞿秋白著译系年目录》——"按图索骥",该书起了很大的指导作用。

周永祥编写的《瞿秋白年谱新编》(学林出版社1992年版)正文第1页脚注,列出《瞿秋白著译系年目录》以及丁景唐写的《瞿秋白笔名、别名集录》一文,作为瞿秋白笔名、别名的两个重要依据。丁言模与陈福康合写的《杨之华评传》(上海社会科学院出版社2005年版),以及丁言模与刘小中编写的《瞿秋白年谱详编》(中央文献出版社2008年版),继而合作编写或撰写的瞿秋白研究系列丛书等,都把《瞿秋白著译系年目录》列为第一本重要的参考书籍,从中受益匪浅。

丁景唐曾把皮科维兹的"长文"的抽印本和有关资料细心地捆扎好,以备查用。遗憾的是,他生前未能如愿。30多年后的今日,笔者才翻检出来,写了以上一些文字,以此追思家父丁景唐和著名文学家、翻译家萧乾。

刘伯承元帅夫人等赠书

"老丁(于)二○○九年六月十六日找出。此书为第一本刘帅传记,是责编吴早文和我上刘帅家约来的。刘帅夫人(汪荣华)同志赠我们一张刘帅照片。"在杂乱的书堆中,丁景唐意外地找出一本《刘伯承回忆录》(上海文艺出版社1981年11月出版),兴奋不已,立即在扉页上写下说明,几个月后,丁景唐住进华东医院,再也没有回家看看。

吴早文是部队师级干部转业,是一位责任性很强的老编辑,他从戎多年,对军队的感情很深,因此与丁景唐赴京组稿也在情理之中。如今的上海文艺出版社社长陈征曾与吴早文同在一个编辑部,当时是个年轻力壮的小伙子,被吴早文拉着,背着许多新书上北京。他俩冒着北方的酷暑,挤上公交车,汗流浃背,四处奔波,挨着去部队首长家里送书。

1980年秋天至次年初,丁景唐在北京中央党校学习,参加当时尚在征求各方面意见的《中国共产党中央委员会关于建国以来党的若干历史问题的决议》(草案)的讨论。可能是在这时期,丁景唐与吴早文到刘帅家里去的。

当时刘帅已经辞去了全国人大常委会副委员长,在家休养。那天,刘帅夫人出来与丁景唐、吴早文见面。可惜吴早文去世比较早,丁景唐晚年回忆时已经记不清当时具体情况,从而失去了这段珍贵的回忆。

《刘伯承回忆录》前面刊登了刘帅多幅历史照片以及两幅手迹,收入文章分为两大部分,其一收入了刘帅的9篇文章,即《回顾长征》《我们在太行山上》《二野在解放战争中》《千里跃进大别山》等。其二收入了刘帅的战友和部属以及随军记者、作家的记述文章,其中有杨得志、杨成武、李达、杨国宇、刘备耕、陈斐琴等人的回忆文章,"生动地再现了这位已近九十高龄的老帅充满传奇色彩的、英雄史诗般的七十年革命军旅生涯。"

责任编辑吴早文在《编后》开头写道:"在中国人民解放军总部首长和军内外许多同志的关怀、支持下,我社组织编写的元帅、大将传记和革命回忆录中的一部《刘伯承回忆录》,已按预定计划,为纪念我党诞生六十周年而如期编竣。"

吴早文自豪地说："结集出版刘伯承同志的回忆录，在我国还是第一次。"此后，上海文艺出版社又出版了罗瑞卿、肖华、张爱萍等人的系列传记，走在全国出版界前列，这成为丁景唐主持上海文艺出版社工作期间的又一个闪亮点。

笔者整理家里书刊时，除了以上提及的系列传记之外，还翻检出《刘伯承传》，丁景唐在扉页上注明"景玉公自用"，书中还夹着一则纸张发黄的剪报，题为《刘伯承夫人汪荣华致函寒风，指出某些小说描写刘帅有失真之处》，其上端有丁景唐写的注明："1986年10月25日《文艺报》，同日林伟平（报道）《巴人讨论会》。"丁景唐和笔者都参加了巴人学术讨论会。林伟平是《新民晚报》资深记者，撰写了许多出色的新闻报道和大特写。他与丁景唐的得意学生王观泉关系甚好，王观泉去世后，他还特地撰写了回忆文章，发表在《新民晚报》上整整一版。

笔者还找到了杨国宇、陈斐琴撰写的《刘伯承用兵录》《刘邓大军南征记》（精装本），第二本书的扉页上有陈斐琴的题签："丁景唐同志纪念　陈斐琴敬赠　一九八二年十一月六日——于北京。"

当时丁景唐已经主持上海文艺出版社的工作，同年秋天，应兰州军区肖华将军之邀，与吴早文、吴金海前往，共商肖华将军回忆录《艰苦岁月》定稿事情。1983年11月，上海文艺出版社出版了该书。事前（1982年9月），肖华将军在《后记》里写道：

> 去年，上海文艺出版社的同志对我说，为了向广大青少年进行革命英雄主义教育和革命传统教育，为了向从事党史、军史研究工作的同志提供资料，他们打算约请一些经历过长期革命战争的老同志撰写回忆录，计划出一些专集。我赞同他们这个计划，因为他们在做着一件十分有意义的工作。他们也热情地邀我写点东西，盛情难却，老战士的责任心也在激励着我，于是，在工作之余，我整理了这个小册子。

其中透露了策划这套丛书的初衷，得到了肖华将军等的赞同。当时丁景唐等人一起商定《艰苦岁月》书稿时，他们在那里参观了黄河刘家峡水库和炳灵寺石窟，肖华将军亲自签名赠予《长征画集》，这其中有一则往事。

1938年，阿英在上海主持风雨书屋时，出版《西行漫画》，并署名为肖华。直到1961年经原作者黄镇将军鉴认，乃是他在长征时所作的漫画。后来人民美术出版社重印时，署名为黄镇，肖华作序。对此，阿英的孩子钱璎、钱小惠撰写的《回忆爸爸阿英在"孤岛"上的创作活动》(《上海"孤岛"文学回忆录》上册，中国社会科学出版社年1984版)中详细讲述了有关情况。笔者撰写《〈文献〉刊登〈瞿秋白全集〉出版预告》(收入丁言模的《瞿秋白与书籍——丁景唐藏书研究》，中国社会出版社2013年版)时也提及此事，并且引用了钱璎、钱小惠一文中的有关资料。

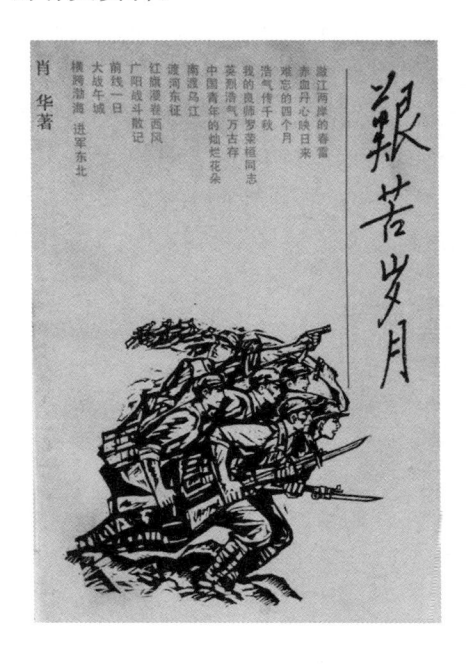

题签赠书给丁景唐的陈斐琴是大革命时期的老党员,原海军政治部文化部长。1929年曾就读上海艺术大学,后东渡日本留学,参与左联东京分盟文艺刊物《东流》的编辑工作。回国后,投笔从戎,跟随刘伯承南征北战。丁景唐研究左翼文学运动时,熟知陈斐琴的名字。笔者在撰写系列丛书《穿越岁月的文学刊物和作家》时,也接触到陈斐琴其人其事。但是,笔者未能来得及请教家父丁景唐关于陈斐琴题签书籍的往事,甚为可惜。

笔者家里存有一张照片:刘备耕、杨国宇与丁景唐、苗笑丽(丁景唐二子丁言伟的妻子)在北京八宝山的瞿秋白烈士墓前合影,时间为1995年6月,那时丁景唐赴北京参加瞿秋白就义60周年纪念会及研讨会。关于这次他们三人相约会见,丁景唐在口述史(录音)后半部分中提及,但是至今未整理出来,尚待以后述说。

杨国宇将军是陈斐琴的上级领导,是一位久经战场的老红军,后任海军副司令,说着一口地道的四川话,豪爽、豁达,足智多谋。他文武双全,多才多艺,喜欢画画,还将自己的画印在T恤衫上。

刘备耕与杨国宇将军是老战友,也跟随刘帅多年。刘备耕早年在上海印刷厂当工人,1938年加入中国共产党,并由沈钧儒介绍到山西前线参加八路军,先后在八路军随营学校、延安抗大、鲁迅艺术学院文学系等处学习。同时在129师政治部、太行第七军分区政治部任宣传干事、副科长等。建国以后,他担任中国电影出版社副社长、文化部机关党委副书记等职务。

刘备耕跟随刘帅多年,从事政治宣传工作,当面聆听过刘帅的教诲,感情很深,他看到有些文艺作品对于刘帅的描写有着不同程度的失真之处,非常反感。他离休后,眼睛已经昏花,坚持撰写了《刘伯承的非常之路》《刘伯承的哲学思想》,并与他人合著《抗日战争中的八路军一二九师》《世纪伟人邓小平纪事》《怀念李达上将》等,他还担任《刘邓大军史话》一书的副主编,编辑了《我们在太行山上》《人民是母亲》《沁津血花》等老战友回忆录。

  送上本人作业(三部曲)一份,请评审。
  延安鲁艺文学系第一期周扬系主任已谢世,而卞之琳老师2000年底又仙逝,因此,本期的诸老师不能接受这份作业了,只好请你代劳了。如能推荐出版,当十分感激。
  刘祖义是原名,20世纪50年代出的书就用此名。

刘备耕
2001年4月

这是一份打印的信件,下面留有家庭地址和电话,此信件夹在《奋斗三部曲》(下)一书中。此书一直保存在丁景唐的家里,应有上下两本,但是另一本未找到。刘备耕此信开头没有写明丁景唐的名字,可能此信打印了好几份,分送给各位好友,希望能帮助出版此书稿。丁景唐收到此信和该书稿时,已经离休多年了,推荐该书稿一事大概没有成功。

　　刘备耕原名为刘祖义,外界却鲜为人知。刘备耕在信中谈及周扬、卞之琳,显然他对昔日延安鲁艺的老师很是怀念,包括那段难忘的岁月,也写进了《奋斗三部曲》。

　　《奋斗三部曲》是一本长篇小说的打印书稿,已经过一番排版,32开,共有802页,近百万字。正文字体比较小,6号字,但很清晰,以便多排些文字,节约打印的成本。

　　封面简朴大方,底纹为无色凸凹图案,意喻风月岁月的侵蚀——艰难岁月历程。醒目、粗大的字体竖排,右上为书名主题,一旁为署名刘祖义,左上方为副标题"苦海·苦战·苦思"(一下简称"三苦")。内封面的字体横排版,其上印有主题、副题和作者名字;其下方空白,留待出版社的名称和出版的时间。

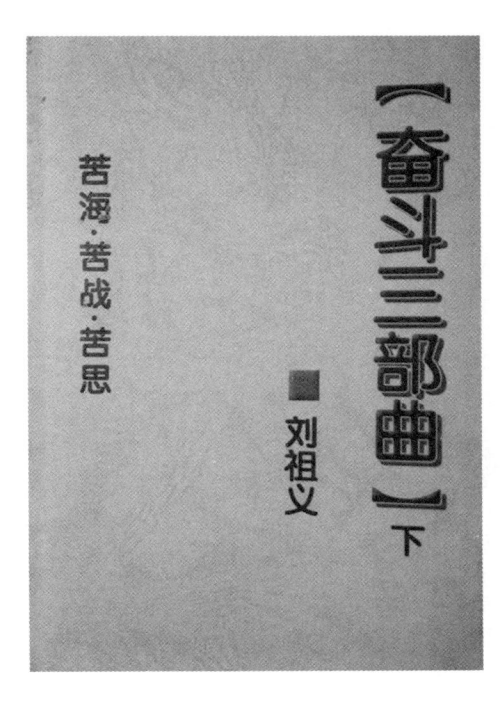

这部长篇小说的主角是吕布义等革命军人,从不同家乡的"苦海"里奋力挣脱,跟随刘帅南征北战,经历了抗日战争、解放战争硝烟纷飞的战场——苦战,形成了该小说(上)的前半部分。后半部分是描述建国后的各种经历——苦思。

显然,小说"三苦"旋律的主角吕布义晃动着作者刘备耕风雨一生的身影,还有作者昔日的众多战友以不同的形象纷纷出现在吕布义的周围,以此展现波澜壮阔的中国革命战争,以及新中国经历的重大历史足迹。

刘伯承元帅夫人、陈斐琴、刘备耕的赠书,以及肖华将军赠送的《长征画集》,为丁景唐家里的书库增光添彩,引申出鲜为人知的故事。

《陶晶孙选集》《给日本的遗书》"双璧生辉"

丁景唐编选的《陶晶孙选集》(人民文学出版社1995年版),收入陶晶孙的小说、戏剧、散文、杂文等作品,前面有夏衍写的序言、后面有陶晶孙的妹妹陶瀛孙、弟弟陶乃煌合写的《陶晶孙小传》,以及陶晶孙的儿子陶访资写的《回忆父亲》、陶易王写的《父亲在台湾》两篇文章。此书的出版进一步澄清了几十年来被歪曲的事实,恢复了陶晶孙作为中国现代文学先驱者之一的本来面目,为后世提供了可靠的资料和研究线索。

丁景唐在"订正自用本"的该书扉页上记载了编此书的主要事项:"1992年初冬,陶姐来访,委托编此文选。1993年春节(1月23日)着手材料,(3月22日—4月2日参加丁玲会议)。7月9日,陶乃煌来访。1993年12月25日,全稿交乃煌兄转寄'人文'。1995年4月27日,小郭自京发书15本。1995年5月5日到上海邮局。5月6日,言昭从邮局取回。"陶姐,即陶瀛孙,清华大学第一个女党员,后为上海中学教导处副主任,她首先提出与陶乃煌商议为陶晶孙"正名"诸事;小郭,即郭娟,时为《陶晶孙选集》责任编辑。

丁景唐写的《编后记》详细记述了编选此书的经过,介绍了此书的主要内容,并且明确指出:陶晶孙是中国著名现代文学家、创造社早期成员。他多才多艺,以医学为本职,爱好文学、戏剧、音乐、绘画,精通日文、德文,深谙东洋和西洋文化艺术。他与郭沫若的夫人安娜的妹妹佐藤相爱,2年后结为伉俪,成为郭沫若的连襟。

上世纪30年初,成为陶晶孙文学活动最为活跃的时期。继郁达夫之后,陶晶孙主编提倡新兴革命文学的《大众文艺》,与郑伯奇、冯乃超、沈端先(夏衍)、叶沉(沈西苓)组织艺术剧社,并参加了左联,为左翼文艺运动做出了多方面的贡献。[①] 陶晶孙还是中国现代新兴木偶剧的倡导者和奠基人,开拓了中国木偶剧的新天地,为中国现代剧的发展做出了重大的贡献。

---

① 详见丁言模:《第一本左翼综合性文艺刊物〈艺术〉月刊》《〈艺术〉月刊的"续篇"〈沙仑〉月刊》,载丁言模:《穿越岁月的文学刊物和作家》第3集,中国社会出版社2017年版。

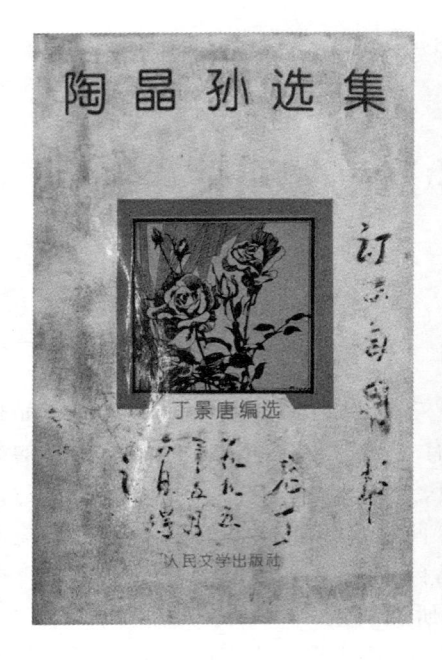

丁景唐特地指出：抗日战争中的上海沦陷期间，陶晶孙接受中共情报战线负责人潘汉年的秘密委托"潜伏"下来，"既与留沪的日本朋友（如内山完造、《女声》主编日本女作家佐藤梭子等）交往，也与他心中厌恶的另一种日本人周旋，在敌伪报刊上发表作品，以利于他受潘汉年嘱托的任务的顺利进行。"

关于此事，陶瀛孙和3个侄儿一起去访见夏衍。夏衍吐露了中共情报战线长期屏蔽的一段隐情，证实了当年陶晶孙以"落水"的假象，打入日伪系统从事情报工作，为国际反法西斯战争服务的史实。夏衍当年因工作关系，曾听潘汉年当面说过此事。因此，陶晶孙是"第二个关露"（关露是曾热映电影《风声》等女主人公的原型之一）。新版本的《鲁迅全集》的有关注释在第二次印刷本中也已经挖补，改正了原来的错误观点。

陶乃煌（南京军区总医院副院长）访见丁景唐时，特地带来一张陶晶孙儿子陶访资访见夏衍的照片。陶乃煌还赠送一本他写的《往事回眸》给丁景唐，从中可以了解陶乃煌的身世，以及陶晶孙兄弟姐妹的情况。此书前面的彩版为不少陶氏照片，其中有陶乃煌与丁景唐商量编选《陶晶孙选集》的照片。

遗憾的是这本《陶晶孙选集》因故没有选入陶晶孙用日文写的《给日本

的遗书》。此书出版的同时,日文版的《给日本的遗书》即将第 3 次再版发行,与《陶晶孙选集》问世成为"双喜临门"。

丁景唐珍藏了陶晶孙许多原版书籍和资料,其中有两种日文版的《给日本的遗书》。其一是此书的复印本,即 1963 年 5 月普通社增订再版本(此书初版本为创元社 1952 年 10 月出版)。其二是此书第 3 版(1995 年 7 月出版),这是为了赶在纪念"战后 50 周年"——日本天皇宣布无条件投降(8 月 15 日)这一天之前面世,因此该书显得有"厚重"的历史意义。该书前面有陶晶孙 3 个儿子陶棣土、陶访资、陶易王"谨呈"的赠条,与丁景唐编选的《陶晶孙选集》"双璧生辉"。

陶晶孙早期用日文写了不少作品,其中郭沫若建议译为中文的独幕剧《黑衣人》,成为他最早用中文写作,公开发表的第一篇作品。陶晶孙不幸病逝后,日本友人将他的日文作品编成《给日本的遗书》,此书标题也是熟知陶晶孙心愿的日本友人所选的。日本文化界给予此书以高度评价,称之为"优秀的日本文化论"。

日本学者伊藤虎九撰写《战后五十年与〈给日本的遗书〉》一文,透露了此书对日本的文明批评,引起各种热烈反响。臼井吉见认为陶晶孙的讽刺与幽默,是"文弱而儒雅之人"的批评武器。随着陶晶孙去世,"幽默和忧郁同时消失,这便是如今的日本,没有哪句话将这个国家的文明批评得如此彻底。"

佐藤春夫惋惜陶晶孙之死,"再也看不到他那介于讽刺和幽默之间,而内心却富含着温雅善意的对日本的文明批评,这使我感到气愤和悲伤……彷佛连接新日本和新中国的纽带突然间意外地断掉了,有这种感怀的并非只我一人吧。"

《给日本的遗书》引起日本读者重视的是关于其日语、文体、语言表达的方式。如"篇中的《日本见闻录》《为了日中友好》……其独特的文体中的辛辣幽默成了人们广为谈论的话题"(川锅东策);"于明晰流丽之中蕴含着辛辣幽默的语言风格。"(河上彻太郎)"其日语文章干净利落,有如诗人般细腻,感觉敏锐。一看就不像日本人所写,而且极富个性地发挥了日语的特点。"(竹内好)"总之我所感受到的不是对其内容的感怀,而是语言本身这一莫名其妙的东西的伟大。而另一个让我吃惊的,那不是翻译……即我直感到那就是中国人的直接的日语,且是独一无二的日语。因此让我两度为之惊讶。"(草野心平)

对此,伊藤虎九进一步指出:"除鲁迅之外,还有一位在日本广受爱戴、尊敬,并对日本施于影响的近代中国作家的存在。虽然陶晶孙在中国好像不大为人所知,但是除了他以外我再找不到这样的例子。"

他深刻地指出:"《给日本的遗书》和日本知识分子对它的共鸣之中,存在着'中日友好'及日中知识分子心灵沟通上的出发点。""为了日中真正友好,必须了解日中近代的'差异',去发现'共同的课题',这也是共同的'文化上·精神上'的课题,特别是文化上的'反省'课题。"

"陶晶孙在中国好像不大为人所知",如此冷落的寂寞状况,不仅让日本文学界人士感到惊异,也让众多中国学者和有关人士感到汗颜。丁景唐编选的《陶晶孙选集》出版之后,他与陶晶孙在国内的亲属等人多次呼吁翻译出版《给日本的遗书》,但是由于陶晶孙用日文写的许多散文不易翻译,加之经济市场困扰,此事一直停滞。

在新世纪曙光划亮天际时,有一位中国作家受到陶瀛孙的嘱托,勇敢地承担起牵头翻译《给日本的遗书》中文版的重任,他叫高建国,早年就读上海中学时的班主任正是陶瀛孙。她多次向高建国讲述其兄陶晶孙的传奇经历,并赠送相关史料,叮嘱他写一写这位被冤屈与遗忘的海外赤子。

高建国前去禀告王元化先生,请他玉成此事。王元化得知无人知晓《给日本的遗书》时,便建议高建国先找一个合适的翻译者,写出各篇梗概,以便研究、协商。

陶瀛孙病逝之前,再次嘱托高建国,一定要完成她的这个夙愿。在抗日战争胜利60周年之际(2005年),高建国撰写了一篇长文,详述陶晶孙的非凡生平及其《给日本的遗书》,经王元化先生在香港《文汇报》兼职的弟子协助,得以在该报分章连载,引起良好反响。

高建国将此连载长文送至上海文艺出版社编辑吕晨处,后者感动之余,遂向当时的总编辑郏宗培力陈此书的出版价值,令此书最终得以列入出版计划。

2008年8月,由曹亚辉、王华伟翻译的中译本《给日本的遗书》终于问世。该书分为两辑,第1辑收入《日本见闻录》《居住在日本的快乐——收音机·音乐·模仿》《近来的日本》《为了日中友好》《落第的高材生——日本》《革命与文学——记同日本有关的人和事》《这一年》《黄言集》《箱根游记——访吴清源》《变异开放的兰花——记一位护士长的故事》《住院记——兼论白求恩医生的护理方式》《供给中心的小偷——记一位护士的故事》《汉文先生的风格》

第2辑收入《留守日记》《通勤日记——写给我们怀念的VAN》《懦夫的日记——悼新城新藏先生》《普希金·高尔基·鲁迅》《鲁迅和周作人》《往事》《藤村杂记——记〈文学界〉及其介绍者徐祖正》《曼殊杂谈》《少年时代的回忆》《初次乘火车的故事》《烹斋杂笔》。

此书前面以陶棣土的《怀念父亲》作为代序,后面收入陶易王的《回忆父亲陶晶孙》、伊藤虎九撰写的《战后五十年与〈给日本的遗书〉》（以上引文均为此译文），以及高建国的《奇人奇书——陶晶孙及其〈给日本的遗书〉》。

中译本《给日本的遗书》"破土而出"后，丁景唐欣喜不已，立即购买了许多本，分赠给友人，以期扩大影响。

如今，丁景唐与陶瀛孙、陶乃煌等人先后驾鹤西逝，但是，《陶晶孙选集》和不同版本的《给日本的遗书》依然留存在丁景唐的书橱里，蕴含着当年他们互相商议时的音容笑貌。

后记

　　时间过得真快,父亲仙逝整整一周年——2017年12月11日晚上8时40分。我和妻子、女儿对着父亲、母亲的遗像,"一鞠躬,二鞠躬,三鞠躬!"想要对父母说的话太多了,一时堵住了胸口,最后才冒出一句:"撰写关于你的几本书,明年可以出版了,请放心。"

　　接连一周下雨或飘雪花,天阴沉沉,老式石库弄里整天都是湿漉漉的。三楼晒台低矮的小屋里,竹竿上挂满了洗过的衣服,似乎永远是干不了的。

　　三楼四周塞满了父亲留下的更多的杂乱书刊,空间显得更加逼仄,父亲生前写作、吃饭、接待来客的多功能折叠式长桌继续靠墙放着,甚至日光灯和老式拉线开关依然安静地放在床边……屋内的一切基本上还是老样子,只是床边多了一个新的痰盂,第二天早晨五点多,我拎着下楼处理,这是我享受的"新福利"。

　　我端坐在乳白色的电脑桌板(捡来的)前,双腿上捂着母亲遗留的红色羽绒棉袄,穿着父亲留下的塑料底咖啡色棉鞋,身着早已落伍的麻袋花纹的厚绒夹衣(民工服),两只袖子上套着灰白色的护袖,那是废物利用——剪下的旧棉毛裤的两只裤腿。这一切都是父亲遗留的基因——艰苦朴素嘛,半个多世纪的苦行僧生活早已习惯了,从大年初一忙到除夕,脑子进水了,"勿搭界呀"。

　　开始敲打键盘,电脑屏幕上跳出一行行字。突然,嘎叭轻微一声,紧接着又是几声,眼前的一本"孤本"旧书原装订的线断裂了,它年逾八旬,终于无力地摊开了"四肢",犹如死在手术台上,惊起我的心底一阵颤抖:真对不起,父亲!

　　翻阅旧书刊时,轻轻的,一再小心,恨不得粗大的手指立即变为纤纤玉指。但是,很不幸的是在它的身底下,依然留下了细小的枯黄残片,七零八落,好似生命蜕变的一刹间,遗留的最后痕迹,真所谓:"残片枯寂冷,夕阳不染金,景玉翩翩至,涅槃彩蝶惊。"

　　景玉,即父母(丁景唐、王汉玉)简称,父亲经常作为笔名,题签于书端。

"交关好,惬意呀!"父亲带着浓重的宁波口音说着,老母亲坐在老式沙发里,双手互相插在袖筒里,笑眯眯的,胸前挂着一副老花镜。

父亲珍藏的大量旧书刊,曾是他的"心头肉",直到晚年住院时,有时还让家人回家取来"解解馋"……

我浑身的筋骨不时地隐隐作疼,各个器官的零部件在轧轧地运作,这是上上下下、进进出出、反反复复搬运着散落在各处"书山"的劳累后果。经各种"书山"多年积累的厚厚尘埃与我的双手反复磨擦,甚至磨去了我的十指上多半的指纹,显得残缺不全,无法启动手机上的指纹开关,永远失灵了。

当我精疲力竭、瘫坐在楼梯口时,除了家人,还有善良的邻居和热心的"贩夫走卒"及时伸出援手,寒冬里竟然忙得额头上冒汗珠,大口喘气说:"不累!"他(她)们知道双手捧的又脏又重的旧书刊,是我父亲的宝贝,特别爱惜,绝不会作为怨恨的垃圾野蛮地丢弃。虽然他们从未看过我父亲写的任何文章和专著,更没有接受我父亲的一毛钱,但是,他(她)们完全是出自内心的尊重我的父亲,视他为可爱的老邻居"老宁波"(文化老人)。如果父亲看到这一幕幕感人的场景,便会喟然长叹:"勿话来!"这是宁波话,意即"无话可说"——其义不言而喻。

众多"宝贝"原来长期"潜伏"在父亲的各种"书山"里,中外版本的书刊散落在石库门三层楼房的各个角落里。终于,被我拂去了长期蒙在众多"珍品""孤本"旧书刊上的尘埃,露出了原有的"帝王"真相。这是经过一番考证得出的结果,令人惊叹不已——书呆子自娱自乐,尽管那些叽叽喳喳的"美妙"噪声永不停息。

1922年8月24日,郭沫若写的《〈民谣集〉序》,"安睡"在初版本《民谣集》里,父亲也忘了此书放在哪里了。

1928年创造社、太阳社错误地"围攻"鲁迅,由此产生"革命文学"论争。这让鲁迅老友夏丏尊看不下去,很想"敲边鼓"声援老友鲁迅。恰巧他应邀编写了一本《文艺讲座 ABC》,世界书局于1928年9月出版,受到广大读者的喜爱,此后再版,1930年7月已经是第3版了。笔者到上海图书馆里查找其他版本,搜寻结果"一片白茫茫"。

上世纪30年代初,阿英编写的《现代文学读本》刚问世,就被查禁,因此该书存世很少,几乎成了"孤本"。而且,丁景唐珍藏的《现代文学读本》初版本后面的版权页上贴有一枚阿英自制的白文朱印版权证(印花)"若英"(篆体),更是稀罕之物。如今新版的《阿英全集》等专著里几乎未有其踪影,或仅存目。

1936年瞿秋白牺牲周年之际,莫斯科外国工人出版社编印第一本中文版《殉国烈士瞿秋白》纪念册(以下简称"纪念册")。著名翻译家戈宝权在莫斯科时购得。几十年后,慷慨赠送给丁景唐,并在扉页上题写说明。如今国内存世的"纪念册"极少,具有重要的历史价值,加之有戈宝权的题词,弥足珍贵。

抗日战争胜利后,父亲组织、领导的上海文艺青年联谊会邀请郭沫若前去演讲。几天后,《文汇报》(1946年6月12日—13日)连载郭沫若的讲演稿,题为《文艺与科学》。40多年后,父亲在郭沫若的杂感、论文集《天地玄黄》写下批语:"与此不同"。

史沫特莱的签名本《大地的女儿》,红色封面已染上沧桑岁月痕迹,有些褪色,角边有些磨损,但是依然完整无缺,还能分辨出当年精装本的风采。但是,扉页上史沫特莱的题词,被锐器(刀具)刮掉大部分,仅残剩开头的两个字母……显然原来此书的主人不想让后世知道自己的名字,以及与史沫特莱的亲密关系。

丁景唐珍藏的史沫特莱《中国的战歌》(英文版),扉页上有该书原主人的题词,又有"批语"。前者手写的钢笔字迹不容易看清楚。幸好得到张丽影、秦玉兰、王春阁、冯会平等老师的热情帮助,我才读懂了原主人艾德里安·库根许多潦草的铅笔批语的大致意思。

我无意中翻检出一本俄文书籍,硬壳精装本,封面褐红色,右边竖排书名,两排镶有花纹,左上为作者的名字,我猜想是一本俄文版的研究鲁迅的专著。多方查证才知道原来这是苏联著名的鲁迅研究专家波兹德涅耶娃的第一本专著《鲁迅》(直译为《鲁迅·生平与创作概述》),青年近卫军出版社于1957年出版。

当时,我哪里懂得俄文,百般无奈之下,只好厚着脸皮打电话,求教著名诗人王辛笛的女儿王圣思教授,她又委托南开大学俄国文学研究专家王志耕教授,他闻讯后立即连夜动手,第3天便发过来译文,这些热情、无私的帮助,令人感动。同时联想起父亲遗留的温馨"人脉圈",至今仍然散发着余温,足以抵御"严寒"。

内山完造的自述传记《花甲录》是用日文写的,虽然其中夹着某些汉字,可以猜猜谜底,但是作者毕竟是鲁迅的挚友,哪里容得吾辈"捣糨糊"。热心的黄游华老师经过一番苦功夫,翻译了其中关键的一大段文字,帮我解决了燃眉之急。

技艺高超的陈晓云老师在百忙之中,不顾眼睛疲劳,坚持盯着电脑屏幕,精心修补了几种破烂不堪的藏书封面,妙手回春,修葺如新,令人赞叹。

父亲还珍藏着潘梓年的珍贵初版本《文学概论》和丁聪、施蛰存的签名本等,限于篇幅不赘述了。诸位客官对于"青菜萝卜各有所好",可以在本书中任意选择。

父亲收藏的大量书刊看似很杂乱，牵涉到政治、经济、文化、地理等各个方面。如果仔细推敲，那么每本书刊和画册、每张报纸（剪报），甚至出席会议的有关材料等，互相之间都有内在联系。这次特地介绍了张次溪"活的天桥"一书，其中牵涉众多文人的趣闻轶事。

父亲对于版本学独有情钟，珍藏了鲁迅、茅盾、郭沫若、巴金、夏衍等人著作的各种版本，其中有许多是"善本""孤本"，这次因篇幅关系未能介绍。还有盗版本、错版本、"偷鸡摸狗"的版本等，这些也是中国现代出版史上不可或缺的一页，可以窥见当时各家出版商的秘密、投机文人的心态、受众者的接受能力和与阅读需求、社会积淀心理的变化和趋势等，这本身就是光怪陆离的现代社会"横切面"的斑点。

我这次撰写的百余篇文章，牵涉众多中外书刊，仅仅是父亲藏书的"冰山一角"。

父亲是在上高中时参加革命的，并加入中国共产党。在抗日战争时期，他凭着出众的智慧、勇气和才华，从事地下党的宣传、调研工作，创办或领导进步刊物，撰写了许多文稿。他晚年时，我曾问过以前发表的文章。他摆摆手说："哪里还记得。"

父亲仙逝的次年秋天，上海师范大学图书馆戴建国老师热情地向我推荐"洛黎扬"（丁景唐笔名）一文，由此填补了丁景唐那时文学活动的一个重要空白，引申出许多话题。

我准备撰写第 100 篇文章时，潘颂德老师（原上海社会科学院研究员）特地送来一本我父亲第一本诗集《星底梦》，以及刊登北京大学教授吴晓东评论文章（谈及《星底梦》）的刊物。这些原来是我父亲给潘颂德老师，以供他研究之用。

这好像是父亲在冥冥之中的"点拨"，责令我必须撰写一文，放入本书中。我又一次钻进杂乱的"书山"里，不仅找到了各种版本的《星底梦》，其中有父亲赠送给"席明兄"（鲍士用，后为上海市静安区政协主席）的《星底梦》，而且还发现父亲昔日编辑的《文坛月报》，3 本一套（仅出 3 期），完整无缺，被父亲珍藏在一个大纸袋里，上面写了许多评语。

家门口散落着一摞摞旧书刊，妻子的人缘特好，好几次请来几位热心的邻居前来帮忙。同时引来了一拨拨收旧货的小商贩，堆满笑容，七嘴八舌探询，有的竟然"踱方步"进入书堆里，立即被我轰走。尽管腰酸背痛，口干舌苦，我还是"偷着乐"，又找到几件"宝贝"。

林语堂主编的《论语》半月刊第 12 期（1933 年 3 月 1 日出版），右上端印着"萧伯纳游华专号"，其中刊登的《萧伯纳过沪谈话记》，其实是删改的史沫特莱记录稿。此事在各种版本的研究林语堂专著里都未曾提及。

破败不堪的《民歌初集》早已散架了,只有封面色彩还未完全褪色,发黄的纸张轻轻一碰便是"纷纷"落下,述说着历经沧桑的苦难。但是,这本不起眼的薄薄的小册子同时刊登歌谱和歌词,这在同时期的歌谣集中很少见,而且内容丰富多彩,不仅有"西部歌王"王洛宾等人改编的具有浓郁地方色彩的各地民歌,还有延安"鲁艺"师生创作的新民歌,其中有些"鲁艺"作者是著名作曲家、作词家。

1980年春天来临之际,萧乾收到美国汉学家保罗·G·皮科维兹博士(Paul G. Pickowicz,编辑、激进者))寄赠的一篇长文《瞿秋白与马克思主义者对革命大众文艺的概念》,并由英国一家出版机构出版抽印本。萧乾看到第2页的脚注时,不由得哑然一笑,于是提笔在抽印本的扉页上写下几句说明,把抽印本寄给了远在上海的丁景唐。此事,父亲从未提及,也许家里宝贝太多,他记不清了。

撰写有关父亲的文章,积累多了,特地在本书里设置了最后一个专栏,让他的有关经历以特殊的方式"再现"。父亲曾热衷于民间文学,搜集了各种版本的专著,这次也设置了一个专栏,"不尽言语在其中"。

父亲有一个嗜好,喜欢在各种书刊上写下各种批语,备作此后研究、思考之用,并且尽量保留当时购买书刊的发票,"立此存照",以备查用。如今,父亲的各种批语却成了我研究的这些书刊的"导语",寥寥数语,如同法力无边的"咒语",默念几遍,奇迹便会出现,"轰然"一声,错综枝蔓遮掩的神秘大门徐徐打开,里面都是金光闪闪的"宝藏",信手拈来,或是一个重要课题,或是被忽视的一些"细节"。

我好奇地一步一回头,四处探望,如同"刘姥姥进了大观园",原来这里"曲径通幽处",一不小心触碰了"玄机",又出现了一个陌生的天地,视野豁然开朗。突然,头顶的浩瀚天幕上飘来两朵彩云,瞬间变幻两个巨字:功课。

是啊,父亲留给我的这门文史"功课",深不可测,令人诚惶诚恐。这仅仅是开始,还不知要念多少经,要上"早课""日课""晚课"到何时,才能读懂其中的奥秘。

遗像上的父亲、老母亲,随时督促我做"功课"。有时累极了,关掉电脑,早早上床安睡。半夜里,突然醒来,黑暗里好像二老还在盯着我,促使我的神经立即紧张起来,日间未做完的"功课"轮番浮现在眼前,逼迫我的大脑开始工作,无法停下来,直到天蒙蒙亮,人却头昏脑胀。

随着一件件宝贝"出土",牵涉的中外古今名人纷至沓来,我一时忙得不知所向。小心地翻看一本旧书刊,思维如同超光速的跑车,嘎叭一声急刹车,急忙察看,研究一番,不停地敲打电脑键盘。有时却长时间停顿,因为遇到了"拦路虎",怎么也绕不过去,只好四处寻找资料。问题刚解决,思维跑车就已急速启动,又飞驰到另一个陌生的领域,重复上一站的一套程序,跳跃性"兜圈子",左突右冲,周而复始。

　　终于,我吹响了"集结号",经整顿、归纳,分为 9 个专栏,共有百余篇文章,牵涉各个方面,作为呈交的第一批作业。但是,心里仍然忐忑不安,不知是否达到父亲生前的要求,但愿有些"抛砖引玉"之用。

　　本书如有遗珠之憾或有误之处,敬请有识者指正。撰写过程中,得到王圣思、王志耕、秦玉兰、张丽影、王春阁、冯会平、戴建国、黄游华、陈晓云、何瑛、吕俊、顾良辉、蔡佳仙、徐淼、李良明、陈漱渝、王锡荣、陈福康、乐融、何昊佩、王璐、潘颂德、葛昆元、韦泱、曹力奋、李良倬、李良吾、亚男等人提供的各种热情帮助。此书稿的出版,承蒙上海世纪出版(集团)有限公司领导的关心,上海文艺出版社社长陈徵、资深编辑赵南荣的鼎力支持,在此表示由衷的感谢。

作者

父亲忌日(2018 年 12 月 11 日)晚上起草

2019 年春节修改

图书在版编目（CIP）数据

书香传情：丁景唐藏书考辨/丁言模著.-上海：上海文艺出版社.2020
ISBN 978-7-5321-7672-4
Ⅰ.①书… Ⅱ.①丁… Ⅲ.①私人藏书－研究－中国 Ⅳ.①G258.83
中国版本图书馆CIP数据核字(2020)第178063号

本书获得上海文化发展基金图书出版专项基金资助

发 行 人：毕　胜
责任编辑：胡远行
装帧设计：周志武

书　　名：书香传情：丁景唐藏书考辨
作　　者：丁言模
出　　版：上海世纪出版集团　上海文艺出版社
地　　址：上海市绍兴路7号　200020
发　　行：上海文艺出版社发行中心
　　　　　上海市绍兴路50号　200020　www.ewen.co
印　　刷：杭州锦鸿数码印刷有限公司
开　　本：710×1000　1/16
印　　张：43
插　　页：5
字　　数：771,000
印　　次：2020年11月第1版　2020年11月第1次印刷
ＩＳＢＮ：978-7-5321-7672-4/G・0286
定　　价：146.00元
告 读 者：如发现本书有质量问题请与印刷厂质量科联系　T:0571-88855633